Louis Pauwels
Jacques Bergier

Aufbruch ins dritte Jahrtausend

Von der Zukunft der phantastischen Vernunft

WILHELM HEYNE VERLAG
MÜNCHEN

HEYNE-BUCH Nr. 7022
im Wilhelm Heyne Verlag, München

Titel der französischen Originalausgabe:
LE MATIN DES MAGICIENS
Deutsche Übersetzung von Gerda von Uslar

Genehmigte, ungekürzte Taschenbuchausgabe
Copyright © 1962 by Scherz Verlag, Bern/München
Printed in Germany 1976
Umschlaggestaltung: Atelier Heinrichs, München
Gesamtherstellung: Presse-Druck Augsburg

ISBN 3-453-00638-0

Inhalt

Das Beispiel der Alchimie

II. Teil   Einige Jahre im absoluten Anderswo

III. Teil   Der unendliche Mensch

Vorwort

Ich habe sehr ungeschickte Hände, und ich bedaure das. Ich wäre ein besserer Mensch, wenn meine Hände zu arbeiten verstünden. Mein Stiefvater (den ich auf diesen Seiten meinen Vater nenne, da er mich aufgezogen hat) war ein Handwerker, ein Schneider. Er besaß eine kraftvolle Seele und einen Geist, der sich seiner Sendung wahrhaft bewußt war. Zuweilen sagte er mit einem Lächeln, der Verrat der Geistlichen habe an jenem Tag begonnen, an dem einer von ihnen zum erstenmal einen Engel mit Flügeln darstellte: denn in den Himmel gelange man nur mit Hilfe seiner Hände.

Trotz meiner Unbeholfenheit habe ich es doch einmal fertiggebracht, ein Buch zu binden. Ich war damals sechzehn Jahre alt und besuchte die Fortbildungsschule von Juvisy, die in einem ärmlichen Stadtteil lag. Am Samstagnachmittag hatten wir die Wahl, uns mit Holz- oder Eisenarbeiten, mit Töpferei oder mit Buchbinderei zu beschäftigen. Ich las zu jener Zeit viele Gedichte, vor allem Rimbaud, und es kostete mich einige Überwindung, nicht meinem Wunsch nachzugeben und *Une Saison en Enfer* zu binden. Mein Vater besaß etwa dreißig Bücher, die er in einem schmalen Schrank in seiner Werkstatt zusammen mit seinen Garnrollen, seiner Schneiderkreide und seinen Schnittmustern aufbewahrte. Dieser Schrank enthielt auch Tausende von kleinen Notizen, die mein Vater in unzähligen Arbeitsnächten auf einer Ecke seines Werktisches mit seiner kleinen sauberen Schrift aufgezeichnet hatte. Von seinen Büchern hatte ich bereits Flammarions *Le Monde avant la Création de l'Homme* gelesen und entdeckte gerade Walther Rathenaus Schrift *Von kommenden Dingen*. Diese Arbeit Rathenaus begann ich nun mit vieler Mühe einzubinden. Rathenau war das erste Opfer der Nazis gewesen, und wir schrieben das Jahr 1936.

Aus Liebe zu meinem Vater und zur Arbeiterwelt vollbrachte ich in der kleinen Werkstatt der Fortbildungsschule diese handwerkliche Leistung. Am 1. Mai überreichte ich ihm zusammen mit einem Maiglöckchenstrauß den kartonierten Rathenau.

In diesem Buch hatte mein Vater mit Rotstift einen langen Satz unterstrichen, der mir stets im Gedächtnis geblieben ist:

«Jedoch auch die geplagte, selbst die irrende Zeit ist ehrwürdig, denn sie ist nicht Menschensache, sondern Menschheitssache, und somit Werk der schaffenden Natur, die hart sein kann, nicht sinnlos. Ist diese Zeit schwer, so ist es unsre schwerere Pflicht, sie zu lieben, sie mit unsrer Liebe zu durchbohren, bis die schweren Gebirge der Materie weichen und das jenseitige Licht erscheint.»

«Auch die geplagte Zeit . . .» Mein Vater starb im Jahre 1948, ohne je aufgehört zu haben, an die schaffende Natur zu glauben und mit seiner Liebe die schmerzliche Welt, in der er lebte, «zu durchbohren». Nie hatte er die Hoffnung aufgegeben, das jenseitige Licht hinter den schweren Gebirgen der Materie aufleuchten zu sehen. Er gehörte zu jener Generation der romantischen Sozialisten, die Victor Hugo, Romain Rolland und Jean Jaurès zu ihren Vorbildern erklärt hatten, breitkrempige Hüte trugen und eine kleine blaue Blume in den Falten der roten Fahne verbargen. Mein Vater, der täglich mehr als vierzehn Stunden an seinem Schneidertisch saß — wir lebten in den kärglichsten Verhältnissen — bewegte sich in einer Art Grenzbereich zwischen reiner Mystik und sozialer Aktion und brachte es fertig, einen leidenschaftlichen Syndikalismus mit dem Ringen um innere Freiheit zu vereinen. Aus den knappen und einfachen Handgriffen seines Berufs hatte er eine Methode der Konzentration und der geistigen Klärung entwickelt, über die er Hunderte von Seiten hinterlassen hat. Wenn er Knopflöcher machte oder Nähte ausbügelte, ging eine geradezu strahlende Kraft von ihm aus. Donnerstags und sonntags versammelten sich meine Schulkameraden um seinen Werktisch, um ihm zuzuhören und diese Kraft auf sich einwirken zu lassen, und für die meisten von ihnen waren diese Stunden von entscheidendem Einfluß auf ihr ganzes Leben.

Voller Vertrauen in den Fortschritt und die Wissenschaft, im Glauben an die Zukunft des Proletariats, hatte er sich eine kraftvolle Philosophie zurechtgezimmert. Bei der Lektüre von Flammarions Werk über die Urgeschichte war ihm eine Art Erleuchtung zuteil geworden. Später hatte er mit leidenschaftlichem Interesse die verschiedensten Bücher über Paläontologie, Astronomie und Physik gelesen. Obgleich er keinerlei Vorbildung besaß, war er doch zum Kern der Dinge vorgedrungen. Er sprach fast die gleichen Gedanken aus wie Teilhard de Chardin, den wir damals noch nicht kannten:

«Unser Jahrhundert wird etwas erleben, das noch bedeutsamer ist als das Aufkommen des Buddhismus. Von jetzt an geht es nicht mehr darum, die menschlichen Fähigkeiten in den Dienst dieser oder jener Gottheit zu stellen. Die religiöse Kraft der ganzen Welt ist es, die in uns eine entscheidende Krise durchmacht: die Krise ihrer eigenen Entdeckung. Wir fangen an, ein für allemal zu begreifen, daß die einzige für den Menschen annehmbare Religion diejenige ist, die ihn zunächst einmal lehrt, das Universum, dessen wesentlichster Teil er ist, zu erkennen und zu lieben und ihm voller Hingebung zu dienen.» [1]*

Seiner Ansicht nach war Evolution nicht gleichbedeutend mit Transformismus, sondern eine integrale, aufwärtsstrebende Kraft, die die psychische Dichte unseres Planeten ständig erhöht und ihn allmählich befähigt, Verbindung mit den geistigen Bezirken anderer Welten aufzunehmen und sich der Seele des Kosmos selbst zu nähern. Die Menschheit war für ihn keineswegs am Ende ihrer Laufbahn angelangt, sondern strebte in aufsteigender Linie über ein kollektives Leben und die allmähliche Bildung einer einheitlichen Seelenstruktur dem Zustand eines Überbewußtseins zu. Er erklärte, der Mensch sei noch nicht vollendet und gerettet, doch die Kondensationsgesetze der schöpferischen Energie berechtigten uns zu ungeheuren Hoffnungen von kosmischem Maßstab. Und diese Hoffnung verlor er nie aus den Augen. Sie erlaubte ihm, die Geschehnisse dieser Welt mit Gelassenheit zu beurteilen und zugleich mit religiöser Dynamik denkerisch viel höher und weiter vorzustoßen und auf diese Weise zu einem Optimismus und einem Mut zu gelangen, die sich in unmittelbare Handlungen umsetzen ließen. Im Jahre 1948 war der zweite Weltkrieg vorüber, und schon wuchs die Drohung neuer Kriege empor, die diesmal Atomkriege sein würden. Trotz alledem betrachtete mein Vater die Ängste und Schmerzen dieser neuen Zeit nur wie Negative eines wundervollen Bildes. Er fühlte sich fest mit dem geistigen Schicksal der Welt verbunden, und er empfand für die «geplagte Zeit», in der er sein Arbeiterleben beschloß, bei allem schweren persönlichen Kummer ein Übermaß an Liebe und Hoffnung.

---

* Die fortlaufenden Ziffern im Text verweisen auf die entsprechenden Erläuterungen im bibliographischen Anhang.

In der Nacht des 31. Dezember 1948 ist er in meinen Armen gestorben. Bevor er die Augen schloß, sagte er zu mir:

«Man soll nicht zu sehr auf Gott zählen, aber vielleicht zählt Gott auf uns ...»

Welchen Standpunkt nahm ich zu jener Zeit ein? Ich war achtundzwanzig Jahre alt. 1940, im Jahr unserer nationalen Katastrophe, war ich zwanzig Jahre alt gewesen. Ich gehörte einer Zwischengeneration an, die zugesehen hatte, wie eine Welt in Trümmer ging, einer Generation, die von der Vergangenheit abgeschnitten war und an der Zukunft zweifelte. Ich war weit davon entfernt, zu glauben, daß «die geplagte Zeit ehrwürdig» sei und wir sie «mit unserer Liebe zu durchbohren» hätten. Viel eher war ich der Ansicht, daß die klare Einsicht in die Dinge uns zu der Weigerung veranlassen müsse, ein Spiel, in dem alle Welt nur betrog, mitzuspielen.

Während des Krieges hatte ich mich in den Hinduismus geflüchtet. Er war mein Maquis, meine Widerstandsbewegung, der ich bedingungslos verschworen war. Suchen wir unseren Stützpunkt nicht in der Geschichte oder bei den Menschen: er entgleitet uns unablässig. Suchen wir ihn in uns selber. Verhalten wir uns, als lebten wir nicht in dieser Welt. Nichts erschien mir schöner als der Vogel der Bhagavad-Gita, der «ins Wasser taucht und wieder daraus emporsteigt, ohne sein Gefieder benetzt zu haben». Verhalten wir uns so, sagte ich mir, daß die Ereignisse, gegen die wir nichts unternehmen können, auch gegen uns nichts ausrichten. Ich thronte in erhabener Höhe, saß, meiner Zeit entrückt, auf einer Wolke, die aus dem Orient herübergeschwebt war. In den Nachtstunden las mein Vater heimlich meine Lieblingsbücher, um die seltsame Krankheit, die mich so weit von ihm entfernte, zu ergründen.

Später, unmittelbar nach der Befreiung Frankreichs, wählte ich mir einen Meister, der mich das wahrhafte Leben und Denken lehren sollte. Ich wurde ein Schüler Gurdjews. Ich arbeitete daran, mich von allen persönlichen Regungen, Gefühlen und Antrieben zu befreien, um jenseits dieser Grenze etwas Unwandelbares, Dauerhaftes zu finden, eine stumme, anonyme, transzendente Wesenheit, die mich über meine mangelhafte Realität und die Absurdität dieser Welt hinwegtrösten sollte. Meinem Vater gegenüber brachte ich nur noch Mitleid auf. Ich glaubte mich im Besitz der Geheimnisse, die uns die Beherrschung des Geistes und alle Kenntnisse vermitteln können. In Wirklichkeit besaß ich nichts als die Illusion, etwas zu besitzen, und eine unendliche Verachtung für alle jene, die diese Illusion nicht teilten.

Ich brachte meinen Vater zur Verzweiflung. Ich brachte mich selbst zur Verzweiflung. Ich befand mich in einer Abwehrposition, die mich bis aufs Mark ausdörrte. Ich las René Guénon. Ich war überzeugt, daß wir das Unglück hatten, in einer völlig pervertierten Welt zu leben, die zum Untergang bestimmt war. Ich bejahte die Sätze, die Donoso Cortés im Jahre 1848 vor der Abgeordnetenkammer in Madrid gesprochen hatte: «Die Ursache all Ihrer Irrtümer, meine Herren, liegt darin, daß Sie nicht wissen, welchen Weg die Zivilisation und die Welt eingeschlagen haben. Sie glauben, die Zivilisation und die Welt befänden sich in einer Vorwärtsentwicklung. Sie gehen zurück!» Für mich war unsere Zeit das schwarze Zeitalter. Ich beschäftigte mich damit, die Verbrechen des modernen Geistes gegen den wahren Geist aufzudecken. Seit dem 12. Jahrhundert ging das Abendland, das sich von seinen Grundwahrheiten entfernt hatte, dem Untergang entgegen. Irgendeine Hoffnung nähren hieß, sich mit dem Bösen verbünden. Jedes Vertrauen erschien mir wie ein Verbrechen. Wenn ich überhaupt noch eine Leidenschaft aufbrachte, dann nur für meine Ablehnung dieser Gegenwart, für den Bruch mit ihr. In dieser Welt, die bereits zu drei Vierteln vernichtet war, in der die Priester, die Gelehrten, die Politiker, die Soziologen und die Organisatoren auf allen Gebieten mir wie Mistkäfer vorkamen, die vom Kot lebten, gab es nur noch zwei Dinge, die man achten konnte: das Studium der Antike und den bedingungslosen Widerstand gegen dieses Jahrhundert.

In solcher Geistesverfassung mußte ich meinen Vater für einen törichten und primitiven Menschen halten. Seine Fähigkeit, zu glauben und zu lieben, seine visionäre Begeisterung ärgerten mich und erschienen mir lächerlich. Ich warf ihm vor, er sei noch immer in der enthusiastischen Stimmung der Weltausstellung von 1900 steckengeblieben. Die Hoffnung, die er auf eine fortschreitende Kollektivierung setzte und die sich weit über das politische Niveau des Tages erhob, erweckte meine Verachtung. Ich glaubte lediglich an die antiken Theokratien.

Einstein begründete das *Emergency Committee of the Atomic Scientists*, die Drohung eines totalen Kriegs hing über der in zwei

Machtblöcke gespaltenen Menschheit. Mein Vater starb, ohne auch nur einen Bruchteil seines Glaubens an die Zukunft verloren zu haben, und ich verstand ihn nicht mehr. Ich möchte in dieser Arbeit nicht über Klassenprobleme sprechen; es ist dies nicht der geeignete Ort dafür. Aber ich weiß, daß diese Probleme existieren: dieser Mann, der mich liebte, hat unter ihnen gelitten. Ich habe meinen leiblichen Vater nicht gekannt. Er gehörte einer der alten Bürgerfamilien von Gent an. Mein zweiter Vater sowie meine Mutter waren Arbeiter und entstammten der Arbeiterklasse. Es war wohl das Blut meiner flämischen Vorfahren, dieser Genießer und Künstler, dieser müßigen und hochmütigen Menschen, das mich von der großzügigen, dynamischen Denkweise meines Vaters abbrachte und mich veranlaßte, mich in mich selbst zurückzuziehen und die positiven Seiten der Gemeinschaft zu verkennen. Seit langem schon stand eine Mauer zwischen meinem Vater und mir. Er, der aus Angst, mich zu verletzen, kein eigenes Kind hatte haben wollen, hatte jedes Opfer auf sich genommen, um mir eine geistige Ausbildung zu ermöglichen. Und indem er mir alles gab, träumte er davon, daß meine Seele der seinen gleichen würde. In seinen Augen war ich dazu bestimmt, ein Leuchtturm zu werden, ein Mensch, der fähig war, die anderen aufzuklären, ihnen Mut und Hoffnung zu bringen und ihnen, wie er es ausdrückte, das Licht zu zeigen, das in uns brennt. Ich jedoch konnte weder in mir selbst noch in der übrigen Menschheit ein Licht wahrnehmen, es sei denn ein schwarzes Licht. Ich war nur ein kleiner Gelehrter wie tausend andere. Bis zur äußersten Konsequenz durchkostete ich jenes Gefühl, im Exil zu leben, jenes Bedürfnis nach einer radikalen Revolte, das um 1947 seinen Ausdruck in den literarischen Zeitschriften fand, die von einer «metaphysischen Unruhe» sprachen. Das schwere Erbe meiner Generation lastete auf mir. Wie hätte ich unter diesen Umständen ein Leuchtturm sein können? Dieser Gedanke, dieser von Victor Hugo übernommene Ausdruck zwang mir nur ein boshaftes Lächeln ab. Mein Vater warf mir vor, ich hätte mich mit meinen zersetzenden Ideen auf die Seite der Privilegierten der Kultur geschlagen, auf die Seite der Mandarine, derer, die stolz sind auf ihre eigene Ohnmacht.

Die Atombombe, die mir das Ende der Zeiten zu verkünden schien, war für ihn das Fanal eines neuen Morgens. Seiner Ansicht nach begann die Materie sich zu vergeistigen, und nun würde der

Mensch in seiner Umwelt und in sich selber unverhoffte Kräfte entdecken. Der bürgerliche Geist, für den die Erde nichts ist als ein angenehmer Aufenthaltsort, würde hinweggefegt werden durch den neuen Geist, den Geist der Arbeiter dieser Erde, für die die Welt ein laufender Motor ist, ein wachsender Organismus, eine zu bildende Einheit, eine Wahrheit, die man erschließen muß. Die Menschheit stand erst am Anfang ihrer Entwicklung. Jetzt erhielt sie die ersten Hinweise über die Aufgabe, die der Geist des Universums ihr zugedacht hatte. In diesem Augenblick begann sie zu begreifen, was die Liebe zur Welt bedeutete.

Für meinen Vater hatte das Abenteuer der Menschheit eine bestimmte Richtung, und er beurteilte die Ereignisse danach, ob sie sich dieser Richtung anpaßten oder nicht. Die Geschichte hatte einen Sinn: sie strebte eine gewisse Form des Übermenschen an, sie enthielt das Versprechen eines Über-Bewußtseins. Seine kosmische Philosophie entfernte ihn keineswegs von seinem Jahrhundert. Was die nächste Zukunft betraf, so war sein Glaubensbekenntnis das eines Progressisten. Ich ärgerte mich darüber, und ich sah nicht, daß er in seinem Progressismus unendlich mehr Geistigkeit investierte, als ich in meiner künstlichen Geistigkeit fortschritt.

Und doch erstickte ich fast in meinem engen Gedankenraum. Vor diesem Mann fühlte ich mich manchmal wie ein kleiner dürrer und frostiger Intellektueller, und gelegentlich ertappte ich mich bei dem Wunsch, so zu denken und so weit und tief zu atmen wie er. Wenn wir abends an seinem Werktisch beisammensaßen, trieb ich den Widerspruch auf die Spitze, provozierte ihn und hoffte dumpf, er werde mich überzeugen und umkrempeln. Aber er war müde. Er konnte nur noch mir und dem Schicksal grollen, das ihm einen großen Gedanken geschenkt, aber die Möglichkeit versagt hatte, ihn diesem Sohn aus rebellischem Blut zu vermitteln. So schieden wir voller Zorn und Kummer. Ich widmete mich wieder meinen Meditationen und meinen Büchern, die mir nur Verzweiflung brachten. Er nahm seine Nadel zur Hand und neigte sich unter dem harten Lampenlicht, das seine Haare gelb erscheinen ließ, über seine Stoffe. Von meinem einfachen Holzbett aus hörte ich ihn noch lange schnaufen und brummeln. Dann begann er plötzlich ganz leise zwischen den Zähnen die ersten Takte von Beethovens Hymne an die Freude zu pfeifen, als wolle er mir aus der Ferne sagen, daß die Liebe stets zurückfindet. Fast jeden Abend zur Stunde unserer früheren Diskussionen denke ich an ihn. Ich höre sein Schnaufen und jenes dumpfe Murmeln, das in den großen Gesang einmündete, in jene erhabenen Töne, die nun für immer verstummt sind.

Seit vierzehn Jahren ist er nun tot! Und ich bin nun über vierzig. Wenn ich ihn zu seinen Lebzeiten verstanden hätte, mein Herz und mein Geist hätten einen geraderen Weg eingeschlagen. Ich habe nicht aufgehört zu suchen. Jetzt, nach so vielen ermüdenden Bemühungen und gefährlichen Irrwegen, bin ich ihm wieder nahegekommen. Ich hätte viel früher die Neigung zu einem inneren Leben und die Liebe zur bewegten Welt in Einklang bringen können. Ich hätte viel früher und vielleicht zu einer Zeit, da ich noch im Vollbesitz meiner Kräfte war, eine Brücke zwischen der Mystik und dem modernen Geist schlagen können. Ich hätte mich als religiöser Mensch und gleichzeitig dem großen Schwung der Geschichte verbunden fühlen und viel früher zum Glauben, zur Nächstenliebe und zur Hoffnung finden können.

Dieses Buch ist das Ergebnis fünf Jahre währender Forschungen auf allen Gebieten des Wissens, an den Grenzen der Wissenschaft und der Überlieferung. Ich habe mich in dieses Unternehmen gestürzt, weil ich es nicht mehr aushielt, diese gegenwärtige und zukünftige Welt, die doch immerhin meine Welt ist, abzulehnen. Aber jede extreme Haltung schenkt auch eine Erweiterung der Sicht. Ich hätte schneller eine Verbindung zu meiner Epoche finden können. Aber möglicherweise habe ich dadurch, daß ich meinen eigenen Weg bis zu Ende gegangen bin, meine Zeit doch nicht unnütz vergeudet. Den Menschen widerfährt nicht das, was sie verdienen, sondern ihnen begegnet das, was ihnen gleicht. Lange Zeit habe ich, wie der Rimbaud meiner Jünglingsjahre es forderte, nach «der Wahrheit in einem Körper und einer Seele» gesucht. Ich habe sie nicht gefunden. Bei dieser Verfolgung der großen Wahrheit habe ich den Kontakt mit den kleinen Wahrheiten verloren, die aus mir gewiß nicht den Übermenschen gemacht hätten, der mir vorschwebte, aber doch einen besseren und einheitlicheren Menschen, als ich es bin. Trotzdem habe ich über das innere Verhalten des Geistes, über die verschiedenen möglichen Zustände des Bewußtseins, über das Gedächtnis und die Intuition wertvolle Einzelheiten erfahren, die ich sonst nie kennengelernt hätte und die mir später verstehen halfen, wie grandios und im wahrsten Sinne revolutionär der Beginn der neuen

Geisteshaltung ist; daß sich in ihm die Frage nach dem Wesen der Erkenntnis ausdrückt und zugleich das dringende Bedürfnis nach einer Art Transmutation des Verstandes.

Als ich aus meiner Yogi-Höhle hervorkroch, um einen Blick auf diese moderne Welt zu werfen, die ich verurteilte, ohne sie zu kennen, war ich betroffen von dem Wunder, das sich meinen Augen bot. Meine reaktionären Studien, die oft genug nur von Hochmut und Haß diktiert gewesen waren, hatten immerhin einen Vorteil gehabt: sie hatten mich daran gehindert, mich der schlechten Seite dieser Welt, nämlich dem alten Rationalismus des 19. Jahrhunderts, dem demagogischen Fortschrittsglauben, anzuschließen. Sie hatten mich weiterhin daran gehindert, diese Welt einfach aus dem Grunde, weil sie meine Welt war, als eine natürliche Tatsache hinzunehmen, sie, wie die meisten Menschen es tun, in einer Art halbwachen Bewußtseinszustandes zu akzeptieren. Meine Augen waren durch den langen Aufenthalt außerhalb meiner Zeit geschärft, und so erblickte ich in dieser Welt ebenso viele reale Wunder, wie die Welt der Überlieferung mir an eingebildeten Wundern geboten hatte. Mehr noch: das, was dieses Jahrhundert mich lehrte, veränderte und vertiefte meine Ansichten über den Geist der Alten Welt. Ich sah die alten Dinge mit neuen Augen, und ich hatte auch neue Augen, um die neuen Dinge wahrzunehmen.

Ich traf Jacques Bergier (über die näheren Umstände dieser Begegnung werde ich nachstehend berichten), als ich gerade mein Buch über den Kreis um Gurdjew [2] beendet hatte. Dieses Zusammentreffen, das ich nicht dem Zufall zuschreiben kann, war entscheidend für mich. Zwei Jahre hindurch war ich damit beschäftigt gewesen, eine esoterische Schule und meine eigenen Erfahrungen mit ihr zu beschreiben. In diesem Augenblick aber begann für mich ein neues Abenteuer, und es erschien mir richtig, dies meinen Lesern am Ende jenes ersten Buches mitzuteilen. Man möge mir verzeihen, wenn ich mich hier selber zitiere; mir liegen gewiß andere Dinge am Herzen, als die Aufmerksamkeit auf meine Bücher zu lenken. Ich erfand damals die Fabel vom Affen und dem Flaschenkürbis. Um einen lebenden Affen zu fangen, hängen die Neger einen mit Erdnüssen gefüllten Flaschenkürbis an eine Kokospalme. Der Affe kommt, greift in den Kürbis, nimmt die Erdnüsse und ballt die Hand zur Faust. Nun aber kann er die Hand nicht mehr zurückziehen. Das, was er ergriffen hat, hält ihn gefangen. Als ich Gurdjews Schule verließ, schrieb ich:

«Man soll die Früchte auf dem Grund des Kürbisses nur betasten und prüfen, sich dann aber geschmeidig zurückziehen. Ist eine gewisse Neugier gestillt, so sollte man seine Aufmerksamkeit wieder der Welt der Oberfläche zuwenden, auf der wir gegenwärtig sind, sollte man Freiheit und geistige Klarheit zurückgewinnen und seinen Weg fortsetzen auf dieser Erde der Menschen, der wir angehören. Was aber wiegt, das ist, zu erkennen, in welchem Maße der Weg des sogenannten ‹traditionellen› Denkens mit den Impulsen des gegenwärtigen Denkens wieder zusammentrifft. Die Physik, die Biologie und die mathematischen Wissenschaften heben an ihren äußersten Punkten heute wieder auf die Gegebenheiten der frühen Menschheitsüberlieferung ab, greifen gewisse Visionen vom Kosmos, von den Beziehungen zwischen Energie und Materie, zwischen der Freiheit und der Ganzheit des Wesens wieder auf, wie sie altüberkommene Visionen darstellen. Wenn man die Wissenschaften von heute ohne wissenschaftlichen Konformismus betrachtet, so stellt man fest, daß sie Zwiesprache halten mit den alten Magiern und Alchimisten, den letzten traditionellen ‹Wundertätern›. Eine Revolution vollzieht sich unter unseren Augen, und sie hat das Gesicht eines Wiederfindens, einer unverhofften Wiedervermählung zwischen der über den angehäuften Neueroberungen ihrer selbst verlustig gegangenen Vernunft und der seit langem vernachlässigten religiösen Intuition. Für den wirklich aufmerksamen Beobachter sind die Probleme, die sich für die heutige Erkenntnis stellen, keine Probleme des Fortschritts. Bereits vor Jahren ist die Idee des Fortschritts im Westen untergegangen. Es sind vielmehr Probleme einer radikalen Zustandsänderung, einer Umwandlung. In diesem Sinne gehen die auf die Wirklichkeit innerer Erfahrung lauschenden Menschen auf die Zukunft zu, Hand in Hand mit den fortschrittlichen Gelehrten, die den Anbruch einer Welt vorbereiten, welche kein gemeinsames Maß mehr hat mit der bedrückenden Übergangswelt, in der wir noch für eine kleine Weile leben.»

Genau das ist das Thema, das in dem vorliegenden umfangreichen

Buch entwickelt werden soll. Bevor man sich an seine Ausführung begibt, so sagte ich mir, muß man seine Gedanken weit nach rückwärts und weit nach vorwärts ausschicken, um so die Gegenwart zu verstehen. Ich stellte fest, daß die Menschen, die ich bis vor kurzem ablehnte, weil sie ganz einfach «modern» waren, mir auch jetzt nicht sympathischer wurden. Nur hatte ich sie aus einer falschen Einstellung heraus verurteilt. In Wirklichkeit sind sie deshalb verdammenswert, weil ihr Geist einem viel zu kleinen Zeitabschnitt verhaftet ist. Kaum haben sie angefangen zu existieren, so sind sie bereits wieder hinter ihrer Zeit zurück. Um wahrhaft gegenwärtig zu sein, muß man ein Zeitgenosse der Zukunft werden. Und selbst die fernste Vergangenheit noch läßt sich als Brandungswelle der Zukunft erkennen. Von dem Augenblick an, da ich begann, die Gegenwart zu befragen, wurden mir die erstaunlichsten und verheißungsvollsten Antworten zuteil.

James Blish, ein amerikanischer Schriftsteller, hat zum Ruhme Einsteins gesagt, dieser habe «Newton bei lebendigem Leibe verschlungen». Eine großartige Formulierung! Wenn unser Geist sich auf ein höheres Niveau der Lebensschau erheben will, muß er die niedrigeren Wahrheiten bei lebendigem Leibe verschlingen. So lautete die Gewißheit, die ich mir im Verlauf meiner Forschungen zu eigen machte. Das mag banal klingen, aber wenn man in Ideenkreisen gelebt hat, die, wie die Lehre Guénons und das System Gurdjews, Anspruch darauf erheben, die steilsten Gipfel zu erklimmen, und die voller Verachtung auf die meisten sozialen und wissenschaftlichen Tatsachen herabsehen, muß diese neue Denkart dem Geist und seinen Interessen eine neue Richtung weisen. Schon Platon sagte: «Die niedrigen Gegenstände müssen sich in den hohen Gegenständen wiederfinden, wenngleich in einem anderen Zustand.» Ich bin heute der Überzeugung, daß jede höhere Philosophie, in der die Tatsachen jenes Niveaus, von dem auszugehen sie vorgibt, nicht weiterleben, ein Betrug ist.

Darum habe ich mich aufgemacht und eine recht lange Reise durch die Gebiete der Physik, der Anthropologie, der Mathematik und der Biologie unternommen, bevor ich an den Versuch ging, mir einen Begriff vom Menschen, seiner Natur, seinen Möglichkeiten und seinem Schicksal zu bilden. Früher bemühte ich mich, den Menschen als Ganzes zu erfassen und zu verstehen, und ich verachtete die Wissenschaft. Ich ahnte, daß der menschliche Geist imstande ist, die höchsten Gipfel zu erreichen. Aber was wußte ich von seinen Unternehmungen im Bereich der Wissenschaft? Hatte er hier nicht einige jener Kräfte offenbart, an die zu glauben ich geneigt war? Ich sagte mir: man muß den scheinbaren Widerspruch zwischen Materialismus und Spiritualismus überwinden. Aber führte nicht gerade die wissenschaftliche Methode zu diesem Ergebnis? Und war es in diesem Fall nicht meine Pflicht, mich zu vergewissern? War dies nicht, wenn man es sich genau überlegte, eine für einen Abendländer des 20. Jahrhunderts viel vernünftigere Handlungsweise, als einen Pilgerstab zu ergreifen und barfuß nach Indien zu wandern? Und gab es nicht rings um mich unendlich viele Menschen und Bücher, bei denen ich mir Auskunft holen konnte? Mußte ich nicht zunächst einmal meinen eigenen Grund und Boden genauestens kennenlernen?

Wenn das wissenschaftliche Denken in seiner äußersten Entwicklung auf eine Überprüfung aller üblichen den Menschen betreffenden Begriffe hinauslief, so mußte ich mich darüber informieren. Und es kam noch ein anderer zwingender Grund hinzu. Jede Ansicht, die ich mir hinterher über das Schicksal des Geistes und den Sinn der Menschheitsgeschichte bildete, würde nur dann Gültigkeit besitzen, wenn sie der Richtung der modernen Erkenntnisse nicht zuwiderlief.

Wie ein Echo dieser Überlegung erschienen mir die Worte Oppenheimers:

«Wir leben heute in einer Welt, in der Dichter, Historiker und Philosophen voller Stolz erklären, sie dächten nicht einmal von fern an die Möglichkeit, irgendwelche die Wissenschaft betreffende Einzelheiten zu lernen: für sie steht die Wissenschaft am Ende eines Tunnels, der viel zu lang ist, als daß ein gewitzter Mann auch nur den Kopf hineinstecken wollte. Unsere Philosophie — sofern wir überhaupt eine haben — ist also einwandfrei anachronistisch und, davon bin ich überzeugt, unserer Epoche absolut unangemessen.»

Nun ist es aber für einen einigermaßen gebildeten Menschen, wenn er nur ernstlich will, keineswegs schwieriger, in das Denksystem der Kernphysik einzudringen, als die marxistische Wirtschaftslehre oder den Thomismus zu begreifen. Es ist nicht schwieriger, sich einen Überblick über die Theorie der Kybernetik zu verschaffen, als die Ursachen der chinesischen Revolution oder das poetische Gefühl bei Mallarmé zu analysieren. In Wirklichkeit sträubt man sich gegen diese Mühe nicht aus Angst vor der Anstrengung selber, sondern weil man ahnt, daß sie eine Veränderung der gesamten Denk- und Ausdrucksweise, eine Revision aller bisher als gültig übernommenen Werte mit sich bringen wird. «Und doch», fährt Oppenheimer fort, «sollten wir uns schon seit langem eine eingehendere Untersuchung der Natur des menschlichen Erkenntnisvermögens und der Beziehungen zwischen Mensch und Universum zur Aufgabe gestellt haben.» Ich machte mich also daran, im Schatz der modernen Wissenschaft und Technik zu wühlen, und ich verhielt mich dabei gewiß äußerst unerfahren. Ich ging mit einer Naivität und einem Staunen vor, die vielleicht gefährlich waren, aber zugleich geeignet, mich zu Vergleichen, Schlüssen und erhellenden Gedanken zu veranlassen. In jener Zeit fand ich zu gewissen Überzeugungen zurück, die die ungeheure Größe des menschlichen Geistes betrafen und die ich schon früher gehabt hatte, als ich die Welt von der Warte der Esoterik und der Mystik aus betrachtete. Aber diese Überzeugungen befanden sich jetzt gewissermaßen in einem anderen Zustand. Sie hatten die Formen und Werke des menschlichen Geistes meiner Zeit, der sich dem Studium der Realität widmete, «bei lebendigem Leibe verschlungen». Sie waren nicht mehr reaktionär, sie verminderten die Widersprüche, anstatt sie hervorzurufen. Entscheidende Gegensätze, wie der zwischen Materialismus und Spiritualismus, zwischen individuellem und kollektivem Leben, verschmolzen unter der Einwirkung hoher Hitzegrade miteinander. Und so waren sie nicht mehr Ausdruck einer Wahl und somit eines Bruchs, sondern Ausdruck eines Werdens, eines Weitergehens, einer Erneuerung: Ausdruck der Existenz.

Die raschen und scheinbar unzusammenhängenden Bewegungen der tanzenden Bienen zeichnen, wie man annimmt, genaue mathematische Figuren in die Luft und stellen eine Sprache dar. Ich träume davon, einen Roman zu schreiben, in dem sämtliche Begegnungen, die einem Menschen im Laufe seines Lebens widerfahren — seien sie nun flüchtig oder einschneidend, durch die Notwendigkeit bedingt oder durch das, was wir Zufall nennen — ebenfalls gewisse Figuren zeichnen, Rhythmen ausdrücken und somit das sein sollen, was sie vielleicht in Wahrheit sind: eine geschickt gegliederte, an eine Seele zum Zwecke ihrer Vollendung gerichtete Ansprache, von der diese im Verlaufe eines Lebens nur wenige unzusammenhängende Worte begreift.

Manchmal kommt es mir vor, als erfasse ich den Sinn dieses menschlichen Balletts um mich herum, als könne ich erraten, was man mir durch die Bewegungen der Wesen sagen will, die sich mir nähern, verweilen und sich entfernen. Doch dann verliere ich, genau wie alle anderen, wieder den Faden, bis sich mir die nächste erschütternde und doch fragmentarische Einsicht auftut.

Ich verließ den Kreis um Gurdjew. Eine enge Freundschaft verband mich mit André Breton. Durch ihn lernte ich René Alleau, den Historiker der Alchimie, kennen. Eines Tages, als ich für eine Zusammenstellung aktueller Aufsätze einen wissenschaftlichen Mitarbeiter suchte, brachte Alleau mich mit Bergier zusammen. Es handelte sich um eine reine Brotarbeit, und es war mir in diesem Fall wenig um die eigentliche Wissenschaft zu tun, gleichgültig, ob sie sich in populärer Form darbot oder nicht. Diese ganz zufällige Begegnung jedoch sollte auf lange Zeit richtungweisend für mein Leben werden. Dank ihr sammelten und ordneten sich alle die großen intellektuellen oder geistigen Einflüsse, die auf mich eingewirkt hatten, von Vivekananda zu Guénon, von Guénon zu Gurdjew, von Gurdjew zu Breton. Dank ihr fand ich schließlich in reifem Alter zu meinem Ausgangspunkt zurück: zu meinem Vater.

In fünf Jahren voller Studien und Überlegungen, in deren Verlauf unsere beiden so verschiedenen Geister doch ständig glücklich darüber waren, beieinander zu sein, haben wir, wie mir scheint, einen neuen und an Möglichkeiten reichen Standpunkt entdeckt. Wir taten das gleiche, was vor dreißig Jahren die Surrealisten auf ihre Weise getan hatten. Nur machten wir uns nicht wie sie in Richtung des Schlafs und des Unterbewußtseins auf die Suche, sondern wir gingen in die entgegengesetzte Richtung: wir wollten das Überbewußtsein und den Zustand eines höheren Wachseins erforschen. Wir hatten das, was wir da aufgebaut hatten, eine Schule genannt: die Schule des phantastischen Realismus. Diese Bezeichnung sollte in keiner Weise auf einen Hang zum Ungewöhnlichen, zu einem intellektuellen Exotismus, zum Barocken und Pittoresken hindeuten. «Der Reisende brach, vom Pittoresken getroffen, tot zusammen», sagt Max Jacob. Der phantastische Realismus sucht nicht das Exil. Er schürft nicht im Boden ferner Vorstädte der Realität. Im Gegenteil: er versucht, sich im Mittelpunkt eines Gebiets festzusetzen. Unserer Ansicht nach entdeckt der menschliche Geist, wenn er erst einmal in Bewegung geraten ist, das Phantastische mitten im Herzen der Realität, und dieses Phantastische drängt uns nicht etwa von der Wirklichkeit ab, sondern fesselt uns im Gegenteil noch stärker an sie.

Es ist nur einem Mangel an Vorstellungsvermögen zuzuschreiben, wenn Literaten und Künstler das Phantastische außerhalb der Realität, in den Wolken, suchen. Sie können sich auf diese Weise nur ein Nebenprodukt einhandeln. Das Phantastische muß man, wie alle kostbaren Stoffe, den Eingeweiden der Erde selbst, also dem Realen, entreißen. Und die echte Einbildungskraft ist alles andere als eine Flucht ins Irreale. «Keine Fähigkeit des Geistes dringt tiefer ein als die Einbildungskraft: sie ist eine große Taucherin.»

Im allgemeinen bezeichnet man das Phantastische als eine Verletzung der Naturgesetze, als das Sichtbarwerden des Unmöglichen. Für uns hat es nichts von alledem an sich. Das Phantastische ist im Gegenteil eine Manifestation der Naturgesetze, das Ergebnis eines Kontakts mit der Realität, sofern diese direkt erfaßt und nicht nur durch den Schleier des intellektuellen Schlummers, der Gewohnheiten, der Vorurteile, der Konformismen sichtbar wird.

Die moderne Wissenschaft lehrt uns, daß hinter dem einfachen Sichtbaren das komplizierte Unsichtbare steht. Ein Tisch, ein Stuhl, der gestirnte Himmel sind in Wirklichkeit etwas völlig anderes als die Idee, die wir uns von ihnen machen: sie sind kreisende Systeme, aufgehobene Energien usw. Das hat auch Valéry gemeint, als er sagte, daß im modernen Bewußtsein «das Wunderbare und das Positive ein erstaunliches Bündnis geschlossen haben». Uns ist nun klargeworden, und es wird, wie wir hoffen, in unserem Buch auch dem Leser klarwerden, daß dieses Bündnis zwischen dem Wunderbaren und dem Positiven nicht allein auf den Gebieten der Mathematik und der Naturwissenschaften Gültigkeit hat. Was für diese Wissenschaften wahr ist, das ist zweifellos auch verbindlich für alle anderen Disziplinen: für die Anthropologie zum Beispiel oder für die Geschichte der Gegenwart, für die Individualpsychologie oder die Soziologie. Was für die Naturwissenschaften gilt, das gilt vermutlich auch für die Geisteswissenschaften: Um zu diesem Schluß gelangen zu können, gilt es jedoch große Schwierigkeiten zu überwinden. Einerseits haben sich sämtliche Vorurteile, einschließlich derer, die man heute aus den exakten Wissenschaften ausgeräumt hat, in die Geisteswissenschaften geflüchtet. Und andererseits haben sich die Forscher auf einem bestimmten ihnen nahen und erregenden Gebiet bemüht, alles in ein einziges System zu pressen, um endlich einmal Klarheit zu haben: Freud erklärt alles, das *Kapital* von Marx erklärt alles usw. Wir sprachen von Vorurteilen, aber wir sollten lieber «Aberglauben» sagen. Es gibt alten und modernen Aberglauben. Für gewisse Leute ist keine Zivilisationserscheinung erklärbar, wenn man am Anfang aller Kulturen nicht die Existenz von Atlantis als gegeben annimmt. Für andere genügt der Marxismus, um das Phänomen Hitler zu erklären. Manche sehen in jedem Genie Gott, andere wieder sehen nur den Sexus. Jede menschliche Geschichte ist die Geschichte eines Templerordens, sofern sie nicht hegelianisch ist. Unsere Aufgabe besteht also darin, das Bündnis zwischen dem Wunderbaren und dem Positiven im Einzelmenschen wie in der menschlichen Gesellschaft sozusagen im Rohzustand sichtbar zu machen. In der modernen Biologie, der Physik und der Mathematik ist dies längst geschehen; hier spricht man ganz offen und einfach vom «absoluten Anderswo», von «verbotenem Licht» und von «Quantenzahlen der Seltsamkeit».

«Im kosmischen Maßstab (so lehrt uns die moderne Physik) hat nur das Phantastische eine Chance, wahr zu sein», sagt Teilhard de Chardin. Unserer Ansicht nach jedoch muß auch das menschliche Phänomen mit kosmischem Maßstab gemessen werden. Genau das sagen die ältesten Texte der Weisen. Und unsere eigene Zivilisation, die angefangen hat, Raketen zu anderen Planeten abzuschießen, und Kontakt mit den Intelligenzen anderer Welten aufnehmen möchte, sagt nichts anderes. Unser Standpunkt ist also einfach der von Menschen, die Zeugen der Ereignisse ihrer Zeit sind.

Genau gesehen ist unsere Absicht, den phantastischen Realismus der exakten Wissenschaften auch in die Geisteswissenschaften einzuführen, keineswegs neuartig. Auch die Idee, die Methoden der Mathematik auf andere Wissenschaften anzuwenden, war an sich keineswegs umwälzend, und doch hat sie zu ganz neuen und sehr wesentlichen Ergebnissen geführt. Die Idee, daß das Universum möglicherweise nicht dem entspricht, was man darüber weiß, war nicht neu; aber man sehe sich an, wie Einstein durch ihre Anwendung alle bisherigen Prinzipien ins Wanken gebracht hat.

Es ist selbstverständlich, daß diese auf unserer Methode aufgebaute Arbeit, die wir mit einem Maximum an Redlichkeit und einem Minimum an Naivität abzufassen bemüht waren, mehr Fragen als Antworten erbringen muß. Eine Arbeitsmethode ist kein Denksystem. Wir glauben nicht, daß irgendein System, so geistreich es auch sein mag, die Gesamtheit des Lebens, die uns beschäftigt, vollständig zu erhellen·vermag. Man kann den Marxismus immer wieder durchkneten, und man wird doch nie die Tatsache erklären können, daß Hitler sich verschiedene Male voller Schrecken bewußt wurde, daß das unbekannte Größere ihm erschienen war. Und man kann die Medizin vor Pasteur nach allen Richtungen drehen und wenden, man wird nirgends auf den Gedanken stoßen, daß die Krankheiten durch Lebewesen hervorgerufen werden, die·so klein sind, daß sie dem menschlichen Auge unsichtbar bleiben. Es ist dennoch möglich, daß es auf alle Fragen, die wir aufwerfen, eine globale und endgültige Antwort gibt — nur haben wir sie noch nicht gehört. Nichts ist ausgeschlossen, weder das Ja noch das Nein. Wir haben keinen Guru entdeckt, wir sind nicht die Jünger eines neuen Messias, wir haben keine Doktrin aufgestellt. Wir haben uns ganz einfach bemüht, dem Leser die größtmögliche Anzahl von Türen zu öffnen, und da die meisten von ihnen nach innen aufgehen, sind wir zurückgetreten, um ihn einzulassen.

Ich wiederhole: das Phantastische ist in unseren Augen nicht gleichbedeutend mit dem Eingebildeten. Untersucht man jedoch die Realität mit Hilfe der Einbildungskraft, so entdeckt man, daß die Grenze zwischen dem Wunderbaren und dem Positiven oder, wenn man so will, zwischen der sichtbaren und der unsichtbaren Welt eine sehr dünne Linie ist. Vielleicht gibt es neben der unseren noch eine oder mehrere andere Welten. Wir hätten diese Arbeit wahrscheinlich nicht in Angriff genommen, wenn wir bei bestimmten Gelegenheiten im Verlauf unseres Lebens nicht schon ganz real und körperlich mit einer anderen Welt in Berührung gekommen wären. Bergier hat es in Mauthausen erlebt. Mir ist es, allerdings in einem anderen Grad, bei Gurdjew zugestoßen. Die Umstände waren in beiden Fällen durchaus verschieden, die wesentliche Tatsache hingegen ist die gleiche.

Der amerikanische Anthropologe Loren Eiseley, dessen Gedankengänge den unseren sehr ähnlich sind, erzählt eine schöne Geschichte, die genau das ausdrückt, was ich meine:

«Die Begegnung mit einer anderen Welt ist nicht allein ein Produkt der Phantasie. Sie kann einem Menschen zustoßen. Oder auch einem Tier. Zuweilen verschieben sich die Grenzen oder durchdringen einander, und es genügt, wenn man in diesem Augenblick gegenwärtig ist. Ich habe gesehen, wie ein Rabe es erlebt hat. Dieser Rabe ist mein Nachbar. Ich habe ihm nie auch nur das geringste angetan, aber er legt trotzdem Wert darauf, sich nur auf die obersten Zweige der Bäume zu setzen, sehr hoch zu fliegen und jeden Kontakt mit der Menschenwelt zu vermeiden. Seine Welt beginnt dort, wo für meine schwachen Augen die Grenze ist. Eines Morgens nun war unsere ganze Gegend in einen außergewöhnlich dichten Nebel gehüllt, und ich tastete mich in Richtung auf den Bahnhof durch die Straßen. Plötzlich tauchten in Höhe meiner Augen zwei riesige schwarze Flügel auf und davor ein ungeheurer Schnabel. Die Erscheinung sauste wie ein Blitz vorüber und stieß dabei einen Schreckensschrei aus, der so furchtbar war, daß ich nur hoffe, nie wieder etwas Derartiges hören zu müssen. Dieser Schrei verfolgte mich den ganzen Nachmittag. Ich ertappte mich dabei, daß ich in den Spiegel sah und mich fragte, was ich denn so Entsetzliches an mir habe . . .
Endlich verstand ich. Die Grenze zwischen unseren beiden Welten hatte sich infolge des Nebels verschoben. Dieser Rabe, der glaubte, in der üblichen Höhe zu fliegen, hatte plötzlich ein erschütterndes Bild wahrgenommen, das für ihn den Gesetzen der Natur zuwiderlief. Er hatte einen Menschen gesehen, der in der Luft ging, mitten in der Welt der Raben. Ihm war eine Manifestation des absolutesten Widerspruchs begegnet, die für einen Raben denkbar ist: ein fliegender Mensch . . .
Wenn er jetzt von oben meiner ansichtig wird, stößt er kleine Schreie aus, und ich erkenne in diesen Schreien die Unsicherheit eines Geistes, dessen Weltgefühl erschüttert ist. Er ist kein Rabe mehr wie die anderen und wird es nie wieder sein können . . .»

Dieses Buch ist kein Roman, obgleich seine Absicht romanhaft sein mag. Es gehört auch nicht zur Gattung der Science-Fiction, obgleich gewisse Mythen, aus denen diese Gattung ihre Stoffe bezieht, darin gestreift werden. Es ist keine Sammlung bizarrer Tatsachen, obgleich der Poesche «Engel des Bizarren» sich zwischen seinen Seiten recht zu Hause fühlen mag. Und es ist auch kein wissenschaftlicher Beitrag, kein Kompendium einer bisher unbekannten Lehre, kein Zeugenbericht, keine Dokumentensammlung. Es enthält keine Nutzanwendung. Es ist der stellenweise legendenhaft ausgeschmückte und stellenweise nüchtern exakte Bericht über eine erste Reise in bisher kaum erforschte Bereiche des Wissens. Wie in den Schiffstagebüchern der Renaissance mischen sich auch in ihm Märchen und Wahrheit, kühne Spekulation und exakte Beobachtung. Uns standen weder die Mittel noch die Zeit zur Verfügung, um unsere Forschungen mit letzter Gründlichkeit durchzuführen. Wir können nur Hypothesen aufstellen und Skizzen von den Verbindungswegen zwischen den einzelnen Gebieten anfertigen, die im Augenblick noch unberührter Boden sind. Wir haben nur einige kurze Streifzüge durch diese Bezirke unternommen. Wenn sie erst einmal genauer erforscht sind, wird man zweifellos bemerken, daß viele unserer Behauptungen ebenso phantastisch übertrieben waren wie die Berichte Marco Polos. Das ist eine Möglichkeit, die wir gern anerkennen. «In dem Schmöker von Pauwels und Bergier steht eine Menge Unsinn», wird man sagen. Doch wenn dieser Schmöker andere dazu angeregt hat, sich selbst auf den Weg zu machen und gründlicher nachzuforschen, haben wir unseren Zweck erreicht.

Wir könnten dasselbe schreiben wie Fulcanelli, als er versuchte, das Geheimnis der Kathedralen zu ergründen und zu erläutern:

> «Wir möchten es dem Leser überlassen, selbst alle nützlichen Vergleiche zu ziehen, die einzelnen Lesarten in Einklang zu bringen und die in diesen rätselhaften Fragmenten mit legendären Allegorien vermischte positive Wahrheit herauszufinden.»

Trotzdem haben wir die Tatsachen unseres Berichts weder verborgenen Meistern noch versteckten Büchern noch irgendwelchen Geheimarchiven entnommen. Unser Material ist umfangreich, aber jedermann zugänglich. Um unser Buch nicht übermäßig zu belasten, haben wir es vermieden, allzu viele Hinweise, Fußnoten und bibliographische Angaben einzufügen. Wir haben manchmal Bilder und Allegorien gebraucht, und zwar lediglich um der größeren Deutlichkeit willen, nicht etwa aus einem Hang zum Geheimnisvollen, der bei den Esoterikern so ausgeprägt ist, daß wir in diesem Zusammenhang immer wieder an den Dialog aus einem Film der Marx Brothers erinnert werden:

«Hör mal, im Nachbarhaus ist ein Schatz vergraben.»
«Wieso? Wir haben doch gar kein Nachbarhaus.»
«Na gut, dann bauen wir eben eins!»

Jacques Bergier hat, wie ich bereits sagte, wesentlichen Anteil am Entstehen dieses Buches, nicht nur hinsichtlich seiner allgemeinen Theorie, die sich als Frucht unserer gemeinsamen Überlegungen ergab, sondern auch hinsichtlich seiner Dokumentation. Jeder, der diesen Mann mit dem übermenschlichen Gedächtnis, der verzehrenden Wißbegierde und — was noch seltener ist — der beständigen geistigen Präsenz einmal kennengelernt hat, wird mir ohne weiteres glauben, wenn ich sage, daß Bergier mir in fünf Jahren eine zwanzigjährige intensive Lektüre erspart hat. In diesem unerhörten Gehirn steht eine riesige Bibliothek gewissermaßen stets zur Verfügung, und er bewerkstelligt die Auswahl, die Einordnung und die Herstellung der kompliziertesten Verbindungen geradezu mit Elektronengeschwindigkeit. Das Erlebnis dieses rastlos arbeitenden Geistes bewirkte bei mir stets eine Steigerung all meiner Fähigkeiten, ohne die mir der Entwurf und die Niederschrift dieses Buches unmöglich gewesen wären.

In einem Büro in der Rue de Berri, das ein Verleger uns liebenswürdigerweise zur Verfügung gestellt hatte, sammelten wir eine große Anzahl von Büchern, Zeitschriften, Berichten und Zeitungen in allen Sprachen und diktierten einer Sekretärin Tausende von Notizen, Zitaten, Übersetzungen und Randbemerkungen. Jeden Sonntag setzten wir bei mir in Mesnil-le-Roi unser Gespräch und unsere Lektüre fort, und ich notierte mir noch in derselben Nacht alle wesentlichen Gedanken und Einfälle, die sich daraus ergeben hatten, sowie Hinweise auf weitere Forschungen, die sich als nötig erwiesen. Fünf Jahre hindurch saß ich jeden Morgen schon bei Sonnenaufgang an meinem Schreibtisch, da ich im Laufe des Tages noch eine lange Reihe von Arbeitsstunden zu absolvieren hatte. So wie die Dinge in dieser Welt, der wir uns ja nicht entziehen wollen, nun einmal liegen, ist die Zeitfrage im wesentlichen eine Energiefrage. Um jedoch unser Unternehmen wirklich durchzuführen, hätte es weiterer zehn Jahre, großer Summen und eines umfangreichen Arbeitsteams bedurft. Sollten wir eines Tages über einiges Geld verfügen, so wäre es unser Wunsch, eine Art Institut ins Leben zu rufen, in dem die in diesem Buch nur flüchtig angeschnittenen Fragen näher untersucht würden. Ich hoffe, daß die nachstehenden Seiten uns bei der Verwirklichung dieses Plans weiterhelfen werden. Denn «die Idee, die nicht Wort zu werden sucht, ist», wie Chesterton sagt, «eine schlechte Idee, und das Wort, das nicht Tat zu werden sucht, ist ein schlechtes Wort».

Der großen Seele, dem heißen Herzen meines wahren Vaters, des Schneiders Gustave Bouju. In memoriam.

L. P.

Erster Teil
Vergangene Zukunft

1 *Hinweis für den gehetzten Leser — Ein Rücktrittsgesuch im Jahre 1875 — Wie das 19. Jahrhundert seine Pforten schloß — Das Ende der Wissenschaften und die Verdrängung des Phantastischen — Poincarés Verzweiflung — Wir sind unsere eigenen Urgroßväter*

Wie sollte ein intelligenter Mensch sich heutzutage nicht gehetzt fühlen? «Stehen Sie auf, mein Herr, Sie haben noch viel zu leisten!» Aber man muß immer früher und früher aufstehen. Die Maschinen, mit denen wir sehen, hören, denken, uns erinnern, phantasieren, müssen auf immer höheren Touren laufen. Unser bester Leser, der, der uns am liebsten ist, wird in zwei oder drei Stunden mit uns fertig sein. Ich kenne Menschen, die in zwanzig Minuten mit einem Maximum an Gewinn hundert Seiten über Mathematik, Philosophie, Geschichte oder Archäologie lesen können. Die Schauspieler lernen, ihre Stimme «einzuteilen». Wer wird uns lehren, unsere Aufmerksamkeit einzuteilen? Ich gehöre, was diese Arbeit betrifft, nicht zu den Schriftstellern, die ihre Leser so lange wie möglich bei sich behalten, sie sozusagen in ihren Armen wiegen wollen. Nichts für den Schlummer, alles für das Erwachen! Schnell, nehmen Sie, was Sie haben wollen, und gehen Sie wieder! Es gibt draußen noch so viel zu tun! Überspringen Sie nötigenfalls ganze Kapitel, fangen Sie da an, wo Sie wollen, lesen Sie diagonal: dieses Buch ist ein Instrument, das sich zu vielfältigem Gebrauch eignet, so etwas wie ein Taschenmesser für Camping-Reisende. Wenn Sie zum Beispiel befürchten, zu spät zu den Gegenständen zu gelangen, die Sie interessieren, überspringen Sie ruhig die ersten Seiten. Lassen Sie sich nur rasch mitteilen, daß in ihnen gezeigt wird, wie das 19. Jahrhundert vor der phantastischen Realität des Menschen, der Erde und des Universums seine Pforten verschloß und wie das 20. Jahrhundert sie jetzt wieder zu öffnen beginnt, daß jedoch unsere Moral, unsere Philosophie und Soziologie, die eigentlich der Zukunft geöffnet sein sollten, dies nicht sind, sondern noch immer mit den Begriffen des verflossenen 19. Jahrhunderts arbeiten. Die Brücke zwischen der Epoche des Hinterladers und dem Raketenzeitalter ist noch nicht geschlagen — aber man denkt allmählich daran, es zu tun. Der Zweck unseres Buches ist, diesen Gedanken zu intensivieren. Wir fühlen uns gedrängt, wir sind ungeduldig, und nicht die Vergangenheit ist es, über die wir weinen, sondern die Gegenwart. Das wäre es. Sie wissen jetzt genug, um nötigenfalls diese ersten Seiten zu überschlagen und erst hinten weiterzulesen.

Die Geschichte hat seinen Namen nicht bewahrt, und das ist schade. Er war Direktor des amerikanischen *Patent Office,* und er war es, der die Sturmglocke läutete. Im Jahre 1875 reichte er beim Handelsminister sein Rücktrittsgesuch ein. Warum soll ich noch länger auf meinem Posten bleiben? fragte er darin. Es gibt nichts mehr zu erfinden.

Zwölf Jahre später, 1887, schrieb der große Chemiker Marcelin Berthelot: «Die Welt ist von nun an ohne Geheimnis.» Um zu einem zusammenhängenden Weltbild zu gelangen, hatte die Wissenschaft reinen Tisch gemacht. Perfektion durch Auslassung. Die Materie setzte sich aus einer bestimmten Anzahl von Elementen zusammen, die außerstande waren, sich umzubilden. Doch während Berthelot in seiner gelehrten Abhandlung alle alchimistischen Träumereien energisch zurückwies, fuhren die Elemente, die hiervon nichts wußten, munter fort, sich unter der Einwirkung der Radioaktivität zu verändern. Bereits im Jahre 1852 hatte Reichenbach dieses Phänomen beschrieben, doch seine Behauptungen waren schroff zurückgewiesen worden. Arbeiten aus dem Jahre 1870 sprechen von einem «vierten Zustand der Materie», der bei der Explosion in den Gasen beobachtet worden war. Aber es galt, alles Geheimnisvolle zu verdrängen. Verdrängung: das ist das richtige Wort. Man sollte an gewissen Gedankengängen des 19. Jahrhunderts eine psychoanalytische Untersuchung vornehmen.

Ein Deutscher namens Graf Zeppelin, der als junger Offizier am amerikanischen Sezessionskrieg teilgenommen hatte, versuchte viele Jahre später die französische Industrie für die Herstellung lenkbarer Luftballone zu interessieren. «Sie Unglücksrabe», sagte man ihm. «Wissen Sie denn nicht, daß es drei Gegenstände gibt, über die die französische Akademie der Wissenschaften keine Memoranda entgegennimmt: die Quadratur des Kreises, der Tunnel unter dem Ärmelkanal und die Konstruktion lenkbarer Luftballons?» Ein anderer Deutscher, Hermann Ganswindt, machte den Vorschlag, fliegende Maschinen zu bauen, die schwerer waren als die Luft und durch Raketen angetrieben werden sollten. Auf das fünfte Manuskript Ganswindts schrieb der deutsche Kriegsminister, nachdem er den Rat seiner Techniker eingeholt hatte, mit der ganzen ihm eigenen Liebenswürdigkeit: «Wann wird dieser Unglücksvogel wohl endlich verrecken!»

Auch die Russen entledigten sich ihrerseits eines Unglücksvogels: sie ließen Nikolaj Kibaltschitsch, der sich ebenfalls für den Bau fliegender Maschinen mit Raketenantrieb eingesetzt hatte, durch ein Exekutionskommando erschießen. Allerdings muß hinzugefügt werden, daß Kibaltschitsch seine technischen Kenntnisse dazu benutzt hatte, eine Bombe herzustellen, die Kaiser Alexander II. in Stücke riß. Nimmt man jedoch den Fall des amerikanischen Professors Langley von der *Smithsonian Institution,* der vorschlug, fliegende Maschinen mit den neuen Explosionsmotoren zu konstruieren, so muß man zugeben, daß nicht der geringste Grund vorlag, ihn an den Schandpfahl zu stellen. Trotzdem entehrte man ihn, ruinierte ihn und jagte ihn aus der *Smithsonian Institution.* Professor Simon Newcomb bewies mathematisch die Unmöglichkeit, daß ein Gegenstand, der schwerer ist als die Luft, in der Luft schweben kann. Einige Monate vor dem Tode Langleys, der vor Kummer starb, kam eines Tages ein kleiner englischer Junge schluchzend aus der Schule nach Hause. Er hatte seinen Kameraden das Foto einer Skizze gezeigt, die Langley seinem Vater geschickt hatte. Er hatte gesagt, daß die Menschen eines Tages fliegen können würden. Die Kinder hatten sich darüber lustig gemacht, und der Lehrer hatte gesagt: «Aber mein Junge, ist dein Vater denn ein Narr?» Der sogenannte Narr hieß Herbert George Wells.

So wurden also sämtliche Türen mit einem harten Knall zugeschlagen. Es blieb einem wirklich nichts mehr übrig, als seinen Abschied zu nehmen, und Brunetière konnte im Jahre 1895 mit gutem Recht von einem «Konkurs der Wissenschaft» sprechen. Zur gleichen Zeit erklärte der berühmte Professor Gabriel Lippmann einem seiner Schüler, die Physik sei völlig erledigt, eingeordnet und abgelegt, und man täte besser daran, sich anderen Gebieten zuzuwenden. Der besagte Schüler hieß Helbronner, und er sollte der erste Professor für Physikochemie in Europa werden und bedeutende Entdeckungen über flüssige Luft, die ultravioletten Strahlen und die kolloiden Metalle machen. Moissan, ein genialer Chemiker, wurde gezwungen, öffentlich Selbstkritik zu üben und zu erklären, daß er keine Diamanten hergestellt habe und daß er einem experimentellen Irrtum zum Opfer gefallen sei. Wozu noch weiterforschen? Die Wunder des Jahrhunderts waren die Dampfmaschine und die Gaslampe, nie würde die Menschheit eine größere Erfindung machen. Die Elektrizität? Eine einfache technische Spielerei. Ein verrückter Engländer mit Namen Maxwell hatte behauptet, man könne mit Hilfe der Elektrizität unsichtbare Lichtstrahlen produzieren: nicht ernst zu nehmen. Einige Jahre später konnte Ambrose Bierce in seinem *Devil's Dictionary* schreiben: «Man weiß nicht, was die Elektrizität ist, aber auf jeden Fall leuchtet sie heller als ein Dampfroß und läuft schneller als eine Gaslaterne.»

Was die Energie betraf, so war sie eine von der Materie vollkommen unabhängige Einheit und barg keinerlei Geheimnisse. Sie setzte sich aus Strömen zusammen. Diese Ströme erfüllten alles, ließen sich durch Gleichungen von großer formaler Schönheit ausdrücken und befriedigten den Geist: es gab den elektrischen Strom, den Lichtstrom, den Wärmestrom usw. Ein durchaus einleuchtender Aufbau: die Materie mit ihren drei Zuständen (fest, flüssig, gasförmig) und die verschiedenen Energieströme, die noch feiner waren als die Gase. Um sich ein «wissenschaftliches» Weltbild zu bewahren, genügte es, die aufkommenden Theorien über das Atom als philosophische Träumereien abzulehnen. Man war noch weit entfernt von den Energiekorpuskeln Plancks und Einsteins.

Der Deutsche Clausius bewies, daß eine andere Energiequelle als das Feuer nicht denkbar sei. Und was die Energie an Quantität bewahrt, verliert sie an Qualität. Die Welt ist früher einmal aufgezogen worden wie eine Uhr. Wenn ihre Feder sich entspannt hat, wird sie stehenbleiben. Das ist sicher, und man braucht sich auf keine Überraschung gefaßt zu machen. In dieser Welt, deren Schicksal voraussehbar ist, war durch Zufall das Leben entstanden und hatte sich durch das einfache Verfahren der natürlichen Auslese weiterentwickelt. Der endgültige Gipfelpunkt dieser Entwicklung: der Mensch. Ein mechanisches und chemisches Gebilde, begabt mit einer Illusion: dem Bewußtsein. Unter der Wirkung dieser Illusion hatte der Mensch den Raum und die Zeit erfunden: Blickpunkte des Geistes. Wenn man einem offiziellen Forscher des 19. Jahrhunderts gesagt hätte, daß die Physik sich eines Tages des Raums und der Zeit bemächtigen und experimentell die Krümmung des Raums und die Kontraktion der Zeit untersuchen werde, so hätte dieser die Polizei gerufen. Der Raum und die Zeit besitzen keine reale Existenz. Sie sind variable Größen des Mathematikers und Gegenstand müßiger Überlegungen der Philosophen. Der Mensch kann mit diesen Größen in keine wie auch immer geartete Beziehung treten. Trotz der Arbeiten Charcots, Breuers und Hyslops muß man den Gedanken einer außersensorischen oder extratemporären Wahrnehmung voller Verachtung zurückweisen. Nichts Unbekanntes in der Welt, nichts Unbekanntes im Menschen.

Es war also vollkommen sinnlos, an eine Erforschung der inneren Welt zu denken. Eine Tatsache jedoch warf der Simplifizierung Steine in den Weg: das Phänomen der Hypnose machte von sich reden. Der naive Flammarion, der zweifelhafte Edgar Poe und der verdächtige H. G. Wells interessierten sich dafür. Doch so unglaublich uns dies heute auch erscheinen mag, das offizielle 19. Jahrhundert erklärte einfach, es gebe keine Hypnose. Der Patient hat die Neigung, zu lügen und zu simulieren, um dem Hypnotiseur einen Gefallen zu tun. Das stimmt allerdings. Aber seit Freud und Morton Price weiß man, daß eine Persönlichkeit gespalten sein kann. Auf Grund exakter Untersuchungen war dieses Jahrhundert dazu gelangt, eine Art negativer Mythologie zu schaffen, jede Spur des Unbekannten im Menschen zu tilgen, jeden Verdacht eines Geheimnisses zu verdrängen.

Auch die Biologie hatte ihre Arbeit abgeschlossen. Claude Bernard hatte ihre Möglichkeiten erschöpft, und man war zu dem Ergebnis gekommen, daß das Gehirn den Gedanken absondert wie die Leber die Gallenflüssigkeit. Zweifellos würde es auch noch gelingen, dieses Sekret genauer zu untersuchen und entsprechend den hübschen, von Berthelot unsterblich gemachten Hexagon-Arrangements seine chemische Formel aufzuzeichnen. Wenn man erst wußte, wie die Kohlenstoff-Hexagone sich formieren müssen, um den Geist entstehen zu lassen, würde die letzte Seite im Buch der Wissenschaft umgewendet sein. Man soll uns nur ernsthaft arbeiten lassen! Ins Irrenhaus mit allen Narren! An einem schönen Morgen des Jahres 1898 erklärte ein ehrenwerter Herr der Gouvernante seiner Kinder, sie dürfe diesen keinesfalls die Bücher Jules Vernes zu lesen geben, da die falschen Ideen dieses Autors in den jugendlichen Köpfen Unheil anrichten könnten. Der ehrenwerte Herr hieß Edward Branly. Er hatte sich gerade entschlossen, seine zwecklosen Untersuchungen über die Wellentheorien aufzugeben und sich als praktischer Arzt niederzulassen.

Der Gelehrte muß abdanken. Aber er muß auch die «Abenteurer», d. h. die Leute, die nachdenken, die träumen, die ihre Phantasie spielen lassen, verdammen und vernichten. Berthelot greift die Philosophen an, die «in der einsamen Kampfbahn der abstrakten Logik mit ihrem eigenen Gespenst fechten» (eine hübsche Beschreibung Einsteins!). Und Claude Bernard erklärt: «Ein Mann, der die einfachste Tatsache entdeckt, ist nützlicher als der größte Philosoph der Welt.» Wahre Wissenschaft kann nur Experimentalwissenschaft sein. Außerhalb dieses Gebiets ist kein Heil zu finden. Schließen wir die Pforten. Kein Mensch wird je den Riesen gleichkommen, die die Dampfmaschine erfunden haben.

In dieser organisierten, leicht verständlichen und doch zum Untergang verdammten Welt hatte der Mensch an seinem ihm zugewiesenen Platz als Epiphänomenon, als eine für den Ablauf des Naturgeschehens unwesentliche Begleiterscheinung, zu bleiben. Kein Raum für Utopien, kein Raum für Hoffnungen. Der fossile Brennstoff würde in ein paar Jahrhunderten erschöpft sein, und dann würden die Kälte und der Hungertod kommen. Nie wird ein Mensch fliegen, nie wird er sich durch den Weltraum bewegen. Und noch ausgeschlossener ist es, daß er je auf den Grund der Meere hinabtauchen wird. Wie sonderbar, daß man ihm auch die Möglichkeit abstritt, die Meerestiefen zu besuchen! Die Technik war im 19. Jahrhundert immerhin so weit fortgeschritten, daß nichts dem Bau des *Bathyskaph*, der Tauchgondel Professor Piccards, im Wege gestanden hätte. Nichts als eine ungeheure Scheu, nichts als das ängstliche Bemühen des Menschen, nur ja «an seinem Platz» zu bleiben.

Turpin, der das Melinit erfindet, sieht sich prompt eingesperrt. Die Erfinder der Explosionsmotoren sind entmutigt, und man versucht zu beweisen, daß die durch Elektrizität angetriebenen Maschinen nur Formen des Perpetuum mobile sind. Es ist die Epoche, in der die großen Erfinder isoliert dastehen, verfolgt werden und zu Rebellen werden müssen. Hertz schreibt an die Dresdner Handelskammer, man solle doch die weiteren Forschungen über die Transmission der Hertzschen Wellen aufgeben, da eine praktische Verwendung nicht möglich sei. Die Sachverständigen Napoleons III. beweisen, daß der von dem Belgier Gramme konstruierte Dynamo sich niemals drehen werde.

Was die ersten Automobile, das Unterseeboot, das lenkbare Luftschiff und das elektrische Licht (eine Gaunerei dieses verdammten Edison!) betrifft, so lassen die gelehrten Akademien sich deswegen nicht aus der Ruhe bringen. Aber es gibt ein unsterbliches Dokument: den Bericht über die erstmalige Vorführung eines Grammophons in der Akademie der Wissenschaften zu Paris. «Kaum hatte die Maschine die ersten Worte von sich gegeben», so heißt es darin, «als der Herr Sekretär der Akademie sich auf den Betrüger stürzte und ihm mit eiserner Hand die Gurgel zudrückte. ‹Da seht ihr's!› rief er seinen Kollegen zu. Zum allgemeinen Erstaunen jedoch redete die Maschine weiter.»

Unterdessen bereiten große Geister, die aufs äußerste erzürnt sind, insgeheim die größte Revolution des Wissens vor, die der «historische» Mensch erlebt hat. Zur Stunde jedoch sind noch alle Wege versperrt.

Versperrt nach vorn und hinten. Man will nichts wissen von den fossilen Überresten vormenschlicher Wesen, die jetzt in größeren Mengen gefunden werden. Hat der große Heinrich von Helmholtz nicht bewiesen, daß die Sonne ihre Energie aus ihrer eigenen Kontraktion bezieht, das heißt also aus der einzigen Energiequelle, die neben der Verbrennung in der Welt existiert? Und geht aus seinen Berechnungen nicht klar hervor, daß uns im Höchstfall hunderttausend Jahre von dem Entstehungsdatum der Sonne trennen? Wie hätte sich dann eine so lange Entwicklung vollziehen können? Und außerdem, wer wird je eine Möglichkeit finden, die Vergangenheit der Welt datenmäßig festzulegen? Während der kurzen Zeitspanne zwischen zwei Zuständen der Nichtexistenz sollten wir kleinen Epiphänomena doch vernünftig bleiben. Tatsachen, bitte, Tatsachen!

Da die Untersuchungen über die Materie und die Energie kaum unterstützt werden, schlagen die Gelehrten einen anderen Weg ein, der sich jedoch als Sackgasse erweist: sie interessieren sich für den Äther. Der Äther ist jenes Element, das die gesamte Materie durchdringt und den Lichtwellen sowie den elektromagnetischen Wellen als Träger und Stütze dient. Er ist gleichzeitig unendlich fest und unendlich fein. Lord Rayleigh, der Ende des 19. Jahrhunderts die offizielle englische Wissenschaft in ihrer ganzen Pracht vertritt, entwirft eine Theorie des «giroskopischen Äthers», nach welcher der Äther sich aus unzähligen winzigen Kreiseln zusammensetzt, die sich nach allen Richtungen drehen und gegenseitig aufeinander einwirken. Aldous Huxley schrieb später darüber: «Wenn irgendein menschliches Werk uns die Idee der absoluten Häßlichkeit vermitteln kann, so dürfte dies der Theorie Lord Rayleighs gelingen.»

Mit Spekulationen über den Äther sind noch bis zum Beginn des 20. Jahrhunderts die verfügbaren Geister beschäftigt. Da ereignet sich im Jahre 1898 die Katastrophe: die Hypothese vom Äther wird durch die Experimente Michelsons und Morleys zerstört. Das gesamte Werk Henri Poincarés zeugt von diesem Zusammenbruch. Poincaré, ein genialer Mathematiker, fühlte das enorme Gewicht dieses 19. Jahrhunderts auf sich lasten, das sich zum Kerkermeister und Henker des Phantastischen gemacht hatte. Er hätte das Prinzip der Relativität finden können, wenn er es gewagt hätte. Aber er wagte es nicht. *La Valeur de la Science* und *La Science et l'Hypothèse* sind Bücher der Verzweiflung und des Verzichts. Für ihn ist eine wissenschaftliche Hypothese niemals wahr, sie kann höchstens nützlich sein. Und sie ist so etwas wie eine spanische Herberge: man findet in ihr nur das, was man selber mitgebracht hat. Wenn das Universum sich auf ein Millionstel seines Umfangs zusammenzöge und wir mit ihm, so würde nach Poincarés Ansicht niemand etwas davon merken. Derartige Spekulationen sind also müßig, da sie sich von jeder vernünftigen Wirklichkeit abgesetzt haben. Sein Argument wurde bis zum Beginn unseres Jahrhunderts als ein Musterbeispiel an Tiefe zitiert. Bis eines Tages ein praktischer Ingenieur einwandte, daß ein Schlachter zumindest doch etwas davon merken müßte, weil alle Schinken zu Boden fallen würden. Das Gewicht eines Schinkens ist seinem Volumen proportional, die Stärke eines Bindfadens jedoch entspricht nur seinem Durchmesser. Das Universum braucht sich nur auf ein Millionstel seines Umfangs zusammenzuziehen, und schon werden keine Schinken mehr an der Decke hängen! Armer, großer und lieber Poincaré! Dieser Meister des Denkens war es, der einmal schrieb: «Der gesunde Menschenverstand müßte bereits ausreichen, um uns zu sagen, daß die Zerstörung einer Stadt infolge der Desintegration eines halben Kilos Metall eine offensichtliche Unmöglichkeit ist.»

Beschränktheit in der Struktur des physikalischen Weltbilds, Nichtvorhandensein der Atome, schwache Quellen der fundamentalen Energie, Unfähigkeit einer mathematischen Formel, mehr zu ergeben, als sie enthält, Leere der Intuition, absolute Enge und

Mechanisierung der inneren Welt des Menschen: so sieht der Geist in den Wissenschaften aus. Und dieser Geist erstreckt sich auf alles, schafft das Klima für die gesamte Intelligenz dieses Jahrhunderts. Ein kleines Jahrhundert? Nein. Groß, aber eng. Ein gestreckter Zwerg.

Plötzlich aber werden die Türen, die das 19. Jahrhundert so sorgsam vor den unendlichen Möglichkeiten des Menschen, der Materie, der Energie, des Raums und der Zeit geschlossen hat, mit einem Ruck aufgestoßen. Wissenschaft und Technik machen einen gewaltigen Sprung, und sogar die Natur des Bewußtseins selbst wird in Frage gestellt.

Das ist kein Fortschritt mehr: es ist eine Transmutation. In diesem veränderten Zustand der Welt muß auch das Bewußtsein seinen Zustand verändern. Heute sind auf allen Gebieten sämtliche Formen der Phantasie in Bewegung geraten. Auf allen Gebieten, nur nicht auf dem, das den Ablauf unseres «historischen» Lebens betrifft. Hier herrscht noch immer eine schmerzliche Stockung, und man klammert sich noch immer an die brüchigen Werte der Vergangenheit. Ein riesiger Graben trennt den Menschen vom Abenteuer der Menschheit, unsere Gesellschaft von unserer Zivilisation. Wir leben von den Ideen, den moralischen Grundsätzen, den soziologischen, philosophischen und psychologischen Begriffen, die dem 19. Jahrhundert angehören. Wir sind unsere eigenen Urgroßväter. Wir sehen die Raketen zum Himmel aufsteigen, wir spüren, wie unsere Erde von tausend neuen Strahlungen erzittert, und nuckeln dabei noch immer an der Pfeife von Thomas Graindorge.

2 *Die Freuden der Bourgeoisie — Ein Drama des Geistes oder der Sturmwind des Irrealen — Der Blick auf eine andere Realität — Jenseits der Logik und der literarischen Philosophie — Der Begriff der gegenwärtigen Ewigkeit — Wissenschaft ohne Gewissen und Gewissen ohne Wissenschaft? — Die Hoffnung*

«Die Marquise nahm um fünf Uhr ihren Tee ein.» Valéry erklärt, man könne derartige Sätze nicht mehr schreiben, wenn man in eine Welt von Ideen eingetreten ist, die tausendmal stärker, tausendmal romanhafter, tausendmal *realer* ist als die Welt des Herzens und der Sinne. «Antoine liebte Marie, die ihrerseits Paul liebte; sie waren sehr unglücklich und hatten viele Nichtse.» Eine ganze Literatur! Zuckungen von Amöben und Infusorien, während der Gedanke ungeheure Tragödien und Dramen heraufbeschwört, die Lebewesen verändert, Kulturen umstülpt, riesige Menschenmassen in Bewegung setzt. Schläfriger Genuß, die Freuden der Bourgeoisie!

Das Ende des 19. Jahrhunderts ist die Zeit, in der das bürgerliche Drama und der bürgerliche Roman ihren Höhepunkt erlebten; die Generation von 1885 betrachtete Anatole France und Paul Bourget als ihre geistigen Repräsentanten. Zur gleichen Zeit jedoch spielte sich auf dem Gebiet der reinen Erkenntnis ein viel größeres und erregenderes Drama ab als bei den Helden des *Divorce* oder des *Lys Rouge*. Ein plötzlicher Rausch lodert in den Auseinandersetzungen zwischen Materialismus und Spiritualismus, zwischen Wissenschaft und Religion auf. Auf seiten der Gelehrten, der Erben des Positivismus eines Taine und eines Renan, bringen erstaunliche Entdeckungen die Mauern der Ungläubigkeit zum Einstürzen. Man hatte sich daran gewöhnt, nur an eindeutig bewiesene Tatsachen zu glauben: auf einmal jedoch erweist sich das Irreale als möglich. Das Ganze wirkt wie eine romanhafte Wendung, bei der die Figuren einen plötzlichen Gesinnungswechsel vollziehen, Verräter auftauchen, leidenschaftliche Bestrebungen durchkreuzt werden und Ideen aufeinanderprallen.

Das Prinzip der Erhaltung der Energie war ein fester, unverrückbarer, marmorharter Grundsatz. Und nun erzeugt das Radium auf einmal Energie, ohne sie aus irgendeiner Quelle zu beziehen. Man war sich völlig im klaren über die Eigenschaften des Lichts und der Elektrizität: sie konnten sich nur in gerader Linie fortbewegen und keinerlei Hindernisse durchdringen. Jetzt aber erweist sich, daß bestimmte Wellen, die Röntgenstrahlen, durch feste Körper hindurchgehen. In den Entladungsröhren scheint die Materie ihre ursprüngliche Eigenschaft zu verlieren, sich in Korpuskeln zu verwandeln. In der Natur selbst vollzieht sich eine Transmutation der Elemente: Radium wird zu Helium und Blei. So stürzt der Tempel aller Gewißheiten zusammen. Wie kann es sein, daß die Natur das Spiel der Vernunft nicht mehr mitmachen will? Ist denn auf einmal alles möglich geworden? Mit einem Schlag müssen die Menschen, die im Besitz des Wissens waren oder es doch zu sein glaubten, aufhören, eine Trennungslinie zwischen Physik und Metaphysik, zwischen der bewiesenen und der erträumten Tatsache zu ziehen. Die Pfeiler des Tempels wanken, die Priester Descartes' werden von einem Fieber der Verzweiflung gepackt. Wenn das Prinzip der Erhaltung der Energie nicht stimmt, was sollte dann das Medium daran hindern, aus dem Nichts ein Ektoplasma zu erzeugen? Wenn die magnetischen Strahlen die Erde durchdringen, warum sollte dann nicht auch ein Gedanke reisen können? Wenn alle Körper unsichtbare Kräfte aussenden, warum nicht auch ein Astralleib? Wenn es eine vierte Dimension gibt, ist sie dann die Dimension der Geister?

Marie Curie, Crookes und Lodge stürzen die Gesetzestafeln um. Edison versucht einen Apparat zu konstruieren, durch den man sich mit den Toten in Verbindung setzen kann. Marconi glaubt im Jahre 1901, Botschaften der Marsbewohner aufgefangen zu haben. Simon Newcomb findet es ganz natürlich, daß ein Medium frische Muscheln aus dem Pazifischen Ozean zu materialisieren vermag. Ein Sturmwind des Irrealen und Phantastischen hat die Erforscher der Realität erfaßt.

Aber noch gibt es Nüchterne, Unbelehrbare, die sich bemühen, die Flut zurückzudämmen. Die alte Garde des Positivismus tritt zu einem letzten, verzweifelten Kampf an. Und im Namen der Wahrheit, im Namen der Realität lehnt sie alles in Bausch und Bogen ab: die Röntgenstrahlen und das Ektoplasma, die Atome und die Geister der Toten, den vierten Zustand der Materie und die Marsbewohner.

So entbrennt zwischen dem Phantastischen und dem Realen ein blinder Kampf, der oft absurde und verwirrende Gestalt annimmt und bald auf sämtliche Formen des Denkens übergreift, in alle Gebiete eindringt: in die Literatur, die Soziologie, die Philosophie, die Ethik und die Ästhetik. In der physikalischen Wissenschaft jedoch wird die Ordnung wiederhergestellt, und zwar nicht durch ein Zurückweichen, nicht durch Amputation, sondern durch ein Weiterschreiten. Die Physik ist es, die eine neue Weltkonzeption erstehen läßt, und wir verdanken diese Tat gewaltigen Geistern wie Langevin, Perrin und Einstein. Eine neue Wissenschaft wird geboren, weniger dogmatisch als die alte. Das Tor zu einer *anderen* Realität wird aufgestoßen. Wie in jedem großen Roman gibt es am Ende weder Engel noch Bösewichte, und alle Figuren behalten recht, wenn der Blick des Autors sich auf eine zusätzliche Dimension richtet, in der die Geschicke sich vereinen und durchdringen, in der alles auf ein höheres Niveau gehoben wird.

Wo stehen wir heute? In fast allen Gebäuden der Wissenschaft sind die Pforten aufgestoßen, das Gebäude der Physik jedoch besitzt von jetzt ab fast keine Mauern mehr: es ist eine Kathedrale, die nur aus Glasfenstern besteht und in der sich die Lichter einer anderen, unendlich nahen Welt spiegeln.

Man hat erkannt, daß die Materie ebenso reich an Möglichkeiten ist wie der Geist, vielleicht sogar noch reicher. Sie verfügt über eine unberechenbare Energie, sie kann eine Unzahl von Transformationen vollziehen, sie speist sich aus ungeahnten Quellen. Der Begriff «Materialist» im Sinne des 19. Jahrhunderts hat ebenso seinen Sinn eingebüßt wie der Ausdruck «Rationalist».

Die Logik des «gesunden Menschenverstands» existiert nicht mehr. In der neuen Physik kann ein Lehrsatz gleichzeitig falsch und richtig sein. AB ist nicht mehr gleich BA. Ein und dieselbe Entität kann gleichzeitig kontinuierlich und diskontinuierlich sein. Es ist nicht mehr möglich, sich auf die Physik zu berufen, um den oder jenen Aspekt des Möglichen abzulehnen. Eines der erstaunlichsten Beispiele für das, was sich heute auf dem Gebiet der modernen Physik vollzieht, ist die Einführung der sogenannten «Quantenzahl der Seltsamkeit». In großen Zügen handelt es sich dabei um folgendes: Zu Beginn dieses Jahrhunderts war man der Ansicht, daß zwei oder höchstens drei Bezeichnungen zur Definition eines Elementarteilchens genügten. Diese Bestimmungsgrößen bezogen sich auf die Masse des Teilchens, seine elektrische Ladung und sein magnetisches Moment. Die Wahrheit jedoch war bei weitem nicht so einfach. Um ein Elementarteilchen vollständig zu beschreiben, mußte man noch eine in Worte unübersetzbare Größe hinzufügen, die man als *Spin* bezeichnete. Zunächst glaubte man, daß diese Größe der Rotationsperiode des Elementarteilchens um sich selbst entspräche, also etwas Ähnliches sei wie für die Erde der Zeitabschnitt von vierundzwanzig Stunden, der einen Tag und eine Nacht in sich begreift. Dann jedoch wurde deutlich, daß eine einfache Erklärung dieser Art nicht haltbar war. Der *Spin* war nichts als der *Spin*, ein an das Elementarteilchen gebundenes Energiequant, das sich mathematisch als Eigendrehimpuls darstellte, ohne irgendein Medium, in dem sich dieser Drehimpuls vollzog.

Die Arbeiten der Wissenschaftler, vor allem die Louis de Broglies, konnten das Geheimnis des *Spin* nur teilweise erklären. Plötzlich jedoch bemerkte man, daß es außer den drei bekannten Elementarteilchen Proton, Elektron und Neutron (und ihren Spiegelbildern: dem negativen Antiproton, dem Positron und dem Antineutron) noch etwa dreißig weitere Elementarteilchen gibt. Um aber diese Teilchen zu definieren, reichten die gewöhnlichen Bezeichnungen Masse, Ladung, magnetisches Moment und Spin nicht mehr aus. Man brauchte eine fünfte, eine sechste oder sogar noch mehr Bezeichnungen. Auf ganz natürliche Weise gelangten die Physiker dazu, diese neuen Größen mit dem Namen «Quantenzahlen der Seltsamkeit» zu belegen. Diese Huldigung an den Engel des Bizarren hat etwas großartig Poetisches an sich. Wie manche anderen Ausdrücke der modernen Physik — «Verbotenes Licht» oder «Absolutes Anderswo» — scheint er einen Weg anzudeuten, der über die eigentliche Physik hinausführt in die Tiefen des menschlichen Geistes.

Nehmen Sie einen Bogen Papier und bohren Sie in knappem Abstand voneinander zwei Löcher hinein. Für den gewöhnlichen Verstand ist es klar, daß ein Gegenstand, der klein genug ist, durch diese Löcher hindurchzugelangen, entweder durch das eine oder durch das andere Loch seinen Weg nehmen wird. Für den gewöhnlichen Verstand ist ein Elektron ein Gegenstand. Es besitzt ein bestimmtes Gewicht, es erzeugt einen Lichtschein, sobald es auf einen Fernsehschirm prallt, und einen Schallstoß, wenn es auf ein Mikrophon trifft. Und unser Gegenstand ist klein genug, um durch eines der beiden Löcher im Papier zu gelangen. Beobachten wir jedoch den Vorgang mit dem Elektronenmikroskop, so müssen wir feststellen, daß das Elektron gleichzeitig beide Löcher passiert hat. Was soll das? Wenn es durch das eine Loch hindurchgeht, kann es nicht gleichzeitig durch das andere sausen! Doch, es ist sowohl durch das eine wie durch das andere hindurchgegangen. Das ist verrückt, aber experimentell bewiesen. Erklärungsversuche haben zu verschiedenen Doktrinen geführt, speziell zur Lehre von der Wellenmechanik. Aber trotzdem kann auch die Wellenmechanik eine Tatsache nicht vollständig erklären, die außerhalb unseres normalen Verstandes liegt, der nur ein Ja oder ein Nein, ein A oder ein B kennt. Um zu verstehen, wäre es also erforderlich, die Struktur unseres Verstandes selbst zu verändern. Unsere Philosophie verlangt nach These und Antithese. In der Philosophie des Elektrons hingegen scheinen These und Antithese gleichzeitig wahr zu sein. Sollen wir hier von Absurdität sprechen? Ist das Elektron existent oder nicht? Das, was die Natur existent nennt, besitzt in unseren Augen keine Existenz. Gehört das Elektron zum Sein oder zum Nichts? Das ist eine absolut sinnlose Frage. Unsere gewohnten Denkmethoden und die literarischen Philosophien, die sich auf eine überlebte Anschauungsweise der Dinge gründen, verlieren in der neuen Wissenschaft ihre Gültigkeit.

Die Erde ist mit dem Weltall verknüpft, der Mensch steht nicht nur mit dem Planeten, den er bewohnt, in Verbindung. Die kosmischen Strahlen, die Radioastronomie und die Ergebnisse der theoretischen Physik weisen auf Kontakte mit der Gesamtheit des Kosmos hin. Wir leben nicht mehr in einer geschlossenen Welt: ein Geist, der wahrhaft Zeuge seiner Zeit sein will, darf das nicht verkennen. Wie ist es unter diesen Umständen möglich, daß wir uns zum Beispiel auf sozialem Gebiet noch mit Problemen herumschlagen, die nicht einmal global sind, sondern im engsten Sinne regional und provinziell? Und wie kann unsere Psychologie, so wie sie im modernen Roman zum Ausdruck kommt, noch immer so beschränkt sein, so ängstlich gebunden an die unterbewußten Bewegungen des Gefühls- und Sinneslebens? Während Millionen sogenannter zivilisierter Menschen Bücher aufschlagen, ins Kino oder ins Theater gehen, um zu erfahren, wie Françoise sich für René begeistert, aber die Geliebte ihres Vaters haßt, und wie sie aus einem dumpfen Rachegefühl heraus zur Lesbierin wird, fragen sich die Forscher, die mit Hilfe von Zahlen eine Sphärenmusik komponieren, ob der Raum sich nicht möglicherweise um ein Raumschiff zusammenzieht *. Damit aber wäre das gesamte Universum für uns erreichbar geworden: es wäre möglich, sich innerhalb der Dauer eines Menschenlebens auf den fernsten Stern zu begeben. Wenn derartige Gleichungen sich bestätigten, so bedeutete das eine Umwälzung des menschlichen Denkens. Wenn der Mensch nicht mehr an diese Erde gebunden ist, so wäre damit eine neue Fragestellung über den tiefen Sinn der Geheimwissenschaften und über die Möglichkeit einer Kontaktnahme mit den geistigen Kräften des Draußen gegeben.

Ja, und wo stehen wir heute? Auf dem Gebiet der Forschungen über die Struktur des Raums und der Zeit reichen unsere landläufigen Begriffe «Vergangenheit» und «Zukunft» nicht mehr aus. Auf der Ebene der Elementarteilchen zirkuliert die Zeit gleichzeitig in zwei Richtungen: auf die Zukunft und auf die Vergangenheit zu. Und was ist die Zeit, wenn wir den Maßstab einer äußersten Geschwindigkeit anlegen, die der des Lichts nahekommt? Wir befinden uns in London im Oktober 1944. Eine V 2, die sich mit einer Geschwindigkeit von 5000 km pro Stunde fortbewegt, ist über der Stadt. Sie wird fallen. Aber worauf bezieht sich dieses *wird*? Für die Bewohner des Hauses, das in einer Sekunde zerstört sein wird, für diese Menschen, die nur ihre Augen und ihre Ohren haben, *wird* die V 2 fallen. Aber für den Mann am Radargerät, der Wellen benutzt, die 300 000 Kilometer in der Sekunde zurücklegen (eine Geschwindigkeit, im Vergleich zu der die Rakete geradezu kriecht), ist die Flugbahn der Bombe bereits festgelegt. Nach menschlichem Maßstab kann nichts mehr das tödliche Instrument aufhalten, nichts kann ihm zuvorkommen. Für den Techniker ist die Rakete bereits explodiert. Gemessen an der Radar-Geschwindigkeit gibt es praktisch keinen Zeitablauf. Die Bewohner des Hauses *werden* sterben. Im Superauge des Radar sind sie bereits tot.

Ein anderes Beispiel: Man findet in den kosmischen Strahlen, wenn sie die Oberfläche der Erde erreichen, bestimmte Elementarteilchen, die Myonen oder μ-Mesonen, deren Lebensdauer auf der Erde nur eine Millionstelsekunde beträgt. Nach Ablauf dieser Millionstelsekunde vernichten diese Teilchen sich selber vermittels der Radioaktivität. Nun entstehen sie jedoch in dreißig Kilometer

---

* Ein in der *Théorie unitaire* von Jean Charon ausgesprochener Gedanke.

Höhe, also in einer Region, in der die Erdatmosphäre sich zu verdichten beginnt. Nach unserem Zeitmaßstab gemessen, haben sie bei der Überwindung dieser dreißig Kilometer bereits ihre Lebensdauer durchlaufen. Aber ihre Zeit ist nicht die unsere. Sie haben während dieser Reise in der Ewigkeit gelebt und sind erst in den Bereich unserer Zeit gelangt, als sie ihre Energie bereits verloren hatten und auf der Höhe des Meeresspiegels ankamen. Man denkt jetzt daran, Apparate zu konstruieren, in denen die gleiche Wirkung erzielt wird. Auf diese Weise würde man gewissermaßen Zeit-Schubladen schaffen, in denen Objekte von kurzer Lebensdauer in der vierten Dimension aufbewahrt werden könnten. Eine «Schublade» wäre ein hohler Glasring, der in ein ungeheuer starkes Kraftfeld plaziert würde und in dem die Elementarteilchen so schnell umlaufen würden, daß der Zeitablauf für sie praktisch aufgehoben wäre. Ein Leben von der Dauer einer Millionstelsekunde könnte so minuten- oder auch stundenlang erhalten und beobachtet werden ... So heißt es in Eric Temple Bells *The Time Stream:*

«Man darf nicht meinen, die verflossene Zeit kehre in das Nichts zurück; die Zeit ist einmalig und ewig. Vergangenheit, Gegenwart und Zukunft sind nur verschiedene Aspekte — verschiedene Druckplatten, wenn man so will — der Aufzeichnung einer fortdauernden, beständigen, unveränderlichen Existenz.»

Für die modernen Schüler Einsteins gibt es in Wirklichkeit nichts als eine ewige Gegenwart. Und genau das sagten bereits die alten Mystiker. Wenn die Zukunft schon jetzt existent ist, dann ist die Vorausschau eine Tatsache. Das ganze Abenteuer der modernsten Erkenntnis ist auf eine Beschreibung der physikalischen, aber auch der biologischen und psychologischen Gesetze in einem vierdimensionalen Raum, also in der gegenwärtigen Ewigkeit, ausgerichtet. Vergangenheit, Gegenwart und Zukunft *sind.* Vielleicht ist es nur das Bewußtsein, das ihre Position verschiebt. Zum erstenmal wird das Bewußtsein als gleichberechtigter Partner bei der Aufstellung der Gleichungen der theoretischen Physik zugelassen. In dieser gegenwärtigen Ewigkeit erscheint die Materie als ein unendlicher, dünner Faden, der zwischen die Vergangenheit und die Zukunft gespannt ist. Und an diesem Faden gleitet das menschliche Bewußtsein entlang. Wodurch ist es imstande, die Spannung dieses Fadens zu beeinflussen, um so die Ereignisse zu kontrollieren? Eines Tages werden wir es wissen, und dann wird die Psychologie zu einem Teilgebiet der Physik werden.

Und zweifellos ist auch der Begriff der Freiheit mit dieser gegenwärtigen Ewigkeit vereinbar. «Der Reisende, der in einem Boot die Seine hinauffährt, weiß im voraus, welche Brücken er passieren wird. Dennoch ist er in seiner Handlungsfreiheit nicht beschränkt und imstande, vorauszusehen, was ihm zustoßen könnte.» [8] Freiheit des Werdens im Schoße einer *seienden* Ewigkeit.

Die neue Welt der Physik widerlegt die Philosophien der Verzweiflung und des Absurden. Wissenschaft ohne Gewissen ist der Ruin der Seele. Aber auch Gewissen ohne Wissenschaft führt zum Untergang. Die Philosophien, die bisher im Europa des 20. Jahrhunderts auftraten, waren in neue Kostüme gekleidete Gespenster aus dem 19. Jahrhundert. Eine reale, objektive Betrachtung des heutigen Stands von Technik und Wissenschaft, der sich früher oder später auch auf die Gesellschaftsstruktur auswirken muß, lehrt uns, daß die Geschichte der Menschheit in einer klaren Richtung verläuft: sie zielt auf ein Anwachsen der Macht des Menschen hin, auf einen Aufschwung des allgemeinen geistigen Niveaus, eine riesige Massenschmiede, die die Menschen zu handelnden Gewissen umformt und eine Kultur heraufführt, deren Lebensformen den heutigen ebensoweit überlegen sein werden wie die unseren denen der Tiere. Die literarischen Philosophen haben uns gesagt, der Mensch sei unfähig, die Welt zu verstehen. Schon André Maurois schreibt in *Les Nouveaux Discours du Docteur O'Grady:*

«Sie geben aber doch zu, Doktor, daß der Mensch des 19. Jahrhunderts glauben konnte, die Wissenschaft werde ihm eines Tages die Welt erklären. Auch Renan, Berthelot und Taine haben es zu Beginn ihres Lebens gehofft. Der Mensch des 20. Jahrhunderts hegt keine derartige Hoffnung mehr. Er weiß, daß die Entdeckungen das Geheimnis nur zurückdrängen. Und was den Fortschritt betrifft, so haben wir festgestellt, daß die Macht, die dem Menschen gegeben wurde, nur Hungersnot, Terror, Unordnung, Qualen und Geistesverwirrung zur Folge gehabt haben. Welche Hoffnung bleibt da noch? Warum leben Sie, Doktor?»

Seitdem hat das Problem sich verschoben. Ohne Wissen der

Schwätzer hat sich der Kreis um das Geheimnis wieder geschlossen, und der verlästerte Fortschritt hat die Tore des Himmels geöffnet. Nicht mehr Berthelot und Taine sind es, die für die Zukunft Zeugnis ablegen, sondern Menschen wie Teilhard de Chardin. Bei einer kürzlich erfolgten Begegnung zwischen Gelehrten der verschiedensten Disziplinen ergab sich dieser Gedanke: Vielleicht werden uns eines Tages durch das Verhalten unseres eigenen Gehirns die letzten Geheimnisse der Elementarteilchen enthüllt werden, denn unser Gehirn ist jener Ort, an dem sich die kompliziertesten Reaktionen in unserem Gebiet des Universums vollziehen und ihren Abschluß finden, und zweifellos birgt es auch die innersten Gesetze dieses Gebietes in sich.

Die Welt ist nicht absurd, und der Geist ist keineswegs außerstande, sie zu verstehen. Ganz im Gegenteil: vielleicht hat der menschliche Geist die Welt bereits verstanden und weiß es nur noch nicht ...

3 *Einige flüchtige Überlegungen über das Nachhinken der Soziologie — Ein Gespräch unter Tauben — Weltbürger und Provinzler — Die Rückkehr eines Kreuzritters in unsere Welt — Ein wenig Lyrik*

In der modernen Physik, Mathematik und Biologie erstreckt sich der Blick in unendliche Weiten. In der Soziologie jedoch ist die Sicht noch immer durch die Monumente des vergangenen Jahrhunderts verstellt. Ich erinnere mich, welch trauriges Staunen Bergier und mich erfaßte, als wir im Jahre 1957 die Korrespondenz zwischen dem berühmten sowjetischen Wirtschaftswissenschaftler Jewgenij Warga und der amerikanischen Zeitschrift *Fortune* verfolgten. Diese teure Publikation vertritt die Ideen eines aufgeklärten Kapitalismus. Warga ist ein kluger Kopf und steht bei seiner Regierung in hohem Ansehen. Man konnte also von einem öffentlichen Dialog zwischen diesen beiden Autoritäten einen wertvollen Beitrag zum Verständnis unserer Epoche erwarten. Das Ergebnis jedoch war betrüblich und enttäuschend.

Warga folgte buchstabengläubig seinem Evangelium. Marx hatte eine unvermeidliche Krise des Kapitalismus vorausgesagt. Warga sah diese Krise in nächster Nähe. Die Tatsache, daß die wirtschaftliche Situation der Vereinigten Staaten sich unablässig verbessert und daß die rationelle Verwendung der Freizeit dort zu einem ernstlichen Problem zu werden beginnt, konnte diesen Theoretiker, der auch in der Zeit des Radar noch durch das Fernglas von Karl Marx schaute, nicht berühren. Auch nicht einen Augenblick lang kam ihm die Idee, daß der vorausgesagte Zusammenbruch sich vielleicht doch nicht nach dem festgelegten Schema vollziehen werde und daß möglicherweise jenseits des Atlantiks eine neue Gesellschaft im Entstehen sei. Die Redaktion von *Fortune* ihrerseits zog nie die Möglichkeit in Betracht, daß sich in der Gesellschaft der UdSSR eine gewisse Wandlung vollzogen haben könne, und erklärte, das Amerika des Jahres 1957 stelle ein vollkommenes und endgültiges Ideal dar. Den Russen bliebe allenfalls die Hoffnung, binnen hundert oder hundertfünfzig Jahren auch diesen Zustand zu erreichen, wenn sie sich wie artige Kinder verhielten. Nichts beunruhigte, nichts verwirrte die theoretischen Gegner Wargas, weder die Vielzahl der neuen Kulte unter den amerikanischen Intellektuellen (Oppenheimer, Aldous Huxley, Gerald Heard, Henry Miller und viele andere, die ihr Interesse den alten orientalischen Philosophien zugewendet haben), noch das Vorhandensein von Millionen junger zu Banden zusammengeschlossener «Rebellen ohne Grund» (Rebels without a Cause) in den großen Städten, noch die Tatsache, daß zwanzig Millionen Menschen den neuen Lebensstil nur ertragen, indem sie Drogen nehmen, die ebenso gefährlich sind wie Opium oder Morphium. Das Problem eines Lebenszwecks schien sie nicht zu berühren. Wenn alle amerikanischen Familien zwei Wagen besitzen würden, dann würden sie sich einen dritten anschaffen müssen. Wenn der Markt der Fernseh-Zimmergeräte gesättigt wäre, könnte man darangehen, auch die Automobile mit Apparaten zu versehen.

Und trotzdem haben Jewgenij Warga und die Redaktion von Fortune unseren Soziologen, Wirtschaftswissenschaftlern und Denkern noch etwas voraus. Der Komplex der Dekadenz lähmt sie nicht. Sie geben sich keiner krankhaften Freude daran hin. Sie bilden sich nicht ein, die Welt sei absurd und dieses Leben nicht wert, gelebt zu werden. Sie glauben steif und fest an den Fortschritt, sie marschieren unentwegt auf eine unendliche Steigerung der Gewalt des Menschen über die Natur zu. Sie besitzen Dynamik und Größe. Wenn sie auch nicht hochblicken, so blicken sie doch weit. Man würde gewiß Anstoß erregen, wenn man behauptete, daß Warga ein Fürsprecher der freien Wirtschaft und die Redaktion von Fortune aus Progressisten zusammengesetzt sei. Im europäischen, streng doktrinären Sinne trifft dies jedoch zu. Nach unseren provinziellen, eng begrenzten Maßstäben ist Warga kein Kommunist und Fortune keine kapitalistische Zeitschrift. Dem Russen und dem Amerikaner ist einiges gemeinsam: Ehrgeiz, Machtwille und ein unzähmbarer Optimismus. Wenn diese Kräfte den Hebel der Wissenschaft und Technik betätigen, so müssen sie den Rahmen der im 19. Jahrhundert konstruierten Soziologie sprengen. Wenn Westeuropa zugrunde gehen und sich in byzantinischen Konflikten aufreiben sollte — was Gott verhüten möge! — wird die Menschheit trotzdem weitermarschieren, die alten Werte umstürzen und zwischen den zwei Polen des aktiven Bewußtseins,

Chicago und Taschkent, eine neue Zivilisationsform bilden, während die riesigen Menschenmassen Asiens und später auch Afrikas umgeschmolzen werden.

Während in Frankreich einer unserer besten Soziologen über das *Travail en miettes*, die «zerstückelte Arbeit», jammert und sein Buch so betitelt, untersuchen die amerikanischen Gewerkschaften die Frage der Zwanzigstunden-Woche. Während die angeblich avantgardistischen Pariser Intellektuellen sich fragen, ob Marx als überwunden gelten muß und ob der Existentialismus sich als revolutionärer Humanismus bezeichnen läßt oder nicht, beschäftigt man sich im Sternfeld-Institut in Moskau mit der Möglichkeit einer Verpflanzung der Menschheit auf den Mond. Während Herr Warga auf den von seinem Propheten geweissagten Zusammenbruch der Vereinigten Staaten wartet, bemühen sich die amerikanischen Biologen um die Herstellung synthetischen Lebens aus der unbelebten Materie. Während die Forderung der Koexistenz immer von neuem gestellt wird, sind Kommunismus und Kapitalismus bereits dabei, sich im Zuge der machtvollsten technologischen Revolution, die die Erde wohl je erlebt hat, zu wandeln. Wir tragen unsere Augen am Hinterkopf. Es wird Zeit, sie wieder an ihre richtige Stelle zu rücken.

Der letzte wirklich große und phantasiebegabte Soziologe war zweifellos Lenin. Er hat im Jahre 1917 den Kommunismus treffend als «Sozialismus plus Elektrizität» gekennzeichnet. Seitdem ist fast ein halbes Jahrhundert vergangen. Lenins Definition gilt noch heute für China, Afrika und Indien. Für die moderne Welt ist sie toter Buchstabe. Rußland wartet auf den Denker, der die neue Gesellschaftsordnung definieren wird: den Kommunismus plus Atomenergie, plus Automation, plus synthetische Herstellung von Brennstoffen und Nahrungsmitteln aus Wasser und Luft, plus Physik der festen Körper, plus Eroberung der Sterne usw. Nachdem John Buchan am Begräbnis Lenins teilgenommen hatte, prophezeite er die Ankunft eines neuen Sehers, der einen «vierdimensionalen Kommunismus» ins Leben rufen werde.

Die UdSSR besitzt keinen großen Soziologen, aber auch die Vereinigten Staaten haben auf diesem Gebiet nichts aufzuweisen. Die Reaktion gegen die «roten Historiker» vom Ende des 19. Jahrhunderts hat zu einer unumwundenen Lobpreisung der großen kapitalistischen Dynastien und der Machtorganisationen geführt. Es ist etwas Gesundes an dieser Offenheit, aber auch eine gewisse Kurzsichtigkeit. Die Kritiken am «American Way of Life» sind selten und zumeist rein literarisch und erschöpfen sich in krasser Negation. Die Phantasie ihrer Verfasser scheint nicht imstande zu sein, hinter dieser «einsamen Masse» das Heraufkommen einer in ihren äußeren Formen völlig neuartigen Kultur zu erblicken, im mahnenden Pochen des Gewissens·die Entstehung neuer Mythen. In der reichhaltigen und erstaunlichen Literaturgattung der «Science Fiction» jedoch zeichnet sich das Abenteuer eines Geistes ab, der seine Jugendzeit überwunden hat, sich zur Größe unseres ganzen Planeten ausbreitet, sich auf Überlegungen von kosmischem Maßstab einläßt und auf eine neue Weise das Schicksal der Menschheit in den weiten Raum des Universums eingliedern will. Allerdings halten unsere Soziologen die Untersuchung einer solchen Literatur, die sich mit der mündlichen Überlieferung des alten Sagenstoffes vergleichen läßt und von der Unruhe des in Bewegung geratenen Geistes zeugt, für unter ihrer Würde [4].

Was die europäische Soziologie betrifft, so hält sie sich noch immer in den engsten provinziellen Grenzen und widmet ihre Aufmerksamkeit einer Kirchturmpolitik. Unter diesen Umständen kann es nicht erstaunen, daß empfindsame Seelen sich in eine Katastrophenstimmung flüchten. Alles ist absurd, und die H-Bombe bedeutet das Ende der Geschichte. Diese gleichzeitig düster und tief erscheinende Philosophie ist viel leichter zu handhaben als die schweren und komplizierten Instrumente, mit denen man die Realität untersucht. Sie ist eine vorübergehende Erkrankung des Geistes, die diejenigen Intellektuellen befällt, welche die überkommenen Begriffe (individuelle Freiheit, menschliche Persönlichkeit, Glück usw.) den veränderten Zielen einer werdenden Kultur noch nicht angepaßt haben. Sie ist eine nervöse Erschöpfung des Geistes in einem Augenblick, da dieser Geist gezwungen ist, sich mit seinen eigenen Eroberungen herumzuschlagen, und nicht untergehen darf, sondern seine Struktur verändern muß. Immerhin ist es nicht das erstemal im Verlauf der Menschheitsgeschichte, daß das Bewußtsein gezwungen wurde, von einem Niveau auf ein anderes hinüberzuwechseln. Es ist stets schmerzhaft, zwischen Hammer und Amboß zu geraten. Wenn es eine Zukunft gibt, so verdient sie es, näher untersucht zu werden. Und in dieser beschleunigten Gegenwart darf eine Überlegung nicht mehr von den Begriffen einer nahen Vergangenheit ausgehen. Unsere nahe Zukunft unterscheidet sich ebenso grundlegend von dem, was wir erst kürzlich erlebt haben, wie das 19. Jahrhundert von der Maya-Kultur. Wir müssen uns deshalb, wenn wir weiterkommen wollen, unablässig um Projektionen in die weitesten Dimensionen des Raumes und der Zeit bemühen und dürfen uns nicht mit kleinlichen, an einen winzigen Bruchteil von Raum und Zeit gebundenen Vergleichen abgeben, in dem die eben durchlebte Vergangenheit keinerlei Zukunftseigenschaften besitzt und die kaum erst Wirklichkeit gewordene Gegenwart sofort wieder von dieser unbrauchbaren Vergangenheit aufgesogen wird.

Die Ziele wurden verschoben. Wenn ein Kreuzritter heute zu uns zurückkehrte, würde er sofort die Frage stellen, warum man die Atombombe nicht gegen die Ungläubigen einsetzt. Ein solcher Mann mit festem Glauben und offenem Geist wäre weniger verwirrt durch das Erlebnis unserer technischen Errungenschaft als durch die Tatsache, daß die Ungläubigen noch immer die eine Hälfte des Heiligen Grabes in Besitz haben, während die andere Hälfte sich ausgerechnet in den Händen der Juden befindet. Er hätte die größten Schwierigkeiten, eine reiche und mächtige Kultur zu verstehen, deren Reichtum und Macht nicht ausdrücklich dem Dienst und dem Ruhme Christi geweiht sind. Was würden unsere Soziologen ihm antworten? Daß es das einzige Ziel all dieser unerhörten Anstrengungen, Kämpfe und Entdeckungen sei, den «Lebensstandard» aller Menschen zu heben? Das würde ihm absurd vorkommen, da ein solches Leben ihm zwecklos erscheinen müßte. Man würde ihm von der Gerechtigkeit, der Freiheit und der menschlichen Persönlichkeit erzählen und ihm das humanistisch-materialistische Evangelium des 19. Jahrhunderts zitieren. Und der Ritter würde zweifellos entgegnen: Aber wozu die Freiheit? Wozu die Gerechtigkeit? Wozu die menschliche Persönlichkeit? Was wollt ihr damit anfangen? Um unseren Ritter zu bewegen, unsere Kultur als eine würdige Lebensform zu betrachten, dürfte man nicht in der retrospektiven Sprache des Soziologen mit ihm reden. Man müßte einen positiveren Ton anschlagen. Man müßte ihm unsere im Aufbruch befindliche Welt, den im Aufbruch befindlichen Geist als die ungeheure Erschütterung eines Kreuzzuges hinstellen. Es handelt sich auch heute wieder darum, das Heilige Grab, nämlich den in der Materie befangenen Geist, zu befreien und die Ungläubigen zurückzudrängen, all diejenigen, die der unendlichen Macht des Geistes untreu geworden sind. Es geht immer um Religion; immer geht es darum, alles das, was den Menschen an seine eigene Größe und an die Größe der Gesetze des Universums bindet, offenbar werden zu lassen. Man müßte ihm eine Welt zeigen, in der die Zyklotrone so etwas sind wie die Kathedralen, in der die Mathematik ein gregorianischer Gesang ist und in der die Transmutationen sich nicht allein im Inneren der Materie vollziehen, sondern auch in den Gehirnen — eine Welt, in der die Menschen aller Rassen in Bewegung geraten sind, in der der Wissensdurst des Menschen seine Antennen in den kosmischen Räumen erzittern läßt, in der die Seele des Planeten erwacht. Dann würde unser Ritter vielleicht nicht mehr den Wunsch haben, in seine Zeit zurückzukehren. Vielleicht würde er sich bei uns zu Hause fühlen, wenngleich auf ein anderes Niveau versetzt. Vielleicht würde er sich auf den Weg in die Zukunft machen, so wie er einst zum Zug in das Heilige Land aufbrach. Er würde, wenn auch in anderem Zusammenhang, den Glauben wiedergefunden haben.

Die Verschwörung bei Tageslicht

1 *Die Generation der «Arbeiter der Erde» — Sind Sie ein ver-
späteter Moderner oder ein Zeitgenosse der Zukunft? — Ein
Anschlag an den Mauern von Paris im Jahre 1622 — Ein neuer
Aspekt des «religiösen Geistes»*

Griffin, der unsichtbare Mensch bei Wells [5], sagt: «Selbst die gebildeten Menschen machen sich nicht klar, wieviel verborgene Macht
in den Büchern der Wissenschaft steckt. In diesen Bänden gibt es
Wunder und Mirakel.»

Heute machen sie es sich klar, und zwar der Mann der Straße
noch mehr als der Gebildete, der ja bei einer Revolution meist zu
spät kommt. Es gibt Mirakel und Wunder, und es gibt erschreckende
Tatsachen. Die Macht der Wissenschaft hat sich seit den Tagen von
Wells über unseren Planeten hinaus entwickelt und bedroht heute
dessen eigenes Leben. Eine neue Gelehrtengeneration ist geboren.
Es sind Menschen, die in dem Bewußtsein leben, nicht mehr nur
desinteressierte Forscher und bloße Zuschauer, sondern, nach dem
schönen Wort Teilhard de Chardins, «Arbeiter der Erde» zu sein,
und die sich mit dem Schicksal der Menschheit solidarisch und in
bemerkenswertem Maße auch für dieses Schicksal verantwortlich
fühlen.

Joliot-Curie schleudert während der Kämpfe um die Befreiung
von Paris Benzinflaschen gegen deutsche Panzer. Norbert Wiener,
der Kybernetiker, herrscht die Politiker an: «Wir haben euch ein
unbegrenztes Machtreservoir gegeben, und ihr macht daraus Bergen-
Belsen und Hiroshima!»

Das sind Gelehrte von neuer Art, deren Abenteuer mit dem der
Welt verknüpft ist *. Sie sind die direkten Erben der Forscher aus
dem ersten Viertel unseres Jahrhunderts: des Ehepaars Curie, eines
Langevin, eines Perrin, eines Planck und eines Einstein. Es ist noch
nicht genug betont worden, daß während dieser Jahre die Flamme
des Genies so hoch schlug, wie es seit dem griechischen Wunder nicht

---

* «Der Forscher hat erkennen müssen, daß er ebenso wie jeder andere Mensch
sowohl Zuschauer wie Mitspieler in dem großen Drama der Existenz ist.»
Niels Bohr.

mehr geschehen war. Diese Führer der Wissenschaft hatten wahre Schlachten gegen die Trägheit des menschlichen Geistes geschlagen. Und sie waren heftig und rücksichtslos vorgegangen. «Die Wahrheit triumphiert nie, aber ihre Gegner sterben aus», sagte Planck. Und Einstein erklärte: «Ich glaube nicht an die Erziehung. Du selbst mußt dein einziges Vorbild sein, und sei dieses Vorbild auch erschreckend.» Aber es ging bei diesen Konflikten nicht um das Schicksal der Völker, um Geschichte oder unmittelbare Aktion. Jene Männer fühlten sich einzig der Wahrheit gegenüber verantwortlich. Und doch wurden auch sie von den Auswirkungen der Politik betroffen. Den Sohn von Max Planck ermordete die Gestapo, Einstein mußte ins Exil gehen. Die Generation von heute bekommt es überall und bei jeder Gelegenheit zu spüren, daß der Gelehrte mit der Welt verbunden ist. In seinen Händen liegt fast die Gesamtheit des nutzbaren Wissens. Bald wird er auch über den größten Teil der Macht verfügen. Er ist die Schlüsselfigur in dem Abenteuer, in das die Menschheit sich eingelassen hat. Von den Politikern eingekreist, von Polizei und Sicherheitsdienst bedrängt, von den Militärs überwacht, hat er die gleichen Chancen, am Ende seines Weges den Nobelpreis oder einen Exekutionstrupp vorzufinden. Gleichzeitig beweist seine Arbeit ihm, wie lächerlich jeder Partikularismus ist; sie zwingt ihn, ein Weltgewissen, wenn nicht gar ein kosmisches Gewissen in sich zu entwickeln. Es besteht ein Mißverhältnis zwischen seiner Macht und den Mächten der Politik. Nur ein Feigling kann zögern, wenn er sich zwischen dem Risiko, das er selber läuft, und den Gefahren, denen er die ganze Welt aussetzt, entscheiden muß. Kurtschatow bricht das Schweigegebot und enthüllt das, was er weiß, den englischen Physikern in Harwell. Pontecorvo flieht nach Rußland, um dort seine Arbeit fortzusetzen. Oppenheimer gerät in Konflikt mit seiner Regierung. Die amerikanischen Kernforscher nehmen gegen die Armee Stellung und verfassen ihr berühmtes Memorandum, den «Franck-Report». Der Umschlag dieser Schrift zeigt eine Uhr, deren Zeiger jedesmal, wenn eine gefährliche Entdeckung in die Hände der Militärs fällt, einen Strich weiter auf Mitternacht zurücken.

«Dies ist meine Voraussage für die Zukunft», schreibt der englische Biologe J. B. S. Haldane. «Das, was nicht war, wird sein! Und kein Mensch ist davor sicher!»

Die Materie setzt ihre Energie frei, und der Weg zu den anderen

Planeten öffnet sich. Derartige Ereignisse scheinen ohne Parallele in der Geschichte.

«Wir erleben einen Augenblick, in dem die Geschichte den Atem anhält, in dem die Gegenwart sich von der Vergangenheit ablöst, so wie ein Eisberg vom Gletscher losbricht und in den grenzenlosen Ozean hinausschwimmt.» [6]

Wenn die Gegenwart sich von der Vergangenheit ablöst, so handelt es sich dabei nicht um einen Bruch mit der gesamten Vergangenheit, nicht um einen Bruch mit den Zeiten, die zur Reife gelangt sind, sondern nur mit der letztvergangenen Zeit, mit dem Abschnitt, den wir als «moderne Zivilisation» bezeichnet haben. Diese Zivilisation, die, im 18. Jahrhundert aus dem Aufruhr der Ideen in Westeuropa erstanden, sich während des 19. Jahrhunderts weiter entwickelte und in der ersten Hälfte des 20. Jahrhunderts ihre Ergebnisse über die ganze Welt verbreitete, rückt uns jetzt immer ferner. Wir spüren es mit jedem Augenblick. Wir fühlen uns einerseits als verspätete Moderne und andererseits als Zeitgenossen der Zukunft. Unser Gewissen und unser Verstand sagen uns, daß dies zwei ganz verschiedene Zustände sind.

Die Ideen, auf die diese moderne Zivilisation sich gründete, sind verbraucht. In dieser Periode des Bruchs, oder besser gesagt der Transmutationen, dürfen wir uns nicht allzusehr wundern, wenn auch die Rolle der Wissenschaft und die Aufgabe des Gelehrten eine tiefgehende Wandlung erfahren. Worin besteht diese Wandlung? Ein aus ferner Vergangenheit überliefertes Bild kann uns helfen, die Zukunft zu erhellen. Oder, um es genauer auszudrücken, es kann unseren Blick, der einen neuen Ausgangspunkt sucht, schärfen.

An einem Morgen des Jahres 1622 entdeckten die Pariser an den Mauern ihrer Stadt Anschläge mit folgendem Wortlaut:

«Wir, Abgeordnete des Hauptkollegiums der Brüder vom Rosenkreuz, halten uns sichtbar und unsichtbar in dieser Stadt auf, durch die Gnade des Allerhöchsten, dem das Herz der Gerechten sich zuwendet, um die Menschen, die unseresgleichen sind, aus tödlichem Irrtum zu erlösen.»

Die Angelegenheit wurde von vielen als ein Scherz angesehen. Serge Hutin jedoch ruft uns einige Tatsachen in Erinnerung:

«Man schrieb den Brüdern vom Rosenkreuz den Besitz der folgenden Geheimnisse zu: die Umwandlung der Metalle, die Verlängerung des Lebens, die Kenntnisse dessen, was sich an entfernten Orten ereignet, und die Anwendung der okkulten Wissenschaft bei der Auffindung der verborgensten Gegenstände.» [7]

Lassen wir das Wort «okkult» aus, so haben wir hier eine Aufzählung der Mächte und Fähigkeiten, über die die moderne Wissenschaft verfügt oder die sie anstrebt. Nach den schon lange Zeit vor jener Epoche vorhandenen Berichten behauptete die Gesellschaft der Rosenkreuzer, daß die Macht des Menschen über die Natur und über sich selber eines Tages unbegrenzt sein werde, daß die Unsterblichkeit und die Kontrolle aller Naturkräfte im Bereich seiner Möglichkeiten lägen und daß er imstande sei, alles in Erfahrung zu bringen, was sich im Universum zuträgt. Es ist nichts Absurdes an dieser Behauptung, und die Entwicklung der Wissenschaften hat diese Träume bereits zum Teil bestätigt. Der Appell aus dem Jahre 1622 könnte also, in moderner Sprache abgefaßt, auch heute an die Mauern von Paris geheftet werden oder in einer Tageszeitung erscheinen, wenn die Gelehrten einen Kongreß abhielten, um die Menschen über die drohenden Gefahren aufzuklären und ihnen die Notwendigkeit vor Augen zu führen, ihre Handlungen nach neuen sozialen und moralischen Gesichtspunkten auszurichten. Gewisse pathetische Erklärungen Einsteins, gewisse Reden von Oppenheimer oder auch das erwähnte Memorandum der amerikanischen Kernforscher schlagen genau den gleichen Ton an wie das Manifest der Rosenkreuzer. Und sogar ein russisches Beispiel besitzen wir. Anläßlich der im Jahre 1957 in Paris abgehaltenen Konferenz über die Isotope schrieb der sowjetische Autor Wladimir Orlow:

«Die ‹Alchimisten› von heute sollten sich der Statuten ihrer Vorgänger aus dem Mittelalter erinnern, jener Statuten, die in einer Pariser Bibliothek aufbewahrt sind und die besagen, daß sich nur Menschen ‹mit reinem Herzen und erhabenen Ansichten› der Alchimie widmen dürfen.»

Die Idee einer internationalen und geheimen Gesellschaft, zu der sich Menschen zusammenschließen, die intellektuell hoch entwickelt sind und infolge der Intensität ihres Wissens eine geistige Umformung durchgemacht haben, die den Wunsch hegen, ihre wissenschaftlichen Entdeckungen gegen die organisierten Mächte, die Neugier und die Habgier der anderen Menschen abzuschirmen, und sich vorbehalten wollen, ihre Entdeckungen erst im geeigneten Moment zu nutzen, sie für eine Reihe von Jahren geheimzuhalten oder doch nur einen winzigen Bruchteil davon bekannt zu machen — diese Idee ist sehr alt und zugleich ultramodern. Sie war im 19. Jahrhundert oder auch noch vor fünfundzwanzig Jahren undenkbar. Heute ist sie möglich. Ich wage sogar zu behaupten, daß auf einem bestimmten Gebiet eine solche Gesellschaft bereits existiert. Gewisse Gäste von Princeton (ich denke hier vor allem an einen gelehrten Gast aus dem Orient *) dürften davon Kenntnis haben. Während uns kein Beweis vorliegt, daß die Geheimgesellschaft der Rosenkreuzer im 17. Jahrhundert wirklich bestand, deutet dagegen heute vieles darauf hin, daß sich eine derartige Gesellschaft unter dem Druck der Umstände zu bilden beginnt und in Zukunft festere Formen annehmen wird. Wir müssen jedoch zunächst näher erläutern, was wir unter dem Terminus «Geheimgesellschaft» verstehen. Dieser uralte Begriff erhält durch die Gegenwart neue Bedeutung.

Wenden wir uns wieder den Rosenkreuzern zu. «Sie bildeten», so berichtet der Historiker Serge Hutin, «eine Gemeinschaft von Menschen, die einen höheren Zustand erreicht hatten als die übrige Menschheit und gewisse gleichartige innere Merkmale besaßen, die ihnen gestatteten, sich gegenseitig zu erkennen.» Diese Definition hat zumindest für uns den Vorteil, daß sie alles das, was uns heute als okkulter Wortschwall erscheint, ausschaltet. Wir können uns von jenem «höheren Zustand» eine sehr klare, fast wissenschaftliche Vorstellung machen **.

Unsere Forschungen sind heute an einem Punkt angelangt, an dem man die Möglichkeit künstlicher Mutationen, die die Lebewesen und sogar den Menschen selbst verbessern, ins Auge faßt. «Die Radioaktivität kann Monstren erzeugen, aber sie wird uns auch Genies schenken», erklärt ein englischer Biologe. Das Ziel der

* Mein Freund Radschah Raô.
** Siehe dazu den dritten Teil der vorliegenden Arbeit «Der Mensch und die Unendlichkeit».

alchimistischen Praktiken, nämlich die Umwandlung des Alchimisten selbst, ist vielleicht auch das Ziel der heutigen wissenschaftlichen Forschung. Wir werden gleich sehen, daß diese Umwandlung sich bei einigen zeitgenössischen Gelehrten bereits bis zu einem gewissen Grade vollzogen hat.

Die letzten Untersuchungen auf dem Gebiet der Psychologie scheinen das Vorhandensein eines Zustands zu beweisen, der weder dem Schlafzustand noch dem Zustand des Wachseins gleichzusetzen ist. Es handelt sich um einen Zustand erhöhten Bewußtseins, in dem der Mensch in den Besitz verzehnfachter geistiger Fähigkeiten gelangt. Der Tiefenpsychologie, die wir der Psychoanalyse verdanken, fügen wir heute eine Höhenpsychologie hinzu, die uns den Ausblick auf eine mögliche Über-Intellektualität eröffnet. Das Genie wäre demnach eine der Etappen auf dem Wege, den der Mensch in sich selber durchlaufen muß, um zum Gebrauch seiner Gesamtfähigkeiten zu gelangen. Wir wenden in einem normalen Leben nicht den zehnten Teil der uns möglichen Aufmerksamkeit und Intuitionsfähigkeit, der uns möglichen Beobachtungs-, Erinnerungs- und Koordinationsgabe an. Es ist durchaus denkbar, daß wir binnen kurzem die Schlüssel finden oder wiederfinden, mit deren Hilfe wir Türen aufschließen können, hinter denen uns eine Unzahl von Erkenntnissen erwartet. Der Gedanke einer bevorstehenden Mutation der Menschheit in diesem Sinne gehört nicht in den Bereich okkultistischer Träume, sondern in den der Wirklichkeit. Wir werden im Verlauf unserer Arbeit noch ausführlich darauf zurückkommen. Zweifellos gibt es bereits Mutanten unter uns oder doch jedenfalls Menschen, die schon einige Schritte auf dem Weg zurückgelegt haben, den die Menschheit als Ganzes eines Tages einschlagen wird.

Wenn bestimmte untergegangene Kulturen bereits profunde Kenntnisse über das Wesen der Materie und der Energie und über die Gesetze, die das Weltall regieren, gehabt haben und wenn Fragmente dieser Kenntnisse über alle Zeitalter hinweg bewahrt wurden (eine Annahme, die uns keineswegs als gesichert erscheint), so konnte die Überlieferung dieser Kenntnisse nur durch höher geartete Geister und in einer Sprache bewerkstelligt werden, die der Allgemeinheit zwangsläufig unverständlich sein mußte. Aber wenn wir diese Hypothese auch nicht stützen wollen, so können wir uns doch eine Reihe außergewöhnlicher Denker vorstellen, die über die

Zeiten hinweg miteinander in Verbindung standen. Derartige Wesen aber haben selbstverständlich nicht das geringste Interesse daran, ihre Fähigkeiten zur Schau zu stellen. Wäre Christoph Kolumbus ein außergewöhnlicher Geist gewesen, so hätte er seine Entdeckung geheimgehalten. Die wahrhaft höheren Geister können nur mit ihresgleichen eine sinnvolle Beziehung aufnehmen und sind daher zu einer Art Heimlichkeit gezwungen. Mit dieser Behauptung wollen wir jedoch keineswegs in die nebelhaften Bezirke des Okkultismus oder der Geheimwissenschaften ausweichen. Man wird sofort verstehen, was wir meinen, wenn man sich eine Gruppe von Ärzten vorstellt, die das Bett eines Krankenhauspatienten umstehen und über den Fall beraten. Sie führen ihr Gespräch laut und deutlich, und doch versteht der Kranke kein Wort. Es kommt hinzu, daß Köpfe dieser Art, denen daran liegt, unbemerkt zu bleiben — ganz einfach um ihre Handlungsfreiheit zu bewahren — gewiß anderes zu tun haben, als ein Verschwörerspiel zu treiben. Wenn sie eine Gesellschaft bilden, so nur unter dem Druck der Umstände. Wenn sie eine besondere Sprache sprechen, so nur insofern, als die Begriffe, die in dieser Sprache ausgedrückt werden, dem gewöhnlichen Menschen unverständlich sind. In diesem Sinne, und einzig in diesem, akzeptieren wir den Gedanken einer Geheimgesellschaft. Die anderen zahlreichen immer wieder auftauchenden Geheimgesellschaften, seien sie nun mehr oder weniger mächtig, originell oder absurd, sind in unseren Augen nur Imitationen, Spiele von Kindern, die es den Erwachsenen gleichtun wollen.

Solange die Menschen den Traum hegen, irgend etwas für nichts bekommen zu können, Geld ohne Arbeit, Kenntnisse ohne Studium, Macht ohne Wissen, Tugend ohne Askese, solange werden auch die sogenannten Geheimgesellschaften in Blüte stehen, sich mit einer künstlichen Hierarchie einen mysteriösen Anstrich verleihen und ein Kauderwelsch zusammenbasteln, mit dem sie die wahre Geheimsprache, nämlich die technische Sprache, nachäffen.

Wir beginnen heute zu verstehen, daß ein eingehendes und gründliches Studium des Buchs der Natur mehr erfordert als scharfe Beobachtung, mehr als das, was wir mit den Ausdrücken «wissenschaftlicher Geist» oder auch «Intelligenz» bezeichnen. Auf dem Punkt, an dem unsere Forschungen angelangt sind, muß der Geist über sich selbst hinauswachsen, die Intelligenz muß gewissermaßen transzendieren. Das Menschliche, Allzumenschliche genügt nicht mehr. Möglicherweise haben außergewöhnliche Menschen in vergangenen Jahrhunderten die gleiche Feststellung gemacht. Der verspätete Moderne ist Rationalist. Der Zeitgenosse der Zukunft fühlt sich als religiöser Mensch. Allzuviel Modernität entfernt uns von der Vergangenheit. Ein wenig Zukunftsgeist führt uns wieder zu ihr zurück. Robert Jungk [8] schreibt:

> «Unter den jüngeren Atomforschern sehen nicht wenige ihre wissenschaftliche Arbeit als eine Art von intellektuellem Wettbewerb ohne tieferen Sinn und Verpflichtung an, aber es gibt unter ihren Altersgenossen schon wieder einige, denen die Forschung ein ‹religiöses Erlebnis› vermittelt.»

Unsere Rosenkreuzer vom Jahre 1622 hielten sich «unsichtbar» in der Stadt Paris auf. Wir müssen die überraschende Überlegung anstellen, daß selbst bei dem heutigen Stand des Polizei- und Spionagesystems die großen Forscher es fertigbringen würden, miteinander in Verbindung zu treten und dabei alle Spuren zu tilgen, die die Politiker auf das wirkliche Wesen ihrer Tätigkeit hinführen könnten. Es ist denkbar, daß zehn Gelehrte mit lauter Stimme und vor den Ohren Chruschtschows und Kennedys über das Schicksal der Welt verhandeln, ohne daß die beiden auch nur ein Wort davon verstehen. Eine internationale Gesellschaft der Forscher, die sich nicht in die Angelegenheiten der übrigen Welt einmischte, hat jede Chance, völlig unbemerkt zu bleiben, und die gleiche Chance hätte eine Gesellschaft, die sich darauf beschränkte, nur in ganz bestimmten Fällen einzugreifen. Es ist sogar zu vermuten, daß nicht einmal die technischen Mittel, durch die die Forscher untereinander in Verbindung träten, entdeckt würden. Die drahtlose Telegraphie hätte durchaus im 17. Jahrhundert erfunden werden können, und die «Eingeweihten» hätten sich dann der einfachen Kristallempfänger bedient. Ebenso ist es denkbar, daß die modernen Forschungen über die parapsychologischen Möglichkeiten bereits zur Anwendung bestimmter neuer Arten der Telekommunikation geführt haben. Der amerikanische Ingenieur Victor Enderby schrieb kürzlich, daß, falls man auf diesem Gebiet irgendwelche Ergebnisse erzielt habe, diese durch freien Entschluß der Erfinder geheimgehalten worden seien.

Erstaunlich ist auch die Tatsache, daß in den Berichten über den Orden der Rosenkreuzer von Apparaten oder Maschinen die Rede ist, die die offizielle Wissenschaft der damaligen Epoche noch nicht herstellen konnte: von ewigen Lampen, von Apparaten, die Geräusche oder Bilder festhielten usw. Im Grab des symbolischen «Christian Rosenkreutz» fand man, wie behauptet wird, Apparate, die wohl aus unseren Tagen, aber nicht aus dem Jahre 1622 stammen könnten. Auch hier muß wieder betont werden, daß die Lehre der Rosenkreuzer auf eine Beherrschung des Universums durch die Mittel der Wissenschaft und Technik abzielt, nicht aber auf irgendwelche mysteriöse Weihen.

Ebenso können wir uns heute eine Gesellschaft vorstellen, die sich geheimer technischer Mittel bedient. Die politischen Verfügungen, der soziale Druck, die Entwicklung des Moralgefühls und das Bewußtsein einer erschreckenden Verantwortung könnten immer mehr Gelehrte dazu veranlassen, die Ergebnisse ihrer Forschungen geheimzuhalten. Dabei brauchte diese Geheimhaltung den Verlauf ihrer weiteren Arbeit keineswegs zu beeinträchtigen. Man muß nicht meinen, die Raketen und die riesigen Maschinen zur Atomzertrümmerung seien von nun an die einzigen Instrumente, deren die Forscher sich bedienen könnten. Die wahrhaft großen Entdeckungen wurden stets mit einfachen Mitteln und beschränktem Material gemacht. Möglicherweise gibt es in diesem Augenblick bestimmte Orte auf der Welt, an denen sich die geistige Dichte außerordentlich verstärkt hat und wo sich eine solche neue Form der «Geheimgesellschaft» zu bilden beginnt. Wir nähern uns einer Epoche, die sehr viel Ähnlichkeit mit dem Anfang des 17. Jahrhunderts aufweist, und vielleicht ist bereits ein neues Manifest nach Art jenes Anschlags vom Jahre 1622 in Vorbereitung. Vielleicht ist es sogar schon erschienen, und wir haben es nur noch nicht bemerkt.

Ein Hindernis, uns mit derartigen Gedanken zu befreunden, liegt in dem Umstand, daß die alten Zeiten stets eine religiöse Ausdrucksweise anwandten, für die wir nur ein literarisches oder auch «spirituelles» Interesse aufbringen. In dieser Hinsicht sind wir moderne Menschen. Und eben aus diesem Grunde sind wir noch keine Zeitgenossen der Zukunft.

Schließlich fällt noch eine andere Tatsache ins Auge: die Rosenkreuzer wie die Alchimisten betonen immer wieder, das Ziel der Wissenschaften der Transmutationen sei die Transmutation des Geistes selber. Dabei handelt es sich nicht um Magie oder um eine göttliche Belohnung der Mühen, sondern um eine Entdeckung realer

Tatsachen, die den Geist des Forschers zwingen, sich anders zu verhalten. Denken wir an die außergewöhnlich rasche Entwicklung, die sich in den Köpfen der größten Atomforscher vollzogen hat, so haben wir eine Ahnung von dem, was die Rosenkreuzer sagen wollten. Wir befinden uns in einer Epoche, in der die Wissenschaft an ihrem äußersten Punkt das geistige Universum erreicht und den Geist des Forschers selber verwandelt, ihn auf ein höheres Niveau hebt, das der unzulänglich gewordenen wissenschaftlichen Intelligenz überlegen ist. Das, was unseren Atomforschern zustößt, läßt sich mit der Erfahrung vergleichen, die in alchimistischen Texten und in Berichten über die Rosenkreuzer beschrieben wird. Die geistige oder spirituelle Sprache ist nicht etwa ein Stammeln, das der wissenschaftlichen Sprache vorausginge, sondern vielmehr ihre Vollendung. Das, was sich heute ereignet, hätte sich — auf einem anderen Erkenntnisniveau — ebensogut in früheren Zeiten ereignen können, so daß also die Legende von den Rosenkreuzern und die Wirklichkeit von heute sich gegenseitig erhellen.

Wir leben nicht mehr in einer Zeit, die den Begriff des Fortschritts ausschließlich mit neuen Entdeckungen auf wissenschaftlichem und technischem Gebiet identifiziert. Ein anderer Begriff taucht auf, derselbe, den man auch bei den «unbekannten Übermenschen» der vergangenen Jahrhunderte findet, wenn sie darauf hinweisen, daß das Studium des *Liber Mundi* auf «etwas anderes» hinführe. Heisenberg, einer unserer größten Physiker, erklärt heute: «Der Raum, in dem der Mensch sich als geistiges Wesen entwickelt, hat mehr Dimensionen als die eine, in der er sich während der letzten Jahrhunderte ausgebreitet hat.»

Wells starb entmutigt. Dieser mächtige Geist hatte vom Glauben an den Fortschritt gelebt. Gegen Ende seines Lebens aber bemerkte er, wie dieser Fortschritt erschreckende Aspekte annahm. Er hatte kein Vertrauen mehr. Die Wissenschaft lief Gefahr, die Welt zu zerstören, ungeheuerliche Vernichtungsmittel waren erfunden worden. «Der Mensch», so erklärte der alte Wells im Jahre 1946 verzweifelt, «ist am Ende seiner Möglichkeiten angelangt.» Dieser Ausspruch bezeichnet den Augenblick, in dem der alte Mann, der ein Genie der Vorausschau gewesen war, aufhörte, ein Zeitgenosse der Zukunft zu sein. Wir ahnen heute, daß der Mensch keineswegs am Ende seiner Möglichkeiten angelangt ist. Andere Möglichkeiten zeichnen sich ab. Andere Wege öffnen sich, die von der Flut der

Zeitalter immer von neuem überspült und wieder freigegeben werden. Der Nobelpreisträger Wolfgang Pauli, ein weltbekannter Mathematiker und Physiker, vertrat vor noch nicht allzu langer Zeit einen streng wissenschaftlichen Standpunkt nach der Tradition des 19. Jahrhunderts. 1932, auf dem Kongreß in Kopenhagen, erschien er mit seiner eisigen Skepsis und seinem Machtwillen wie der Mephisto aus dem «Faust». Im Jahre 1955 aber hatte dieser scharfe Geist sein Blickfeld so sehr erweitert, daß er zum beredten Schilderer eines lang vernachlässigten «inneren Heilsweges» wurde. Diese Entwicklung ist typisch. Die meisten der großen Atomforscher haben sie durchgemacht. Es handelt sich dabei nicht um ein Moralisieren oder um eine vage Religiosität, sondern im Gegenteil um eine fortschrittliche Entwicklung in der Struktur des beobachtenden Geistes, um eine neue Auffassung vom Wesen der Erkenntnis. Wolfgang Pauli schreibt:

«Entgegen der seit dem 17. Jahrhundert geltenden strengen Einteilung der Tätigkeiten des menschlichen Geistes in getrennte Gebiete halte ich die Vorstellung vom Ziel einer Überwindung der Gegensätze, zu der auch eine das rationale Verstehen wie das mystische Einheitserlebnis umfassende Synthese gehört, für den ausgesprochenen oder unausgesprochenen Mythos unserer eigenen heutigen Zeit.»

2 *Die Propheten der Apokalypse — Ein Komitee der Verzweif-*
lung — Die Mitrailleuse Ludwigs XVI. — Die Wissenschaft
ist keine heilige Kuh — Herr Despotopoulos möchte den Fortschritt
geheimhalten — Die Legende von den Neun Unbekannten

In der zweiten Hälfte des 19. Jahrhunderts gab es einen Kreis von
Denkern, die entschieden reaktionär eingestellt waren. Sie sahen im
sozialen Fortschritt ein betrügerisches Märchen, im Fortschritt der
Wissenschaft und der Technik eine Bewegung, die in den Abgrund
führen mußte. Philippe Lavastine, eine neue Verkörperung des
Helden des *Chef-d'Oeuvre inconnu* von Balzac, ein Schüler Gurdjews, war es, der mich auf diese Schriftsteller aufmerksam machte.
Damals, als ich René Guénon, den Meister des Antiprogressismus,
las und häufig mit Lanza del Vasto, der eben aus Indien zurückgekehrt war, zusammenkam, war ich geneigt, mich von den Ideen
dieser geistigen Führer der Gegenströmung überzeugen zu lassen.
Es war unmittelbar nach dem Krieg. Einstein hatte soeben sein berühmtes Telegramm abgeschickt:

«Unsere Welt steht vor einer Krise, die denjenigen, welche die
Macht besitzen, große Entscheidungen zum Guten oder zum
Schlechten zu treffen, noch nicht bewußt geworden ist. Die entfesselte Macht des Atoms hat alles verändert, nur nicht unsere
Denkgewohnheiten, und wir treiben auf eine Katastrophe ohnegleichen zu. Auf uns Wissenschaftlern, die wir diese ungeheure
Macht befreit haben, lastet die drückende Verantwortung, in diesem weltweiten Kampf auf Leben und Tod das Atom zum Nutzen der Menschheit und nicht zu ihrer Vernichtung zu verwenden und unter strenger Kontrolle zu halten. Die Vereinigung der
amerikanischen Wissenschaftler schließt sich diesem meinem Appell an. Wir bitten Sie um Unterstützung in unserem Bemühen,
Amerika begreiflich zu machen, daß das Schicksal der Menschen
sich heute, jetzt, in eben dieser Minute, entscheidet. Wir brauchen
sofort zweihunderttausend Dollar für eine nationale Kampagne,
die den Zweck verfolgt, die Menschen darüber aufzuklären, daß

eine neue Denkart unerläßlich ist, wenn die Menschheit überleben und auf ein höheres Niveau gelangen will. Wir haben erst
nach langem Nachdenken über die unerhörte Krise, auf die wir
zusteuern, den Entschluß gefaßt, diesen Appell an Sie zu richten.
Ich ersuche Sie dringend, sofort einen Scheck an mich als den
Präsidenten des ‹Emergency Committee of the Atomic Scientists›, Princeton, New Jersey, abzusenden. Wir fordern in diesem
schicksalhaften Augenblick Ihre Hilfe an als ein Zeichen, daß
wir, die Männer der Wissenschaft, nicht allein stehen.»

Diese Katastrophe, so sagte ich mir (an der auch zweihunderttausend Dollar nichts ändern würden), hatten meine Meister schon
seit langer Zeit vorausgesehen. Gott hatte dem Menschen das Hindernis der Materie in den Weg gelegt, und der Mensch ist, wie
Blanc de Saint-Bonnet es ausdrückt, «der Sohn des Hindernisses».
Die modernen Menschen jedoch, die sich von den alten Grundsätzen
lossagten, haben den Versuch unternommen, die Hindernisse weg-
zuräumen. Der Weg ins Nichts ist frei geworden. Vor zweitausend
Jahren schrieb Origenes den großartigen Satz nieder, daß «die
Materie das Absorbans (das aufsaugende Mittel) der Ungerechtigkeit» sei. Von jetzt an wird die Ungerechtigkeit nicht mehr aufgesogen: ihre zerstörenden Fluten verbreiten sich, und auch das
Emergency Committee ist kein Schwamm, der diese Fluten aus-
trocknen kann.

Die Menschen der früheren Zeiten waren zweifellos ebenso
schlecht wie wir, aber sie wußten es. Dieses Wissen veranlaßte sie,
gewissermaßen Irrenwärter einzusetzen. Eine päpstliche Bulle verurteilte den Gebrauch eines Gestells, auf dem der Schütze seinen
Bogen befestigen kann: eine solche Maschine, die die natürlichen
Möglichkeiten des Schützen künstlich steigert, würde den Kampf
unmenschlich machen. Das in dieser Bulle ausgesprochene Verbot
wurde zweihundert Jahre lang befolgt. Als Roland bei Roncesval-
les durch die Schleudergeschosse der Sarazenen zu Boden gestreckt
wurde, rief er: «Verflucht sei der Feigling, der Waffen erfand, die
auf Entfernung töten!» In einem uns näheren Zeitalter, nämlich im
Jahre 1775, führte ein junger französischer Ingenieur namens
Du Perron dem jungen Ludwig XVI. eine «Militärorgel» vor, die
durch einen Handgriff betätigt wurde und gleichzeitig vierundzwanzig Kugeln abschoß. In einem Memorandum wurde die Kon-

struktion dieses Vorläufers des modernen Maschinengewehrs erläutert. Es erschien dem König und seinen Ministern Malesherbes und Turgot so mörderisch, daß sie es ablehnten und seinen Erfinder als einen Feind der Menschheit bezeichneten.

Bei unserem Bestreben, alles zu verselbständigen, haben wir auch den Krieg selbständig gemacht. War er früher eine Gelegenheit für wenige, sich zu opfern und das ewige Heil zu erlangen, so ist er heute zum Verderben aller geworden.

So etwa lauteten meine Gedanken um 1946. Ich dachte daran, eine Anthologie der «reaktionären Denker» zu veröffentlichen, deren Stimmen zu ihren Lebzeiten vom Chor der romantischen Fortschrittler übertönt worden waren. Die Wortführer der Gegenströmung, diese Propheten der Apokalypse, hießen Blanc de Saint-Bonnet, Émile Montagut, Albert Sorel, Donoso Cortés u. a. In einer aufrührerischen Stimmung, die der Haltung jener Männer ähnelte, verfaßte ich ein Pamphlet mit dem Titel *Le Temps des Assassins*, an dem vor allem Aldous Huxley und Albert Camus mitarbeiteten. Sogar die amerikanische Presse reagierte auf diese Denkschrift, in der Gelehrte, Militärs und Politiker heftig angegriffen wurden und die für alle Techniker der Vernichtung einen Nürnberger Prozeß forderte.

Heute glaube ich, daß die Dinge weit weniger einfach liegen und daß man die Geschichte, die sich nun einmal nicht zurückdrehen läßt, von einem anderen, höheren Standpunkt aus betrachten muß. In dem unruhigen Nachkriegsjahr 1946 indessen zog jener Gedanke eine leuchtende Spur in den Ozean der Ängste, in dem die Intellektuellen, die «weder Opfer noch Henker» sein wollten, versunken waren. Man muß zugeben, daß die Lage seit dem Telegramm Einsteins noch bedrohlicher geworden ist. «Das, was die Gelehrten in ihrer Aktentasche haben, ist erschreckend», sagte Chruschtschow im Jahre 1960. Aber die Geister sind müde geworden und haben sich nach vielen feierlichen und nutzlosen Protesten anderen Gegenständen zugewandt. So erwarten sie, wie der Gefangene in seiner Zelle, die Begnadigung oder die Vollstreckung des Todesurteils. Immerhin besteht seit damals im Bewußtsein aller eine Art untergründiger Revolte gegen die Wissenschaft, die imstande ist, die Welt zu vernichten, ein Zweifel am positiven Wert der technischen Entwicklung. «Eines Tages werden sie uns alle in die Luft sprengen.» Seit den heftigen Kritiken, die Aldous Huxley in seinen Büchern *Kontrapunkte des Lebens* und *Schöne Neue Welt* äußerte, ist der wissenschaftliche Optimismus in sich zusammengesunken. Im Jahre 1951 veröffentlichte der amerikanische Chemiker Anthony Standen ein Buch mit dem Titel *Science is a sacred cow*, in dem er gegen die fetischistische Bewunderung für die Wissenschaft protestierte. Im Oktober 1953 wandte sich ein berühmter Professor der juristischen Fakultät der Universität Athen, M. O. J. Despotopoulos, in einem Manifest an die UNESCO und verlangte die Einstellung der weiteren wissenschaftlichen Forschung oder zumindest die Geheimhaltung ihrer Ergebnisse. Die Forschung, so schlug er vor, solle ab sofort einem internationalen Rat der Gelehrten unterstellt werden, die auf diesen Posten gewählt und damit ermächtigt werden sollten, über alle Ergebnisse Schweigen zu bewahren. So utopisch diese Idee auch sein mag, sie ist doch nicht uninteressant. Sie entwirft eine zukünftige Möglichkeit und schneidet, wie wir gleich sehen werden, eines der großen Themen vergangener Kulturen wieder an. In einem Brief, den Despotopoulos im Jahre 1955 an uns richtete, führt er seinen Gedanken näher aus:

«Die Naturwissenschaft ist sicherlich eine der würdigsten Unternehmungen der Menschheitsgeschichte. Von dem Augenblick an jedoch, da sie Kräfte entfesselt, welche imstande sind, die gesamte Menschheit zu vernichten, hört sie auf, das zu sein, was sie vom moralischen Gesichtspunkt aus war. Eine Unterscheidung zwischen der reinen Wissenschaft und ihrer technischen Anwendung ist praktisch unmöglich geworden. Man kann demnach von der Wissenschaft nicht mehr als von einem Wert an sich sprechen. Man muß vielmehr feststellen, daß sie auf gewissen Gebieten, und zwar den umfassendsten, zu einem negativen Wert geworden ist, insofern sie sich nämlich der Kontrolle des Gewissens entzieht und ihre gefährlichen Ergebnisse dem Machtwillen der verantwortlichen Politiker preisgibt. Die Anbetung des Fortschritts und der Freiheit der wissenschaftlichen Forschung ist im höchsten Grade unheilvoll. Unser Vorschlag lautet folgendermaßen: Kodifizierung sämtlicher bisher gemachten Entdeckungen der Naturwissenschaft und absolutes oder partielles Verbot ihrer Weiterführung durch einen obersten Weltrat der Gelehrten. Eine solche Maßnahme ist gewiß von grausamer Tragik, da sie eine der edelsten und ursprünglichsten Bestrebungen der

Menschheit trifft, und die Schwierigkeiten ihrer Durchführung sind nicht zu unterschätzen. Aber ich wüßte keine, die ebenso wirksam wäre. Einwände wie die, ein derartiger Schritt bedeute eine Rückkehr zum Mittelalter, einen Rückfall in die Barbarei usw., sind keine ernstzunehmenden Argumente. Es geht nicht darum, den Geist zurückzudrängen, es geht darum, ihn zu verteidigen. Es handelt sich nicht um Beschränkungen zugunsten irgendeiner sozialen Klasse, sondern um den Schutz der gesamten Menschheit. So liegt das Problem. Der Rest ist nur noch eine Ein- und Aufteilung der Kräfte bei der Bewältigung zweitrangiger Probleme.»

Diese Gedanken fanden Zustimmung in der englischen und deutschen Presse und wurden in der Zeitschrift der Londoner Atomforscher ausführlich besprochen. Ein Anklang an sie läßt sich auch in gewissen Vorschlägen beobachten, die auf den internationalen Abrüstungskonferenzen gemacht wurden.

Manches berechtigt zu der Annahme, daß es Kulturen gegeben hat, in denen zwar eine Wissenschaft bestand, diese aber geheimgehalten wurde. Jedenfalls scheint hier der Ursprung der wunderbaren Legende von den Neun Unbekannten zu liegen.

Der Begriff der Neun Unbekannten geht auf den Kaiser Aschoka zurück, der von 273 v. Chr. an über Indien regierte. Er war der Enkel Tschandraguptas, des ersten Herrschers, der ein einheitliches indisches Reich begründete. Voller Ehrgeiz wie sein Vorfahre, dessen Werk er vollenden wollte, ging er an die Eroberung von Kalinga, einem Land, das sich zwischen dem heutigen Kalkutta und Madras erstreckte. Die Einwohner von Kalinga setzten sich zur Wehr und verloren in der Schlacht hunderttausend Mann. Der Anblick dieser hingemetzelten Menge erschütterte Aschoka und flößte ihm auf ewig einen tiefen Abscheu gegen den Krieg ein. Er verzichtete auf den Kampf gegen die noch nicht unterworfenen Länder und erklärte, die wahre Eroberung bestünde darin, die Herzen der Menschen durch die Gesetze der Pflicht und der Frömmigkeit zu gewinnen, da die Geheiligte Majestät den Wunsch habe, daß alle beseelten Geschöpfe sich der Sicherheit, des freien Verfügungsrechts über sich selber, des Friedens und des Glücks erfreuen.

Aschoka, der sich zum Buddhismus bekehrte, verbreitete durch das Beispiel seiner eigenen Tugend diese Religion in Indien und in seinem gesamten Herrschaftsgebiet, das sich bis zum Malaiischen Archipel, Ceylon und Indonesien erstreckte. Von hier aus eroberte der Buddhismus Nepal, Tibet, China und die Mongolei. Aschoka respektierte indessen alle religiösen Sekten. Er predigte eine vegetarische Lebensweise, verbot den Alkoholgenuß und schaffte die Tieropfer ab. H. G. Wells schreibt über ihn in seiner *Short History of the World:* «Unter den Zehntausenden von Herrschernamen, die sich in den Spalten der Geschichtsbücher aneinanderreihen, leuchtet der Name Aschoka wie ein Stern in einzigartigem Glanz.»

Man berichtet, daß Kaiser Aschoka, der über die Schrecken des Krieges unterrichtet war, die Absicht hatte, den Menschen auf immer den Gebrauch der unheilvollen Intelligenz zu untersagen. Unter seiner Herrschaft wird die Naturwissenschaft mit ihren vergangenen, gegenwärtigen und zukünftigen Erfindungen ins Gebiet des Geheimnisses verbannt. Von nun an verbergen sich die Forschungen auf allen Gebieten, von der Struktur der Materie bis zur Technik der Massenpsychologie, hinter dem mystischen Antlitz eines Volkes, von dem die Welt glaubt, es beschäftige sich nur mit Ekstase und übernatürlichen Dingen, und sie sollten zweiundzwanzig Jahrhunderte lang dahinter verborgen bleiben. Aschoka begründet die mächtigste Geheimgesellschaft der Erde: die der Neun Unbekannten.

Es wird weiter berichtet, daß die großen Männer, die das Schicksal des modernen Indien bestimmen, und ebenso Gelehrte wie Bose und Ram, an die Existenz der Neun Unbekannten glauben und Ratschläge und Botschaften von ihnen empfangen. Man kann sich vorstellen, welch ungeheure Macht sich in diesen neun Persönlichkeiten verkörpern muß, denen alle in mehr als zweitausend Jahren angesammelten Erfahrungen, Arbeiten und Dokumente zur Verfügung stehen und die imstande sind, einen direkten und unmittelbaren Nutzen daraus zu ziehen. Welches sind die Ziele dieser neun Männer? Die Mittel der Vernichtung nicht in die Hände Unberufener fallenzulassen. Die für die Menschheit nutzbringenden Forschungen weiterzuführen. Der Kreis dieser Neun wird immer wieder durch Zuwahl ergänzt, um so die aus einer fernen Vergangenheit überkommenen technischen Geheimnisse zu bewahren.

Nur sehr selten traten die Neun Unbekannten nach außen hin in Erscheinung. Einer dieser Fälle ist mit dem erstaunlichen Schicksal eines der geheimnisvollsten Männer des Abendlandes verknüpft:

mit dem Schicksal des Papstes Silvester II., der auch unter dem Namen Gerbert d'Aurillac bekannt ist. Gerbert, der 920 in der Auvergne geboren wurde und 1003 starb, war Benediktinermönch, Professor an der Universität von Reims, Erzbischof von Ravenna und durch die Gnade des Kaisers Otto III. Papst. Er soll sich eine Zeitlang in Spanien aufgehalten und dann eine geheimnisvolle Reise unternommen haben, die ihn auch nach Indien führte, wo er sich die verschiedensten Kenntnisse aneignete, mit denen er später seine Umgebung in Erstaunen setzte. So wird erzählt, daß er in seinem Palast einen Bronzekopf gehabt habe, der auf Fragen über Politik oder die allgemeine Lage der Christenheit, die man an ihn richtete, mit Ja oder Nein antwortete. Nach Aussage Silvesters II. (Band CXXXIX des *Patrologiae cursus completus. Series latina*) war dieses Verfahren sehr einfach und entsprach einer Rechnung mit zwei Ziffern. Es scheint sich also um einen unseren modernen binären Maschinen ähnlichen Automaten gehandelt zu haben. Nach dem Tod des Papstes wurde dieser «magische Kopf» zerstört, und die durch ihn übermittelten Kenntnisse wurden sorgsam der Öffentlichkeit entzogen. Zweifellos dürfte die Vatikanische Bibliothek für einen autorisierten Forscher in dieser Hinsicht noch einige Überraschungen bereithalten. In der Oktobernummer 1954 von *Computers and Automation*, einer amerikanischen Zeitschrift für Kybernetik, heißt es:

«Man muß sich als Konstrukteur einen Menschen von außerordentlichem Wissen, ungewöhnlichem Einfallsreichtum und überragender mechanischer Geschicklichkeit vorstellen. Dieser sprechende Kopf soll unter einer besonderen Konstellation der Planeten hergestellt worden sein, und zwar genau in dem Augenblick, da alle Planeten ihre Bahn beginnen. In die Antworten waren Vergangenheit, Gegenwart und Zukunft gleichermaßen einbezogen, und diese Erfindung übertraf offenbar bei weitem ihre Rivalin, das boshafte Spieglein an der Wand, das die Königin in Schneewittchen besaß und das ebenfalls eine Art Vorläufer unserer modernen mechanischen Gehirne ist. Selbstverständlich wurde behauptet, Gerbert sei nur imstande gewesen, diese Maschine herzustellen, weil er im Bündnis mit dem Teufel stand, dem er ewige Treue geschworen hatte.»

Hatten noch weitere Männer des Abendlandes eine Verbindung mit dieser Gesellschaft der Neun Unbekannten? Wir müssen bis zum 19. Jahrhundert warten, bevor dieses Geheimnis in den Büchern des französischen Schriftstellers Jacolliot wieder aufschimmert.

Jacolliot war während des Zweiten Kaiserreiches als französischer Konsul in Kalkutta. Er verfaßte ein Buch, das auf erstaunliche Weise eine Reihe zukünftiger Erfindungen vorwegnimmt und mit den Werken Jules Vernes verglichen werden kann; falls es ihnen nicht sogar überlegen ist. Daneben hat Jacolliot mehrere Arbeiten hinterlassen, die sich mit den großen Geheimnissen der Menschheit beschäftigen. Die meisten Okkultisten, Propheten und Thaumaturgen haben einen Teil ihrer Kenntnisse aus diesem außergewöhnlichen Werk geschöpft. Es ist noch heute in Rußland berühmt, während es in Frankreich völlig vergessen ist.

Jacolliot drückt sich unmißverständlich aus: die Gesellschaft der Neun Unbekannten ist eine Tatsache. Und das Verblüffende daran ist, daß er in diesem Zusammenhang technische Erfindungen und gewisse Begriffe aufzählt, die im Jahre 1860 noch vollkommen unvorstellbar waren, wie z. B. die Freisetzung der Energie, die Sterilisation durch Strahlungseinwirkung oder den psychologischen Krieg.

Yersin, einer der engsten Mitarbeiter von Pasteur und Roux, soll während einer Reise, die er 1890 nach Madras unternahm, gewisse biologische Geheimnisse in Erfahrung gebracht haben. Nach den Anweisungen, die er dort erhielt, stellte er das Serum gegen die Pest und eines gegen die Cholera her.

Den ersten ausführlichen Bericht über die Geschichte der Neun Unbekannten enthält das 1927 erschienene Buch von Talbot Mundy [9], der fünfundzwanzig Jahre hindurch als englischer Polizeibeamter in Indien tätig war. Sein Buch ist ein Mittelding zwischen Roman und wissenschaftlicher Untersuchung. Die Neun Unbekannten bedienen sich, wie er erklärt, einer synthetischen Sprache. Jeder von ihnen sei im Besitz eines Buches, an dem ständig weitergeschrieben werde und das die detaillierte Darlegung einer Wissenschaft enthalte.

Das erste dieser Bücher handle von der Technik der Propaganda und des psychologischen Kriegs. «Die gefährlichste aller Wissenschaften», sagt Mundy, «ist die der Lenkung der Gedanken der Massen, da man mit ihrer Hilfe die ganze Welt beherrschen kann.» Wir müssen in diesem Zusammenhang darauf hinweisen, daß das Buch *Science and Sanity* von Korzybsky erst im Jahre 1937 erschien und daß sich erst auf Grund der Erfahrungen des letzten Weltkriegs im Abendland eine Technik der Psychologie der Sprache, also eine Technik der Propaganda, zu kristallisieren begann. Die erste amerikanische Schule für Semantik wurde im Jahre 1950 ins Leben gerufen. In Frankreich kennen wir auf diesem Gebiet nur *Le Viol des Foules* von Serge Tschokhotin, ein Werk, das starken Einfluß auf die politisch interessierten intellektuellen Kreise ausgeübt hat, obgleich es die wesentlichen Fragen nur streift.

Das zweite Buch ist, wie Talbot Mundy berichtet, der Physiologie gewidmet. Es beschreibt unter anderem die Möglichkeit, einen Menschen durch einfache Berührung zu töten, wobei der Tod durch eine Umkehrung des Nervenstroms erfolgt. Aus den weiteren Hinweisen dieses Buches soll sich die Kunst des Judo entwickelt haben.

Das dritte Buch enthält Einzelheiten über die Mikrobiologie und insbesondere über die Schutz-Kolloide.

Das vierte Buch behandelt die Umwandlung der Metalle. Eine Überlieferung berichtet, daß in Zeiten der Teuerung die Tempel und die religiösen Hilfsorganisationen aus einer geheimen Quelle große Mengen sehr feinen Goldes erhielten.

Das fünfte Buch gibt eine Übersicht über sämtliche irdischen und außerirdischen Verkehrs- und Verbindungsmöglichkeiten.

Das sechste Buch enthält die Geheimnisse der Gravitation.

Das siebente Buch stellt die umfassendste je von Menschen entworfene Kosmogonie dar.

Das achte Buch handelt vom Licht.

Das neunte Buch ist der Soziologie gewidmet, stellt Regeln für die Entwicklung der Gesellschaften auf und gibt die Möglichkeit, ihren Untergang vorauszubestimmen.

Auch das Geheimnis des Ganges-Wassers wird mit der Legende von den Neun Unbekannten in Verbindung gebracht. Riesige Mengen von Pilgern, die zum Teil mit den verschiedensten und schrecklichsten Krankheiten behaftet sind, baden in diesem Wasser, ohne daß daraus irgendwelche Gefahr für die Gesunden erwächst. Die heiligen Wasser reinigen alles. Man hat diese seltsame Eigenschaft des Flusses auf die Bildung von Bakteriophagen zurückführen wollen. Aber warum bilden diese sich dann nicht auch im Brahmaputra, im Amazonas oder in der Seine? Die Hypothese einer Sterilisation durch Strahlungen taucht in der Arbeit Jacolliots auf, hundert Jahre bevor man wußte, daß ein solches Phänomen überhaupt möglich ist. Diese Strahlungen sollen laut Jacolliot aus einem geheimnisvollen Tempel kommen, der unter dem Bett des Flusses liegt.

Fern von allen religiösen, sozialen und politischen Tagesereignissen, fest entschlossen, ihre Geheimnisse zu bewahren, verkörpern die Neun Unbekannten den Begriff einer vom Gewissen gelenkten Wissenschaft. Diese Geheimgesellschaft, die Herrin über die Geschicke der Menschheit ist und es sich dennoch versagt, von ihrer eigenen Macht Gebrauch zu machen, ist das schönste Beispiel einer höheren Freiheit. Von der Verborgenheit ihres Ruhms aus beobachten diese neun Männer das Werden und Vergehen der Kulturen, weniger gleichgültig als tolerant, immer bereit, Hilfe zu leisten, aber auf ewig gehorsam jenem Gebot des Schweigens, das der Maßstab menschlicher Größe ist.

Mythos oder Realität? Auf jeden Fall ein großartiger Mythos, der aus dem tiefsten Grunde der Zeiten stammt und zugleich Brandung der Zukunft ist.

3   *Noch ein Wort über den phantastischen Realismus — Technische
     Möglichkeiten der Vergangenheit — Die Notwendigkeit der
Geheimhaltung früher und heute — Wir reisen in der Zeit — Wir
wollen den Ozean des Geistes in seiner Gesamtheit überschauen —
Neue Betrachtungen über den Ingenieur und den Magier — Vergangenheit ist Zukunft — Die Gegenwart hinkt in doppeltem
Sinne nach — Das Gold der alten Bücher — Ein neuer Blick auf
die alte Welt*

Wir sind weder Materialisten noch Spiritualisten: eine derartige
Unterscheidung hat zudem für uns keinerlei Sinn mehr. Wir suchen
nur ganz einfach nach der Wirklichkeit, ohne dabei der unwillkür-
lichen Reflexbewegung des (in unseren Augen rückständigen)
modernen Menschen zu folgen, der seine Augen abwendet, sobald
diese Wirklichkeit eine phantastische Form annimmt. Wir haben
uns, um diesen Reflex zu überwinden, ganz bewußt wieder auf den
Standpunkt des primitiven Menschen begeben und haben dabei
ebenso gehandelt wie die Maler, als sie jenen Schleier, den die Konventionen zwischen ihren Augen und den Dingen ausgespannt
hatten, zerreißen mußten. Genau wie sie haben auch wir uns für
stammelnde, fast barbarische und zuweilen kindliche Methoden
entschieden. Wir stellen uns vor die Elemente oder die Methoden
der Erkenntnis wie Cézanne vor einen Apfel oder van Gogh vor
ein Kornfeld. Wir weigern uns, irgendwelche Tatsachen oder
Aspekte der Realität abzulehnen, nur weil sie nicht «passend» sind
und die von den üblichen Theorien festgesetzten Grenzen überschreiten. Gauguin scheute sich nicht davor, ein rotes Pferd zu
malen, Manet setzte mitten in die Gesellschaft seines «Frühstücks im
Freien» eine nackte Frau. Max Ernst, Picabia und Dali zeigen uns
Traumgestalten und eine im Untergrund des Bewußtseins lebende
Welt. Unsere Art, die Dinge zu sehen, wird Empörung, Verachtung
und Spott hervorrufen. Man wird uns den Zutritt zu den Salons
verweigern. Man ist noch nicht bereit, das, was man nun endlich
den Malern, den Dichtern oder den Filmregisseuren zubilligt, auch
auf unserem Gebiet gelten zu lassen. Die Wissenschaft, die Psycho-

logie und die Soziologie sind Wälder voller Tabus. Kaum hat man die Idee des Heiligen verjagt, kommt sie in den verschiedensten Verkleidungen schon wieder angaloppiert.

Aber kommen wir auf unser Thema zurück. In diesem Teil unserer Arbeit, den wir «Vergangene Zukunft» betitelt haben, gehen wir von der folgenden Überlegung aus:

Es ist möglich, daß das, was wir als Esoterik bezeichnen, also die Grundlage aller Geheimgesellschaften und Religionen, in Wahrheit der schwer verständliche und schwer anwendbare Rest einer sehr alten *technischen* Erkenntnis ist, die sich sowohl auf die Materie wie auf den Geist bezieht. Wir werden diesen Gedanken späterhin noch weiter entwickeln.

Die sogenannten Geheimnisse sind keine Fabeln, Erfindungen oder Spiele, sondern sehr präzise technische Anweisungen, Schlüssel zu Kräften, die im Menschen und in den Dingen enthalten sind.

Wissenschaft ist nicht gleichbedeutend mit Technik. Im Gegensatz zu den landläufigen Vorstellungen folgt die Technik in vielen Fällen nicht auf die Wissenschaft, sondern geht ihr voraus. Die Technik *macht* etwas, die Wissenschaft beweist, daß es unmöglich ist, dieses Etwas zu machen. Dann aber brechen die Barrieren der Unmöglichkeit zusammen.

Es ist denkbar, daß eine frühere Technik den Menschen Kräfte verliehen hat, die äußerst gefährlich waren und infolgedessen der Allgemeinheit nicht zugänglich gemacht werden konnten.

Die Notwendigkeit der Geheimhaltung kann zwei Gründe haben:

a) Vorsichtige Klugheit. «Derjenige, der weiß, spricht nicht.» Man darf die Schlüssel nicht den falschen Händen ausliefern.

b) Die Tatsache, daß der Besitz dieser Erkenntnisse und die Fähigkeit, diese Techniken anzuwenden, vom Menschen eine andere Geistesstruktur erfordert als die des gewöhnlichen Wachzustands, eine Verlagerung von Gedanken und Sprache auf ein höheres Niveau — so daß nichts mehr im gewöhnlichen Sinne mitteilbar ist. Die Geheimhaltung ergibt sich demnach nicht aus dem Willen des Wissenden, sondern liegt in der Natur der Sache selbst.

In unserer gegenwärtigen Welt stellen wir das Vorhandensein einer ähnlichen Erscheinung fest. Eine sich unablässig beschleunigende Entwicklung der Technik führt die Wissenden erst zum Wunsch und sehr bald auch zur Praxis der Geheimhaltung. Äußerste Gefahr erfordert äußerste Zurückhaltung. Bei ihrem heutigen Stand und im Verlauf ihrer ständigen Entwicklung muß der Inhalt der Erkenntnis immer mehr zum Geheimnis werden. Es bilden sich regelrechte Gilden von Gelehrten und Technikern. Die Sprache des Wissens und Könnens wird für die Allgemeinheit unverständlich. Und damit zeichnet sich auf dem Gebiet der physikalisch-mathematischen Forschung schon deutlich das Problem der verschiedenen geistigen Strukturen ab, bis schließlich diejenigen, die, wie Einstein es ausdrückt, «die Macht besitzen, große Entscheidungen zum Guten oder zum Schlechten zu treffen», eine regelrechte Kryptokratie bilden. So gleicht die nahe Zukunft dem Zustand, von dem uns in alten Überlieferungen berichtet wird.

Unsere Betrachtung der Erkenntnisse der Vergangenheit paßt sich keinem «spiritualistischen» Schema an. Unsere Betrachtung der Gegenwart und der nahen Zukunft führt da, wo man im allgemeinen nur mit rationalen Begriffen zu arbeiten gewohnt ist, den Begriff des Magischen ein. Für uns geht es nur darum, erhellende Beziehungen zu suchen, die es uns ermöglichen, dem menschlichen Abenteuer seinen Platz in der Gesamtheit der Zeiten zuzuweisen. Alles, was uns dienen kann, eine Brücke zu schlagen, ist uns willkommen.

In diesem Teil unseres Buches, ebenso wie an anderer Stelle, vertreten wir die folgende Ansicht:

Der Mensch hat zweifellos die Möglichkeit, mit der Gesamtheit des Weltalls in Verbindung zu treten. Man kennt Langevins Paradox vom Reisenden. Das Sternbild der Andromeda ist drei Millionen Lichtjahre von der Erde entfernt. Ein Mensch jedoch, der sich mit einer Geschwindigkeit vorwärtsbewegte, die der des Lichts fast gleichkäme, würde auf der Reise zur Andromeda nur um wenige Jahre altern. Nach der Einheitstheorie Jean Charons wiederum wäre es durchaus denkbar, daß auch die Erde während dieser Reise nicht wesentlich älter würde. Der betreffende Mensch stünde also in Verbindung mit der gesamten Schöpfung, während die Rolle, die dem Raum und der Zeit sonst scheinbar zufällt, sich völlig veränderte. Denkt man andererseits an die mathematisch-physikalische Forschung, so kann man sagen, daß sie auf dem Niveau, auf das Einstein sie gehoben hat, einen Versuch des menschlichen Geistes darstellt, jenes Gesetz zu entdecken, dem alle Kräfte des Universums (Gravitation, Elektro-Magnetismus, Licht, Kernenergie) unterworfen sind. Es ist der Versuch einer einheitlichen Schau, wobei das ganze Bemühen des Geistes darauf gerichtet ist, sich auf einen Punkt zu versetzen, von dem aus das Ganze in seiner Kontinuität erkennbar wird. Woher aber sollte dieser Wunsch des Geistes entspringen, wenn dieser nicht ahnte, daß es einen solchen Punkt gibt und daß es möglich ist, sich auf ihn zu versetzen? «Du würdest mich nicht suchen, wenn du mich nicht schon gefunden hättest.»

Der gleichen Geisteshaltung, wenn auch auf einem anderen Gebiet, entspricht es, wenn wir nach einer kontinuierlichen Schau der gesamten menschlichen Erkenntnis suchen, wenn wir uns ein zusammenhängendes Bild von dem großen Abenteuer des menschlichen Geistes machen wollen. Hier liegt der Grund, warum wir in diesem Buch mit äußerster Geschwindigkeit die größten Zeitsprünge machen: von der Magie zur Technik, von den Rosenkreuzern nach Princeton, von den Mayas zu dem Menschen der kommenden Mutationen, vom Siegel Salomons zum periodischen System der Elemente, von den untergegangenen zu den zukünftigen Kulturen, von Fulcanelli zu Oppenheimer, vom Hexenmeister zum elektronischen Analogierechner usw. Mit äußerster Geschwindigkeit, das heißt mit einer Geschwindigkeit, die Zeit und Raum veranlaßt, ihre Hüllen zu sprengen und das Bild der Zusammenhänge sichtbar werden zu lassen.

Wenden wir uns wieder den Betrachtungen über die Technik, die Wissenschaft und die Magie zu. Sie werden unsere These über den Gedanken der Geheimgesellschaft (oder richtiger der «Verschwörung bei Tageslicht») genauer umreißen und uns als Auftakt zu weiteren Untersuchungen über die Alchimie und die untergegangenen Kulturen dienen.

Wenn ein junger Ingenieur in einem Industriewerk angestellt wird, unterscheidet er dort sehr schnell zwei verschiedene Welten. Da ist die Welt des Laboratoriums mit den genau festgelegten Gesetzen der wiederholbaren Experimente, mit dem Bild verständlicher Zusammenhänge. Daneben aber existiert die reale Welt, in der die Gesetze nicht immer anwendbar sind, in der sich zuweilen unvorhergesehene Dinge begeben, in der das Unmögliche Wahrheit wird. Wenn der betreffende Ingenieur sehr temperamentvoll ist, wird er mit Zorn und Leidenschaft reagieren und den Wunsch haben, «die Materie, diese liederliche Person, zu vergewaltigen».

Denjenigen, die eine solche Haltung einnehmen, ist ein tragisches Schicksal beschieden. Man denke an Edison, Tesla und Armstrong. Ein Dämon leitet sie. Wernher von Braun arbeitet an der Konstruktion von Raketen, hilft mit beim Start der V 2, die in London Tausenden von Menschen das Leben kostet, und wird schließlich von der Gestapo verhaftet, weil er im Kollegenkreis geäußert hat, der Sieg Deutschlands sei ihm gleichgültig, ihm ginge es um die Eroberung des Mondes [10]. Man hat erklärt, die Tragödie von heute läge in der Politik. Das ist eine überlebte Ansicht. Die Tragödie von heute spielt sich im Laboratorium ab. Die neuen «Magier» sind es, denen wir den Fortschritt der Technik verdanken. Die Technik ist unserer Ansicht nach keineswegs die praktische Anwendung der Wissenschaft. Im Gegenteil, sie entwickelt sich oft gegen sie. Der große Mathematiker und Astronom Simon Newcomb stellt den Satz auf, daß ein Gegenstand, der schwerer ist als die Luft, nicht fliegen kann. Zwei Fahrradmechaniker weisen ihm nach, daß er unrecht hat. Rutherford und Millikan [11] erklären, daß man die im Atomkern enthaltenen Energien niemals freisetzen könne. Über Hiroshima explodiert die Atombombe. Die Wissenschaft lehrt, daß eine homogene Luftmenge sich nicht in heiße und kalte Luft aufspalten kann. Hilsch zeigt, daß man, um diese Wirkung zu erzielen, die Luft nur in einer entsprechenden Röhre zirkulieren lassen muß [12]. Die Wissenschaft stellt Barrieren der Unmöglichkeit auf. Der Ingenieur durchbricht, genau wie der Magier unter den Augen des kartesianischen Forschers, diese Schranken. Es handelt sich hier um eine Erscheinung, die dem sogenannten «Tunneleffekt» der Physiker ähnelt. Eine magische Saugkraft zieht den Menschen an. Er möchte hinter die Mauer sehen, zum Mars fliegen, den Blitz einfangen, Gold machen. Ihm geht es nicht um Gewinn oder um Ruhm. Er will das Universum gewissermaßen in flagranti bei seiner Geheimniskrämerei ertappen. Im Sinne Jungs ist er ein Archetypus. Um der Wunder willen, die er vollbringen möchte, um des Schicksals willen, das auf ihm lastet, und des schmerzlichen Endes, das ihn so oft erwartet, ist er ein Nachkomme des Helden der Sagen und der griechischen Tragödien [13].

Wie der Magier spürt er dem Geheimnis nach, und ebenso wie dieser gehorcht er jenem Gesetz der Gleichartigkeit, das Frazer [14] in seiner Studie über die Magie aufgestellt hat. In ihren Anfängen ist jede Erfindung die Nachahmung einer Naturerscheinung. Die

Flugmaschine gleicht dem Vogel, der Automat dem Menschen. Nun stellt sich aber heraus, daß die Ähnlichkeit mit dem Gegenstand, dem Geschöpf oder der Erscheinung, deren Kräfte und Fähigkeiten man nachahmen möchte, für das Funktionieren des erfundenen Apparats unwesentlich, ja manchmal sogar nachteilig ist. Trotzdem schöpft der Erfinder, genau wie der Magier, aus der Gleichartigkeit eine Kraft und einen Genuß, die ihn immer weiter vorwärts treiben.

In vielen Fällen läßt sich der Übergang von der magischen Nachahmung zur wissenschaftlichen Technologie klar nachweisen. Ein Beispiel:

Die Oberflächenhärtung des Stahls wurde im Nahen Orient ursprünglich dadurch erreicht, daß man eine rotglühende Klinge in den Körper eines Gefangenen stieß. Wir haben es hier mit einer typisch magischen Praktik zu tun: man wollte die kriegerischen Eigenschaften des Gegners auf die Klinge übertragen. Diese Praktik wurde im Abendland durch die Kreuzfahrer bekannt, die festgestellt hatten, daß der Damaszener Stahl tatsächlich härter war als der in Europa verfertigte. Man stellte Versuche an und tauchte den Stahl in Wasser, auf dem Tierhäute schwammen. Das gewünschte Resultat wurde erzielt. Im 19. Jahrhundert kam man dahinter, daß dieses Ergebnis der Einwirkung des organischen Stickstoffs zu verdanken war. Im 20. Jahrhundert, als die Verflüssigung der Gase gelungen war, vervollkommnete man das Verfahren, indem man den Stahl bei niedriger Temperatur in flüssigen Stickstoff tauchte. Unter dieser Form ist die «Nitrierung» heute ein Bestandteil unserer Technologie.

Ein anderes Band zwischen Magie und Technik ließe sich entdecken, wenn man sich einmal mit den «Zauberformeln» befaßte, die die alten Alchimisten während ihrer Arbeit sprachen. Wahrscheinlich taten sie es, um im Dunkel ihres Laboratoriums die Zeit zu messen. Heute bedienen sich die Photographen regelrechter Zählformeln, die sie über dem Fixierbad sprechen. Wir haben selbst auf dem Jungfraujoch eine solche Zählformel gehört, als eine von kosmischen Strahlen getroffene Platte entwickelt wurde.

Endlich aber besteht ein noch viel festeres und seltsameres Band zwischen Magie und Technik, und zwar betrifft es die Gleichzeitigkeit, mit der Erfindungen auftauchen. Die meisten Länder vermerken den Tag und sogar die Stunde, zu der ein Patent angemeldet wird. Nun hat man häufig festgestellt, daß Erfinder, die einander nicht kannten und an völlig verschiedenen Orten arbeiteten, ihr Patent genau zum selben Zeitpunkt angemeldet haben. Behauptungen wie «die Erfindungen liegen in der Luft» oder «eine Erfindung wird gemacht, sobald man ihrer bedarf» bieten kaum eine ausreichende Erklärung für dieses Phänomen. Für den Fall, daß es sich hier um eine Art außersinnlicher Wahrnehmung oder eine unbewußte Verbindung zwischen Menschen handelt, die sich den gleichen Problemen widmen, ließe sich eine sehr nützliche statistische Untersuchung anstellen. Diese Untersuchung würde uns vielleicht auch noch eine andere Tatsache verständlich machen: jene nämlich, daß sich in den meisten der alten Kulturen, obgleich sie durch Meere und Gebirge voneinander getrennt sind, identische magische Techniken finden.

Wir haben uns an den Gedanken gewöhnt, daß die technische Erfindung eine zeitgenössische Erscheinung ist. Aber das liegt nur daran, daß wir uns nie die Mühe machen, die alten Dokumente zu befragen. Es gibt nicht eine einzige technische Forschungsstelle, deren Arbeiten sich mit der Vergangenheit beschäftigen. Die alten Bücher werden, wenn überhaupt, nur von wenigen Gelehrten gelesen, die rein literarische oder historische Interessen damit verbinden. Das, was diese Bücher an wissenschaftlichen oder technischen Tatsachen enthalten, entgeht somit der Aufmerksamkeit der Leser. Ist man etwa so wenig interessiert an der Vergangenheit, weil man durch die Vorbereitung der Zukunft allzusehr in Anspruch genommen wäre? Keineswegs. Die europäische Intelligenz lebt offenbar noch immer nach den Richtlinien des 19. Jahrhunderts. Die avantgardistischen Schriftsteller haben wenig Neigung, sich mit wissenschaftlichen Fragen zu beschäftigen. Man operiert mit den Begriffen einer Soziologie, die aus der Geburtszeit der Dampfmaschine stammt, und eines revolutionären Humanismus, der zur Zeit des Hinterladers erfunden wurde. Man macht sich kaum einen Begriff davon, bis zu welchem Grade Europa in den Denkformen des 19. Jahrhunderts erstarrt ist. Und wie steht es mit der Industrie? Im Jahre 1955 fand in Genf die erste Welt-Atomkonferenz statt. René Alleau wurde damals beauftragt, der französischen Öffentlichkeit eine Sammlung von Dokumenten zugänglich zu machen, die sich auf die friedliche Anwendung der Atomenergie beziehen. Die sechzehn Bände, welche die von den Gelehrten aller Länder erzielten experimentellen Resultate enthalten, stellen die wichtigste Veröffentlichung in der Geschichte der Wissenschaft und Technik dar. Fünftausend Industrieunternehmen, die auf kürzere oder längere Sicht an der Nutzung der Atomenergie interessiert sein müßten, erhielten einen Brief mit der Ankündigung dieser Veröffentlichung. Es gingen fünfundzwanzig Bestellungen ein.

Bevor die Intelligenz Europas einen echten Aufschwung nehmen kann, müssen wohl erst neue Generationen in die verantwortlichen Stellen eingerückt sein. Diese Generationen sind es, für die wir unser Buch schreiben. Wer sich wahrhaft von der Zukunft angezogen fühlt, sollte sich auch für die Vergangenheit interessieren und mit der gleichen Wißbegier in beiden Richtungen forschen.

Wir wissen nichts oder doch fast nichts über die Vergangenheit. In den Bibliotheken schlummern Schätze. Wir geben vor, «den Menschen zu ‹lieben›», aber dabei stellen wir uns eine diskontinuierliche Geschichte der Erkenntnis vor, in der hunderttausend Jahre der Unwissenheit ein paar Jahrzehnte des Wissens gegenüberstehen. Wir haben den Gedanken, daß nun plötzlich «das Jahrhundert des Lichts» angebrochen sei, mit einer geradezu erschütternden Naivität aufgegriffen und damit alle übrigen Zeiten ins Dunkel verbannt. Ein neuer Blick auf die alten Bücher würde alles ändern. Der Reichtum, der in ihnen steckt, würde uns völlig aus der Fassung bringen. Und dabei muß man bedenken, daß, wie Newtons Zeitgenosse Atterbury sagte, «mehr alte Bücher verloren als erhalten» sind.

Unser Freund René Alleau, der zugleich Techniker und Historiker ist, hat sich vorgenommen, diesen neuen Blick zu wagen. Bis zum heutigen Tage hat er offenbar noch keinerlei Unterstützung oder Ermutigung bei diesem Unternehmen erfahren, das die Kräfte eines einzelnen Menschen übersteigen muß. Im Dezember 1955 hielt er vor Ingenieuren der Automobil-Industrie, die unter dem Vorsitz von Jean-Henri Labourdette zusammengekommen waren, auf meine Bitte hin einen Vortrag, dessen wichtigste Absätze wir hier wiedergeben wollen:

«Was wissen wir über die Tausende von Manuskripten der Bibliothek von Alexandria, die Ptolemäus Soter gründete — über jene unersetzlichen und auf ewig verlorenen Dokumente der antiken Wissenschaft? Wo ist die Asche der 200 000 Werke der Bibliothek von Pergamon? Was ist aus den Sammlungen des Peisistratos in Athen geworden, aus der Bibliothek des Tempels zu Jerusalem und aus der des Heiligtums des Phtah in Memphis? Welche Schätze enthielten die unzähligen Bücher, die im Jahre 214 v. Chr. auf Befehl des Kaisers Shih-Huang-Ti aus rein politischen Gründen verbrannt wurden? Wir stehen heute vor den Werken der Antike wie vor den Ruinen eines riesigen Tempels, von dem nur einige wenige Steine erhalten sind. Aber die aufmerksame Untersuchung selbst dieser Fragmente läßt uns Wahrheiten ahnen, die viel zu tief sind, als daß man sie einzig und allein der Intuition der Menschen des Altertums zuschreiben könnte.

Zunächst einmal müssen wir feststellen, daß entgegen der herrschenden Ansicht die Methoden des rationalistischen Denkens nicht von Descartes erfunden wurden. Sehen wir uns die Texte an. ‹Derjenige, der nach Wahrheit sucht›, schreibt Descartes, ‹muß, soweit irgend möglich, an allem zweifeln.› Das ist ein bekannter Satz, dessen Inhalt durchaus modern wirkt. Aber wenn wir im zweiten Buch der Metaphysik des Aristoteles nachschlagen, lesen wir: ‹Wer sich bilden will, muß zuerst einmal zu zweifeln verstehen, denn der Zweifel des Geistes führt zur Entdeckung der Wahrheit.› Es läßt sich übrigens nachweisen, daß Descartes nicht nur diesen einen wesentlichen Grundsatz von Aristoteles entlehnt hat, sondern ebenso die Mehrzahl seiner berühmten Regeln zur Lenkung des Geistes, die die Grundlage der Experimentalmethode bilden. Damit ist jedenfalls bewiesen, daß Descartes Aristoteles gelesen hat — was sich durchaus nicht von allen modernen Kartesianern behaupten läßt. Diese könnten übrigens auch feststellen, daß jemand einmal geschrieben hat: ‹Wenn ich mich irre, so schließe ich daraus, daß ich bin, denn derjenige, der nicht ist, kann sich nicht irren.› Der Verfasser dieser Zeilen ist jedoch nicht Descartes, sondern der heilige Augustinus.

Was die einem Beobachter so nötige Skepsis betrifft, so kann man in dieser Hinsicht wahrhaftig nicht weiter gehen als Demokrit, der als gültig nur die Erfahrung oder das Experiment ansah, an dem er persönlich teilgenommen hatte und dessen Ergebnisse er durch den Abdruck seines Siegelringes bestätigt hatte.

Eine solche Haltung scheint mir in keiner Weise jener Naivität zu entsprechen, die man der Antike vorwirft. Gewiß, werden Sie mir entgegenhalten, die Philosophen der Antike verfügten auf dem Feld des abstrakten Denkens über eine geniale Begabung; aber was wußten sie tatsächlich auf wissenschaftlichem Gebiet?

Nun, entgegen allen Behauptungen, die heute über diese Fragen aufgestellt werden, waren es nicht Demokrit, Leukipp und Epikur, die als erste die Theorien über das Atom fanden und formulierten. Sextus Empiricus berichtet uns, daß Demokrit selber sie von Moschos dem Phönizier übernommen habe, welcher — und das ist besonders bemerkenswert — erklärt haben soll, daß das Atom teilbar ist.

Man beachte, daß wir hier eine Theorie über die Teilbarkeit der Atome vor uns haben, die nicht nur älter, sondern auch zutreffender ist als die des Demokrit und der anderen griechischen Denker. In diesem besonderen Fall scheint es sich nicht so sehr um neue Entdeckungen zu handeln als vielmehr um eine ungenaue Übernahme sehr alter Erkenntnisse, die nicht mehr richtig verstanden wurden. Und wenn wir uns dem Gebiet der Kosmologie zuwenden, können wir eine ebenso erstaunliche Erfahrung machen: obgleich die alten Forscher noch keine Teleskope zur Verfügung hatten, sind ihre astronomischen Angaben häufig um so zutreffender, je älter sie sind. So besteht zum Beispiel die Milchstraße laut Thales und Anaximenes aus Sternensystemen, deren jedes eine Sonne und Planeten umfaßt, und diese Welten wiederum befinden sich in einem unendlichen Raum. Bei Lukrez findet man die Erkenntnis, daß alle Körper im leeren Raum gleich schnell fallen, und den Begriff eines unendlichen, von einer Unzahl von Welten erfüllten Raumes. Pythagoras hat schon vor Newton das Gesetz aufgestellt, daß bei zwei Körpern, die sich gegenseitig anziehen, die wirkende Kraft umgekehrt proportional dem Quadrat des Abstandes der beiden Körper ist. Plutarch, der den Versuch unternimmt, das Problem der Schwere zu erklären, sucht seinen Ursprung in einer gegenseitigen Anziehung zwischen allen Körpern und sieht in dieser Erscheinung den Grund dafür, daß die Erde alle irdischen Körper anzieht, ebenso wie die Sonne und der Mond alle jene Teile, die zu ihnen gehören, in Richtung auf ihren Mittelpunkt gravitieren lassen und sie vermittels einer Anziehungskraft in ihrer Sphäre festhalten.

Galilei und Newton haben ausdrücklich bekannt, was sie der alten Wissenschaft verdankten. Und Kopernikus schreibt in dem an den Papst Paul III. gerichteten Vorwort zu seinen Werken wörtlich, er habe bei seiner Lektüre der antiken Autoren den Gedanken gefunden, daß die Erde sich bewegt. Solche Eingeständnisse tun im übrigen dem Ruhm eines Kopernikus, eines Newton und eines Galilei keinen Abbruch; sie gehörten jener Rasse höherer Geister an, deren Sachlichkeit und Großzügigkeit ihnen moderne Vorurteile, wie Autoreneitelkeit und die Sucht nach Originalität um jeden Preis, fremd erscheinen ließen. Noch anspruchsloser und doch im tiefsten Grunde ehrlich erscheint mir die Haltung von Mlle. Bertin, der Putzmacherin Marie Antoinettes. Als sie mit geschickter Hand einen alten Hut änderte, rief sie: ‹Es gibt nichts Neues, nur Dinge, die wir vergessen haben!›

Ein Blick auf die Geschichte der Erfindungen und die der Wissenschaften genügt, um die Wahrheit dieses Ausspruchs zu beweisen. ‹Bei der Mehrzahl der Entdeckungen›, schreibt Fournier, ‹geht es um jene flüchtige Gelegenheit, aus der die Alten eine Göttin gemacht hatten, die sich jedem, der sie einmal entwischen ließ, auf immer entzog. Wenn wir den Gedanken, der uns auf die Spur führt, das Wort, das uns den Schlüssel zu dem Problem liefert, die richtungweisende Tatsache nicht sofort wie im Fluge packen und festhalten, ist eine Erfindung verloren oder um mehrere Generationen hinausgeschoben. Damit sie triumphierend wiederkehrt, bedarf es eines zufälligen neuen Gedankens, der den alten aus seiner Vergessenheit aufweckt, oder des glücklichen Plagiats irgendeines Erfinders aus zweiter Hand. Was die Auswertung der Erfindung betrifft, so hat der erste eben Pech gehabt, während der zweite Ruhm und Profit erntet.› Derartige Überlegungen sind es, die den Titel meines Exposés bestimmten. Ich bin nun zu der Überzeugung gelangt, daß es möglich sein müßte, in weitem Umfang den Zufall durch den Determinismus und das Risiko der spontanen Eingebung durch die Sicherheit einer umfassenden historischen Dokumentation zu ersetzen, die sich selbstverständlich auf Kontrollexperimente stützen müßte. Zu diesem Zweck habe ich die Einrichtung eines Forschungsdienstes vorgeschlagen, der sich allerdings nicht lediglich mit der Überprüfung früherer Patente befassen dürfte, da hier die

Quellen nicht über das 18. Jahrhundert hinausreichen. Ich denke an einen technologischen Forschungsdienst, der die früheren Verfahren studieren und versuchen müßte, sie nötigenfalls den Bedürfnissen unserer heutigen Industrie anzupassen.

Hätte es früher bereits einen solchen Forschungsdienst gegeben, so würde dieser zum Beispiel auf ein kleines unbeachtet gebliebenes Buch hingewiesen haben, das 1618 erschien und den Titel trug: *Histoire naturelle de la fontaine qui brûle près de Grenoble*. Sein Verfasser war Jean Tardin, ein Arzt aus Tournon. Wenn dieses Dokument genau studiert worden wäre, hätte man bereits seit Beginn des 17. Jahrhunderts das Leuchtgas verwenden können. Jean Tardin nämlich untersuchte nicht nur den natürlichen Gasometer der Quelle, sondern reproduzierte in seinem Laboratorium die beobachteten Erscheinungen. Er tat Steinkohle in ein verschlossenes Gefäß, setzte den Behälter hohen Temperaturen aus und erzielte so jene Flammen, nach deren Ursprung er suchte. Er erklärte ganz deutlich, daß die Materie, aus der dieses Feuer sich nährte, Erdpech sei und daß man es nur in gasförmigen Zustand versetzen müsse, der dann eine ‹entzündbare Ausdünstung› ergebe. Nun meldete aber Philippe Lebon — noch vor dem Engländer Winsor — seine ‹Thermo-Lampe› erst im Jahre VII der Republik zum Patent an. Zweihundert Jahre lang also war eine Entdeckung, die gewiß beträchtliche industrielle und kommerzielle Folgen hätte haben können, vergessen und somit praktisch verloren, nur weil niemand sich für die alten Texte interessiert hatte.

Ein anderes Beispiel: Etwa hundert Jahre bevor Claude Chappe seinen optischen Telegraphen erfand (1793), werden in einem Brief, den Fénelon am 26. November 1695 an Johann Sobieski, den Sekretär des Königs von Polen, richtete, gewisse neue Experimente erwähnt, die nicht allein die optische Telegraphie, sondern auch eine Fernsprechmöglichkeit vermittels eines Sprachrohrs betreffen.

Im Jahre 1636 untersucht Schwenter, ein sonst unbekannter Autor, in seinen *Deliciae physico-mathematicae* bereits das Problem der elektrischen Telegraphie und erwägt die Frage, wie ‹zwei Individuen vermittels der Magnetnadel miteinander in Verbindung treten können›. Die Experimente Oersteds über die Abweichungen der Magnetnadel aber datieren erst aus dem Jahre

1819. Auch hier also waren zwei Jahrhunderte des Vergessens verstrichen.

Ich möchte noch kurz auf einige wenig bekannte Erfindungen eingehen: die Taucherglocke findet sich in einem Manuskript des *Alexanderromans* im Königlichen Kupferstich-Kabinett zu Berlin; das Titelblatt nennt das Jahr 1320. Ein im Jahre 1190 geschriebenes und in der Bibliothek von Stuttgart aufbewahrtes Manuskript des deutschen Legendenromans *Salman und Morolf* enthält die Zeichnung eines Unterseeboots. Wie die Unterschrift besagt, war dieses aus Kupfer gebaute Fahrzeug in der Lage, alle Stürme zu überstehen. Als der Erfinder sich eines Tages von Galeeren umringt sah, tauchte er mit dem Boot unter und lebte vierzehn Tage lang auf dem Grund des Meeres. Die zum Atmen nötige Luft wurde ihm durch ein schwimmendes Rohr zugeleitet. In einer im Jahre 1510 vom Ritter Ludwig von Hartenstein verfaßten Schrift kann man die Zeichnung eines Taucherhelms sehen, bei dem in Augenhöhe zwei Öffnungen angebracht und durch eine Art Brillengläser verschlossen sind. Ein langer auf dem Scheitelpunkt des Helms befestigter Schlauch, an dessen Ende sich ein Hahn befindet, läßt die Außenluft einströmen. Rechts und links von dieser Zeichnung sind die nötigen Hilfsgeräte abgebildet, die dem Taucher den Abstieg und Aufstieg ermöglichen: Bleisohlen und eine mit Sprossen versehene Stange. Und noch ein Beispiel: Ein im Jahre 1729 in Montebourg bei Coutances geborener unbeachtet gebliebener Schriftsteller veröffentlichte eine Arbeit mit dem Titel *Giphantie;* das Wort ist ein Anagramm des ersten Teils seines Namens: Tiphaigne de la Roche. In diesem Werk nun wird nicht nur die Schwarzweiß-, sondern auch die Farbphotographie beschrieben. ‹Die Fixierung der Bilder›, so schreibt der Autor, ‹vollzieht sich im selben Augenblick, in dem sie die Leinwand treffen. Man nimmt diese sofort weg und legt sie an einen dunklen Ort. Eine Stunde später ist der Überzug getrocknet, und man hat ein Bild, das um so wertvoller ist, als keine Kunst eine so naturgetreue Ähnlichkeit hervorzubringen vermag.› Und er fährt fort: ‹Es ist erforderlich, erstens die Natur des klebrigen Stoffes zu studieren, der die Strahlen aufhält und bewahrt, zweitens die Möglichkeit, diesen Stoff zu erzeugen und anzuwenden, drittens die Einwirkung des Lichts auf denselben.› Bekanntlich wurde die Erfindung Daguerres erst ein Jahrhundert später, nämlich am 7. Januar 1839, durch Arago der Akademie der Wissenschaften bekanntgegeben. Im übrigen weise ich noch darauf hin, daß die Fähigkeit gewisser metallischer Körper, Bilder festzuhalten, in dem 1566 erschienenen Traktat von Fabricius *De rebus metallicis* beschrieben wird.

Ein anderes Exempel: die seit undenklichen Zeiten in einer der Veden, der *Saktaya Grantham*, beschriebene Impfung. Am 16. Oktober 1826 zitierte Moreau de Jouet in seiner der Akademie der Wissenschaften vorgelegten *Mémoire sur la variolide* diesen Text: ‹Man nehme die Eiterflüssigkeit auf die Spitze einer Lanzette, stoße diese in den Arm und vermische so die Flüssigkeit mit dem Blut, wodurch das Fieber hervorgerufen wird; diese Krankheit wird nur sehr leicht auftreten und keinerlei Anlaß zu Besorgnis geben.› Anschließend findet man eine genaue Beschreibung aller Symptome.

Und wie steht es mit der Anästhesie? In dieser Hinsicht hätte man sich nur mit einer Arbeit von Denis Papin zu befassen brauchen, die er im Jahre 1681 geschrieben und *Le traité des opérations sans douleur* betitelt hat. Oder man hätte die alten Experimente der Chinesen mit den Extrakten des indischen Hanfs wiederholen oder auch den im Mittelalter so bekannten Alraunwurzel-Wein einmal ausprobieren können, der im 17. Jahrhundert völlig in Vergessenheit geriet und dessen Wirkungen Doktor Auriol, ein Arzt in Toulouse, im Jahre 1823 noch einmal näher untersuchte. Nie ist es einem Menschen eingefallen, die erhaltenen Resultate nachzuprüfen.

Und das Penicillin? In diesem Fall können wir zunächst ein empirisches Verfahren nennen, nämlich die im Mittelalter angewendeten Packungen mit Roquefortkäse, aber wir können in diesem Zusammenhang auch auf eine viel eigenartigere Tatsache hinweisen. Ernest Duchesne, Schüler der militärärztlichen Schule zu Lyon, legte am 17. Dezember 1897 eine Doktorarbeit vor, die den Titel trug: *Contribution à l'étude de la concurrence vitale chez les micro-organismes — antagonisme entre les moisissures et les microbes.* (Beitrag zum Studium des Daseinskampfes bei den Mikro-Organismen — der Widerstreit zwischen Schimmelpilzen und Mikroben.) In dieser Arbeit wird über Experimente hinsichtlich der Einwirkung des *penicillum glaucum* auf die Bakterien berichtet. Die These hat keinerlei Beachtung gefunden. Es erscheint mir unbegreiflich, wie eine solche Unterlassungssünde in einer der unseren so nahen Epoche, also mitten im Zeitalter der Bakteriologie, begangen werden konnte.

Bedarf es noch weiterer Beispiele? Sie sind zahllos, und jedes von ihnen verdiente, in einem eigenen Vortrag behandelt zu werden. So berichtet Chevreul im *Journal des Savants* vom Oktober 1849, daß bereits im 15. Jahrhundert ein Alchimist namens Eck de Sulsback die Eigenschaften des Sauerstoffs untersucht habe. Im übrigen sagt schon Theophrast, daß das Feuer von einer luftähnlichen Substanz genährt werde, und auch der heilige Clemens von Alexandrien ist dieser Meinung.

Ich möchte hier nicht auf die erstaunlichen Antizipationen Roger Bacons, Cyrano de Bergeracs und anderer eingehen, da man mir entgegenhalten könnte, sie seien ins Reich der Phantasie zu verweisen. Ich ziehe es vor, auf dem festen Boden nachweisbarer Tatsachen zu bleiben. Was das Automobil betrifft, so möchte ich nur kurz erwähnen, daß im 17. Jahrhundert ein Mann namens Johannes Hotsch in Nürnberg einen sogenannten ‹Schwungkraft-Wagen› konstruierte. Im Jahre 1645 wurde ein derartiges Fahrzeug im Innenhof des Temple in Paris ausprobiert; soviel mir bekannt ist, konnte die Gesellschaft, die zur Auswertung dieser Erfindung gegründet wurde, aus irgendwelchen Gründen nicht in Aktion treten. Vielleicht ergaben sich hier ähnliche Schwierigkeiten wie seinerzeit für die erste Pariser Transportgesellschaft, die, wie ich hervorheben möchte, auf Veranlassung Pascals gegründet wurde und für die einer seiner Freunde, der Herzog von Roannès, die Schutzherrschaft übernahm und finanzielle Unterstützung gewährte.

Aber auch bei viel bedeutsameren Entdeckungen als den eben genannten übersehen wir meistens, welchen Einfluß die aus alten Zeiten überlieferten Erkenntnisse auf sie hatten. Christoph Kolumbus hat ehrlich bekannt, was er den Gelehrten, Philosophen und Dichtern der Antike verdankte. Die wenigsten wissen, daß Kolumbus zweimal den Chor aus dem zweiten Akt der Medea, einer Tragödie des Seneca, abschrieb, in dem der Verfasser von einer Welt spricht, deren Entdeckung künftigen Jahrhunderten vorbehalten sei. Man kann diese Abschrift im Manuskript *Las profecías* sehen, das in der Bibliothek von Sevilla aufbewahrt wird. Ebenso erinnert sich Kolumbus an einen Satz des Aristoteles, der in seinem Traktat *De Caelo* über die Kugelgestalt der Erde spricht.

Hatte Joubert nicht recht, wenn er erklärte, daß ‹nichts die Geister so unvorsichtig und töricht mache wie die Unkenntnis der Vergangenheit und die Verachtung der alten Bücher›? Genau wie Rivarol so großartig schrieb: ‹Jeder Staat ist ein geheimnisvolles Schiff, das im Himmel verankert ist›, könnte man auch hinsichtlich der Zeit sagen, daß das Schiff der Zukunft im Himmel der Vergangenheit verankert sei. Nur erwächst uns aus unserer Vergeßlichkeit die Gefahr schwerer Schiffbrüche.

Einen Höhepunkt in dieser Richtung bildet die Geschichte der Goldminen von Kalifornien. Im Juni 1848 entdeckte Marshall zum erstenmal Goldklumpen am Ufer eines Wasserlaufs, an dem unter seiner Aufsicht eine Mühle gebaut wurde. Nun war aber schon Hernán Cortés hier durchgekommen, als er in Kalifornien nach Mexikanern forschte, die, wie ihm berichtet worden war, ungeheure Schätze bei sich hatten. Cortés zog durch das ganze Land und durchstöberte jede Hütte, aber er dachte nicht daran, ein wenig im Sand zu schürfen. Dreihundert Jahre lang zogen die spanischen Truppen und die jesuitischen Missionare über den goldhaltigen Sand und suchten in immer ferneren Gegenden nach dem Dorado, dem Goldland. Dabei hätten schon im Jahre 1737, also mehr als hundert Jahre vor Marshalls Entdeckung, die Leser der *Gazette de Hollande* wissen können, wie die Gold- und Silberminen von Sonora zu erschließen seien, da ihre Zeitung ihnen die genaue Lage dieser Minen angab. Etwas später, im Jahre 1767, konnte man in Paris ein Buch mit dem Titel *Histoire naturelle et civile de la Californie* kaufen, dessen Verfasser, ein gewisser Buriell, die Goldminen beschrieb und die Berichte verschiedener Seefahrer anführte, die in jenem Bezirk Goldklumpen gefunden hatten. Kein Mensch beachtete den erwähnten Zeitungsartikel oder das Buch, niemand zog einen Schluß aus diesen Tatsachen, die ein Jahrhundert später den ‹Goldrausch› entfesselten. Aber wer liest zum Beispiel heute noch die alten Reiseberichte aus den arabischen Ländern? Dabei würde man in ihnen bestimmt für den Bergbau äußerst wertvolle Hinweise finden.

Es gibt kein Gebiet, das von diesem Fluch des Vergessens verschont geblieben wäre. Eingehende Forschungen und genaue

Nachprüfungen haben mich zu der Überzeugung gebracht, daß Europa Schätze besitzt, die praktisch nicht ausgebeutet werden: die alten Dokumente seiner großen Bibliotheken. Nun sollte sich aber jede industrielle Technik nach drei Faktoren ausrichten: dem Experiment, der Wissenschaft und der Geschichte. Es ist ein Zeichen von Überheblichkeit und Naivität, wenn man den letzten Faktor ausschaltet oder vernachlässigt. Man beweist damit, daß man sich lieber auf die vage Möglichkeit verläßt, etwas zu finden, was noch nicht existiert, als daß man sich bemühte, das, was bereits vorhanden ist, auf vernünftige Weise zu verwerten, um das erwünschte Ergebnis zu erzielen. Bevor ein Industrieller kostspielige Investierungen macht, muß er sämtliche technologischen Einzelheiten eines Problems genau kennen. Um aber den genauen Stand einer Technik zu einem gegebenen historischen Zeitpunkt zu ergründen, genügt es selbstverständlich nicht, daß man lediglich die bisherigen auf diesem Gebiet angemeldeten Patente überprüft. Die Industrien sind sehr viel älter als die Wissenschaften; darum sollten die Männer der Industrie genauestens über die Geschichte der ihr Gebiet betreffenden Produktionsverfahren informiert sein. Sie sind es jedoch in weit geringerem Maße, als sie annehmen.

Die Alten kamen mit sehr einfachen Mitteln zu Ergebnissen, die wir zwar reproduzieren, aber trotz all unserer theoretischen Kenntnisse kaum erklären können. Die hervorstechendste Eigenschaft der antiken Wissenschaft war ihre Unkompliziertheit.

Gut und schön, werden Sie mir sagen, aber wie steht es mit der Kernenergie? Auf diesen Einwand kann ich Ihnen mit einem Zitat antworten, das uns doch etwas nachdenklich stimmen sollte. In einem sehr seltenen, selbst vielen Spezialisten unbekannt gebliebenen Buch, das vor etwa achtzig Jahren unter dem Titel *Les Atlantes* erschien, legte ein Autor, der sich unter dem Pseudonym Roisel verbarg, die Ergebnisse einer sechzigjährigen Forschungsarbeit über die antike Wissenschaft dar. Bei der Behandlung der wissenschaftlichen Kenntnisse, die er bei den Bewohnern von Atlantis vermutet, schreibt Roisel die folgenden für seine Epoche außergewöhnlichen Zeilen nieder: ‹Die Folge dieser unermüdlichen Aktivität ist die Untersuchung der Materie, jenes anderen Gleichgewichts, dessen Aufhebung unerhörte kosmische Phänomene nach sich ziehen würde. Wenn aus einem unbekannten Grunde unser Sonnensystem sich zersetzte, so würden seine nun unabhängig gewordenen Atome unmittelbar aktiv werden und den Raum mit einem blendenden Licht erhellen, das in weiten Fernen eine schreckliche Zerstörung und die Hoffnung auf eine neue Welt ankündigte.› Ich glaube, dieses letzte Beispiel genügt, um die ganze Tiefe des Ausspruchs von Mlle. Bertin zu verstehen: ‹Es gibt nichts Neues, nur Dinge, die wir vergessen haben.›

Wenn ich behaupte, daß man sich den alten Dokumenten mit äußerstem Interesse zuwenden sollte, so befürworte ich damit keineswegs eine reine Gelehrtenarbeit. Ich erkläre lediglich, daß man dort, wo sich der Industrie ein konkretes Problem bietet, die alten wissenschaftlichen und technischen Dokumente überprüfen sollte, um festzustellen, ob in ihnen interessante Tatsachen oder auch in Vergessenheit geratene Verfahren erwähnt werden, die sich unmittelbar auf die aufgeworfene Frage beziehen.

Die Kunststoffe, deren Erfindung nach unserer Meinung allerjüngsten Datums ist, wären sehr viel früher entdeckt worden, wenn man auf den Gedanken gekommen wäre, gewisse Experimente des Chemikers Berzelius zu wiederholen und weiterzuentwickeln.

Was die Metallurgie betrifft, so möchte ich hier von einer recht interessanten Erfahrung erzählen. Zu Beginn meiner Untersuchungen über bestimmte chemische Verfahren früherer Zeiten war ich recht überrascht, weil es mir nicht gelang, einige metallurgische Experimente, deren Beschreibung mir durchaus klar erschien, in meinem Laboratorium zu wiederholen. Ich hatte die Anweisungen genau befolgt und auch die vorgeschriebenen Mengen genommen und bemühte mich nun vergebens, die Ursachen dieses Mißlingens zu ergründen. Schließlich wurde mir klar, daß ich trotz alledem einen Fehler gemacht hatte. Ich hatte chemisch reine Schmelzungsmittel benutzt, während die Alten sich unreiner Substanzen bedient hatten, nämlich bestimmter aus Naturprodukten gewonnener Salze, die infolgedessen geeignet waren, eine katalytische Wirkung zu erzeugen. Weitere Experimente bestätigten mir die Richtigkeit dieser Überlegung. Die Spezialisten werden verstehen, welch außerordentliche Perspektiven sich aus diesen Beobachtungen ergeben. Man würde große Mengen an

Brennstoff und Energie einsparen können, wenn man sich in der Metallurgie bestimmter früher angewendeter Verfahren bediente, die fast alle auf der Wirkung der Katalysatoren beruhen. Meine Erfahrungen in dieser Richtung wurden übrigens von zwei Seiten bestätigt: einmal durch die Arbeiten Dr. Ménétriers über die katalytische Wirkung der Oligo-Elemente und zum zweiten durch die Untersuchungen des deutschen Forschers Mittasch über die Katalyse in der Chemie der Alten. Diese Übereinstimmung scheint mir zu beweisen, daß in der Technologie der Zeitpunkt gekommen ist, an dem man sich über die fundamentale Bedeutung des Qualitätsbegriffs und seine Rolle bei der Erzeugung aller quantitativ beobachtbaren Erscheinungen klarwerden sollte. Die Menschen früherer Zeiten kannten auch metallurgische Verfahren, die heute in Vergessenheit geraten sind, wie zum Beispiel die Härtung des Kupfers durch Eintauchen in bestimmte organische Lösungen. Sie konnten auf diese Weise außerordentlich dauerhafte und scharf schneidende Instrumente herstellen. Desgleichen verstanden sie sich darauf, dieses Metall selbst in oxydiertem Zustand zu schmelzen. Ich möchte hierfür ein Beispiel anführen. Einer meiner Freunde, ein Bergbauingenieur, entdeckte eines Tages mitten in der Sahara nordwestlich von Agades kupferhaltige Minerale, die Spuren eines Schmelzprozesses aufwiesen, sowie Schmelztiegelböden, an denen noch etwas Metall haftete. Jedoch handelte es sich hier nicht um eine Schwefelwasserstoffverbindung, sondern um ein Oxyd, eine Verbindung also, deren Herstellung für die heutige Industrie Probleme aufwirft, die sich keinesfalls auf einem einfachen Nomadenfeuer lösen lassen.

Auch auf dem für die gegenwärtige Industrie so wichtigen Gebiet der Legierungen gibt es wenig wesentliche Tatsachen, die den Menschen der früheren Zeiten entgangen wären. So verstanden sie sich nicht allein darauf, aus komplexen Mineralien Legierungen mit ganz besonderen Eigenschaften herzustellen — ein Problem, dem übrigens die sowjetische Industrie zur Zeit größte Aufmerksamkeit widmet — sondern sie verwendeten auch gewisse Leichtmetallegierungen, wie das sogenannte *Elektron,* das wir bisher noch nie ernstlich untersucht haben, obgleich seine Herstellungsformeln uns bekannt sind.

Die Gebiete der Pharmazeutik und Medizin möchte ich hier nur kurz streifen. Sie sind in dem von mir erwähnten Sinne noch kaum erforscht und bieten die allergrößten Möglichkeiten. Ich verweise nur auf die Bedeutung der Behandlung von Brandwunden, die heute, wo die Auto- und Flugzeugunfälle uns ununterbrochen vor diese Fragen stellen, schwerwiegender ist denn je. Nun hat aber keine Epoche bessere Heilmittel gegen Verbrennungen entdeckt als das Mittelalter, dessen Städte immer wieder von Feuersbrünsten verwüstet wurden; die Rezepte jener Zeit jedoch sind heute vergessen. Man muß in diesem Zusammenhang wissen, daß bestimmte Erzeugnisse der alten Apothekerkunst nicht allein die Schmerzen linderten, sondern auch die Narbenbildung verhinderten und eine Regeneration der Zellen bewirkten.

Was schließlich die Farbstoffe und Lacke betrifft, so erübrigt es sich wohl, auf die außerordentliche Qualität der nach den alten Verfahren hergestellten Produkte hinzuweisen. Die Rezepte jener wunderbaren von den Malern des Mittelalters benutzten Farben sind nicht etwa verloren, wie man allgemein annimmt; ich kenne zumindest ein Manuskript, in dem ihre Zusammensetzung angegeben wird. Aber es ist noch niemand auf den Gedanken gekommen, diese Verfahren zu übernehmen und nachzuprüfen. Leider. Wenn jedoch unsere heutigen Maler in hundert Jahren noch am Leben wären, würden sie ihre Bilder nicht mehr wiedererkennen, da die von ihnen benutzten Farben diesen Zeitraum nicht überstehen. Im übrigen haben, wie es scheint, auch die Gelbtöne van Goghs schon jetzt jene außerordentliche Leuchtkraft, die sie seinerzeit charakterisierte, eingebüßt.

Noch ein Wort über den Bergbau. Ich erinnere in diesem Zusammenhang nur an die enge Verbindung zwischen der medizinischen Forschung und diesem Gebiet. Die therapeutische Verwendung von Pflanzen, also die bei den Alten wohlbekannte *Phytotherapie*, läßt sich heute mit einer neuen Wissenschaft, der Biogeochemie, verknüpfen. Diese Disziplin hat sich die Aufgabe gestellt, positive Anomalien in den Pflanzen zu untersuchen, die aus Spuren von Metall resultieren und auf die Nähe von Erzlagern hinweisen. So läßt sich eine besondere Vorliebe bestimmter Pflanzen für bestimmte Metalle feststellen, und diese Entdeckung wiederum ist sowohl für den Bergbau wie für die Therapeutik wertvoll. Wir haben hier ein bezeichnendes Beispiel für jene Erscheinung, die mir die wichtigste in der heutigen Geschichte der Technik zu sein scheint: das Zusammenwirken verschiedener wissenschaftlicher Disziplinen, aus dem sich immer wieder neue Synthesen ergeben.

Nennen wir rasch noch einige andere Gebiete der Forschung und der industriellen Verwertung. So haben die Menschen früherer Zeiten zum Beispiel ausgezeichnete Düngemittel hergestellt, über die wir heute fast nichts mehr wissen. Ich denke da vor allem an die sogenannte ‹Fruchtbarkeitsessenz›, eine Mischung bestimmter Salze mit Dung.

Auch über die Glasfabrikation der Alten ist uns recht wenig bekannt. Dabei wissen wir, daß die Römer bereits Glasfußböden hatten. Ich bin überzeugt, daß ein gründliches Studium der alten Techniken uns bei der Lösung ultramoderner Probleme wertvolle Hilfe leisten würde. Wir könnten zum Beispiel erfahren, wie man seltene Erden und Palladium dem Glas beimischt und auf diese Weise in schwarzem Licht fluoreszierende Röhren herstellt. Was die Textilindustrie betrifft, so sollte diese sich trotz des Triumphs der Kunststoffe oder aber gerade deswegen für die Herstellung besonders hochqualifizierter Gewebe interessieren, die man vielleicht nach antiken Rezepten einfärben könnte und die sicherlich auch auf dem heutigen Luxusmarkt Absatz fänden. Oder man könnte auch versuchen, jenen einzigartigen, unter dem Namen *Pilema* bekannten Stoff herzustellen, ein mit besonderen Säuren behandeltes Leinen- oder Wollgewebe, das, wie es heißt, der Schneide eines Eiseninstrumentes wie der Einwirkung des Feuers widerstand. Übrigens sollen auch die Gallier dieses Verfahren gekannt und bei der Herstellung von Rüstungen angewandt haben. Die Möbelindustrie könnte, vor allem im Hinblick auf den noch sehr hohen Preis der heutigen Kunststoffverkleidungen, erheblichen Nutzen aus der Übernahme bestimmter früherer Verfahren ziehen, durch die in einer Art Härtungsprozeß die Widerstandsfähigkeit des Holzes gegen verschiedene physikalische und chemische Einwirkungen beträchtlich erhöht wurde. Die Firmen für Hoch- und Straßenbau sollten sich einmal mit den Zementsorten befassen, deren Zusammensetzung in Werken des 15. und 16. Jahrhunderts angegeben wird und die in mancher Hinsicht dem heute verwendeten Zement weit überlegen waren. Die sowjetische Industrie bedient sich in letzter Zeit bei der Fabrikation von Schneidewerkzeugen einer keramischen Masse, die härter ist als Metall. Auch diese Härtung ließe sich im Lichte früherer Herstellungsweisen genauer untersuchen.

Ohne näher auf dieses Problem eingehen zu wollen, möchte ich schließlich noch ein Spezialgebiet der physikalischen Forschung nennen, auf dem das Studium der früheren Ergebnisse weitgehende Folgen haben könnte. Ich spreche von den Arbeiten über den Erdmagnetismus. Auf diesem Gebiet liegen sehr alte Beobachtungen vor, die trotz ihres unbestreitbaren Interesses noch nie ernstlich nachgeprüft worden sind.»

4 *Wissen und Macht verbergen sich — Eine Vision des revolutionären Kriegs — Die Technik läßt die Gilden wieder aufleben — Die Rückkehr ins Zeitalter der Adepten — Ein Romanschriftsteller hat richtig gesehen: es gibt «Energiezentralen» — Von der Monarchie zur Kryptokratie — Die Geheimgesellschaft als zukünftige Regierungsform — Die Intelligenz ist ihrem Wesen nach eine Geheimgesellschaft*

In einem sehr eigenartigen Artikel, der mir die Meinung vieler Intellektueller widerzuspiegeln scheint, spricht Jean-Paul Sartre schlicht und einfach der H-Bombe jede Existenzberechtigung ab. Die Existenz geht in der Theorie dieses Philosophen dem Wesen voraus. Da taucht nun mit der H-Bombe eine Erscheinung auf, deren Wesen ihm nicht behagt: er bestreitet ihre Existenz. Sonderbarer Widerspruch! «Die H-Bombe», schreibt Jean-Paul Sartre, «ist gegen die Geschichte.» Wie kann aber ein Produkt der Zivilisation «gegen die Geschichte» sein? Was ist das, die Geschichte? Für Sartre ist sie die Bewegung, die notwendigerweise die Massen zur Macht führen muß. Was ist die H-Bombe? Eine nur wenigen Menschen zugängliche Machtreserve. Ein sehr enger Kreis von Gelehrten, Technikern und Politikern kann über das Schicksal der Menschheit entscheiden. Damit die Geschichte den Sinn erhält, den wir ihr zugewiesen haben, müssen wir die H-Bombe verbieten. Auf solche Weise also fordert der soziale Progressismus ein Abstoppen des Fortschritts. Eine im 19. Jahrhundert geborene Soziologie verlangt die Rückkehr zu ihrer Ursprungsepoche. Man verstehe uns recht: wir wollen hier weder die Herstellung von Vernichtungswaffen billigen noch etwas gegen den Gerechtigkeitsdrang, das edelste Gefühl der Menschen, sagen. Es geht uns lediglich darum, die Dinge aus einem ganz anderen Gesichtswinkel zu betrachten.

1. Es ist wahr, daß die absoluten Waffen eine entsetzliche Bedrohung der Menschheit bedeuten. Aber das Risiko, daß sie angewandt werden, ist klein, solange diese Waffen sich in den Händen weniger befinden. Die moderne menschliche Gesellschaft

überlebt nur, weil eine sehr kleine Anzahl von Menschen über die Entscheidungsgewalt verfügt.

2. Die absoluten Waffen werden sich zwangsläufig weiterentwickeln. Bei den modernsten operativen Forschungen wird die Scheidewand zwischen Gut und Böse immer dünner. Jede Entdeckung im Bereich der wesentlichen Strukturen ist gleichzeitig positiv und negativ. Andererseits muß gesagt werden, daß die Techniken im Verlauf ihrer Vervollkommnung nicht komplizierter werden: im Gegenteil, sie vereinfachen sich. Die Kräfte, derer sie sich bedienen, werden immer ursprünglicher und elementarer. Die Zahl der notwendigen Operationen verringert sich ebenso wie die erforderlichen Mengen an Menschen und Material. Am Ende wird der Schlüssel zu den universellen Kräften in einer hohlen Hand Platz haben. Ein Kind könnte ihn herstellen und betätigen. Je weiter wir in Richtung der Macht-Vereinfachung voranschreiten, um so notwendiger wird es, die Ergebnisse geheimzuhalten und die Barrieren zu erhöhen, um den Fortbestand des Lebens zu sichern.

3. Diese Geheimhaltung ergibt sich übrigens von selbst, da die wahre Macht auf die Männer der Wissenschaft übergeht. Diese haben eine besondere Sprache und eigene Denkformen entwickelt. Aber das ist keine künstlich geschaffene Schranke. Das Wort hat sich verändert, weil der Geist auf eine andere Ebene versetzt worden ist. Die Männer der Wissenschaft haben die Besitzenden davon überzeugt, daß sie noch mehr besitzen werden, die Regierenden davon, daß sie noch unumschränkter herrschen können, wenn sie ihre Hilfe in Anspruch nehmen. Und so haben sie sehr schnell eine Stellung errungen, die dem Reichtum und der Macht übergeordnet ist. Wie konnte das geschehen? Zunächst dadurch, daß überall unendliche Schwierigkeiten geschaffen wurden. Der Geist, der sich zum Herrscher aufschwingen will, kompliziert das System, das er zerstören möchte, aufs äußerste; er macht es unbeweglich, so daß es ihm widerstandslos in die Hände fallen muß. Er geht vor wie eine Spinne, die ihr Opfer einwickelt und lähmt. Die sogenannten «Männer der Macht», die Besitzenden und Regierenden, sind nur noch Mittelsmänner in einer Epoche, die selbst ein Zwischenstadium darstellt.

4. Während die absoluten Waffen sich vermehren, nimmt der Krieg ein anderes Gesicht an. In Form von Guerillas, Attentaten,

Palastrevolutionen, Untergrundbewegungen, Artikeln, Büchern und Ansprachen wird eine ununterbrochene Schlacht geschlagen. Der revolutionäre Krieg tritt an die Stelle des eigentlichen Kriegs. Diese Veränderung der Kriegsformen entspricht einer Veränderung der Menschheitsziele. Die früheren Kriege wurden geführt, um zu «haben». Der revolutionäre Krieg wird geführt, um zu «sein». Einstmals zerfleischte die Menschheit sich, um die Erde aufzuteilen und zu genießen, besser, damit einige wenige die Erde unter sich aufteilen und genießen konnten. Heute sieht es so aus, als suche die Menschheit durch diesen unaufhörlichen Kampf, der dem Tanz von Insekten ähnelt, die sich gegenseitig mit ihren Fühlern betasten, zu einer Union, einem Zusammenschluß zu gelangen, eine Einheit zu bilden, die die Erde verändern soll. Auf den Wunsch nach Genuß folgt der Wille zum Handeln. Die Männer der Wissenschaft, die die psychologischen Waffen geschmiedet und gerichtet haben, sind keineswegs unbeteiligt an dieser tiefgreifenden Veränderung. Der revolutionäre Krieg entspricht der Geburt eines neuen Geistes: des Arbeitergeistes. Es ist der Geist der Arbeiter der Erde. Und in diesem Sinne ist die Geschichte eine messianische Bewegung der Massen. Diese Bewegung fällt zusammen mit der Konzentration des Wissens. So sieht die Phase aus, die wir heute im Abenteuer einer wachsenden Vermenschlichung, einer unablässigen Aufwärtsbewegung des Geistes, durchleben.

Historisch gesehen war die Erhaltung der Techniken eines der Ziele der Geheimgesellschaften. Die ägyptischen Priester wachten eifersüchtig über die Gesetze der Planimetrie. Neue Forschungen haben ergeben, daß vor zweitausend Jahren in Bagdad eine Gesellschaft existierte, die das Geheimnis der elektrischen Batterie hütete und das Monopol der Galvanoplastik besaß. Im Mittelalter hatten sich in Frankreich, Deutschland und Spanien Handwerkergilden gebildet. Man denke an die Geschichte der Alchimie. Man denke an das Geheimnis der Rotfärbung von Glas durch Beimischung von Gold im Augenblick des Schmelzens. Man denke an das Geheimnis des «griechischen Feuers», das aus Klumpen von mit Gelatine verdicktem Leinöl bestand und als Vorläufer der Napalmbombe anzusehen ist. Noch sind nicht alle Geheimnisse des Mittelalters wiederentdeckt: so zum Beispiel das des biegsamen mineralischen Glases und das Verfahren zur Erzeugung von kaltem Licht. Auch heute erleben wir die Bildung von Technikergruppen, die im Besitz bestimmter Fabrikationsgeheimnisse sind, gleichgültig ob es sich um handwerkliche Fertigkeiten wie die Herstellung von Harmonikas oder von Glaskugeln handelt oder um industrielle Erzeugnisse, etwa die Produktion von synthetischem Benzin. In den großen amerikanischen Atomwerken tragen die Physiker Abzeichen, die dem Grad ihres Wissens und ihrer Verantwortung entsprechen. Sie dürfen sich nur mit Trägern des gleichen Abzeichens unterhalten. Innerhalb der einzelnen Kategorien entstehen Klubs, Freundschaften und Liebesbeziehungen. So konstituieren sich geschlossene Verbände, die durchaus den Gilden des Mittelalters zu vergleichen sind, nur daß es heute um Düsenflug, Zyklotrone oder Elektronik geht. Im Jahre 1956 hatten fünfunddreißig chinesische Studenten das Technologische Institut von Massachusetts absolviert und wollten in ihre Heimat zurückkehren. Sie hatten an keinen militärischen Projekten mitgearbeitet; trotzdem war man der Ansicht, sie wüßten bereits zuviel. Man verweigerte ihnen die Ausreise. Die chinesische Regierung, der sehr an der Rückkehr dieser jungen Spezialisten gelegen war, schlug vor, sie gegen einige amerikanische Flieger auszutauschen, die unter Spionageverdacht in China festgehalten wurden.

Die Überwachung der wissenschaftlichen Techniken und Geheimnisse kann nur der Polizei anvertraut werden. Das hat zur Folge, daß Spezialisten des Sicherheitsdienstes heute gezwungen sind, die Wissenschaften und Techniken zu erlernen, die sie überwachen sollen. Man gewährt diesen Spezialisten eine entsprechende Ausbildung und läßt sie in den Atomwerken arbeiten, wo wiederum die Kernphysiker die Verantwortung für ihre Sicherheit übernehmen. Auf diese Weise wächst eine Kaste heran, die noch mächtiger ist als die Regierungen und die politischen Polizeiorgane.

Das Bild rundet sich schließlich ab, wenn man an die Techniker-Teams denkt, die bereit sind, für das Land zu arbeiten, das ihnen die beste Bezahlung bietet. Sie sind die Söldner unserer Zeit, die «gemieteten Degen» einer Kultur, in der der Kondottiere einen weißen Kittel trägt. Südafrika, Argentinien und Indien sind ihre besten Aktionsgebiete, in denen sie regelrechte Herrschaften errichten.

Vor mehr als fünfzig Jahren schrieb John Buchan, der in England eine große Rolle als Politiker spielte, einen Roman, der gleichzeitig eine Botschaft an einige wache Geister darstellt. In diesem Roman, der nicht zufällig den Titel *The Power-House* (Die Energiezentrale) trägt, begegnet der Held einem vornehmen und zurückhaltenden Herrn, der ihm im Ton einer Golfplauderei die erstaunlichsten Dinge sagt:

« ‹Gewiß›, sagte ich, ‹es gibt eine Anzahl von Schlußsteinen im Gewölbe unserer Kultur, und ihre Zerstörung würde den Einsturz des ganzen Gebäudes nach sich ziehen. Aber diese Schlußsteine sind fest und dauerhaft.›

‹Nicht so sehr, wie man meint ... Denken Sie daran, daß die Maschine von Tag zu Tag empfindlicher wird. Im gleichen Maße, in dem unser Leben sich kompliziert, wird der Mechanismus immer verwickelter und infolgedessen auch verletzlicher. In den Jahrhunderten des Obskurantismus hatte man eine einzige große Macht: die Furcht vor Gott und seiner Kirche. Heute haben Sie eine Vielzahl kleiner Gottheiten, die alle gleich empfindlich und zerbrechlich sind und deren ganze Macht aus unserer schweigenden Übereinkunft herrührt, sie nicht in Frage zu stellen.›

‹Sie vergessen etwas›, wandte ich ein. ‹Die Tatsache nämlich, daß die Menschen sich im Grunde darüber einig sind, daß die Maschine in Gang gehalten werden muß. Hier zeigt sich der ‚zivilisierte gute Wille‘, von dem ich vorhin sprach.›

‹Sie haben den Finger auf den einzig wesentlichen Punkt gelegt. Die Zivilisation ist eine Verschwörung. Was könnte die Polizei ausrichten, wenn jeder Verbrecher auf der anderen Seite des Engpasses Zuflucht fände, und was nützten uns die Gerichtshöfe, wenn nicht andere Tribunale ihre Entscheidungen anerkennen würden? Das moderne Leben ist der stillschweigende Pakt, den die Besitzenden eingegangen sind, um ihre Ansprüche aufrechtzuerhalten und durchzusetzen. Und dieser Pakt wird so lange in Kraft sein, bis ein anderer geschlossen wird, um die Besitzenden von heute ihrer Macht zu berauben.›

‹Diskutieren wir doch nicht Dinge, die sich nicht diskutieren lassen›, versetzte ich. ‹Ich dächte doch, gerade die besten Geister sähen sich im allgemeinen Interesse dazu veranlaßt, an Ihrer sogenannten Verschwörung teilzunehmen.›

‹Das weiß ich nicht›, entgegnete er langsam. ‹Sind es wirklich die Besten, die sich für den Pakt einsetzen? Sehen Sie sich doch einmal die Haltung unserer Regierung an. Im Grunde werden wir von Amateuren und zweitrangigen Köpfen regiert. Die Methoden unserer Verwaltung würden jedes Privatunternehmen unweigerlich zum Bankrott führen. Und die Methoden unseres Parlaments würden jeder Aktionärsversammlung Schande machen. Unsere leitenden Männer sind darauf versessen, alle nützlichen Erkenntnisse unter ihre Kontrolle zu bekommen, aber sie sind durchaus nicht gewillt, dafür den Preis zu zahlen, den jeder Geschäftsmann zahlen würde. Und wenn sie im Besitz des Wissens sind, haben sie nicht den Mut, es anzuwenden. Sehen Sie für einen genialen Menschen irgendeinen Anreiz, den unfähigen Mitgliedern unserer Regierung sein Gehirn zu verkaufen?

Und doch ist das Wissen die einzig echte Macht — heute wie ehedem. Eine kleine mechanische Vorrichtung kann ganze Flotten auf den Grund des Meeres schicken. Eine neue chemische Verbindung wirft sämtliche Kriegsregeln über den Haufen. Und für unseren Handel gilt das gleiche. Es bedürfte nur einiger winziger Abänderungen, um Großbritannien auf den Stand der Republik Ecuador herabsinken zu lassen oder um China den Schlüssel zu allen Reichtümern der Welt in die Hand zu geben. Und trotzdem sperren wir uns gegen den Gedanken, daß derartige Umwälzungen möglich sind. Wir halten unsere Kartenhäuser für die Bollwerke des Universums.›

‹Aber bedenken wir doch folgendes›, sagte ich. ‹Das erste Bestreben eines Erfinders ist, seine Erfindung bekannt zu machen. Da er Ehre und Ruhm erhofft, legt er Wert darauf, sich diese Erfindung bezahlen zu lassen. Sie wird zum integrierenden Bestandteil des allgemeinen Wissens, das die neue Erkenntnis auf allen Gebieten einbaut und verwendet. Es vollzieht sich also dasselbe wie seinerzeit bei der Entdeckung der Elektrizität. Sie nennen unsere Zivilisation eine Maschine, aber sie ist sehr viel beweglicher als eine Maschine. Sie besitzt die Anpassungsfähigkeit eines lebenden Organismus.›

‹Was Sie da sagen, wäre zutreffend, wenn die neue Erkenntnis tatsächlich zum Allgemeingut würde. Aber ist das so? Ich lese gelegentlich in der Zeitung, daß ein großer Gelehrter eine wichtige Entdeckung gemacht hat. Er legt sie der Akademie der

Wissenschaften vor, es erscheinen ein paar Leitartikel darüber, und das Bild des Entdeckers prangt auf den Titelseiten der illustrierten Zeitschriften. Aber die Gefahr kommt nicht von diesem Mann. Er ist nur ein Rädchen in der Maschine, einer, der den ‚Pakt' unterschrieben hat. Die Menschen, auf die es ankommt, sind diejenigen, die sich außerhalb dieser Sphäre halten, die Artisten der Entdeckung, die von ihrem Wissen erst in dem Augenblick Gebrauch machen, an dem sie es mit einem Maximum an Wirkung tun können. Glauben Sie mir, die größten Geister stehen außerhalb dessen, was wir als Zivilisation bezeichnen.›

Er schien einen Augenblick zu zögern. Dann fuhr er fort:

‹Sie werden von manchen Leuten hören, daß die Unterseeboote das Panzerschiff sinnlos gemacht haben und daß sich mit der Eroberung der Luft die Herrschaft über die Meere erübrigt. Zumindest behaupten das die Pessimisten. Aber meinen Sie wirklich, die Wissenschaft habe mit unseren plumpen Unterseebooten und unseren zerbrechlichen Flugzeugen schon ihr letztes Wort gesprochen?›

‹Ich zweifle nicht daran, daß die Kampfmittel sich vervollkommnen›, sagte ich, ‹aber auch die Verteidigungsmittel werden weiterentwickelt und werden mit ihnen Schritt halten können.›

Er schüttelte den Kopf.

‹Das ist wenig wahrscheinlich. Schon jetzt sind unsere theoretischen Fähigkeiten, große Vernichtungswaffen zu konstruieren, den Verteidigungsmöglichkeiten bei weitem überlegen. Sie sehen nur die Erfindungen zweitrangiger Köpfe, die es eilig haben, zu Reichtum und Ruhm zu gelangen. Das wahre, das gefährliche Wissen wird noch geheimgehalten. Aber glauben Sie mir, mein Lieber, es ist vorhanden.›

Er schwieg einen Augenblick, und ich sah, wie der leichte Rauch seiner Zigarre sich in der dunklen Luft abzeichnete. Dann nannte er mir langsam und bedächtig, als habe er Angst, sich zu weit vorzuwagen, einige Beispiele.

Diese Beispiele waren es, die mich aufschrecken ließen. Sie waren den verschiedensten Gebieten entnommen: eine große Naturkatastrophe, ein plötzlich auftauchender Zwist zwischen zwei Völkern, eine Pflanzenseuche, die wichtige Ernten zerstört, ein Krieg, eine Epidemie. Ich möchte sie hier nicht noch einmal aufzählen. Ich konnte damals nicht daran glauben und kann es auch heute noch nicht. Aber es war ungeheuer eindrucksvoll, in jener düsteren Juninacht im dunklen Zimmer der ruhigen Stimme zu lauschen, die diese entsetzlichen Dinge aussprach. Wenn er recht hatte, waren diese Geißeln der Menschheit nicht das Werk der Natur oder des Zufalls, sondern künstlich erzeugt. Die anonymen, in der Verborgenheit arbeitenden Kräfte, von denen er sprach, offenbarten von Zeit zu Zeit ihre Macht, indem sie irgendeine fürchterliche Katastrophe heraufbeschworen. Ich weigerte mich, es zu glauben, aber während er seine Gedanken entwickelte und den Verlauf dieses Spiels mit unheimlicher Klarheit darlegte, fand ich kein Wort der Erwiderung.

Endlich hatte ich mich soweit gefaßt, daß ich ihm antworten konnte.

‹Was Sie mir da beschreiben, ist eine Super-Anarchie. Und doch führt sie zu nichts. Welche Motive sollten diese Menschen haben?›

Er begann zu lachen.

‹Woher soll ich das wissen? Ich bin nur ein bescheidener Forscher und stoße bei meinen Untersuchungen auf die sonderbarsten Dokumente. Aber die Motive könnte auch ich Ihnen nicht mit Sicherheit nennen. Ich sehe nur, daß eine starke, gegen unsere Gesellschaft gerichtete Strömung vorhanden ist. Nehmen wir an, diese Menschen mißtrauten unserer Staatsmaschinerie. Falls sie nicht Idealisten sind, die eine neue Welt erschaffen wollen, oder ganz einfach künstlerische Naturen, die die Erforschung der Wahrheit um ihrer selbst willen betreiben. Wenn ich eine Vermutung aufstellen müßte, so würde ich sagen, daß wahrscheinlich diese beiden Kategorien von Menschen nötig waren, um zu solchen Ergebnissen zu gelangen; denn die letzteren finden die neuen Erkenntnisse, während die ersteren den Willen haben, sie anzuwenden.

Mir fällt da ein Erlebnis ein, das ich einmal hatte. Ich war in den Tiroler Bergen und befand mich auf einer sonnenüberstrahlten Wiese. Nachdem ich den Vormittag damit verbracht hatte, in den weißen Felsen herumzuklettern, wollte ich nun hier inmitten der Blumen und oberhalb eines rauschenden Gebirgsbachs mein Frühstück verzehren. Ich hatte unterwegs einen

Deutschen getroffen, einen kleinen Mann, der aussah wie ein Professor und der mir nun die Freude machte, meine belegten Brote mit mir zu teilen. Er sprach ein leidliches, wenn auch nicht ganz korrektes Englisch, war Nietzsche-Anhänger und ein erbitterter Gegner der heutigen Weltordnung. ‚Das Unglück ist nur, daß die Reformatoren nichts wissen', rief er, ‚und daß diejenigen, die etwas wissen, zu gleichgültig sind, um einen Reformversuch zu unternehmen. Aber es wird ein Tag kommen, an dem Wissen und Wille sich zusammentun, und dann wird die Welt voranschreiten.'›

‹Sie entwerfen da ein erschreckendes Bild›, begann ich wieder. ‹Aber wenn diese antisozialen Strömungen wirklich so mächtig sind, warum erreichen sie dann so wenig? Ein einfacher Polizeibeamter, der die Staatsmaschinerie hinter sich hat, ist in der Lage, die meisten anarchistischen Versuche mit einer Handbewegung zu vereiteln.›

‹Ganz richtig›, stimmte er zu. ‹Unsere Zivilisation wird sich so lange behaupten, bis ihre Gegner von ihr gelernt haben, wie wichtig der Besitz einer Staatsmaschinerie ist. Der Pakt hält so lange, bis ein Gegenpakt geschlossen ist. Aber sehen Sie sich doch an, wie diese Idioten, die sich heute als Nihilisten oder Anarchisten bezeichnen, vorgehen. Ein paar verworrene Dummköpfe fordern in irgendeiner dunklen Pariser Spelunke die ganze Welt heraus, und acht Tage später sitzen sie im Gefängnis. In Genf schmiedet ein Dutzend aufgeregter russischer ‚Intellektueller' ein Komplott, um die Romanows zu stürzen, und sofort jagt die gesamte europäische Polizei hinter ihnen her. Alle Regierungen und ihre so wenig intelligenten Polizeiorgane arbeiten Hand in Hand, und im Nu ist es um die Verschwörer geschehen. Denn die Zivilisation versteht sich darauf, die Kräfte, über die sie verfügt, anzuwenden, während die unendlichen Möglichkeiten der Nicht-Offiziellen sich in blauen Dunst auflösen. Die Zivilisation triumphiert, weil sie eine Weltliga ist; ihre Gegner scheitern, weil sie nur Splittergruppen bilden. Aber nehmen wir einmal an, daß die Anarchie von der Zivilisation lernt und zu einer internationalen Bewegung wird. Oh, ich spreche hier nicht von diesen Narren, die sich mit großem Getöse als Internationale Union der Arbeiter aufspielen, und ich spreche auch nicht von ähnlichen Albernheiten. Ich stelle mir vor, daß die wahre denkende Substanz der Welt sich zu einer internationalen Vereinigung zusammenschließt. Nehmen wir an, daß sich gegen die Glieder der Zivilisationskette die Glieder einer sehr viel mächtigeren Kette spannen. Die Erde ist übervoll von unzusammenhängender und unorganisierter Intelligenz. Haben Sie jemals an den Fall China gedacht? In diesem Land gibt es Millionen denkender Gehirne, die sich illusorischen Tätigkeiten widmen und infolgedessen nichts ausrichten können. Sie haben keine Richtung, keine führende Energie, und so kommt es, daß die Wirkung all ihrer Bemühungen gleich Null ist und die ganze Welt sich über China lustig macht. Europa wirft ihm von Zeit zu Zeit ein paar Millionen als Anleihe hin, und China empfiehlt sich dafür auf zynische Weise den Gebeten der gläubigen Christen. Aber, so sage ich, nehmen wir einmal an . . .›

‹Das ist ja eine grauenvolle Vorstellung!› rief ich. ‹Und ich danke Gott, daß ich nicht an ihre Verwirklichung glauben kann. Zerstörung um der Zerstörung willen ist ein allzu unfruchtbares Ideal, um einen neuen Napoleon zu reizen — und ohne einen solchen könnten Sie nichts ausrichten.›

‹Es geht nicht um eine eigentliche Zerstörung›, entgegnete er ruhig. ‹Man könnte diese Abschaffung alter Formeln eher als eine Art Bilderstürmerei bezeichnen, und so ein Gedanke hat von jeher viele Idealisten begeistert. Und es bedarf keines Napoleons, um ihn zu verwirklichen. Es muß nur einer die Richtung angeben, und dieser Mann braucht längst nicht so genial zu sein wie Napoleon. Mit einem Wort, es genügt die Schaffung einer Energie-Zentrale, um das Zeitalter der Wunder anbrechen zu lassen.› »

Wenn man sich vergegenwärtigt, daß Buchan diese Zeilen um das Jahr 1910 schrieb, und wenn man an die Umwälzungen denkt, die die Welt seit jener Zeit erfahren hat, und an die großen Bewegungen, die heute China, Afrika und Indien erfaßt haben, kann man sich fragen, ob nicht vielleicht eine oder sogar mehrere solcher «Energie-Zentralen» tatsächlich in Aktion getreten sind. Dieser Gedanke kann nur oberflächlichen Beobachtern phantastisch erscheinen, jenen Historikern zum Beispiel, die in dem Wahn befangen sind, man müsse alles «durch Tatsachen erklären» —

eine Methode, die doch nur auf eine Wahl zwischen einzelnen Tatsachen hinausläuft. In einem anderen Teil dieses Buches werden wir eine «Energie-Zentrale» beschreiben, die gescheitert ist, jedoch erst, nachdem sie die Welt mit Feuer und Blut überschwemmt hat: die faschistische Zentrale. Und man kann wohl kaum an dem Vorhandensein einer kommunistischen Energie-Zentrale und ihrer unerhörten Wirksamkeit zweifeln. «Nichts in der Welt kann der vereinten Glut einer genügend großen Anzahl organisierter Intelligenzen widerstehen.» Die Richtigkeit dieses Satzes von Teilhard de Chardin erscheint uns unwiderleglich.

Wir machen uns von den Geheimgesellschaften eine sehr simple und nüchterne Vorstellung. Wir betrachten einzigartige Tatsachen auf eine ganz banale Weise. Um die Welt von morgen zu verstehen, müssen wir den Gedanken der Geheimgesellschaft genauer untersuchen, auffrischen und von neuem erstehen lassen, und dies mit Hilfe eines sehr gründlichen Studiums der Vergangenheit und durch die Ermittlung eines Standpunktes, von dem aus die Bewegung der Geschichte, in der wir selbst eingefangen sind, sichtbar wird.

Es ist möglich und sogar wahrscheinlich, daß die Geheimgesellschaft die zukünftige Form der Regierung in der neuen Welt des Arbeitergeistes sein wird. Sehen wir uns doch kurz einmal den Verlauf der Entwicklung an. Die Monarchien umgeben sich mit dem Nimbus einer übernatürlichen Macht. Die Könige, die Fürsten, die Minister und hohen Würdenträger bemühen sich, aus dem Rahmen des Normalen herauszufallen und durch ihre Kleidung, ihre Wohnung und ihr Benehmen Staunen zu erregen. Sie tun alles, um möglichst sichtbar zu sein. «Schart euch um meinen weißen Helmbusch!» Zuweilen badet Heinrich IV. während des Sommers mitten im Herzen von Paris nackt in der Seine. Ludwig XIV. ist eine Sonne, aber seine Untertanen haben jederzeit Zutritt zum Schloß und können ihn dort während seiner Mahlzeiten bestaunen. Ständig dem Feuer der Blicke ausgesetzt, lenken diese mit Gold und Federn geschmückten Halbgötter ununterbrochen die Aufmerksamkeit auf sich; sie sind gleichzeitig abgesondert und mit ihrer Umwelt verbunden. Vom Zeitpunkt der Französischen Revolution an ist die Macht an abstrakte Theorien geknüpft, und die Regierung wird geheimnisvoller und unpersönlicher. Die Lenker des Staates erklären zwar, sie seien Menschen «wie alle anderen», aber gleichzeitig beginnen sie eine gewisse Distanz zu wahren. Sowohl hinsichtlich der Personen wie der Tatsachen wird es schwierig, den Begriff der Regierung genau zu definieren. Die modernen Demokratien geben zu tausend «esoterischen» Deutungen Anlaß. So kann man zum Beispiel lesen, Amerika werde einzig von den Leitern der großen Industriekonzerne regiert, England von den Bankiers der City, Frankreich von den Freimaurern usw. Bei den Regierungen schließlich, die aus dem revolutionären Krieg hervorgehen, verschwindet die Macht fast völlig im Bereich des Geheimnisses. Die Zeugen der chinesischen Revolution und der Kämpfe in Indochina und Algerien, die Spezialisten der sowjetischen Welt, sie alle stellen überrascht fest, daß die Macht offenbar in den Händen einer anonymen Masse liegt, daß die Frage der Verantwortlichkeit von einem undurchdringlichen Geheimnis umgeben ist, daß es unmöglich ist, zu erfahren, «wer wer ist» und «wer was entscheidet». Es bildet sich eine regelrechte Kryptokratie. Wir haben hier nicht die Zeit, diese Erscheinung zu analysieren, aber es lohnte sich, das Heraufkommen dessen, was wir als Kryptokratie bezeichnen, in einem gesonderten Werk zu untersuchen.

Paul Mousset, ein bekannter Journalist, der als Kriegskorrespondent in Indochina und Algerien war, sagte mir einmal: «Ich hatte immer das Gefühl, daß der Hotelboy oder der kleine Krämer vielleicht in Wahrheit zu den großen Machthabern gehörten... Die neue Welt tarnt ihre Führer; sie sind wie jene Insekten, die aussehen wie Zweige oder Blätter...»

Nach dem Tode Stalins können die politischen Experten sich nicht über die Identität des neuen Beherrschers der UdSSR einig werden. In dem Augenblick, da diese Experten uns endlich versichern, es sei Berija, hört man, daß dieser soeben hingerichtet worden ist. Niemand ist imstande, die wahren Herren eines Landes, das die Hälfte der bewohnbaren Erdoberfläche einnimmt, namentlich zu bezeichnen.

Unter dem Aspekt der Kriegsbedrohung tritt die wahre Form der Regierungen am deutlichsten zutage. Für den Juni 1955 hatte Amerika einen «Probealarm» vorgesehen, in dessen Verlauf die Mitglieder der Regierung Washington verlassen und ihre Arbeit «an irgendeinem Ort der Vereinigten Staaten» fortsetzen sollten. Für den Fall, daß dieser Zufluchtsort zerstört werden sollte, war eine Vereinbarung getroffen, laut der die Regierung ihre Vollmachten an eine «Schattenregierung» übertragen sollte, deren Mitglieder im voraus ernannt waren. Die Namen der Senatoren, Abgeordneten und Sachverständigen dieser Regierung durften nicht bekanntgegeben werden. So wird also in einem der mächtigsten Länder der Erde der Übergang zur Kryptokratie offiziell angekündigt.

Zweifellos würden wir im Kriegsfall erleben, wie die sichtbaren Regierungen durch diese «Schattenregierungen» ersetzt werden, die im Falle Amerikas vielleicht ihren Sitz in den Höhlen von Virginia, im Falle Rußlands auf einer schwimmenden Station im nördlichen Eismeer aufschlagen würden. Und von diesem Augenblick an würde es als Hochverrat gelten, das Geheimnis um die Namen der Regierungsmitglieder zu lüften. Geheimgesellschaften, die sich, um das Verwaltungspersonal weitgehend einzuschränken, großer Elektronengehirne bedienen, trügen den gigantischen Kampf zwischen den beiden Machtblöcken der Menschheit aus. Es ist nicht einmal ausgeschlossen, daß diese Regierungen außerhalb unserer Welt residieren würden, auf künstlichen Satelliten, die um die Erde kreisen.

Wir betreiben hier — um einmal einen Parallel-Ausdruck zu dem Begriff der «Science Fiction» zu gebrauchen — keine «Philosophy Fiction» und auch keine «History Fiction». Wir bekennen uns zum phantastischen Realismus. Wir zweifeln an manchen Dingen, denen die Leute, die als «vernünftig» gelten, viel weniger skeptisch gegenüberstehen. Wir wollen die Aufmerksamkeit unserer Leser keinesfalls auf irgendeinen vagen Okkultismus oder irgendeine «magische» Deutung von Tatsachen lenken. Wir wollen keine neue Religion verkünden. Wir glauben lediglich an die Intelligenz. Wir sind der Ansicht, daß die Intelligenz, wenn sie ein bestimmtes Niveau erreicht hat, unwillkürlich zu einer Art Geheimgesellschaft wird. Wir meinen, daß sie über eine unbegrenzte Macht verfügen wird, wenn sie sich nur voll entwickeln kann, wenn sie nicht in einem Blumentopf verkümmern muß, sondern fest auf freiem Boden steht.

Das Beispiel der Alchimie

1 *Ein Alchimist im Café Procope im Jahre 1953 — Eine Unterhaltung über Gurdjew — Ein Mann, der behauptet, der Stein
der Weisen sei eine Realität — Bergier führt mich in aller Eile auf
einen sonderbaren Abkürzungsweg — Das, was ich sehe, befreit
mich von der törichten Verachtung des Fortschritts — Unsere
Hintergedanken über die Alchimie: weder Offenbarung noch ta-
stendes Herumsuchen*

Im März 1953 begegnete ich zum erstenmal einem Alchimisten.
Diese Zusammenkunft fand im Café Procope statt, das in jenen
Tagen eine vorübergehende neue Blütezeit erlebte. Ich schrieb damals an meinem Buch über Gurdjew, und ein großer Dichter hatte
mir das Treffen mit diesem einzigartigen Mann vermittelt, den ich
noch oft wiedersehen sollte, ohne doch jemals sein Geheimnis zu
ergründen.

Ich hatte über die Alchimie und die Alchimisten recht primitive Vorstellungen und ahnte gar nicht, daß es noch immer welche
gab. Der Mann, der mir an Voltaires Tisch gegenübersaß, war
jung und elegant. Er hatte eingehende klassische Studien betrieben
und sich anschließend mit Fragen der Chemie beschäftigt. Gegenwärtig bestritt er seinen Lebensunterhalt mit irgendwelchen Geschäften und kam häufig mit Künstlern und Persönlichkeiten aus
der Gesellschaft zusammen.

Ich führe kein Tagebuch, aber bei gewissen wichtigen Anlässen
pflege ich doch meine Beobachtungen und Eindrücke zu Papier
zu bringen. Als ich in jener Nacht zu Hause anlangte, schrieb ich:

«Wie alt mag er wohl sein? Er sagt, er sei fünfunddreißig. Das
verwirrt mich. Das blonde, gut frisierte Haar sitzt auf seinem
Schädel wie eine Perücke. Ein volles, rosiges Gesicht, das von
zahlreichen tiefen Falten durchfurcht ist. Sehr gemessene, langsame und selbstverständliche Bewegungen. Die Augen lachen,
aber in diesem Lachen ist etwas Abwesendes. Alles deutet auf
ein anderes Alter hin. In seinen Reden kein Riß, kein Sprung,
nicht die geringste Spur einer Geistesabwesenheit. Hinter diesem

liebenswürdigen, außerzeitlichen Gesicht lauert etwas Sphinx-ähnliches. Unverständlich. Und das ist nicht allein mein Eindruck. A. B., der ihn seit Wochen fast jeden Tag sieht, sagt mir, daß dieser Mann nie auch nur einen Augenblick lang seine ‹überlegene Objektivität› hat vermissen lassen.

Warum er Gurdjew ablehnt:

1. Ein Mensch, der das Bedürfnis hat zu lehren, hat den höchsten Punkt der Weihen noch nicht erreicht und lebt nicht einzig für seine Doktrin.

2. In Gurdjews Schule wird keine materielle Verbindung zwischen dem Schüler, den man von seiner Nichtigkeit überzeugt hat, und der Energie hergestellt, in deren Besitz er gelangen muß, um den Zustand der Wirklichkeit zu erreichen. Der Schüler muß diese Energie — ‹diesen Willen des Willens›, wie Gurdjew sagt — in sich selber finden und nirgendwo anders. Ein solches Vorgehen jedoch ist teilweise falsch und kann nur zur Verzweiflung führen; denn diese Energie existiert außerhalb des Menschen, und er muß versuchen, ihrer habhaft zu werden. Der Katholik, der die Hostie hinunterschluckt: ein rituelles Symbol für dieses Sich-Bemächtigen. Aber wenn man den Glauben nicht besitzt? Wenn Sie den Glauben nicht haben, müssen Sie Feuer haben: das ist die ganze Alchimie. Ein echtes Feuer. Ein materielles Feuer. Alles beginnt, alles endet bei dem Kontakt mit der Materie.

3. Gurdjew hat nie allein gelebt, sondern immer in einem Kreis, in einer Art Gemeindehaus. Es gibt einen Weg in der Einsamkeit, es gibt ‹Flüsse in der Wüste›. Für einen Menschen, der sich dauernd mit anderen umgibt, gibt es keinen Weg und keine Flüsse.

Ich stelle ihm Fragen über die Alchimie, die ihm grauenhaft dumm vorkommen müssen. Er läßt es sich nicht anmerken und antwortet:

‹Nichts als Materie, nichts als Kontakt mit der Materie, Arbeit an der Materie, Arbeit mit den Händen.› Darauf besteht er mit besonderer Eindringlichkeit:

‹Lieben Sie die Gärtnerei? Das ist ein guter Anfang, die Alchimie ist der Gärtnerei vergleichbar.

Angeln Sie gern? Die Alchimie hat etwas mit dem Angeln gemein, auch mit Frauenarbeit und Kinderspiel.

Die Alchimie läßt sich nicht als Ganzes lehren. Aber alle großen Werke der Literatur, die die Jahrhunderte überdauert haben, enthalten ein kleines Stück dieser Lehre. Sie sind von Erwachsenen — wahrhaft Erwachsenen — geschrieben, die zu Kindern gesprochen, dabei jedoch die Erkenntnisgesetze der Erwachsenen beobachtet haben. Ein großes Werk enthält nie einen Fehler hinsichtlich der ‚Prinzipien‘. Die Einzelheiten dieser Prinzipien jedoch und der Weg, der zu ihnen führt, müssen verborgen bleiben. Trotzdem besteht für die Forscher ersten Grades die Pflicht, sich gegenseitig beizustehen.›

Gegen Mitternacht befrage ich ihn über Fulcanelli *, und er gibt mir zu verstehen, daß Fulcanelli nicht tot ist.

‹Man kann unendlich viel länger leben, als ein nicht erweckter Mensch es sich vorstellt›, sagt er. ‹Und man kann sein Aussehen völlig verändern. Ich weiß es. Meine Augen wissen. Ich weiß auch, daß der Stein der Weisen eine Realität ist. Aber es handelt sich dabei um einen anderen Zustand der Materie als den, den wir kennen. Dieser Zustand ist, ebenso wie alle übrigen, meßbar. Die Mittel, die man für die Arbeit und für die Messungen benötigt, sind einfach. Es bedarf keineswegs irgendwelcher komplizierter Apparate: Frauenarbeit und Kinderspiel . . .›

Er fügt hinzu:

‹Geduld, Hoffnung, Arbeit. Und welche Arbeit man auch immer verrichten mag, man arbeitet nie genug.

In der Alchimie gründet die Hoffnung sich auf die Gewißheit, daß ein Ziel vorhanden ist. Ich hätte›, so sagt er, ‹nie angefangen, wenn man mir nicht klar bewiesen hätte, daß dieses Ziel existiert und daß es möglich ist, es innerhalb dieses Lebens zu erreichen.› »

Das war also mein erster Kontakt mit der Alchimie. Wenn ich mit dem Studium der Zauberbücher begonnen hätte, so wären meine Untersuchungen vermutlich nie sehr weit gediehen: Zeitmangel und eine gewisse Abneigung gegen rein literarische Gelehrsamkeit hätten mich behindert. Außerdem fehlt mir die Berufung: jene Berufung, die der Alchimist, der noch gar nicht weiß, daß er einer ist, im selben Augenblick fühlt, da er zum ersten-

---

* Der Verfasser des *Mystère des Cathédrales* und der *Demeures philosophales*.

mal ein altes Buch aufschlägt. Meine Berufung liegt nicht im Handeln, sondern im Verstehen, nicht im Vollbringen, sondern im Sehen. Ich glaube, daß, wie mein alter Freund André Billy es ausdrückt, «verstehen ebenso schön ist wie singen», selbst wenn der Augenblick des Verstehens nur flüchtig ist. Wie fast alle meine Zeitgenossen bin ich ein Mensch, der es immer eilig hat. Mein erster Kontakt mit der Alchimie vollzog sich auf die modernste Art, die sich denken läßt: während einer Unterhaltung in einem Lokal in Saint-Germain-des-Prés. Später, als ich versuchte, dem, was dieser junge Mann mir gesagt hatte, einen vollständigeren Sinn zu geben, begegnete ich Jacques Bergier, der nicht etwa staubbedeckt aus einer mit alten Büchern vollgestopften Scheune kam, sondern von jenen Orten, an denen sich das Leben unseres Jahrhunderts konzentriert: den Laboratorien und den Auskunfteien. Auch Bergier hatte mit einer ganz bestimmten Absicht den Weg der Alchimie eingeschlagen. Ihm ging es nicht um eine Pilgerfahrt in die Vergangenheit. Dieser außergewöhnliche kleine Mann, der sich intensiv mit den Geheimnissen der Atomenergie beschäftigte, benutzte diesen Weg als Abkürzung. An seine Rockschöße geheftet, flog ich so mit Überschallgeschwindigkeit durch die ehrwürdigen Texte, die von weisen Männern stammten, welche in die Langsamkeit verliebt und wahre Anbeter der Geduld gewesen waren. Bergier besaß das Vertrauen einiger Männer, die sich auch heute noch der Alchimie widmen. Aber er stand auch in Verbindung mit modernen Gelehrten. An seiner Seite gewann ich bald die Überzeugung, daß zwischen der traditionellen Alchimie und der avantgardistischen Wissenschaft enge Beziehungen bestehen. Ich sah plötzlich, wie die alte Vergangenheit und die Zukunft einander die Hand reichten. Hinter der mehrere Jahrtausende alten Metaphysik des Alchimisten verbarg sich eine Technik, die jetzt, im zwanzigsten Jahrhundert, endlich verständlich oder doch fast verständlich wurde. Die erschreckenden technischen Entdeckungen von heute wiederum eröffnen den Ausblick auf eine Metaphysik, die der der alten Zeiten fast gleich war.

Ich gelangte schließlich zu der Überzeugung, daß die Menschen schon in einer sehr fernen Vergangenheit die Geheimnisse der Energie und der Materie entdeckt hatten. Nicht nur durch Meditation, sondern auch durch praktische Versuche. Der moderne Geist hatte zwar andere Wege eingeschlagen — die Wege der rei-

nen Vernunft und der Irreligiosität, die mir lange mißfallen hatten
— er hatte andere Mittel angewandt, die mir immer häßlich vorgekommen waren; aber nun schickte er sich seinerseits an, die
gleichen Mysterien zu entschleiern.

Ich sah jetzt ein, daß der Gegensatz zwischen der jahrtausende-
alten «Weisheit» und der modernen «Torheit» nur die Erfindung
einer zu schwachen und zu langsamen Intelligenz war, die Hilfs-
maßnahme eines Intellektuellen, der unfähig war, das rasche Tem-
po seiner Epoche einzuhalten.

Wir werden unseren Lesern die Ergebnisse unserer Forschungen
über die Alchimie unterbreiten. Wohlverstanden, es handelt sich
auch hier wieder nur um Andeutungen. Um zu diesem Thema
einen wirklich positiven Beitrag zu liefern, würden wir noch zehn
oder zwanzig ruhige Arbeitsjahre und Fähigkeiten benötigen, die
uns vielleicht gar nicht gegeben sind. Immerhin unterscheidet das,
was wir getan haben, und die Art, in der wir es taten, unsere
kleine Arbeit von allen anderen Werken, die den Fragen der Alchimie bisher gewidmet wurden. Man wird bei uns nicht viel
Neues über die Geschichte und die Philosophie dieser traditionellen
Wissenschaft finden, dafür aber einige Hinweise auf überraschende
Übereinstimmungen zwischen den Träumen der alten «chemischen
Philosophen» und den Realitäten der modernen Physik. Wir
wollen unsere Hintergedanken gleich an dieser Stelle aussprechen:
Unserer Ansicht nach ist die Alchimie möglicherweise einer der
wichtigsten Restbestände einer Wissenschaft, einer Technik und einer
Philosophie, die einer untergegangenen Kultur angehörten. Das, was
wir im Lichte des heutigen Wissens in der Alchimie entdeckt
haben, kann uns nicht zu dem Glauben veranlassen, eine so subtile, komplizierte und präzise Technik habe als Ergebnis einer
«göttlichen Offenbarung» vom Himmel fallen können. Wir wollen
damit durchaus nicht die Möglichkeit von Offenbarungen überhaupt ablehnen. Aber wir haben beim Studium der Schriften der
Heiligen und der großen Mystiker nie einen Hinweis darauf gefunden, daß Gott in der Sprache der Technik zu den Menschen
geredet hätte: «Stelle deinen Schmelztiegel unter das polarisierte
Licht, mein Sohn! Wasche die Schlacken in dreifach destilliertem
Wasser.»

Wir glauben ebensowenig, daß die alchimistische Technik sich durch tastende Versuche, winzige Vorstöße Unwissender und die Phantasien der Wahnsinnigen des Schmelztiegels immer weiter entwickeln konnte, bis sie schließlich auf das traf, was wir heute als Atomspaltung bezeichnen. Wir möchten vielmehr annehmen, daß die Alchimie Überreste einer verschwundenen Wissenschaft enthält, die äußerst schwer zu verstehen und anzuwenden sind, da jeder Zusammenhang fehlt. Ausgehend von diesen Überresten, wurden notgedrungen tastende Versuche unternommen, die sich jedoch in einer ganz bestimmten Richtung bewegten. Es entstand weiterhin eine Überfülle von technischen, moralischen oder religiösen Deutungsversuchen. Und schließlich ergab sich für diejenigen, die diese Überreste bewahrten, die dringende Notwendigkeit, das Geheimnis zu hüten.

Schließlich aber denken wir folgendes: gemäß der Überlieferung erlebt der Alchimist am Ende seiner «Arbeit» an der Materie eine Art Transmutation an sich selber. Das, was in seinem Schmelztiegel vor sich geht, vollzieht sich auch in seinem Bewußtsein oder in seiner Seele. Es findet eine Zustandsveränderung statt. Sämtliche alten Texte heben diese Tatsache hervor und sprechen von dem Augenblick, an dem das «Große Werk» vollendet ist und der Alchimist zu einem «erweckten Menschen» wird. Es scheint uns, daß die alten Texte damit ein Ziel bezeichnen wollen: die Erlangung einer vollständigen Erkenntnis der Gesetze der Materie und der Energie, sowie wirklich umfassendes technisches Wissen.

2 *Hunderttausend Bücher, die kein Mensch befragt — Man fordert eine wissenschaftliche Expedition ins Land der Alchimie — Die Erfinder — Der Quecksilber-Wahnsinn — Eine chiffrierte Sprache — Hat es schon einmal eine Atom-Zivilisation gegeben? — Die elektrischen Batterien im Museum von Bagdad — Newton und die großen «Eingeweihten» — Helvetius und Spinoza vor dem alchimistischen Gold — Alchimie und moderne Physik — Eine Wasserstoffbombe auf einem Küchenherd — Vergegenständlichen, vermenschlichen, vergeistigen*

Man kennt mehr als hunderttausend alchimistische Bücher oder Manuskripte. Diese enorme Literatur, zu deren Verfassern bedeutende Köpfe, einflußreiche und ehrenwerte Männer zählen, diese enorme Literatur, die feierlich verkündet, daß sie sich nur mit Tatsachen, mit experimentell nachgewiesenen Realitäten befaßt, ist noch niemals wissenschaftlich erforscht worden. Die jeweils herrschende Geistesrichtung — in früheren Zeiten der Katholizismus, heute der Rationalismus — hat sich stets gegen diese Texte verschworen, keine Kenntnis von ihnen genommen und sie mit Verachtung gestraft. Aber hunderttausend Bücher und Manuskripte könnten doch vielleicht einige Geheimnisse der Energie und der Materie enthalten — zumindest geben sie es vor. Die Fürsten, die Könige und die Republiken haben zahllose Expeditionen in ferne Länder unterstützt und wissenschaftliche Forschungsarbeiten jeder Art finanziert. Noch nie jedoch hat man einer Kommission von Kryptographen, Historikern und Linguisten, von Physikern, Chemikern, Mathematikern und Biologen die Aufgabe gestellt, sich eine vollständige alchimistische Bibliothek vorzunehmen und zu überprüfen, was diese alten Traktate an Wahrem und Nützlichem enthalten. Daß das Auftreten derartiger geistiger Sperren möglich sein kann, daß eine hochzivilisierte und anscheinend absolut vorurteilslose menschliche Gesellschaft wie die unsere vergessen kann, daß in ihren Magazinen hunderttausend Bücher und Manuskripte lagern, die mit der Aufschrift «Kostbarkeit» versehen sind, müßte auch den größten

Skeptiker davon überzeugen, daß wir in einer phantastischen Welt leben.

Die wenigen dennoch erfolgten Untersuchungen dieser Schätze wurden entweder von Mystikern unternommen, die in den Texten eine Bestätigung ihrer geistigen Haltung suchten, oder von Historikern, die keinerlei Kontakt mit den Gebieten der Naturwissenschaft und Technik hatten.

Die Alchimisten sprechen von der Notwendigkeit, das Wasser, das ihnen zur Bereitung des «Elixiers» dienen soll, Tausende und aber Tausende von Malen zu destillieren. Wir haben einen Historiker behaupten hören, ein solches Verfahren sei völliger Wahnsinn. Er ahnte nichts von der Existenz des schweren Wassers und den Methoden, die man anwendet, um normales Wasser zu schwerem Wasser anzureichern. Wir haben einen Gelehrten versichern hören, daß die unendlich oft wiederholte Läuterung und Reinigung eines Metalls oder Metalloids dessen Eigenschaften in keiner Weise verändere und daß man deshalb in den Vorschriften der Alchimisten einen mystischen Lehrgang der Geduld sehen müsse, eine rituelle Geste, die dem Durch-die-Finger-Gleitenlassen des Rosenkranzes vergleichbar sei. Aber es ist eine Tatsache, daß man durch eine solche Läuterung — und zwar vermittels einer Technik, wie die Alchimisten sie beschreiben und die man heute als «Zonenverschmelzung» bezeichnet — das reine Germanium und Silizium der Transistoren gewinnt. Dank dieser Arbeiten über die Transistoren wissen wir heute folgendes: wenn man ein Metall einem sehr gründlichen Läuterungsprozeß unterzieht und ihm dann ein paar Millionstel Gramm sorgfältig ausgewählter unreiner Stoffe beimengt, verleiht man damit dem behandelten Körper neue und geradezu revolutionäre Eigenschaften. Wir wollen nicht noch mehr Beispiele anführen. Es war nur unsere Absicht, verständlich zu machen, wie wünschenswert ein methodisches Studium der alchimistischen Literatur ist. Es wäre ein riesiges Unternehmen, das Dutzende von Arbeitsjahren und Dutzende von Spezialisten der verschiedensten Gebiete erfordern würde. Weder Bergier noch ich haben mehr tun können, als diese Arbeit in großen Zügen zu umreißen.

Schon bei einem flüchtigen Studium der alchimistischen Texte konnten wir feststellen, daß diese gewöhnlich im Verhältnis zu der Epoche, in der sie geschrieben wurden, recht modern erscheinen, während andere okkultistische Arbeiten meist hinter den Erkenntnissen ihrer Epoche herhinken. Andererseits ist die Alchimie die einzige para-religiöse Praktik, durch die unsere Kenntnis der Realität eine ernsthafte Bereicherung erfuhr:

Albertus Magnus (1193–1280) wird die Herstellung von Kaliumkarbonat (Pottasche) zugeschrieben. Er war der erste, der die chemische Zusammensetzung von Zinnober, Bleiweiß und Mennige beschrieb.

Raimundus Lullus (1235–1315) stellte Kaliumbikarbonat her.

Theophrastus Paracelsus (1493–1541) beschrieb zuerst das bis dahin unbekannte Zink. Er war es auch, der den Gebrauch chemischer Verbindungen in die Medizin einführte.

Giambattista della Porta (1541–1615) stellte das Zinnoxyd her.

Johann Baptist van Helmont (1577–1644) entdeckte die Existenz der Gase.

Basilius Valentinus (dessen eigentlicher Name unbekannt geblieben ist) stellte im 15. Jahrhundert den Schwefeläther und die Salzsäure dar.

Johann Rudolf Glauber (1604–1668) fand das Natriumsulfat, das den Namen «Glaubersalz» erhielt.

Brandt (ein im Jahre 1692 verstorbener Hamburger Bürger) soll den Phosphor entdeckt haben.

Johann Friedrich Böttger (1682–1719) war der erste Europäer, der Porzellan herstellte.

Blaise Vigenère (1523–1596) ermittelte die Benzoësäure.

Das sind einige Ergebnisse alchimistischer Forschungen, die die Menschheit parallel zu den Ergebnissen der Chemie bereicherten [15].

Im gleichen Maße wie die anderen Wissenschaften fortschreiten, scheint die Alchimie dieser Bewegung zu folgen und ihr sogar gelegentlich vorauszueilen. Le Breton spricht 1722 in seinen *Clefs de la Philosophie Spagyrique* sehr sachkundig über die Probleme des Magnetismus und nimmt dabei häufig moderne Entdeckungen vorweg. 1728, also zu einem Zeitpunkt, da sich die Erkenntnisse über die Gravitation eben zu verbreiten beginnen, spricht Pater Castel von dieser und ihrer Beziehung zum Licht in Ausdrücken, zu denen zweihundert Jahre später die Gedanken Einsteins ein eigenartiges Echo bilden:

«Ich habe gesagt, daß man, höbe man die Schwere der Welt auf, auch gleichzeitig das Licht aufheben würde. Das Licht, der Schall und alle anderen sinnlich wahrnehmbaren Erscheinungen sind im übrigen eine Folge und eine Art Ergebnis der Mechanik und somit auch der Schwere der natürlichen Körper, die, je nach ihrer Schwere und ihrer Spannkraft, mehr oder weniger hell oder tönend sind.»

In den alchimistischen Abhandlungen unseres Jahrhunderts ist häufig — und zwar wesentlich früher als in den Arbeiten der Universitätsprofessoren — von Entdeckungen der Kernphysik die Rede, und vermutlich werden die alchimistischen Traktate von morgen die allerabstraktesten physikalischen und mathematischen Theorien behandeln.

Es besteht eine klare Scheidung zwischen der Alchimie und den falschen Wissenschaften, wie der Radiästhesie, die in ihren Veröffentlichungen erst dann die Begriffe der Wellen oder der Strahlen einführte, nachdem die offizielle Wissenschaft diese entdeckt hatte. Alles scheint uns darauf hinzuweisen, daß die Alchimie möglicherweise einen wesentlichen Beitrag zu den auf der Struktur der Materie beruhenden Erkenntnissen und Techniken der Zukunft zu leisten vermag.

Daneben haben wir in der alchimistischen Literatur auch eine beträchtliche Anzahl von Texten gefunden, die den Eindruck machen, als seien sie von Wahnsinnigen geschrieben. Man hat zuweilen versucht, diesen «Wahnsinn» psychoanalytisch zu erklären (Jung: *Psychologie und Alchimie*, Herbert Silberer: *Probleme der Mystik und ihrer Symbolik*). Da die Alchimie auch eine metaphysische Doktrin enthält und eine mystische Haltung voraussetzt, haben Historiker, Neugierige und vor allem Okkultisten sich hartnäckig darauf versteift, diese wahnsinnig anmutenden Texte im Sinne einer übernatürlichen Offenbarung, einer vom Jenseits inspirierten Wahrsagung zu deuten. Bei näherer Betrachtung erschien es uns als das Richtigste, die «wahnsinnigen» Texte von den technischen Schriften und den Arbeiten der Weisen absondern und in ihnen nichts anderes zu erblicken als eben von Wahnsinnigen geschriebene Texte. Wir sind auch der Ansicht, daß sich für diesen Wahnsinn des mit Experimenten beschäftigten

Adepten eine sehr einfache und ausreichende Erklärung finden läßt. Die Alchimisten verwendeten bei ihren Versuchen sehr häufig Quecksilber. Quecksilberdämpfe aber sind giftig, und eine chronische Vergiftung dieser Art führt zum Wahnsinn. Theoretisch mußten die benutzten Behälter hermetisch verschlossen sein; doch da nicht allen Adepten die Geheimnisse dieser Verschlüsse bekannt waren, mag aus diesem Grunde mehr als ein «chemischer Philosoph» erkrankt und vom Wahnsinn erfaßt worden sein.

Schließlich aber fiel uns auf, wie häufig die alchimistische Literatur sich der Geheimschriften bediente. Der eben erwähnte Blaise Vigenère erfand die vollendetsten Systeme und wahrhaft geniale Chiffriermethoden. Seine Erfindungen auf diesem Gebiet werden noch heute benutzt. Nun ist es durchaus wahrscheinlich, daß Blaise Vigenère mit dieser Wissenschaft in engere Berührung kam, als er versuchte, gewisse alchimistische Texte zu interpretieren. Man müßte also das von uns vorgeschlagene Forscherteam noch durch einige Dechiffrier-Spezialisten erweitern. René Alleau [16] schreibt:

«Um ein möglichst einleuchtendes Beispiel zu geben, wollen wir den Fall des Schachspiels wählen. Seine relativ einfachen Regeln und Grundzüge sind bekannt, und ebenso die unbegrenzten Möglichkeiten der Kombinationen. Setzen wir nun voraus, daß die Gesamtheit der akroamatischen alchimistischen Arbeiten sich uns als ebenso viele in einer konventionellen Sprache aufgezeichnete Partien eines Spiels darbieten, so müssen wir zunächst einmal ehrlich zugeben, daß wir weder die Spielregeln noch die benutzte Chiffre kennen. Andernfalls müßten wir behaupten, der in einer Geheimsprache abgefaßte Hinweis bestünde aus Zeichen, die für jeden beliebigen Menschen unmittelbar verständlich seien; genau dies nämlich ist der trügerische Eindruck, den ein gut ausgearbeitetes Kryptogramm zunächst erweckt. Die Vorsicht rät uns also, uns nicht von dem scheinbar klaren Sinn verführen zu lassen und diese Texte zu studieren, als handele es sich um eine uns unbekannte Sprache. Offenbar wenden diese Botschaften sich nur an andere Spieler, an andere Alchimisten, von denen wir annehmen müssen, daß sie — nicht durch schriftliche Überlieferung, sondern auf irgendeinem anderen Wege — den zum genauen Verständnis dieser Sprache notwendigen Schlüssel erhalten haben.»

Man kann beliebig weit in die Vergangenheit zurückgehen, immer und überall trifft man auf alchimistische Manuskripte. Im 15. Jahrhundert bereits folgerte Nicolas de Valois aus dieser Tatsache, daß die Transmutationen sowie die Geheimnisse und Techniken der Befreiung der Energie dem Menschen schon vor der Erfindung der Schrift bekannt waren. Die Architektur ist älter als die Schrift, und vielleicht ist in ihr sogar eine Art von Schrift enthalten. Wir bemerken auch, daß die Alchimie sehr enge Beziehungen zur Architektur aufweist. Einer der bedeutendsten Texte der Alchimie, dessen Verfasser der Sieur Esprit Gobineau de Montluisant war, nennt sich *Explications très curieuses des énigmes et figures hiéroglyphiques qui sont au grand portail de Notre-Dame de Paris* (Höchst interessante Erklärungen der Rätsel und hieroglyphischen Figuren am großen Portal von Notre-Dame in Paris). Die Arbeiten Fulcanellis sind dem *Mysterium der Kathedralen* und eingehenden Beschreibungen der *Philosophischen Behausungen* gewidmet. Gewisse Bauten des Mittelalters legen Zeugnis von der seit undenklichen Zeiten geübten Gepflogenheit ab, durch die Architektur eine Botschaft der Alchimie zu übermitteln, die aus unendlich weit zurückliegenden Stadien der Menschheitsgeschichte stammt.

Newton glaubte an die Existenz einer Kette von Eingeweihten, die sich durch die Jahrhunderte bis in eine sehr ferne Vergangenheit erstreckt. Die Mitglieder dieser Reihe kannten seiner Ansicht nach die Geheimnisse der Transmutationen und der Auflösung der Materie. Der englische Atomforscher Da Costa Andrade hat sich nicht gescheut, in einer Rede, die er im Juli 1946 anläßlich der Dreihundertjahrfeier für Newton vor seinen Kollegen in Cambridge hielt, anzudeuten, daß der Entdecker des Gravitationsgesetzes möglicherweise ein Glied dieser Kette war und der Welt nur einen kleinen Teil seines Wissens enthüllt hat [*]:

«Ich kann nicht hoffen, die Skeptiker davon zu überzeugen, daß Newton über prophetische Kräfte oder eine besondere Art

[*] *Newton Tercentenary Celebrations.* Veröffentlichungen der Universität Cambridge 1947.

der Schau verfügte, die ihm Einblick in das Wesen der Atomenergie gewährten; ich möchte nur betonen, daß die Sätze, die ich Ihnen jetzt zitieren werde und in denen Newton von der alchimistischen Transmutation spricht, weit umfassendere Dinge betreffen als die Erschütterung des Welthandels, die auf die Erfindung des synthetischen Golds folgen würde. Newton schreibt: ‹Die Art, in der das Quecksilber so gesättigt werden kann, ist von den Wissenden geheimgehalten worden und stellt vermutlich eine Tür dar, die zu einer viel edleren Erkenntnis führt (als es die Fabrikation von Gold ist). Diese Erkenntnis aber kann, wenn die Schriften des Hermes Trismegistos die Wahrheit sagen, nicht verbreitet werden, ohne daß die Welt in eine ungeheure Gefahr gerät.›

Und an einer anderen Stelle sagt Newton:

‹Es gibt außer der Transmutation der Metalle noch ganz andere geheime Künste, sofern die Worte der alten Meister nicht leere Prahlerei sind. Sie allein kennen diese Geheimnisse.›

Wer über den tiefen Sinn dieser Sätze nachdenkt, möge sich erinnern, daß Newton mit dem gleichen Nachdruck und der gleichen prophetischen Zurückhaltung über seine eigenen Entdeckungen auf dem Gebiet der Optik spricht.»

Aus welcher Zeit aber stammten diese großen Meister, die Newton erwähnt, und aus welcher Zeit wiederum haben sie ihr Wissen geschöpft?

«Wenn ich so hoch gestiegen bin», sagt Newton, «dann nur deshalb, weil ich auf den Schultern von Riesen stand.»

Atterbury, ein Zeitgenosse Newtons, schrieb:

«Die Bescheidenheit lehrt uns, mit Achtung von den Alten zu sprechen, vor allem, wenn wir ihre Arbeiten nicht genau kennen. Newton, der sie fast auswendig wußte, hatte den größten Respekt vor ihnen und sah in ihnen geniale Menschen mit einem überragenden Wissen, die mit ihren Entdeckungen auf allen Gebieten viel weiter vorgedrungen waren, als wir heute aus den wenigen von ihnen überlieferten Schriften entnehmen können. Es sind mehr Werke der Antike verloren als erhalten, und vielleicht können auch unsere neuen Entdeckungen diese Verluste nicht wettmachen.»

Für Fulcanelli ist die Alchimie das Verbindungsglied mit Kulturen, die seit Jahrtausenden untergegangen und den Archäologen unbekannt sind. Selbstverständlich wird kein Archäologe und kein Historiker, der als seriöser Wissenschaftler gelten will, zugeben, daß es in der Vergangenheit Kulturen gegeben hat, deren wissenschaftliche und technische Kenntnisse den unseren überlegen waren. Je höher jedoch Wissenschaft und Technik stehen, um so einfacher sind die benötigten Apparaturen. Vielleicht liegen die Beweise offen vor unseren Augen, und wir sind nur nicht fähig, sie als solche zu erkennen. Kein ernsthafter Archäologe und kein Historiker, der eine wissenschaftliche Ausbildung nach modernen Prinzipien genossen hat, wird zu Forschungen imstande sein, die diese Probleme ein wenig erhellen können. Die strenge Trennung der Disziplinen, die sich notwendig aus unserem «fabelhaften» Fortschritt ergab, hindert uns vielleicht daran, in der Vergangenheit andere, ebenso «fabelhafte» Erscheinungen zu bemerken.

Man weiß, daß ein deutscher Ingenieur, der mit dem Bau einer Kanalisationsanlage in Bagdad beauftragt war, im dortigen Museum zwischen allerhand altem Gerümpel und unter der nichtssagenden Bezeichnung «Kultgegenstände» regelrechte elektrische Batterien entdeckte, die tausend Jahre vor Volta, zur Regierungszeit der Sassaniden, hergestellt worden waren.

Solange die Archäologie nur von den Archäologen betrieben wird, werden wir nicht erfahren, ob die «Nacht der Zeiten» dunkel oder hell war.

«Johann Friedrich Schweitzer, genannt Helvetius, einer der heftigsten Gegner der Alchimie, berichtet, daß am Vormittag des 27. Dezember 1666 ein Fremder zu ihm kam *, ein Mann von offener, ernster Haltung und gebieterischem Wesen, einfach und wie ein Mennonit gekleidet. Nachdem er Helvetius gefragt habe, ob er an den Stein der Weisen glaube (auf welche Frage der berühmte Gelehrte mit Nein antwortete), habe der Fremde eine kleine Elfenbeindose geöffnet, ‹in der drei Stücke eines Stoffes enthalten waren, der Glas oder hellem Schwefel ähnlich sah›. Ihr Besitzer habe erklärt, dies sei *der* Stein, und mit einer solch

* Wir entnehmen diesen Bericht dem bereits zitierten Werk von Kurt Seligmann.

kleinen Menge sei er imstande, zwanzig Tonnen Gold zu machen. Helvetius nahm eins der Stücke in die Hand, und nachdem er dem Besucher für seine Liebenswürdigkeit gedankt hatte, bat er den Alchimisten, ihm ein kleines Stück davon zu geben. Dieser wies seine Bitte schroff zurück, fügte jedoch in freundlicherem Tone hinzu, daß er sich auch für das ganze Vermögen des Helvetius nicht von dem kleinsten Teilchen dieses Minerals trennen könne.

Auf die Bitte, seine Behauptung zu beweisen und eine solche Umwandlung vorzunehmen, erwiderte der Fremde, er wolle in drei Wochen wiederkommen und Helvetius dann etwas zeigen, was ihn in Erstaunen setzen werde. Pünktlich zu der angegebenen Zeit kam er auch wieder, lehnte es aber ab, ein Experiment zu machen, da es ihm nicht erlaubt sei, das Geheimnis zu enthüllen. Er ließ sich jedoch herbei, Helvetius ein kleines Stück des Steines zu geben, ‹das nicht größer war als ein Rapssamenkorn›. Und als der Doktor bezweifelte, daß eine solch winzig kleine Menge wirksam sein könne, zerbrach der Alchimist das Körnchen in zwei Teile, warf eine Hälfte davon weg und sagte, indem er ihm die andere Hälfte hinreichte: ‹Selbst jetzt genügt es noch für Sie.›

Der ehrliche Gelehrte gab nun zu, daß es ihm beim ersten Besuch des Fremden gelungen sei, ein paar kleine Stückchen von dem Stein abzusplittern, daß diese aber das Blei nicht in Gold, sondern in Glas umgewandelt hätten. ‹Sie hätten Ihre Beute mit gelbem Wachs schützen sollen›, erwiderte der Alchimist lächelnd, ‹dann hätte der Stein in das Blei eindringen und dieses in Gold verwandeln können.› Er versprach, am nächsten Morgen um neun Uhr wiederzukommen und das Wunder vorzuführen, aber er kam weder an jenem noch am folgenden Tage zurück. Dann überredete die Frau des Helvetius diesen, die Umwandlung selbst vorzunehmen.

Helvetius ging auf die von dem Fremden angegebene Weise vor. Er schmolz drei Drachmen Blei, umgab den Stein mit Wachs und ließ ihn in das flüssige Metall fallen. Es verwandelte sich in Gold!

‹Wir brachten es sofort zum Goldschmied, der ohne Bedenken erklärte, es sei das feinste Gold, das er je gesehen habe, und der sich erbot, fünfzig Gulden für eine Unze zu zahlen.›

Am Schlusse seines Berichts erzählt uns Helvetius, daß dieses Gold als Beweis für die Wahrheit der Umwandlung noch in seinem Besitze sei. ‹Mögen die heiligen Engel Gottes ihn (den unbekannten Alchimisten) beschützen, als eine Quelle des Segens für die Christenheit! Dies ist ein ernstes Gebet für ihn und für uns.›

Die Nachricht verbreitete sich wie ein Lauffeuer. Spinoza, den wir nicht zu den Leichtgläubigen rechnen können, wollte die Angelegenheit untersuchen. Er besuchte den Goldschmied, der das Gold geprüft hatte. Der Bericht war mehr als günstig: während des Verschmelzungsprozesses war auch das hinzugefügte Silber in Gold verwandelt worden. Brechtel, der Goldschmied, war der Münzmeister des Herzogs von Oranien und verstand sich auf sein Handwerk. Es ist nicht leicht vorstellbar, daß er das Opfer einer Täuschung geworden war oder daß er Spinoza hat täuschen wollen, zumal viele vertrauenswürdige Personen anwesend waren, als Brechtel die Goldprobe durchführte. Spinoza ging dann zu Helvetius, der ihm das Gold und den Tiegel zeigte, der bei der Operation benutzt worden war. Innen am Tiegel haftete noch etwas Gold; Spinoza war wie alle anderen von der Echtheit dieser berühmten Umwandlung überzeugt.»

Die Transmutation ist für den Alchimisten eine Erscheinung zweiten Ranges, und er führt sie nur zu Beweiszwecken durch. Es hält schwer, sich eine Meinung über die Echtheit dieser Verwandlungen zu bilden, obgleich verschiedene Erfahrungen wie die des Helvetius oder auch die van Helmonts überzeugend erscheinen. Man kann einwenden, die Künste eines Taschenspielers seien ohne Grenzen — aber ist es denkbar, daß viertausend Jahre währende Forschungen und hunderttausend Bände oder Manuskripte einem Betrug gewidmet waren? Wir möchten, wie man gleich sehen wird, einen anderen Vorschlag machen. Wir machen ihn mit der nötigen Scheu, denn das Gewicht der gültigen wissenschaftlichen Meinung ist erdrückend. Wir wollen versuchen, die Arbeit des Alchimisten zu beschreiben, die auf die Herstellung des «Steins der Weisen» oder des «philosophischen Pulvers» abzielt, und wir werden sehen, daß die Deutung gewisser Operationen im Gegensatz zu unserem gegenwärtigen Wissen über die Struktur der Materie steht. Aber es ist andererseits auch nicht bewiesen, daß unsere

Kenntnis der Nuklearerscheinungen vollständig und endgültig ist. So kann insbesondere die Katalyse bei diesen Erscheinungen eine für uns noch unbekannte Rolle spielen. *

Es ist nicht unmöglich, daß gewisse natürliche Mischungen unter der Einwirkung der kosmischen Strahlungen kernkatalytische Reaktionen in großem Maßstab entwickeln und so zu einer massiven Umwandlung der Bestandteile führen. Man könnte darin einen der Schlüssel zur Alchimie und den Grund dafür erblicken, warum der Alchimist seine Manipulationen unendlich oft wiederholt: er wartet den Augenblick ab, in dem alle erforderlichen — und eben auch die kosmischen — Bedingungen erfüllt sind.

Es erhebt sich ein Einwand: Wenn Transmutationen dieser Art möglich sind, was geschieht dann mit der freigewordenen Energie? Viele Alchimisten hätten bei dieser Gelegenheit die ganze Stadt, in der sie wohnten, und dazu einige zehntausend Quadratkilometer ihres Vaterlands in die Luft sprengen müssen.

Die Alchimisten antworten: Eben weil solche Katastrophen sich in einer fernen Vergangenheit ereignet haben, fürchten wir uns vor der entsetzlichen Kraft, die in der Materie enthalten ist, und hüten das Geheimnis unserer Wissenschaft. Abgesehen davon wird das «Große Werk» nur in langsam fortschreitenden Phasen erreicht, und derjenige, der nach jahrzehntelanger Arbeit und Askese gelernt hat, die Kräfte der Kernenergie zu entfesseln, hat auch gelernt, welche Vorsichtsmaßnahmen er treffen muß, um die Gefahr abzuwenden.

Ein stichhaltiges Argument? Vielleicht. Die Physiker von heute geben zu, daß unter bestimmten Bedingungen die bei einer Kernumwandlung freiwerdende Energie von besonderen Elementarteilchen, die sie als Neutrinos oder Antineutronen bezeichnen, absorbiert werden kann. Einige Beweise für die Existenz des Neutrinos scheinen bereits erbracht. Möglicherweise gibt es Arten der Kernumwandlung, bei denen nur wenig Energie frei wird oder bei denen die freigewordene Energie in Form von Neutrinos aufgefangen wird. Wir werden auf diese Frage noch zurückkommen.

Eugène Canseliet, ein Schüler Fulcanellis und einer der besten heutigen Spezialisten auf dem Gebiet der Alchimie, wurde eines

---

* In verschiedenen Ländern sind zur Zeit Untersuchungen über die Verwendung von (durch starke Beschleuniger erzeugten) Elementarteilchen bei der Katalyse der Wasserstoff-Fusion im Gange.

Tages auf einen Absatz in einem Essay aufmerksam, den Jacques Bergier als Vorwort zu einer der Klassikerausgaben der *Bibliothèque Mondiale* verfaßt hatte. Es handelte sich um eine Anthologie der Dichtung des 16. Jahrhunderts. In diesem Vorwort spielte Bergier auf die Alchimisten und ihren Willen zur Geheimhaltung an. Er schrieb:

«Was diesen besonderen Punkt betrifft, so fällt es schwer, ihnen nicht recht zu geben. Wenn ein Verfahren existiert, Wasserstoffbomben auf einem Küchenherd herzustellen, dann ist es bestimmt richtiger, dieses Verfahren nicht bekanntzugeben.»

Eugène Canseliet antwortete uns damals:

«Vor allem sollte man eine solche Möglichkeit nicht für ein bloßes Hirngespinst halten. Sie haben ganz richtig gesehen, und ich bin in der Lage, Ihnen zu versichern, daß es möglich ist, mit Hilfe eines ziemlich gewöhnlichen und billigen Minerals eine Atomspaltung zu bewerkstelligen. Zur Ausführung braucht man nichts als einen guten Kamin, einen mit Kohlen beheizten Schmelzofen, ein paar Mekerbrenner und vier Flaschen Butangas.»

Es ist also nicht ausgeschlossen, daß man selbst auf dem Gebiet der Kernphysik mit einfachen Mitteln wesentliche Resultate erzielt. Und dies ist unserer Meinung nach der zukünftige Weg der gesamten Wissenschaft und der gesamten Technik.

«Wir können mehr, als wir wissen», sagte Roger Bacon. Aber er fügte einen Satz hinzu, der als alchimistisches Sprichwort gelten könnte: «Wenn auch nicht alles erlaubt ist, so ist doch alles möglich.»

Man kann nicht oft genug darauf hinweisen, daß für den Alchimisten die Macht über die Materie und die Energie nur eine nebensächliche Errungenschaft bedeutet. Das eigentliche Ziel der alchimistischen Operationen, die vielleicht der Restbestand einer sehr alten, einer verschollenen Kultur angehörenden Wissenschaft sind, ist die Umwandlung des Alchimisten selbst, sein Übergang in einen Zustand höheren Bewußtseins. Die materiellen Ergebnisse sind nur Meilensteine auf dem Weg zum Endergebnis, das spiritueller

Natur ist. Alles zielt auf die Transmutation des Menschen selbst ab, auf seine Vergöttlichung, seine Einschmelzung in die stetige göttliche Energie, von der alle Energien der Materie ausstrahlen. Die Alchimie ist jene Wissenschaft «mit Gewissen», von der Rabelais spricht. Sie ist eine Wissenschaft, die weniger materialisiert als «hominisiert», um sich eines Ausdrucks von Teilhard de Chardin zu bedienen. Dieser sagte: «Die wahre Physik ist diejenige, die es fertigbringt, den ganzen Menschen in ein zusammenhängendes Weltbild einzubeziehen.»

«Wisset», so schrieb ein Meister der Alchimie [17], «wisset, alle ihr Forscher in dieser Kunst, daß der Geist alles und daß jede Mühe vergeblich ist, wenn in diesem Geist nicht ein höherer, ihm ähnlicher Geist eingeschlossen ist.»

3 *Ein Kapitel, in dem man sieht, wie ein kleiner Jude lieber Honig als Zucker haben will — In dem ein Alchimist, der möglicherweise der geheimnisvolle Fulcanelli ist, im Jahre 1937 von der Atomgefahr spricht, den Atommeiler beschreibt und die untergegangenen Kulturen heraufbeschwört — In dem Bergier mit einem Schweißbrenner einen Geldschrank öffnet und mit einer Flasche voll Uranium unter dem Arm spazierengeht — In dem ein ungenannter amerikanischer Major nach dem endgültig verschwundenen Fulcanelli forscht — In dem Oppenheimer mit einem vor tausend Jahren verstorbenen chinesischen Weisen ein Duett singt*

Es war im Jahre 1933. Der kleine jüdische Student hatte eine spitze Nase und runde Brillengläser, hinter denen lebhafte, kühle Augen blitzten. Das Haar auf seinem runden Schädel, das an einen Kückenflaum erinnerte, lichtete sich bereits ein wenig. Ein fürchterlicher Akzent, der durch seine zögernde Redeweise noch mehr hervorgehoben wurde, verlieh seiner Sprache die Komik und Unverständlichkeit eines Entengeschnatters. Wenn man ihn ein wenig näher kannte, gewann man den Eindruck, daß eine heißhungrige, gespannte, sensible, blitzschnelle Intelligenz in diesem kleinen, ungraziösen und fast kindlich unbeholfenen Menschen zuckte, daß sie mutwillig in ihm auf und nieder tanzte wie ein großer roter Luftballon, den ein Kind an einer Schnur hält.

«Sie wollen also Alchimist werden?» fragte der ehrwürdige Professor den Studenten Jacques Bergier, der mit gesenktem Kopf auf dem Rand seines Sessels hockte, auf den Knien eine mit Büchern und Papieren vollgestopfte Mappe. Der ehrwürdige Professor war einer der bedeutendsten Chemiker Frankreichs.

«Ich verstehe Sie nicht, Herr Professor,» sagte der Student verblüfft.

Er besaß ein erstaunliches Gedächtnis und erinnerte sich jetzt, im Alter von sechs Jahren einen deutschen Stich gesehen zu haben, der zwei Alchimisten inmitten eines Wirrwarrs von Retorten, Zangen, Schmelztiegeln und Blasebälgen bei der Arbeit darstellte. Der eine, der in Lumpen gehüllt war, überwachte mit offenem

Mund das Feuer, während der andere, ein Greis mit zottigem Bart und Haar, im Hintergrund dieser Rumpelkammer herumzutaumeln schien und sich den Kopf kratzte.

Der Professor blätterte in einer Akte.

«Während Ihrer letzten zwei Studienjahre haben Sie sich vor allem für die öffentlichen Vorlesungen von M. Jean Thibaud über Kernphysik interessiert. Der Besuch dieser Vorlesungen berechtigt zu keinem Diplom oder Zertifikat. Sie haben den Wunsch geäußert, diesen Weg weiter zu verfolgen. Bei einem Physiker wäre mir solches Interesse allenfalls noch verständlich. Aber Sie studieren Chemie. Hoffen Sie etwa, die Goldmacherkunst zu erlernen?»

«Herr Professor», begann der jüdische Student und hob seine kleinen dicken und ungepflegten Hände, «ich glaube an die Zukunft der Kernchemie. Ich glaube, daß schon bald die künstliche Transmutation der Elemente in großem Maßstab möglich sein wird.»

«Das ist doch Wahnsinn!»

«Aber Herr Professor . . .»

Zuweilen stockte er am Anfang eines Satzes und begann dann wie eine gesprungene Grammophonplatte noch einmal von vorn. Das geschah nicht aus Zerstreutheit, sondern weil sein Geist dann einen uneingestandenen Seitensprung ins Gebiet der Poesie machte. Er kannte Tausende von Versen, darunter alle Gedichte Kiplings, auswendig:

‹Sie ahmten alles nach, was sie erfassen konnten,
Und doch, sie holten meinen Geist nicht ein.
So ließ ich sie denn keuchend, außer Atem
Anderthalb Jahre hinter mir zurück . . .›

«Aber Herr Professor, selbst wenn Sie nicht an Transmutationen glauben, müßten Sie doch an die Kernenergie glauben. Die ungeheuren Kraftquellen des Atomkerns . . .»

«Ach was», unterbrach ihn der Professor. «Das ist geradezu kindlich naiv. Das, was die Physiker als Kernenergie bezeichnen, ist eine Integrationskonstante in ihren Gleichungen. Eine philosophische Idee, weiter nichts. Das Bewußtsein ist der treibende Motor des Menschen. Aber eine Lokomotive wird doch wohl nicht durch das Bewußtsein angetrieben, was? Und gar von einer Maschine zu träumen, die durch Atomenergie angetrieben wird . . . Nein, mein lieber Junge!»

Der «liebe Junge» schluckte.

«Steigen Sie wieder auf die Erde herab und denken Sie an Ihre Zukunft. Ich habe den Eindruck, daß Sie Ihre Kindheit noch nicht ganz abgestreift haben. Sie lassen sich im Augenblick durch einen der ältesten Träume der Menschheit verführen: durch den Traum der Alchimie. Lesen Sie Berthelot. Er hat dieses Hirngespinst der Transmutation der Materie sehr gut beschrieben. Ihre Zeugnisse sind nicht gerade überragend. Ich gebe Ihnen einen guten Rat: Suchen Sie sich so schnell wie möglich eine Stellung in der Industrie. Drei Monate in einer Zuckerfabrik werden Ihnen den Kontakt mit der Wirklichkeit wiedergeben. Und den haben Sie dringend nötig. Ich spreche zu Ihnen wie ein Vater.»

Der unwürdige Sohn bedankte sich stotternd und verließ mit hoch erhobenem Kopf das Zimmer. Am Ende seines kurzen Armes pendelte die dicke Mappe. Er war ein Dickkopf: er sagte sich, daß diese Unterredung wohl recht nützlich gewesen sein mochte, daß aber Honig noch besser sei als Zucker. Er würde seine Studien über die Probleme des Atomkerns fortsetzen. Und er würde sich Material über die Alchimie verschaffen.

So kam es, daß mein Freund Jacques Bergier sich entschloß, ein Studium, das sein Professor für sinnlos hielt, weiterzubetreiben und sich zusätzlich noch einem Gebiet zu widmen, das dieser als hellen Wahnsinn bezeichnete. Die Notwendigkeit, sich seinen Lebensunterhalt zu verdienen, der Krieg und die Konzentrationslager entfernten ihn ein wenig von der Atomwissenschaft. Immerhin lieferte er einige Beiträge, die von den Spezialisten anerkannt und geschätzt wurden. Mehr als einmal im Verlauf seiner Forschungen stellte er fest, daß die Träume der Alchimisten und die Realitäten der Physik und Mathematik einander überschnitten. Aber es hatten sich seit 1933 auch große Veränderungen auf dem Gebiet der Wissenschaften vollzogen, und meinen Freund plagte immer weniger das Gefühl, gegen den Strom zu schwimmen.

Von 1934 bis 1940 war Jacques Bergier der Mitarbeiter André Helbronners, eines der bemerkenswertesten Männer unserer Zeit. Helbronner, der im März 1944 im Konzentrationslager Buchenwald ermordet wurde, war in Frankreich der erste ordentliche Professor für Physikochemie. Diese Grenzwissenschaft zwischen zwei

Disziplinen hat späterhin zahlreiche andere Wissenschaften ins Leben gerufen: die Elektronik, die Nukleonik, die Stereotronik*. Für seine Entdeckungen auf dem Gebiet der kolloiden Metalle sollte Helbronner die Goldene Medaille des Franklin-Institutes erhalten. Daneben interessierte er sich für die Verflüssigung der Gase, für die Probleme der Raumfahrt und die ultravioletten Strahlen.

Im Jahre 1934 begann er sich der Kernphysik zu widmen und hatte mit Unterstützung industrieller Kreise ein Versuchslaboratorium eingerichtet, in dem bis 1940 hochinteressante Ergebnisse erzielt wurden. Helbronner war außerdem noch Gerichtssachverständiger für alle Fälle, die mit der Umwandlung der Elemente zusammenhingen. Auf diese Weise erhielt Jacques Bergier Gelegenheit, eine Anzahl von falschen Alchimisten, Betrüger und sogenannte «Erleuchtete», kennenzulernen, dazu aber auch einen wirklichen Alchimisten, einen echten Meister.

Mein Freund erfuhr nie dessen eigentlichen Namen; aber selbst wenn er ihm bekannt gewesen wäre, so hätte er sich wahrscheinlich gehütet, Näheres darüber verlauten zu lassen. Der Mann, von dem wir nun sprechen wollen, ist schon seit langer Zeit verschwunden, ohne sichtbare Spuren zu hinterlassen. Er hat freiwillig alle Brücken zwischen sich und diesem Jahrhundert abgebrochen und sich in geheime Bereiche zurückgezogen. Bergier vermutet lediglich, daß es sich hier um jenen Mann handelte, der in den zwanziger Jahren unter dem schon mehrmals erwähnten Pseudonym Fulcanelli zwei sehr eigenartige und erstaunliche Bücher schrieb: *Les Demeures Philosophales* und *Le Mystère des Cathédrales*. Diese Bücher wurden unter der Obhut Eugène Canseliets herausgegeben, der das Geheimnis um die Person des Autors niemals lüftete [18]. Zweifellos gehören sie zu den bedeutendsten Werken über die Alchimie. Überlegenes Wissen und echte Weisheit drückt sich in ihnen aus, und wir kennen mehr als einen großen Mann, der den legendären Namen Fulcanelli mit Ehrfurcht nennt. Eugène Canseliet schreibt über ihn:

«Konnte er, als er auf dem Höhepunkt der Erkenntnis angelangt war, sich weigern, den Befehlen des Schicksals zu gehor-

---

* Die Stereotronik ist eine ganz neue Wissenschaft, die die Umwandlung der Energie in den festen Körpern untersucht. Einer der von ihr benutzten und entwickelten Apparate ist der Transistor.

chen? Der Prophet gilt nichts in seinem Vaterlande. In diesem alten Satz ist vielleicht der geheime Grund dafür enthalten, warum der Funke der Offenbarung in dem einsamen, arbeitsreichen Leben des Philosophen eine solche Umwälzung verursacht. Unter der Einwirkung dieser göttlichen Flamme wird der alte Mensch ganz und gar aufgezehrt. Name, Familie, Vaterland, alle Illusionen, alle Irrtümer, alle Eitelkeiten zerfallen zu Staub. Und aus dieser Asche wird, wie der Phönix der Dichter, eine neue Persönlichkeit geboren. So wenigstens will es die philosophische Tradition.

Mein Meister wußte das. Er verschwand, als die Schicksalsstunde schlug, als die Zeit erfüllt war. Wer würde auch wagen, sich dem Gesetz zu entziehen? Ich selbst, sollte mir eines Tages dieses glückliche Erlebnis zustoßen, das meinen Meister zwang, den Ehren dieser Welt zu entsagen, ich selbst würde trotz allem Kummer über eine schmerzliche, aber unvermeidliche Trennung nicht anders handeln.»

Eugène Canseliet schrieb diese Zeilen im Jahr 1925. Der Mann, der ihm die Herausgabe seiner Bücher anvertraut hatte, veränderte sein Aussehen und seine Umgebung. An einem Juninachmittag des Jahres 1937 glaubte Jacques Bergier überzeugende Gründe zu der Annahme zu haben, daß er Fulcanelli gegenüberstand.

Mein Freund war auf Veranlassung André Helbronners mit dem geheimnisvollen Mann zusammengetroffen, und der Ort ihrer Begegnung war denkbar prosaisch: ein Versuchslaboratorium der Pariser Gasgesellschaft. Dies ist das Gespräch, das sie miteinander führten:

«Monsieur André Helbronner, dessen Assistent Sie, soviel ich weiß, sind, beschäftigt sich mit der Erforschung der Atomenergie. Monsieur Helbronner war so liebenswürdig, mich über einige der von ihm erzielten Ergebnisse und Entdeckungen zu unterrichten, speziell über die Radioaktivität des Poloniums, die beobachtet wird, wenn ein Wismut-Draht unter hohem Druck vermittels einer elektrischen Entladung in Deuterium geschmolzen wird. Sie stehen kurz vor dem Gelingen — übrigens genau wie einige andere der heutigen Forscher. Darf ich mir erlauben, Sie zu warnen? Die Arbeiten, denen Sie sich widmen, sind ungeheuer gefährlich. Und zwar sind nicht Sie allein dieser Gefahr ausgesetzt. Die ganze

Menschheit ist bedroht. Die Befreiung der Kernenergie ist leichter zu erreichen, als Sie glauben. Und die künstlich erzeugte Radioaktivität kann in wenigen Jahren die Atmosphäre unseres Planeten vergiften. Außerdem lassen sich mit Zuhilfenahme von ein paar Gramm Metall Atom-Sprengkörper fabrizieren, die ganze Städte vernichten können. Ich sage Ihnen das klipp und klar: die Alchimisten wissen es seit langem.»

Bergier sprang auf und versuchte ihn zu unterbrechen. Die Alchimisten und die moderne Physik! Er wollte gerade eine sarkastische Bemerkung machen, als sein Gesprächspartner schon weiterredete:

«Ich weiß, was Sie sagen wollen, aber das ist uninteressant. Die Alchimisten wußten nichts über die Struktur des Atomkerns, sie kannten die Elektrizität nicht, sie hatten keine Detektoren. Infolgedessen konnten sie keine Transmutationen vollziehen, sie waren nicht imstande, die Kernenergie zu befreien. Ich will nicht erst versuchen, Ihnen zu beweisen, was ich Ihnen jetzt mitteilen werde, aber ich bitte Sie, es Monsieur Helbronner auszurichten: es bedarf lediglich einer bestimmten geometrischen Anordnung außerordentlich reiner Stoffe, um die Atomkräfte zu entfesseln, und dabei ist weder die Anwendung der Elektrizität noch die der Vakuumtechnik nötig. Ich möchte mich darauf beschränken, Ihnen ein paar Zeilen vorzulesen.»

Der Mann nahm von seinem Schreibtisch ein Buch, *The Interpretation of Radium* von Frederick Soddy, schlug es auf und las:

«‹Ich bin der Ansicht, daß in der Vergangenheit Kulturen existierten, welche die Energie des Atoms kannten und durch eine unheilvolle Anwendung dieser Energie total zerstört wurden.›»

Dann fuhr er fort:

«Sie werden zugeben müssen, daß ein kleiner Teil der alten Techniken die Zeiten überlebt hat. Und ich bitte Sie, einmal über die Tatsache nachzudenken, daß die Alchimisten mit ihren Forschungen moralische und religiöse Zwecke verbanden, während die moderne Physik im 18. Jahrhundert aus dem spielerischen Amüsement einiger vornehmer Herren und reicher Müßiggänger entstanden ist. Wissenschaft ohne Gewissen ... Ich hielt es für richtig, einige Forscher zu warnen, aber ich habe keine Hoffnung, daß diese Warnungen Früchte tragen werden. Im übrigen bin ich auf die Hoffnung nicht angewiesen.»

Bergier sollte zeitlebens den Ton dieser klaren, metallischen und würdigen Stimme im Ohr behalten.

Er erlaubte sich, eine Frage zu stellen:

«Wenn Sie, mein Herr, selber Alchimist sind, so kann ich nicht glauben, daß Sie, wie Dunikowski oder Dr. Miethe, Ihre Zeit damit verbringen, sich in der Goldfabrikation zu versuchen. Ich bemühe mich seit einem Jahr, mir verläßliche Unterlagen über die Alchimie zu verschaffen, aber immer habe ich es nur mit Scharlatanen zu tun oder mit Interpretationen, die mir phantastisch und unglaubwürdig erscheinen. Könnten Sie, mein Herr, mir wohl mitteilen, worin Ihre Forschungen bestehen?»

«Sie verlangen von mir, daß ich in vier Minuten viertausend Jahre der Philosophie und die Bemühungen meines ganzen Lebens zusammenfasse. Und Sie verlangen außerdem, daß ich Begriffe, für die es keine klare Sprache gibt, in eine Ihnen verständliche Sprache übersetze. Trotz alledem kann ich Ihnen folgendes sagen: es ist Ihnen bekannt, daß in der offiziellen fortschrittlichen Wissenschaft dem Beobachter eine immer wichtigere Rolle zufällt. Das Relativitätsprinzip und die Unbestimmtheitsrelation zeigen Ihnen, wie weit der Beobachter heute selber gewissermaßen ein Teil der beobachteten Phänomene ist. Dies aber ist das Geheimnis der Alchimie: es besteht eine Möglichkeit, mit der Materie und der Energie so zu verfahren, daß sich das bildet, was die heutigen Wissenschaftler als ein Kraftfeld bezeichnen würden. Dieses Kraftfeld wirkt auf den Beobachter ein und versetzt ihn dem Universum gegenüber in eine bevorzugte Lage. Von diesem privilegierten Punkt aus hat er Zugang zu Realitäten, die uns gewöhnlich durch Raum und Zeit, Materie und Energie verborgen sind. Die Erreichung dieses Zustands ist das, was wir das ‹Große Werk› nennen.»

«Aber der Stein der Weisen? Und die Goldmacherei?»

«Das sind nur Nebenerscheinungen, Abfallprodukte. Das Wesentliche ist nicht die Umwandlung der Metalle, sondern die des Experimentierenden selber. Es ist ein altes Geheimnis, und in jedem Jahrhundert gibt es ein paar Menschen, die es wiederentdekken.»

«Und was wird dann aus ihnen?»

«Ich werde es vielleicht eines Tages erfahren.»

Mein Freund sollte diesen Mann, der unter dem Namen Ful-

canelli eine unauslöschliche Spur hinterlassen hat, niemals wiedersehen. Alles, was wir über ihn wissen, ist, daß er den Krieg überlebte und nach der Befreiung Frankreichs endgültig verschwand.
Alle Bemühungen, ihn wieder aufzufinden, scheiterten. *

Ein Julimorgen des Jahres 1945. Jacques Bergier, noch immer
bleich und zum Skelett abgemagert, in eine Khakiuniform gekleidet, ist dabei, mit einem Schweißbrenner einen Geldschrank
aufzuschneiden. Auch er ist ein Mensch, der mehrere Umwandlungen hinter sich hat. Während der letzten Jahre war er nacheinander Geheimagent, Terrorist und politischer Deportierter. Der
Geldschrank steht in einer schönen Villa am Bodensee, die dem
Direktor eines großen deutschen Trusts gehörte. Als der Geldschrank geöffnet ist, offenbart er sein Geheimnis: eine Flasche, die
ein außerordentlich schweres Pulver enthält. Auf der Etikette liest
man: «Uran. Für Zwecke der Atomforschung bestimmt.» Das ist
der erste formelle Beweis dafür, daß in Deutschland Pläne für den
Bau von Atombomben vorliegen, die genügend weit entwickelt
sind, um die Verwendung großer Mengen reinen Urans zu erfordern. Goebbels hatte also durchaus nicht unrecht, als er von seinem
Bunker aus in den Trümmerstraßen des von Bombenangriffen
heimgesuchten Berlin die Nachricht verbreiten ließ, daß in kürzester Zeit die Geheimwaffe vor den Augen der «Eindringlinge»
explodieren werde. Bergier erstattete den alliierten Behörden von
seiner Entdeckung Meldung. Die Amerikaner verhielten sich skeptisch und erklärten alle Forschungen über Atomenergie für uninteressant. Aber das war eine Finte. Ihre erste Atombombe war
bereits im geheimen in Alamogordo detoniert, und in diesem
Augenblick befand sich eine von dem Physiker Goudsmit angeführte Mission in Deutschland, um nach dem Reaktor zu fahnden,
den Professor Heisenberg noch vor dem Zusammenbruch des
Dritten Reichs gebaut hatte.
   In Frankreich wußte man offiziell nichts, aber es gab gewisse

* «Nach Ansicht der am besten informierten und zuverlässigsten Spezialisten
auf diesem Gebiet ist der Mann, der sich unter dem Pseudonym Fulcanelli
verbarg oder sogar heutigentags noch verbirgt, der berühmteste und zweifellos einzig authentische (möglicherweise auch letzte) Alchimist dieses Jahrhunderts, in dem das Atom König ist.» Claude d'Ygé in der Zeitschrift
Initiation et Science, Nr. 44, Paris.

Anzeichen für den wahren Stand der Dinge. Orientierten Kreisen mußte vor allem auffallen, daß die Amerikaner alle alchimistischen Manuskripte und Dokumente zu Höchstpreisen aufkauften.

Bergier verfaßte einen Bericht, in dem er seine Ansicht darlegte, daß sowohl in Deutschland wie in den Vereinigten Staaten mit größter Wahrscheinlichkeit Untersuchungen über den Bau von Atomwaffen im Gange seien. Er sandte diesen Bericht an die provisorische Regierung, die ihn zweifellos in den Papierkorb warf. Mein Freund nahm seine Flasche, fuchtelte damit den Leuten vor der Nase herum und erklärte: «Seht ihr das hier? Es braucht nur ein einziges Neutron hineinzugelangen, und ganz Paris fliegt in die Luft!» Dieser kleine Mann mit dem komischen Akzent war offenbar ein Witzbold, und man wunderte sich nur, daß jemand, der eben erst aus dem Konzentrationslager Mauthausen zurückgekehrt war, noch so viel Humor bewahrt hatte. Aber am Tag von Hiroshima verstummten die Witze mit einem Schlag. In Bergiers Zimmer begann das Telephon unablässig zu schrillen. Verschiedene wichtige Dienststellen verlangten Abschriften des Berichts. Der amerikanische Sicherheitsdienst bat den Besitzer der berühmten Flasche, sich unverzüglich mit einem gewissen Major, der seinen Namen nicht nennen wollte, in Verbindung zu setzen. Von anderer Seite wurde gefordert, daß die Flasche sofort aus Paris entfernt werde. Vergebens erklärte Bergier nun, daß sie bestimmt kein reines Uran 235 enthalte und daß, selbst wenn dies der Fall sein sollte, keinesfalls die kritische Menge erreicht sei. Andernfalls wäre die Flasche längst explodiert. Man nahm ihm sein Spielzeug weg, und er hörte nie wieder etwas davon. Zum Trost schickte man ihm einen Bericht der «Direction Générale des Études et Recherches», offenbar das einzige Dokument über die Probleme der Kernenergie, welches diese aus dem französischen Geheimdienst hervorgegangene Organisation besaß. Die Akte trug drei Aufschriften: «Geheim», «Vertraulich», «Weiterverbreitung verboten». Sie enthielt nichts als ein paar Ausschnitte aus der Zeitschrift *Science et Vie*.

Um seine Neugier zu befriedigen, blieb Bergier also nichts anderes übrig, als sich mit dem berühmten anonymen Major zu treffen, über den Samuel Goudsmit in seinem Buch *Alsos* einiges erzählt. Dieser geheimnisvolle Offizier, der mit einer tüchtigen Dosis makabren Humors begabt war, hatte seine Arbeiten mit dem

Namen einer Organisation zur Pflege amerikanischer Soldatengräber getarnt. Er war sehr aufgeregt und wurde offensichtlich von Washington zu äußerster Eile gedrängt. Zunächst wollte er von Bergier alles erfahren, was dieser über die deutschen Atomprojekte wußte oder erraten hatte. Vor allem aber war es für das Heil der Welt, die Sache der Alliierten und die Beförderung des Majors unerläßlich, so schnell wie möglich Eric Edward Dutt und den unter dem Namen Fulcanelli bekannten Alchimisten aufzustöbern.

Dutt, nach dessen Verbleib Helbronner forschen sollte, war ein Hindu, der vorgab, Zugang zu sehr alten Manuskripten zu haben. Wie er behauptete, hatte er aus ihnen gewisse Methoden zur Transmutation der Metalle entnommen und bei einer kondensierten Entladung durch einen Wolframborur-Konduktor in den Endprodukten des Versuchs Spuren von Gold festgestellt. Ähnliche Resultate sollten sehr viel später die Russen erzielen, allerdings unter Verwendung starker Teilchen-Beschleuniger.

Bergier konnte der freien Welt, der Sache der Alliierten und der Beförderung des Majors nicht viel nützen. Eric Edward Dutt war in Nordafrika von der französischen Gegenspionage als Kollaborateur erschossen worden. Was Fulcanelli betraf, so war dieser endgültig verschwunden.

Immerhin schickte der Major Bergier als Zeichen seines Dankes die Druckfahnen eines von Professor Henry DeWolf Smyth verfaßten Berichts mit dem Titel *Atomic energy for military purposes.* Dieser Bericht war das erste wirkliche Dokument über diese Fragen. Bergier fand darin erstaunliche Bestätigungen jener Dinge, die ihm der Alchimist im Juni 1937 gesagt hatte.

Der Reaktor, die wichtigste technische Anlage zur Herstellung der Bombe, war tatsächlich lediglich «eine geometrische Anordnung außerordentlich reiner Stoffe». Im Prinzip bedurfte es für das Funktionieren dieser Anlage, genau wie Fulcanelli gesagt hatte, weder der Anwendung der Elektrizität noch der Vakuumtechnik. Smyth erwähnte in seinem Bericht außerdem strahlende Gifte, Gase und außerordentlich giftige radioaktive Staubmischungen, die sich verhältnismäßig leicht in großen Mengen herstellen ließen. Der Alchimist hatte von einer möglichen Vergiftung des ganzen Planeten gesprochen.

Wie hatte ein unbekannter, isoliert arbeitender, mystischer For-

scher das alles voraussehen können? Woher wußte er diese Einzelheiten?

Während mein Freund in den Druckfahnen blätterte, kam ihm
auch eine Stelle aus dem Werk des Albertus Magnus *De Alchymia*
in den Sinn:

«Wenn du das Unglück hast, am Hof der Fürsten und Könige
leben zu müssen, werden sie nicht aufhören, dich zu fragen:
‹Nun, Meister, wie geht es voran mit dem Werk? Wann werden
wir endlich etwas Rechtes zu sehen bekommen?› Und in ihrer
Ungeduld werden sie dich einen Schelm und Taugenichts nennen
und dir tausenderlei Unannehmlichkeiten bereiten. Und wenn
deine Arbeit nicht gelingt, wirst du ihren Zorn zu spüren bekommen. Wenn sie jedoch glückt, werden sie dich in ewiger
Gefangenschaft bei sich behalten und dich zwingen, für ihren
Profit zu arbeiten.»

War dies vielleicht der Grund, warum Fulcanelli verschwand
und warum die Alchimisten aller Zeiten das Geheimnis so eifersüchtig hüteten?

Der erste und der letzte Rat, den der Papyrus Harris gibt,
lautet: «Verschließt eure Münder! Verschließt sie fest!»

Jahre nach der Katastrophe von Hiroshima, am 17. Januar 1955,
erklärte Oppenheimer: «In einem tiefen Sinne, den keine billige
Witzelei zunichte machen kann, haben wir Wissenschaftler die
Sünde kennengelernt.»

Und tausend Jahre vor ihm hatte ein chinesischer Alchimist geschrieben:

«Es wäre eine furchtbare Sünde, wenn du den Soldaten das
Geheimnis deiner Kunst offenbartest. Gib acht! Nicht einmal ein
Insekt darf sich in dem Raum befinden, in dem du arbeitest!»

4   *Der moderne Alchimist und der Geist der Forschung — Eine*
    Beschreibung dessen, was der Alchimist in seinem Laborato-
rium tut — Die unendliche Wiederholung des Experiments —
Was erwartet er? — Die Bereitung des Dunkels — Das elektroni-
sche Gas — Die lösende Flüssigkeit — Ist der Stein der Weisen die
aufgehobene Energie? — Die Umwandlung des Alchimisten selbst
— Jenseits dieser Grenze beginnt die wahre Metaphysik

Der moderne Alchimist ist ein Mensch, der die Abhandlungen
der Kernphysiker studiert. Für ihn steht fest, daß Umwandlungen
und noch außergewöhnlichere Erscheinungen mit verhältnismäßig
einfachen Mitteln und Techniken erzielt werden können. Die Alchimisten von heute sind es, bei denen man den Geist des isoliert
arbeitenden Forschers wiederfindet. Die Bewahrung einer solchen
Haltung ist für unsere Epoche sehr wertvoll. Wir haben uns mit
der Zeit eingeredet, ein Fortschritt der Forschungen sei nicht mehr
ohne ein riesiges Arbeitsteam, eine ungeheure Apparatur und enorme finanzielle Mittel möglich. Die grundlegenden Entdeckungen
jedoch, wie etwa die der Radioaktivität oder der Wellenmechanik, wurden von isoliert arbeitenden Männern gemacht. Amerika,
das Land der großen Arbeitsteams und der großen Mittel, schickt
heute Agenten in alle Welt, die originelle Köpfe aufspüren sollen.
Der Leiter des amerikanischen Instituts für Wissenschaftliche Forschung, Dr. James Killian, hat im Jahre 1958 erklärt, es sei völlig
falsch, allein auf die Kollektivarbeit zu vertrauen; man müsse versuchen, mit selbständig arbeitenden Männern, die eigene Ideen
haben und entwickeln, in Verbindung zu kommen. Rutherford
hat seine wichtigsten Experimente zur Erforschung der Atomstruk-
tur mit Hilfe von Konservenbüchsen und Bindfadenenden gemacht.
Jean Perrin und Marie Curie schickten vor dem Kriege ihre Mitarbeiter am Sonntag auf den Flohmarkt, um dort etwas Material
zu erstehen. Gewiß, wir wollen nicht in Abrede stellen, daß groß-
zügig ausgestattete Laboratorien heute notwendig sind, aber
trotzdem wäre es unserer Ansicht nach wichtig, eine gewisse Verbindung zwischen diesen Laboratorien, diesen Teams und den iso-

liert arbeitenden Gelehrten herzustellen. Die Alchimisten jedoch werden sich dieser Einladung wohl entziehen. Ihre Regel ist das Schweigen. Ihr Ehrgeiz ist geistiger Art. «Es steht außer Zweifel», schreibt René Alleau, «daß die in der Alchimie gebräuchlichen Handgriffe und Tätigkeiten einer inneren Askese als Stütze dienen.» Wenn die Alchimie eine Wissenschaft darstellt, dann ist diese Wissenschaft nur ein Mittel, um in einen höheren Bewußtseinszustand zu gelangen. Daraus ergibt sich die Notwendigkeit, sie nicht in Kreise dringen zu lassen, wo sie zum Selbstzweck würde.

Woraus besteht das Handwerkszeug des Alchimisten? Aus den gleichen Geräten, die auch der chemische Forscher benutzt, der Mineralien unter hohen Temperaturen behandelt: Öfen, Schmelztiegel, Waagen, Meßinstrumente, zu denen heute noch die modernen Geräte zur Bestimmung radioaktiver Strahlungen, wie Geigerzähler, Szintillationszähler usw., kommen.

Dieses Handwerkszeug mag lächerlich unzureichend erscheinen. Ein orthodoxer Physiker würde nie zugeben, daß es möglich ist, mit einfachen und wenig kostspieligen Mitteln eine Kathode zu fabrizieren, die Neutronen abgibt. Wenn wir recht unterrichtet sind, bringen die Alchimisten dieses Kunststück fertig. In einer Epoche, in der das Elektron als der vierte Aggregatzustand der Materie angesehen wurde, hat man außerordentlich kostspielige und komplizierte Vorrichtungen erfunden, um Elektronenströme hervorzurufen. Einige Zeit darauf, im Jahre 1910, bewiesen Elster und Gaitel, daß man zu diesem Zweck nur Kalk im luftleeren Raum zu dunkler Rotglut zu erhitzen braucht. Wir kennen noch keineswegs alle Gesetze der Materie. Wenn die Alchimie mit einfacheren Mitteln als die offizielle Wissenschaft die gleichen Resultate erzielt, so ist sie ihr zumindest in dieser Hinsicht überlegen.

Wir wollen jetzt — und zwar geschieht dies unseres Wissens zum erstenmal — den Versuch unternehmen, genau zu beschreiben, was der Alchimist in seinem Laboratorium eigentlich *tut*. Wir können uns nicht anmaßen, hier die alchimistische Methode in ihrer Gesamtheit darzulegen, aber wir meinen doch, hinsichtlich dieser Methode einige recht interessante Informationen zu besitzen.

Als erstes hat der Alchimist sich jahrelang mit der Entzifferung alter Texte beschäftigt, in die «der Leser sich ohne die Hilfe eines Ariadnefadens begeben muß, in denen er sich wie in einem Labyrinth vorkommt, das bewußt und systematisch so angelegt ist, daß der Unberufene in eine hoffnungslose geistige Verwirrung gerät». Geduld, Demut und Glaube haben den Alchimisten schließlich zu einem gewissen Grad des Verstehens geführt. Wenn er bis dahin gelangt ist, kann er mit dem eigentlichen alchimistischen Experiment beginnen. Wir werden dieses Experiment beschreiben, wenngleich eins seiner Elemente uns unbekannt ist. Wir wissen, was im Laboratorium des Alchimisten vor sich geht. Wir wissen aber nicht, was im Alchimisten selber, in seiner Seele, geschieht. Möglicherweise ist alles eng miteinander verbunden. Möglicherweise spielt die spirituelle Kraft bei den physikalischen und chemischen Manipulationen der Alchimie eine große Rolle. Möglicherweise ist eine bestimmte Art, die spirituelle Kraft zu erlangen, zu konzentrieren und in eine Richtung zu lenken, unerläßlich für das Gelingen der alchimistischen «Arbeit». Das alles ist nicht bewiesen, aber wir können bei einem so schwierigen Thema nicht umhin, auf ein Wort Dantes zu verweisen: «Ich sehe, daß du diese Dinge glaubst, weil ich sie dir sage. Aber du kennst den Grund nicht, und somit bleiben dir die Dinge, obwohl du sie glaubst, darum doch nicht weniger verborgen.»

Unser Alchimist beginnt damit, daß er in einem Achatmörser eine aus drei Substanzen zusammengesetzte innige Mischung herstellt. Der erste Bestandteil, der 95 Prozent der Mischung beträgt, ist ein Mineral: ein Schwefelkies zum Beispiel oder ein Eisenerz, das als Unreinheiten Arsen und Antimon enthält. Die zweite Komponente ist ein Metall: Eisen, Blei, Silber oder Quecksilber. Der dritte Bestandteil ist eine organische Säure: Weinsäure oder Zitronensäure. Fünf oder sechs Monate lang müssen nun diese Materialien mit der Hand zerstoßen und vermischt werden. Dann wird das Ganze in einem Schmelztiegel erhitzt. Der Alchimist steigert allmählich die Temperatur und setzt diese Operation zwölf Tage hindurch fort. Er muß dabei sehr vorsichtig zu Werke gehen. Es entwickeln sich giftige Gase: der Quecksilberdampf und vor allem der arsenhaltige Wasserstoff hat manchen Alchimisten schon in den ersten Stadien seiner Arbeit getötet.

Schließlich löst er den Inhalt des Schmelztiegels vermittels einer Säure auf. Auf der Suche nach einem geeigneten Lösemittel haben die Alchimisten früherer Zeiten die Essigsäure, die Salpetersäure und die Schwefelsäure entdeckt. Dieser Lösungsprozeß muß sich unter polarisiertem Licht vollziehen: entweder in schwachem, durch einen Spiegel reflektiertem Sonnenlicht oder im Mondlicht.

Nun läßt der Alchimist den flüssigen Teil verdunsten und den festen von neuem ausglühen. Mehrere Jahre hindurch wird er diese Operationen Tausende von Malen wiederholen. Warum? Wir wissen es nicht. Vielleicht in Erwartung des Augenblicks, in dem die besten Bedingungen zusammentreffen: kosmische Strahlung, Erdmagnetismus usw. Vielleicht auch, um eine uns noch unbekannte «Ermüdung» der Materie in ihren tiefsten Strukturen zu erreichen. Der Alchimist spricht von «heiliger Geduld», von einer langsamen Verdichtung des «universellen Geistes». Hinter dieser para-religiösen Sprache verbirgt sich bestimmt etwas anderes.

Diese Arbeitsmethode, bei der die unendliche Male dieselbe Manipulation wiederholt wird, mag einem modernen Chemiker als purer Wahnsinn erscheinen. Man hat ihn gelehrt, daß es nur eine einzige gültige Experimentalmethode gibt: die von Claude Bernard. Ihr Prinzip ist die Veränderung. Man wiederholt Tausende von Malen das gleiche Experiment, verändert jedoch jeweils einen der Faktoren: das Mischungsverhältnis der verschiedenen Bestandteile, die Temperatur, den Druck, den Katalysator usw. Man notiert die erzielten Resultate und folgert aus ihnen einige der Gesetze, die für die betreffende Erscheinung maßgebend sind. Das ist eine Methode, die sich bewährt hat, aber sie ist nicht die einzig mögliche. Der Alchimist wiederholt sein Experiment, ohne irgend etwas zu verändern, bis etwas Außergewöhnliches eintritt. Er glaubt im Grunde an ein Naturgesetz, das dem vom Physiker Wolfgang Pauli, dem Freund Jungs, formulierten «Exklusionsprinzip» ähnelt. Für Pauli kann es in einem gegebenen System (dem Atom und seinen Molekülen) nicht zwei Elementarteilchen (Elektronen, Protonen, Mesonen) im gleichen Zustand geben. Alles in der Natur ist einzig: «Deiner Seele ist keine andere gleich...» Darum geht man unmittelbar, ohne Zwischenstadium, vom Wasserstoff zum Helium über, vom Helium zum Lithium und so immer weiter auf dem Weg, den das Periodische System der Elemente dem Atomforscher weist. Wenn man einem System ein Elementarteilchen hinzufügt, so kann dieses Elementarteilchen keinen der im Inneren dieses Systems vorhandenen Zustände annehmen. Es nimmt einen neuen Zustand an und läßt in Verbindung mit den bereits vorhandenen Elementarteilchen ein neues und einzigartiges System entstehen.

Ebenso wie es für den Alchimisten nicht zwei gleiche Seelen, zwei gleiche Wesen, zwei gleiche Pflanzen (Pauli würde sagen: zwei gleiche Elektronen) gibt, sind auch nicht zwei gleiche Experimente denkbar. Wenn man ein Experiment Tausende von Malen wiederholt, wird sich schließlich etwas Außergewöhnliches ereignen. Wir sind nicht kompetent genug, um zu sagen, ob der Alchimist recht oder unrecht hat. Wir beschränken uns auf den Hinweis, daß eine moderne Wissenschaft, die Wissenschaft der kosmischen Strahlungen, eine Methode anwendet, die sich durchaus mit der Methode des Alchimisten vergleichen läßt. Diese Wissenschaft untersucht die Erscheinungen, die sich ergeben, wenn von gewissen Sternen stammende Teilchen, die eine außerordentliche Energie besitzen, auf ein Radioteleskop oder eine Platte treffen. Diese Erscheinungen können nicht willkürlich hervorgerufen werden. Man muß sie abwarten. Zuweilen registriert man dabei eine ganz außergewöhnliche Erscheinung. So ereignete es sich zum Beispiel, daß im Sommer 1957 im Verlauf der in den Vereinigten Staaten von Professor Bruno Rossi angestellten Untersuchungen ein von einer bis dahin noch nie registrierten ungeheuren Energie angetriebenes Teilchen, das vielleicht aus einem fernen Milchstraßensystem kam, in einem Umkreis von acht Quadratkilometern gleichzeitig 1500 Zähler zum Ausschlagen brachte und auf seinem Weg eine riesige Garbe von zertrümmerten Atomen hinterließ. Man kann sich keine Maschine vorstellen, die imstande wäre, eine derartige Energiemenge hervorzubringen. Die Gelehrten erinnern sich nicht, daß jemals zuvor ein solches Ereignis eingetreten wäre, und man weiß nicht, ob es sich je wiederholen wird. Nun ist das, was der Alchimist zu erwarten scheint, ein außergewöhnliches Ereignis irdischen oder kosmischen Ursprungs, das auf den Inhalt seines Schmelztiegels einwirkt. Vielleicht könnte er die Wartezeit abkürzen, indem er Mittel benutzt, die aktiver sind als das Feuer, das heißt, wenn er zum Beispiel seinen Tiegel vermittels der Levitationsmethode * in einem Induktionsofen erhitzte oder auch

---

* Die Methode besteht darin, daß man vermittels eines magnetischen Felds die Mischung, die geschmolzen werden soll, im luftleeren Raum, also ohne daß sie mit irgendeinem Körper in Berührung kommt, gewissermaßen aufhängt.

wenn er seiner Mischung radioaktive Isotope beifügte. Auf diese Weise könnte er seine Manipulation nicht nur einige Male pro Woche, sondern mehrere Millionen Male pro Sekunde wiederholen und somit die Chancen, das für das Gelingen des Experiments nötige «Ereignis» einzufangen, vervielfachen. Aber der Alchimist von heute arbeitet, genau wie der von gestern, in der Verborgenheit und hält das Warten für eine Tugend.

Fahren wir in unserer Beschreibung fort. Nach einigen Jahren, in denen unser Alchimist Tag und Nacht unablässig die gleiche Arbeit verrichtet hat, kommt er schließlich zu der Überzeugung, daß die erste Phase abgeschlossen ist. Er fügt jetzt seiner Mischung ein Oxydiermittel, z. B. Kaliumnitrat, zu. In seinem Schmelztiegel hat er aus Schwefelkies entstandenen Schwefel und aus einer organischen Säure hervorgegangene Kohle. Schwefel, Kohle und Nitrat: bei der Herstellung dieser Mischung haben die alten Alchimisten das Schießpulver erfunden.

Jetzt beginnt der Alchimist wieder, den Inhalt seines Tiegels aufzulösen und dann auszuglühen, und setzt diese Tätigkeit durch Monate oder auch Jahre fort. Er wartet auf ein Zeichen. Über die Art dieses Zeichens geben die alchimistischen Werke widersprechende Auskünfte; aber dieser Umstand läßt sich vielleicht dadurch erklären, daß mehrere Möglichkeiten vorhanden sind. Einige Alchimisten sprechen von der Bildung sternförmiger Kristalle auf der Oberfläche der Flüssigkeit, andere von einer Oxydschicht, die auf dieser Oberfläche erscheint, sich dann zerteilt und ein leuchtendes Metall enthüllt, in dem sich in kleinstem Maßstab sowohl die Milchstraße wie alle Sternbilder zu reflektieren scheinen.

Wenn er dieses Zeichen empfangen hat, nimmt der Alchimist seine Mischung aus dem Schmelztiegel und läßt sie, vor Luft und Feuchtigkeit geschützt, bis zum ersten Tag des nächsten Frühlings «reifen». Wenn er dann seine Arbeit wieder aufnimmt, wird sie, wie es in den alten Texten ausgedrückt wird, auf die «Schaffung des Dunkels» abzielen. Neuere Forschungen zur Geschichte der Chemie haben ergeben, daß der deutsche Mönch Berthold Schwarz, dem gemeinhin die Erfindung des Schießpulvers im Abendland zugeschrieben wird, niemals existiert hat. Er ist eine symbolische Figur dieser «Schaffung des Dunkels».

Die Mischung wird in einen durchsichtigen Behälter aus Bergkristall getan, der auf besondere Weise verschlossen wird. Man hat wenig Hinweise auf die Art dieses Verschlusses, der als «Verschluß des Hermes» oder hermetischer Verschluß bezeichnet wird. Von nun an besteht die Arbeit darin, den Behälter zu erhitzen, wobei ganz außerordentliche Sorgfalt auf die richtige Dosierung der Wärmemenge verwandt werden muß. Die in dem verschlossenen Gefäß befindliche Mischung besteht noch immer aus Schwefel, Kohle und Nitrat. Es geht darum, diese Mischung auf einen bestimmten Grad der Weißglut zu bringen, ohne daß Sauerstoff hinzutritt und dadurch eine Explosion erfolgt. Man hat von zahlreichen Fällen gehört, in denen Alchimisten schwere Verbrennungen erlitten oder getötet wurden, da die Explosionen, die sich während dieses Stadiums der Arbeit ereignen, ganz besonders heftig sind und außerordentliche Hitzegrade entwickeln.

Das Ziel, das jetzt verfolgt wird, ist die Bildung einer «Essenz» oder eines «Fluidums», das die Alchimisten zuweilen den «Rabenflügel» nennen.

Betrachten wir diesen Vorgang etwas genauer. In der Physik und der modernen Chemie gibt es nichts, was ihm an die Seite zu stellen wäre. Immerhin weiß man von analogen Erscheinungen. Wenn man in flüssigem Ammoniakgas ein Metall, etwa Kupfer, auflöst, entsteht eine dunkelblau gefärbte Flüssigkeit, die bei starker Konzentration ins Schwarze hinüberspielt. Die gleiche Erscheinung tritt auf, wenn man in flüssigem Ammoniakgas unter starkem Druck Wasserstoff oder organische Amine auflöst, um die unbeständige Verbindung NH_4 zu erhalten, die alle Eigenschaften eines Alkalimetalls besitzt und aus diesem Grunde «Ammonium» genannt wird. Es besteht Anlaß zu der Vermutung, daß diese blauschwarze Färbung des von den Alchimisten erzielten flüssigen Stoffes, die an einen «Rabenflügel» erinnert, genau die Farbe des elektronischen Gases ist. Was ist das «elektronische Gas»? Für die modernen Wissenschaftler ist es die Gesamtheit der freien Elektronen, die ein Metall bilden und seine mechanischen, elektrischen und thermischen Eigenschaften wahren. Diesem heutigen Begriff entspricht, was der Alchimist die «Seele» oder auch die «Essenz» der Metalle nennt. Diese Seele oder Essenz aber ist es, die sich in dem hermetisch verschlossenen und vorsichtig erhitzten Gefäß des Alchimisten absondert.

Er erhitzt den Inhalt des Gefäßes, läßt ihn wieder erkalten, erhitzt ihn von neuem und setzt diese Tätigkeit Monate oder Jahre hindurch fort. Durch den Bergkristall hindurch beobachtet er dabei die Entwicklung dessen, was auch als «alchimistisches Ei» bezeichnet wird: eben jene Mischung, die sich in eine blauschwarze Flüssigkeit verwandelt hat. Endlich öffnet er das Gefäß in einem dunklen Raum. Sobald die fluoreszierende Flüssigkeit mit der Luft in Berührung kommt, erhärtet und teilt sie sich.

Der Alchimist erhält auf diese Weise völlig neue, in der Natur unbekannte Stoffe, die alle Eigenschaften der chemisch reinen Elemente besitzen, das heißt, mit chemischen Mitteln nicht weiter zerlegbar sind.

Moderne Alchimisten behaupten, vermittels dieser Methode beträchtliche Mengen neuer chemischer Grundstoffe fabriziert zu haben. So soll Fulcanelli aus einem Kilo Eisen zwanzig Gramm eines absolut neuen Elements extrahiert haben, dessen chemische und physikalische Eigenschaften mit keinem der bekannten chemischen Grundstoffe übereinstimmen. Das gleiche Verfahren, so wird behauptet, sei auf alle Grundstoffe des periodischen Systems anwendbar, wobei sich für jede verwendete Substanz in der Mehrzahl der Fälle zwei neue Elemente ergäben.

Eine derartige Erklärung ist dazu angetan, den normalen Wissenschaftler vor den Kopf zu stoßen. Theoretisch sind heutzutage nur die folgenden Zerlegungen eines chemischen Grundstoffes möglich:

Das Molekül eines Elements kann verschiedene Zustände annehmen, etwa sich in Ortho-Hydrogen und Para-Hydrogen aufteilen.

Der Atomkern eines Grundstoffs kann mehrere isotopische Strukturen annehmen, die durch die verschiedene Anzahl der Neutronen gekennzeichnet sind. So enthält im Lithium 6 der Atomkern drei Neutronen, im Lithium 7 aber vier.

Um die verschiedenen allotropen Zustände des Moleküls und die einzelnen isotopischen Varianten des Atomkerns zu isolieren, bedarf es beim heutigen Stand der Technik zahlreicher und äußerst komplizierter Vorrichtungen.

Die Mittel des Alchimisten sind im Vergleich dazu lächerlich einfach, und trotzdem will er damit nicht nur eine Zustandsveränderung des Stoffes, sondern die Erschaffung einer ganz neuen Substanz erreichen oder doch wenigstens eine Zerlegung und Umkonstruierung der vorhandenen Materie. Alle unsere Erkenntnisse über das Atom basieren auf dem Rutherford-Bohrschen Atommodell, das einen Kern und auf Ellipsenbahnen um ihn kreisende Elektronen voraussetzt. Es ist allerdings nicht ausgeschlossen, daß eine zukünftige neue Theorie es uns ermöglichen wird, Zustandsveränderungen und Aufspaltungen chemischer Elemente zu erreichen, die für den Augenblick noch undenkbar erscheinen.

Unser Alchimist hat nun also seinen Behälter aus Bergkristall geöffnet und durch Abkühlung der fluoreszierenden Flüssigkeit an der Luft einen oder mehrere neue Stoffe erhalten. Es bleiben Schlacken zurück. Diese Schlacken wird er jetzt einige Monate lang in dreifach destilliertem Wasser waschen. Dann wird er dieses Wasser in einem Raum aufbewahren, wo es vor Licht und Temperaturschwankungen geschützt ist.

Dieses Wasser nun besitzt, wie behauptet wird, außergewöhnliche chemische und medizinische Eigenschaften. Es ist das universale Lösemittel, das Lebenselixier der Überlieferung, das Elixier des Doktor Faust *.

Hier scheint die alchimistische Tradition im Einklang mit der avantgardistischen Forschung zu stehen. Für die ultramoderne Wissenschaft ist das Wasser tatsächlich eine äußerst komplexe Mischung, bei der sich die verschiedensten chemischen Reaktionen ergeben können. Die Forscher, die sich mit der Frage der Oligo-Elemente beschäftigen, insbesondere Dr. Jacques Ménétrier, haben festgestellt, daß praktisch alle Metalle lösbar sind, wenn man bestimmte Katalysatoren, wie Traubenzucker, hinzufügt und methodische Temperaturveränderungen vornimmt. Das Wasser kann zudem unter der Einwirkung von Edelgasen, wie Helium oder Argon, Hydrate, also regelrechte chemische Verbindungen bilden. Wenn man wüßte, welcher Bestandteil des Wassers für die Erzeugung von Hydraten im Kontakt mit einem Edelgas verantwortlich ist, wäre es möglich, die auflösende Kraft des Wassers zu erhöhen und auf diese Weise ein echtes Universal-Lösemittel zu

---

* Professor Ralph Milne Farley, Mitglied des amerikanischen Senats und Professor für moderne Physik an der Militärakademie von West Point, hat auf die Tatsache aufmerksam gemacht, daß gewisse Biologen das Phänomen des Alterns einer Anhäufung von schwerem Wasser im Organismus zuschreiben. Das Lebenselixier der Alchimisten wäre demnach eine Substanz, die die Eigenschaft hat, das schwere Wasser auszusondern und zu eliminieren. Derartige Substanzen sind im Wasserdampf enthalten. Warum sollten sie nicht auch in einem auf besondere Art behandelten flüssigen Wasser vorhanden sein?

erhalten. Die durchaus seriöse russische Zeitschrift, deren Titel in der Übersetzung «Wissen und Kraft» lautet, schrieb in ihrer Nummer 11 des Jahres 1957, daß man vielleicht eines Tages zu diesem Ergebnis gelangen könne, indem man das Wasser mit Kernstrahlungen «bombardiert», und daß das Universal-Lösemittel der Alchimisten noch in diesem Jahrhundert zu einer Realität werden könne. Diese Zeitschrift faßte auch eine Reihe von Anwendungsmöglichkeiten ins Auge, u. a. Tunnelbohrungen mit Hilfe eines aus aktiviertem Wasser bestehenden Strahls.

Unser Alchimist ist nun also im Besitz einer gewissen Anzahl einfacher, in der Natur unbekannter Stoffe. Außerdem hat er einige Flaschen mit einem alchimistischen Wasser, dem die Fähigkeit innewohnt, durch eine Verjüngung der Gewebe sein Leben beträchtlich zu verlängern.

Er wird jetzt versuchen, die einfachen Stoffe, die er erhalten hat, erneut miteinander zu verbinden. Er vermischt sie in seinem Mörser und schmilzt sie bei niedrigen Temperaturen unter Zusatz von Katalysatoren, über deren Natur die alten Texte nur sehr vage Angaben machen. Je weiter man im Studium der alchimistischen Manipulationen vordringt, um so schwieriger lassen sich die Texte entziffern. Jedenfalls wird diese neue Arbeit unseren Alchimisten noch mehrere Jahre in Anspruch nehmen.

Er erhält jetzt, so versichert man, Stoffe, die ganz und gar bekannten Metallen ähneln, insbesondere Metallen, die gute Wärme- und Elektrizitätsleiter sind: alchimistisches Kupfer, alchimistisches Silber, alchimistisches Gold. Die klassischen Tests und die Spektroskopie wären nicht imstande, an diesen Stoffen etwas Neues zu entdecken, und doch besitzen sie völlig neue und überraschende Eigenschaften, die von denen der bekannten Metalle abweichen.

Wenn unsere Informationen zutreffen, so setzt das dem gewöhnlichen Kupfer so ähnliche und doch so andersartige alchimistische Kupfer dem elektrischen Strom einen außerordentlich schwachen Widerstand entgegen, vergleichbar dem der Supraleiter, bei denen der Physiker einen dem Nullpunkt naheliegenden Widerstand erzielt. Die Verwendung eines derartigen Kupfers würde eine Umwälzung in der Elektrochemie bedeuten.

Andere Stoffe, die bei diesem alchimistischen Verfahren entstehen, sollen noch erstaunlichere Eigenschaften besitzen. Einer derselben soll bei verhältnismäßig niedriger Temperatur in Glas lösbar sein, und zwar vollzieht sich diese Auflösung, noch bevor der Schmelzpunkt des Glases erreicht ist. Wenn diese Substanz mit dem leicht erweichten Glas in Berührung kommt, dringt sie in dieses ein und verleiht ihm eine rubinrote Färbung, die im Dunkeln einen malvenfarbenen Schimmer verbreitet. Das Pulver, das man erhält, wenn das so veränderte Glas in einem Achatmörser zerstampft wird, nennen die alchimistischen Texte das «philosophische Pulver» oder den «Stein der Weisen». «Damit», so schreibt Bernard Graf de la Marche Trévisane in seiner philosophischen Abhandlung, «ist die Herstellung dieses kostbaren Steins erreicht, dessen Wert den jedes Edelsteins bei weitem übersteigt und der einen unermeßlichen Schatz zur Ehre Gottes darstellt, welcher ewiglich lebt und regiert.»

Man kennt die Wundergeschichten, die von diesem Stein oder Pulver erzählt werden. Man weiß, daß ihm die Fähigkeit zugeschrieben wird, Transmutationen von Metallen in wägbaren Mengen zu vollziehen. Vor allem soll er gewisse wertlose Metalle in Gold, Silber oder Platin verwandeln können. Aber das wäre nur ein Aspekt seiner wunderbaren Eigenschaften. Es wird behauptet, er sei außerdem noch eine Art Reservoir der aufgehobenen Kernenergie, die sich nun nach Belieben verwenden ließe.

Wir werden gleich noch auf die Fragen zurückkommen, die sich dem modernen aufgeklärten Menschen angesichts der alchimistischen Methoden aufdrängen. Zunächst aber wollen wir da anhalten, wo auch die alchimistischen Texte aufhören. Das «Große Werk» ist vollendet. Nun vollzieht sich im Alchimisten selbst eine Umwandlung, die diese Texte erwähnen, die wir jedoch nicht zu beschreiben vermögen, da uns hierfür nur sehr unzulängliche Begriffe zur Verfügung stehen. Diese Umwandlung wäre so etwas wie eine durch ein einzelnes privilegiertes Wesen offenbarte Erkenntnis dessen, was die gesamte Menschheit erwartet, wenn sie ihren geistigen Kontakt mit der Erde und ihren Elementen vollzogen hat: ein Aufgehen in einem höheren Geist, eine Konzentrierung auf einen festen spirituellen Punkt, das Anknüpfen von Verbindungen mit anderen geistigen Zentren über kosmische Räume hinweg. Nach und nach oder auch in einer blitzartigen Eingebung entdeckt der Alchimist den Sinn seiner langen Mühen. Die Geheimnisse der Energie und der Materie liegen offen vor ihm, und gleichzeitig enthüllen sich ihm die unendlichen Perspektiven des Lebens. Er besitzt den Schlüssel zur Mechanik des Universums. Er selbst stellt neue Beziehungen zwischen seinem eigenen, nunmehr «beseelten» Geist und dem in ewigem Fortschritt auf die Konzentration zustrebenden Weltgeist her. Sollten wohl bestimmte Strahlungen des «philosophischen Pulvers» die Ursache für die Transmutation der Psyche sein? René Alleau schreibt [19]:

«So stellt der Stein der Weisen die erste Stufe dar, die dem Menschen helfen kann, sich zum Absoluten zu erheben. Jenseits dieser Stufe beginnt das Geheimnis. Und diesseits von ihr gibt es kein Geheimnis, keine Esoterik, keine anderen Schatten als diejenigen, die unsere Wünsche und vor allem unsere Überheblichkeit werfen. Aber ebenso wie es viel leichter ist, sich mit Ideen und Worten zufriedenzugeben, als etwas mit seinen Händen, mit Schmerzen und Anstrengungen im Schweigen und in der Einsamkeit zu vollbringen, ist es auch bequemer, im sogenannten ‹reinen› Gedanken seine Zuflucht zu suchen, als Brust an Brust mit der Schwere und dem Dunkel der Materie zu ringen. Die Alchimie untersagt ihren Schülern jede Ausflucht dieser Art. Sie stellt sie Auge in Auge dem großen Rätsel gegenüber ... Sie verspricht uns nur eins: wenn wir unablässig kämpfen, um uns von der Unwissenheit zu befreien, wird schließlich die Wahrheit selbst für uns kämpfen und am Ende den Sieg über alles erringen. Dann wird vielleicht die wahre Metaphysik beginnen.»

5 Es ist Zeit für alles — Und es gibt sogar einen Punkt, an dem die Zeiten wieder zusammenfinden

Die alten alchimistischen Texte versichern, daß die Schlüssel zur Materie sich im Saturn befinden. Es berührt uns als ein seltsames Zusammentreffen, daß alles, was man heute auf dem Gebiet der Kernphysik weiß, auf einer «saturnischen» Definition des Atoms beruht. Nach der von Nagasoka und Rutherford formulierten Definition ist das Atom «eine zentrale Masse, die eine Anziehungskraft ausübt und von kreisenden Elektronenrinden umgeben ist».

Diese «saturnische» Auffassung des Atoms wird von allen Wissenschaftlern der Welt geteilt, und zwar wird sie nicht als absolute Wahrheit angesehen, sondern als die wirksamste Arbeitshypothese. Den Physikern der Zukunft wird sie möglicherweise als eine Naivität erscheinen. Die Quantentheorie und die Wellenmechanik bauen ihre Sätze auf dem Verhalten der Elektronen auf. Keine Theorie und keine Mechanik kann mit absoluter Genauigkeit die im Atomkern herrschenden Gesetze bestimmen. Man stellt sich lediglich vor, daß dieser sich aus Protonen und Neutronen zusammensetzt. Man weiß nichts Sicheres über die Nuklearkräfte. Diese sind weder elektrischer noch magnetischer Natur und verhalten sich auch nicht gemäß den Gesetzen der Gravitation. Die letzte aufgestellte Hypothese bringt diese Kräfte mit Elementarteilchen in Zusammenhang, die ihrer Masse nach zwischen dem Neutron und dem Proton liegen und die man als Mesonen bezeichnet hat. Diese Erklärung befriedigt nicht recht, sie gibt uns höchstens Hoffnung auf neue Erkenntnisse. In zehn Jahren werden die Hypothesen zweifellos eine andere Richtung eingeschlagen haben. Immerhin aber ist festzustellen, daß wir uns in einer Epoche befinden, in der die Wissenschaftler weder die nötige Zeit noch ausreichende Möglichkeiten haben, sich wirklich mit der Theorie der Kernphysik zu befassen. Alle verfügbaren Kräfte werden zur Fabrikation von Atombomben und zur Energieerzeugung eingespannt. Die grundlegende wissenschaftliche Forschung ist auf ein Nebengeleise geschoben. Vordringliche Aufgabe ist, aus dem, was man bereits weiß, ein Maximum an praktisch anwendbaren Resultaten herauszuholen. Macht gilt mehr als Wissen. Dieser Machthunger aber ist es, dem die Alchimisten sich zu allen Zeiten sorgfältig entzogen haben.

Wo stehen wir heute? Der Kontakt mit den Neutronen macht sämtliche Elemente radioaktiv. Die zu Versuchszwecken herbeigeführten Explosionen von Kernwaffen vergiften die Atmosphäre unseres Planeten. Diese Vergiftung, die sich geometrisch ausbreitet, wird zu einem sprunghaften Ansteigen der Fehlgeburten, der Krebs- und Bluterkrankungen führen, sie wird die Pflanzen schädigen, Klimaveränderungen hervorrufen, Monstren produzieren, unsere Nerven zerrütten, uns ersticken. Die Regierungen, die totalitären wie die demokratischen, werden sich dadurch nicht abschrecken lassen, und zwar aus zwei Gründen. Einerseits, weil die öffentliche Meinung durch diese Fragen nicht erschüttert werden kann. Die Öffentlichkeit steht nicht auf jenem Niveau eines planetarischen Bewußtseins, das für einen erfolgreichen Widerstand erforderlich wäre. Andererseits aber liegt die Entscheidung gar nicht bei den Regierungen, sondern bei Aktiengesellschaften mit menschlichem Stammkapital, die sich nicht beauftragt fühlen, Geschichte zu machen, sondern nur den verschiedenen Aspekten des historischen Verhängnisses Ausdruck verleihen.

Wird die ganz dem Machtwillen unterworfene Kernphysik, so wie Jean Rostand es ausdrückt, «das genetische Kapital der Menschheit vergeuden»? Ja, vielleicht wird sie es einige Jahre hindurch tun. Aber wir können uns nicht vorstellen, daß die Wissenschaft nicht fähig sein sollte, den gordischen Knoten, den sie geknüpft hat, auch wieder zu lösen.

Die zur Zeit bekannten Methoden der Transmutation geben uns keine Möglichkeit, die Kernenergie und die Radioaktivität in unsere Gewalt zu bekommen. Sie sind eng begrenzte Umwandlungen, deren Wirkungen allerdings einen grenzenlosen Schaden anrichten können. Wenn die Alchimisten recht haben, gibt es einfache, billige und ungefährliche Mittel, Transmutationen in großem Maßstab vorzunehmen. Mit Hilfe dieser Mittel hat eine «Auflösung» der Materie und eine Rekonstruktion stattzufinden, bei welcher der behandelte Stoff in einen Zustand gelangt, der sich von seinem ursprünglichen Wesen unterscheidet. Keine Erfahrung der heutigen Physik gestattet uns, an eine solche Möglichkeit zu glauben. Und doch behaupten seit Jahrtausenden die Alchimisten, daß sie besteht. Nun wissen wir aber so wenig über die Natur der nuklearen Kräfte und die Struktur des Atomkerns, daß wir gar nicht berechtigt sind, von absoluten Unmöglichkeiten zu sprechen. Wenn es wirklich diese alchimistische Transmutation gibt, so hat der Atomkern eben Eigenschaften, die uns noch unbekannt sind. Der Einsatz ist groß genug, um uns zu einem wirklich ernsthaften Studium der alchimistischen Literatur zu verlocken. Und wenn dieses Studium auch nicht zu der Erkenntnis unwiderlegbarer Tatsachen führen sollte, so besteht doch zumindest eine Chance, daß es uns zu neuen Ideen anregt. Ideen aber sind es, die uns im gegenwärtigen Zustand der Kernphysik, die sich dem Machthunger unterworfen hat und von der ungeheuren Materialmasse wie gelähmt scheint, am meisten fehlen.

Man beginnt heute zu ahnen, daß das Proton und das Neutron in ihrem Inneren noch ungeheuer komplizierte Strukturen bergen und daß die sogenannten «fundamentalen» Gesetze, wie das Gleichheitsgesetz, auf den Atomkern nicht anwendbar sind. Man beginnt, von einer «Anti-Materie» zu sprechen, von einer möglichen Koexistenz verschiedener Universen innerhalb unseres sichtbaren Universums, so daß in der Zukunft alles möglich erscheint, nicht zuletzt eine Rechtfertigung der Alchimie. Es wäre schön und entspräche der edlen Haltung der alchimistischen Sprache, wenn uns das Heil durch die Vermittlung der spagyrischen Philosophie zuteil würde. Es ist Zeit für alles; und es gibt sogar einen Punkt, an dem die Zeiten wieder zusammenfinden.

Die untergegangenen Kulturen

1 *Das Porträt des sehr sonderbaren Herrn Fort — Die Feuers-*
brunst im Sanatorium der überspannten Zufälle — Herrn
Forts Jagd nach der universellen Erkenntnis — Vierzigtausend
Notizen über Efeustürme, Froschhagel und Blutregen — Das Buch
der Verdammten — Ein gewisser Professor Kreyssler — Lob und
Beschreibung des Zwischenstadiums — Der Eremit von Bronx oder
der kosmische Rabelais — Die Autoren besuchen die Kathedrale
von Sankt Anderswo

Im Jahre 1910 lebte in New York in einer kleinen bürgerlichen
Wohnung des Stadtteils Bronx ein Mann, der eine gewisse Ähnlichkeit mit einem schüchternen Seehund aufwies. Sein Name lautete Charles Hoy Fort. Er hatte runde, dickliche Hände, einen
Spitzbauch und ausladende Hüften, einen kurzen Hals, einen mächtigen Schädel mit schon merklich gelichtetem Haar, eine Stahl-
brille und einen Schnurrbart à la Gurdjew. Man hätte ihn auch
für einen menschewistischen Professor halten können. Er ging selten aus, und auch dann nur, um sich in die Städtische Bibliothek
zu begeben, wo er eine Unmenge von Zeitungen, Zeitschriften
und Jahrbüchern aller Staaten und aller Epochen durchblätterte.
Zu Hause häuften sich rund um seinen Rollschreibtisch leere
Schuhschachteln und Stapel von Journalen und Magazinen aller
Art: der *American Almanach* von 1883, die *London Times* der
Jahre 1880—93, der *Annual Record of Science,* zwanzig Jahr-
gänge des *Philosophical Magazine, Les Annales de la Société*
Entomologique de France, die *Monthly Weather Review*, das
Observatory, das *Meteorological Journal* usw. Herr Fort trug
einen grünen Augenschirm, und wenn seine Frau in der Küche den
Ofen anmachte, um das Essen zu kochen, ging er hinaus und sah
nach, ob auch keine Gefahr bestand, daß sie die Wohnung in Brand
steckte. Das war der einzige Zug an ihm, der Frau Fort, geborene
Anna Filan, ärgerte, diese Frau, die er wegen ihres absoluten Man-
gels an intellektueller Neugierde erwählt hatte, die er liebte und
die auch ihm zärtlich zugetan war.
Bis zu seinem vierunddreißigsten Lebensjahr hatte Charles

Fort, der Sohn eines Kolonialwarenhändlers aus Albany, sich dank einer mittelmäßigen journalistischen Begabung und einem gewissen Geschick, Schmetterlinge zu präparieren, schlecht und recht durchgeschlagen. Nachdem seine Eltern gestorben waren, verkaufte er das väterliche Geschäft und hatte nun eine winzige Rente, die ihm endlich erlaubte, sich ausschließlich seiner Leidenschaft zu widmen: dem Sammeln von Notizen über unwahrscheinliche und doch bestätigte Ereignisse.

Roter Regen über Blankenberghe am 2. November 1819. Schlammregen über Tasmanien am 14. November 1902. Untertassengroße Schneeflocken über Nashville am 24. Januar 1891. Froschhagel in Birmingham am 30. Juni 1892. Feuerkugeln. Fußspuren eines Fabeltiers im Bezirk von Devonshire. Fliegende Teller. Spuren von künstlichen Vertiefungen an steilen Bergwänden. Fahrzeuge am Himmel. Seltsame Kometenbahnen. Sonderbares Verschwinden von Menschen. Unerklärliche Naturkatastrophen. Inschriften auf Meteorsteinen. Schwarzer Schnee. Blaue Monde. Grüne Sonnen. Blutregen.

Er sammelte fünfundzwanzigtausend derartige Notizen, die er in Pappkästen einordnete. Tatsachen, die, kaum publik gemacht, schon wieder der allgemeinen Gleichgültigkeit zum Opfer gefallen waren. Aber immerhin Tatsachen. Er nannte diese Sammlung sein «Sanatorium der überspannten Zufälle». Er hatte das Gefühl, als stiege aus seinen Zettelkästen ein «wahres Geschrei des Schweigens» auf. Er war von einer Art Zärtlichkeit für diese ungehörigen Fakten erfaßt, die aus dem Bereich des Bewußtseins verbannt waren und denen er gewissermaßen einen Liebesdienst erwies, indem er sie aufhob und einordnete. «Kleine Hürchen, Knirpse, Krüppel und Possenreißer sind sie; und doch hat dieser sonderbare Zug, der da vor meinen Augen vorüberzieht, die eindrucksvolle Realität von Dingen, die geschehen, immer wieder geschehen und nicht aufhören zu geschehen.»

Als er schließlich dieser Prozession von Tatsachen, die von der Wissenschaft totgeschwiegen wurden, müde war (Ein fliegender Eisberg, der am 5. Juli 1853 in Splittern und Brocken über Rouen niedergeht. Große himmlische Passagierschiffe. Geflügelte Wesen, achttausend Meter hoch am Himmel über Palermo, am 30. November 1880. Leuchtende Räder im Meer. Schwefelregen, Fleischregen. Überreste von Riesen in Schottland. Särge kleiner, von «anderswo» gekommener Wesen in den Felsen von Edinburgh) ... als er, wie gesagt, dieser Dinge müde war, gewährte er seinem Geist Erholung, indem er unendliche Partien eines Super-Schachs spielte, und zwar auf einem Schachbrett eigener Erfindung mit 1600 Feldern.

Dann aber machte sich Charles Fort eines Tages klar, daß diese ganze riesige Arbeit sinnlos war. Unbrauchbar. Die Beschäftigung eines Menschen, der von einer Manie besessen ist. Er ahnte, daß er nur auf der Stelle getreten war und immer noch vor der Tür zu jenen Räumen stand, die er unbewußt suchte, daß er nichts von alledem getan hatte, was er wirklich als Berufung empfand. Das war keine Forschung gewesen, sondern höchstens deren Karikatur. Und er, der sich immer so davor gefürchtet hatte, die Wohnung könne in Brand geraten, warf jetzt seine Schachteln mit all ihren Zetteln eigenhändig ins Feuer.

Er hatte seine wahre Natur entdeckt. Dieser leidenschaftliche Sammler ungewöhnlicher Tatsachen war in Wirklichkeit ein Fanatiker hoher Ideen. Was hatte er im Verlauf dieser «verlorenen» Jahre unbewußt ins Werk zu setzen begonnen? Nichts anderes als einen Angriff gegen eine der großen Mächte des Jahrhunderts: gegen die Überzeugung der zivilisierten Menschen, daß sie alles über diese Welt, in der sie leben, wissen. Und warum hatte Charles Hoy Fort sich so schamhaft verborgen gehalten? Weil schon die leiseste Anspielung auf die Tatsache, daß es in dieser Welt noch ungeheure Bereiche des Unbekannten gibt, die Menschen unangenehm berührt und verwirrt. Charles Hoy Fort hatte sich verhalten wie ein Erotomane: halten wir unsere Laster geheim, damit die Gesellschaft nicht in Wut gerät, wenn sie merkt, daß die meisten Ländereien der Sexualität noch brach liegen. Es handelte sich jetzt für ihn darum, von der manischen Sucht zur echten Prophetie zu finden, von der einsamen Freude zur prinzipiellen Aussage. Seine Aufgabe war es, von nun an ein wahrhaftes, ein revolutionäres Werk zu vollbringen.

Die wissenschaftliche Erkenntnis ist nicht objektiv. Sie ist, genau wie die Zivilisation, eine Verschwörung. Man verwirft eine ganze Anzahl von Tatsachen, weil sie die festgelegten Vernunftschlüsse stören würden. Wir leben unter einer Inquisitionsherrschaft, und die Waffe, die sie gegen unliebsame Tatsachen am häufigsten anwendet, ist die von höhnischem Lachen begleitete Verachtung.

Was ist unter diesen Umständen die Erkenntnis? «In der Topographie der Intelligenz», schrieb Fort, «könnte man die Erkenntnis als die von Gelächter verdeckte Unwissenheit bezeichnen.» Man sollte also zusätzlich zu jenen Freiheiten, die uns durch die Verfassung garantiert sind, noch weitere fordern: die Freiheit, an der Wissenschaft zu zweifeln. Die Freiheit, die Evolutionstheorie in Frage zu stellen, oder die Drehbewegung der Erde, die Existenz der Lichtgeschwindigkeit, das Gravitationsgesetz und vieles andere. Alles, nur nicht die Tatsachen. An sie soll man glauben. Und zwar nicht an sorgfältig ausgewählte Tatsachen, sondern an alle, so, wie sie sich uns darbieten mitsamt all ihren bizarren Nebenerscheinungen und unwahrscheinlich wirkenden Einzelheiten. Wir dürfen nichts, was real ist, von vornherein verwerfen: eine zukünftige Wissenschaft wird unbekannte Verbindungen zwischen Fakten entdecken, die uns heute beziehungslos erscheinen. Die Wissenschaft hat es nötig, einmal von einem ungläubigen, heißhungrigen, wilden Geist kräftig durchgeschüttelt zu werden. Die Welt braucht eine Enzyklopädie der verschmähten Tatsachen, der verbannten Realitäten. «Ich fürchte, man muß unserer Zivilisation neue Welten entgegenstellen, in denen auch weiße Frösche ein Lebensrecht haben.»

Acht Jahre hindurch machte der schüchterne Seehund aus Bronx es sich zur Aufgabe, sämtliche Künste und Wissenschaften zu erlernen – und obendrein noch etwa ein halbes Dutzend neuer Wissenschaften zu erfinden. In seiner enzyklopädischen Begeisterung stürzte er sich auf die ungeheuerliche Arbeit, die weniger im eigentlichen Lernen bestand als darin, sich der Totalität der Erscheinungen bewußt zu werden. «Ich staune darüber, daß ein Mensch sich damit begnügen kann, Romanschriftsteller, Schneider, Industrieller oder Straßenfeger zu sein.» Er schluckte und verdaute Prinzipien, Formeln, Gesetze und Phänomene in der Städtischen Bibliothek von New York, im Britischen Museum und vermittels einer umfangreichen Korrespondenz mit den größten Bibliotheken und Buchhandlungen der Welt. Die Frucht dieser Bemühungen waren vierzigtausend Notizen, die er in dreizehnhundert Unterabteilungen gliederte und in einer Stenographie eigener Erfindung mit Bleistift auf winzige Pappkärtchen aufzeichnete. Dieses ganze wahnwitzige Unternehmen wurde überstrahlt von der Gabe, jeden Gegenstand vom Standpunkt einer höheren Intelligenz aus zu betrachten, die ihn so aufnimmt, als habe sie eben erst von seiner Existenz erfahren.

«Die Astronomie.
Ein Nachtwächter überwacht ein halbes Dutzend roter Lampen in einer abgesperrten Straße. Es gibt in diesem Viertel Gasbrenner, Stehlampen und erleuchtete Fenster. Man reibt Streichhölzer an, setzt Öfen in Brand, ein Gebäude steht in Flammen, Neonlichter und Autoscheinwerfer strahlen auf. Aber der Nachtwächter kümmert sich einzig um seine sechs roten Lampen ...»

Gleichzeitig nimmt Fort seine Untersuchungen über die verdrängten Tatsachen wieder auf, aber diesmal geht er systematisch vor und bemüht sich, jede einzelne genau zu untersuchen und entsprechend einzuordnen. Er folgt dabei einem Plan, der die Astronomie, die Soziologie, die Psychologie, die Morphologie, die Chemie und den Magnetismus umfaßt. Er legt nicht allein eine Sammlung an, sondern versucht, gewissermaßen eine Windrose der aus dem Unbekannten wehenden Winde zu entwerfen, einen Kompaß für die Fahrt auf jenseitigen Meeren zu konstruieren, das Puzzlespiel der Welten, die sich hinter unserer Welt verbergen, zusammenzusetzen. Er braucht dabei jedes Blatt, das am riesigen Baum des Phantastischen zittert: am 22. November 1821 gellen Schreie durch den Himmel über Neapel; im Jahre 1861 fallen aus den Wolken Fische auf Singapur; an einem schönen Apriltag geht im Département Indre-et-Loire eine Sintflut von welken Blättern nieder; mit einem herunterzuckenden Blitzstrahl fallen Steinäxte auf Sumatra; lebende Materie stürzt herab; Tamerlane des Raums begehen Entführungen; das Strandgut vagabundierender Welten kreist um uns.

«Ich bin intelligent und unterscheide mich dadurch wesentlich von den orthodoxen Wissenschaftlern. Da ich nicht über den aristokratischen Hochmut eines New Yorker Museumswärters oder eines Eskimozauberers verfüge, muß ich mich wohl oder übel bemühen, andere Welten kennenzulernen ...»

Frau Fort zeigt nicht das geringste Interesse für all diese Dinge. Ja, sie ist so indifferent, daß ihr die Extravaganz der Tätigkeit ihres Mannes überhaupt nicht auffällt. Er spricht nicht über seine Arbeiten, höchstens teilt er hie und da ein paar verblüfften Freunden etwas davon mit. Aber er legt keinen Wert darauf, mit ihnen zusammenzutreffen — er schreibt ihnen von Zeit zu Zeit.

«Ich habe den Eindruck, daß ich mich einem neuen Laster hingebe, das den Liebhabern unbekannter Sünden empfohlen werden kann. Anfänglich waren einzelne der Tatsachen, auf die ich hinwies, so erschreckend oder lächerlich, daß man sie nur mit Abscheu zur Kenntnis nahm oder sich rundweg weigerte, sich damit zu befassen. Jetzt geht es schon besser; es ist sogar ein wenig Raum für Mitleid vorhanden.»

Seine Augen ermüden. Er fühlt, daß er erblinden wird. Er unterbricht für einige Monate seine Arbeit, gibt sich nur der Meditation hin und ernährt sich lediglich von Brot und Käse. Als seine Augen wieder klar geworden sind, macht er sich daran, seine persönliche anti-dogmatische Schau des Universums darzulegen und mit kräftigen humoristischen Axtschlägen das Dickicht der Vorurteile zu lichten, um seinen Mitmenschen einen Weg zum Verständnis aufzutun. «Manchmal ertappte ich mich selber dabei, daß ich mir das, was ich gern geglaubt hätte, nicht vorstellen konnte.» Je weiter er im Studium der verschiedenen Wissenschaften vorangekommen war, um so deutlicher waren ihm deren Unzulänglichkeiten geworden. Es galt also, sie von Grund auf niederzureißen, überall noch einmal von vorn zu beginnen und die verpönten Tatsachen seiner zyklopenhaften Sammlung in das System einzubauen.

«Ich bin nicht der Meinung, daß ich das Absurde zum Idol erhebe. Bei den ersten tastenden Versuchen gibt es wohl keine Möglichkeit, schon zu wissen, was später als annehmbar gelten wird. Wenn ein Pionier der Zoologie von Vögeln hört, die auf Bäumen wachsen, so wird er eben darauf hinweisen müssen, daß er von Vögeln gehört habe, die auf Bäumen wachsen. Dann, aber wirklich erst dann, muß er diese Angaben gründlich überprüfen.»

Das Wesen der Erkenntnis selbst muß einer Revision unterzogen werden. Charles Hoy Fort fühlt, wie zahlreiche Theorien in ihm vibrieren, und alle haben sie die gleichen Flügel wie der Engel des Bizarren. Er sieht die Wissenschaft als sehr eleganten, komfortablen Wagen, der eine Autobahn entlang fährt. Aber zu beiden Seiten dieser prachtvollen, von Neonlicht erhellten Asphaltstraße erstreckt sich eine wilde Landschaft voller Wunder und Geheimnisse. Stop! Erforscht das Land auch in der Breite! Biegt vom Weg ab! Fahrt kreuz und quer!

Fort hat sein Material beisammen. Überzeugt von der Wichtigkeit seiner Mission, häuft er jetzt auf dreihundert Seiten die wirksamsten seiner Explosivstoffe an.

«Verschlingt den Stamm eines Mammutbaums, blättert in den Seiten der Kreidefelsen, vertausendfacht meine Unbescheidenheit zum Größenwahn eines Titanen! Dann erst werde ich ausführlich das schreiben können, was mein Thema erfordert.»

So verfaßt er sein erstes Werk, *The Book of the Damned,* in dem, wie er sagt, «eine gewisse Anzahl von Erfahrungen über die Struktur der Erkenntnis» dargelegt werden. Das Buch erschien im Jahre 1919 in New York. Es entfesselte eine Revolution in den intellektuellen Kreisen. Zur Zeit der ersten Bekundungen des Dadaismus und des Surrealismus tat Charles Fort auf dem Gebiet der Wissenschaft das, was Tzara, Breton und ihre Schüler in den bildenden Künsten und der Literatur vollziehen sollten: er erhob einen flammenden Protest gegen die Zumutung, ein Spiel mitzuspielen, bei dem alle Welt betrügt; er beteuerte voll wütender Überzeugung, «daß es das ‹Andere› gibt». Fort verlangt eine ungeheure Anstrengung, vielleicht nicht, um sich das Reale in seiner Gesamtheit zu vergegenwärtigen, sondern eher, um zu verhindern, daß man sich das Reale in einem falschen Zusammenhang vorstellt. Es muß ein entscheidender Bruch vollzogen werden. «Ich bin eine Stechmücke, die die Haut des Bewußtseins peinigt, um zu verhindern, daß es einschläft.»

The Book of the Damned? «Ein Himmelsgeschenk für alle Verrückten», erklärte John Winterich. «Eine Mißgeburt der Literatur», schrieb Edmund Pearson. Für Ben Hecht ist Charles Fort «der Apostel der Ausnahme und der Zauberpriester des Unwahrscheinlichen». Martin Gardner hingegen erkennt, daß «seine Sarkasmen im Einklang mit den gültigsten kritischen Urteilen Einsteins und Russells stehen». John W. Campbell versichert, «daß in diesem Werk die Ansätze zu mindestens sechs neuen Wissenschaften enthalten sind». «Charles Fort lesen heißt auf einem Kometen reiten», gesteht Maynard Shipley, und Theodore Dreiser sieht in ihm «die größte literarische Persönlichkeit seit Edgar Allan Poe». Außerhalb Amerikas erschien das Werk nur in Frankreich *, fand aber keine Beachtung.

Tiffany Thayer, der in den Vereinigten Staaten die Gesellschaft der Freunde von Charles Fort leitet, schreibt:

«Die Ausführungen Charles Forts riefen bei einer Gruppe amerikanischer Schriftsteller höchstes Interesse hervor, und sie beschlossen, ihm zu Ehren den Angriff weiterzuführen, den er gegen die allmächtigen Priester des neuen Gottes, der Wissenschaft, und gegen alle Arten von Dogmen begonnen hatte. Zu diesem Zweck wurde am 26. Januar 1931 die *Charles Fort Society* gegründet.

Zu den Gründern gehörten Theodore Dreiser, Booth Tarkington, Ben Hecht, Harry Leo Wilson, John Cowper Powys, Alexander Woollcott, Burton Rascoe, Aaron Sussman und ich.

Charles Fort starb im Jahre 1932, kurz vor der Veröffentlichung seines vierten Werks, *Wild Talents*. Seine zahlreichen Notizen wurden der *Charles Fort Society* vermacht: sie bilden heute den Grundstock für die Archive dieser Gesellschaft, die dank den Einsendungen ihrer Mitglieder in neunundvierzig Ländern täglich anwachsen.

Die Gesellschaft veröffentlicht eine Vierteljahresschrift, *Doubt.* Dieses Organ ist eine Art Kompensationsort für alle ‹verpönten› Tatsachen, d. h. jene Tatsachen, welche die orthodoxe Wissenschaft nicht anerkennen will, wie z. B. das Phänomen der ‹fliegenden Untertassen›. Die Auskünfte und Statistiken hinsichtlich dieses Themas, über welche die Gesellschaft verfügt,

---

* 1955 bei Editions des Deux-Rives, Paris, in der von Louis Pauwels betreuten Reihe «Lumière Interdite».
Nach dem *Book of the Damned* veröffentlichte Fort im Jahre 1923 *New Lands* und einige Jahre darauf zwei weitere Werke: *Lo!* (1931) und *Wild Talents* (1932). Diese Bücher erfreuen sich in Amerika, England und Australien einer gewissen Berühmtheit.
Ich entnehme eine große Anzahl der hier beschriebenen Einzelheiten der Studie von Robert Benayoun.

stellen die älteste, umfangreichste und vollständigste Sammlung dieser Art dar.
In der Zeitschrift *Doubt* werden auch Charles Hoy Forts Notizen veröffentlicht.»

Unser früherer Schmetterlingspräparator hatte einen Abscheu vor allem Festgelegten, endgültig Klassifizierten. Die Wissenschaft isoliert die Erscheinungen und Dinge, um sie so besser beobachten zu können. Die große Idee Charles Forts lautet dahin, daß sich nichts isolieren läßt. Jeder Gegenstand, der isoliert wird, hört damit auf zu existieren.

Ein Schwalbenschwanz-Schmetterling saugt an einer Nelke: wir haben also einen Schwalbenschwanz plus Nelkennektar oder eine Nelke minus den Hunger eines Schwalbenschwanzes. Jede Definition eines vereinzelten Gegenstands ist ein Attentat auf die Realität.

«Bei den sogenannten wilden Völkerstämmen umsorgt man die Geistesschwachen mit liebevoller Ehrfurcht. Als ein Zeichen der Geistesarmut gilt im allgemeinen die Definition eines Gegenstands durch Ausdrücke, die sich nur auf ihn selbst beziehen. Alle Wissenschaftler jedoch stellen derartige Definitionen an den Ausgangspunkt ihrer Arbeit, und bei den Völkerstämmen, zu denen wir uns rechnen müssen, bringt man den Wissenschaftlern eine besondere Ehrfurcht entgegen.»

Das ist Charles Hoy Fort, der Liebhaber des Ungewöhnlichen, der Skribent der Mirakel, der Mann, der sich auf eine gewaltige Denkleistung über das Denken eingelassen hat. Denn es ist die geistige Struktur des zivilisierten Menschen, auf die er es abgesehen hat. Er ist in keiner Weise mehr einverstanden mit dem Zweitaktmotor, der das moderne Denken in Bewegung setzt. Zwei Möglichkeiten: ja oder nein, positiv oder negativ. Die moderne Erkenntnis und der Intellekt von heute beruhen auf dieser binären Methode: richtig — falsch, offen — geschlossen, lebendig — tot, flüssig — fest. Das, was Fort in bewußtem Gegensatz zu Descartes fordert, ist ein Standpunkt, der den Blick auf das Allgemeine freigibt und von dem aus das Einzelne in seinen Beziehungen zu diesem Allgemeinen definiert werden kann. Er fordert eine neue geistige Struktur, die imstande ist, die Zwischenstadien zwischen dem Ja und dem Nein, dem Positiven und dem Negativen wahrzunehmen. Ein Denken also, das sich über das Binäre erhebt. Gewissermaßen ein drittes Auge der Intelligenz. Um das, was dieses dritte Auge erblickt, auszudrücken, reicht unsere Sprache, die ja auch ein Produkt des binären Denkens ist (eine Verschwörung, eine absichtliche Beschränkung), nicht aus. So muß Fort denn eine Art von doppelgesichtigen Adjektiven in seinen Sprachgebrauch einführen: «real-irreal», «materiell-immateriell», «löslich-unlöslich».

Als Bergier und ich eines Tages mit einem unserer Freunde zu Mittag speisten, erfand dieser aus dem Stegreif einen ehrsamen österreichischen Professor namens Kreyssler. Besagter Professor Kreyssler nun, von dem unser Freund uns in aller Ausführlichkeit erzählte, hatte ein ungeheures Werk verfaßt, in dem er den Versuch einer Neuschöpfung der abendländischen Sprache unternahm. Unser Freund dachte ernstlich daran, in einer seriösen Zeitschrift eine Studie über «Kreysslers Wortschatz» erscheinen zu lassen — es wäre bestimmt eine sehr nützliche Mystifikation geworden. Kreyssler also hatte sich bemüht, das Korsett der Sprache ein wenig zu lockern, um ihr zu etwas freierem Atmen zu verhelfen und auf diese Weise Raum für die heute so vernachlässigten semantischen Zwischenstadien, die subtilen Nuancen zu schaffen. Nehmen wir ein Beispiel. Der Vorsprung (l'avance) und die Verzögerung (le retard). Wie soll ich eine Verzögerung des Vorsprungs, den ich haben möchte, bezeichnen? Es gibt kein Wort dafür. Kreyssler schlägt einen Kompromiß vor: der *atard*. Und der Vorsprung gegenüber meiner früheren Verzögerung, wie soll er heißen? Die *revance*. Aber es geht hier nicht allein um Zwischenstadien zeitlicher Art. Wählen wir psychologische Zustände: die Liebe (l'amour) und den Haß (la haine). Wenn meine Liebe nur lau ist, wenn ich im anderen eigentlich nur mich selber liebe, wenn mein Gefühl schon ein wenig dem Haß zuneigt — ist es dann noch Liebe? Nein, es ist nur *amaine*. Wenn ich hingegen meinen Feind hasse und dabei doch nicht das Gefühl einer Verbundenheit aller Lebewesen verliere, wenn ich zwar sozusagen als Feind meine Pflicht tue und doch Haß und Liebe miteinander versöhne, so ist mein Gefühl nicht mehr als Haß zu bezeichnen: es ist *hour*. Oder gehen wir zu den Zwischenstadien der fundamentalsten Begriffe über: was ist sterben (mourir), und was ist leben (vivre)? Wie viele Zwischenstadien sind da vorhanden, die wir nur nicht sehen wollen! Da gibt es das *mouvre:* kein eigentliches Leben, sondern nur ein Zustand, in dem der Mensch sich selbst daran hindert, zu sterben. Dann gibt es Menschen, die wahrhaft leben, obgleich sie sterben müssen: ihr Tod ist kein Sterben mehr, es ist ein *virir.* Und schließlich die Zwischenreiche des Bewußtseins. Wie leicht kommt es vor, daß unser Bewußtsein zwischen dem Zustand des Schlafens (dormir) und dem des Wachens (veiller) schwebt. Wie oft tut mein Bewußtsein nichts als *vemir:* glauben, es wache, während es in Wahrheit einschläft! Und Gott gebe, daß es in Erkenntnis seiner Schlafbereitschaft versucht, wach zu bleiben! Dieser zweite Zustand aber wäre ein *doriller.*

Als unser Freund uns diese geniale Farce vortrug, hatte er gerade Charles Hoy Fort gelesen. Dieser schreibt:

«Was die Metaphysik betrifft, bin ich der Ansicht, daß alles, was man gemeinhin als ‹Existenz› bezeichnet und was ich ‹Zwischenstadium› nenne, im Grunde nur eine Schein-Existenz ist, weder real noch irreal, sondern der Ausdruck eines Versuchs, der sich das Reale oder doch die Erlangung einer realen Existenz zum Ziel gesetzt hat.»

Ein solches Unterfangen ist beispiellos für unsere Zeit. Es kündigt sich darin jene große Veränderung in der Struktur des Geistes an, die eben jetzt auch die Entdeckung gewisser physiko-mathematischer Tatsachen erfordert. So bewegt sich vom Standpunkt des Elementarteilchens aus die Zeit in zwei Richtungen. Es gibt Gleichungen, die sowohl richtig wie falsch sind. Das Licht ist zugleich Welle und Teilchen.

«Das, was man Sein nennt, ist Bewegung: jede Bewegung ist nicht etwa der Ausdruck eines Gleichgewichts, sondern ein Versuch, sich ins Gleichgewicht zu bringen, oder auch ein nicht erreichtes Gleichgewicht.» Diese Sätze stammen aus dem Jahr 1919; sie weisen eine erstaunliche Ähnlichkeit mit den Überlegungen auf, die Jacques Ménétrier, ein heutiger Physiker und Biologe, über die Umkehrung der Entropie angestellt hat:

«In unserem Zwischenstadium oder Scheinzustand stellen alle

Erscheinungen einen Versuch zur Organisierung, Harmonisierung und Individualisierung dar, einen Versuch also, zur Realität zu gelangen. Aber alle diese Anstrengungen sind zum Scheitern verurteilt durch die Kontinuität oder durch äußere Kräfte, durch die verdrängten Tatsachen, die doch so dicht neben den anerkannten liegen.»

Mit diesem Gedankengang ist eine der abstraktesten Operationen der Quantenphysik vorweggenommen: die Normalisierung der Funktionen, bei der man eine Funktion dadurch festlegt, daß man einen physischen Gegenstand so beschreibt, daß eine Möglichkeit besteht, ihn innerhalb des ganzen Universums wiederzufinden.

«Für mich nehmen alle Dinge gewisse Stadien oder Etappen zwischen der Realität und der Irrealität ein.» Darum kommt es Fort auch wenig darauf an, welches Faktum er nun herausgreift, wenn er beginnen will, das Ganze zu beschreiben. Und warum sollte er lieber eine Tatsache wählen, die unsere Vernunft beruhigt, als eine, die sie verstört? Warum ausschließen? Wenn man einen Kreis berechnen will, ist es ganz gleichgültig, an welchem Punkt man ansetzt. Da ist zum Beispiel von fliegenden Gegenständen die Rede. Nun, auch das ist eine Tatsachengruppe, von der aus man beginnen kann, das Ganze zu erfassen. «Aber», so fügt Fort sogleich hinzu, «ein Efeusturm würde sich ebensogut dazu eignen.»

«Ich bin kein Realist. Ich bin kein Idealist. Ich bin ein Intermediärist, ein Mensch, dem es auf die Zwischenstadien ankommt.» Wie aber soll man sich verständlich machen, wenn man der Wurzel des Verstehens, der Grundlage des Geistes selbst den Kampf angesagt hat? Durch ein scheinbar exzentrisches Verhalten, durch die schockierende Sprache des wahrhaft zentralistischen Genies: wenn es seine Bilder in den abgelegensten Gebieten sucht, so nur, weil es sicher ist, daß es sie den festen Strukturen seiner Meditation angleichen kann. In gewisser Hinsicht verfährt Gevatter Fort nach der Art Rabelais'. Er veranstaltet mit seinen Einfällen und Bildern ein solches Getöse, daß die Toten davon aufwachen könnten.

«Ich sammle Notizen über alle Gegenstände, die gewisse Ausnahmefälle darstellen, wie die Abweichungen von der Konzentrizität im Mondkrater Kopernikus, stillstehende Meteore oder ein unvermutet einsetzender Haarwuchs auf dem kahlen Schädel einer Mumie. Trotz alledem richtet sich mein größtes Interesse nicht auf die Tatsachen selbst, sondern auf die Relationen zwischen ihnen. Ich habe lange über die sogenannten Beziehungen nachgedacht, die man als Zufälle bezeichnet. Und wenn es gar keine Zufälle gäbe?»

«In früheren Tagen, als ich noch ein recht kauziger Taugenichts war, sperrte man mich samstags in den väterlichen Laden, wo ich die Etiketten von den Konservenbüchsen der Konkurrenten meines Vaters herunterkratzen und unsere eigenen Papierschilder aufkleben mußte. Eines Tages hatte ich eine mächtige Pyramide von Obst- und Gemüsekonserven vor mir, aber mir blieben nur noch Etiketten für Pfirsichdosen. Ich beklebte also die Pfirsichdosen und kam zu den Aprikosen. Und ich dachte: Sind Aprikosen nicht im Grunde auch Pfirsiche? Und sind gewisse Pflaumen nicht fast dasselbe wie Aprikosen? Daraufhin begann ich — zum Spaß oder aus ernsthafter Überzeugung — meine Pfirsichetiketten auf alle Büchsen zu kleben, gleichgültig ob sie Pflaumen, Kirschen, Bohnen oder Erbsen enthielten. Warum tat ich das? Ich weiß es heute noch nicht und bin mir nicht klar darüber, ob ich damals ein Weiser oder ein Spaßvogel war.»

«Ich habe gerade ein Exemplar einer außergewöhnlich geräuschvollen Schmetterlingsart vor mir: eine Totenkopf-Sphinx. Sie quiekt wie eine Maus, und es kommt mir fast vor, als erzeuge sie diesen Ton mit dem Mund. Man sagt vom Kalima-Schmetterling, der einem welken Blatt ähnelt, daß er es nachahme. Aber ahmt die Totenkopf-Sphinx ein Skelett nach?»

«Wenn es keine positiven Unterschiede gibt, ist es auch nicht möglich, irgend etwas zu definieren, indem man auf seinen Unterschied gegenüber anderen Dingen hinweist. Was ist ein Haus? Eine Scheune ist ein Haus, vorausgesetzt, daß man darin wohnt. Aber wenn die Tatsache des Bewohntseins für das Wesen eines Hauses bezeichnender ist als ein bestimmter Architekturstil, so ist auch ein Vogelnest ein Haus. Es ist nicht ausschlaggebend, ob Menschen in dem Ding wohnen, das wir ein Haus nennen, denn auch die Hunde haben Häuser oder Hütten. Auch auf das Material kommt es nicht an, denn die Eskimos haben Häuser aus Schnee. Und so ergibt sich, daß zwei offensichtlich so verschiedene Dinge wie das Weiße Haus in Washington und die Schale eines Einsiedlerkrebses einander durchaus verwandt sind.»

«Weiße Koralleninseln auf einem dunkelblauen Meer. Ihre scheinbare Klarheit, ihre scheinbare Individualität oder auch der Zwischenraum, der sie trennt, sind nur Projektionen des Meeresgrundes selbst. In jedem Wasser ist ein wenig Erde enthalten, so wie jedes Stück Erde ein wenig Wasser enthält. Demnach sind alle Erscheinungen trügerisch, weil sie Teile ein und desselben Spektrums sind. Ein Tischbein hat nichts Eigenständiges an sich, es ist nur die Projektion von irgend etwas. Und keiner von uns ist eine individuelle Persönlichkeit, da wir physisch mit allem, was uns umgibt, in Berührung stehen. Auch unsere psychischen Vorgänge sind nichts anderes als ein Ausdruck unserer Beziehungen mit allem, was uns umgibt. Meine Ansicht lautet also folgendermaßen: alle Dinge, die eine individuelle Identität zu besitzen scheinen, sind nichts als Inseln, Projektionen eines versunkenen Kontinents, und sie haben keine echten eigenen Konturen.»

«Als schön würde ich das bezeichnen, was vollständig erscheint. Das Unvollständige oder Verstümmelte ist absolut häßlich. Die Venus von Milo: ein Kind würde sie häßlich finden. Wenn ein reiner Geist sie sich unverstümmelt, als Ganzes vorstellt, wird sie schön. Eine Hand, lediglich als Hand betrachtet, kann schön erscheinen. Wenn sie, vom Körper abgetrennt, auf einem Schlachtfeld liegt, ist sie nicht mehr schön. In dieser Welt gibt es nichts Schönes; es gibt nur den Anschein, der ein Zwischenstadium zwischen der Schönheit und der Häßlichkeit einnimmt. Nur das Universale ist vollständig, nur das Komplette ist schön.»

Die große Idee unseres Meisters Fort ist also die Einheit, die allen Dingen und Erscheinungen zugrunde liegt. Nun klammert aber das Denken der zivilisierten Welt des ausgehenden 19. Jahrhunderts überall bestimmte Dinge aus, und unsere Art des binären Denkens kann sich nur auf Dualitäten einstellen. Darum revoltiert der weise Narr aus Bronx gegen die Wissenschaft seiner Zeit, die nur einen Teil der Realität anerkennt, ebenso wie gegen die Struktur unseres Geistes selbst. Ihm erscheint eine andere Form des Denkens notwendig: ein Denken, dem etwas Mystisches anhaftet und das sich der Totalität der Dinge aufschließt. Von hier ausgehend bringt Fort ganz neue Methoden der Erkenntnis in Vorschlag. Um uns auf sie vorzubereiten, bemüht er sich zunächst, unsere überkommenen Denkgewohnheiten in Stücke zu schlagen. «Ich werde euch zwingen, an die Türen zu klopfen, die sich auf unbekannte Räume öffnen.»

Und doch ist Charles Fort kein Idealist. Er kämpft gegen unseren unzulänglichen Realismus: unzulänglich, weil wir das Reale ablehnen, sobald es phantastisch ist. Fort predigt keine neue Religion. Ganz im Gegenteil: er bemüht sich, einen Zaun um seine Doktrin zu ziehen, damit die Schwachen im Geiste nicht an sie heran können. Er ist davon überzeugt, daß «jedes in jedem» und das Universum in einem Sandkorn enthalten ist. Aber diese metaphysische Gewißheit kann nur auf den höchsten Stufen der Reflexion ihr Licht erstrahlen lassen. Sie kann nicht auf das Niveau eines schülerhaften Okkultismus hinabsteigen, ohne lächerlich zu werden. Sie hat nichts übrig für die Entzückungen des analogischen Denkens; das ist etwas für zweifelhafte Esoteriker, die nicht müde werden, ein Ding durch das andere zu erklären: die Bibel durch Zahlen, den letzten Krieg durch die Große Pyramide, die Revolution durch die Tarockkarten, die Zukunft durch die Sternbilder — und die überall Zeichen zu sehen glauben. «Vermutlich besteht eine Verbindung zwischen einer Rose und einem Nilpferd, und doch würde nie ein junger Mann auf die Idee kommen, seiner Verlobten einen Strauß Nilpferde zu überreichen.» Mark Twain, der sich über das gleiche Gedankenlaster lustig macht, erklärt vergnügt, man könne durchaus das «Frühlingslied» durch die Gesetzestafeln erklären, da Moses und Mendelssohn ja ein und derselbe Name sei: man brauche lediglich die Buchstaben oses durch endelssohn zu ersetzen. Und Charles Fort kommt noch einmal auf diese Gedankenakrobatik zurück: «Man kann einen Elefanten einer Sonnenblume gleichsetzen: beide haben einen langen Stiel. Wenn man nur an den Buckel denkt, läßt sich ein Kamel von einer Erdnuß nicht unterscheiden.»

So also ist es um das heitere und handfeste Wissen dieses kleinen

Mannes bestellt. Verfolgen wir jetzt, wie seine Gedanken sich zu kosmischer Weite steigern.

Wenn nun die Erde als solche auch nicht real wäre? Wenn sie nur eine Art Zwischenstadium innerhalb des Kosmos darstellte? Vielleicht ist unser Planet gar kein selbständiger Stern und das Leben auf ihm durchaus nicht unabhängig von anderen Lebewesen, anderen Existenzen im Weltraum...

Vierzigtausend Notizen über sonderbare Regen- und Hagelschauer, die auf unsere Erde niedergegangen sind, haben Charles Fort schon längst zu der Annahme gebracht, daß die meisten dieser Erscheinungen nicht irdischen Ursprungs waren. «Man sollte sich doch einmal mit der Idee befreunden, daß es jenseits unserer Welt noch andere Kontinente gibt, von denen Gegenstände herabfallen, ebenso wie Strandgut aus Amerika an Europas Küsten angeschwemmt wird.»

Sprechen wir es gleich aus: Fort ist kein naiver Mensch. Er glaubt nicht alles. Er sträubt sich nur gegen die Gewohnheit, etwas a priori abzulehnen. Er weist nicht mit dem Finger auf Wahrheiten: er schlägt mit den Fäusten zu, um das wissenschaftliche Gebäude seiner Zeit zu zerstören, dessen Bausteine so unvollständige Teilwahrheiten sind, daß sie schon wieder Irrtümern ähneln. Er lacht? Weiß man denn nicht, daß die menschliche Bemühung um die Erkenntnis zuweilen von einem Lachen erschüttert wird, das seinerseits ja auch menschlich ist? Er erfindet? Er träumt? Er tanzt aus der Reihe? Ein kosmischer Rabelais? Gegen eine solche Definition hat er nichts einzuwenden. «Dieses Buch ist eine Fiktion wie *Gullivers Reisen, Die Entstehung der Arten* und übrigens auch die Bibel.»

«Schwarzer Regen und schwarzer Schnee, pechschwarze Schneeflocken. Über dem Meer vor Schottland fällt Eisenschlacke vom Himmel. Man findet sie in so großen Mengen, daß man meinen könnte, den Schutt sämtlicher Schmelzöfen der Welt vor sich zu haben. Ich denke an eine Insel, die an einer transozeanischen Handelsstraße liegt. Es ist wohl möglich, daß mehrmals im Jahr Dinge an ihren Strand gespült werden, die die Besatzungen vorüberfahrender Schiffe über Bord geworfen haben.»

Warum dann nicht an Wrackstücke oder Abfall aus Schiffen denken, die sich von Stern zu Stern durch den Weltraum bewegen? Regenfälle aus tierischer Substanz von gallertiger Konsistenz, begleitet von einem durchdringenden Fäulnisgeruch. «Soll man annehmen, daß durch die endlosen Räume mächtige klebrige oder gallertartige Körper schwimmen?» Handelt es sich vielleicht um Lebensmittelvorräte, die Reisende aus anderen Welten im Himmel deponiert haben? «Ich habe das Gefühl, daß sich über unseren Köpfen in einer stillstehenden Region, in der die Schwerkraft und die meteorologischen Kräfte der Erde praktisch aufgehoben sind, von außen her Produkte ansammeln, die den von uns verwendeten entsprechen.»

Aus lebenden Tieren bestehender Regen: Fischregen, Froschregen, Schildkrötenregen. Von «anderswo»? In diesem Fall ist es denkbar, daß auch die menschlichen Wesen vor Urzeiten einmal «von anderswo» auf die Erde gelangt sind ... Falls es sich nicht um Tiere handelt, die durch Orkane oder Windhosen von der Erdoberfläche emporgerissen und in eine Region des Raumes getragen wurden, in der das Gravitationsgesetz keine Gültigkeit hat, in eine Art Kühlraum, in welchem die Objekte solcher Entführungen unbegrenzt lange aufbewahrt werden können. Der Erde entrückt, durch eine Pforte gestoßen, die ins Anderswo führt, in ein Super-Sargassomeer des Himmels.

«Ihr habt die Tatsachen; macht daraus, was ihr wollt ... Wohin gehen die Windhosen und woraus bestehen sie? ... Ein Super-Sargassomeer: Strandgut, Abfälle, alte Ladungen interplanetarischer Schiffe, Dinge, die durch Erschütterungen benachbarter Planeten in jene Gebiete hinausgeschleudert wurden, die wir den Weltraum nennen, Überreste aus den Zeiten der Alexander, Cäsaren und Napoleone des Mars, des Jupiter und des Neptun. Von unseren Zyklonen emporgerissene Gegenstände: Scheunen und Pferde, Elefanten, Fliegen, Pterodaktylen und ausgestorbene Riesenvögel, Blätter von heutigen Bäumen oder solche aus früheren Erdperioden — und das Ganze danach strebend, sich in homogene Schmutz- oder Staubmassen aufzulösen, in roten, schwarzen oder gelben Staub, Schätze für den Paläontologen oder den Archäologen, Aufhäufungen aus Jahrhunderten, Orkane aus Ägypten, aus Griechenland, aus Assyrien ...

Steine fallen mit dem Blitzstrahl herab. Die Bauern haben an Meteoriten geglaubt, die Wissenschaft leugnet die Existenz derselben. Die Bauern glauben an die Donnerkeile, die Wissenschaft streitet auch deren Vorhandensein ab. Es hat keinen Sinn, darauf hinzuweisen, daß die Bauern auf ihren Feldern arbeiten, während die Wissenschaftler sich in ihren Laboratorien und Vortragssälen verstecken.»

Behauene Donnerkeile. Steine, überladen mit Zeichen und Markierungen. Und wenn andere Welten versuchten, so und auch auf andere Weise mit uns oder mit einigen von uns in Verbindung zu treten? «Mit einer Sekte vielleicht, einer Geheimgesellschaft oder gewissen sehr esoterischen Bewohnern dieser Erde?» Es gibt Tausende und aber Tausende von Hinweisen auf derartige Versuche.

«Meine jahrelange Erfahrung hinsichtlich der Unduldsamkeit und Gleichgültigkeit der Menschen bringt mich auf den Gedanken, daß die Astronomen wohl diese Welten gesehen, daß die Meteorologen und andere Spezialwissenschaftler sie wohl schon häufig beobachtet haben, daß jedoch die allgewaltige Wissenschaft alle derartigen Tatsachen abgelehnt hat.»

Erinnern wir uns noch einmal, daß diese Sätze um 1910 geschrieben wurden. Heute bauen die Russen und die Amerikaner Laboratorien zur Untersuchung von Botschaften, die uns möglicherweise von anderen Welten übermittelt werden.

Wenn nun in einer fernen Vergangenheit die Bewohner anderer Welten unsere Erde besucht hätten? Wenn die Paläontologie auf falschen Voraussetzungen fußte? Wenn die großen überall aufgefundenen Gerippe, über welche die Wissenschaftler des 19. Jahrhunderts bestimmte Theorien aufgestellt haben, von diesen absichtlich gesammelt und aufgehäuft worden sind? Wenn es Überreste gigantischer Wesen, gelegentlicher Besucher unseres Planeten wären? Was zwingt uns denn im Grunde, an das Vorhandensein einer vor-menschlichen Fauna zu glauben, von der die Paläontologen reden und von der sie schließlich auch nicht mehr wissen als wir?

«So optimistisch und gläubig ich auch veranlagt sein mag, jedesmal, wenn ich das Amerikanische Museum für Naturgeschichte besuche, gewinnt mein Zynismus in der Abteilung ‹Fossilien› die Oberhand. Gigantische Knochen, die man künstlich zusammengefügt hat, um uns den Dinosaurus glaubhaft zu machen. In der unteren Etage findet sich eine Rekonstruktion des ‹Dodo›. Er ist eine echte Fiktion und wird auch als solche bezeichnet. Aber mit welcher Liebe, mit welchem Drang, uns zu überzeugen, ist er zusammengebastelt . . .

Wenn die Bewohner anderer Welten früher zu uns gekommen sind, warum finden diese Besuche heute nicht mehr statt? Auf diese Frage hätte ich eine einfache und unmittelbar einleuchtende Antwort:

Würden wir, wenn uns das möglich wäre, Schweine, Gänse und Kühe erziehen und zivilisieren? Würden wir daran denken, diplomatische Beziehungen mit einer guten Legehenne aufzunehmen, um uns an ihrem absoluten Sinn für die Vollendung zu erfreuen?

Ich glaube, wir sind so etwas wie Immobilien, Zubehör, Nutzvieh. Ich meine, wir gehören irgend jemand anderem. Ich glaube, daß die Erde früher einmal eine Art Niemandsland war, das von anderen Welten ausgebeutet und kolonisiert wurde und dessen Besitz diese Welten sich gegenseitig streitig machten.

Noch jetzt gehört die Erde irgend jemandem, aber dieser Jemand hat seine Kolonisten zurückgezogen. Solange wir zurückdenken können, ist niemand aus dem Weltraum so deutlich und sichtbar bei uns erschienen wie etwa Kolumbus den Einwohnern von San Salvador oder Hudson, als er den Fluß, der jetzt seinen Namen trägt, hinauffuhr. Was jedoch die verstohlenen Besuche betrifft, die noch in letzter Zeit unserer Erde abgestattet wurden, was die Reisenden betrifft, die vielleicht als Sendboten einer anderen Welt zu uns kamen, jedoch Wert darauf legten, jede direkte Berührung mit uns zu vermeiden, so können wir uns recht überzeugende Beweise darüber verschaffen.

Wenn ich diesen Versuch unternehme, muß ich nun meinerseits gewisse Aspekte der Realität außer acht lassen. So würde es mir zum Beispiel schwerfallen, in einem einzigen Buch alle Möglichkeiten aufzuzählen, wie die Menschheit einer andersgearteten Sorte Lebewesen dienstbar sein könnte, oder auch nur die schmeichelhafte Illusion zu rechtfertigen, daß wir überhaupt zu etwas nütze sein können. Schweine, Gänse und Kühe müssen erst einmal entdecken, daß sie das Eigentum anderer sind; dann können sie sich die Frage stellen, warum es so ist. Vielleicht sind wir zu etwas nütze, vielleicht auch haben mehrere Parteien eine Abmachung über uns getroffen: Irgendeine Macht hat jetzt ein legales Recht auf uns, nachdem sie unserem früheren, primitiveren Besitzer dafür die geforderte Menge an Glasperlen gezahlt hat. Und seit mehreren hundert Jahren schon ist dieser Handel einigen unter uns bekannt, den Leithammeln eines Kults oder eines Geheimordens, dessen Mitglieder so etwas wie Sklavenaufseher sind, die uns entsprechend den Weisungen lenken, die sie selber erhalten, und uns unserem geheimnisvollen Schicksal entgegentreiben.

Früher einmal, lange bevor diese legale Übernahme stattfand, sind die Bewohner unzähliger anderer Welten immer wieder auf unserem Planeten gelandet, sind herabgesprungen oder -geflogen, haben unsere Küsten angesegelt, sind auf sie zu getrieben, gestoßen oder gezogen worden, einzeln oder auch in Gruppen, haben uns zufällig oder auch regelmäßig besucht, um hier zu jagen, zu schürfen oder Tauschhandel zu treiben, vielleicht auch, um ihre Harems aufzufüllen. Möglicherweise haben sie Kolonien bei uns gegründet, und später sind die Kolonisten ausgestorben oder mußten wieder zurückkehren. Zivilisierte oder primitive Völkerstämme, Wesen oder Dinge, weiße, schwarze oder gelbe Geschöpfe.»

Wir sind nicht allein, die Erde ist nicht allein, «wir alle sind Insekten und Mäuse, Bewohner eines großen universalen Käses», dessen Gärungsprozeß und Geruch wir sehr undeutlich aufnehmen. Es gibt andere Welten hinter der unseren, andere Leben hinter dem, was wir als Leben bezeichnen. Aber um alle Möglichkeiten der phantastischen Einheit zu sehen, müssen wir die Scheuklappen des heutigen wissenschaftlichen Denkens abwerfen. Es macht auch gar nichts, wenn wir uns täuschen, wenn wir etwa eine Karte von Amerika zeichnen, auf der der Hudson direkt nach Sibirien fließt — Hauptsache, es ist uns in diesem Augenblick einer Renaissance des Geistes und der Erkenntnismethoden bewußt, daß die Karten unbedingt neu gezeichnet werden müssen, daß die Welt nicht so ist, wie wir sie uns bisher vorstellten, und daß wir selber, in der Tiefe unseres Bewußtseins, zu etwas anderem werden müssen.

Andere Welten stehen in Verbindung mit der Erde. Es gibt Beweise dafür. Vielleicht sind diejenigen, die wir zu sehen glauben, nicht die besten. Aber es gibt welche. Die seltsamen Zeichen an den Bergwänden, die aussehen wie durch Schröpfköpfe hervorgerufene Markierungen: Beweise? Man weiß es nicht. Aber jedenfalls regen sie uns an, nach anderen, überzeugenderen zu suchen.

«Ich halte diese Zeichen für Symbole dieser Verbindung.

Ich habe den Eindruck, daß eine äußere Macht aus sehr weiter Entfernung die Felsen unserer Erde mit symbolischen Zeichen versehen hat. Ich kann mir nicht denken, daß diese Markierungen Mitteilungen darstellen, welche die Erdbewohner untereinander austauschen, denn es erscheint mir ausgeschlossen, daß die Bewohner von China, Schottland und Amerika alle dasselbe Zeichensystem erfunden haben. Die Markierungen sind direkt auf dem Felsgestein angebrachte Eindrücke, und man denkt bei ihrem Anblick unwillkürlich an Schröpfköpfe. Manchmal sind sie von einem Kreis umgeben, in anderen Fällen von einem einfachen Halbkreis. Man findet sie praktisch überall: in England, Frankreich, Amerika, Algerien, in Kaukasien und Palästina, überall außer vielleicht im hohen Norden. In China sind die Felsen damit übersät. Auf einem Felsen in der Nähe des Comer Sees findet sich in ganzes Labyrinth dieser Markierungen. In ganz Italien, in Spanien und in Indien gibt es davon unglaubliche Mengen. Nehmen wir an, daß eine der Elektrizität verwandte Kraft imstande ist, über weite Entfernungen hinweg Felsen zu kerben, so wie das Selen über Hunderte von Kilometern durch die Telephotographie markiert werden kann. Nehmen wir es an — aber es gibt noch andere Hypothesen.

Forscher, die von irgendwoher gekommen sind und sich verirrt haben. An ihrem Herkunftsort bemüht man sich, mit ihnen in Verbindung zu treten, und eine Unzahl von Botschaften ergießt sich wie ein Platzregen über die Erde, weil man hofft, daß einige dieser Depeschen Felsen treffen, in deren Nähe sich die verirrten Forscher befinden. Oder eine andere Möglichkeit: Irgendwo auf der Erde gibt es eine ganz besonders geartete Felsfläche, einen Empfänger, einen elektrischen Pol oder auch einen steilen, kegelförmigen Hügel, auf dem seit Jahrhunderten die aus einer anderen Welt kommenden Botschaften aufgezeichnet werden. Zuweilen jedoch erreichen diese Nachrichten ihr Ziel nicht, sondern markieren Felswände, die Tausende von Kilometern von dem eigentlichen Empfänger entfernt liegen. Vielleicht haben die Kräfte, die sich hinter der Erdgeschichte verbergen, auf den Felsen von Palästina, England, Indien und China ganze Archive angelegt, die eines Tages erschlossen werden können, oder auch Instruktionen an die esoterischen Gesellschaften, die Freimaurer und die Jesuiten des Raums ausgegeben, die dann ihr Ziel verfehlten.»

Kein Bild kann zu phantastisch sein, keine Hypothese zu ausgefallen: Sturmböcke, um die Mauern der Festung zu rammen. Es gibt fliegende Maschinen, Forscher im Weltraum. Und wenn sie im Vorüberkommen ein paar Lebewesen von hier unten packen und zu Untersuchungszwecken mitnehmen würden?

«Ich glaube, man fischt uns. Vielleicht sind wir sehr geschätzte Leckerbissen für die Super-Feinschmecker höherer Sphären? Der Gedanke, daß ich immerhin noch zu etwas nütze sein könnte, entzückt mich. Ich glaube, daß eine Menge Schleppnetze durch unsere Atmosphäre gezogen worden sind, wir aber haben sie für Windhosen und Orkane gehalten. Ja, ich glaube, man fischt uns — aber ich erwähne das nur beiläufig . . .»

«Nun haben wir wohl den Höhepunkt des Unannehmbaren erreicht», murmelt unser kleiner Charles Hoy Fort in stiller Zufriedenheit. Er nimmt den grünen Augenschirm ab, reibt sich die großen überanstrengten Augen, glättet seinen Seehundschnurrbart und geht in die Küche, um nachzusehen, ob seine gute Frau Anna, die dort die Bohnen für das Mittagessen kocht, nicht etwa aus Versehen die ganze Wohnung in Brand steckt, die Pappkärtchen mit den Notizen, das Museum der Zufälle, den Lagerraum des Unwahrscheinlichen, den Salon der himmlischen Künstler, das Fundbüro der auf die Erde gefallenen Gegenstände, diese Bibliothek der anderen Welten, diese Kathedrale von Sankt Anderswo, das funkelnde, wunderbare Narrenkostüm, das die Weisheit trägt.

«Anna, meine Liebe, mach bitte den Herd aus.»

2 Eine Hypothese, die für den Scheiterhaufen reif ist — Ein Geistlicher und ein Biologe stellen eine sonderbare Behauptung auf — Wir brauchen einen Kopernikus der Anthropologie — Viele weiße Stellen auf allen Landkarten — Herr Dr. Fortune ist nicht neugierig — Das Geheimnis des geschmolzenen Platins — Schnüre, die Bücher sind — Der Baum und das Telephon — Ein Kultur-Relativismus — Und jetzt eine hübsche kleine Geschichte

Das Werk Charles Forts, diese militante Aktion für eine größtmögliche Erweiterung des Geistes, diese Einführung in ein kosmisches Bewußtsein, sollte einen direkten Einfluß auf den größten Dichter der Zwischenreiche, H. P. Lovecraft, haben, den Vater jener Literaturgattung, die man gemeinhin als «Science Fiction» bezeichnet und deren zehn oder fünfzehn Meisterwerke unserer Ansicht nach so etwas sind wie eine Ilias oder Odyssee unserer vorwärtsdrängenden Zivilisation. In einem gewissen Maße inspiriert der Geist Charles Forts auch uns bei unserer Arbeit. Wir glauben nicht alles. Aber wir glauben, daß alles nachgeprüft werden muß. Zuweilen ist es gerade die Überprüfung zweifelhafter Fakten, die den wahren Tatsachen zu ihrer stärksten Wirkung verhilft. Durch eine Praxis der Auslassungen kann man nicht zum Verständnis des Ganzen gelangen. Darum bemühen wir uns, so wie Fort es tat, eine gewisse Anzahl solcher ausgesparter oder vernachlässigter Tatsachen zu untersuchen, und wir nehmen gern die Gefahr auf uns, als Verrückte verschrien zu werden. Es wird die Aufgabe anderer sein, die richtigen Fährten in unserem Urwald aufzuspüren.

Fort untersuchte alles, was vom Himmel gefallen war. Wir gehen allen wahrscheinlichen, aber auch den zweifelhaften Spuren nach, die untergegangene Kulturen auf der Erde hinterlassen haben. Und wir schließen dabei keine Hypothese aus: die Möglichkeit einer Atomwissenschaft lange vor der Zeit, die man als Vorgeschichte bezeichnet, Weisungen, die uns von außerhalb der Erde lebenden Geschöpfen übermittelt wurden, und vieles andere. Die wissenschaftliche Erforschung der weit zurückliegenden Zeitalter der Menschheit hat kaum erst begonnen, und bei der völligen Verwirrung, die auf diesem Gebiet vorläufig noch herrscht, sind unsere Hypothesen auch nicht ausgefallener und nicht schlechter fundiert als die landläufigen Annahmen. Es kommt uns erst einmal darauf an, die ganze Frage soweit wie irgend möglich aufzurollen.

Wir wollen unseren Lesern keine These über die untergegangenen Kulturen vorsetzen. Wir unterbreiten ihnen lediglich den Vorschlag, das Problem nach einer neuen, nicht inquisitorischen Methode zu betrachten.

Wir haben schon gesehen, daß es nach der klassischen Methode zwei Arten von Tatsachen gibt: die verpönten oder verdammten und die anderen. So gehören die Beschreibungen von fliegenden Maschinen in sehr alten heiligen Texten, die Anwendung parapsychologischer Fähigkeiten bei den «Primitiven» oder das Auftauchen von Nickel in Münzen, die aus dem Jahre 235 v. Chr. stammen *, zu den verpönten Tatsachen. Ausgeschlossen! Mit solchen Dingen befaßt man sich nicht. Und es gibt zwei Arten von Hypothesen: die peinlichen und die anderen. Auf den Fresken, die man in der Höhle von Tassili in der Sahara entdeckt hat, sind Figuren dargestellt, die mit langen Hörnern versehene Helme tragen. Von diesen Hörnern gehen spindelförmige Gebilde ab, die aus unzähligen kleinen Punkten bestehen. Diese Punkte, so erklärt man, sind Getreidekörner; es handelt sich also um das Symbol einer Ackerbaukultur. Schön und gut, aber die Behauptung entbehrt jeden Beweises. Und wenn es sich nun um die Darstellung magnetischer Felder handelte? Entsetzlich! Ketzerisch! Her mit dem Büßerhemd! Auf den Scheiterhaufen!

Es kommt auch vor, daß die klassische Methode, die wir die inquisitorische nennen, zu Ergebnissen wie dem folgenden gelangt:

Ein indischer Geistlicher, der Reverend Pravanananvanda, und ein amerikanischer Biologe, Dr. Strauss von der John Hopkins University, haben eine Erklärung für den «Schneemenschen» des Himalaja gefunden. Es handelt sich schlicht und einfach um den Kragenbären. Keiner der beiden achtbaren Gelehrten hat den Yeti je erblickt. Aber, so stellten sie fest, «da unsere Hypothese

---

* Die baktrischen Münzen, die König Euthydemus II. im Jahre 235 v. Chr. schlagen ließ. (*Scientific American*, Januar 1960.)

die einzige nicht phantastische Annahme ist, muß sie zutreffen». Es wäre also ein Verstoß gegen den wissenschaftlichen Geist, wenn man noch weitere müßige Forschungen anstellte. Ruhm und Ehre dem Reverend und dem Doktor! Man braucht jetzt nur noch den Yeti davon in Kenntnis zu setzen, daß er ein Kragenbär ist.

Unsere Methode, die wir dem Geist unserer Epoche anpassen wollen (die in mehr als einem Punkt mit der Renaissance vergleichbar ist), beruht auf dem Prinzip der Toleranz. Schluß mit der Inquisition! Wir weigern uns, Tatsachen auszuschließen und Hypothesen von vornherein zu verwerfen. Es ist eine nützliche Beschäftigung, Linsen zu sortieren: Kieselsteine sind der Verdauung nicht zuträglich. Aber nichts beweist, daß bestimmte zurückgewiesene Hypothesen und Tatsachen nicht doch recht nahrhaft sind. Wir arbeiten nicht für die Kränklichen und Allergischen, sondern für diejenigen, die, wie man sagt, einen guten Magen haben.

Die Anthropologie wartet auf ihren Kopernikus. Vor Kopernikus war die Erde der Mittelpunkt des Universums. Für den klassischen Anthropologen ist unsere Zivilisation der Mittelpunkt des gesamten menschlichen Denkens im Raum und in der Zeit. Bedauern wir den armen Primitiven, der im Dunkel seiner prälogischen Mentalität begraben ist. Fünfhundert Jahre trennen uns vom Mittelalter, und erst jetzt beginnen wir, den Vorwurf des Obskurantismus, der auf dieser Epoche lastet, zu entkräften. Das Jahrhundert Ludwigs XV. bereitet das moderne Europa vor. Die kürzlich erschienenen Arbeiten Pierre Gaxottes haben bewirkt, daß man dieses Jahrhundert endlich nicht mehr als einen Damm des Egoismus betrachtet, der gegen die vorwärtsdrängende Flut der Geschichte errichtet wurde. Unsere Kultur ist, genau wie jede andere, eine Verschwörung.

The Golden Bough von Sir James Frazer ist eine umfangreiche Arbeit, die allgemein als Standardwerk angesehen wird. Sie enthält eine Sammlung der Folklore aller Länder. Nicht einen Augenblick lang ist Sir James aber die Idee gekommen, es könne sich hier um etwas anderes handeln als um rührenden Aberglauben oder malerisch-exotische Gebräuche. Die Wilden, die von einer ansteckenden Krankheit befallen werden, essen den Pilz, dessen botanischer Name *penicillium notatum* lautet. Frazer meint dazu: Durch nachahmende Magie versuchen sie, ihre Kraft zu vermehren, indem sie sich dieses phallische Symbol einverleiben. Ist dann auch die Verwendung des Digitalins ein Aberglaube? Die Wissenschaft der Antibiotika, die Anwendung der Hypnose in der Chirurgie, die Erzeugung künstlichen Regens durch Ausstreuung von Silbersalzen und andere Methoden sollten uns doch ein wenig die Augen öffnen und uns erkennen lassen, daß gewisse «primitive» Praktiken keineswegs naiv sind.

Frazer, der überzeugt davon ist, der einzigen Kultur anzugehören, die diese Bezeichnung überhaupt verdient, sträubt sich gegen den Gedanken, daß die «niederen» Völkerstämme echte Techniken haben können, die nur etwas anders geartet sind als die unseren. Sein *Golden Bough* ähnelt jenen Weltkarten, wie sie die alten Zeichner, die nur das Mittelmeer kannten, entwarfen: sie überdeckten die weißen Stellen mit Zeichnungen und Inschriften: «Hier Land der Drachen», «Hier Insel der Zentauren»... Und war das 19. Jahrhundert nicht eifrigst bestrebt, sämtliche weißen Stellen auf den Karten aller Gebiete zu tarnen? Sogar die auf den geographischen! Es gibt in Brasilien zwischen dem Rio Tapajos und dem Rio Xingu ein unbekanntes Gebiet, so groß wie ganz Belgien. Noch kein Forscher hat je El Yafri, die verbotene Stadt Arabiens, betreten. Eine bewaffnete japanische Division ist eines Tages im Jahre 1943 spurlos in Neuguinea verschwunden. Und wenn die beiden Mächte, die heute die Welt beherrschen, eines Tages zu einer Verständigung gelangen sollten, so dürfte die wahre Karte unseres Planeten noch einige Überraschungen für uns bereithalten. Seit Erfindung der H-Bombe nehmen die militärischen Sachverständigen insgeheim eine Überprüfung der vorhandenen Höhlen vor: da gibt es ein außerordentlich weitverzweigtes unterirdisches Labyrinth in Schweden, die großen Höhlen in Virginia und der Tschechoslowakei, einen versteckten See unter den Balearen... Weiße Flecken auf der physischen Welt, weiße Flecken auch auf der Weltkarte des Geistes. Wir wissen durchaus nicht alles über die Kräfte des Menschen, über die Struktur seines Geistes und seiner Seele, und auch wir haben Inseln der Zentauren und Länder der Drachen erfunden: wir nennen sie prälogische Mentalität, Aberglaube, Folklore, nachahmende Magie.

Hypothese: Es gab Kulturen, die in der Erforschung und Anwendung der parapsychologischen Fähigkeiten unendlich viel weiter gekommen sind als wir.

Antwort: Es gibt keine parapsychologischen Fähigkeiten.

Lavoisier bewies, daß es keine Meteoriten gibt, indem er erklärte: «Es können keine Steine vom Himmel fallen, weil es im Himmel keine Steine gibt.» Simon Newcomb hatte bewiesen, daß Flugzeuge eine Unmöglichkeit seien, da ein Körper, der schwerer ist als die Luft, sich niemals in der Luft halten könne.

Dr. Fortune begibt sich nach Neuguinea, um den Stamm der Dobu zu erforschen. Die Dobu sind ein Volk von Magiern, und sie glauben, daß ihre magischen Praktiken überall und für jedermann gültig sind. Als Dr. Fortune wieder nach Hause fahren will, macht ein Eingeborener ihm ein Abschiedsgeschenk: er verrät ihm eine Zauberformel, kraft derer man sich für die Augen der anderen unsichtbar machen kann. «Ich habe sie oft angewandt, um bei hellichtem Tag ein Stück gekochtes Schweinefleisch zu stehlen. Befolgen Sie nur meine Anweisungen, und Sie können aus allen Läden von Singapur herausholen, was immer Sie wollen.» — «Selbstverständlich», erzählt Dr. Fortune, «habe ich es nie versucht.» Man denke an das Wort unseres Freundes Charles Fort: «In der Topographie der Intelligenz könnte man die Erkenntnis als die von Gelächter verdeckte Unwissenheit bezeichnen.»

Inzwischen aber beginnt sich eine neue Schule der Anthropologie zu entwickeln, und Claude Lévi-Strauss scheut sich nicht, die Entrüstung der Wissenschaftler herauszufordern, indem er erklärt, daß die Negritos vermutlich auf dem Gebiet der Psychotherapie viel erfahrener sind als wir. Ein Pionier dieser neuen Richtung, der Amerikaner William Seabrook, fuhr kurz vor Ausbruch des ersten Weltkriegs nach Haiti, um dort den Wudu-Kult zu studieren. Er wollte diese andere Welt nicht von außen betrachten, sondern ihre Magie ohne jede Voreingenommenheit selbst erleben. Paul Morand sagt über ihn [20]:

«Seabrook ist vielleicht der einzige Weiße unserer Zeit, der die Bluttaufe empfangen hat. Er unterzog sich ihr ohne Skepsis und ohne Fanatismus. Seine Haltung gegenüber dem Mysterium ist die eines Menschen von heute. Die Wissenschaft der letzten zehn Jahre hat uns an die Grenze der Unendlichkeit geführt; von nun an ist alles möglich: interplanetarische Reisen, die Entdekkung der vierten Dimension, eine drahtlose Verbindung mit Gott. Man muß uns zugestehen, daß wir unseren Vätern überlegen sind, weil wir zu allem bereit sind, weniger leichtgläubig, aber gläubiger. Je mehr wir über den Ursprung unserer Welt erfahren, je eingehender wir uns mit dem Leben der Primitiven beschäftigen, um so deutlicher wird es uns, daß ihre traditionellen Geheimnisse mit den Ergebnissen unserer heutigen Forschung übereinstimmen. Die Erkenntnis, daß die Milchstraße die Erzeugerin ganzer Sternsysteme ist, hat sich bei uns erst in letzter Zeit durchgesetzt: die Azteken haben es bereits ausdrücklich beteuert, nur glaubte man ihnen nicht. Die Wilden haben das aufbewahrt, was die Wissenschaft heute wiederfindet. Sie haben, lange bevor die Isolierung des Wasserstoff-Atoms gelang, an die Einheit der Materie geglaubt, an den Baum- und an den Eisen-Menschen, lange bevor Sir J. C. Bose die Sensibilität der Pflanzen gemessen und Metall mit Kobragift infiziert hat. ‹Der menschliche Glaube›, sagt Julian Huxley in seinen *Essays of a Biologist,* ‹geht in seiner Entwicklung vom Großen Geist zu den Geistern, von den Geistern zu den Göttern und von den Göttern zu Gott über.› Man könnte hinzufügen, daß wir von Gott wieder zum Großen Geist zurückkehren.»

J. Alden Mason, ein bedeutender und allgemein anerkannter Anthropologe, Curator Emeritus des Museums für Amerikanische Vorgeschichte an der University of Pennsylvania, behauptet auf Grund sorgfältig nachgeprüfter Berichte, daß man auf der Hochebene von Peru Ornamente aus geschmolzenem Platin gefunden habe. Platin schmilzt jedoch erst bei einer Temperatur von 1770 Grad, und zu seiner Bearbeitung bedarf es einer Technologie, die der unseren ähnlich ist. Professor Mason ist sich dieser Schwierigkeit bewußt: er nimmt infolgedessen an, daß die Ornamente nicht vermittels einer Schmelztechnik, sondern durch Ausbrennen einer pulvrigen Masse angefertigt wurden. Diese Annahme zeugt von einer völligen Unkenntnis der Metallurgie. Hätte Mason nur zehn Minuten in Schwartzkopfs *Powder Metallurgy* nachgelesen, so hätte er einsehen müssen, daß seine Hypothese unannehmbar war. Warum befragt man nicht die Spezialisten der anderen Disziplinen? Hier liegt der Grundfehler der Anthropologen. Mit der gleichen Unschuld berichtet Professor Mason, man habe sich in der ältesten peruanischen Kulturperiode beim Schweißen von Metallen gewisser Harze und geschmolzener metallischer Salze bedient. Die Tatsache, daß dieses Verfahren nur mit Hilfe der Elektronik und einer außerordentlich hoch entwickelten Technologie angewandt werden kann, scheint ihm entgangen zu sein. Wir haben durchaus nicht die Absicht, hier unser vielseitiges Wissen auszubreiten, sondern wir wollen nur zeigen, wie nötig die schon von Charles Fort angestrebte simultane Information auf allen Gebieten ist.

Ein anderes Geheimnis aus der Geschichte der Technik: Im Institut für angewandte Physik an der chinesischen Akademie der Wissenschaften hat man kürzlich mit Hilfe der Spektralanalyse einen mit durchbrochenen Ornamenten geschmückten Gürtel untersucht, der 1600 Jahre alt ist und zusammen mit vielen anderen Gegenständen im Grab des berühmten Generals des West-Chin (265—316 n. Chr.), Chou Chu, gefunden wurde, also im Grab eines Mannes, der zur Endzeit des Imperium Romanum gelebt hat. Das Metall dieses Gürtels besteht zu 85 Prozent aus Aluminium, zu 10 Prozent aus Kupfer und zu 5 Prozent aus Mangan.

Obgleich es nun sehr viele Aluminiumvorkommen auf der Erde gibt, ist dieses Metall doch sehr schwer zu gewinnen. Um es aus dem Bauxit zu isolieren, kennt man bisher nur das 1808 entwickelte Elektrolyse-Verfahren. Für die Weltgeschichte der Metallurgie ist es demnach eine äußerst wichtige Entdeckung, daß die chinesischen Handwerker bereits vor 1600 Jahren ein solches Verfahren kannten. (*Horizons,* Nr. 89, Oktober 1958.)

Besagter Professor Mason ist gewiß ein sehr vorsichtiger Mann. In seinem Buch *The Ancient Civilization of Peru* jedoch begibt er sich dort, wo er auf die «Quipu» zu sprechen kommt, selber auf das Gebiet des phantastischen Realismus. Die Quipu sind Schnüre, in die komplizierte Knoten eingeknüpft sind. Man findet sie bei den Inka und Prä-Inka, und sie stellen, wie man meint, eine Schrift dar. Vermutlich dienten sie dazu, Ideen oder abstrakte Ideengruppen auszudrücken. Nordenskjöld, einer der besten Spezialisten auf diesem Gebiet, sieht in den Quipu mathematische Berechnungen, Horoskope und verschiedene Methoden, die Zukunft vorauszusagen. Damit aber ist ein wichtiges Problem angeschnitten: die Frage, ob es andere Möglichkeiten der Gedankenaufzeichnung gibt als die Schrift.

Aber gehen wir noch weiter: Der Knoten, die Grundlage des Quipu, wird von den modernen Mathematikern als eines der größten Geheimnisse angesehen. Er ist nur in einer ungeradzahligen Dimension möglich, unmöglich jedoch in der Ebene und in den höheren geradzahligen dimensionalen Räumen, also den zwei-, vier- und sechsdimensionalen, und die Topologen haben bisher nur die einfachsten Knoten studieren können. Es ist also nicht ausgeschlossen, daß in den Quipu Erkenntnisse niedergelegt sind, über die wir noch gar nicht verfügen.

Ein anderes Beispiel: Die modernen Theorien über das Wesen der Erkenntnis und die Strukturen des Geistes würden durch das Studium der Sprache der Hopi-Indianer in Mittelamerika unzweifelhaft eine Bereicherung erfahren. Diese Sprache paßt sich besser als die unseren den Erfordernissen der exakten Wissenschaften an. Sie enthält weder Verben noch Substantive, sondern Ereigniswörter, entspricht also viel mehr dem Raum-Zeit-Kontinuum, in dem wir der modernen Definition nach leben. Es kommt hinzu, daß das Ereignis-Wort drei Modi kennt: Gewißheit, Wahrscheinlichkeit und Vorstellung. Anstatt zu sagen: ein Mann überquerte den Fluß in einem Boot, würde der Hopi-Indianer die Wortgruppe Mann-Fluß-Boot in drei verschiedenen Kombinationen anwenden, je nachdem, ob es sich um einen vom Erzähler beobachteten, um einen von einem anderen berichteten oder um einen erfundenen Vorgang handelt.

Möglicherweise ist unsere Zivilisation das Ergebnis einer langen Bemühung, vermittels schwerfälliger Maschinerien Fähigkeiten zu erlangen, die der frühere Mensch als natürliche Gaben besaß: die Fähigkeit, über große Entfernungen hinweg mit anderen Individuen in Verbindung zu treten, das Vermögen, in die Luft zu steigen oder die Schwerkraft aufzuheben usw. Und vielleicht werden wir am Ende unserer Entdeckungen feststellen, daß diese Fähigkeiten mit so einfachen Mitteln zu erlangen sind, daß das Wort «Maschine» gar nicht mehr angebracht ist. In diesem Fall würden wir einen Weg vom Geist zur Maschine und von dieser wieder zum Geist zurückgelegt haben, und gewisse ferne Kulturen würden uns auf einmal sehr viel näherkommen.

In seiner Rede anläßlich der Feier, welche die Universität Oxford im Jahre 1946 für Jean Cocteau veranstaltete, erzählte dieser folgende Anekdote:

«Mein Freund Pobers, der in Utrecht einen Lehrstuhl für Parapsychologie innehat, unternahm einmal eine Forschungsreise auf die Antillen, um die Rolle der Telepathie in den Gebräuchen der Eingeborenen zu studieren. Wenn eine Frau dort mit ihrem Mann oder ihrem Sohn, der in der Stadt weilte, in Verbindung treten wollte, wandte sie sich an einen Baum, und der Mann oder der Sohn brachte ihr dann tatsächlich das mit, worum sie gebeten hatte. Als Pobers eines Tages diesen Brauch beobachtete, fragte er die Frau, warum sie sich dabei eines Baumes bediene. Ihre Antwort war überraschend und dazu angetan, das ganze moderne Problem unserer durch den Gebrauch der Maschine verkümmerten Instinkte zu klären. Die Frage lautete: ‹Warum wendest du dich an einen Baum?› Und die Antwort: ‹Weil ich arm bin. Wenn ich reich wäre, hätte ich ein Telephon.› »

Elektro-Enzephalogramme, die von Yogis im Trancezustand aufgenommen werden, zeigen Kurven, wie sie keiner der uns bekannten Gehirntätigkeiten im Wach- oder Schlafzustand entsprechen. Auf der Landkarte des «zivilisierten» Geistes gibt es noch viele weiße Flecke, die wir eigenmächtig ausgemalt haben. Die Inseln heißen prophetische Gabe, Intuition, Telepathie, Genie. Wenn diese Regionen eines Tages wirklich erforscht sind und man Wege durch die verschiedenen unbekannten Bewußtseinsreiche unserer klassischen Psychologie gebahnt hat, dann wird uns das Studium der alten Kulturen und der sogenannten primitiven Völker wahrscheinlich echte Technologien und wesentliche Aspekte der Erkenntnis erschließen. Auf den kulturellen Zentralismus wird ein Relativismus folgen, der uns die Geschichte der Menschheit in einem neuen und phantastischen Licht zeigen wird. Der Fortschritt besteht nicht darin, daß wir immer nur ausklammern, sondern darin, daß wir Bindestriche setzen.

Bevor wir weitergehen, möchten wir Ihnen vorschlagen, gewissermaßen zur Entspannung eine kleine Geschichte zu lesen, die uns sehr gut gefallen hat. Sie stammt von Arthur C. Clarke, der in unseren Augen ein guter Philosoph ist. Also ruhen wir ein wenig aus und erfreuen wir uns an einem kindlichen Feuerwerk!

3 Die neun Milliarden Namen Gottes · von Arthur C. Clarke

«Das ist ein etwas ungewöhnliches Anliegen», sagte Dr. Wagner, nachdem es ihm gelungen war, sein erstes Erstaunen zu überwinden. «Meines Wissens dürfte es das erste Mal sein, daß ein tibetanisches Lama-Kloster einen Elektronenrechner bestellt. Ich möchte nicht neugierig erscheinen, aber ich hätte nie gedacht, daß eine solche Institution eine derartige Maschine benötigen könnte. Darf ich Sie fragen, was Sie damit zu tun gedenken?»

Der Lama strich die Falten seines seidenen Gewandes glatt und legte den Rechenschieber, den er zur Umrechnung des Valutakurses benutzt hatte, auf den Schreibtisch.

«Gern. Ihr Elektronenrechner Typ 5 kann, wie ich aus Ihrem Katalog ersehe, jede mögliche Kombination mit Zahlen bis zu zehn Stellen durchführen. Wir interessieren uns jedoch für Buchstaben, nicht für Zahlen. Daher möchte ich Sie bitten, die Drucktypen so abzuändern, daß die Maschine keine Zahlenkolonnen, sondern Buchstabenreihen liefert.»

«Ich verstehe nicht ganz . . .»

«Seit der Gründung unseres Klosters, also seit nunmehr dreihundert Jahren, widmen wir uns einer ganz bestimmten Arbeit. Diese Arbeit wird Ihnen etwas sonderbar erscheinen, und deshalb möchte ich Sie bitten, mir aufmerksam und unvoreingenommen zuzuhören.»

«Gewiß.»

«Eigentlich ist es ganz einfach. Wir stellen eine Liste zusammen, die sämtliche möglichen Namen Gottes enthalten soll.»

«Wie bitte?»

«Wir haben zwingende Gründe zu der Annahme», fuhr der Lama ungerührt fort, «daß alle diese Namen nicht mehr als neun Buchstaben unseres Alphabets enthalten.»

«Und damit sind Sie seit dreihundert Jahren beschäftigt?»

«Ja. Wir hatten ausgerechnet, daß wir zur Bewältigung dieser Aufgabe fünfzehntausend Jahre brauchen würden.»

Der Doktor sah seinen Besucher verblüfft an und stieß einen leisen Pfiff aus.

«O. K. Jetzt verstehe ich, warum Sie eine unserer Maschinen mieten wollen. Aber was bezwecken Sie mit dieser Unternehmung?»

Der Lama zögerte sekundenlang, und Dr. Wagner fürchtete bereits, diesen sonderbaren Kunden verletzt zu haben, der mit einem Rechenschieber und einem Katalog der Herstellerfirma für Elektronenrechner in der Tasche seines safranfarbenen Gewandes die Reise von Lhasa nach New York zurückgelegt hatte.

«Nennen Sie es ein Ritual, wenn Sie wollen», sagte der Lama nun, «aber es gehört zu den wesentlichen Grundlagen unseres Glaubens. Die Namen Höchstes Wesen, Gott, Jupiter, Jahwe, Allah usw. sind nur von Menschen entworfene Etiketten. Philosophische Überlegungen, die viel zu kompliziert sind, als daß ich Sie Ihnen hier auseinandersetzen könnte, haben uns zu der Überzeugung gebracht, daß sich unter all den möglichen Buchstabenvertauschungen und -kombinationen die *wahren* Namen Gottes finden müssen. Unser Ziel ist es nun, sie alle aufzuspüren und niederzuschreiben.»

«Ich verstehe. Sie haben also mit AAAAAAAAA begonnen und wollen so fortfahren, bis Sie bei ZZZZZZZZZ angelangt sind.»

«Richtig, nur daß wir unser eigenes Alphabet benutzen. Es wird für Sie vermutlich keine Schwierigkeit bedeuten, die elektrische Schreibmaschine Ihres Apparates so abzuändern, daß sie die Buchstaben unseres Alphabets druckt. Ein anderes Problem ist vielleicht etwas schwieriger zu lösen: es müßten Spezialvorrichtungen eingebaut werden, die unnötige Kombinationen von vornherein aussortieren. So darf zum Beispiel kein Buchstabe mehr als dreimal nacheinander erscheinen.»

«Dreimal? Sie meinen sicher zweimal.»

«Nein, dreimal. Aber eine vollständige Erklärung unseres Systems würde zuviel Zeit erfordern, selbst wenn Sie unsere Sprache verstünden.»

«Gewiß, gewiß», versicherte Wagner hastig. «Bitte fahren Sie nur fort.»

«Ich hoffe, es wird Ihnen möglich sein, Ihren Elektronenrechner nach unseren Wünschen abzuändern. Wenn eine solche Maschine entsprechend programmiert ist, müßte sie imstande sein, die Buchstaben nacheinander auszutauschen und ein Resultat niederzuschreiben. Und auf diese Weise», schloß der Lama ruhig, «wird die Arbeit, für die wir noch fünfzehntausend Jahre gebraucht hätten, in hundert Tagen beendet sein können.»

Dr. Wagner hatte das Gefühl, als schwinde ihm jeder Sinn für die Wirklichkeit. Die Geräusche und Lichter New Yorks, die durch die Fenster des großen Gebäudes hereindrangen, verwischten sich. Er war in eine andere Welt versetzt. Dort hinten in ihrem fernen Bergasyl arbeiteten seit dreihundert Jahren Generationen tibetanischer Mönche an dieser Liste sinnloser Namen ... War denn der menschlichen Narrheit keine Grenze gesetzt? Aber Dr. Wagner durfte seine Gedanken nicht äußern. Der Kunde hat immer recht ...

«Ich zweifle nicht daran, daß wir die Maschine vom Typ 5 so einstellen können, daß sie die gewünschten Listen liefert», sagte er. «Nur die Frage der Installation und der Überwachung scheint mir etwas schwieriger zu sein. Und außerdem stellt uns auch der Transport nach Tibet vor ein gewisses Problem.»

«Das läßt sich alles einrichten. Die Einzelteile der Maschine sind nicht übermäßig groß und schwer; sie könnten mit dem Flugzeug befördert werden. Das ist übrigens der Grund, warum wir gerade Ihren Apparat gewählt haben. Schicken Sie die Stücke nach Indien, alles übrige besorgen wir.»

«Und Sie wünschen auch zwei unserer Ingenieure zu engagieren?»

«Ja. Sie müßten die Maschine aufstellen und sie während der hundert Tage überwachen.»

«Das wird unsere Personalabteilung erledigen können», sagte Wagner und kritzelte etwas auf seinen Notizblock. «Aber da wären noch zwei Fragen zu regeln ...»

Bevor er noch seinen Satz beenden konnte, hatte der Lama ein kleines Papier aus seiner Tasche gezogen.

«Bitte sehr, der bestätigte Auszug meines Kontos bei der Asiatischen Bank.»

«Besten Dank, das genügt ... Aber, verzeihen Sie, die zweite Frage ist eigentlich so simpel, daß ich fast zögere, sie auszusprechen ... Trotzdem, es kommt vor, daß man die wichtigsten Dinge übersieht ... Haben Sie eine elektrische Kraftquelle?»

«Wir haben einen Diesel-Generator von 50 Kilowatt, der eine Spannung von 110 Volt liefert. Er wurde vor fünf Jahren installiert und funktioniert ausgezeichnet. Er erleichtert uns das Leben im Kloster. Wir haben ihn vor allem angeschafft, um unsere Gebetsmühlen damit anzutreiben.»

«Ach so. Ja, ja, ich verstehe, darauf hätte ich eigentlich selbst kommen können.»

Die Aussicht von der Brüstung war schwindelerregend, aber man gewöhnt sich an alles.

Drei Monate waren verstrichen, und George Hanley fühlte sich kaum noch beeindruckt durch den Anblick der steilen, sechshundert Meter hohen Felswand, die das Kloster von den Rechtecken der Felder unten in der Ebene trennte. Auf die vom Wind geglätteten Steine gestützt, schaute der Ingenieur verdrießlich zu den fernen Bergen hinüber, deren Namen er nicht kannte. Das «Unternehmen Gottesnamen», wie ein Spaßvogel der Gesellschaft den Auftrag getauft hatte, war bestimmt die verrückteste Angelegenheit, die er je mitgemacht hatte.

Woche um Woche hatte der modifizierte Elektronenrechner vom Typ 5 Tausende von Papierstreifen mit einem unglaublichen Volapük bedeckt. Geduldig und unerbittlich hatte der Apparat die Buchstaben des tibetanischen Alphabets in allen möglichen Kombinationen aneinandergereiht und eine Serie nach der anderen erledigt. Die Mönche schnitten bestimmte Wörter, die die elektrische Schreibmaschine druckte, aus und klebten sie ehrfurchtsvoll in riesige Register. In einer Woche würden sie damit fertig sein.

Hanley ahnte nicht, auf Grund welcher dunklen Berechnungen sie zu dem Schluß gekommen waren, daß sie Zusammenstellungen von zehn, zwanzig, hundert oder tausend Buchstaben nicht zu berücksichtigen brauchten, und er legte auch gar keinen Wert darauf, es zu erfahren. In seinen Alpträumen hörte er zuweilen den Großen Lama sagen, daß er sich plötzlich entschlossen habe, die Operation ein wenig zu komplizieren, und daß es nun nötig sei, die Arbeit bis zum Jahre 2060 fortzusetzen. Und wirklich, diesem komischen Kerl war so etwas durchaus zuzutrauen.

Die schwere Holztür schlug zu. Chuk kam zu ihm auf die Terrasse. Wie gewöhnlich rauchte er eine Zigarre. Chuk hatte sich bei den Lamas beliebt gemacht, indem er Havannas unter sie verteilte. Diese Burschen mochten völlig verdreht sein — so dachte Hanley — aber Kostverächter waren sie nicht. Auch die häufigen Expeditionen ins Dorf hinunter waren nicht uninteressant gewesen ...

«Hör zu, George», begann Chuk, «da ist eine üble Sache ...»

«Wieso? Ist die Maschine kaputt?»

«Nein.»

Chuk setzte sich auf die Brüstung. Das war erstaunlich, denn normalerweise wagte er das nicht, da er nicht schwindelfrei war.

«Ich habe eben den Zweck unseres Unternehmens erfahren.»

«Aber den kennen wir doch!»

«Wir haben gewußt, was die Mönche machen wollten, aber nicht, warum sie es tun.»

«Lieber Himmel, sie sind eben Verrückte ...»

«Nein, paß auf, George, der Alte hat es mir vorhin erklärt. Sie glauben, daß, wenn sie alle Namen niedergeschrieben haben (und ihrer Berechnung nach sind es ungefähr neun Milliarden), das göttliche Ziel erreicht sein wird. Dann wird die Menschheit die Aufgabe, für die sie geschaffen ist, erfüllt haben.»

«Na und? Erwarten sie etwa, daß wir uns dann umbringen?»

«Nicht nötig. Wenn die Liste fertig ist, wird Gott selbst eingreifen, und das Ende ist da.»

«Ach! Wenn wir unsere Arbeit getan haben, wird die Welt untergehen?»

Chuk lachte etwas nervös.

«Genau diese Frage habe ich dem Alten auch gestellt. Er hat mich sehr erstaunt angesehen, so wie ein Lehrer einen besonders begriffsstutzigen Schüler, und hat gesagt: ‹Oh, ganz so einfach wird das nicht sein ...› »

George überlegte kurz.

«Na ja», meinte er dann, «der Kerl hat sich offenbar eine tiefe Philosophie zurechtgelegt, aber was ändert das? Wir haben doch immer gewußt, daß diese Leute einen Sparren haben.»

«Das schon. Aber verstehst du denn nicht, was dann passieren kann? Wenn die Liste fertig ist und die Posaunen des Jüngsten Gerichts in tibetanischer Version trotzdem nicht ertönen, können sie auf den Gedanken kommen, daß wir daran schuld sind. Immerhin ist es unsere Maschine, die sie benutzen. Ich muß schon sagen, der Gedanke behagt mir gar nicht . . .»

«Ja, ja, ich weiß, was du meinst», sagte George langsam, «aber so was ist schon öfter vorgekommen. Als ich noch ein Junge war, gab es bei uns in Louisiana einen Prediger, der für einen bestimmten Sonntag das Ende der Welt angekündigt hatte. Hunderte von Leuten haben daran geglaubt. Einige haben sogar ihre Häuser verkauft. Aber als dann an dem gewissen Sonntag nichts passierte, war kein Mensch wütend. Die Leute meinten, der Prediger habe sich nur ein bißchen verrechnet, und es gibt tatsächlich welche, die heute noch an ihn glauben.»

«Falls du es noch nicht bemerkt haben solltest, möchte ich dich darauf aufmerksam machen, daß wir uns hier nicht in Louisiana befinden. Wir beide sind allein unter Hunderten von Mönchen. Ich mag sie alle sehr gern, aber ich wäre doch lieber anderswo, wenn der alte Lama bemerkt, daß das Unternehmen mißglückt ist.»

«Es gäbe eine Möglichkeit. Eine harmlose kleine Sabotage. Unser Flugzeug kommt in einer Woche, und die Maschine wird ihre Arbeit in vier Tagen beendet haben, vorausgesetzt, daß sie Tag und Nacht ununterbrochen läuft. Wir brauchen nur so zu tun, als müßten wir zwei oder drei Tage lang irgendwas reparieren. Wenn wir das richtig anstellen, können wir unten auf dem Flugplatz sein, wenn die Maschine den letzten Namen ausspuckt.»

Sieben Tage später trotteten die kleinen Bergponies den gewundenen Pfad hinunter.

«Ich habe doch so etwas wie Gewissensbisse», sagte Hanley. «Ich mache mich nicht aus dem Staub, weil ich Angst hätte, sondern weil diese armen Kerle mir leid tun. Ich möchte nicht ihre Gesichter sehen, wenn die Maschine stehenbleibt.»

«Meiner Ansicht nach ist es denen ganz klar, daß wir ausgerissen sind», meinte Chuk, «aber sie machen sich nichts draus. Sie wissen jetzt genau, daß die Maschine von selbst läuft und gar nicht überwacht werden muß. Und wenn sie aufhört zu laufen, ist ihrer Meinung nach ohnehin alles vorbei.»

George wandte sich auf dem Sattel um und schaute zurück.

Die Gebäude des Klosters zeichneten sich als braune Silhouette gegen den Abendhimmel ab. Von Zeit zu Zeit blinkten kleine Lichter in dem dunklen Wall der Mauern auf, wie Bullaugen eines fahrenden Schiffes. Es waren die elektrischen Lampen, die über der rotierenden Maschine aufgehängt waren.

Was wird nun mit dem Elektronenrechner geschehen? fragte George sich. Werden die Mönche ihn in ihrer Wut und Enttäuschung zertrümmern? Oder werden sie etwa noch einmal von vorn anfangen?

So genau, als befände er sich selber noch dort, sah er, was in diesem Augenblick hinter den Mauern auf dem Berg da oben vor sich ging. Der Große Lama und seine Gehilfen prüften die Papierstreifen, während Novizen ein paar sonderbare Namen ausschnitten und in ein riesiges Heft klebten. Und all das vollzog sich in einem religiösen Schweigen. Man hörte nichts als die Anschläge der Maschine, die wie ein sanfter Regen auf das Papier prasselten. Der Elektronenrechner selbst, der Tausende von Buchstaben binnen einer Sekunde kombinieren konnte, war vollkommen still.

Chuks Stimme weckte ihn aus seinen Träumen.

«Da! Sieht das nicht großartig aus?»

Wie ein winziges Silberkreuz wirkte die alte DC 3, die soeben auf dem kleinen provisorischen Flugplatz landete. Dieser Anblick machte einem augenblicklich Appetit auf einen großen eisgekühlten Whisky. Chuk begann zu singen, aber dann stockte er plötzlich. Diese Berge hatten so etwas Drohendes.

George sah auf seine Uhr.

«In einer Stunde sind wir unten», sagte er. Und nach einer Pause fügte er hinzu: «Glaubst du, daß sie jetzt fertig sind?»

Chuk antwortete nicht, und George wandte den Kopf zu ihm um. Er sah, daß Chuk sehr blaß war und sein Gesicht zum Himmel emporreckte.

«Sieh doch», murmelte er.

Jetzt hob auch George die Augen.

Über ihnen, im Frieden der Höhe, erloschen einer nach dem anderen die Sterne.

4 *Die Autoren, die weder allzu gläubig noch allzu ungläubig sind, stellen sich Fragen über die Große Pyramide — Und wenn es nun schon andere Techniken gegeben hätte? — Das Beispiel Hitlers — Al-Mansurs Reich — Viele Weltuntergänge — Die Rätsel der Osterinsel — Die Legende vom Weißen Mann — Die Kulturen Amerikas — Das Geheimnis der Mayas — Eine «Lichtbrücke» auf der sonderbaren Ebene von Nazca*

Von Aristarch von Samos bis zu den Astronomen um 1900 brauchte die Menschheit zweitausendzweihundert Jahre, um die Entfernung der Erde von der Sonne mit annähernder Genauigkeit auszurechnen: 149 670 000 Kilometer. Dabei hätte man nur die Höhe der um das Jahr 2600 v. Chr. erbauten Cheopspyramide mit einer Milliarde zu multiplizieren brauchen.

Wir wissen heute, daß die Pharaonen in den Pyramiden die Ergebnisse einer Wissenschaft niedergelegt haben, deren Ursprung wir ebensowenig kennen wie ihre Methoden. Man findet hier die Zahl π, die genaue Berechnung der Dauer eines Sonnenjahres, der Strahlung und des Gewichts der Erde, das Gesetz über das Vorrücken der Tag- und Nachtgleichen, den Wert eines Längengrades, die genaue Position des Nordpols und vielleicht viele andere noch nicht enträtselte Angaben. Woher kommen sie? Wie wurden sie ermittelt und durch wen?

Wenn man dem Abbé Moreux glauben soll, schenkte Gott den Menschen des Altertums die wissenschaftlichen Erkenntnisse. Und schon sind wir mitten in der Bilderbuchsprache. «Höre, mein Sohn, mit Hilfe der Zahl 3,1416 wirst du imstande sein, den Flächeninhalt eines Kreises zu berechnen!» Nach der Ansicht von Piazzi Smyth diktierte Gott den Ägyptern seine Weisungen, doch waren diese zu gottlos und unwissend, um zu verstehen, was sie da in den Stein schrieben. Und warum sollte Gott der Allwissende sich so gründlich hinsichtlich der Fähigkeiten seiner Schüler getäuscht haben? Für die positivistischen Ägyptologen sind die in Gizeh angestellten Messungen von den Forschern verfälscht, die sich durch ihre Sucht nach dem Wunderbaren verleiten ließen. Aber diese Diskussion ist ein Streit um Dezimalbrüche, und der Pyramidenbau selbst wird davon gar nicht berührt: er ist und bleibt sichtbarer Zeuge einer uns absolut unbegreiflichen Technik. Die Große Pyramide ist ein künstlicher 6 500 000 Tonnen schwerer Berg. Steinklötze von zwölf Tonnen Gewicht sind auf Millimeterbreite genau aneinandergefügt. Die am häufigsten angeführte und platteste Erklärung: der Pharao verfügte eben über eine unbegrenzte Zahl von Arbeitskräften. Dabei bleibt jedoch noch immer zu erklären, wie das Problem der Unterbringung und Lenkung solcher Menschenmassen gelöst wurde. Und welches waren die Gründe eines derartig tollen Unternehmens? Wie wurden die Blöcke aus den Steinbrüchen geschnitten? Die klassische Ägyptologie läßt als einzige Werkzeuge nasse Holzkeile gelten, die in die Gesteinsrisse getrieben wurden. Und die Steinmetzen verfügten ihrer Ansicht nach lediglich über Steinhämmer und Sägen aus Kupfer, also einem sehr weichen Metall. Das Geheimnis wird immer undurchdringlicher. Wie wurden geschnittene Steinblöcke von zehntausend Kilo Gewicht hochgezogen und aneinandergefügt? Wir hatten im 19. Jahrhundert die allergrößte Mühe, zwei Obelisken zu befördern, während die Pharaonen sie zu Dutzenden transportieren ließen. Und auf welche Weise erleuchteten die Ägypter die Innenräume ihrer Pyramiden? Bis zum Jahre 1890 kennen wir nur Lampen, die blaken und die Decke schwärzen. Nun findet sich aber auf den Wänden dieser Räume nicht die geringste Rauchspur. Fingen sie vielleicht durch ein optisches System das Sonnenlicht ein und leiteten es ins Innere der Pyramiden? Man hat nicht den kleinsten Splitter einer Linse entdeckt.

Kein einziges Instrument für wissenschaftliche Berechnungen ist gefunden worden, kein einziger Hinweis auf eine hochentwikkelte Technologie. Bleibt uns also nichts übrig, als uns der naiv-mystischen These anzuschließen, daß Gott den stumpfen, aber fleißigen Maurern seine astronomischen Hinweise diktierte und selber hilfreich Hand anlegte? Oder sollen wir uns überzeugen lassen, daß in den Maßen der Pyramiden überhaupt keine Hinweise enthalten sind? Da die Positivisten sich nicht mit einem mathematischen Kniff aus der Affäre ziehen können, erklären sie, es handle sich nur um Zufälle. Wenn aber die Zufälle sich derartig häufen, wenn sie, um mit Charles Fort zu sprechen, so «überspannt» wirken müssen, kann man dann wirklich noch diese

Bezeichnung anwenden? Man könnte auch eine andere These aufstellen: surrealistische Architekten und Dekorationsmaler haben, um den Größenwahn ihres Königs zu befriedigen, nach Maßen, die ihnen zufällig einfielen, die 2 600 000 Blöcke der Großen Pyramide brechen, transportieren, behauen und bemalen, hochziehen und auf den Millimeter genau zusammensetzen lassen, und sie haben für dieses Werk Akkordarbeiter verwendet, die einander auf den Füßen herumtraten und mit Holzkeilen und Sägen hantierten, die sich eher zum Schneiden von Pappe geeignet hätten.

Das alles ist fünftausend Jahre her, und wir wissen so gut wie nichts darüber. Etwas anderes aber wissen wir: die Untersuchungen wurden von Leuten geführt, in deren Augen einzig die moderne Zivilisation über ein hohes technisches Niveau verfügt. Da sie von diesem Grundsatz ausgingen, mußten sie sich entweder ein göttliches Eingreifen oder eine ungeheure und bizarre Ameisenarbeit vorstellen. Aber es wäre doch möglich, daß eine ganz andere Denkstruktur als die unsere Techniken erfinden konnte, die ebenso vollkommen waren wie die unseren, nur eben völlig anders, daß ein Volk mit einer solchen Denkstruktur Meßinstrumente besaß und Bearbeitungsmethoden anwandte, die keinerlei Beziehung mit allem uns Bekannten aufweisen und somit auch keine für unsere Augen sichtbaren Spuren hinterließen. Es ist möglich, daß eine hochentwickelte Wissenschaft und Technologie, nachdem sie für die gestellten Probleme völlig andere Lösungen gefunden hatte als wir, zusammen mit der Welt der Pharaonen unterging. Es fällt uns schwer, zu glauben, daß eine Kultur tatsächlich sterben und ganz und gar ausgelöscht werden kann. Noch unfaßbarer ist uns die Vorstellung einer Kultur, die sich ihrem ganzen Wesen nach von der unseren so völlig unterscheidet, daß wir sie kaum noch als Kultur erkennen können. Und doch . . .

Nachdem am 8. Mai 1945 der zweite Weltkrieg sein Ende gefunden hatte, wurden sofort verschiedene Forschergruppen im ganzen Gebiet des besiegten Deutschland herumgeschickt. Die Berichte dieser Teams sind veröffentlicht worden. Allein der Katalog umfaßt 300 Seiten. Deutschland hatte sich erst seit 1933 von der übrigen Welt abgesondert; in diesen zwölf Jahren jedoch hatte die technische Entwicklung des Reichs völlig eigene Wege eingeschlagen. Wenn die Deutschen auch auf dem Gebiet der Atombombe im Rückstand waren, so hatten sie dafür riesige Raketen konstruiert, wie man sie weder in Rußland noch in Amerika kannte. Wenn sie keine Radargeräte besaßen, so hatten sie dafür Detektoren für infrarote Strahlen, die ebenso wirksam waren. Wenn sie die Silikone nicht erfunden hatten, so hatten sie dafür eine ganz neue organische Chemie entwickelt. Hinter diesen grundsätzlichen Divergenzen auf technischem Gebiet aber verbargen sich noch viel verblüffendere philosophische Unterschiede ... Die Deutschen hatten die Relativitätstheorie verworfen und die Quantentheorie teilweise unbeachtet gelassen. Ihre Kosmogonie hätte die Astrophysiker der Alliierten in starres Staunen versetzt: da gab es die These vom ewigen Eis, nach der die Planeten und die Sterne Eisblöcke waren, die im Raum schwebten *. Wenn trotz aller Austausch- und Verbindungsmöglichkeiten in unserer modernen Welt sich binnen zwölf Jahren solche Abgründe öffnen können, was gilt dann für die Kulturen, die sich vielleicht in einer fernen Vergangenheit entwickelt haben? Was befähigt und berechtigt unsere Archäologen, über den Stand der Wissenschaften, der Techniken und der Philosophie bei den Mayas oder den Khmer zu urteilen?

Wir wollen uns hier gar nicht auf Legenden einlassen und weder von Lemuria noch von Atlantis sprechen. Platon, der in seinem *Kritias* die Wunder der verschwundenen Stadt preist, meinte vielleicht ebenso wie Homer, der schon vor ihm in der *Odyssee* von dem sagenhaften Scheria spricht, Tartessos, das biblische Tarschisch des Jonas. Tartessos, an der Mündung des Guadalquivir gelegen, war die reichste Erzstadt der Welt und der Inbegriff höchster Kultur. Über Jahrhunderte — wie lange, weiß man gar nicht — stand sie in Blüte, Hüterin höchster Weisheit und verborgenster Geheimnisse. Gegen 500 v. Chr. aber geht sie plötzlich unter, und niemand kann uns etwas über das Wie und Warum berichten [21]. Möglicherweise ist auch Numinor, die mysteriöse Keltenstadt aus dem 5. Jahrhundert v. Chr., keine Legende, obwohl wir nicht das geringste über sie wissen **. Doch ebenso fremd und sonderbar wie das sagenhafte Lemuria kommen uns heute abgestorbene Kulturen vor, über deren Bestehen wir

* Siehe hierüber den zweiten Teil dieses Buches.
** Siehe hierzu die Arbeiten Prof. Tolkiens von der Universität Oxford.

genau unterrichtet sind. Die Araber von Cordoba und Granada erfinden die moderne Wissenschaft, entdecken das Prinzip der experimentellen Forschung und ihrer praktischen Anwendungen, treiben chemische Studien und beschäftigen sich sogar mit der Frage des Antriebs unter Ausnutzung des mechanischen Rückstoßgesetzes. Arabische Manuskripte aus dem 12. Jahrhundert enthalten Entwürfe für Raketen zu Bombardementszwecken. Wenn im Reiche Al-Mansurs die Biologie ebenso weit entwickelt gewesen wäre wie die anderen Wissenschaften, wenn die Pest sich nicht mit den Spaniern verbündet hätte, um die Araber zu vernichten, so hätte die industrielle Revolution vielleicht im 15. oder 16. Jahrhundert in Andalusien stattgefunden, und unsere Epoche wäre das Zeitalter interplanetarischer arabischer Abenteurer, die auf dem Mond, dem Mars und der Venus ihre Kolonien gründen.

Das Reich Hitlers und das Al-Mansurs gingen in Feuer und Blut unter. An einem schönen Junimorgen des Jahres 1940 verfinsterte sich der Himmel über Paris, die Luft lud sich mit Benzinduft an, und unter dieser ungeheuren Wolke, welche die von Staunen, Schrecken und Scham verzerrten Gesichter schwarz erscheinen ließ, geriet eine ganze Kultur ins Wanken, und Millionen von Menschen flüchteten blindlings über die von Maschinengewehrfeuer bestrichenen Landstraßen. Wer das erlebt und auch die Götterdämmerung des Dritten Reiches gesehen hat, der kann sich das Ende Cordobas und Granadas und tausend andere Weltuntergänge im Verlauf der Jahrtausende vorstellen. Weltuntergang für die Inkas, Weltuntergang für die Tolteken, Weltuntergang für die Mayas. Die ganze Geschichte der Menschheit: ein Untergang ohne Ende . . .

Die Osterinsel, die 3000 km vor der Küste Chiles liegt, ist etwa so groß wie Jersey. Als im Jahre 1722 der erste Seefahrer, ein Holländer, hier landete, glaubte er, die Insel sei von Riesen bewohnt. Auf diesem kleinen Stückchen vulkanischer Erde in Polynesien erheben sich über 600 ungeheure Statuen. Einige von ihnen sind über zwanzig Meter hoch und fünfzig Tonnen schwer. Wann wurden sie errichtet? Wie? Warum? Auf Grund der Untersuchungen, die an diesen mysteriösen Denkmälern angestellt wurden, glaubt man drei verschiedene Kulturepochen unterscheiden zu können, deren älteste zugleich die vollkommenste ist. Wie in

Ägypten wurden hier mächtige Blöcke aus Tuffstein, Basalt und Lava mit einer ans Wunderbare grenzenden Geschicklichkeit aneinandergefügt. Aber das Gelände der Insel ist uneben, und die paar verkümmerten Bäume, die hier wachsen, konnten kein Holz für Gleitrollen liefern. Wie also wurden die Steine transportiert? Und kann man sich auch hier eine ungeheure Zahl von Arbeitskräften vorstellen? Im 19. Jahrhundert hatte die Insel zweihundert Einwohner, also nur ein Drittel der Anzahl ihrer Statuen. Es ist kaum denkbar, daß auf dem fruchtbaren Boden dieses Eilands, auf dem es keine Tiere gibt, jemals mehr als drei- oder viertausend Menschen gelebt haben. Also?

Genau wie in Afrika und Südamerika sorgten auch hier die ersten Missionare, die auf der Insel landeten, dafür, daß fast alle Spuren der untergegangenen Kultur getilgt wurden. Zu Füßen der Statuen lagen angeschwemmte und mit hieroglyphischen Schriftzeichen bedeckte Täfelchen: man verbrannte sie entweder oder schickte sie an die Vatikanische Bibliothek, in der so viele Geheimnisse ruhen. Ging es den Missionaren darum, die Spuren abergläubischer Vorstellungen zu vernichten, oder wollten sie die Zeugnisse eines *anderen Wissens* verschwinden lassen? Zum Beispiel die Erinnerung daran, daß einmal fremde Wesen, Besucher aus extraterrestrischen Räumen, sich vorübergehend auf unserer Erde aufgehalten haben?

Die ersten Europäer, die die Osterinsel erforschten, fanden unter den Einwohnern weißhäutige und bärtige Männer. Woher kamen sie? Waren sie etwa die Nachfahren einer vieltausendjährigen, degenerierten und heute völlig ausgestorbenen Rasse? Legendenbruchstücke sprachen von einer Herrenrasse, einer Rasse von Lehrmeistern, die vor unendlichen Zeiten vom Himmel herabgekommen war.

Unser Freund, der peruanische Forscher und Philosoph Daniel Ruzo, macht sich im Jahre 1952 auf, um das in 3800 m Höhe gelegene Wüstenplateau von Marcahuasi westlich der Andenkette zu erforschen [22]. Dieses drei Quadratkilometer große Plateau, auf dem kein Leben gedeiht, ist nur auf dem Maultierrücken erreichbar. Ruzo entdeckt hier in den Felsen geschnittene Umrisse von Tieren und menschlichen Gesichtern, die nur zur Zeit der Sommersonnenwende bei einem besonderen Zusammenspiel von Licht und Schatten sichtbar werden. Er findet Statuen von Tieren aus dem

Sekundärzeitalter, zum Beispiel einen Stegosaurus; er findet Bilder von Tieren, die in Südamerika unbekannt sind: Löwen, Schildkröten, Kamele. Ein behauener Steinhügel zeigt den Kopf eines Greises. Ruzo photographiert ihn, und auf dem Negativ erscheint das Gesicht eines strahlenden jungen Mannes. Durch welche mysteriösen Riten wurde er früher sichtbar gemacht? Es war bisher noch nicht möglich, eine Datierung der Funde mit Hilfe der Kohlenstoff-14-Methode vorzunehmen; es findet sich hier keine Spur organischen Lebens. Geologische Hinweise führen tief hinab in die Nacht der Zeiten. Ruzo ist der Ansicht, daß dieses Plateau die Wiege der Masma-Kultur, vielleicht der ältesten Kultur der Welt, ist.

Noch auf einem anderen berühmten Plateau, dem von Tiahuanaco, findet man in 4000 m Höhe die Erinnerung an den weißen Menschen. Als die Inkas diese Gegend um den Titicaca-See eroberten, war Tiahuanaco bereits dieses Feld voll riesiger, unerklärlicher Ruinen, wie wir es heute kennen. Als Pizarro im Jahre 1532 hier auftaucht, geben die Indianer den Konquistadoren den Namen «Viracochas»: weiße Herren. Ihre Überlieferung, von der nur wenige Reste erhalten sind, spricht von einer verschwundenen Herrenrasse, von riesigen, weißhäutigen Männern, die von irgendwo aus dem Raum gekommen waren, von einer Rasse der Sonnensöhne. Vor Tausenden von Jahren regierte sie hier und unterwies die Menschen in allen Künsten. Sie verschwand mit einem Schlage. Sie wird wiederkommen. Überall in Südamerika trafen die Europäer, die hinter ihrem Traum vom Goldland herjagten, auf diese Legende vom Weißen Mann, und sie zogen ihren Nutzen daraus. Ihre Gier nach Eroberung und Gewinn fand Unterstützung durch die geheimnisvollste und größte aller Erinnerungen.

Die moderne Forschung hat erwiesen, daß der amerikanische Kontinent die Heimat uralter Kulturen ist. Schon Cortez bemerkt voller Staunen, daß die Azteken ebenso zivilisiert sind wie die Europäer. Wir wissen heute, daß sie die Nachkömmlinge einer viel höheren Kultur, nämlich der toltekischen, waren. Die Tolteken errichteten die gigantischsten Bauten Amerikas. Die Sonnenpyramiden von Teotihuacan und Cholula sind doppelt so groß wie das Grab des Königs Cheops. Aber auch die Tolteken fußen ihrerseits auf einer noch glanzvolleren Kultur, jener der Mayas, deren Denkmäler man in den Dschungeln von Honduras, Guatemala und Yucatan entdeckt hat. Unter einem Pflanzendickicht begraben, liegen hier die Überreste einer Zivilisation, die ungefähr gleich alt wie die griechische und dieser in vieler Hinsicht überlegen ist. Wann und wie starb sie? Jedenfalls erlitt sie einen doppelten Tod, denn auch hier haben die eifrigen Missionare alte Manuskripte vernichtet, die Statuen zertrümmert, die Altäre dem Erdboden gleichgemacht. In einer Zusammenfassung der jüngsten Forschungsergebnisse über die untergegangenen Kulturen schreibt Raymond Cartier:

«Auf vielen Gebieten übertraf die Wissenschaft der Mayas die der Griechen und Römer. Sie besaßen profunde mathematische und astronomische Kenntnisse und brachten es in der Chronologie und der Kalenderberechnung zur Vollkommenheit. Sie bauten Kuppelobservatorien, die besser konstruiert waren als das Pariser Observatorium aus dem 17. Jahrhundert, wie etwa die sogenannte ‹Schnecke›, die sich in ihrer Hauptstadt Chichen Itzá über drei Terrassen erhob. Sie kannten das heilige Jahr mit 260 Tagen, das Sonnenjahr mit 365 Tagen und das Venusjahr mit 584 Tagen. Unsere Gelehrten haben die genaue Dauer des Sonnenjahres auf 365,2422 Tage festgelegt; die Mayas waren auf 365,2420 Tage gekommen. Möglicherweise sind auch die Ägypter zu einem so präzisen Ergebnis gelangt, aber um diese These zu stützen, müßte man an die umstrittene Behauptung glauben, daß in den Maßen der Pyramiden bestimmte Erkenntnisse niedergelegt sind.

Andere Parallelen zu Ägypten werden in der Kunst sichtbar. Die Wandmalereien der Mayas, ihre Fresken, ihre Vasen zeigen Männer mit scharfem semitischem Profil bei allen Tätigkeiten des Ackerbaus, des Fischfangs, des Hausbaus, der Politik und der Religion. Nur die Ägypter haben solche Szenen mit dem gleichen krassen Verismus dargestellt. Die Töpferkunst der Mayas wiederum erinnert an die der Etrusker, ihre Basreliefs an Indien, und die großen steilen Treppen ihrer Pyramidentempel scheinen uns nach Angkor zu versetzen. Wenn sie diese Vorbilder nicht aus dem Ausland entlehnt haben, muß man annehmen, daß ihr Gehirn so konstruiert war, daß es die gleichen künstlerischen Ausdrucksformen gefunden hat wie alle großen Völker Europas und Asiens. Ist die Kultur ursprünglich in einem bestimmten geographischen Bezirk entstanden und hat sich von hier aus langsam ausgebreitet wie ein Waldbrand? Oder ist sie spontan und isoliert an verschiedenen Punkten der Erde aufgetaucht? Einzelne Samenkörner oder ein einziger Baumstumpf, der überall Stecklinge getrieben hat?»

Man weiß es nicht, und wir besitzen weder über den Ursprung noch über das Ende solcher Kulturen eine zufriedenstellende Erklärung. Bolivianische Legenden, die Cynthia Fain gesammelt hat [23] und die zum Teil vor mehr als fünftausend Jahren entstanden sind, erzählen, die Kulturen jener Epoche seien nach einem Zusammenstoß mit Angehörigen einer transhumanen Rasse, deren Blut nicht rot war, untergegangen.

Die Hochebene von Bolivien und Peru erweckt den Eindruck, als befände man sich auf einem anderen Planeten. Der Luftdruck ist dort um die Hälfte niedriger als auf dem Niveau des Meeresspiegels, und doch trifft man bis zur Höhe von 3500 Metern auf Menschen. Sie haben zwei Liter Blut mehr als wir, acht Millionen rote Blutkörperchen anstelle von fünf, und ihr Herz schlägt langsamer als das unsere. Die Datierungsmethode mit Hilfe des radioaktiven Kohlenstoffs hat nachgewiesen, daß hier schon vor 9000 Jahren Menschen gelebt haben. Gewisse neue Forschungen führten zu der Annahme, daß sogar schon vor 30 000 Jahren Menschen auf dieser Hochebene lebten. Es ist keineswegs ausgeschlossen, daß menschliche Wesen, die Metalle zu bearbeiten verstanden und über Observatorien und eine Wissenschaft verfügten, vor 30 000 Jahren hier Riesenstädte gebaut haben. Wer hat sie dazu angeleitet?

Die prä-inkaischen Völker verstanden Bewässerungsanlagen zu konstruieren, die wir heute nicht einmal mit Hilfe elektrischer Turbinen-Bohrmaschinen fertigstellen könnten. Warum wurden von Menschen, die sich nicht des Rads bedienten, riesige gepflasterte Straßen angelegt?

Der amerikanische Archäologe Hyatt Verrill hat sich dreißig Jahre lang der Erforschung der untergegangenen Kulturen Mittel- und Südamerikas gewidmet. Seiner Ansicht nach haben die Menschen jener Epochen bei ihren großen Bauten zum Schneiden und Behauen der Steine nicht Werkzeuge benutzt, sondern eine radioaktive Paste, die den Granit ätzte: sie trieben also eine Art Chemigraphie im Riesenmaßstab. Verrill behauptet, diese radioaktive Paste, deren Herstellungsformel von uralten Kulturen überliefert sei, noch in den Händen der letzten Zauberer gesehen zu haben. In einem sehr schönen Roman, *The Bridge of Light*, beschreibt er eine prä-inkaische Stadt, in die man nur über eine «Lichtbrücke», einen Bogen aus ionisierter Materie, gelangt, den man nach Belieben erscheinen und verschwinden lassen kann und mit dessen Hilfe eine sonst unpassierbare Schlucht überquert wird. Bis in seine letzten Tage (er starb im Alter von achtzig Jahren) versicherte Verrill, daß sein Buch mehr sei als ein Produkt der Phantasie, und seine Frau, die ihn überlebt hat, beteuert es noch heute.

Was bedeuten die Figuren von Nazca? Es handelt sich um riesige, durch die Ebene von Nazca gezogene geometrische Linien, die nur von einem Ballon oder einem Flugzeug aus sichtbar sind und die jetzt durch die aeronautische Forschung entdeckt wurden. Professor Mason, dem man gewiß nicht, wie vielleicht Verrill, den Vorwurf machen kann, er lasse sich von der Phantasie beherrschen, verliert sich in allerlei Vermutungen. Eigentlich müßte man annehmen, die Konstrukteure hätten nach Weisungen gearbeitet, die ihnen von einem in der Luft schwebenden Fahrzeug aus erteilt wurden. Mason lehnt diese Hypothese ab und stellt sich vor, daß diese Figuren nach einem verkleinerten Modell oder mit Hilfe eines Koordinatennetzes entstanden. Bedenkt man, welches technische Niveau die klassische Archäologie den prä-inkaischen Völkern zubilligt, so erscheint diese Annahme noch unwahrscheinlicher als die erste. Und welche Bedeutung, welchen Zweck hatten diese Linien? Einen religiösen? Das behauptet man immer, um nur überhaupt etwas zu sagen. Die Erklärung durch eine unbekannte Religion ist die geläufigste aller Methoden. Man stellt sich lieber die tollsten Verrücktheiten vor als andere Möglichkeiten der Erkenntnis und der Technik. Es ist dies eine Frage der Eitelkeit: die Lichter von heute sind die einzigen Lichter. Die Photographien der Ebene von Nazca, die wir heute besitzen, lassen uns zwangsläufig an die Markierungen eines Flugplatzes denken. Söhne der Sonne, vom Himmel gekommen... Professor Mason hütet sich, diese Legenden heranzuziehen, und vermutet eine Art Religion der Trigonometrie, für die es übrigens in der Geschichte der Glaubenslehren nicht ein einziges weiteres Beispiel gibt. Und doch erwähnt Mason an einer anderen Stelle die prä-inkaische Mythologie, nach der die Sterne bewohnt und die Götter aus dem Sternbild der Plejaden herabgestiegen sind.

Wir sträuben uns nicht gegen die Annahme von Besuchern aus anderen Welten, von spurlos untergegangenen Kulturen mit atomwissenschaftlichen Kenntnissen, von Etappen der Menschheitsgeschichte, die über Erkenntnisse und Techniken verfügten, welche sich mit den unseren vergleichen lassen, von Spuren verschollener Wissenschaften, die sich unter verschiedenen sogenannten esoterischen Formen erhalten haben, und von einer wirkenden und wirksamen Realität in dem, was wir als magische Praktiken bezeichnen. Wir sagen damit nicht, daß wir alles glauben, aber wir werden im folgenden Kapitel zeigen, daß das Feld der Geisteswissenschaften vermutlich sehr viel weiter ist, als man es heute gesteckt hat. Ein Darwin oder ein Kopernikus der Anthropologie, der alle Tatsachen ohne Ausnahme einbezieht und sich entschließt, sämtliche durch diese Fakten angeregten Hypothesen ohne jede Voreingenommenheit zu untersuchen, würde eine völlig neue Wissenschaft ins Leben rufen — allerdings müßte er auch eine ständige Beziehung zwischen der objektiven Beobachtung der Vergangenheit und den neuesten Ergebnissen der modernen Forschung auf den Gebieten der Parapsychologie, der Physik, der Chemie und der Mathematik schaffen. Es wird ihm vielleicht aufgehen, daß die Idee einer stetigen langsamen Entwicklung des menschlichen Geistes und einer ebenso stetigen Zunahme der Erkenntnisse durchaus keine unangreifbare These ist, sondern ein Tabu, das wir geschaffen haben, um uns heute als Nutznießer der gesamten Menschheitsgeschichte fühlen zu können. Warum sollten frühere Kulturen nicht plötzliche Erleuchtungen erlebt haben, in denen ihnen gewissermaßen die Totalität der Erkenntnisse enthüllt wurde? Warum kann das, was zuweilen einem einzelnen Menschen widerfährt: die Erleuchtung, die blitzartige Intuition, die geniale Eingebung, nicht auch gelegentlich im Verlauf der Jahrtausende einem Volk zugestoßen sein? Interpretieren wir nicht die wenigen Erinnerungen an solche Augenblicke ganz falsch, wenn wir von Mythologie, von Legenden, von Magie sprechen? Wenn man mir die Photographie eines in der Luft schwebenden Menschen zeigt, die keine Trickaufnahme ist, dann sage ich nicht: Das ist eine Darstellung der Ikaros-Sage, sondern: Das ist die Momentaufnahme eines Sprungs. Warum sollte es nicht auch innerhalb der Kulturen gewisse Moment-Zustände geben?

5 Eine Erinnerung, die älter ist als das Menschengeschlecht —
Die Riesenvögel aus Metall — Geschichte einer sonderbaren
Weltkarte — Bombardements mit Atomwaffen und interplaneta-
rische Schiffe in den «Heiligen Texten» — Eine neue Idee über die
Maschine — Der Kult des «Cargo» — Auch das ist Esoterik — Die
Weihe des Geistes — Und nun bitte noch eine Geschichte

Seit zehn Jahren hat die Erforschung der Vergangenheit durch
die neuen, auf der Radioaktivität basierenden Methoden und den
Fortschritt der Kosmologie eine wesentliche Erleichterung erfahren. Und hier haben sich nun zwei erstaunliche Tatsachen ergeben [24].

1. Die Erde ist ebenso alt wie das Universum, also etwa 4500
Millionen Jahre. Sie hat sich infolge einer Verdichtung ihrer Bestandteile durch Kälteeinwirkung gleichzeitig mit der Sonne gebildet, vielleicht sogar noch früher als diese.

2. Der Mensch, wie wir ihn kennen, existiert erst seit etwa
einer Million Jahren. Diese verhältnismäßig kurze Periode hat
demnach für die Entwicklung vom Urmenschen zum Menschen
ausgereicht. Wir möchten uns erlauben, an dieser Stelle zwei Fragen aufzuwerfen:

a) Hat die Menschheit im Verlauf dieser Million Jahre schon
technische Zivilisationen hervorgebracht wie die unsere? Die Fachleute antworten mit einem einstimmigen Nein. Aber es ist keineswegs erwiesen, daß sie ein Instrument oder ein Werkzeug von
einem sogenannten Kultgegenstand unterscheiden können. Auf
diesem Weg hat die Forschung noch kaum ihre ersten Schritte
getan. Und doch gibt es gerade hier recht verwirrende Probleme.
Die meisten Paläontologen betrachten die Eolithen (bestimmte
im Jahre 1867 bei Orléans entdeckte Steine) als natürliche Gegenstände. Andere hingegen sehen darin ein Werk des Menschen.
Welches «Menschen»? Es kann sich hier nicht um den *homo sapiens* handeln. In Ipswich in Norfolk hat man andere Gebilde
entdeckt: an ihnen ließe sich die Existenz von Tertiär-«Menschen»
in Westeuropa nachweisen.

b) Die Experimente von Washburn und Dice haben ergeben, daß die Entwicklung des Menschen auf Grund sehr einfacher Mutationen, beispielsweise durch eine leichte Veränderung der Schädelknochen, vor sich gegangen sein kann. Eine einzige Veränderung — und nicht, wie man geglaubt hatte, eine komplizierte Reihe — wäre demnach nötig gewesen, um aus dem Urmenschen einen Menschen zu machen.

Also in 4 500 Millionen Jahren nur eine einzige Mutation? Möglich. Aber ist es unbedingt sicher? Warum sollte es vor der erwähnten Million Jahre nicht schon mehrere Entwicklungszyklen gegeben haben? Andere Formen von Menschen oder, richtiger gesagt, von denkenden Wesen können aufgetaucht und wieder verschwunden sein. Sie brauchen keine unseren Augen sichtbare Spuren hinterlassen zu haben, aber die Erinnerung an sie hat sich möglicherweise in Legenden und Sagen erhalten. «Die Statue überlebt die Stadt»; die Erinnerung an sie kann die Energiezentralen, die Maschinen und Monumente ihrer Kulturen überlebt haben. Vielleicht reicht unser Gedächtnis viel weiter zurück als unsere eigene Existenz, als die Existenz unserer Rasse. Welche unendlich fernen Tatsachen sind, ohne daß wir etwas davon ahnen, in unseren Chromosomen und Genen niedergelegt?

Schon ist in der Archäologie ein deutlicher Wandel eingetreten. Unsere Zivilisation beschleunigt die Kommunikation der Menschen untereinander; auf der ganzen Erdoberfläche verstreut gemachte Beobachtungen können in kurzer Zeit gesammelt und verglichen werden. Auf diese Weise ist man zu rätselhaften Feststellungen gekommen. Im Juni 1958 veröffentlichte die Smithsonian Institution gewisse von Amerikanern, Indern und Russen erbrachte Ergebnisse *. Bei Ausgrabungen in der Mongolei, in Skandinavien, in Ceylon, in der Nähe des Baikalsees und am Oberlauf der Lena in Sibirien entdeckte man aus Knochen und Steinen gefertigte Gegenstände von völlig gleichartiger Form. Nun trifft man jedoch die bei ihnen angewandte Herstellungstechnik heute nur noch bei den Eskimos an. Die Smithsonian Institution hält demnach die Annahme für berechtigt, daß vor zehntausend Jahren die Eskimos Zentralasien, Ceylon und die Mongolei bewohnt haben.

* *New York Herald Tribune*, 11. Juni 1958

Von hier aus müßten sie dann plötzlich nach Grönland ausgewandert sein. Aber warum? Wie war es möglich, daß primitive Völkerstämme den Entschluß faßten, diese Länder zu verlassen und ausgerechnet in eine so unwirtliche Gegend zu übersiedeln? Und außerdem, wie konnten sie dorthin gelangen? Die Eskimos wissen heute noch nicht, daß die Erde rund ist, und haben keine Ahnung von Geographie. Und sie sollten freiwillig Ceylon, dieses Paradies auf Erden, verlassen haben? Das Institut beantwortet diese Fragen nicht. Wir möchten niemandem unsere Hypothese aufdrängen und formulieren sie hier auch nur als eine Art geistige Lockerungsübung. Nehmen wir an, daß vor zehntausend Jahren ein höher entwickeltes Volk die ganze Erde beherrschte. Es schuf im hohen Norden eine Deportationszone. Und was sagt nun die Mythe der Eskimos? Sie spricht von Stämmen, die am Anfang der Zeiten durch riesige Metallvögel in den hohen Norden getragen wurden. Die Archäologen des 19. Jahrhunderts haben sich immer wieder über dieses unsinnige Bild der «Metallvögel» aufgeregt. Und wir?

Über wesentlich besser bestimmbare Gegenstände ist bisher noch keine Arbeit geleistet worden, die der der Smithsonian Institution vergleichbar wäre. So zum Beispiel über die Linse. Man hat im Irak und im mittleren Australien optische Linsen gefunden. Stammen sie aus derselben Quelle, derselben Kultur? Noch kein moderner Optiker ist aufgefordert worden, sich hierüber zu äußern. Seit etwa zwanzig Jahren werden auf der ganzen Welt alle optischen Gläser mit Zeriumoxyd poliert. In tausend Jahren wird eine spektroskopische Analyse dieser Gläser die Existenz einer einheitlichen Kultur auf der ganzen Erde nachweisen. Und der Beweis wird den Tatsachen entsprechen.

Es gibt noch andere Fakten:

In den weiten Bereichen der Wüste Gobi hat man Verglasungen des Erdbodens beobachtet, die den Erscheinungen ähneln, welche bei Atomexplosionen auftreten.

In den Höhlen von Bohistan fand man Inschriften und astronomische Zeichnungen, auf denen die Gestirne in genau den Positionen dargestellt sind, die sie vor dreizehntausend Jahren einnahmen. Die Venus ist auf diesen Zeichnungen durch Linien mit der Erde verbunden.

In der Mitte des 19. Jahrhunderts machte Piri Reis, ein Offizier der türkischen Marine, der *Library of Congress* einen Packen Landkarten zum Geschenk, die er im Orient entdeckt hatte. Die jüngsten stammten aus der Zeit des Kolumbus, die ältesten aus dem ersten Jahrhundert nach Christus. Sie waren übereinanderkopiert. 1952 untersucht Arlington H. Mallery, ein bedeutender Spezialist der Kartographie, diese Dokumente [25]. Er stellt fest, daß beispielsweise alle Angaben, die sich auf den Mittelmeerraum beziehen, zwar vermerkt, aber nicht an der richtigen Stelle eingezeichnet sind. Hatten die Zeichner die Erde für eine Scheibe angesehen? Die Erklärung ist nicht ausreichend. Hatten sie die Kugelgestalt der Erde in Betracht gezogen und ihre Karten mit einem Netzentwurf gezeichnet? Ausgeschlossen — eine projektive Geometrie gibt es erst seit Gaspard Monge. Mallery betraut nun den Kartographen Walters mit der weiteren Untersuchung, und dieser überträgt die Karten auf einen modernen Globus. Dabei ergibt sich, daß sie absolut exakt sind, und zwar nicht nur hinsichtlich des Mittelmeerraums, sondern auch im Hinblick auf alle anderen Länder einschließlich des amerikanischen Doppelkontinents und der Antarktis. 1955 unterbreiten Mallery und Walters ihre Arbeit dem Komitee des Geophysikalischen Jahres. Das Komitee übergibt die Akten dem Jesuitenpater und Direktor der Sternwarte von Weston, Daniel Linehan, der zugleich der verantwortliche Mann für die Karthographie der amerikanischen Marine ist. Auch der Pater muß zugeben, daß Gestalt und Bodenbeschaffenheit Nordamerikas, die Lage der Seen und Berge Kanadas, die Küstenlinien im äußersten Norden des Kontinents und die Umrisse sowie das Relief der Antarktis (die von Eisschichten bedeckt und daher selbst mit unseren Meßinstrumenten kaum zu erforschen ist) richtig wiedergegeben sind. Kopien noch älterer Karten? Zeichnungen nach Beobachtungen, die an Bord einer Flugmaschine oder eines Raumschiffs gemacht wurden? Notizen und Aufzeichnungen von Besuchern aus dem Weltraum?

Verübelt man es uns, daß wir diese Fragen stellen? Das *Popul Vuh,* das heilige Buch der Quiché, eines Maya-Stammes, spricht von einer unendlich alten Kultur, der die Nebelsterne und das ganze Sonnensystem bekannt waren. «Die von der ersten Rasse», so liest man, «waren imstande, alles zu erkennen. Sie untersuchten die vier Ecken des Horizonts, die vier Spitzen des Himmelsgewölbes und das *runde Antlitz* der Erde.»

«Einige der aus der Antike überlieferten Mythen und Legenden sind so allgemein verbreitet und so tief im Bewußtsein verankert, daß man unwillkürlich zu der Auffassung gelangt ist, sie seien so alt wie die Menschheit selbst. Man sollte aber doch einmal untersuchen, ob die Übereinstimmung mehrerer dieser Mythen und Legenden zufällig ist oder ob man in ihnen nicht den Abglanz einer alten, uns völlig unbekannten Kultur erblicken kann, die untergegangen ist, ohne irgendeine andere Spur zu hinterlassen.»

Der Mann, der im Jahre 1910 diese Zeilen schrieb, war weder ein Science-Fiction-Autor noch ein vager Okkultist. Er war einer der Pioniere der Wissenschaft: Professor Frederick Soddy, Nobel-Preisträger, Entdecker der Isotopen und der Verschiebungsgesetze auf dem Gebiet der natürlichen Radioaktivität.

Die Universität von Oklahoma hat 1954 die aus dem 16. Jahrhundert stammenden Annalen der Indianerstämme von Guatemala veröffentlicht. Phantastische Berichte über das Erscheinen legendärer Wesen, märchenhafte Erzählungen über Wesen und Sitten der Götter. Als man diese Annalen jedoch etwas genauer betrachtete, bemerkte man, daß die Kakchiquel-Indianer gar keine so wirren Geschichten erzählten: sie berichteten nur auf ihre Weise von ihrem ersten Kontakt mit den spanischen Eroberern. Diese rangierten in der Auffassung der Kakchiquel-Historiker an der Seite jener Wesen, von denen Mythologie und Überlieferung der Indianer sprachen. So wurde also die Wirklichkeit unter einem märchenhaften Aspekt geschildert, und es ist höchst wahrscheinlich, daß noch manche Texte, die man bisher nur mythologisch interpretierte, auf realen Tatsachen beruhen, die falsch gedeutet und mit anderen, der Phantasie entnommenen Elementen vermischt wurden. So ruht also in unseren Bibliotheken unter dem Stichwort «Legenden» eine ganze mehrere tausend Jahre alte Literatur, und kein Mensch überlegt sich auch nur eine Sekunde lang, ob hier nicht vielleicht einige phantastisch ausgeschmückte Chroniken tatsächlicher Ereignisse zu finden wären.

Und doch: die neuen Ergebnisse der Wissenschaft und Technik sollten uns veranlassen, diese Literatur mit anderen Augen zu lesen. Im Buch von Dzyan werden «Meister mit leuchtendem Antlitz» erwähnt, die die Erde verließen, den unreinen Menschen ihr Wissen entzogen und alle Spuren ihres vorübergehenden Aufenthaltes hier unten tilgten. In fliegenden, durch das Licht angetriebenen Wagen fahren sie davon, um heimzukehren in ihr Land «aus Eisen und Metall».

1959 erschien in der *Literaturnaja Gazeta* eine Abhandlung von Professor Agrest, der die Hypothese, daß interplanetarische Reisende einst die Erde besuchten, bejaht. Professor Agrest weist darauf hin, daß sich in den ältesten von den jüdischen Priestern in die Bibel eingefügten Texten Erinnerungen an Wesen finden, die von anderswo kamen und — so wie Enoch — wieder verschwanden, indem sie mit geheimnisvollen Archen in den Himmel aufstiegen. Die heiligen Bücher der Hindus, das *Ramajana* und das *Mahabharata,* beschreiben Luftschiffe, die im Anfang der Zeiten am Himmel kreisten und «azurblauen Wolken in Form von Eiern oder leuchtenden Kugeln» ähnelten. Sie konnten mehrere Male die Erde umrunden. Angetrieben wurden sie durch «eine ätherische Kraft, die bei der Abfahrt gegen den Erdboden schlägt» oder durch «eine unsichtbaren Kräften entströmende Schwingung». Sie gaben «sanfte und melodische Töne» von sich, schimmerten «leuchtend wie Feuer», und ihre Bahn verlief nicht gerade, sondern wirkte wie «eine langgezogene Wellenbewegung, die sie der Erde näher brachte und wieder von ihr entfernte». In diesen Büchern, die über dreitausend Jahre alt sind und deren Inhalt zweifellos auf noch unendlich älteren Erinnerungen beruht, wird auch das Material dieser Luftschiffe beschrieben: eine Mischung aus mehreren Metallen, von denen die einen weiß und leicht, die anderen rot waren.

Im *Mausola Purva* findet sich folgende einzigartige Schilderung, die den Ethnologen des 19. Jahrhunderts unverständlich sein mußte, während sie bei uns sofort bestimmte Assoziationen auslöst:

«Da ist eine unbekannte Waffe, ein eiserner Blitz, gigantischer Bote des Todes, der alle Angehörigen der Vrischni und der Andhaka zu Asche zerfallen ließ. Die verbrannten Leichen waren nicht mehr zu erkennen. Den Menschen fielen die Haare und Nägel aus, Töpferwaren zerbrachen ohne sichtbaren Anlaß, die Vögel wurden weiß. Nach einigen Stunden war die gesamte Nahrung vergiftet. Der Blitz zersetzte sich und wurde zu feinem Staub.»

Und noch diese Stelle:

«Cukra, der an Bord eines mächtigen Vimana flog, schleuderte auf die dreifache Stadt ein einziges Geschoß, das mit der Kraft des Universums geladen war. Ein weißglühender Rauch, zehntausend Sonnen gleich, erhob sich in seinem Glanze . . . Als das Vimana auf der Erde aufsetzte, erschien es wie ein leuchtender Block aus Antimon . . .»

Einwand: Wenn ihr die Existenz so phantastisch hochentwickelter Kulturen annehmt, wie erklärt ihr euch dann, daß bei den unzähligen Ausgrabungen auf der ganzen Erde noch nie Reste von Gegenständen zutage gefördert wurden, die das Vorhandensein solcher Kulturen glaubhaft gemacht hätten?

Antworten:

1. Es ist kaum ein Jahrhundert her, seit man mit systematischen Ausgrabungen begonnen hat, und unser «Atomzeitalter» zählt noch nicht zwanzig Jahre. In Südrußland, in China, in Zentralafrika und Südafrika hat eine ernsthafte archäologische Forschungstätigkeit überhaupt noch nicht eingesetzt. Unendliche Gebiete bewahren noch das Geheimnis ihrer Vergangenheit.

2. Wilhelm König, ein deutscher Ingenieur, mußte zufällig das Museum von Bagdad besuchen, um festzustellen, daß gewisse im Irak gefundene flache Steine, deren Bedeutung nicht näher bezeichnet war, in Wirklichkeit elektrische Batterien waren, die man schon zweitausend Jahre vor Galvani verwendet hatte. In den archäologischen Museen liegen unter den Rubriken «Kultgegenstände» oder «Verschiedenes» unzählige Dinge, über die kein Mensch etwas auszusagen weiß. Die Russen haben kürzlich in den Höhlen der Gobi und Turkestans halbkreisförmige Gebilde aus einer keramischen Masse oder Glas entdeckt, die in einen Kegel auslaufen, welcher einen Tropfen Quecksilber enthält. Worum handelt es sich hier? Außerdem muß man bedenken, daß nur wenige Archäologen über wissenschaftliche und technische Kenntnisse verfügen, die nicht direkt ihr Gebiet betreffen. Noch seltener sind diejenigen, denen klar bewußt ist, daß ein technisches Problem auf verschiedene Arten gelöst werden kann und daß es Maschinen gibt, die in keiner Weise dem ähneln, was wir als Maschine bezeichnen: Apparate ohne Kurbeln und Griffe, ohne Räder-

werk. Ein paar mit einer Spezialtinte auf präpariertes Papier gezeichnete Linien ergeben einen Empfänger für elektromagnetische Wellen. Ein einfaches Kupferrohr dient bei der Hervorbringung von Radarwellen als Resonator. Ein Diamant ist ein empfindlich reagierender Detektor für die nukleare und kosmische Strahlung. Kristalle können höchst komplizierte Aufzeichnungen enthalten. Und wer weiß, vielleicht sind in kleinen geschnittenen Steinen ganze Bibliotheken eingeschlossen. Wenn unsere Zivilisation ausgelöscht würde, und die Archäologen der Zukunft fänden in tausend Jahren beispielsweise ein paar Magnetophonbänder — was würden sie damit anfangen können? Und wie würden sie den Unterschied zwischen einem leeren und einem bespielten Band feststellen?

Wir sind heute im Begriff, die Geheimnisse der Anti-Materie und der Anti-Gravitation aufzudecken. Wird ihre Verwertung, wenn sie uns morgen möglich ist, eine schwerfällige Apparatur erfordern oder ganz im Gegenteil verblüffend einfach zu bewerkstelligen sein? Die Technik hat bei ihrer Entwicklung die Tendenz, nicht zu komplizieren, sondern zu vereinfachen; sie beschränkt den mechanischen Apparat immer mehr, bis dieser fast unsichtbar wird. In seinem Buch *Magie Chaldéenne* erwähnt Lenormand eine Legende, die an die Orpheus-Sage anklingt. Er schreibt: «In alten Zeiten konnten die Priester des On durch bestimmte Töne Stürme erregen und zum Bau ihrer Tempel Steinblöcke, die tausend Menschen nicht von der Stelle hätten rücken können, in die Luft erheben.» Und bei Walter Owen lesen wir: «Die Tonschwingungen sind Kräfte... Die kosmische Schöpfung wird durch Schwingungen getragen.» Diese Theorie hat viel Ähnlichkeit mit den modernsten Auffassungen. Das Morgen wird phantastisch sein — jeder weiß es. Aber vielleicht wird es doppelt phantastisch sein, wenn wir uns von dem Gedanken losmachen können, daß das Gestern uninteressant und banal war.

Wir haben uns von der Überlieferung, d. h. von der Gesamtheit der ältesten Texte der Menschheit, einen völlig literarischen, religiösen oder philosophischen Begriff zurechtgelegt. Und wenn es sich dabei nun um Tatsachen handelte — Tatsachen, aufgezeichnet von Menschen, die lange nach der Zeit lebten, in der diese Ereignisse sich abspielten, und die nun die Dinge in ihre Sprache übertrugen und ausschmückten? Erinnerungen an Kulturen, die technisch und wissenschaftlich auf gleicher Stufe standen wie wir, wenn nicht sogar auf einer ungleich höheren? Was sagt die Überlieferung, wenn man sie unter diesem Aspekt betrachtet?

Als erstes erklärt sie, daß die Wissenschaft gefährlich ist. Dieser Gedanke hätte einen Menschen des 19. Jahrhunderts vielleicht überrascht. Wir Kinder des 20. Jahrhunderts wissen, daß zwei auf Nagasaki und Hiroshima abgeworfene Bomben genügt haben, um 300 000 Menschen zu töten, daß diese Bomben längst überholt sind und daß ein Kobaltgeschoß von 500 Tonnen Gewicht auf dem größten Teil der Erde sämtliches Leben auslöschen könnte.

Zweitens sagt die Überlieferung, daß eine Verbindung mit nichtirdischen Wesen hergestellt werden kann. Für das 19. Jahrhundert eine absurde Vorstellung, aber nicht mehr für uns. Wir halten es nicht mehr für undenkbar, daß parallel zu unserem Universum noch andere Welten existieren, mit denen sich eine Verbindung aufnehmen ließe *. Die Radioteleskope fangen Wellen auf, die in einer Entfernung von zehn Milliarden Lichtjahren ausgesandt und so moduliert sind, daß man den Eindruck hat, es handele sich um Botschaften. Der Astronom John Krauss von der Universität Ohio versichert, er habe am 2. Juni 1956 Signale von der Venus aufgefangen. Andere Signale, die vom Jupiter kamen, wurden im Institut von Princeton registriert.

Schließlich behauptet die Überlieferung, daß alles, was seit Urbeginn geschehen ist, im Raum, in der Materie und in den Energien seinen Niederschlag gefunden hat und wieder entdeckt werden kann. Genau das gleiche aber sagt ein großer Gelehrter wie Bowen in seinem Werk *The Exploration of Time,* und die meisten Forscher von heute teilen diese Ansicht.

Ein weiterer Einwand: Eine technisch und wissenschaftlich hochentwickelte Kultur verschwindet nicht ganz und gar, wird nicht vollständig vernichtet.

Antwort: Gerade die am höchsten entwickelten Techniken bergen die größte Gefahr, die Zivilisation, aus der sie hervorgegangen sind, radikal zu vernichten. Stellen wir uns nur einmal vor, wie unsere eigene Zivilisation in einer nahen Zukunft aussehen

---

* Dieser Gedanke findet sich überall in der modernen Forschung. Siehe hierüber z. B. den Artikel von E. C. G. Stückelberg in der Zeitschrift *Industries Atomiques,* Nr. 1, 1958, S. 17.

könnte. Alle Energiezentralen, alle Waffen, alle Sender und Empfänger für Fernverbindungen, kurz alle technologischen Instrumente beruhen in ihrer Konstruktion auf ein und demselben Prinzip der Energieproduktion. Infolge einer Kettehreaktion explodieren sämtliche Instrumente, die großen wie die kleinen. Das gesamte materielle und ein großer Teil des menschlichen Potentials einer Zivilisation verschwindet. Übrig bleiben nur Gegenstände, die nicht als repräsentative Zeugnisse dieser Zivilisation gelten können, und die Menschen, deren Leben abseits von ihr verlief. Die kommenden Generationen verfallen wieder in einen Zustand der Primitivität. Nur ein paar Erinnerungen sind geblieben, die nach der Katastrophe in ungeschickter Form aufgezeichnet werden: Berichte, die wie Legenden oder Sagen anmuten und in denen das Thema der Vertreibung aus einem irdischen Paradies aufklingt und das Gefühl vermittelt wird, daß im Schoß der Materie große Gefahren und tiefe Geheimnisse verborgen sind. Wieder wird man Sätze lesen, ähnlich denen der Apokalypse: «Und der Himmel ward wie Blut...»

Im Jahre 1946 begaben sich Erkundungstrupps der australischen Regierung in unbekannte Gegenden des Hochlands von Neuguinea und stellten hier fest, daß die Bevölkerung von einem Sturm religiöser Erregung erfaßt war: der Kult des «Cargo» war entstanden. «Cargo» ist der englische Ausdruck für «Fracht» und dient auch als Bezeichnung für die Waren, die für den Handel mit den Eingeborenen bestimmt sind: Konserven, Flaschen mit alkoholischen Getränken, Paraffinlampen usw. Bei diesen Menschen, die gewissermaßen noch in der Steinzeit lebten, mußte der plötzliche Kontakt mit diesen Reichtümern eine tiefe Erschütterung auslösen. Aber war es denkbar, daß die weißen Menschen diese phantastischen Dinge selbst hergestellt hatten? Ausgeschlossen. Die Weißen, denen man begegnete, waren offensichtlich unfähig, mit ihren Händen solche Wundergegenstände hervorzubringen. Gehen wir doch einmal den Dingen auf den Grund, sagten sich die Eingeborenen von Neuguinea: Habt ihr jemals gesehen, daß ein weißer Mann irgend etwas fabriziert hat? Nein. Aber dafür widmen sich die Weißen sehr mysteriösen Tätigkeiten. Sie sind alle gleich gekleidet, und manchmal setzen sie sich vor einen Metallkasten, auf dem Zifferblätter angebracht sind, und lauschen auf sonderbare Geräusche, die aus diesem Kasten dringen. Sie malen Zeichen auf weiße Blätter. Das aber sind magische Riten, mit deren Hilfe sie die Götter bewegen, ihnen den «Cargo» zu schicken. Die Eingeborenen begannen daraufhin, diese «Riten» nachzuahmen: sie versuchten, sich auf europäische Art zu kleiden, sie sprachen in ihre Konservenbüchsen und steckten rings um ihre Hütten Bambusstäbe in den Boden, die wie Antennen aussahen. Und sie bauten in Erwartung des «Cargo» eine Art Flugplätze.

Gut. Und wenn nun unsere Vorfahren ihre Begegnung mit höheren Zivilisationen ebenso falsch interpretiert hätten? Dann bliebe uns nur die Überlieferung, also eine Beschreibung sogenannter «Riten», die in Wirklichkeit durchaus vernünftige Handlungen waren, welche auf andersartigen, uns unzugänglichen Kenntnissen beruhten. Wir hätten, genau wie Kinder, Haltungen, Gesten und Handlungen nachgeahmt, ohne ihren Sinn zu verstehen, ohne sie mit einer Realität in Verbindung zu bringen, deren Zusammenhänge wir nicht begreifen, und wir hätten darauf gewartet, durch diese Haltungen, diese Gesten und diese Handlungen irgend etwas zu erlangen. Irgend etwas, das nicht kommt: ein himmlisches Manna, das uns jedoch nur auf Wegen erreicht, die unsere Phantasie sich nicht vorzustellen vermag. Es ist leichter, ein Ritual nachzuahmen, als zu einer Erkenntnis vorzudringen, einfacher, Götter zu erfinden, als Techniken zu verstehen. Allerdings muß ich hier einschränkend hinzufügen, daß weder Bergier noch ich jede spirituelle Bewegung auf eine materielle Unkenntnis zurückführen wollen. Ganz im Gegenteil. Für uns besitzt das spirituelle Leben Existenz. Wenn Gott jenseits aller Realität steht, so werden wir Gott finden, wenn wir die Gesamtheit der Realität kennengelernt haben. Und wenn dem Menschen Kräfte innewohnen, die ihm gestatten, das ganze Universum zu begreifen, so ist Gott vielleicht das ganze Universum und noch dazu etwas anderes.

Aber fahren wir in unserem geistigen Exerzitium fort. Wie, wenn das, was wir als Esoterik bezeichnen, in Wirklichkeit Exoterik wäre? Wenn die ältesten Schriften der Menschheit, die wir als heilige Texte betrachten, in Wirklichkeit nur schlechte Übersetzungen wären, willkürliche Vereinfachungen, Berichte aus dritter Hand, verfälschte Erinnerungen an technische Tatsachen? Wir interpretieren diese Dokumente, als seien sie mit aller Bestimmtheit Ausdruck spiritueller «Wahrheit», philosophischer Symbole, religiöser Bilder. Der Grund liegt darin, daß wir uns, wenn wir sie lesen, nur auf uns selber beziehen, auf uns Menschen, die wir ganz in unserem kleinen inneren Mysterium befangen sind: ich liebe das Gute und tue das Böse, ich lebe und werde sterben usw. Die Schriften wenden sich an uns: diese Blitze, dieser Mannaregen, diese Apokalypsen sind Darstellungen der Welt unseres Geistes und unserer Seele. Zu mir spricht man hier, zu mir und für mich . . .

Stellen wir uns eine ganz ferne Vergangenheit vor, in der Botschaften, die von anderen Intelligenzen im Universum kamen, aufgefangen und interpretiert wurden, in der interplanetarische Reisende die Erde besuchten, in der ein reger kosmischer Verkehr im Gang war. Und stellen wir uns vor, daß heute noch in irgendeinem Heiligtum Notizen, Skizzen und Berichte aufbewahrt werden, die im Laufe der Jahrtausende nur unzulänglich entziffert werden konnten, daß diese alten Geheimnisse von Mönchen gehütet werden, die in keiner Weise imstande sind, sie völlig zu begreifen, und deshalb unablässig daran interpretieren und extrapolieren. Sie würden sich ihnen gegenüber genauso verhalten wie die Zauberer von Neuguinea, die ein Blatt Papier enträtseln wollen, auf dem der Fahrplan für den Flugverkehr zwischen New York und San Francisco steht. Ein anderes Beispiel für solch einen Fall wäre Gurdjews Buch *Die Gespräche des Beelzebub mit seinem Enkel*, ein Werk voller Hinweise auf unbekannte Begriffe und eine unverständliche Sprache. Gurdjew behauptet, er habe Zugang zu den «Quellen» gehabt — Quellen, die selber nur Ableitungen sind. Er verfertigt eine Übersetzung aus tausendster Hand und fügt ein paar persönliche Gedanken hinzu. Er konstruiert sich eine Symbolik des menschlichen Seelenlebens, und schon ist die Esoterik fertig.

Im Prospekt einer inneramerikanischen Fluglinie liest man: «Sie können Ihre Reise von jedem beliebigen Ort aus buchen. Ihre Anforderung einer Platzreservierung wird von einem elektrischen Roboter registriert. Ein anderer Roboter belegt für Sie den Platz in dem gewünschten Flugzeug. Das Billet, das Ihnen zugeschickt wird, ist gelocht nach der Norm . . .» usw. Man überlege, was aus diesem Text bei der tausendsten Übersetzung in einen Indianerdialekt würde, wobei wir obendrein voraussetzen wollen, daß die Übersetzung von Leuten verfaßt wird, die noch nie ein Flugzeug gesehen haben, die nicht wissen, was ein Roboter ist, und die die in dem Fahrplan erwähnten Ortsnamen nicht kennen. Und jetzt stellen wir uns vor, daß ein Esoteriker an diesen Text gerät, zu den Quellen der alten Weisheit hinabsteigt und aus den Worten und Zeichen Fingerzeige für die Haltung der menschlichen Seele herauslesen will.

Wenn es in der Nacht der Zeiten Kulturen gegeben hat, die auf einem bestimmten System der Erkenntnis fußten, so muß es auch Handbücher des Wissens gegeben haben. Man hat die Vermutung ausgesprochen, daß die Kathedralen Kompendien der alchimistischen Weisheit seien. Es ist nicht ausgeschlossen, daß solche Handbücher oder auch Fragmente derselben gefunden, ehrfurchtsvoll aufbewahrt und unendliche Male von Mönchen abgeschrieben worden sind, die ihre Aufgabe weniger im Verstehen als im Erhalten sahen. Unendlich oft kopiert, ausgemalt, verändert, interpretiert — doch nicht im Sinne jener alten, hohen und schwer zu erfassenden Erkenntnisse, sondern nach dem Maßstab des geringen Wissens späterer Zeiten. Aber schließlich führt jede echte technische oder wissenschaftliche Erfahrung, wenn sie konsequent weiterentwickelt wird, zu einer tiefen Einsicht in die Natur des Geistes und die Quellen des Seelenlebens und leitet zu einem höheren Bewußtseinszustand über. Wenn die Menschen von den «esoterischen» Texten aus — selbst wenn diese in Wirklichkeit nicht mehr waren, als wir hier andeuteten — zu jenem höheren Bewußtseinszustand gelangen konnten, so haben sie damit in gewisser Weise etwas von dem Glanz der untergegangenen Kulturen mitbekommen. Und es ist ebenfalls nicht ausgeschlossen, daß es zwei Arten von «heiligen Texten» gibt: Fragmente, die von früheren technischen Erkenntnissen Zeugnis ablegen, und Fragmente wahrhaft religiöser, von Gott inspirierter Werke. Da man keine Anhaltspunkte für eine Unterscheidung hatte, wurden beide Arten miteinander vermengt und galten gleichermaßen als «heilige Texte».

Der Leser möge uns gestatten, diesen Exkurs mit einer Geschichte zu beschließen. Sie stammt von Walter M. Miller, einem jungen amerikanischen Schriftsteller. Als Bergier und ich sie entdeckten, empfanden wir eine geradezu jubelnde Freude. Wir können nur hoffen, daß es unserem Leser ebenso ergeht.

6 Ein Lobgesang für Sankt Leibowitz · von Walter M. Miller

Wäre der Pilger nicht gewesen, der ihm plötzlich während seiner rituellen Fastenübung mitten in der Wüste erschien, so hätte Bruder Francis Gerard von Utah gewiß niemals das heilige Dokument entdeckt. Übrigens war es das erste Mal, daß er Gelegenheit hatte, einen Pilger zu sehen, der nach alter Tradition mit einem Lendenschurz bekleidet war; doch ein einziger Blick genügte, um den jungen Mönch zu überzeugen, daß es mit dieser Erscheinung schon seine Richtigkeit hatte. Der Pilger war ein alter, gebrechlicher Mann, der etwas hinkte und sich auf einen klassischen Pilgerstab stützte. Sein struppiger Bart wies um den Mund herum gelbliche Flecken auf, und über seiner Schulter hing ein kleiner Schlauch. Sein Kopf war mit einem großen Hut bedeckt, die Füße mit Sandalen, und um seine Hüften schlang sich zur Vervollständigung der Ausstattung ein Stück schmutziges, zerschlissenes Sackleinen. Er pfiff (falsch) vor sich hin, während er über den felsigen Pfad aus dem Norden daherkam. Anscheinend war er auf dem Weg zur Abtei der Brüder von Leibowitz, die etwa zehn Kilometer entfernt in südlicher Richtung lag.

Sowie er den jungen Mönch erblickte, hörte er auf zu pfeifen und begann ihn neugierig zu mustern. Bruder Francis seinerseits hütete sich wohlweislich, die Schweigepflicht zu verletzen, die der Orden für die Zeit der Fastentage vorschrieb. Er wandte rasch den Blick ab und fuhr fort, einen Wall aus großen Steinen zu errichten, der sein provisorisches Lager vor den Wölfen schützen sollte.

Nach zehn Tagen strenger Diät, die ausschließlich aus Kaktusfrüchten bestanden hatte, war der junge Mönch ein wenig geschwächt, und er empfand beim Weiterarbeiten ein leichtes Schwindelgefühl. Schon seit einiger Zeit kam es ihm vor, als schwanke rings um ihn die Landschaft, und er sah schwarze Punkte vor seinen Augen auf und ab tanzen. So fragte er sich denn auch zunächst, ob diese bärtige Erscheinung nicht vielleicht ein durch den Hunger hervorgerufenes Trugbild sei... Aber gleich darauf enthob der Pilger selbst ihn aller Zweifel:

«Holla heh!» rief er fröhlich mit einer angenehmen und melodischen Stimme.

Da die Schweigepflicht ihm eine Antwort verbot, begnügte der junge Mönch sich damit, schüchtern zu Boden zu blicken und zu lächeln.

«Führt der Weg hier zur Abtei?» fragte der Fremde jetzt.

Der Novize, der noch immer den Blick zu Boden gesenkt hielt, nickte. Dann bückte er sich und nahm einen kleinen weißen Stein auf, der wie Kreide aussah.

«Und was machst du mit all den Steinen da?» fuhr der Pilger fort und trat noch einen Schritt näher.

Hastig kniete Bruder Francis nieder und schrieb auf einen flachen Stein die Worte «Einsamkeit und Schweigen». Falls der andere lesen konnte — was allerdings, wenn man an die Statistiken dachte, unwahrscheinlich war — so mußte er auch verstehen, daß seine bloße Gegenwart für den jungen Büßer eine Gelegenheit zur Sünde bedeutete, und würde ihm sicherlich den Gefallen tun, sich zurückzuziehen und ihn nicht weiter zu belästigen.

«Aha!» sagte der Bärtige.

Einen Augenblick blieb er reglos stehen und ließ seine Blicke umherschweifen. Dann klopfte er mit seinem Pilgerstab gegen einen großen Stein:

«Da», sagte er, «der hier wird richtig für dich sein. Also viel Glück, und mögest du die Stimme finden, die du suchst!»

Bruder Francis verstand zuerst nicht recht, was der Fremde damit sagen wollte; er stellte sich einfach vor, daß der alte Mann ihn wohl für einen Taubstummen hielt. Nachdem er noch einen raschen Blick auf den Pilger geworfen hatte, der sich jetzt entfernte und wieder leise zu pfeifen anfing, sandte er ihm einen stummen Segensgruß nach, der ihm eine gute Reise sichern sollte, und machte sich dann wieder an seine Maurerarbeit; denn er hatte es eilig, die kleine sargförmige Rundmauer zu vollenden, in der er sich zum Schlaf ausstrecken könnte, ohne sein Fleisch den gierigen Wölfen als Lockspeise darzubieten.

Eine himmlische Herde von Kumuluswolken zog über seinem

Kopf dahin. Nachdem sie grausam die Wüste in Versuchung geführt hatte, schwebte sie jetzt zu den Bergen hinüber, um ihnen ihre feuchte Wohltat zuteil werden zu lassen ... Diese leichte Decke, die den jungen Mönch für kurze Zeit vor den brennenden Sonnenstrahlen schützte, erfrischte ihn ein wenig, und er nutzte die Gelegenheit, um seine Arbeit zu beschleunigen — nicht ohne jede seiner Gesten mit geflüsterten Gebeten zu begleiten, in denen er um seine wahrhafte Berufung bat; denn dies war das eigentliche Ziel, das er während seiner Fastenzeit in der Wüste zu erreichen hoffte.

Schließlich ergriff Bruder Francis auch den großen Stein, auf den der Pilger ihn hingewiesen hatte. Aber jetzt wich auf einmal die frische Farbe, die die Anstrengung ihm verliehen hatte, aus seinem Gesicht, und er ließ jäh das Felsstück fallen, als habe er eine Schlange berührt.

Zu seinen Füßen lag, halb im Geröll vergraben, ein Kästchen aus verrostetem Metall.

Der junge Mönch, den die Neugier gepackt hatte, wollte sogleich danach greifen; doch dann trat er rasch einen Schritt zurück, bekreuzigte sich und murmelte ein paar lateinische Worte. Nun fühlte er sich gestärkt und hatte keine Scheu mehr, sich dem Kästchen zuzuwenden.

«*Vade retro, Satanas!*» befahl er ihm und bedrohte es mit dem schweren Kruzifix seines Rosenkranzes. «Verschwinde, schmählicher Verräter!»

Dann zog er heimlich einen winzigen Weihwedel unter seinem Gewand hervor und besprengte das Kästchen für alle Fälle mit ein paar Tropfen geweihten Wassers. «Bist du ein Machwerk des Teufels, so weiche von hier!»

Doch das Kästchen machte keinerlei Anstalten zu verschwinden oder zu explodieren, und es sah auch nicht so aus, als wolle es zusammenschrumpfen und sich in Schwefelgestank auflösen ... Es blieb ganz ruhig auf seinem Platz und überließ dem Wüstenwind die Sorge, die heiligenden Tropfen, die es bedeckten, aufzutrocknen.

«Also sei es denn!» sagte der Mönch und kniete nieder, um seinen Fund zu ergreifen.

Mehr als eine Stunde saß er zwischen den Kieseln und hämmerte mit einem dicken Stein gegen das Kästchen, um es aufzubekommen. Während er so beschäftigt war, kam ihm die Idee, diese archäologische Reliquie — denn um eine solche handelte es sich zweifellos — sei vielleicht ein Zeichen, das ihm der Himmel sandte, um ihm damit anzudeuten, daß die Berufung ihm zuteil geworden sei. Aber gleich darauf verbannte er diesen Gedanken wieder aus seinem Kopf: er erinnerte sich rechtzeitig, daß der Vater Abt ihn sehr ernstlich vor jeder direkten und persönlichen Offenbarung ungewöhnlicher Art gewarnt hatte. Wenn er die Abtei verlassen hatte, um in der Wüste diese vierzigtägige Fastenzeit zu verbringen, so nur deshalb, damit seine Bußübung ihm zu einer göttlichen Inspiration verhelfe und ihn würdige, die höheren Ordensgelübde abzulegen. Er durfte nicht erwarten, Visionen zu erleben oder himmlische Stimmen zu hören, die ihn beim Namen riefen: derartige Erscheinungen hätte man ihm nur als Zeichen einer leeren und sinnlosen Überheblichkeit ausgelegt. Allzu viele Novizen schon hatten bei ihrer Rückkehr aus der Wüste phantastische Geschichten von Zeichen, Eingebungen und himmlischen Visionen erzählt, und der vortreffliche Vater Abt hatte all diesen angeblichen Wundern gegenüber eine sehr energische Haltung eingenommen. «Allein der Vatikan ist berechtigt, sich hierüber zu äußern», hatte er grollend erklärt, «und man soll sich hüten, als göttliche Offenbarung hinzustellen, was in Wirklichkeit nur das Ergebnis eines Sonnenstichs ist.»

Bruder Francis wußte also, wie die Dinge lagen. Trotzdem konnte er nicht umhin, das alte Metallkästchen mit unendlicher Ehrfurcht zu betrachten, während er sich abmühte, seinen Deckel zu öffnen . . .

Endlich gab dieser nach, der Inhalt des Kästchens rollte auf den Boden, und der junge Mönch fühlte, wie ein eisiger Schauer über seinen Rücken lief. Nun würde die Antike selber sich ihm offenbaren! Der leidenschaftliche Bewunderer der Archäologie wagte kaum seinen Augen zu trauen — und plötzlich schoß ihm durch den Kopf, daß Bruder Jeris nun wohl vor Neid platzen werde — aber schnell schob er diesen wenig christlichen Gedanken wieder von sich und begann dem Himmel zu danken, der ihm einen derartigen Schatz beschert hatte.

Zitternd vor Erregung berührte er mit vorsichtiger Hand die Gegenstände, die in dem Kästchen gewesen waren, und versuchte sie zu sortieren. Dank seiner Vorbildung gelang es ihm, in dem

Durcheinander einen Schraubenzieher zu identifizieren — ein Instrument, das man früher dazu verwendet hatte, um Metallstifte in Holz zu treiben — und dazu eine kleine Schere mit scharfen Schneiden. Daneben entdeckte er ein sonderbares Werkzeug: einen Stiel aus verfaultem Holz mit einem kräftigen Kupferstift, an dem noch etwas geschmolzenes Blei klebte. Er wußte jedoch nicht, was dieser Gegenstand bedeuten sollte. Das Kästchen enthielt außerdem noch eine kleine Rolle aus schwarzem, klebrigem Band, das jedoch durch die Einwirkung der Jahrhunderte schon zu stark zersetzt war, als daß man seine Bestimmung hätte erraten können; dazu zahlreiche Glasscherben und Metallstücke sowie mehrere jener kleinen röhrenähnlichen und mit Borsten aus Eisendraht versehenen Gegenstände, die die Heiden im Bergland als Amulette betrachteten, während gewisse Archäologen der Ansicht waren, daß es sich hier um Reste der legendären *Machina Analytica* handele, die man vor der «Sintflut des Feuers» gekannt hatte.

Bruder Francis untersuchte alle diese Gegenstände sorgfältig, bevor er sie neben sich auf einen Stein legte. Was die Dokumente betraf, so hob er sich ihre Prüfung bis zuletzt auf. Wie in allen Fällen bildeten sie auch hier den wichtigsten Teil des Fundes, da ja nur wenige Papiere den schrecklichen Autodafés entgangen waren, die eine unwissende und rachsüchtige Menge im Zeitalter der Vereinfachung veranstaltet hatte — eine Menge, die sich nicht gescheut hatte, selbst die heiligen Texte zu verbrennen.

Das kostbare Kästchen enthielt zwei dieser unschätzbaren Papiere sowie drei kleine, mit handschriftlichen Notizen bedeckte Blätter. Alle diese ehrwürdigen Dokumente waren vom Alter ausgetrocknet und äußerst zerbrechlich, und der junge Mönch behandelte sie denn auch mit größter Vorsicht und schützte sie sorgfältig mit einem Zipfel seines Gewandes vor jedem Zuglüftchen. Im übrigen waren sie kaum lesbar und in antediluvianischem Englisch, also jener alten Sprache abgefaßt, die, genau wie das Lateinische, jetzt nur noch in den Klöstern und im Ritual der Liturgie gebraucht wurde. Langsam ging Bruder Francis an die Entzifferung. Er erkannte wohl die einzelnen Wörter, konnte jedoch ihre Bedeutung nicht ermitteln. Auf einem der kleinen Blätter las er: «Ein Pfund Würstchen, eine Dose Sauerkraut für Emma.» Das zweite Blatt enthielt die Worte: «Daran denken, bei der Steuererklärung den Paragraphen 1040 heranzuziehen.» Auf dem dritten schließlich waren nur Zahlen, eine lange Additionsreihe und dann eine weitere Zahl, die offensichtlich einen Prozentsatz der vorstehenden Summe darstellte. Dahinter ein einziges Wort: «Schweinerei!» Da der junge Mönch den Sinn der Dokumente nicht verstand, begnügte er sich damit, die Zahlen nachzurechnen und festzustellen, daß sie stimmten.

Von den zwei anderen Papieren, die das Kästchen enthielt, war das eine eng zusammengerollt und drohte in Stücke zu zerfallen, als er versuchte, es aufzurollen. Bruder Francis konnte lediglich ein Wort entziffern: «Totowette.» Er legte es wieder in das Kästchen, um es später, nach entsprechender Behandlung durch einen Konservator, eingehend zu prüfen.

Das zweite Dokument bestand aus einem großen, mehrfach zusammengefalteten Papier, das an den Faltstellen so brüchig war, daß der junge Mönch sich damit begnügen mußte, vorsichtig die einzelnen Teile ein wenig anzuheben, um wenigstens einen kurzen Blick darauf werfen zu können.

Es war ein Plan, ein kompliziertes Netz aus weißen Linien, die auf einen blauen Untergrund gezeichnet waren!

Wieder überrieselte den jungen Mönch ein ehrfurchtsvoller Schauer: er hatte eine Blaupause vor sich — eins jener unerhört seltenen alten Dokumente, die die Archäologen so hoch einschätzten und die die Gelehrten und Spezialisten gewöhnlich nur mit äußerster Mühe zu entziffern vermochten!

Aber damit war das unglaubliche Glück, das ein solcher Fund darstellte, noch nicht erschöpft: unter den Wörtern, die auf den unteren Ecken des Dokuments standen, entdeckte Bruder Francis plötzlich den Namen des Begründers seines Ordens: den des seligen Leibowitz!

Ein jähes Glücksgefühl durchzuckte den jungen Mönch, und seine Hände begannen so heftig zu zittern, daß er das unschätzbare Papier beinahe zerrissen hätte. Jetzt fielen ihm die letzten Worte, die der Pilger an ihn gerichtet hatte, wieder ein: «Mögest du die Stimme finden, die du suchst!» Und wahrhaftig, es war eine Stimme, die ihm hier ertönte, eine gewaltige Stimme, eine Stimme mit einem großen, schwungvollen S, wie es die Seiten des Meßbuchs zierte, und dieses S wiederum wies ihn auf die Macht hin, der er diese Offenbarung zu verdanken hatte: *Spiritus Sanctus,* der Heilige Geist!

Nachdem der Mönch noch einen letzten Blick auf die Blaupause geworfen hatte, um sich davon zu überzeugen, daß er nicht träumte, stimmte er einen Lobgesang an: *«Beate Leibowitz, ora pro me ... Sancte Leibowitz, exaudi me ...»* und diese letzte Formulierung ermangelte nicht einer gewissen Kühnheit, da ja der Begründer seines Ordens noch immer auf seine Kanonisierung wartete!

Bruder Francis dachte nicht mehr an die ausdrücklichen Ermahnungen seines Abtes. Mit einem Ruck sprang er auf und spähte aufgeregt nach Süden, in die Richtung, die der Alte mit dem Lendenschurz aus Sackleinen eingeschlagen hatte. Aber der Pilger war längst seinen Blicken entschwunden ... Gewiß war er ein Engel des Herrn gewesen, sagte Bruder Francis sich, und — wer weiß? — vielleicht sogar der selige Leibowitz persönlich ... Hatte er ihm nicht die Stelle gezeigt, an der er diesen wunderbaren Schatz gefunden hatte, und hatte er ihm nicht im selben Augenblick, da er seine prophetischen Abschiedsworte an ihn richtete, geraten, einen bestimmten Stein aufzuheben ...?

Der junge Mönch schwelgte in seinen erregten Überlegungen, bis die sinkende Sonne die Berge blutrot färbte, während sich rings um ihn die Schatten des Abends sammelten. Erst jetzt konnte die herannahende Nacht ihn seiner Meditation entreißen. Er sagte sich, daß die unschätzbare Gabe, die ihm zuteil geworden war, ihn vermutlich doch nicht vor den Wölfen schützen werde, und so beeilte er sich denn, seinen Steinwall fertigzubauen. Dann, als die Sterne aufstiegen, schürte er sein Feuer und sammelte die kleinen violetten Kaktusfrüchte für seine Abendmahlzeit. Sie bildeten seine einzige Nahrung, abgesehen von der Handvoll trockener Getreidekörner, die ein Priester ihm jeden Sonntag brachte. Es war so weit mit ihm gekommen, daß er gelegentlich einen hungrigen Blick auf die Eidechsen warf, die über die Felsen ringsum huschten — und seine Träume waren voller lukullischer Wahnvorstellungen.

In dieser Nacht jedoch nahm der Hunger den zweiten Platz in seinen Gedanken ein. Viel mehr verlangte ihn danach, so schnell wie möglich zur Abtei zu laufen, um seinen Brüdern von der erstaunlichen Begegnung und dem wunderbaren Fund zu berichten. Doch das kam selbstverständlich gar nicht in Frage. Berufung oder nicht, zunächst mußte er bis zum Ende der Fastenzeit hier bleiben und sich verhalten, als sei ihm nichts Außergewöhnliches widerfahren.

«Man wird eine Kathedrale an dieser Stelle errichten», dachte er, als er am Feuer saß und wieder in seine Träumereien versank. Und schon zeigte ihm seine Phantasie das majestätische Gebäude, das sich auf den Ruinen der alten Stadt erheben würde, und er sah die stolzen Glockentürme, die man auf viele Kilometer in der Runde würde erblicken können.

Schließlich schlummerte er ein, und als er einige Zeit später aus dem Schlaf aufschreckte, glühten nur noch ein paar magere Scheite in seinem erlöschenden Feuer. Er hatte plötzlich den Eindruck, daß er sich nicht mehr allein in dieser Wüste befand ... Er riß die Augen auf und bemühte sich, das tiefe Dunkel mit den Blicken zu durchdringen, und nun gewahrte er hinter dem verglühenden Schein des kleinen Feuers die Augen eines Wolfes, die durch die Dunkelheit herüberleuchteten. Mit einem Schrei des Entsetzens sprang der junge Mönch auf und duckte sich rasch in seinen Sarg aus festen Steinen.

Der Schrei, den er da ausgestoßen hatte — so sagte er sich, während er sich zitternd hinter der Schutzmauer verschanzte — dieser Schrei war kein eigentlicher Verstoß gegen das Schweigegebot ... Und er begann das Metallkästchen, das er an sein Herz preßte, zu streicheln und darum zu beten, die Fastenzeit möge doch recht schnell vorübergehen. Rings um ihn kratzten krallenbewehrte Tatzen an den Steinen der Schutzmauer ...

In allen folgenden Nächten strichen die Wölfe um das ärmliche Lager des Mönchs und erfüllten das Dunkel mit ihrem schauerlichen Geheul, und während der Tage kämpfte Bruder Francis gegen die vom Hunger hervorgerufenen Alpträume, die Hitze und die unerbittlichen Stiche der Sonne. Er sammelte Holz für sein Feuer, betete und bemühte sich mit aller Kraft, seine Ungeduld zu meistern, die so glühend danach verlangte, endlich den Karsamstag anbrechen zu sehen, der das Ende der Fastenzeit und auch seiner Verbannung bedeutete.

Als jedoch der ersehnte Tag endlich anbrach, war der junge Mönch von all den Entbehrungen viel zu geschwächt, um noch wirkliche Freude zu empfinden. Eine unendliche Müdigkeit hatte sich seiner bemächtigt. Mühsam schnürte er sein Bündel, zog sich die Kapuze zum Schutz gegen die Sonnenstrahlen über den Kopf und nahm sein kostbares Kästchen unter den Arm. Dann machte er sich mit schwankenden Schritten auf, um die zehn Kilometer, die ihn von der Abtei trennten, zurückzulegen... Als er die Klosterpforte erreichte, brach er erschöpft zusammen. Die Brüder, die ihn hineintrugen und seinem armen ausgedörrten Körper jegliche Sorge angedeihen ließen, erzählten später, er habe in seinem Fieberwahn immer wieder von einem Engel mit einem Lendenschurz aus Sackleinen gesprochen, den Namen des seligen Leibowitz angerufen und ihm inbrünstig dafür gedankt, daß er ihm das Geheimnis der heiligen Reliquien und der Totowette enthüllt habe.

Das Gerücht von diesen prophetischen Reden verbreitete sich in der Klostergemeinschaft und kam sehr schnell auch zu Ohren des Abtes, der für die Disziplin seiner Herde verantwortlich war. Sofort preßte er die Kinnbacken aufeinander. «Holt mir den Kerl her!» befahl er in einem Ton, der auch dem Lässigsten Flügel verliehen hätte.

Während er auf den jungen Mönch wartete, ging der Vater Abt in seinem Zimmer hin und her und spürte, wie der Zorn sich in ihm staute. Nicht, daß er etwas gegen Wunder im allgemeinen gehabt hätte, keineswegs. Auch wenn sie sich schlecht mit den Erfordernissen der inneren Verwaltung vertrugen, glaubte der gute Vater steif und fest an Wunder, da sie ja die Grundlage seiner Religion darstellten. Aber er verlangte zumindest, daß diese Wunder in der vorgeschriebenen Form und nach den aufgestellten Regeln gebührend nachgeprüft und beglaubigt wurden. Seit vor einiger Zeit der ehrwürdige Leibowitz seliggesprochen worden war, konnten diese verrückten jungen Mönche es nicht mehr lassen, überall ein Wunder ausfindig zu machen.

So verständlich diese Neigung auch sein mochte, sie war einfach unerträglich. Gewiß ist jeder Mönchsorden, der seinen Namen zu Recht tragen will, lebhaft darum bemüht, zur Heiligsprechung seines Begründers beizutragen, indem er mit größtem Eifer alle nur erdenklichen Beweisstücke dafür sammelt; aber so etwas hatte seine Grenzen! Seit einiger Zeit hatte der Vater Abt feststellen müssen, daß die Mönche das Bestreben hatten, sich seiner Autorität zu entziehen, und der leidenschaftliche Eifer, den die jungen Mönche beim Entdecken und Zusammentragen von Wundern an den Tag legten, hatte den Albertinischen Orden von Leibowitz schon so lächerlich gemacht, daß man selbst am Neuen Vatikan seinen Spaß daran hatte ...

Darum hatte der Vater Abt sich entschlossen, äußerste Strenge walten zu lassen: von nun an konnte jeder Verbreiter von Gerüchten über neue Wunder sich auf eine Bestrafung gefaßt machen. Wenn das Wunder sich als trügerisch erwies, würde der Verantwortliche den Preis für seine Disziplinlosigkeit und Leichtgläubigkeit zahlen; im Falle eines echten Wunders hingegen, das durch spätere Überprüfungen bestätigt wurde, bedeutete die erlittene Strafe jene Buße, die sich jeder, der der Gnadengabe teilhaftig werden will, auferlegen muß.

Als der junge Mönch schüchtern an die Tür klopfte, befand sich der gute Vater, der eben am Ende seiner Überlegungen angelangt war, genau in der dem Augenblick angemessenen Stimmung, nämlich in einem äußerst gereizten Gemütszustand, den er geschickt unter einer wohlwollenden Miene verbarg.

«Tritt ein, mein Sohn», sagte er mit sanfter Stimme.

«Sie haben mich rufen lassen, mein verehrungswürdiger Vater?» fragte der Novize — und ein entzücktes Lächeln breitete sich über sein Gesicht, als er auf dem Tisch des Abts sein Metallkästchen erblickte.

«Ja», erwiderte der Abt und schien einen Augenblick zu zögern.

«Aber du würdest es wohl für richtiger halten», fuhr er fort, «daß ich mich von jetzt ab persönlich zu dir bemühe, da du ja eine so berühmte Persönlichkeit geworden bist?»

«Aber nein, mein Vater!» rief Bruder Francis puterrot und mit erstickter Stimme.

«Du bist siebzehn Jahre alt und sichtlich ein rechter Narr.»

«Zweifellos, mein verehrungswürdiger Vater.»

«Willst du mir unter diesen Umständen dann wohl sagen, welchen unvernünftigen Grund du zu haben glaubst, die höheren Gelübde ablegen zu dürfen?»

«Ich habe überhaupt keinen Grund, mein verehrungswürdiger Meister. Ich bin nur ein armseliger Sünder, dessen Anmaßung unverzeihlich ist.»

«Und dabei vermehrst du deine Sünden noch», wütete der Abt, «indem du dir einbildest, deine Anmaßung sei so groß, daß sie keine Verzeihung finden kann!»

«Das ist wahr, mein Vater, ich bin nur ein elender Wurm.»

Mit einem eisigen Lächeln gewann der Abt seine lauernde Ruhe zurück.

«Du bist also bereit zu widerrufen», versetzte er, «und all die törichten Reden abzuschwören, die du unter der Einwirkung des Fiebers gehalten hast — diese Reden über einen Engel, der dir erschienen ist und der dir diesen» — mit verächtlicher Geste wies er auf das Metallkästchen — «elenden Schund da übergeben hat?»

Bruder Francis fuhr hoch und kniff angstvoll die Augen zu.

«Ich ... ich fürchte, das kann ich nicht, verehrungswürdiger Vater», flüsterte er.

«Was?»

«Ich kann nicht ableugnen, was meine Augen gesehen haben, mein Meister.»

«Weißt du, welche Strafe dich erwartet?»

«Gewiß.»

«Sehr gut. Dann mach dich bereit, sie zu empfangen.»

Mit einem resignierten Seufzer hob der Novize sein langes Gewand bis zum Gürtel und beugte sich über den Tisch. Jetzt nahm der gute Vater aus seiner Tischschublade einen kräftigen Nußbaumstock und versetzte ihm damit zehn Schläge auf den Hinterteil. (Nach jedem Schlag sprach der Novize unterwürfig das *Deo gratias,* wie es diese Lektion der Demut, deren er hier teilhaftig wurde, erforderte.)

«Nun», fragte der Abt, indem er seine Ärmel wieder herunterschob, «bist du jetzt willens zu widerrufen?»

«Mein Vater, ich kann es nicht.»

Der Abt wandte ihm brüsk den Rücken und verharrte einige Augenblicke in tiefem Schweigen.

«Na gut», erklärte er endlich mit schneidender Stimme. «Wie du willst. Aber rechne nicht damit, in diesem Jahr gemeinsam mit deinen Brüdern die heiligen Gelübde ablegen zu dürfen.»

In Tränen aufgelöst ging Bruder Francis in seine Zelle zurück. Die anderen Novizen würden also mit dem Mönchshabit bekleidet werden, während er noch ein weiteres Jahr warten und eine weitere Fastenzeit bei den Wölfen in der Wüste verbringen und eine Berufung erflehen mußte, von der er doch wußte, daß sie ihm bereits in vollem Maße zuteil geworden war ...

Im Verlauf der folgenden Wochen wurde dem Unglücklichen

zumindest die Genugtuung zuteil, feststellen zu können, daß der Vater Abt doch nicht ganz recht gehabt hatte, als er den Inhalt dés Metallkästchens als «elenden Schund» bezeichnete. Diese archäologischen Reliquien hatten offensichtlich bei den Brüdern regstes Interesse erweckt, und man verwandte beträchtliche Zeit auf die Säuberung und Klassifizierung der einzelnen Gegenstände. Auch bemühte man sich, die Dokumente zu konservieren und ihren Sinn zu erforschen. Ja, es ging sogar das Gerücht im Kloster um, Bruder Francis habe tatsächlich echte Reliquien des seligen Leibowitz entdeckt — vor allem natürlich auf Grund des Plans oder der Blaupause, die seinen Namen trug und auf der man zudem noch einige bräunliche Spritzer bemerkte. (Waren es etwa Blutstropfen des Seligen? Der Vater Abt war der Meinung, es handle sich um Apfelsaft.) Auf jeden Fall datierte der Plan aus dem Jahre des Heils 1956, war also zu Lebzeiten des verehrungswürdigen Ordensgründers gezeichnet worden.

Übrigens wußte man recht wenig über den seligen Leibowitz; seine Geschichte verlor sich in den Nebeln der Vergangenheit, die obendrein noch durch legendenhafte Erzählungen verdunkelt wurden. Man behauptete nur, daß Gott, um das Menschengeschlecht auf die Probe zu stellen, den Gelehrten der alten Zeiten — zu denen auch der selige Leibowitz zählte — befohlen habe, bestimmte teuflische Waffen zu entwickeln, dank denen es dem Menschen gelungen war, binnen weniger Wochen den größten Teil seiner Kulturdenkmäler zu vernichten und gleichzeitig eine sehr große Anzahl seinesgleichen umzubringen. Das war die sogenannte «Sintflut des Feuers» gewesen, auf die dann die Pest und andere Seuchen folgten und schließlich jener Kollektivwahnsinn, der zum Zeitalter der Vereinfachung führen sollte. Im Laufe dieser Epoche hatten die letzten Vertreter der Menschheit, von Rachsucht gepackt, sämtliche Politiker, Techniker und Wissenschaftler in Stücke gehauen. Dazu hatten sie alle Arbeiten und Dokumente aus den Archiven geholt und verbrannt, dié dem Menschengeschlecht möglicherweise gestattet hätten, erneut die Wege der wissenschaftlich organisierten Zerstörung zu beschreiten. Man hatte damals alle Schriftwerke und alle gebildeten Menschen mit einem Haß ohnegleichen verfolgt — ja, es war so weit gekommen, daß das Wort «Dummkopf» zu einem Synonym für einen ehrenwerten, redlichen und tugendhaften Staatsbürger wurde.

Um der gerechtfertigten Wut der überlebenden Dummköpfe zu entgehen, hatten viele Gelehrte und Wissenschaftler versucht, im Schoß der heiligen Kirche Zuflucht zu finden. Und man nahm sie auch auf, gab ihnen Mönchsgewänder und bemühte sich, sie vor den Verfolgungen der Menge zu schützen. Das Verfahren glückte allerdings nicht immer, denn einige Klöster wurden' gestürmt, ihre Archive geplündert und verbrannt, während man diejenigen, die sich hierher geflüchtet hatten, kurzerhand aufhängte. Was nun den seligen Leibowitz betrifft, so hatte dieser bei den Zisterziensern ein Asyl gefunden. Nachdem er die Gelübde abgelegt hatte, wurde er zum Priester geweiht, und zwölf Jahre später erhielt er die Erlaubnis, einen neuen Mönchsorden, den der «Albertiner», zu gründen, der im Gedenken an Albertus Magnus, den Lehrer des großen Heiligen Thomas von Aquin und den Schutzpatron aller Wissenschaftler, seinen Namen erhielt. Die neu gegründete Bruderschaft sollte sich der Erhaltung der geistlichen wie der weltlichen Kultur widmen, und ihre Mitglieder betrachteten es als ihre vornehmste Aufgabe, den kommenden Generationen die wenigen Bücher und Dokumente zu überliefern, die der Vernichtung entgangen waren und die man ihnen heimlich aus allen Winkeln der Welt zusandte. Eines Tages jedoch erkannten gewisse Dummköpfe in Leibowitz einen früheren Gelehrten, und er erlitt den Märtyrertod durch Erhängen. Der von ihm begründete Orden aber bestand weiter, und bis zu dem Zeitpunkt, an dem es wieder offiziell erlaubt war, schriftliche Dokumente zu besitzen, beschäftigten seine Mitglieder sich damit, aus dem Gedächtnis zahlreiche Werke der vergangenen Zeiten niederzuschreiben. Doch da das Gedächtnis dieser Annalenschreiber naturgemäß begrenzt war (nur wenige unter ihnen waren übrigens gebildet genug, um etwas von Physik und Chemie zu verstehen), verwandten die Brüder Kopisten ihre Hauptmühe auf die heiligen Texte sowie auf die schöngeistige Literatur und auf Werke, die sich mit sozialen Fragen befaßten. So kam es, daß von dem ganzen ungeheuren Repertoire der menschlichen Erkenntnisse nur eine klägliche Sammlung handgeschriebener Aufsätze in die Gegenwart herübergerettet wurde.

Nach sechshundert Jahren des Obskurantismus waren die Mönche noch immer damit beschäftigt, ihre magere Ernte zu studieren und immer von neuem abzuschreiben. Sie warteten ... Gewiß, aus den meisten der durch sie geretteten Texte konnten sie keinerlei Nutzen ziehen — einige blieben ihnen sogar absolut unverständlich — aber den frommen Brüdern genügte das Bewußtsein, daß sie das «Wissen» in ihren Händen hielten: sie würden es behüten und weitergeben, so wie es ihre Pflicht war, und sollte der allgemeine Obskurantismus auch zehntausend Jahre andauern ...

Bruder Francis Gerard von Utah kehrte im folgenden Jahr in die Wüste zurück und fastete in Einsamkeit. Wieder langte er schwach und abgemagert im Kloster an, und wieder wurde er vor den Vater Abt geführt, der ihn fragte, ob er sich endlich entschlossen habe, seine ausgefallenen Erklärungen zu widerrufen.

«Das kann ich nicht, mein Vater», sagte der Novize auch diesmal wieder. «Ich kann nicht ableugnen, was meine Augen gesehen haben.»

Und wieder züchtigte der Abt ihn nach frommer Sitte, wieder verweigerte er ihm für dieses Jahr die Ablegung der Gelübde ...

Die Dokumente aus dem Metallkästchen waren unterdessen, nachdem man eine Kopie von ihnen angefertigt hatte, einem Seminar zur näheren Überprüfung anvertraut worden. Aber Bruder Francis blieb ein einfacher Novize, ein Novize, der weiterhin von dem wunderbaren Heiligtum träumte, das man eines Tages an der Stelle seiner Entdeckung errichten würde ...

«Dieser verteufelte Starrsinn!» tobte der Abt. «Wenn der Pilger, von dem dieser Idiot dauernd erzählt, sich wirklich zu unserer Abtei begeben hat, wie kommt es dann, daß niemand ihn hier gesehen hat ...? Ein Pilger mit einem Lendenschurz aus Sackleinen! Nein wirklich!»

Aber diese Geschichte mit dem Lendenschurz aus Sackleinen beunruhigte den guten Vater doch ein wenig. Die Überlieferung berichtete nämlich, daß der selige Leibowitz bei seiner Erhängung einen Jutesack als Kapuze getragen habe.

Bruder Francis blieb sieben Jahre hindurch Novize und verbrachte siebenmal nacheinander die Fastenzeit in der Wüste. Bei dieser Lebensweise wurde er allmählich zum Meister in der Kunst, das Heulen der Wölfe nachzuahmen, und zuweilen machte er sich sogar einen Spaß daraus, in mondlosen Nächten die Meute dieser Bestien bis vor die Mauern der Abtei zu locken ... Tagsüber begnügte er sich damit, in den Küchenräumen zu arbeiten und die

Fliesen des Klosters zu scheuern — wobei er jedoch nicht versäumte, seine Studien der antiken Autoren weiter zu betreiben.

Eines schönen Tages langte ein Bote des Seminars auf dem Rücken seines Esels bei der Abtei an. Er brachte eine Kunde, die jubelndes Frohlocken auslöste:

«Es steht jetzt fest», so verkündete er, «daß die hier in der Nähe aufgefundenen Dokumente tatsächlich aus der betreffenden Zeit stammen und daß vor allem der Plan auf irgendeine Weise mit dem Lebenslauf unseres seligen Begründers zusammenhängt. Man hat ihn zum Neuen Vatikan geschickt, wo er einer noch eingehenderen Untersuchung unterzogen werden soll.»

«Dann könnte es sich also wirklich um eine echte Reliquie des seligen Leibowitz handeln?» fragte der Abt.

Aber der Bote, der keine Lust hatte, in dieser Sache eine eigene Verantwortung zu übernehmen, hob nur die Augenbrauen.

«Man berichtet, der selige Leibowitz sei zur Zeit seiner Priesterweihe Witwer gewesen», bemerkte er ausweichend. «Wenn man nun allerdings den Namen seiner verstorbenen Gattin ermitteln könnte ...»

Jetzt erinnerte sich der Abt der kleinen Notiz, in der ein Frauenname genannt war, und hob nun seinerseits die Augenbrauen ...

Kurz darauf ließ er den Bruder Francis rufen.

«Höre, mein Sohn», erklärte er ihm mit strahlender Miene, «ich glaube, daß jetzt endlich für dich der Augenblick gekommen ist, deine feierlichen Gelübde abzulegen. Es möge mir erlaubt sein, dich bei dieser Gelegenheit zu deiner Geduld und Willensstärke, von der du uns so viele Beweise geliefert hast, zu beglückwünschen. Wohlverstanden, wir werden nie wieder von deiner — hm — Begegnung mit einem — hm — Wüstenwanderer sprechen. Du bist ein rechtschaffener Dummkopf, und du kannst jetzt niederknien, wenn du meinen Segen empfangen willst.»

Bruder Francis stieß einen tiefen Seufzer aus und sank, von der Erregung übermannt, ohnmächtig zu Boden. Der Vater Abt segnete ihn, dann brachte er ihn wieder zu sich und erlaubte ihm, seine heiligen Gelübde auszusprechen: die Gelübde der Armut, der Keuschheit, des Gehorsams — und der Befolgung der Ordensregeln.

Einige Zeit später wurde der neue Mönch des Albertinischen Ordens der Brüder von Leibowitz dem Saal der Kopisten zugewiesen, wo er unter der Aufsicht eines alten Mönches namens Horner arbeiten sollte. Er machte sich also nun daran, sorgfältig die Seiten einer Abhandlung über Algebra mit schönen Zeichnungen auszuschmücken, die Lorbeerzweige und pausbäckige Engel darstellten.

«Falls du es wünschst», verkündete ihm der alte Horner mit brüchiger Stimme, «kannst du dich jede Woche fünf Stunden lang mit einer Arbeit nach eigener Wahl beschäftigen — vorausgesetzt natürlich, daß diese Wahl unsere Billigung findet. Andernfalls wirst du diese fakultativen Arbeitsstunden damit zubringen, die *Summa Theologica* sowie die uns erhaltenen Bruchstücke der *Encyclopedia Britannica* abzuschreiben.»

Nachdem der junge Mönch eine Weile nachgedacht hatte, bat er: «Könnte ich diese Stunden nicht dazu verwenden, eine schöne Kopie des Plans von Leibowitz anzufertigen?»

«Das weiß ich nicht, mein Sohn», meinte Bruder Horner stirnrunzelnd. «In diesem Punkt ist unser verehrter Vater Abt etwas empfindlich . . .» Aber dann ließ er sich doch von den flehentlichen Bitten des jungen Kopisten erweichen. «Na schön», sagte er, «ich will es dir erlauben. Schließlich wird diese Arbeit nicht allzuviel Zeit in Anspruch nehmen.»

Bruder Francis besorgte sich nun das beste Pergament, das er finden konnte, und verbrachte lange Wochen damit, es mit einem flachen Stein zu glätten und zu polieren, bis es in leuchtender, schneeiger Weiße strahlte. Dann verwandte er weitere Wochen darauf, die verschiedenen Kopien des kostbaren Dokuments zu studieren, bis er die gesamte Zeichnung, das mysteriöse Gewirr der geometrischen Linien und unverständlichen Symbole haargenau im Kopf hatte. Schließlich fühlte er sich imstande, den komplizierten Plan mit geschlossenen Augen nachzuzeichnen. In den folgenden Wochen durchstöberte er die Bibliothek des Klosters auf der Suche nach Dokumenten, die ihm vielleicht gestatteten, sich wenigstens eine annähernde Vorstellung von der Bedeutung der Zeichnung zu machen.

Bruder Jeris, ein junger Mönch, der ebenfalls im Saal der Kopisten arbeitete und sich schon oft über ihn und seine wunderbaren Erlebnisse in der Wüste lustig gemacht hatte, überraschte ihn bei dieser Tätigkeit.

«Darf ich dich wohl einmal fragen», sagte er, indem er sich über seine Schulter neigte, «was der Ausdruck ‹Mechanismus der Übergangskontrolle für das Element 6-B› bedeutet?»

«Das ist offensichtlich der Name des Gegenstands, den dieses Schema hier darstellt», erwiderte Bruder Francis in etwas abweisendem Ton. Bruder Jeris hatte nur mit lauter Stimme die Überschrift des Dokuments vorgelesen.

«Zweifellos . . . Aber was bedeutet dieses Schema nun?»

«Ja . . . eben den Mechanismus der Übergangskontrolle für das Element 6-B.»

Bruder Jeris brach in ein lautes Gelächter aus, und der junge Kopist fühlte, wie ihm die Röte ins Gesicht stieg.

«Ich nehme an», begann er wieder, «daß dieses Schema in Wirklichkeit irgendeinen abstrakten Begriff darstellt. Meiner Meinung nach müßte dieser Mechanismus der Übergangskontrolle eine Art transzendentaler Abstraktion sein.»

«Und in welches Gebiet der Erkenntnis würdest du deine Abstraktion einreihen?» fragte Bruder Jeris in sarkastischem Ton.

«Nun ja, also . . .» Bruder Francis zögerte einen Augenblick. Dann fuhr er fort: «Wenn man bedenkt, welchen Arbeiten der selige Leibowitz sich widmete, bevor er ins Kloster eintrat, so kann man wohl zu dem Schluß kommen, daß der Begriff, um den es hier geht, jene heute vergessene Kunst betrifft, die man seinerzeit *Elektronik* nannte.»

«Ja, diesen Ausdruck liest man öfters in den Texten, die uns überliefert sind. Aber was bedeutet er nun eigentlich?»

«Das steht doch auch in den Texten: der Gegenstand der Elektronik war die Nutzbarmachung des Elektrons, und dieses wiederum wird in einem unserer Manuskripte, das leider nur teilweise erhalten ist, definiert als eine Drehung des negativ geladenen Nichts *.»

«Dein Scharfsinn ist bewundernswert!» rief Bruder Jeris. «Und dürfte ich jetzt wohl auch noch erfahren, was eine Negation des Nichts ist?»

Bruder Francis errötete tief und begann zu stottern.

«Die negative Drehung des Nichts», fuhr der unerbittliche Jeris

---

* Die exakte, von Léon Brillouin formulierte Definition, der sich dann auch Robert Andrews Millikan, der Nobelpreisträger, anschloß. Sie ist in der Tat unverständlich, wenn man nicht über die gesamte Struktur der heutigen Physik im Bilde ist.

fort, «muß doch trotzdem zu etwas Positivem führen. Ich nehme doch an, Bruder Francis, daß du etwas Ordentliches zustandebringst, wenn du dieser Angelegenheit so viel Mühe und Zeit opferst. Dank deiner Arbeit werden wir bestimmt eines Tages dieses berühmte Elektron besitzen. Aber was fangen wir dann damit an? Wohin tun wir es? Sollen wir es vielleicht auf den Hochaltar stellen?»

«Das weiß ich nicht», versetzte Bruder Francis, der nun allmählich die Geduld verlor. «Und ich weiß ebensowenig, was eigentlich ein Elektron war und was man damit machen konnte. Ich bin nur zutiefst überzeugt, daß es in einer bestimmten Epoche existiert haben muß. Mehr kann ich auch nicht sagen.»

Mit einem spöttischen Auflachen wandte sich der Zweifler Jeris von ihm ab, um sich wieder an seine eigene Arbeit zu begeben. Der Zwischenfall hatte Bruder Francis zwar traurig gestimmt, konnte ihn aber nicht von seinem geliebten Vorhaben abbringen. Sobald er die spärlichen Hinweise gesammelt hatte, die ihm die Klosterbibliothek hinsichtlich der vergessenen Kunst, der der selige Leibowitz sich gewidmet hatte, liefern konnte, fertigte er einige Skizzen des Plans an, den er auf seinem Pergament wiederzugeben gedachte. Er vermochte zwar den Sinn des Schemas nicht zu erfassen, aber er wollte die äußerste Sorgfalt darauf verwenden, es genau so darzustellen, wie es auf dem Original gezeichnet war. Zu diesem Zweck würde er schwarze Tinte benutzen; farbige Tinten hingegen würde er nehmen, um mit besonders kunstvollen Phantasiebuchstaben die Ziffern und Inschriften des Plans aufzumalen. Auch entschloß er sich, die strenge geometrische Monotonie seiner Wiedergabe zu durchbrechen, indem er ein paar Tauben und Cherubim hinzufügte, grünende Weinreben, vergoldete Früchte, bunte Vögel — und sogar eine kunstvolle Schlange. Oben über seinem Werk würde er eine symbolische Darstellung der Heiligen Dreieinigkeit anbringen und unten, gewissermaßen als Pendant, eine Zeichnung des Panzerhemdes, das seinem Orden als Emblem diente. So würde der Mechanismus der Übergangskontrolle des seligen Leibowitz gebührend ausgeschmückt sein, und seine Botschaft würde gleichermaßen das Auge und den Geist ansprechen.

Als er seine Skizze beendet hatte, legte er sie schüchtern dem Bruder Horner vor.

«Ich muß feststellen», sagte der alte Mönch in nachdrücklich vorwurfsvollem Ton, «daß diese Arbeit viel mehr Zeit in Anspruch nimmt, als ich geglaubt hatte ... Aber das macht nichts: zeichne du nur weiter. Der Entwurf ist schön, wirklich sehr schön.»

«Ich danke Euch, mein Bruder.»

Bruder Horner zwinkerte dem jungen Mönch zu. Dann flüsterte er vertraulich:

«Ich habe gehört, daß die nötigen Formalitäten für die Heiligsprechung des seligen Leibowitz möglichst rasch erledigt werden sollen. Deshalb nehme ich auch an, daß unser verehrungswürdiger Vater Abt in der bewußten Sache jetzt viel weniger empfindlich ist.»

Natürlich war diese wichtige Neuigkeit bereits jedermann zu Ohren gekommen. Die Seligsprechung von Leibowitz war längst erfolgt, aber die letzten Formalitäten, die nötig waren, um einen Heiligen aus ihm zu machen, konnten noch eine ganze Reihe von Jahren erfordern. Außerdem war stets zu befürchten, daß der *Advocatus Diaboli* noch irgendeinen Grund entdeckte, der die geplante Kanonisation unmöglich machte.

Nach langen Monaten begann Bruder Francis endlich mit der Arbeit an seinem schönen Pergament. Liebevoll zeichnete er die feinen Arabesken, die komplizierten Spiralen und die eleganten Umrisse für die mit Goldplättchen hervorgehobenen farbigen Verzierungen. Es war eine langwierige Arbeit, die er sich da vorgenommen hatte, eine Arbeit, die zu ihrer glücklichen Vollendung mehrere Jahre in Anspruch nehmen würde. Selbstverständlich wurden die Augen unseres Kopisten dabei auf eine harte Probe gestellt, und einige Male sah er sich gezwungen, mehrere Wochen auszusetzen, aus Angst, er könne durch einen aus Überanstrengung begangenen Schnitzer alles verderben. Nach und nach aber nahm das Werk Gestalt an und wurde so erstaunlich schön, daß alle Mönche der Abtei sich herzudrängten, um es bewundernd zu betrachten. Nur der skeptische Bruder Jeris hatte noch immer etwas zu kritisieren:

«Ich frage mich nur, warum du deine Zeit nicht mit einer *nützlichen* Arbeit verbringst.»

Das nämlich tat er seiner Ansicht nach. Er verfertigte Lampenschirme aus bemaltem Pergament für die Öllampen der Kapelle.

Der alte Bruder Horner war unterdessen erkrankt, und seine

Kräfte nahmen rasch ab. In den ersten Tagen der Vorweihnachts-
zeit sangen die Brüder für ihn die Totenmesse und betteten seine
sterblichen Überreste in die Erde. Zum Nachfolger des Verstorbenen in seinem Amt als Aufseher im Saal der Kopisten ernannte
der Abt den Bruder Jeris, und dieser eifersüchtige Mann nahm
sofort die Gelegenheit wahr und gebot Bruder Francis, die Arbeit
an seinem Meisterwerk aufzugeben. Es sei höchste Zeit, mit diesen
Kindereien einmal Schluß zu machen, erklärte er; jetzt gelte es,
Lampenschirme anzufertigen. Bruder Francis verwahrte die Frucht
seiner schlaflosen Nächte an einem sicheren Ort und gehorchte
widerspruchslos. Während er seine Lampenschirme bemalte, trö-
stete er sich mit dem Gedanken, daß ja alle Menschen sterblich
sind ... Eines Tages würde gewiß auch die Seele des Bruders Jeris
ins Paradies eingehen und sich dort mit der des Bruders Horner
vereinigen — denn genau besehen war der Saal der Kopisten nichts
anderes als ein Vorzimmer zum Ewigen Leben. Wenn es Gott
gefiel, würde es ihm also in absehbarer Zeit erlaubt sein, die Arbeit
an seinem Meisterwerk wieder aufzunehmen ...

Jedoch die göttliche Vorsehung nahm die Dinge schon lange vor
dem Ableben des Bruders Jeris in die Hand. Bereits im folgenden
Sommer traf ein Bischof, der auf dem Rücken eines Maultiers
saß, in Begleitung einer großen Schar kirchlicher Würdenträger
vor der Pforte des Klosters ein. Der Neue Vatikan, so verkündete
er, habe ihn zum Advokaten für die Kanonisation des seligen
Leibowitz ernannt, und er sei gekommen, um vom Vater Abt
alle Hinweise zu erbitten, die ihm bei der Erfüllung seiner Aufgabe förderlich sein könnten. Vor allem wünsche er Näheres zu
hören über eine irdische Erscheinung des Seligen, mit welcher der
Bruder Francis Gerard von Utah gewürdigt worden sei.

Der Gesandte des Neuen Vatikans wurde, wie es sich gebührte,
mit aller Herzlichkeit empfangen. Man brachte ihn in dem für
durchreisende Prälaten reservierten Raum unter und beorderte
sechs junge Mönche, die jeden seiner Wünsche zu erfüllen hatten.
Man entkorkte die besten Flaschen für ihn, steckte das zarteste
Geflügel an den Spieß und bemühte sich sogar, den Gast zu er-
heitern, indem man für jeden Abend einige Violinisten und eine
ganze Clowntruppe engagierte.

Drei Tage bereits weilte der Bischof im Kloster, als der gute
Vater Abt den Bruder Francis zu sich rufen ließ.

«Monsignor di Simone wünscht dich zu sehen», sagte er. «Solltest du etwa das Unglück haben, deiner Phantasie freien Lauf zu lassen, so werden wir aus deinen Gedärmen Violinsaiten drehen, deinen Leib den Wölfen vorwerfen und deine Gebeine in ungeweihter Erde bestatten ... Und nun, mein Sohn, gehe hin in Frieden; der Monsignore erwartet dich.»

Es bedurfte gar nicht der Ermahnung des guten Vaters, damit Bruder Francis seine Zunge im Zaum hielt. Seit jenem fernen Tag nach seiner ersten in der Wüste verbrachten Fastenzeit, an dem das Fieber ihn geschwätzig gemacht hatte, hütete er sich gar wohl, irgend jemandem auch nur ein Sterbenswörtchen über seine Begegnung mit dem Wanderer zu erzählen. Aber die Tatsache, daß die höchsten Autoritäten der Kirche sich auf einmal für diesen Pilger interessierten, beunruhigte ihn doch, und so trat er denn klopfenden Herzens vor den Bischof.

Er merkte jedoch bald, daß seine Furcht ganz unbegründet war. Der Prälat war ein alter, sehr väterlicher Herr, der sich vor allem für die Laufbahn des jungen Mönchs zu interessieren schien.

«Und nun», sagte er, nachdem sie eine kurze Weile freundlich miteinander geplaudert hatten, «nun erzähle mir von deiner Begegnung mit unserem seligen Ordensbegründer.»

«Monsignore, ich habe doch nie behauptet, es habe sich um den seligen Leibo ...»

«Aber gewiß, mein Sohn, gewiß ... Hier ist übrigens ein Protokoll über diese Erscheinung, das ich dir mitgebracht habe. Es wurde entsprechend den Erkundungen aufgesetzt, die wir bei den besten Quellen eingezogen haben. Ich bitte dich lediglich, es einmal durchzulesen. Danach wirst du es mir in aller Förmlichkeit bestätigen oder nötigenfalls auch berichtigen können. Natürlich stützt sich dieses Dokument nur auf mündliche Erzählungen. In Wirklichkeit kannst nur *du allein* uns sagen, was nun eigentlich geschehen ist. Darum bitte ich dich, das Protokoll äußerst aufmerksam zu studieren.»

Bruder Francis nahm das dicke Papierbündel, das der Prälat ihm hinstreckte, und begann etwas mißtrauisch in diesem offiziellen Bericht zu blättern. Aber schon bald steigerte sein Mißtrauen sich zu ehrlichem Entsetzen.

«Du wirst ja ganz blaß, mein Sohn», sagte der Bischof. «Solltest du etwa einen Irrtum entdeckt haben?»

«Aber ... aber ... das stimmt doch nicht ... so war es doch überhaupt nicht!» rief der unglückselige Mönch erschüttert. «Ich habe ihn nur ein einziges Mal gesehen, und da hat er mich lediglich nach dem Weg zur Abtei gefragt. Und dann hat er mit seinem Stab auf den Stein geschlagen, unter dem ich später die Reliquien entdeckte ...»

«Also keine himmlischen Chöre, wenn ich recht verstehe?»

«Aber nein!»

«Und auch kein Heiligenschein um seinen Kopf und kein Rosenteppich, der sich unter jedem seiner Schritte ausbreitete?»

«Monsignore, ich rufe Gott zum Zeugen an, daß nichts von alledem sich ereignet hat!»

«Also schön», sagte der Bischof seufzend. «Ich weiß es ja, die Reisenden übertreiben immer ein bißchen, wenn sie etwas erzählen.»

Da er enttäuscht schien, stammelte Bruder Francis einige Entschuldigungen, aber der Advokat des zukünftigen Heiligen winkte mit einer beruhigenden Handbewegung ab:

«Das macht gar nichts, mein Sohn», versicherte er ihm. «Wir werden trotzdem genug beglaubigte Wunder vorweisen können. Im übrigen haben die von dir aufgefundenen Papiere uns doch in einer Hinsicht weitergeholfen: wir kennen nun wenigstens den Namen der Gattin unseres ehrwürdigen Ordensbegründers, die, wie du ja weißt, schon vor seinem Eintritt ins Kloster verstorben war.»

«Tatsächlich, Monsignore?»

«Ja. Sie hieß Emily.»

Aber Monsignor di Simone war doch wohl recht enttäuscht von dem Bericht des jungen Mönchs über seine Begegnung mit dem Pilger. Er begab sich noch einmal persönlich an die Stelle, an der Francis das Metallkästchen entdeckt hatte, und nahm eine ganze Schar von Novizen mit, die sich mit Schaufeln und Hacken bewaffnen mußten ... Nachdem er nicht weniger als fünf Tage mit Graben zugebracht hatte, kehrte er zurück und brachte eine reiche Ausbeute an verschiedenen Reliquien heim, darunter eine alte Aluminiumbüchse, die noch einige Spuren vertrockneter Rückstände enthielt, die vielleicht einmal Sauerkraut gewesen sein konnten.

Bevor er die Abtei wieder verließ, kam er in den Saal der

Kopisten und wollte die Reproduktion der berühmten Blaupause des seligen Leibowitz sehen, die Bruder Francis angefertigt hatte. Der Mönch reichte sie ihm mit zitternden Händen und versicherte dabei einmal übers andere, es sei ein ganz erbärmliches Machwerk.

«Verflixt nochmal!» rief der Bischof (jedenfalls glaubten die Umstehenden es so zu verstehen). «Du mußt diese Arbeit vollenden, mein Sohn, unbedingt!»

Lächelnd wandte der Mönch seine Augen auf Bruder Jeris. Aber dieser drehte rasch den Kopf weg ... Am nächsten Morgen suchte Bruder Francis sich einen großen Vorrat an Gänsekielen, Goldplättchen und Pinseln zusammen und machte sich wieder an die Arbeit.

... Er war noch immer damit beschäftigt, als eine neue Abordnung des Vatikans im Kloster auftauchte. Diesmal handelte es sich um einen stattlichen Trupp, dem sogar bewaffnete Wächter zum Schutz gegen die Straßenräuber angehörten. An seiner Spitze trabte ein schwarzer Maulesel, und auf diesem saß stolz ein Prälat, aus dessen Kopf kleine Hörner und aus dessen Mund lange, spitze Hakenzähne ragten (so wenigstens erzählten es später einige Novizen). Er stellte sich als *Advocatus Diaboli* vor, der beauftragt sei, sich mit allen Mitteln der Kanonisation des seligen Leibowitz zu widersetzen. Jetzt sei er gekommen, um in der Abtei gewissen sonderlichen, von hysterischen Mönchen verbreiteten Gerüchten auf den Grund zu gehen, die sogar schon den höchsten Würdenträgern am Neuen Vatikan zu Ohren gekommen seien. Man brauchte diesen Sendboten nur anzusehen, um sogleich zu wissen, daß mit diesem Mann nicht gut Kirschen essen war.

Der Abt empfing ihn höflich und wies ihm eine nach Süden gelegene Zelle mit einer schmalen eisernen Bettstelle an. Zu seiner Entschuldigung erklärte er, leider könne er ihn nicht im Ehrenzimmer unterbringen, da dieses zur Zeit aus hygienischen Gründen unbewohnbar sei. Zu seiner persönlichen Bedienung mußte der neue Gast sich mit den Männern seines Gefolges begnügen, und an der Mittagstafel im Refektorium setzte man ihm die üblichen Klosterspeisen vor: gekochtes Gemüse und dünne Suppen.

«Ich habe gehört, du leidest unter nervösen Anfällen, bei denen du das Bewußtsein verlierst», sagte der *Advocatus Diaboli* zu Bruder Francis, als dieser vor ihm erschien. «Wie viele Verrückte und Epileptiker gibt es unter deinen Vorfahren und deinen näheren Verwandten?»

«Keinen, Exzellenz.»

«Nenn mich nicht Exzellenz!» schnaubte der andere wütend. «Und mach dir bitte klar, daß ich Mittel und Wege habe, die Wahrheit aus dir herauszuholen.»

Er sprach von diesen Dingen wie von einem einfachen chirurgischen Eingriff und war sichtlich der Meinung, daß solche Methoden schon seit vielen Jahren hätten Anwendung finden sollen.

«Es dürfte dir wohl bekannt sein», fuhr er fort, «daß man Dokumente so präparieren kann, daß sie alt erscheinen, nicht wahr?»

Bruder Francis wußte nichts davon.

«Und du weißt sicherlich auch, daß die Gattin des seligen Leibowitz Emily hieß und daß Emma nie und nimmer als eine Koseform dieses Namens betrachtet werden kann?»

Auch auf diesem Gebiet besaß Bruder Francis keinerlei Kenntnisse. Er erinnerte sich nur aus seiner Kindheit, daß seine Eltern gelegentlich und recht willkürlich die verschiedensten Kosenamen gebraucht hatten ... Und außerdem, so sagte er sich, wenn der selige Leibowitz — gelobt sei er — sich entschlossen hätte, seine Frau Emma zu nennen, so hatte er auch bestimmt seine Gründe dafür.

Nun hielt ihm der Abgesandte des Neuen Vatikans einen so wütenden und heftigen Vortrag über semantische Fragen, daß dem unglückseligen Mönch der Kopf wirbelte. Am Schluß dieser stürmischen Sitzung wußte er schon gar nicht mehr, ob er überhaupt jemals dem Pilger begegnet war oder nicht.

Vor seiner Abreise verlangte auch der *Advocatus Diaboli* die von Francis angefertigte Kopie der Blaupause zu sehen, und dieser holte sie mit Zittern und Zagen herbei. Im ersten Augenblick schien der Prälat etwas verwirrt; dann schluckte er und suchte offensichtlich nach Worten.

«Es mangelt dir nicht an einer gewissen Phantasie», bemerkte er schließlich. «Aber ich glaube, davon sind hier ohnehin alle überzeugt.»

Die Hörner des Sendboten waren um mehrere Zentimeter eingeschrumpft. Am selben Abend reiste er ab und begab sich wieder zum Neuen Vatikan.

Die Jahre gingen dahin, zeichneten ein paar Falten in jugendliche Gesichter und ließen an den Schläfen der Mönche ein paar Haare weiß werden. Im Kloster verlief alles nach gewohnter Weise, und die Mönche vertieften sich wie bisher in ihre Abschriften. Bruder Jeris verfiel eines schönen Tages auf den Gedanken, eine Druckerpresse zu konstruieren. Als der Abt ihn nach dem Grund fragte, erwiderte er nur:

«Ich möchte die Produktion steigern.»

«Ach, wirklich?» fragte der Abt. «Und was sollen diese Papiermassen in einer Welt, in der die Menschen glücklich darüber sind, daß sie nicht lesen können? Habt Ihr etwa vor, sie den Bauern zu verkaufen, damit sie ihr Feuer anzünden können?»

Bruder Jeris zuckte verzweifelt und traurig die Achseln — und die Kopisten des Klosters arbeiteten weiter mit ihren Gänsekielen...

An einem Frühjahrsmorgen endlich, kurz vor der Fastenzeit, kam ein neuer Bote ins Kloster und brachte eine gute, eine herrliche Nachricht: die Unterlagen für die Kanonisation des seligen Leibowitz seien jetzt alle vorhanden, und das Heilige Kollegium könne nun zusammentreten. Bald würde der Begründer des Albertinischen Ordens zu den Kalenderheiligen zählen.

Während die Bruderschaft sich noch ihrer ersten Freude hingab, ließ der Vater Abt — der nun schon sehr alt und recht kränklich war — den Bruder Francis zu sich rufen.

«Seine Heiligkeit wünscht deine Anwesenheit bei den Festlichkeiten, die anläßlich der Kanonisation des Isaac Edward Leibowitz abgehalten werden sollen», krächzte er. «Mach dich also reisefertig.»

Und in mürrischem Ton fügte er hinzu: «Falls du jetzt in Ohnmacht fallen willst, tu es bitte anderswo.»

Die Reise des jungen Mönches zum Neuen Vatikan würde drei Monate in Anspruch nehmen — vielleicht sogar noch mehr: alles hing davon ab, wie weit er kommen würde, bevor die unvermeidlichen Straßenräuber ihm seinen Esel wegnahmen.

Allein und ohne Waffen machte er sich auf den Weg und nahm nur eine kleine hölzerne Bettelschale mit. Die schön verzierte Kopie des Plans preßte er gegen sein Herz und betete unterwegs zu Gott, man möge sie ihm lassen. Die Räuber waren ja unwis-

sende Menschen und hätten doch nichts damit anfangen können . . .
Trotzdem hatte der Mönch sich vorsichtshalber ein Stück schwarzes
Tuch über das rechte Auge gebunden. Die einfachen Leute waren
abergläubisch, und manchmal genügte schon die Androhung des
«bösen Blicks», um sie in die Flucht zu schlagen.

Nach einer Reise von zwei Monaten und mehreren Tagen begegnete Bruder Francis fern jeder menschlichen Behausung auf
einem von dichten Wäldern gesäumten Bergpfad endlich seinem
Räuber. Er war ein kleiner, gedrungener Mann, hatte aber sichtlich
Kräfte wie ein Ochse. Mit gespreizten Beinen, die sehnigen Arme
über der Brust verschränkt, stand er mitten auf dem Weg und erwartete den Mönch, der sich mit dem langsamen Trott seines Esels
gemächlich auf ihn zubewegte . . . Seine einzige Waffe schien ein
Messer zu sein, das er jedoch nicht einmal aus dem Gürtel zog.
Die Begegnung verursachte dem Mönch eine tiefe Enttäuschung:
in seinem innersten Herzen hatte er nämlich während seiner ganzen Reise immer wieder gehofft, er werde eines Tages den Pilger
von damals treffen.

«Halt!» gebot der Räuber.

Der Esel blieb von selbst stehen. Bruder Francis schob seine Kapuze zurück, um die schwarze Augenbinde sehen zu lassen, und
hob langsam die Hand, als wolle er irgendeinen schreckenerregenden Anblick, der sich hinter dem Stoff verbarg, enthüllen. Aber
der Mann warf nur den Kopf zurück und brach in ein unheilvolles
und geradezu satanisches Gelächter aus. Rasch murmelte der Mönch
eine Teufelsbeschwörung, die jedoch auf den Räuber nicht den geringsten Eindruck zu machen schien.

«Das zieht schon seit Jahren nicht mehr!» rief er. «Los, ab-
steigen, aber 'n bißchen schnell!»

Bruder Francis zuckte die Achseln, lächelte und stieg ohne ein
Wort der Widerrede von seinem Reittier.

«Ich wünsche Euch einen guten Tag», sagte er freundlich. «Ihr
könnt meinen Esel gern haben. Der Fußmarsch wird mir guttun.»

Und schon wollte er sich entfernen, als der Räuber ihm erneut
den Weg verstellte.

«Abwarten! Erst ziehst du dich mal völlig aus und zeigst mir,
was du in dem Paket da hast!»

Mit einer entschuldigenden Geste wies der Mönch ihm seine
Bettelschale vor, aber der andere lachte nur um so lauter.

«Ja, ja, den Trick mit der Armut kenne ich auch schon», versicherte er seinem Opfer in sarkastischem Ton. «Aber der letzte Bettler, den ich anhielt, hatte ein halbes Heklo Gold in seinem Stiefel ... Also los, zieh dich aus!»

Als der Mönch sich seiner Kleidungsstücke entledigt hatte, durchwühlte der Räuber diese. Doch da er nichts fand, gab er sie ihm zurück.

«So», erklärte er, «und jetzt wollen wir uns mal das Paket hier ansehen.»

«Das ist nur ein Dokument, Herr», protestierte der Mönch, «ein Dokument, das einzig für seinen Besitzer einen gewissen Wert darstellt.»

«Ich habe gesagt, du sollst das Paket aufmachen.»

Ohne ein weiteres Wort gehorchte Bruder Francis, und gleich darauf leuchteten die Bilder des Pergaments in der hellen Sonne. Der Räuber stieß einen bewundernden Pfiff aus.

«Hübsch! Das wird meiner Frau gefallen; sie kann es in unserer Hütte an die Wand hängen.»

Bei diesen Worten fühlte der arme Mönch, wie ihm das Herz stockte. Er begann ein leises Gebet zu murmeln. «Wenn Du, o Herr, mir diesen Menschen geschickt hast, um mich zu prüfen», so flehte er voller Inbrunst, «dann verleih mir wenigstens den Mut, wie ein Mann zu sterben, denn wenn im Buch meines Schicksals geschrieben steht, daß er mir das Pergament entreißen soll, wird er es nur der Leiche Deines unwürdigen Dieners abringen können.»

«Wickle mir das Ding gut ein», befahl plötzlich der Räuber, dessen Entschluß feststand.

«Ich bitte Euch, mein Herr», schluchzte Bruder Francis, «beraubt nicht einen armen Mann einer Arbeit, auf deren Herstellung er sein ganzes Leben verwendet hat ... Fünfzehn Jahre habe ich damit zugebracht, dieses Manuskript zu illustrieren und ...»

«Was?» unterbrach der Räuber ihn. «Das hast du selbst gemacht?» Und er begann schallend zu lachen.

«Ich wüßte nicht, was daran so komisch ist, mein Herr», warf der Mönch mit einem leichten Erröten ein.

«Fünfzehn Jahre!» stieß der Mann zwischen zwei Lachanfällen hervor. «Fünfzehn Jahre! Und wofür, frage ich dich? Für ein Stück Papier! Fünfzehn Jahre! ... Hahaha!»

Mit beiden Händen ergriff er das Pergament und machte Anstalten, es zu zerreißen. Da aber sank Bruder Francis mitten auf dem Weg in die Knie.

«Jesus, Maria und Josef!» schrie er verzweifelt. «Herr, ich flehe Euch an, im Namen des Himmels ...»

Es hatte den Anschein, als wolle der Räuber sich tatsächlich erweichen lassen. Er warf das Pergament weg und fragte hohnlächelnd:

«Wärst du bereit, dich mit mir um dein Stück Papier zu schlagen?»

«Wenn Ihr wollt, Herr, ja! Ich werde alles tun, was Ihr wünscht.»

Sie stellten sich einander gegenüber. Der Mönch bekreuzigte sich, rief die Hilfe des Himmels an und überlegte dabei, daß der Faustkampf ja seinerzeit eine von Gott erlaubte Sportart gewesen war. Dann ging er auf seinen Gegner los.

Drei Sekunden später lag er auf den spitzen Steinen, die ihm empfindlich in den Rücken stachen, und über ihm lag ein kleiner Berg aus harten Muskeln, der ihn fast ersticken ließ.

«Na also!» sagte der Räuber nur, erhob sich und griff nach dem Pergament.

Aber der Mönch rutschte händeringend auf den Knien zu ihm hin und betäubte ihn beinahe mit seinen flehentlichen Bitten.

«Du meine Güte», spottete der Räuber, «ich glaube, du würdest sogar meine Stiefel küssen, wenn ich es verlangte, nur um deinen Wisch wiederzuhaben!»

Statt jeder Antwort stürzte Bruder Francis sich auf die Stiefel des Mannes und begann sie leidenschaftlich zu küssen.

Das war selbst für einen hartgesottenen Schurken zuviel. Mit einem Fluch warf der Räuber das Manuskript zu Boden, sprang auf den Rücken des Esels und ritt davon ... Bruder Francis griff hastig nach seinem wertvollen Pergament und hob es auf. Dann begann er hinter dem Mann herzutrotten, rief alle Segnungen des Himmels auf ihn herab und dankte dem Herrn, daß er so selbstlose Straßenräuber erschaffen hatte ...

Als jedoch der Räuber mitsamt dem Esel hinter den Bäumen verschwunden war, begann der Mönch sich mit einem Anflug von Trauer zu fragen, aus welchem Grund er denn nun wirklich fünfzehn Jahre seines Lebens diesem Stück Papier gewidmet hatte. Noch tönten die Worte des Räubers in seinen Ohren: «Und wofür, frage ich dich ...?» Ja, wofür eigentlich, aus welchem Grund?

Nachdenklich, den Kopf unter seiner Kapuze tief zu Boden geneigt, machte Bruder Francis sich wieder auf den Weg ... Einen Augenblick lang kam ihm sogar der Gedanke, das Dokument ins Gestrüpp zu werfen und es da liegenzulassen, dem Regen und der Sonne preisgegeben ... Aber der Vater Abt hatte es auch für richtig befunden, daß er seine Arbeit dem Neuen Vatikan als Geschenk überreichte. Der Mönch überlegte, daß er ja nicht mit leeren Händen dort ankommen konnte, und so setzte er denn, von neuem getröstet, seinen Weg fort.

Die Stunde war gekommen. Bruder Francis, der sich in der ungeheuren und majestätischen Basilika wie verloren fühlte, ergab sich ganz dem wunderbaren Zauber der Farben und Töne. Nachdem man den unfehlbaren Geist, das Symbol aller Vollendung, angerufen hatte, erhob sich ein Bischof — es war, wie der Mönch bemerkte, Monsignor di Simone, der Advokat des Heiligen — und beschwor St. Petrus, durch den Mund Seiner Heiligkeit Leo XXII. seinen Willen kundzutun. Gleichzeitig gebot er der ganzen Versammlung, den feierlichen Worten, die jetzt ertönen würden, mit größter Aufmerksamkeit zu lauschen.

In diesem Augenblick erhob sich langsam der Papst und verkündete, daß Isaac Edward Leibowitz von nun an ein Heiliger sei. Es war so weit. Der unbekannte Techniker von einst gehörte jetzt zu den himmlischen Heerscharen. Bruder Francis sandte sofort ein inbrünstiges Gebet zu seinem neuen Schutzpatron empor, während der Chor das *Te Deum* anstimmte.

Kurz darauf betrat der oberste Würdenträger der Kirche mit raschem Schritt den Audienzsaal, in dem der junge Mönch wartete. Das plötzliche Auftauchen des Papstes überraschte Bruder Francis so sehr, daß ihm der Atem stockte und er im ersten Augenblick außerstande war, ein Wort hervorzubringen. Hastig kniete er nieder, um den päpstlichen Ring zu küssen und den Segen in Empfang zu nehmen. Dann erhob er sich ungeschickt, ein wenig behindert durch das schöne bemalte Pergament, das er hinter seinem Rücken versteckt hielt. Der Papst, der den Grund seiner Verwirrung erriet, lächelte.

«Unser Sohn hat Uns ein Geschenk mitgebracht?» fragte er.

Der Mönch gurgelte etwas Unverständliches. Er nickte töricht und streckte nun endlich sein Manuskript hin, das der Statthalter Christi lange Zeit wortlos mit unbewegtem Gesicht betrachtete.

«Es ist gar nichts», stammelte Bruder Francis, dessen Verwirrung mit dem Schweigen des Papstes noch immer wuchs, «es ist nur eine Kleinigkeit, ein ganz erbärmliches Geschenk ... Ich schäme mich schon fast, daß ich soviel Zeit damit verbracht habe, es zu ...»

Er konnte vor Erregung nicht weitersprechen.

Aber der Papst schien ihn gar nicht gehört zu haben.

«Verstehst du den Sinn der Symbolik, die der heilige Leibowitz verwendet hat?» fragte er endlich den Mönch, während er noch immer aufmerksam die geheimnisvolle Zeichnung des Plans musterte.

Bruder Francis konnte statt jeder Antwort nur den Kopf schütteln.

«Welche Bedeutung auch immer darin stecken mag ...» begann der Papst — aber plötzlich unterbrach er sich in seinem Satz und begann schnell von etwas anderem zu sprechen. Wenn man dem Mönch die Ehre erwies, ihn hier zu empfangen, erläuterte er ihm, so gewiß nicht, weil die kirchlichen Autoritäten sich irgendeine offizielle Meinung über den Pilger gebildet hatten, dem er seinerzeit begegnet war ... Man hatte dem Bruder Francis diese Ehre zuteil werden lassen, weil man ihn für die Auffindung wichtiger Dokumente und heiliger Reliquien belohnen wollte. Denn als solche sah man seinen Fund tatsächlich an, ohne jedoch die damit verbundenen Umstände auch nur im geringsten in Rechnung zu ziehen ...

Der Mönch begann seine Dankesworte zu stammeln, während der Heilige Vater sich erneut in die Betrachtung des so hübsch ausgeschmückten Planes vertiefte.

«Welche Bedeutung auch immer darin stecken mag», wiederholte er schließlich, «eines Tages wird dieses Bruchstück einer zur Zeit toten Erkenntnis neues Leben gewinnen. Und wir werden dieses Dokument bis zu jenem Tage sorgsam aufbewahren.»

Erst jetzt bemerkte Bruder Francis die vielen Bücher auf den Regalen, die sich an den Wänden entlangzogen, mit herrlichen Bildern geschmückte Bücher, die von unverständlichen Dingen sprachen, Bücher, die geduldig von Männern kopiert worden waren, welche ihre Aufgabe nicht im Verstehen, sondern im Bewahren erblickten. Und diese Bücher warteten auf ihre Stunde.

Der demütige Wächter der Flamme des Wissens wanderte zu Fuß zurück in seine ferne Abtei ... Als er sich der Gegend näherte, in der er den Räuber getroffen hatte, überlief ihn ein Zittern freudiger Erregung. Sollte der Räuber sich zufällig für diesen Tag Urlaub genommen haben, so wollte der kleine Mönch sich dort hinsetzen und seine Rückkehr abwarten. Denn diesmal wußte er, was er ihm auf seine Frage antworten sollte.

Zweiter Teil
Einige Jahre im absoluten Anderswo

1 *Alle Kugeln im selben Korb — Die Verzweiflung der Histori-*
ker — Zwei Amateure des Ungewöhnlichen — Auf dem Grunde
des Teufelssees — Ein Antifaschismus, der von sich reden macht —
Bergier und ich vor der Unendlichkeit des Fremden — Die Ge-
schichte im Rückstand — Vom alltäglichen Sichtbaren zum phan-
tastischen Unsichtbaren — Die Fabel vom Goldkäfer — Die
Geschichte ist viel mehr als die Geschichte

Während der deutschen Besatzungszeit lebte im Universitätsviertel
von Paris ein alter Herr, der sich kleidete wie ein Bürger des
17. Jahrhunderts, der Saint-Simon las, bei Kerzenlicht speiste und
Spinett spielte. Er verließ sein Haus nur, um zum Krämer oder
zum Bäcker zu gehen. Bei diesen Gelegenheiten trug er eine Kapuze
über seiner gepuderten Perücke, und sein weiter Überrock enthüllte
schwarze Strümpfe und Schnallenschuhe. Als der Befreiungstag kam,
geriet der gute Mann durch das Knallen der Schüsse und den Lärm
und Tumult der Menge völlig außer sich. Er hatte keine Ahnung, was
vor sich ging, aber Angst und Schrecken setzten ihm so zu, daß er,
eine Gänsefeder in der Hand, in Hemdsärmeln auf den Balkon
stürzte und mit der lauten, sonderbaren Stimme des Einsiedlers rief:
«Vive Coblenz!»
Man schaute zu dem Kauz auf und begriff nicht, was er wollte.
Die erregten Nachbarn spürten instinktiv, daß da ein Mann, der
in einer anderen Welt lebte, offenbar mit dem Bösen paktiert hatte.
Das, was er gerufen hatte, klang deutsch. Man stürmte hinauf,
brach die Tür ein und schlug den Mann nieder.
Am selben Morgen ließ ein ganz junger Hauptmann der Widerstandsbewegung, der in die Polizeipräfektur eingedrungen war,
auf dem Teppich des Hauptbüros Stroh ausbreiten und Gewehr-
pyramiden aufstellen, um so ein Bild aus seinem ersten Geschichts-
buch nachzuahmen.
Zu jener Stunde entdeckte man im Hôtel des Invalides den
Tisch, die dreizehn Sessel, die Standarten, Gewänder und Kreuze
der Deutschordensritter, die hier ihre letzte Versammlung abgehalten hatten und jäh darin gestört worden waren.

Und der erste Panzer der Armee Leclerc rollte durch die Porte d'Orléans, endgültiger Beweis der deutschen Niederlage. An seinem Steuer saß Henri Rathenau, dessen Onkel, Walther Rathenau, das erste Opfer des Nationalsozialismus gewesen war. So kann eine Kultur in einem bestimmten historischen Moment, genau wie ein Mensch im Zustand höchster Erregung, tausend Augenblicke ihrer Vergangenheit in einer offenbar unverständlichen Auswahl und Reihenfolge wiedererleben.

Wenn man einen Korb voller Kugeln schüttelt, kommen diese völlig ungeordnet an die Oberfläche oder vielmehr gemäß einer Ordnung der Reibungen, deren Berechnung äußerst kompliziert wäre, bei der wir jedoch eine Unzahl jener sonderbar erleuchtenden Zusammentreffen feststellen könnten, die Jung als «sinnmäßige Koinzidenzen» bezeichnet. Es gibt einen großartigen Satz von Jacques Rivière, der sich auch auf die Kulturen und ihre historischen Momente anwenden läßt: «Dem Menschen stößt nicht das zu, was er verdient, sondern das, was ihm ähnelt.» Ein Schulheft Napoleons endet mit den Worten: «Sankt Helena, eine kleine Insel.»

Es ist sehr schade, daß der Historiker es als unter seiner Würde ansieht, diese sinnmäßigen Koinzidenzen einer näheren Prüfung zu unterziehen; denn sie scheinen uns einen tiefen Sinn zu bergen und stoßen jählings eine Tür auf, hinter der die Welt ein anderes Antlitz trägt und die Zeit nicht mehr linear verläuft. Die Geschichtsforschung hinkt hinter den anderen Wissenschaften her, die sowohl beim Studium des Menschen wie bei der Erforschung der Materie die Abstände zwischen Vergangenheit, Gegenwart und Zukunft immer geringer erscheinen lassen. Immer dünner und niedriger werden die Hecken, die uns im Garten des Schicksals von einem vollständig erhaltenen Gestern und einem schon gänzlich vorgebildeten Morgen trennen. Unser Leben öffnet sich, wie Alain sagt, «auf große Räume».

Es gibt eine kleine, außerordentlich zarte und schöne Blume: *Saxifraga umbrosa*, der Schattensteinbrech. Man nennt sie auch «die Verzweiflung des Malers». Seit die Photographie und eine Reihe anderer Erfindungen die Malerei der Sorge um die äußere Ähnlichkeit enthoben haben, bringt sie keinen Künstler mehr zur

Verzweiflung. Auch der naivste Maler setzt sich heute nicht mehr mit den gleichen Absichten wie einst vor einen Blumenstrauß. Sein Auge sieht etwas anderes als den Strauß: sein Modell ist ihm nur der Vorwand, um durch die bunte Fläche eine Realität auszudrücken, die dem gewöhnlichen Auge verborgen ist. Er versucht der Schöpfung ihr Geheimnis zu entreißen. Früher gab er sich damit zufrieden, das darzustellen, was der Laie sieht, wenn er nachlässig und unaufmerksam seinen Blick über die Gegenstände schweifen läßt. Er begnügte sich mit dem beruhigenden Anschein und nahm so auf seine Weise an dem allgemeinen Täuschungsmanöver hinsichtlich der äußeren Zeichen der Realität teil. «Ah, täuschend ähnlich! Wie ausgespuckt!» Aber derjenige, der ausspuckt, ist krank. Es hat nicht den Anschein, als habe sich der Historiker im Verlauf der letzten fünfzig Jahre ebenso entwickelt wie der Maler: unsere Geschichtsschreibung ist noch immer so falsch und trügerisch wie ein Frauenbusen, eine kleine Katze oder ein Blumenstrauß auf dem starren Bild eines konformistischen Malers um 1890. Ein junger Historiker schreibt:

«Wenn unsere Generation sich entschließen will, die Vergangenheit mit klaren Augen zu betrachten, so muß sie zunächst einmal alle die Masken abreißen, unter denen die Urheber und Beweger unserer Geschichte sich verbergen ... Die objektive Arbeit, die eine Vorhut von Historikern zugunsten der einfachen Wahrheit geleistet hat, ist noch recht jungen Datums.»

Der Maler von 1890 hatte seine «Verzweiflungen». Und was läßt sich über den Historiker von heute sagen? Die meisten der zeitgenössischen Tatsachen sind für ihn zu einer Art Schattensteinbrech geworden: zur Verzweiflung des Historikers.

Ein verrückter Autodidakt, der sich mit ein paar Größenwahnsinnigen umgibt, leugnet die Erkenntnisse Descartes', fegt die menschliche Kultur hinweg, erstickt die Vernunft, verbündet sich mit Luzifer, überrennt Europa — und um ein Haar gelingt es ihm sogar, die Welt zu erobern. Der Marxismus schlägt ausgerechnet in dem Land Wurzeln, das nach Ansicht von Karl Marx seinen Ideen unzugänglich ist. London läuft Gefahr, in einem Regen von Raketen unterzugehen, die dazu erfunden waren, den Mond zu erreichen. Wissenschaftliche Überlegungen über Zeit und Raum endigen mit der Fabrikation einer Bombe, die in drei Sekunden 200 000 Menschenleben auslöscht und die Geschichte selbst aufzuheben droht.

Der Historiker beginnt unruhig zu werden und an der Anwendbarkeit seiner Kunst zu zweifeln. Er kann sein Talent nicht mehr spielen lassen und übt es nur noch darin, diese Tatsache zu beklagen. Wir erleben genau das, was man in den Künsten und Wissenschaften bemerkt, wenn diese in eine Sackgasse geraten sind: ein Schriftsteller behandelt in zehn Bänden die Unmöglichkeit der sprachlichen Gestaltung, ein Mediziner hält fünf Jahre lang Vorlesungen über die Tatsache, daß die Krankheiten sich von selber heilen. Nun macht die Geschichtsforschung dieses Stadium durch.

Raymond Aron weist mit müder Geste sowohl Thukydides wie Karl Marx zurück und stellt fest, daß weder die menschlichen Leidenschaften noch die wirtschaftlichen Gegebenheiten eine ausreichende Erklärung für die Entwicklung der Gesellschaften bieten. «Die Gesamtheit der Ursachen, welche die Gesamtheit der Wirkungen bestimmen», so sagt er verzweifelt, «übersteigt die Fassungskraft des menschlichen Verstandes.»

Und Baudin gesteht: «Die Geschichte ist ein weißes Blatt, das die Menschen nach ihrem Belieben ausfüllen können.»

René Grousset aber läßt einen schönen und fast verzweifelt klingenden Gesang zum leeren Himmel emporsteigen:

«Das, was wir als Geschichte bezeichnen, also das Aufeinanderfolgen von Reichen, Schlachten, politischen Revolutionen, von zumeist blutigen Ereignissen — ist das wirklich die Geschichte? Ich muß gestehen, daß ich es nicht glauben kann und daß ich beim Anblick der Schulbücher Lust verspüre, in Gedanken mindestens ein Viertel des Inhalts auszumerzen ...

Die wahre Geschichte ist nicht die des ewigen Vor- und Zurückschiebens der Grenzen. Es ist die Geschichte der Kultur und Zivilisation: also einerseits die Geschichte vom Fortschritt der Technik, andererseits die vom Fortschritt der Geisteswissenschaften. Man kann sich fragen, ob die politische Geschichte nicht zum größten Teil ein überflüssiger Parasit ist.

Die wahre Geschichte ist, vom materiellen Standpunkt aus gesehen, die Geschichte der Technik unter der Maske der politischen Geschichte, die sie in den Hintergrund drängt und deren Platz, ja sogar Namen sie usurpieren will.

Aber entschiedener noch ist die wahre Geschichte jene vom Fortschritt des Menschen in seiner Geistigkeit. Die Aufgabe der Menschheit ist es, dem geistigen Menschen zu helfen, sich zu entwickeln und zu verwirklichen, ihm, wie die Inder es in einer wunderbaren Formulierung ausdrücken, dabei zu helfen, das zu werden, was er ist. Die äußerlich sichtbare Geschichte allerdings, die Geschichte der Oberfläche, ist nichts als ein Beinhaus. Wäre die Geschichte wirklich nichts anderes, so müßte man das Buch zuschlagen und auf die Auslöschung allen Bewußtseins im Nirwana hoffen... Aber ich möchte doch glauben, daß der Buddhismus nicht recht hat und daß die wahre Historie etwas anderes ist.»

Auch der Physiker, der Chemiker, der Biologe und der Psychologe haben im Verlauf der letzten fünfzig Jahre große Erschütterungen erfahren und sind auf ihren «Schattensteinbrech» gestoßen. Aber sie zeigen heute nicht eine so ratlose Unruhe wie der Historiker. Sie arbeiten, sie schreiten vorwärts, ja, man bemerkt gerade in diesen Wissenschaften eine außerordentliche Vitalität. Man vergleiche nur die Spinnengewebe Spenglers oder Toynbees mit der stürmischen Bewegung der Kernphysik. Die Geschichte ist ins Stocken geraten.

Es gibt zweifellos viele Gründe für diese Erscheinung, einer jedoch erscheint uns als der einleuchtendste:

Während der Physiker und der Psychoanalytiker den Gedanken aufgegeben haben, daß die Wirklichkeit notwendigerweise die Vernunft zufriedenstellen müsse, und sich der Realität des Phantastischen zugewendet haben, verharrt der Historiker noch immer im kartesianischen Denksystem. Dieses Verhalten wird oft durch eine gewisse politische Zaghaftigkeit bestimmt.

Man sagt, die glücklichen Völker hätten keine Geschichte. Aber die Völker, die zu ihren Historikern keine Freischärler und Poeten zählen, sind mehr als unglücklich: sie sind erstickt und verraten.

Indem der Historiker dem Phantastischen den Rücken kehrt, wird er gelegentlich zu phantastischen Irrtümern verleitet. Ist er Marxist, so sieht er den Zusammenbruch der amerikanischen Wirtschaft in dem Augenblick voraus, da die Vereinigten Staaten einen Höhepunkt der Stabilität und Macht erreicht haben. Ist er Kapitalist, so erklärt er im Augenblick der ungarischen Volkserhebung, daß der Kommunismus eine Expansion nach Westen betreibe. In den anderen Wissenschaften hingegen erzielt man mit der Voraussage der Zukunft auf Grund gegebener Tatsachen immer bessere Resultate.

Der Kernphysiker entwirft, ausgehend von einem Millionstel Gramm Plutonium, den Plan eines riesigen Werkes, das dann genau seiner Voraussicht entsprechend funktioniert. Sigmund Freud deutet anhand einiger Träume die menschliche Seele wie keiner vor ihm. Die Erklärung dafür liegt in der Tatsache, daß Freud und Einstein beim Beginn ihres Werks eine außerordentliche Phantasiearbeit leisteten. Sie haben sich eine Wirklichkeit erdacht, die sich völlig von den bisher anerkannten rationellen Gegebenheiten unterschied. Und von diesem Phantasiebild aus haben sie Tatsachenzusammenhänge konstruiert, die sich später in der Erfahrung als zutreffend erwiesen.

«Auf dem Gebiet der Wissenschaft können wir erleben, wie groß die Fremdartigkeit der Welt ist», sagte Oppenheimer. Wir sind davon überzeugt, daß die Geschichte nur dann eine Bereicherung erfahren kann, wenn man diese Fremdartigkeit eingesteht und akzeptiert.

Es ist nun keineswegs unsere Absicht, die Umwandlung der historischen Methode, die wir ihr wünschen, selbst vorzunehmen; aber wir meinen doch, daß die kleine Skizze, die wir unseren Lesern vorlegen wollen, zukünftigen Historikern einen gewissen Dienst erweisen könnte. Wenn wir als Gegenstand unserer Untersuchung einen bestimmten Aspekt Deutschlands zur Hitlerzeit wählten, so wollten wir damit nur ungefähr eine Richtung andeuten, die auch bei der Erforschung anderer Gegenstände gültig sein mag. Wir haben die Bäume markiert, die in unserer Reichweite standen, aber wir behaupten nicht, wir hätten damit den ganzen Wald zugänglich gemacht.

Wir haben uns bemüht, Tatsachen zusammenzutragen, die ein «normaler» Historiker empört oder entsetzt ablehnen würde. Wir sind für eine Weile, wie Maurice Renard es so hübsch ausdrückt, «Amateure des Ungewöhnlichen und Skribenten der Wunder» gewesen. Diese Art Beschäftigung ist dem Geist nicht immer zuträglich. Manches Mal haben wir zu unserer Beruhigung daran gedacht, daß die Teratologie, die Lehre von den Mißgeburten, der sich Professor Wolff trotz des Mißtrauens der «vernünftigen» Gelehrten widmete, mehr als eine Frage der Biologie geklärt hat. Und noch ein anderes Beispiel hat unseren Mut gestärkt: das Beispiel von Charles Fort, dem sonderbaren Amerikaner, über den wir hier berichteten. In seinem Geiste haben wir unsere Untersuchungen über die Ereignisse der neuen Geschichte geführt.

Am 23. Februar 1957 suchte ein Froschmann im Teufelssee in Böhmen nach der Leiche eines ertrunkenen Studenten. Plötzlich stieg er schreckensbleich und unfähig, auch nur einen Ton herauszubringen, wieder an die Oberfläche. Als er sich soweit beruhigt hatte, daß er wieder sprechen konnte, berichtete er, daß er unter den kalten und schweren Wassern des Sees eine unheimliche Schar deutscher Soldaten in Uniform gesehen habe, dazu eine ganze Karawane von Wagen, vor denen angeschirrt und aufrecht die Pferde standen.

Auf gewisse Weise sind auch wir auf den Grund des Teufelssees hinabgetaucht. Aus den Berichten über den Nürnberger Prozeß, aus Tausenden von Büchern und Zeitschriften und unzähligen Zeugenberichten suchten wir eine ganze Sammlung von Seltsamkeiten hervor. Wir haben dieses Material gemäß einer Arbeitshypothese geordnet, die man vielleicht noch nicht zur Würde einer Theorie erheben kann, deren Sinn jedoch ein großer und verkannter englischer Schriftsteller, Arthur Machen, vortrefflich beschrieben hat:

«Es gibt rings um uns Sakramente des Bösen, so wie es Sakramente des Guten gibt, und unser Leben wie unsere Handlungen verlaufen, möchte ich glauben, in einer unheimlichen Welt von Höhlen und Dunkelheiten, die von Schattenbewohnern bevölkert ist.»

Die Seele des Menschen liebt den Tag. Es kann ihr jedoch geschehen, daß sie mit gleicher Leidenschaft die Nacht liebt, und eine solche Liebe kann den einzelnen Menschen ebenso wie ganze Gesellschaften zu kriminellen und unheilvollen Handlungen verleiten, die offenbar der Vernunft widersprechen und die doch erklärbar scheinen, wenn man sie unter einem bestimmten Gesichtswinkel betrachtet. Wir werden diese Behauptung gleich näher erläutern, indem wir wiederum Arthur Machen das Wort erteilen.

Bereits John Buchan hat darauf hingewiesen, daß die historischen Ereignisse von sonderbaren unterirdischen Strömungen unterspült werden. Die deutsche Entomologin Margret Boveri hat ein Geschichtswerk mit dem Titel *Der Verrat im 20. Jahrhundert* geschrieben, dessen erster Teil «Das sichtbare Geschehen» heißt, während sie den zweiten «Das unsichtbare Geschehen» nennt.

Aber um was für ein unsichtbares Geschehen handelt es sich? Der Ausdruck ist gefährlich und läßt viele Deutungen zu. Die sichtbare Welt ist so reich und dabei noch so wenig erforscht, daß sich zur Stützung jeder beliebigen Theorie stets Tatsachen finden lassen. So kennt man unzählige geschichtliche Erklärungen für die geheime Tätigkeit der Juden, der Freimaurer, der Jesuiten oder des Großkapitals. Derartige Erklärungen erscheinen uns naiv. Wir haben uns übrigens immer davor gehütet, das, was wir als phantastischen Realismus bezeichnen, mit dem Okkultismus zu vermengen und die geheimen Triebfedern der Realität mit dem Feuilletonroman. (Allerdings mußten wir zuweilen feststellen, daß die Realität es an Würde fehlen ließ: sie kann sich dem Romanhaften nicht ganz entziehen. Andererseits darf man gewisse Tatsachen nicht nur deshalb ablehnen, weil sie so wirken, als seien sie einem Roman entnommen.)

Wir haben also auch die bizarrsten Fakten aufgenommen, vorausgesetzt, sie ließen sich urkundlich nachweisen. Manchmal haben wir unserer Neigung zum Sonderbaren nachgegeben und auf einen scheinbar unsinnigen Aspekt nicht verzichtet, auch wenn wir uns damit dem Verdacht der Sensationshascherei aussetzen. Das Resultat ähnelt in keiner Weise dem allgemein gültigen Bild des nationalsozialistischen Deutschland. Aber das ist nicht unsere Schuld. Wir haben uns eine Reihe phantastischer Ereignisse vorgenommen und erforscht. Es ist zwar nicht üblich, aber doch logisch, anzunehmen, daß sich hinter diesen Ereignissen außergewöhnliche Realitäten verbergen können. Warum sollte der Geschichte ausschließlich und vor allen anderen modernen Wissenschaften das Privileg zustehen, alle Erscheinungen auf eine den Verstand befriedigende Weise erklären zu können?

Das Bild, das wir entwerfen, entspricht gewiß nicht den üblichen Vorstellungen, und es ist fragmentarisch. Wir waren nicht gewillt, irgendwelche Tatsachen zugunsten des Zusammenhangs zu opfern. Dieser Verzicht auf eine logische Folge ist übrigens, ebenso wie das

Streben nach der Wahrheit, eine ganz neue Tendenz der Geschichtsschreibung:

«Hier und da werden Lücken auftauchen, und der Leser wird spüren, daß der moderne Historiker sich von der üblichen Auffassung freigemacht hat, nach der die Wahrheit dann gefunden ist, wenn man sämtliche Tatsachen wie die Teile eines Puzzlespiels lückenlos aneinandergefügt hat. Für ihn ist das Ideal eines historischen Werks nicht mehr ein schönes, vollständiges und glattes Mosaik, sondern so etwas wie ein Ausgrabungsfeld mit seinem scheinbaren Chaos, auf dem sich nebeneinander Bruchstücke unbekannter Herkunft, Sammlungen kleiner bezeichnender Gegenstände und hier und da auch schöne Gesamteindrücke und wahre Kunstwerke finden.»

Der Physiker weiß, daß es anomale, außergewöhnliche Energieschwingungen waren, die zur Entdeckung der Uranspaltung führten, und daß mit dieser Entdeckung die Tür zu den unendlichen Räumen der Radioaktivität aufgestoßen war. Auch wir sind solchen Schwingungen des Außergewöhnlichen nachgegangen.

Dr. Antony Laughton vom Ozeanographischen Institut in London hat vor der Küste Irlands eine Kamera 4500 Meter tief auf den Meeresboden hinabgeschickt. Auf den entwickelten Photos erkennt man sehr deutlich die Abdrücke von Füßen eines unbekannten Geschöpfes. Nach dem «Schneemenschen» beschäftigt nun also auch sein Bruder, der «Meermensch», die Phantasie und die Neugier der Zeitgenossen.

Die Beschäftigung mit der unsichtbaren Geschichte ist eine äußerst gesunde Übung für den Geist. Sie befreit uns von unserer Abneigung gegen das Unwahrscheinliche, die zwar durchaus natürlich ist, aber schon häufig die Erkenntnisfähigkeit gelähmt hat.

So haben wir zum Beispiel gewisse Arbeiten der Geheimabteilung des deutschen Nachrichtendienstes untersucht. Diese Abteilung hatte unter anderem einen ausführlichen Bericht über die magischen Eigenschaften der Glockentürme von Oxford aufgesetzt, die ihrer Ansicht nach die Bomben daran hinderten, auf die Stadt zu fallen. Selbstverständlich ist dies eine Wahnidee, aber es läßt sich andererseits nicht leugnen, daß diese Wahnidee von intelligenten und verantwortlichen Männern ernst genommen wurde und daß eine solche Tatsache auf verschiedene Punkte der sichtbaren wie der unsichtbaren Geschichte ein bezeichnendes Licht wirft.

Unserer Überzeugung nach liegen den Ereignissen oft Ursachen zugrunde, die dem Verstand unbekannt sind. Die Kraftlinien der Geschichte können ebenso unsichtbar und doch ebenso real sein wie die Kraftlinien eines Magnetfelds.

Wir haben uns auf Gebiete gewagt, von denen wir hoffen, daß die Historiker der Zukunft sie mit Mitteln erforschen werden, die den unseren überlegen sind. So haben wir beispielsweise versucht, auf die Geschichte das Prinzip der «nichtkausalen Verbindungen» anzuwenden, das der Physiker Wolfgang Pauli und der Psychologe C. G. Jung entwickelt haben. Auf dieses Prinzip spielten wir an, als wir von den Koinzidenzen sprachen. Für Pauli und Jung können voneinander unabhängige Ereignisse durch Beziehungen verknüpft sein, für die offenbar keine Ursache vorliegt und die doch für den Menschen von Bedeutung sind. Die beiden Gelehrten sprechen in diesen Fällen eben von «sinnmäßigen Koinzidenzen», von «Zeichen», und sie sehen darin eine Erscheinung der «Synchronizität», die ungewöhnliche Verbindungen zwischen dem Menschen, dem Raum und der Zeit aufdeckt. Es ist das gleiche Phänomen, das Claudel dichterisch das «Frohlocken der Glücksfälle» nennt.

Eine Patientin liegt auf dem Sofa im Behandlungszimmer des Psychoanalytikers Jung. Sie leidet an schweren nervösen Störungen, aber der Arzt kommt mit seiner Analyse nicht weiter. Die Kranke verschanzt sich hinter einer extrem realistischen Haltung, klammert sich an eine Art Ultra-Logik und bleibt den Argumenten des Psychiaters gegenüber unzugänglich.

Noch einmal bemüht sich Jung. Er macht Vorschläge, er fleht die Patientin an:

«Entspannen Sie sich, versuchen Sie nicht, zu verstehen, und erzählen Sie mir ganz einfach Ihre Träume!»

«Ich habe von einem Käfer geträumt», antwortet die Dame endlich mit sichtlichem Widerstreben.

In diesem Augenblick vernimmt man ein leichtes Klopfen an der Fensterscheibe. Jung öffnet das Fenster, und ein schöner Goldkäfer schwirrt summend ins Zimmer. Die Patientin ist von diesem

Anblick erschüttert. Sie gibt ihren Widerstand auf, und nun endlich kann die Analyse wirklich beginnen. Sie wird bis zur Heilung der Patientin fortgesetzt.

Jung zitiert häufig dieses Erlebnis, das wie eine arabische Fabel klingt. Wir sind der Ansicht, daß es im Leben eines Menschen ebenso wie in der Geschichte der Völker eine ganze Menge solcher Goldkäfer gibt.

Die Lehre von der Synchronizität, die zum Teil auf der Beobachtung derartiger Koinzidenzen beruht, könnte möglicherweise zu einer völligen Veränderung der Geschichtsauffassung führen. Unser Ehrgeiz ist weder so weit noch so hoch gesteckt. Wir möchten nur die Aufmerksamkeit unserer Leser auf die phantastischen Aspekte der Realität lenken. In diesem Teil unserer Arbeit haben wir uns daher der Untersuchung und Interpretation gewisser Koinzidenzen gewidmet, die unseres Erachtens sehr bezeichnend sind, und wir meinen, daß auch andere zu dieser Ansicht gelangen werden.

Bei der Anwendung unseres Begriffs vom «phantastischen Realismus» auf die Geschichte mußten wir natürlich eine gewisse Auswahlarbeit leisten. Zuweilen haben wir Tatsachen ausgewählt, die an sich unbedeutend waren, aber doch sichtlich vom Normalen abwichen; denn es ist gerade das Abweichende, von dem wir eine gewisse Erhellung der Wahrheit erhoffen. Eine Unregelmäßigkeit von einigen Sekunden in der Bewegung des Planeten Merkur genügte, um das gesamte Gebäude Newtons zu erschüttern und Einsteins Theorie zu bestätigen. Wir sind der Meinung, daß gewisse Tatsachen, die wir aufdecken konnten, dazu angetan sind, eine gründliche Überprüfung der kartesianischen Struktur der Geschichte als notwendig erscheinen zu lassen.

Kann man mit Hilfe dieser Methode die Zukunft voraussehen? Gelegentlich träumen wir davon. Chesterton beschreibt in seinem Roman *Der Mann, der Donnerstag war* eine Brigade der politischen Polizei, die sich auf die Poesie spezialisiert hat. Ein Attentat wird vereitelt, weil einer der Polizeibeamten den Sinn eines Sonetts verstanden hat. Hinter diesen bizarren Einfällen Chestertons ist manche große Wahrheit verborgen. Ideenströmungen, die der normale Beobachter nicht bemerkt, Schriften und Werke, auf die der Soziologe nicht aufmerksam wird, soziale Geschehnisse, die in seinen Augen allzu unbedeutend oder allzu abwegig sind, deuten vielleicht viel eindringlicher auf künftige Ereignisse hin als die großen sichtbaren Tatsachen und die aufsehenerregenden Ideen, über die er sich beunruhigt.

Die erschreckende Entwicklung des Nationalsozialismus, die niemand voraussehen konnte, kündigt sich bereits in den unheimlichen Romanen des deutschen Schriftstellers Hanns Heinz Ewers *Alraune* und *Das Grauen* an. Es ist nicht ausgeschlossen, daß gewisse Romane, gewisse Gedichte, Bilder und Statuen, die selbst von der Fachkritik nicht beachtet wurden, uns genaue Darstellungen der Welt von morgen liefern können.

Dante beschreibt in seiner *Göttlichen Komödie* einwandfrei das Kreuz des Südens, also eine Konstellation, die in der nördlichen Hemisphäre nicht sichtbar ist und die noch kein Reisender seiner Zeit entdeckt haben konnte. Swift gibt in seiner *Reise nach Laputa* die Abstände und die Rotationsperioden der beiden Trabanten des Mars an, die in jener Epoche unbekannt waren. Als der amerikanische Astronom Asaph Hall sie im Jahre 1877 entdeckte und bemerkte, daß seine Messungen genau den Angaben Swifts entsprachen, wurde er von einer Art Panik erfaßt und benannte sie *Phobos* und *Deimos,* Angst und Schrecken. Er war betroffen von der Tatsache, daß die beiden Satelliten so plötzlich auftauchten. Noch am Abend vorher hatte man sie selbst mit viel stärkeren Teleskopen als dem seinen nicht wahrnehmen können. Nach der Entsendung des ersten Sputniks in den Weltraum neigen bereits Astronomen zu der Ansicht, daß es sich vielleicht um künstliche Satelliten gehandelt hat, die an dem Tag, an dem Hall sie beobachtete, abgeschossen worden waren. 1896 veröffentlichte ein englischer Schriftsteller, M. P. Shiel, eine Erzählung, in der eine Rotte ungeheuerlicher Verbrecher ganz Europa verwüstet, die Familien tötet, die sie für den Fortschritt der Menschheit als schädlich erachtet, und ihre Leichen verbrennt. Er betitelt seine Erzählung *The S. S.*

Es gibt eine phantastische Tatsache, die der Historiker schamhaft mit nüchternen und mechanischen Erklärungen zu überdecken trachtet. Zu dem Zeitpunkt, da der Nationalsozialismus geboren wurde, war Deutschland die Heimat der exakten Wissenschaften. Die deutschen Methoden, die deutsche Logik, die Genauigkeit und

Rechtschaffenheit der deutschen Wissenschaftler waren allgemein anerkannt. Die Figur des «Herrn Professor» mochte zuweilen die Karikaturisten reizen, aber man brachte ihr doch überall Achtung entgegen. Und ausgerechnet in dieser Atmosphäre einer festgefügten kartesianischen Denkweise entsteht in einem winzig kleinen Kreis eine unzusammenhängende und teilweise wahnwitzige Doktrin und breitet sich mit unwiderstehlicher Gewalt und verblüffender Schnelligkeit aus. In dem Land Einsteins und Plancks propagiert man auf einmal eine «arische Physik». In dem Land Humboldts und Haeckels beginnt man über Rassenprobleme zu sprechen. Wir sind nicht der Ansicht, daß derartige Erscheinungen sich durch die wirtschaftliche Inflation erklären lassen. Wir hielten es für erfolgversprechender, uns einmal gewisse sonderbare Kulte und abwegige Kosmogonien, auf die die Historiker bisher nicht geachtet haben, etwas näher anzusehen. Es ist übrigens sonderbar, daß man so wenig Interesse für diese Dinge aufgebracht hat. Die Kosmogonien und Kulte, von denen wir sprechen wollen, haben in Deutschland von offiziellen Stellen Schutz und Förderung erfahren. Sie haben in geistiger, wissenschaftlicher, sozialer und politischer Hinsicht eine nicht unwesentliche Rolle gespielt.

Wir haben uns auf einen Augenblick der deutschen Geschichte beschränkt. Ebensogut hätten wir, um das Phantastische in der Gegenwartsgeschichte aufzuzeigen, zum Beispiel untersuchen können, wie genau in dem Augenblick, da europäische Ideen ein Erwachen der asiatischen Völker hervorriefen, asiatische Ideen in Europa eindrangen. Das ist eine ebenso verwirrende Erscheinung wie der nicht-euklidische Raum oder die Paradoxe des Atomkerns. Der konventionelle Historiker und der durchschnittliche Soziologe sehen nicht diese tiefen Bewegungen, die mit dem, was sie die «Bewegung der Geschichte» nennen, unvereinbar sind — oder vielleicht wollen sie sie auch nicht sehen. Ungerührt analysieren sie auf ihre bewährte Weise ein Abenteuer der Menschheit, obgleich diese Analyse weder den Menschen selbst gerecht wird noch den geheimnisvollen, aber sichtbaren Zeichen, die diese mit der Zeit, dem Raum und dem Schicksal austauschen.

«Die Liebe», sagte Jacques Chardonne, «ist viel mehr als die Liebe.» Im Verlauf unserer Untersuchungen haben wir die Überzeugung gewonnen, daß die Geschichte viel mehr ist als die Geschichte. Eine solche Gewißheit verleiht Kraft. Trotz der sozialen

Entwicklung, die immer schwerer auf uns lastet, trotz der immer heftigeren Bedrohung des Menschen als Persönlichkeit sehen wir, wie Geist und Seele der Menschheit weiterhin hier und dort ihre Leuchtfeuer entzünden und daß der Schein dieser Feuer durchaus nicht dunkler wird. Wenn auch die Korridore der Geschichte sich merklich verengen, so sind wir doch sicher, daß der Mensch hier den Faden, der ihn mit der Unendlichkeit verknüpft, nicht aus der Hand lassen wird. Diese Bilder stammen von Victor Hugo, aber sie drücken genau das aus, was wir meinen. Eben dadurch, daß wir uns in die Realität vertieften, haben wir diese Sicherheit gewonnen: denn nur auf ihrem eigenen Grund und Boden wird die Realität phantastisch und in gewissem Sinne auch barmherzig.

2 *In der «Tribune des Nations» lehnt man den Teufel und den Wahnsinn ab — Es gibt doch einen Kampf der Götter — Die Deutschen und Atlantis — Ein magischer Sozialismus — Eine Geheimreligion und ein Geheimorden — Eine Expedition in verborgene Regionen — Der erste Führer wird ein Dichter sein*

In einem Artikel der *Tribune des Nations* zeigt ein französischer Historiker deutlich auf, wie unzureichend die üblichen Urteile über das Hitlerregime sind. Bei seiner Besprechung des Buchs des früheren Reichspressechefs Otto Dietrich, *12 Jahre mit Hitler,* das drei Jahre nach Dietrichs Tod veröffentlicht wurde, schreibt Pierre Cazenave:

«Dr. Dietrich begnügt sich zu leicht mit einem Wort, das er oft wiederholt und das in einem positivistischen Jahrhundert nicht ausreicht, um Hitler zu erklären. ‹Hitler›, so sagt er, ‹war ein dämonischer Mensch mit nationalistischen Wahnideen.› Was heißt hier ‹dämonisch›? Im Mittelalter hätte man gesagt, Hitler sei ‹von bösen Geistern besessen› gewesen. Aber heute? Entweder bedeutet das Wort ‹dämonisch› gar nichts, oder es bedeutet, daß ein Mensch vom Dämon besessen ist. Glaubt Dr. Dietrich an die Existenz des Teufels? Wie soll ich ihn verstehen? Mich kann das Wort ‹dämonisch› nicht befriedigen, ebensowenig wie das Wort ‹Wahnideen›. Wer von Wahn spricht, meint eine Geisteskrankheit. Wahnsinn. Größenwahn. Verfolgungswahn. Zwar besteht kein Zweifel, daß Hitler ein Psychopath und sogar ein Paranoiker war, aber Psychopathen und auch Paranoiker laufen dutzendweise herum. Zwischen diesem Zustand und mehr oder weniger ausgeprägten Wahnvorstellungen, deren Beobachtung und Diagnose zu einer Internierung des Kranken geführt hätten, liegt eine beträchtliche Spanne. Mit anderen Worten: Ist Hitler für seine Taten verantwortlich? Meiner Ansicht nach ja. Und deshalb lehne ich die Bezeichnung ‹Wahnidee› ebenso ab wie die Etikette ‹dämonisch›, da der Teufelsglaube für uns keinen historischen Wert mehr besitzt.»

Auch wir können uns nicht mit der Erklärung Dr. Dietrichs begnügen. Hitlers Leben und das Schicksal eines großen modernen Volkes unter seiner Führung lassen sich mit den Begriffen der Wahnidee und der dämonischen Besessenheit nicht vollständig umreißen. Aber ebensowenig genügt uns die Kritik der *Tribune des Nations*. Hitler, so versichert Pierre Cazenave uns, war nicht im klinischen Sinne verrückt. Und es gibt keinen Teufel. Infolgedessen kann man den Begriff der Verantwortlichkeit nicht ablehnen. Das ist einleuchtend. Aber unser Historiker billigt diesem Begriff der Verantwortlichkeit geradezu magische Eigenschaften zu. Kaum hat er ihn erwähnt, so erscheint ihm die phantastische Geschichte der Hitlerzeit völlig klar und den Proportionen des positivistischen Jahrhunderts, in dem wir nach Cazenaves Ansicht leben, angepaßt. Wir hingegen halten eine solche Beurteilung für ebenso vernunftwidrig wie die Aussagen Dr. Dietrichs, und zwar deshalb, weil der Begriff «Verantwortlichkeit» in unserem Sprachgebrauch die gleiche Bedeutung gewonnen hat wie der Begriff «Besessenheit vom Teufel» für die Tribunale des Mittelalters. Den Beweis dafür liefern uns die großen politischen Prozesse unserer Zeit.

Wenn Hitler weder verrückt noch besessen war, was durchaus möglich ist, so bleibt die Geschichte des Nationalsozialismus trotzdem im Lichte eines «positivistischen Jahrhunderts» unerklärlich. Die Tiefenpsychologie lehrt uns, daß scheinbar vernünftige Handlungen des Menschen in Wirklichkeit durch Kräfte gelenkt werden, die er selbst nicht kennt oder die mit einer der gewöhnlichen Logik völlig fremden Symbolik verknüpft sind. Andererseits möchten wir nicht behaupten, der «Teufel» existiere nicht — wir wissen jedoch, daß er etwas ganz anderes ist als das bekannte mittelalterliche Schreckbild. In der Geschichte des Nationalsozialismus oder doch bei vielen Aspekten dieser Geschichte hat man immer wieder den Eindruck, als entzögen sich ihre Grundideen der üblichen historischen Kritik und als müßten wir, um sie zu verstehen, unsere positive Schau der Dinge aufgeben und uns zwangsläufig in eine Welt begeben, in welcher die kartesianische Vernunft und die Realität nicht mehr miteinander verknüpft sind.

Wir legen besonderen Wert auf diese Aspekte des Nationalsozialismus, weil, wie auch Marcel Ray 1939 schon ganz richtig gesehen hat, der Krieg, den Hitler der Welt aufzwang, «ein manichäischer Krieg oder, wie die Heilige Schrift ihn nennt, ein Kampf der Götter» war. Wohlverstanden, es handelt sich hier nicht um einen Kampf zwischen Faschismus und Demokratie, zwischen einer autoritären und einer liberalen Gesellschaftsauffassung. Das ist nur die Exoterik des Kampfes. Es gibt jedoch auch eine Esoterik*. Dieser Kampf der Götter, der sich hinter den äußeren Ereignissen abgespielt hat, ist auf dieser Erde noch nicht ausgefochten, aber der ungeheure Fortschritt, in dem das menschliche Wissen zur Zeit begriffen ist, wird ihm in wenigen Jahren eine andere Form geben. Nun, da die Pforten der Erkenntnis sich auf die Unendlichkeit zu öffnen beginnen, kommt es darauf an, den Sinn des Kampfes zu begreifen. Wenn wir wirklich bewußt als heutige Menschen, also als Zeitgenossen der Zukunft leben wollen, müssen wir den Augenblick, an dem das Phantastische mit vollen Segeln in die Realität hineinsteuerte, genau erfassen und verstehen. Und dieser Augenblick ist es, den wir untersuchen wollen.

Rauschning [26] sagt:

«Jeder Deutsche steht mit einem Fuß in jenem bekannten Lande Atlantis, in dem er mindestens einen recht stattlichen Erbhof sein eigen nennt. Diese deutsche Eigenschaft der Duplizität der Naturen, die Fähigkeit, in doppelten Welten zu leben, eine imaginäre immer wieder in die reale hineinzuprojizieren — alles dies trifft auf eine besondere Weise auf Hitler und seinen magischen Sozialismus zu.»

Und bei seinem Bemühen, sich zu erklären, wie dieser «Meister der großen Magie» zur Macht kommen konnte, weist Rauschning auf Ereignisse hin, die im Verlauf der Geschichte verschiedentlich aufgetreten sind: «Ganze Völker brechen plötzlich in eine unerklärliche Rastlosigkeit aus. Sie unternehmen Geißlerfahrten, eine hysterische Tanzwut ergreift sie.»

---

* C. S. Lewis, Professor der Theologie in Oxford, hatte 1937 in einem seiner symbolischen Romane, *Jenseits des schweigenden Sterns*, den Ausbruch eines Krieges um den Besitz der menschlichen Seele angekündigt, der unter der äußeren Form eines schrecklichen materiellen Krieges geführt werden würde. Später ist Lewis auf diesen Gedanken noch in zwei anderen Werken zurückgekommen: *Perelandra* und *The Hideous Force*. Das letzte Buch von Lewis trägt den Titel: *Till we have faces*. In dieser großen poetischen und prophetischen Erzählung findet sich der bewundernswerte Satz: «Die Götter werden erst dann Auge in Auge mit uns sprechen, wenn wir selber ein Gesicht haben.»

«Der Nationalsozialismus», so folgert er, «ist der Veitstanz des zwanzigsten Jahrhunderts.»

Aber wie entsteht eine derart sonderbare Krankheit? Rauschning findet nirgends eine befriedigende Antwort. «Ihre tiefsten Wurzeln liegen in verborgenen Regionen.»

Es erscheint uns von höchstem Nutzen, diese verborgenen Regionen einmal zu erforschen. Und als erster Führer auf dieser Expedition wird uns nicht ein Historiker, sondern ein Dichter dienen.

3 Zunächst ist die Rede von J.-P. Toulet, einem nicht sehr bekannten Schriftsteller — Aber eigentlich geht es um Arthur Machen — Ein großes verkanntes Genie — Ein Robinson Crusoe der Seele — Die Geschichte der Engel von Mons — Machens Leben, seine Abenteuer und Mißgeschicke — Wie wir eine englische Geheimgesellschaft entdeckt haben — Ein Nobelpreisträger mit schwarzer Maske — Die «Golden Dawn», ihre Herkunft, ihre Mitglieder und ihre Führer — Warum wir einen Text von Machen zitieren wollen

«Zwei Menschen, die Jean-Paul Toulet gelesen haben und die (gewöhnlich in einer Bar) zusammentreffen, bilden sich ein, daß sich darin bereits eine gewisse Aristokratie manifestiert», schreibt Toulet selbst. Große Dinge können auf Stecknadelköpfen balancieren. Durch diesen liebenswürdigen und trotz der Bemühungen einiger begeisterter Anhänger unbekannt gebliebenen Schriftsteller haben wir den Namen Arthur Machens erfahren, den wohl kaum zweihundert Menschen auf dem Kontinent kennen.

Bei näherer Betrachtung haben wir festgestellt, daß das Werk Arthur Machens, das mehr als dreißig Bände umfaßt[27], in mancher Hinsicht sogar von noch größerem Interesse ist als jenes von H. G. Wells *.

Im Verlauf unserer Nachforschungen über Machen haben wir eine englische Geheimgesellschaft entdeckt, die sich aus wahrhaft hervorragenden Geistern zusammensetzt. Diese Gesellschaft, der Machen ein entscheidendes inneres Erlebnis und einen wesentlichen Teil seiner Inspirationen verdankt, ist sogar Fachleuten auf diesem Gebiet nicht bekannt. Gewisse Texte Machens aber und vor allem derjenige, den wir unseren Lesern auszugsweise mitteilen wollen, erhellen ganz entschieden einen wenig geläufigen Begriff des Bösen, der unerläßlich ist zum Verständnis derjenigen Seiten der zeitge-

* Machen war sich dieser Tatsache selbst bewußt: «Dieser Mister Wells, von dem Sie sprechen, ist gewiß ein sehr geschickter Mann. Einen Augenblick lang habe ich sogar geglaubt, er sei noch etwas mehr.» (Brief an J.-P. Toulet, 1899.)

nössischen Geschichte, die wir in diesem Teil unseres Buches untersuchen wollen.

Bevor wir also auf unseren eigentlichen Gegenstand kommen,
sei es uns erlaubt, ein wenig von diesem sonderbaren Menschen zu
erzählen. Unsere Erzählung beginnt mit einem winzigen Kapitel
der Literaturgeschichte, das von einem kleinen Pariser Schriftsteller
handelt: Toulet. Und sie endet mit dem Aufgehen einer großen
unterirdischen Tür, hinter der noch die Reste der Märtyrer und die
Ruinen der nationalsozialistischen Tragödie liegen, welche die Welt
erschüttert hat.

Im November 1897 gab ein «den okkulten Wissenschaften recht zu-
geneigter» Freund Jean-Paul Toulet den Roman *The Great God
Pan* zu lesen, den Roman eines völlig unbekannten vierund-
dreißigjährigen Schriftstellers. Dieses Buch, in dem eine urtümliche
heidnische Welt heraufbeschworen wird, die noch nicht ganz untergegangen ist, sondern insgeheim weiterlebt und hin und wieder
einen Gott des Bösen und seine abgefallenen Engel über uns kommen läßt, machte einen so tiefen Eindruck auf Toulet, daß er beschloß, seine ersten Schritte in der Welt der Literatur zu tun. Er begann *The Great God Pan* zu übersetzen und schrieb seinen eigenen
ersten Roman, *Monsieur du Paur, homme public,* in dem er von
Machen die Alptraum-Atmosphäre und die Urwald-Szenerie entlehnte, in welcher der große Pan sich verbirgt.

Monsieur du Paur erschien Ende des Jahres 1898 im Verlag Simo-
nis Empis. Das Buch hatte keinerlei Erfolg. Wir hätten wohl nie
davon erfahren, wenn nicht Henri Martineau, der große Stendhal-
Forscher und Freund Toulets, zwanzig Jahre später diesen Roman
noch einmal auf eigene Kosten im Verlag Le Divan herausgegeben
hätte. Als gewissenhaftem Literarhistoriker und ergebenem Freund
lag ihm daran, zu beweisen, daß *Monsieur du Paur* zwar durch die
Lektüre von Machens Roman angeregt, aber nichtsdestoweniger ein
originales Werk sei. Er veröffentlichte den Briefwechsel zwischen
Toulet und Machen und lenkte damit die Aufmerksamkeit einiger
Interessierter auf Arthur Machen und seinen *Great God Pan.* [28]

Für den genialen Machen hatte diese Korrespondenz nicht viel Bedeutung; sie war der Ausdruck einer literarischen Freundschaft mit
einem angehenden jungen Schriftsteller.

Im Februar 1899 erhielt Jean-Paul Toulet, der sich seit einem Jahr bemühte, einen Verleger für seine Übersetzung des *Great God Pan* zu finden, von dessen Autor den folgenden Brief:

«Lieber Kollege!
Es ist also in Paris nichts zu machen mit *The Great God Pan?* Wenn es so steht, bin ich wirklich betrübt, einerseits natürlich um dieses Buches willen, aber andererseits auch, weil ich auf die französischen Leser einige Hoffnungen gesetzt hatte. Ich glaubte, ich hätte vielleicht mein Publikum gefunden, wenn *The Great God Pan* in französischem Gewand auf Sympathie und Zustimmung gestoßen wäre. Hier kann ich überhaupt nichts ausrichten. Ich schreibe und schreibe, aber es ist so, als schriebe ich in einem klösterlichen Scriptorium des Mittelalters: alle meine Bücher bleiben in der Hölle der unveröffentlichten Werke. Ich habe in meiner Schublade einen kleinen Band mit drei Erzählungen, den ich *Ornaments in Jade* nenne. ‹Das ist ja ein bezauberndes kleines Buch!› sagt der Verleger. ‹Aber man kann es unmöglich veröffentlichen.› Auch ein Roman liegt vor: *The Garden of Avallonius,* etwa 65 000 Wörter lang. ‹Es ist ein Kunstwerk *sine peccato*›, erklärte der gute Verleger, ‹aber es würde unser englisches Publikum vor den Kopf stoßen.› Zur Zeit arbeite ich wieder an einem Buch, das ganz bestimmt ebenfalls auf der Teufelsinsel bleiben wird! Sie, mein lieber Kollege, werden an diesen Abenteuern eines englischen Schriftstellers vielleicht etwas Tragisches (oder vielmehr Tragikomisches) finden, aber, wie gesagt, ich hatte doch einige Hoffnungen auf Ihre Übertragung meines ersten Buchs gesetzt.»

Le Grand Dieu Pan erschien endlich in der Zeitschrift *La Plume* und etwas später im selben Verlag in Buchform. Er fand keine Beachtung.
Nur Maeterlinck war beeindruckt:

«Meinen herzlichsten Dank für dieses schöne und einzigartige Werk! Es ist meines Wissens der erste Versuch, eine Mischung aus dem traditionell und diabolisch Phantastischen und dem neuen und wissenschaftlich Phantastischen herzustellen. Aus dieser Mischung nun ist das erregendste Werk hervorgegangen, das ich kenne, denn es spricht gleichzeitig unsere Erinnerungen wie unsere Hoffnungen an.»

Arthur Machen wurde 1863 in dem kleinen walisischen Ort Caerlson-on-Usk geboren, in jener Gegend also, in der König Artus Hof hielt und von wo die Ritter der Tafelrunde auf die Suche nach dem heiligen Gral auszogen. Wenn man weiß, daß Himmler mitten im Krieg eine Expedition zur Auffindung dieses heiligen Gefäßes ausrüstete (wir kommen noch darauf zu sprechen), und wenn man bei der Erforschung der Geheimgeschichte des Hitlerreiches auf einen Text von Machen stößt und dann entdeckt, daß dieser Schriftsteller ausgerechnet in diesem Ort, der Wiege der Wagnerschen Themen, das Licht der Welt erblickte, so muß man sich wieder einmal sagen, daß für den, der Augen im Kopf hat, die Koinzidenzen geradezu im Scheinwerferlicht stehen.

Machen zog als junger Mensch nach London und führte dort ein scheues und zurückgezogenes Leben, ähnlich wie Lovecraft in New York. Einige Monate arbeitete er als Gehilfe in einer Buchhandlung, dann betätigte er sich als Erzieher, um daraufhin festzustellen, daß er außerstande war, innerhalb der Gesellschaft seinen Lebensunterhalt zu verdienen. In äußerster Armut und in einem Zustand tiefster Niedergeschlagenheit begann er zu schreiben. Lange Zeit hindurch lebte er von Übersetzungen: er übertrug zwei Jahre lang für ein Honorar von dreißig Shilling pro Woche die zwölf Bände der Memoiren Casanovas.

Nach dem Tod seines Vaters, eines Geistlichen, machte er eine kleine Erbschaft, und nun, da er für einige Zeit zu leben hatte, fuhr er in seiner eigenen Arbeit fort; aber er hatte dabei in steigendem Maße das Gefühl, daß «ein unendliches geistiges Meer ihn von den anderen Menschen trennte» und daß ihm keine andere Wahl blieb, als sich in dieses Leben eines «Robinson Crusoe der Seele» zu schicken.

Seine ersten phantastischen Erzählungen erschienen 1895: *The Great God Pan* und *The Inmost Light*. Er stellt darin die Behauptung auf, daß der große Pan nicht tot sei und daß die Kräfte des Bösen, im magischen Sinne dieses Ausdrucks, immer wieder darauf warteten, einige unter uns beherrschen und auf die andere Seite der Welt führen zu können. Auf den gleichen Ton gestimmt war der im folgenden Jahr erschienene Band *The White Powder*, das neben seinem mit sechzig Jahren geschriebenen Meisterwerk *The Secret Glory* bedeutendste seiner Bücher.

Mit sechsunddreißig Jahren verlor er, nach zwölfjähriger Ehe, seine Frau:

«Wir waren während dieser zwölf Jahre keine zwölf Stunden voneinander getrennt; Sie können sich also vorstellen, was ich gelitten habe und noch täglich leide. Wenn ich den Wunsch habe, meine Manuskripte gedruckt zu sehen, dann vor allem, um ihr jedes mit den Worten zu widmen: *Auctoris Anima ad Dominam.*»

Er bleibt unbekannt, er lebt im Elend, und sein Herz ist zerrissen. Drei Jahre später, im Alter von neununddreißig Jahren, verzichtet er auf die Schriftstellerei und wird Wanderschauspieler. Er schreibt an Toulet:

«Sie sagen, Sie hätten nicht viel Mut. Ich habe überhaupt keinen. So wenig, daß ich keine Zeile schreibe und wahrscheinlich nie wieder eine schreiben werde. Ich bin Komödiant geworden; ich bin auf die Bretter gestiegen, und zur Zeit spiele ich im *Coriolan.*»

Er zieht mit der Shakespeare-Truppe von Sir Frank Benson durch England und schließt sich dann dem Ensemble des Saint-James-Theaters an. Kurz vor dem ersten Weltkrieg muß er die Schauspielerei aufgeben und versucht sich als Journalist. Aber er schreibt kein Buch mehr. Im Gedränge der Fleet Street, unter seinen geschäftigen Kollegen, fordert die sonderbare Gestalt dieses nachdenklichen Mannes mit dem gemessenen und höflichen Verhalten eines Gelehrten manches Lächeln heraus.

Für Machen ist, wie man aus allen seinen Werken entnehmen kann, «der Mensch aus Geheimnis gemacht und für Geheimnisse und Visionen bestimmt». Realität ist ihm gleichbedeutend mit dem Übernatürlichen. Die äußere Welt kann ihn nur wenig lehren, sofern er sie nicht als ein Gefäß voller Symbole und versteckter Bedeutungen ansieht. Nur die Werke der Phantasie, hervorgebracht von einem Geist, der auf der Suche nach den ewigen Wahrheiten ist, bieten eine Gewähr, wahrhaftig und von einem gewissen Nutzen zu sein. Und der Kritiker Philip van Doren Stern sagt:

«Möglicherweise enthalten die phantastischen Erzählungen Arthur Machens mehr wesentliche Wahrheiten als alle graphischen Darstellungen und Statistiken der Welt.»

Ein sehr sonderbares Abenteuer war es, das Arthur Machen zur Literatur zurückführte. Es machte seinen Namen binnen wenigen Wochen berühmt, und der Schock, den es in ihm auslöste, bestimmte ihn, sein Leben als Schriftsteller zu beschließen.

Der Krieg brach aus. Man verlangte nach heroischer Literatur, aber die schlug nun kaum in sein Fach. *The Evening News* forderte eine Erzählung von ihm an. Er schrieb sie, einer plötzlichen Eingebung folgend, jedoch ganz in seinem gewohnten Stil. Der Titel lautete *The Bowmen* (Die Bogenschützen). Die Zeitung veröffentlichte die Erzählung am 29. September 1914, am Tag nach dem Rückzug von Mons. Machen hatte eine Episode aus dieser Schlacht erfunden: den heiligen Georg, der in seiner blitzenden Rüstung an der Spitze einer Schar von Engeln, den früheren Bogenschützen von Azincourt, der englischen Armee zu Hilfe eilt.

Nun aber schrieben plötzlich Dutzende von Soldaten an die Zeitung, dieser Mister Machen habe ihrer Ansicht nach nichts erfunden. Sie hätten mit eigenen Augen gesehen, wie die Engel des heiligen Georg sich vor Mons in ihre Reihen eingliederten. Das könnten sie mit ihrem Ehrenwort bezeugen. Eine Anzahl dieser Briefe wurde veröffentlicht. England, das in diesem so gefährlichen Augenblick nach Wundern hungerte, geriet in Erregung. Als Machen versucht hatte, die geheimen Wahrheiten zu enthüllen, hatte kein Mensch ihn beachtet. Und jetzt erregte er mit einem kleinen Feuilleton, mit dieser phantastischen Geschichte, die Aufmerksamkeit des ganzen Landes. Oder war es vielleicht so, daß die geheimen Kräfte sich erhoben und, dem Ruf seiner Phantasie folgend, diese oder jene Form annahmen? War es möglich, daß Machens Geist, der sich so oft mit wesentlichen Wahrheiten abgegeben hatte, hier unabhängig von seinem Bewußtsein in der Tiefe weitergearbeitet hatte? Mehr als ein dutzendmal erklärte Machen öffentlich in der Zeitung, daß seine Erzählung reine Erfindung sei. Niemand wollte es zugeben. Noch dreißig Jahre später, kurz vor seinem Tode, kam er in Gesprächen immer wieder auf diese ausgefallene Geschichte mit den Engeln von Mons zurück.

Obgleich er nun berühmt geworden war, wurde das Buch, das er

1915 schrieb, kein Erfolg. Es war *The Great Return*, eine Betrachtung über den Gral. Dann folgte 1922 *The Secret Glory,* eine Kritik der modernen Welt im Lichte der religiösen Erfahrung. Im Alter von sechzig Jahren begann er mit der Niederschrift einer seltsamen Autobiographie in drei Bänden. Er hatte mehrere begeisterte Anhänger in England und Amerika *, aber er starb in äußerster Armut. 1943 (als Machen achtzig Jahre alt war) bildeten Bernard Shaw, Max Beerbohm und T. S. Eliot ein Komitee, das eine Sammlung für Machen veranstaltete. So blieb es ihm erspart, in einem Armenhaus zu enden; er konnte seine letzten Jahre in einem kleinen Häuschen in Buckinghamshire verbringen, wo er schließlich 1947 starb. Ein Satz von Murger hatte ihn immer bezaubert. In *Scénes de la Vie de Bohème* besitzt der Maler Marcel nicht einmal ein Bett. «Aber wo ruhen Sie denn?» fragt ihn der Hausbesitzer. «Mein Herr», erwiderte Marcel, «ich ruhe auf der Vorsehung.»

Um 1880 werden in Frankreich, in England und in Deutschland verschiedene Geheimgesellschaften und Orden gegründet, in denen sich bedeutende Persönlichkeiten zusammenschließen. Die Geschichte dieser nachromantischen mystischen Bewegung ist noch nicht geschrieben, obwohl es sich lohnte, ihr einmal nachzugehen. Man könnte hier die Quelle wichtiger Geistesströmungen finden, die das politische Leben beeinflußt haben.

In den Briefen von Arthur Machen an Jean-Paul Toulet finden sich zwei bezeichnende Absätze; so lesen wir im Jahre 1899:

«Als ich den *Pan* und das *White Powder* schrieb, glaubte ich nicht, daß derart seltsame Dinge sich jemals im wirklichen Leben ereignen könnten, beziehungsweise sich ereignet hätten. Später jedoch und noch vor kurzem habe ich selbst Erlebnisse gehabt, die meinen Standpunkt in dieser Hinsicht völlig verändert haben ... Ich bin jetzt überzeugt, daß auf dieser Erde nichts unmöglich ist. Und ich brauche wohl kaum hinzuzufügen, daß keines meiner Er-

---

* In England hat ihm Paul Jordan Smith in einem Kapitel seines Buches *On Strange Altars* (London 1923) ein Denkmal gesetzt. Henri Martineau weist darauf hin, daß sich 1925 in Amerika eine kleine Gruppe bildete, die seinen Namen bekannt machen wollte und zahlreiche Artikel über ihn schrieb. Schon 1918 hatte Vincent Starett ein Buch über ihn verfaßt: *Arthur Machen, a novelist of ecstasy and sin* (Chicago). Nach Machens Tod erschien eine Arbeit von W. F. Gekle: *Arthur Machen, weaver of fantasy* (New York).

lebnisse in irgendwelcher Verbindung mit betrügerischen Irrlehren wie Spiritismus oder Theosophie steht. Aber ich glaube, daß wir in einer geheimnisvollen Welt leben, die voller unverhoffter und gänzlich verblüffender Dinge ist.»

Und 1900 schreibt er:

«Folgendes wird Sie amüsieren: ich habe *The Great God Pan* einem Adepten, einem fortgeschrittenen ‹Okkultisten›, geschickt, den ich zufällig kennengelernt hatte, und dieser Mann schreibt mir nun: ‹Ihr Buch ist ein schlagender Beweis, daß Sie, mehr durch Denken und Meditation als durch Lektüre, unabhängig von allen Orden und Organisationen einen gewissen Grad der Einweihung erreicht haben.› »

Wer ist dieser «Adept»? Und welcher Art sind diese «Erlebnisse»?

Nachdem Toulet in London gewesen war, schreibt Machen ihm in einem anderen Brief: «Mr. Waite, dem Sie sehr gefallen haben, hat mich gebeten, Sie zu grüßen.» Unsere Aufmerksamkeit richtete sich nun auf den Namen dieses Freunds von Machen, der ja mit so wenigen Menschen verkehrte. Waite war einer der besten Kenner der Geschichte der Alchimie und wußte viel über den Orden der Rosenkreuzer.

So weit waren unsere Nachforschungen gediehen, die uns einigen Aufschluß über die geistigen Interessen Machens gaben, als einer unserer Freunde uns äußerst bemerkenswerte Mitteilungen über eine von den Rosenkreuzern beeinflußte Geheimgesellschaft machte, die Ende des 19. und Anfang des 20. Jahrhunderts in England existiert hatte [29].

Diese Gesellschaft nannte sich die *Golden Dawn,* und zu ihren Mitgliedern zählten einige der hervorragendsten Köpfe Englands. Arthur Machen war einer ihrer Anhänger.

Die im Jahre 1887 gegründete *Golden Dawn* war aus der englischen Rosenkreuzer-Gesellschaft hervorgegangen, die Robert Wentworth Little zwanzig Jahre zuvor ins Leben gerufen hatte und die sich aus den Freimaurerlogen rekrutierte. Diese letztere Gesellschaft zählte 144 Mitglieder, darunter Bulwer-Lytton, den Verfasser der *Letzten Tage von Pompeji.*

Die noch kleinere *Golden Dawn* hatte sich die Ausübung der zeremoniellen Magie und die Erlangung geheimer Kräfte und Erkenntnisse zum Ziel gesetzt. Ihre Leiter waren Woodman, Mathers und Wynn Westcott (der «fortgeschrittene Okkultist», von dem Machen in seinem Brief an Toulet spricht). Sie stand in Verbindung mit ähnlichen deutschen Gesellschaften. Einzelne Mitglieder dieser letzteren findet man später in der anthroposophischen Gesellschaft Rudolf Steiners und in anderen Bewegungen, die in der vor-nationalsozialistischen Zeit einen gewissen Einfluß ausübten. In der Folge sollte einer ihrer Meister Aleister Crowley sein, eine außerordentliche Persönlichkeit und sicherlich einer der bedeutendsten Köpfe des Neo-Paganismus, dessen Spuren in Deutschland wir noch verfolgen werden.

Nach dem Tod Woodmans und dem Rücktritt Westcotts wurde S. L. Mathers Großmeister der *Golden Dawn*, die er eine Zeitlang von Paris aus leitete, wo er die Schwester Henri Bergsons geheiratet hatte.

Der Nachfolger von Mathers als Großmeister der *Golden Dawn* war der berühmte Dichter W. B. Yeats, der später den Nobelpreis erhielt.

Yeats nahm innerhalb der Gesellschaft den Namen *Frère Démon est Deus Inversus* an. Bei den Sitzungen trug er einen schottischen Kilt, eine schwarze Maske und im Gürtel einen goldenen Dolch.

Arthur Machens Name in der *Golden Dawn* lautete *Filus Aquarti*. Der Gesellschaft gehörte auch eine Frau an: Florence Farr, Theaterdirektorin und enge Freundin von Bernard Shaw. Weitere Mitglieder waren die Schriftsteller Blackwood, Bram Stoker (der Verfasser von *Dracula*) und Sax Rohmer, sowie Peck, der königliche Astronom von Schottland, der berühmte Ingenieur Allan Bennett und Sir Gerald Kelly, der Präsident der Royal Academy. Es scheint, daß der Geist der *Golden Dawn* diesen bedeutenden Persönlichkeiten eine unauslöschliche Prägung verliehen hat. Sie haben selbst eingestanden, daß ihre Weltanschauung dadurch eine Veränderung erfuhr und daß die Praktiken, denen sie sich hier widmeten, ihnen zeitlebens nützlich und wesentlich erschienen.

In gewissen Texten Arthur Machens wird ein Wissen wieder lebendig, das bei der Mehrzahl der Menschen in Vergessenheit geriet und das doch unerläßlich ist, wenn man zu einem richtigen Verständnis der Welt gelangen will. Selbst dem verhältnismäßig ahnungslosen Leser weht aus den Zeilen dieses Schriftstellers der Anhauch einer beunruhigenden Wahrheit entgegen.

Als wir uns entschlossen, unserem Buch einige Seiten Machens einzufügen, wußten wir noch nichts von der *Golden Dawn*. Wir wollen gewiß nicht unbescheiden erscheinen und die Maßstäbe wahren; aber es kommt uns doch so vor, als sei uns hier etwas widerfahren, was zuweilen den größten Jongleuren widerfährt: das, was sie von ihren Kollegen unterscheidet, die ihnen an Geschicklichkeit vielleicht kaum nachstehen, ist die Tatsache, daß im Verlauf ihrer besten Kunststücke die Gegenstände plötzlich ein eigenes Leben gewinnen, daß sie ihnen entgleiten und ganz unvorhergesehene Wundertaten vollführen. Wir sind von der Magie überrumpelt und überholt worden. Ein Text von Machen, der uns aufgefallen war, lieferte uns eine allgemeine Erhellung gewisser Aspekte des Nationalsozialismus, die uns viel bedeutsamer erschienen als alles, was seitens der offiziellen Historiker gesagt worden ist. Man wird bemerken, wie eine unerbittliche Logik unser scheinbar so abwegiges System unterstützt. Und in gewisser Weise ist es gar nicht so erstaunlich, daß diese allgemeine Erhellung uns von dem Mitglied einer Geheimgesellschaft geliefert wurde, in welcher neu-heidnische Gedankengänge eine wesentliche Rolle spielten.

Der Text des folgenden Kapitels ist die Einleitung zu einem Roman mit dem Titel *The White People*. Dieser kleine Roman, den Machen nach *The Great God Pan* schrieb, ist in dem nach dem Tode des Verfassers veröffentlichten Sammelband *Tales of Horror and the Supernatural* (Richards' Press, London) enthalten.

4 *Die wahren Sünder, ebenso wie die wahren Heiligen, sind Asketen — Der wirklich Böse hat, genau wie der wirklich Gute, mit der gewöhnlichen Welt nichts zu schaffen — Die Sünde ist der Versuch, den Himmel zu stürmen — Das uneingeschränkt Böse wird immer seltener — Der Materialismus ist der Feind des Guten und noch entschiedener der Feind des Bösen — Auch heute ist immerhin noch einiges vorhanden — Sollten Sie ernsthaft interessiert sein . . .*

«Hexerei und Heiligkeit, das sind die einzigen Realitäten», sagte Ambrose. Und er fuhr fort:

«Die Magie rechtfertigt sich durch ihre Kinder: sie essen Brotkrusten und trinken Wasser mit einem tieferen Genuß, als ein Epikureer ihn je empfinden kann.»

«Sie sprechen von den Heiligen?»

«Ja. Und auch von den Sündern. Ich glaube, Sie begehen den häufigen Irrtum derer, die die geistige Welt auf die Regionen des erhabensten Guten beschränken wollen. Auch die in höchstem Maße verderbten Geschöpfe gehören der geistigen Welt an. Der gewöhnliche, den Gelüsten seines Fleisches und seiner Sinne unterworfene Mensch wird nie ein großer Heiliger sein. Aber auch kein großer Sünder. Die meisten von uns sind lediglich widerspruchsvolle und letzten Endes nebensächliche Kreaturen. Wir trotten auf unserem schmutzigen alltäglichen Weg dahin, ohne daß wir die tiefere Bedeutung der Dinge verstehen, und darum sind das Gute und das Böse in uns fast identisch: beides ergibt sich aus unbedeutenden Zufällen.»

«Ihrer Ansicht nach ist also ein großer Sünder, ebenso wie ein großer Heiliger, ein Asket?»

«Diejenigen, die wahrhaft groß sind, sei es im Guten oder im Bösen, kümmern sich nicht um unvollkommene Nachbildungen, sondern streben nach den vollkommenen Originalen. Für mich besteht kein Zweifel: die größten unter den Heiligen haben niemals im landläufigen Sinne des Wortes eine ‹gute Tat› vollbracht. Und andererseits gibt es Menschen, die in die tiefsten Abgründe des

Bösen hinabgetaucht sind und die doch in ihrem ganzen Leben nie etwas getan haben, das Sie als ‹böse Tat› bezeichnen würden.»

Er verließ für einen Augenblick das Zimmer. Cotgrave wandte sich zu seinem Freund und dankte ihm dafür, daß er ihn mit Ambrose bekannt gemacht hatte.

«Er ist unerhört», sagte er. «Ich habe noch nie einen so verrückten Kerl gesehen.»

Ambrose kam mit einer neuen Flasche Whisky zurück und schenkte den beiden reichlich ein. Er übte heftige Kritik an der Sekte der Abstinenzler, trank selbst jedoch nur ein Glas Wasser. Gerade wollte er seinen Monolog wieder aufnehmen, als Cotgrave ihn unterbrach:

«Ihre Paradoxe sind ungeheuerlich! Ein Mensch kann also ein großer Sünder sein und doch nie eine strafbare Tat begangen haben? Das ist ausgeschlossen!»

«Aber Sie sind im Irrtum», widersprach Ambrose, «ich rede nie in Paradoxen; ich wollte, ich könnte es. Ich habe lediglich gesagt, daß ein Mann ein hervorragender Kenner von Burgunderweinen sein kann, ohne je auch nur den billigsten Krätzer gekostet zu haben. Das ist doch eher ein Gemeinplatz als ein Paradox nicht wahr? Sie reagieren nur so, weil Sie nicht die geringste Vorstellung davon haben, was die Sünde sein kann. O gewiß, es gibt einen Zusammenhang zwischen der wirklichen Sünde und den Handlungen, die man als strafbar betrachtet, wie Mord, Raub, Ehebruch usw. Es ist der gleiche Zusammenhang wie zwischen dem Alphabet und einer genialen Dichtung. Ihr Irrtum ist fast universell: Sie haben, genau wie alle Welt, die Gewohnheit angenommen, die Dinge durch die soziale Brille zu betrachten. Wir alle meinen, daß ein Mensch, der uns selbst oder unserem Nachbarn etwas Böses angetan hat, ein schlechter Mensch ist. Und vom sozialen Gesichtspunkt aus gesehen ist er das auch. Aber können Sie nicht verstehen, daß das Böse seinem eigentlichen Wesen nach etwas ganz Einzigartiges ist, eine Leidenschaft der Seele? Der übliche Mörder ist als solcher keineswegs ein Sünder im wahren Sinne des Wortes. Er ist einfach eine gefährliche Kreatur, deren wir uns entledigen müssen, um unsere Haut zu retten. Ich würde ihn viel eher unter die wilden Tiere als unter die Sünder einreihen.»

«Das kommt mir doch sehr ausgefallen vor.»

«Aber das ist es nicht. Der Mörder tötet nicht aus positiven, sondern aus negativen Gründen; ihm fehlt etwas, was die Nicht-Mörder besitzen. Das Böse hingegen ist absolut positiv. Aber positiv im schlechten Sinne. Und es ist selten. Es gibt bestimmt weniger wahre Sünder als wahre Heilige. Und was die Menschen betrifft, die Sie als Verbrecher bezeichnen, so handelt es sich selbstverständlich um Wesen, die der Gesellschaft unbehaglich sind und vor denen sie sich mit gutem Grund schützt; aber glauben Sie mir, zwischen ihren antisozialen Handlungen und dem wahren Bösen liegt eine ungeheure Spanne.»

Es wurde allmählich spät. Dem Freund, der Cotgrave bei Ambrose eingeführt hatte, waren diese Ausführungen zweifellos längst bekannt. Er hörte mit einem müden und etwas spöttischen Lächeln zu, während Cotgrave zu überlegen begann, ob sein «Verrückter» nicht vielleicht ein Weiser war.

«Wissen Sie, daß Sie mich außerordentlich interessieren?» sagte er. «Sie glauben also, daß wir die wahre Natur des Bösen nicht verstehen?»

«Wir überschätzen sie. Oder man kann auch sagen, wir unterschätzen sie. Einerseits bezeichnen wir es als Sünde, wenn ein Mensch gegen die von der Gesellschaft aufgestellten Regeln, gegen die sozialen Tabus verstößt. Das ist eine absurde Übertreibung. Andererseits messen wir der sogenannten ‹Sünde›, die darin besteht, daß jemand uns unseren Besitz oder unsere Frau wegnimmt, eine so enorme Bedeutung zu, daß wir das, was an den wahren Sünden so erschreckend ist, völlig aus den Augen verloren haben.»

«Aber was ist denn dann eine Sünde?» fragte Cotgrave.

«Ich bin gezwungen, Ihre Frage mit anderen Fragen zu beantworten. Was würden Sie empfinden, wenn Ihre Katze oder Ihr Hund plötzlich anfinge, wie ein Mensch zu sprechen? Wenn die Rosen in Ihrem Garten zu singen begännen? Wenn die Steine auf der Straße sich vor Ihren Augen anschickten zu wachsen? Nun, diese Beispiele können Ihnen vielleicht einen Begriff davon vermitteln, was Sünde ist.»

«Sie setzen mich in Erstaunen», sagte Cotgrave. «Ich hatte das alles noch nie bedacht. Wenn es wirklich so ist, wie Sie sagen, muß man sämtliche Begriffe revidieren. Das Wesen der Sünde bestünde also Ihrer Ansicht nach darin . . .»

«Den Himmel stürmen zu wollen», fuhr Ambrose fort. «Für mich liegt die Sünde in dem Willen, auf unerlaubte Weise in eine andere und höhere Sphäre einzudringen. Sie werden jetzt verstehen, warum die echte Sünde so selten ist. Nur wenige Menschen haben ernsthaft den Wunsch, auf erlaubte oder unerlaubte Weise in andere Sphären vorzustoßen, seien diese nun höher oder tiefer. Es gibt nicht viele Heilige. Und die Sünder, so wie ich diesen Begriff auffasse, sind noch seltener. Und die genialen Menschen (die zuweilen etwas von beiden Extremen haben) sind auch dünn gesät . . . Aber vielleicht ist es schwieriger, ein großer Sünder zu werden als ein großer Heiliger.»

«Weil die Sünde im tiefsten Sinne gegen die Natur ist?»

«Genau deshalb. Es erfordert eine ebenso große oder doch eine fast ebenso große Anstrengung, die Heiligkeit zu erlangen, aber diese Anstrengung führt in einer Richtung, die früher einmal natürlich war. Es geht also darum, die Ekstase wiederzufinden, die der Mensch vor dem Sündenfall kannte. Die Sünde hingegen ist ein Versuch, sich in eine Ekstase hineinzusteigern und sich ein Wissen anzueignen, die dem Menschen nicht gegeben sind und niemals gegeben waren, und derjenige, der diesen Versuch unternimmt, wird zum Dämon. Ich sagte Ihnen schon, daß der einfache Mörder nicht unbedingt ein Sünder ist. Das ist richtig; aber manchmal ist der Sünder ein Mörder. Ich denke da zum Beispiel an Gilles de Rais. Sehen Sie, wenn das Gute und das Böse gleichermaßen außerhalb der Reichweite des heutigen Menschen, des normalen, zivilisierten und innerhalb der Gesellschaft lebenden Menschen liegen, so gilt diese Wahrheit für das Böse in einem noch tieferen Sinne als für das Gute. Der Heilige bemüht sich, etwas wiederzufinden, das er verloren hat; der Sünder strebt nach etwas, das er nie besessen hat. Man könnte auch sagen, er will den Sündenfall noch einmal erleben.»

«Sind Sie Katholik?» fragte Cotgrave.

«Ich bin ein Mitglied der anglikanischen Kirche.»

«Und was halten Sie dann von jenen Texten, in denen das, was Sie als unbedeutendes Delikt hinstellen, als Sünde bezeichnet wird?»

«Ich muß Sie darauf aufmerksam machen, daß in den Texten meiner Religion immer wieder das Wort ‹Hexenmeister› oder ‹Zauberer› auftaucht. Ich erblicke darin ein Schlüsselwort. Den kleineren Delikten, die als Sünde bezeichnet werden, gibt man diesen Namen nur insofern, als man den Hexenmeister, den meine

Religion verfolgt, hinter dem Urheber dieser kleineren Delikte vermutet. Denn die Hexer bedienen sich der menschlichen Schwächen, die sich aus dem materiellen und sozialen Leben ergeben; sie sind die Werkzeuge, mit deren Hilfe sie ihr verruchtes Ziel erreichen. Und lassen Sie mich Ihnen noch eines sagen: unsere Sinne sind so abgestumpft, wir sind so gesättigt vom Materialismus, daß wir den wahrhaft Bösen, wenn wir ihm zufällig begegnen sollten, bestimmt nicht erkennen würden.»

«Aber müßten wir nicht trotzdem einen gewissen Abscheu empfinden? Diesen Abscheu, den Sie vorhin in mir wachgerufen haben, als Sie mich aufforderten, mir singende Rosen vorzustellen?»

«Wenn wir natürliche Wesen wären, ja. Die Kinder, gewisse Frauen und die Tiere empfinden diesen Widerwillen. Aber bei den meisten von uns haben Konventionen, Zivilisation und Erziehung die Natur betäubt und überdeckt. Manchmal können wir das Böse an seinem Haß gegen das Gute erkennen, aber das ist dann reiner Zufall, und damit erschöpft sich unsere Fähigkeit. In Wahrheit bewegen die Hierarchen der Hölle sich unerkannt unter uns.»

«Meinen Sie, daß sie sich selbst nicht bewußt sind, daß sie das Böse verkörpern?»

«Ja, das meine ich. Das wahrhaft Böse im Menschen ist wie die Heiligkeit oder das Genie. Es ist eine Ekstase der Seele, etwas, das die natürlichen Grenzen des Geistes überschreitet und sich dem Verstand entzieht. Ein Mensch kann unendlich schlecht, grauenhaft schlecht sein und es doch nie ahnen. Aber, wie gesagt, das Böse im wahrhaften Sinne dieses Wortes ist rar. Ich glaube sogar, daß es mit der Zeit immer seltener wird.»

«Ich versuche, Ihnen zu folgen», sagte Cotgrave. «Sie wollen sagen, das wahrhaft Böse sei von völlig anderer Wesensart als das, was wir gemeinhin als böse bezeichnen?»

«Ganz richtig. Ein armer Teufel, dem der Alkohol zu Kopf gestiegen ist, kommt nach Hause und schlägt auf Frau und Kinder ein, bis sie tot sind. Er ist ein Mörder. Und Gilles de Rais ist auch ein Mörder. Aber sehen Sie den Abgrund, der zwischen diesen beiden klafft? Zufällig wendet man in beiden Fällen denselben Ausdruck an, aber in einem grundverschiedenen Sinn.

Und die gleiche schwache Ähnlichkeit besteht zwischen den ‹sozialen› Sünden und den wahrhaft geistigen Sünden; aber im ersten Fall handelt es sich um einen Schatten, im zweiten um die

Realität. Wenn Sie etwas von Theologie verstehen, werden Sie wissen, was ich meine.»

«Ich muß zugeben, daß ich mich mit theologischen Fragen noch kaum beschäftigt habe», bemerkte Cotgrave. «Ich bedaure es. Aber um wieder auf unser Thema zurückzukommen: Sie glauben also, daß die Sünde etwas Geheimes, gewissermaßen etwas Okkultes ist?»

«Ja. Sie ist das höllische Wunder, so wie die Heiligkeit das übernatürliche Wunder ist. Die wahre Sünde schwingt sich zu einer solchen Höhe auf, daß wir ihr Vorhandensein gar nicht ahnen können. Es geht uns mit ihr wie mit dem tiefsten Ton der Orgel: er ist so tief, daß keiner ihn hören kann. Manchmal kommt es zu Mißerfolgen oder Rückfällen, und die führen den Betroffenen dann ins Irrenhaus oder zwingen ihn in eine noch entsetzlichere Richtung. In keinem Fall aber dürfen Sie einen solchen Menschen mit gewöhnlichen Missetätern verwechseln. Denken Sie an den Apostel: er sprach von der ‹anderen Seite› und machte einen Unterschied zwischen den barmherzigen Werken und der Barmherzigkeit selbst. Man kann all sein Hab und Gut an die Armen verteilen, ohne dabei wirkliche Barmherzigkeit zu üben, und ebenso kann man jede Sünde vermeiden und doch ein Geschöpf des Bösen sein.»

«Wirklich eine sonderbare Psychologie!» meinte Cotgrave. «Aber ich muß gestehen, sie gefällt mir. Sie sind dann wohl der Ansicht, daß der wahre Sünder nach außen hin als ein ganz harmloser Mensch gelten kann?»

«Gewiß. Das wahrhaft Böse hat mit den sozialen Regeln überhaupt nichts zu tun. Das wahrhaft Gute übrigens auch nicht. Glauben Sie, daß Sie sich in Gesellschaft des heiligen Paulus ‹wohl gefühlt› hätten? Glauben Sie, Sie hätten sich mit Sir Galahad ‹gut verstanden›? Und mit den Sündern geht es uns genau wie mit den Heiligen. Wenn Sie einem wahren Sünder begegneten und die Sünde in ihm erkennten, so würden Sie sicher von Entsetzen gepackt. Aber deshalb müßte dieser Mensch Ihnen durchaus nicht ‹mißfallen›. Im Gegenteil: wenn es Ihnen gelänge, seine Sündhaftigkeit zu vergessen, würden Sie den Umgang mit ihm wahrscheinlich als äußerst angenehm empfinden. Und doch...! Wenn die Rosen und die Lilien in unserem Garten an diesem Morgen plötzlich zu singen begännen, wenn die Möbel in diesem Haus auf einmal in einer langen Prozession an uns vorbeimarschierten so wie in der Erzählung von Maupassant...?»

«Ich freue mich, daß Sie wieder auf diesen Vergleich zurückkommen», sagte Cotgrave, «denn ich wollte Sie fragen, welche Erscheinungen auf dem Gebiet des Menschlichen wohl diesen phantastischen Wundertaten der Dinge, die Sie erwähnen, entsprächen. Also mit anderen Worten: Was ist nun eigentlich Sünde? Ich möchte gern, daß Sie mir das endlich an einem konkreten Beispiel erläutern.»

Jetzt zögerte Ambrose zum erstenmal. Dann begann er:

«Ich sagte es Ihnen schon, das wahrhaft Böse ist selten. Der Materialismus unserer Epoche, der so viel dazu beigetragen hat, die Heiligkeit zu unterdrücken, hat vielleicht noch mehr dazu vermocht, das Böse auszurotten. Wir fühlen uns so behaglich auf dieser Erde, daß wir gar keine Lust verspüren, von hier aus hinauf oder hinab zu steigen. Es hat ganz den Anschein, als sei die Arbeit des Höllenforschers heute rein archäologischer Natur.»

«Aber es scheint doch, als hätten Sie Ihre Untersuchungen bis auf unsere Gegenwart ausgedehnt?»

«Ich sehe, Sie sind ernsthaft interessiert. Also gut, ich gestehe, daß ich tatsächlich einige Dokumente gesammelt habe ...»

5 *Die hohle Erde, die vereiste Welt, der neue Mensch — Wir sind Feinde des Geistes — Gegen die Natur und gegen Gott — Die Gesellschaft vom Vril — Die Rasse, die uns ersetzen wird — Haushofer und das Vril — Die Idee von der Mutation des Menschen — Der Unbekannte Übermensch — Mathers, der Großmeister der «Golden Dawn», begegnet den Mächten des Schreckens — Auch Hitler behauptet, sie gesehen zu haben — Halluzination oder reale Gegenwart? — Die Tür zu einer anderen Welt öffnet sich — Eine Prophezeiung René Guénons — Der erste Feind der Nationalsozialisten: Steiner*

Die Erde ist hohl. Wir leben in ihrem Inneren.

Die Gestirne sind Eisblöcke. Einige Monde sind bereits auf die Erde herabgestürzt. Auch der unsere wird fallen. Die ganze Geschichte der Menschheit erklärt sich durch den ständigen Kampf zwischen Glut und Eis.

Der Mensch ist noch nicht vollendet. Er steht vor einer unerhörten Umwandlung, die ihm jene Kräfte verleihen wird, welche die Alten den Göttern zuschrieben. Einige Exemplare des neuen Menschen, die vielleicht über die Grenzen von Raum und Zeit hinweg zu uns gelangt sind, leben bereits auf dieser Erde.

Es läßt sich eine Verbindung mit dem Herrn der Welt herstellen, mit dem «König der Angst», der irgendwo im Orient über eine unbekannte Stadt herrscht. Diejenigen, die dieses Bündnis eingehen, werden auf Jahrtausende hinaus das Antlitz der Erde verändern und der Menschheitsgeschichte einen neuen Sinn verleihen.

So etwa lauten die «wissenschaftlichen» Theorien und die «religiösen» Begriffe, aus denen sich der entstehende Nationalsozialismus speiste, an die Hitler und die Mitglieder seines engeren Kreises glaubten und die in beträchtlichem Maße die sozialen und politischen Ereignisse der jüngsten Zeit bestimmt haben. Eine solche Behauptung mag absurd erscheinen. Eine Erklärung der Gegenwartsgeschichte, die wenigstens teilweise von derartigen Ideen ausgeht, mag abstoßend wirken. Aber wir sind der Meinung, daß letztlich nichts abstoßend sein kann, wenn es um die Erforschung der Wahrheit geht.

Man weiß, daß die nationalsozialistische Partei sich offen und heftig gegen den Intellekt wandte, daß sie unzählige Bücher verbrannte und die theoretischen Physiker als ihre «jüdisch-marxistischen» Feinde bezeichnete. Weniger weiß man darüber, zugunsten welcher Weltauffassung sie die offiziellen abendländischen Wissenschaften ablehnte. Und noch weniger ist bekannt, auf welchem Begriff vom Menschen der Nationalsozialismus, zumindest nach der Ansicht einiger seiner Führer, beruhte. Wenn man es weiß, ist man in der Lage, den letzten Weltkrieg sinngemäß in den Rahmen der großen geistigen Auseinandersetzungen einzugliedern; die Geschichte gewinnt wieder den Atem der *Légende des Siècles* (Victor Hugo).

«Man stempelt uns zu Geistesfeinden», sagte Hitler. «Jawohl, das sind wir. Aber in einem viel tieferen Sinne, als sich diese dummstolzen Wissenschaftsbürger nur träumen lassen.»[30] Das ist ungefähr die gleiche Erklärung, die Gurdjew seinem Schüler Ouspensky gab, nachdem er der Wissenschaft gewissermaßen den Prozeß gemacht hatte: «Mein Weg ist der Weg der im Menschen verborgenen Möglichkeiten. Es ist ein Weg, der gegen die Natur und gegen Gott verläuft.»

Dr. Willy Ley, einer der größten Experten auf dem Gebiet der Raketentechnik, floh im Jahre 1933 aus Deutschland. Durch ihn erfuhren wir, daß kurz vor dem Aufkommen des Nationalsozialismus in Berlin eine kleine Gemeinschaft existierte, die für uns von höchstem Interesse ist.

Diese Geheimgesellschaft gründete sich buchstäblich auf den Roman eines englischen Schriftstellers: auf Bulwer-Lyttons *The Coming Race*. In diesem Roman werden Menschen beschrieben, deren geistiges und seelisches Leben wesentlich höher entwickelt ist als das unsere. Sie sind im Besitz einer Macht über sich selber und über die Dinge, die sie den Göttern gleichstellt. Zur Zeit halten sie sich verborgen. Sie bewohnen Höhlen im Inneren der Erde. Bald werden sie daraus hervorkommen, um über uns zu herrschen.

Dies etwa war alles, was Dr. Willy Ley über diese Gesellschaft zu wissen schien. Er fügte noch lächelnd hinzu, daß ihre Mitglieder glaubten, gewisse Geheimnisse zu kennen, um die menschliche Rasse zu verändern und jenen im Inneren der Erde verborgenen Wesen ähnlich zu werden. Es handelte sich dabei um bestimmte Methoden der Konzentration, eine ganze innere Gymnastik zum Zwecke der geistigen Umwandlung. So begannen die Mitglieder ihre Übungen damit, daß sie sich in den Anblick eines in zwei Teile zerschnittenen Apfels versenkten ... Auf Grund dieser Angaben haben wir weitere Untersuchungen angestellt.

Diese Berliner Gesellschaft nannte sich «Die Loge der Brüder vom Licht» oder die «Vril-Gesellschaft». Das Vril ist der Inbegriff jener enormen Energie, von der wir in unserem gewöhnlichen Leben nur einen winzigen Bruchteil verbrauchen; es ist das Sinnbild unserer möglichen Göttlichkeit. Derjenige, der zum Meister des Vril avanciert, wird zugleich Herr über sich selber, über seine Mitmenschen und über die ganze Welt. Dies ist das einzige erstrebenswerte Ziel, auf das wir unsere ganzen Kräfte ausrichten müssen. Alles übrige gehört ins Gebiet der offiziellen Psychologie, Moral und Religion, es ist in den Wind geschrieben. Die Welt wird sich verändern. Die Übermenschen werden aus dem Inneren der Erde heraufsteigen. Wenn wir uns nicht mit ihnen verbündet haben, wenn wir nicht auch selber Herrenmenschen geworden sind, werden wir zu den Sklaven gehören. Man wird uns auf den Misthaufen werfen, der dazu dienen soll, den Dünger für die Blüte der künftigen Städte zu liefern.

Die «Loge der Brüder vom Licht» hatte Freunde in der Theosophischen Gesellschaft und unter den Gruppen der Rosenkreuzer. Wie Jack Fishman, der Verfasser des interessanten Werkes *The Seven Men of Spandau* berichtet, gehörte auch Karl Haushofer dieser Gesellschaft an [*]. Wir werden noch ausführlich auf ihn zurückkommen und sehen, daß sich aus seiner Zugehörigkeit zur Vril-Gesellschaft gewisse Zusammenhänge erklären lassen.

Der obenerwähnte Bulwer-Lytton, ein genialer und hochgebildeter Mann, ahnte gewiß nicht, daß Jahrzehnte später eine mystische vornationalsozialistische Gruppe in Deutschland sich durch eines seiner Bücher inspirieren lassen sollte. Er hatte in Werken wie *The Coming Race* und *Zanoni* mit besonderem Nachdruck die Realitäten der spirituellen und insbesondere der infernalischen Welt behandelt. Er betrachtete sich selbst als einen Eingeweihten. Vermittels einer romanhaften Fabel gab er seiner Gewißheit Ausdruck, daß es Wesen

---

[*] Den gleichen Hinweis finden wir in dem Werk von Louis de Wohl, *Sterne, Krieg und Frieden*. De Wohl ist ein ungarischer Schriftsteller, der während des Krieges im englischen Geheimdienst arbeitete und das Forschungsbüro über Hitler und den Nationalsozialismus leitete.

gibt, die mit übermenschlichen Kräften begabt sind. Diese Wesen werden uns ersetzen und die Auserwählten der menschlichen Rasse einer außerordentlichen Mutation zuführen.

Wir müssen diesen Gedanken einer Mutation der menschlichen Rasse im Auge behalten. Wir werden ihn bei Hitler wiederfinden, und er ist selbst heute noch nicht erloschen. Desgleichen müssen wir auch dem Gedanken des «Unbekannten Übermenschen» unsere Aufmerksamkeit widmen. Man findet ihn in der gesamten schwarzen Mystik des Orients und des Okzidents. Existieren sie, diese Bewohner unterirdischer Gefilde oder diese Wesen, die von anderen Planeten gekommen sind? Diese Riesenmenschen, ähnlich jenen, die in einen goldenen Panzer gehüllt, in den tibetanischen Grüften ruhen? Oder auch diese ungestalten und schreckenerregenden Geschöpfe, wie Lovecraft sie beschreibt und die in den heidnischen und luziferischen Riten beschworen werden? Wenn Machen von der Welt des Bösen spricht, der «Welt der Höhlen mit ihren Bewohnern der Dämmerung», so bezieht er sich mit diesen Worten als Adept der *Golden Dawn* auf die «andere Welt», jene Welt, in welcher der Mensch mit den unbekannten Übermenschen in Beziehung tritt. Es erscheint uns als verbürgt, daß Hitler diesen Glauben teilte oder, richtiger gesagt, daß er überzeugt war, selbst diesen Kontakt mit den «Übermenschen» hergestellt zu haben.

Wir erwähnten die *Golden Dawn* und die deutsche Vril-Gesellschaft. Wir werden noch auf die Thule-Gesellschaft zu sprechen kommen. Zwar sind wir nicht auf den abwegigen Gedanken verfallen, die Geschichte lediglich durch das Wirken von Geheimgesellschaften erklären zu wollen, aber seltsamerweise werden wir doch feststellen müssen, daß alle diese Dinge ineinandergreifen und daß es tatsächlich jene «andere Welt» war, die mit Hilfe des Nationalsozialismus einige Jahre lang geherrscht hat. Sie ist noch nicht besiegt. Und nicht das ist erschreckend, sondern erschreckend ist nur unsere Unwissenheit.

Wir wiesen darauf hin, daß Samuel Mathers die *Golden Dawn* gründete. Mathers behauptete, in Verbindung mit jenen «Unbekannten Übermenschen» zu stehen, und zwar erklärte er, er habe diese Kontakte gemeinsam mit seiner Frau, der Schwester des Philosophen Henri Bergson, aufgenommen. Hier ein Abschnitt aus einem an die «Mitglieder zweiten Grades» gerichteten Manifest, das er 1896 schrieb:

«Hinsichtlich dieser Geheimen Führer, auf die ich mich beziehe und die mir die Weisheit zweiten Grades, die ich an euch weitergebe, übermittelten, kann ich nichts aussagen. Ich kenne nicht einmal ihre irdischen Namen, und ich habe sie nur sehr selten in ihrer physischen Gestalt erblickt ... Diese physischen Begegnungen fanden zu festgesetzten Zeiten und an vorher bestimmten Orten statt. Ich persönlich bin der Ansicht, daß sie menschliche Wesen sind, die auf dieser Erde leben, jedoch über erschreckende und übermenschliche Kräfte verfügen ... Meine Beziehungen mit ihnen haben mir gezeigt, wie schwer es für einen Sterblichen, so fortgeschritten er auch sein mag, ist, ihre Gegenwart zu ertragen. Ich möchte damit nicht behaupten, daß die Wirkung, die sie bei diesen seltenen Begegnungen auf mich ausübten, etwa die einer schweren physischen Depression gewesen sei, so wie sie bei der Aufhebung des Erdmagnetismus auftritt. Im Gegenteil, ich fühlte mich im Kontakt mit ihnen von einer so unerhörten Kraft durchdrungen, daß ich sie nur mit der Empfindung eines Menschen vergleichen kann, in dessen unmittelbarer Nähe während eines schweren Gewitters ein Blitz niedergegangen ist. Außerdem war dieses Gefühl von heftigen Atembeschwerden begleitet ... Bei den nervösen Zusammenbrüchen war mein Körper von kaltem Schweiß bedeckt, und das Blut strömte mir aus Nase und Mund und bei einigen Gelegenheiten auch aus den Ohren.»

Hitler unterhielt sich eines Tages mit Hermann Rauschning, dem Senatspräsidenten von Danzig, über das Problem einer Mutation der menschlichen Rasse. Rauschning, der nicht ahnte, worauf Hitlers sonderbare Äußerungen abzielten, sah in seiner Haltung die eines Viehzüchters, der die Absicht hat, das deutsche Blut zu verbessern.

«‹Aber Sie können der Natur nur helfen, ihren Weg abzukürzen›, sagte er, ‹wenn sie Ihnen die neue Spielart freiwillig beschert. Es ist dem Züchter bisher nur in wenigen Fällen mehr gelungen als Mutationen zu entwickeln, das heißt, sie zu erzeugen.› ‹Der neue Mensch lebt in unserer Mitte! Er ist da!› rief Hitler triumphierend. ‹Genügt Ihnen das? Ich werde Ihnen ein Geheimnis sagen: ich habe den neuen Menschen gesehen! Ich habe Angst vor ihm gehabt!›»

«Als Hitler diese Worte aussprach», fügt Rauschning hinzu, «zitterte er vor ekstatischer Erregung.»

Rauschning berichtet auch von jener anderen sonderbaren Szene, die für Dr. Achille Delmas, einen Spezialisten der angewandten Psychologie, ein Rätsel darstellt. Es scheint tatsächlich, als ließe die Psychologie sich auf diesen Fall nicht anwenden:

> «Eine Person aus seiner näheren Umgebung hat mir erzählt, daß Hitler zuweilen nachts aufwache und krampfhafte Schreie ausstoße. Er ruft um Hilfe, sitzt auf dem Rand seines Bettes und wirkt wie gelähmt. Er ist von einer Panik erfaßt, die ihn so zittern läßt, daß das ganze Bett erschüttert wird. Er stößt wirre und unverständliche Laute aus. Er keucht, als sei er am Ersticken. Dieselbe Person hat mir eine dieser Krisen geschildert und dabei Einzelheiten erwähnt, die mir unglaubhaft erscheinen müßten, wenn meine Quelle nicht so zuverlässig wäre. Hitler stand aufrecht in seinem Zimmer, schwankte und sah mit einem Ausdruck des Entsetzens um sich. ‹Das ist er! Das ist er! Er ist gekommen!› stammelte er. Seine Lippen waren bleich. Der Schweiß rann ihm in schweren Tropfen über das Gesicht. Plötzlich gab er sinnlose Zahlen und dann Worte und Satzfetzen von sich. Es war furchtbar. Er benutzte grotesk zusammengesetzte Ausdrücke, die sonderbar und fremdartig klangen. Dann wurde er wieder still, bewegte aber weiterhin die Lippen. Man massierte ihn und gab ihm etwas zu trinken. Auf einmal keuchte er: ‹Da! Da in der Ecke! Er ist da!› Er stampfte mit dem Fuß auf den Boden und schrie. Man versuchte ihm zu erklären, daß nichts Außergewöhnliches sich ereignet habe, und nach und nach beruhigte er sich. Anschließend schlief er mehrere Stunden und war beim Erwachen einigermaßen normal und erträglich ...» [31]

Wir möchten es unserem Leser überlassen, die Erklärungen von Mathers, dem Leiter einer kleinen neu-heidnischen Gesellschaft im ausgehenden 19. Jahrhundert, mit den Worten eines Mannes zu vergleichen, der zu jenem Zeitpunkt, da Rauschning davon erfuhr, im Begriff stand, die Welt in ein Abenteuer zu stürzen, das zwanzig Millionen Tote kosten sollte. Und wir bitten ihn, diesen Vergleich und die Lehre, die sich daraus ziehen läßt, nicht mit dem Einwand abzutun, die *Golden Dawn* und der Nationalsozialismus hätten in den Augen eines sachlichen Historikers nichts miteinander gemein. Der Historiker mag sachlich und vernünftig sein, die Geschichte hingegen ist es nicht. Beide Männer werden von dem gleichen Glauben bewegt, ihre Grunderfahrungen sind identisch, sie lassen sich von den gleichen Kräften leiten. Sie gehören der gleichen Gedankenrichtung, der gleichen Religion an. Diese Religion jedoch ist noch nie ernsthaft erforscht worden. Weder die christliche Kirche noch der Materialismus, der in gewisser Hinsicht auch eine Art Kirche ist, hat es zugelassen. Jetzt aber stehen wir am Anfang einer Epoche der Erkenntnis, die derartige Untersuchungen ermöglicht, denn jetzt, da die Realität ihr phantastisches Antlitz enthüllt, können Ideen und Techniken, die uns früher abwegig, verächtlich oder hassenswert vorkamen, uns nützlich erscheinen, um eine von Mal zu Mal weniger beruhigende Wirklichkeit zu verstehen.

Wir wollen unserem Leser nicht zumuten, eine Entwicklungskette Rosenkreuzer-Bulwer-Lytton-Mathers-Crowley-Hitler oder irgendeine ähnliche Reihe zu untersuchen, bei der man dann auch auf Mme. Blavatsky und Gurdjew stoßen würde. Bei der Aufstellung derartiger Theorien ergeht es einem wie bei der Erforschung von Einflüssen innerhalb der Literatur. Man führt das Spiel zu Ende, aber das Problem bleibt trotzdem ungelöst: das des Genies in der Literatur, das der Macht in der Geschichte. Die *Golden Dawn* genügt nicht, um die Thule-Gesellschaft, die Loge der Brüder vom Licht oder das «Ahnenerbe» zu erklären. Natürlich bestehen hier zahlreiche Überlagerungen, eingestandene oder uneingestandene Übergänge von einer Gruppe zur anderen. Wir werden nicht verfehlen, darauf hinzuweisen. Diese Zusammenhänge sind interessant wie viele Einzelheiten der Geschichte. Unser Gegenstand aber ist die große Geschichte, die Geschichte als Ganzes. Wir sind der Ansicht, daß alle diese Gesellschaften mit ihren Verzweigungen, ob sie nun miteinander zusammenhängen oder nicht, mehr oder weniger klare, mehr oder weniger wesentliche Manifestationen einer anderen Welt sind als der, in welcher wir leben. Nennen wir sie ruhig die Welt des Bösen in dem Sinne, in dem Machen diesen Ausdruck verstand. Aber die Welt des Guten kennen wir ebensowenig. Wir leben zwischen beiden Welten und wähnen, dieses Niemandsland erstrecke sich über unseren ganzen Planeten. Die Jahre des Nationalsozialismus waren einer der wenigen Augenblicke in der Geschichte unserer Kultur, in denen sich laut und sichtbar eine Tür zu etwas anderem auftat. Und es ist recht sonderbar, daß die Menschen so tun, als hätten sie nichts gesehen und gehört als das übliche Durcheinander und Getöse der kriegerischen und politischen Wirren.

Alle diese Bewegungen: die der modernen Rosenkreuzer, die *Golden Dawn*, die deutsche Vril-Gesellschaft (die uns zur Thule-Gesellschaft führen wird, in der wir Haushofer, Heß und Hitler begegnen werden), standen in Verbindung mit der mächtigen und gut organisierten Theosophischen Gesellschaft. Die Theosophie fügte der neu-heidnischen Magie einen orientalischen Habitus und eine hinduistische Terminologie hinzu. Man kann auch sagen, sie eröffnete einem bestimmten luziferischen Orient die Wege ins Abendland. Mit dem Namen «Theosophie» belegte man schließlich die ganze weitreichende Renaissance der Magie, die zu Beginn dieses Jahrhunderts so viele Geister in Aufruhr gebracht hat.

In seiner 1921 veröffentlichten Studie *Le Théosophisme, histoire d'une pseudo-religion* erweist sich der Philosoph René Guénon als Prophet. Er sieht die Gefahren, die sich hinter der Theosophie erheben, und spricht von den neu-heidnischen Geheimgruppen, die alle mehr oder weniger mit der Sekte von Madame Blavatsky in Verbindung stehen. Er schreibt:

«Die falschen Messiasse, die wir bisher erlebt haben, vollbrachten nur Wunder von recht minderer Qualität, und diejenigen, die ihnen nachfolgten, waren vermutlich nicht schwer zu verführen. Aber wer weiß, was das Schicksal noch für uns bereithält? Wenn man sich überlegt, daß diese Talmiheilande immer nur die mehr oder weniger ahnungslosen Werkzeuge in den Händen derjenigen waren, die sie aufs Podest hoben, und wenn man insbesondere die Reihe der Versuche betrachtet, welche die Theosophen unternahmen, kommt man auf den Gedanken, daß es sich hier nur um Proben oder Experimente handelt, die sich unter verschiedenen Formen immer wiederholen werden, bis das Ziel erreicht ist. Wir glauben übrigens nicht, daß die Theosophen — und ebensowenig die Okkultisten und Spiritisten — imstande sind, ein solches Unternehmen selbst zu einem vollen Erfolg zu führen. Aber sollte nicht hinter all diesen Bewegungen etwas anderes und Gefährlicheres stehen, das die Anführer dieser Gruppen selbst nicht kennen und dessen Werkzeuge sie doch andererseits sind?»

Zur gleichen Zeit geschah es, daß eine außergewöhnliche Persönlichkeit, Rudolf Steiner, in der Schweiz eine Forschungsgesellschaft begründete, die auf dem Gedanken beruht, daß das gesamte Universum im menschlichen Geist enthalten ist und daß dieser Geist eine Aktivität erreichen kann, die mit dem, was die offizielle Psychologie hierüber sagt, in keinem meßbaren Verhältnis steht. Tatsächlich haben gewisse Entdeckungen der Steiner-Bewegung auf den Gebieten der Biologie (Düngemittel, welche den Boden nicht schädigen), der Medizin (Verwendung metallischer Produkte zur Beeinflussung des Stoffwechsels) und vor allem der Pädagogik (noch heute gibt es in ganz Europa zahlreiche Steiner-Schulen) der Menschheit einen beträchtlichen Nutzen gebracht. Rudolf Steiner war überzeugt, daß es eine schwarze und eine weiße Form der «magischen» Forschung gebe. Seiner Ansicht nach hatten die Theosophie und die verschiedenen neu-heidnischen Gesellschaften ihren Ursprung in der großen unterirdischen Welt des Bösen und kündeten ein dämonisches Zeitalter an. Darum bemühte er sich, eine moralische Doktrin in seine eigene Lehre einzubauen, nach der die «Eingeweihten» gehalten waren, sich nur der positiven Kräfte zu bedienen. Er wollte eine Gesellschaft der Wohlmeinenden begründen.

Wir wollen hier nicht die Frage aufwerfen, ob Steiner recht oder unrecht hatte, ob er im Besitz der Wahrheit war oder nicht. Bemerkenswert aber ist, daß die ersten nationalsozialistischen Gruppen Steiner offenbar als ihren Feind Nummer eins betrachteten. Die «alten Kämpfer» sprengten gewaltsam die Zusammenkünfte der Steinerianer, bedrohten die Anhänger der Bewegung mit dem Tode, zwangen sie zur Flucht aus Deutschland und setzten im Jahre 1924 in Dornach in der Schweiz das von Steiner errichtete Hauptgebäude der Bewegung in Brand. Die Archive gingen in Flammen auf, und Steiner, dem jede Möglichkeit zur Weiterarbeit genommen war, starb aus Kummer ein Jahr nach diesem Attentat.

6 *Ein Ultimatum an die Gelehrten — Hörbiger, der Kopernikus des 20. Jahrhunderts — Die Theorie von der vereisten Welt — Geschichte des Sonnensystems — Das Ende der Welt — Die Erde und ihre vier Monde — Das Zeitalter der Riesen — Die Monde, die Riesen und die Menschen — Die Kultur von Atlantis — Die fünf Städte, die vor 300 000 Jahren existierten — Von Tiahuanaco zu den tibetanischen Mumien — Die zweite Atlantis — Die Sintflut — Degeneration und Christentum — Wir nähern uns einem neuen Zeitalter — Das Gesetz vom Eis und vom Feuer*

Eines Morgens im Sommer 1925 brachte die Post allen deutschen und österreichischen Gelehrten einen Brief. Sein Inhalt entfesselte einen Sturm der Empörung in allen Laboratorien und Bibliotheken, denn dieses Schreiben war ein Ultimatum, das die Idee der vorurteilsfreien Wissenschaft mit dem Tod bedrohte:

«Es gilt jetzt zu wählen, ob man für oder gegen uns sein will. Zur gleichen Zeit, da Hitler die Politik säubern wird, wird Hanns Hörbiger die falschen Wissenschaften hinwegfegen. Die Welteislehre wird das Signal zur Erneuerung des deutschen Volkes sein. Nehmt euch in acht! Bekennt euch zu uns, bevor es zu spät ist!»

Hanns Hörbiger, der Mann, der es wagte, in solcher Weise die Gelehrten zu bedrohen, war damals 65 Jahre alt. Er war eine Art wütender Prophet. Er trug einen langen weißen Bart und hatte eine Handschrift, die den besten Graphologen zur Verzweiflung gebracht hätte. Seine Doktrin, die sogenannte «Wel» (Welteislehre), begann zu jener Zeit unter einem weiteren Publikum Verbreitung zu finden. Sie war eine Weltdeutung, die in absolutem Widerspruch zu den offiziell anerkannten Grundsätzen der Astronomie und der Mathematik stand, jedoch den Inhalt gewisser alter Mythen bestätigte. Hörbiger betrachtete sich selbst als einen Gelehrten, doch forderte er von der Wissenschaft eine radikale Umstellung ihrer Methoden. «Die objektive Wissenschaft ist eine verderbliche Erfindung, ein Totem der Dekadenz.» Er dachte wie Hitler, daß «die vordringliche Frage für jede wissenschaftliche Tätigkeit darin besteht, zu wissen, wer wissen will». Allein der Prophet darf Anspruch auf die Wissenschaft erheben, denn er ist kraft seiner Erleuchtung auf eine höhere Bewußtseinsstufe gehoben. Genau das wollte auch der weise Rabelais sagen, als er schrieb: «Wissen ohne Gewissen ist der Ruin der Seele.» Er verstand darunter: Wissenschaft ohne höheres Bewußtsein. Man hatte jedoch seine Botschaft zugunsten eines kleinlichen und primitiven humanistischen Bewußtseins verfälscht. Nur wenn der Prophet zu wissen verlangt, erhebt sich in Wahrheit die Frage der Wissenschaft — aber dabei geht es um etwas anderes als um das, was man gemeinhin Wissenschaft nennt. Darum konnte Hanns Hörbiger auch nicht den geringsten Zweifel, die leiseste Andeutung eines Widerspruchs ertragen. Ein heiliger Eifer brannte in ihm: «Ihr habt Vertrauen zu den mathematischen Gleichungen, aber nicht zu mir!» wütete er. «Wieviel Zeit braucht ihr, um endlich zu verstehen, daß die Mathematik eine wertlose Lüge ist?»

Im wissenschaftlichen und technisierten Deutschland bahnte Hanns Hörbiger mit Geschrei und Ellbogenstößen der Erleuchtung, dem irrationalen Wissen und den Visionen einen Weg. Er stand nicht allein; er war nur einer der Vorkämpfer einer mächtigen Bewegung. Hitler und Himmler hatten sich einem Astrologen anvertraut, obgleich sie sich zunächst hüteten, diese Tatsache an die Öffentlichkeit dringen zu lassen. Der Name dieses Astrologen lautete Fuhrer. Später, nach der Machtergreifung, wagten sie es jedoch, die Gelehrten herauszufordern; es war, als wollten sie nicht allein ihren Herrscherwillen bekunden, sondern auch ihre Absicht, «das Leben zu ändern». Sie ernannten Fuhrer zum «Reichsbevollmächtigten für Mathematik, Astronomie und Physik».

Fürs erste begann Hanns Hörbiger in den Kreisen der Intelligenz mit einer systematischen Tätigkeit, die der eines politischen Agitators vergleichbar ist.

Er schien über beträchtliche Geldmittel zu verfügen und operierte wie ein Parteiführer. Er schuf eine Bewegung mit Informationsdienst und Rekrutierungsbüro, der zahlende Mitglieder und Propagandisten angehörten sowie eine kleine Kampftruppe, deren Schläger aus der nationalsozialistischen Jugend kamen. Man beklebte alle Mauern mit Plakaten, überschwemmte die Zeitungen mit Annoncen, verteilte Stöße von Flugschriften und organisierte Massenversammlungen. Die Zusammenkünfte und Vorträge von Astronomen wurden systematisch von Hörbigers Parteigängern gestört, die in die Säle eindrangen und schrien: «Raus mit den orthodoxen Gelehrten! Folgt Hörbiger!» Professoren wurden auf der Straße belästigt. Die Direktoren wissenschaftlicher Institute erhielten Zuschriften: «Wenn wir am Ruder sind, werdet ihr und euresgleichen auf den Straßen betteln müssen!» Geschäftsleute und Industrielle ließen Angestellte, die sie neu engagierten, eine Erklärung unterzeichnen: «Ich schwöre, daß ich die Welteislehre anerkenne.» Hörbiger schrieb an große Ingenieure: «Entweder Sie lernen, an mich zu glauben, oder ich muß Sie als Feind behandeln.»

Binnen weniger Jahre veröffentlichte die Bewegung drei große theoretische Werke, vierzig Bücher populären Charakters und Hunderte von Broschüren. Sie gab außerdem eine Monatsschrift heraus, die in einer hohen Auflage erschien: *Der Schlüssel zum Weltgeschehen.* Sie war drauf und dran, in der Geistesgeschichte wie in der politischen Geschichte eine bemerkenswerte und folgenschwere Rolle zu spielen.

Anfänglich protestierten die Gelehrten, indem sie Briefe und Artikel veröffentlichten, in welchen sie auf die Ungereimtheiten in Hörbigers System hinwiesen. Als dann die Welteislehre den Umfang einer großen Volksbewegung annahm, fühlten sie sich ernstlich bedroht. Nach der Machtergreifung Hitlers war der Widerstand nur noch gering, obgleich an den Universitäten weiterhin die orthodoxe Astronomie gelehrt wurde. Namhafte Ingenieure und Wissenschaftler bekannten sich zu der Lehre vom ewigen Eis, wie etwa Lenard, der zusammen mit Röntgen die Röntgenstrahlen entdeckt hatte, der Physiker Oberth und Stark, dessen Untersuchungen über die Spektroskopie weltberühmt waren. Hitler glaubte an Hörbiger und unterstützte ihn öffentlich.

In einer Broschüre der Bewegung hieß es:

«Unsere nordischen Vorfahren sind in Schnee und Eis stark geworden, und darum ist der Glaube an das Welteis das natürliche Erbe des nordischen Menschen. Ein Österreicher, Hitler, hat die jüdischen Politiker vertrieben. Ein zweiter Österreicher, Hörbiger, wird die jüdischen Wissenschaftler vertreiben. Durch das Beispiel seines eigenen Lebens hat der Führer gezeigt, daß ein Amateur einem ausgebildeten Fachmann überlegen ist. Ein anderer

Amateur mußte kommen, um uns eine vollständige Welterkennt-
nis zu schenken.»

Hitler und Hörbiger, die «beiden größten Österreicher», trafen
mehrere Male zusammen. Der Führer der nationalsozialistischen
Partei lauschte bei diesen Gelegenheiten ehrfürchtig den Worten des
visionären Gelehrten. Hörbiger konnte es nicht ertragen, wenn man
ihn beim Reden unterbrach, und wies Hitler in solchen Fällen
schroff zurecht. Er teilte die Überzeugungen des Führers und trieb
sie noch auf die Spitze: Das deutsche Volk, erklärte er, das doch
eine so hohe Aufgabe zu erfüllen habe, sei vergiftet von der kleinlichen, körper- und seelenlosen abendländischen Wissenschaft.
Erfindungen der letzten Jahrzehnte wie die Psychoanalyse, die Se-
rologie oder die Relativitätstheorie seien gegen den Geist Parsifals
gerichtete Waffen. Die Welteislehre werde das nötige Gegengift
liefern, die Grundlagen der Astronomie erschüttern, und damit
werde das ganze übrige Gebäude von selbst in sich zusammenfallen.
Das aber sei erforderlich, damit die Magie, der einzige dynamische
Wert, wieder zum Leben erwachen könne. Auf Konferenzen trafen
sich die Theoretiker des Nationalsozialismus und der Welteislehre,
Rosenberg und Hörbiger, im Kreise ihrer besten Schüler.

Die Geschichte der Menschheit, so wie Hörbiger sie darstellte,
mit ihren großen Sintfluten und den aufeinanderfolgenden Völker-
wanderungen, mit ihren Riesen und Sklaven, ihren Opfern und
Heldengedichten, entsprach der arischen Rassentheorie. Die Ideen-
verwandtschaft Hörbigers mit den orientalischen Sagen über die
vorsintflutlichen Zeitalter, die von Perioden des Heils und Perioden
der Strafe für die menschliche Rasse sprechen, begeisterten Himmler. Je klarer Hörbiger seine Gedanken formulierte, um so deut-
lichere Parallelen zu den Visionen Nietzsches und der Wagnerschen
Mythologie zeichneten sich ab. Nach diesen Theorien war die arische
Rasse einst aus den von den Übermenschen eines anderen Zeitalters bewohnten Bergen herabgestiegen und berufen, über die Erde
und die Gestirne zu herrschen. Hörbigers Doktrin lehnte sich eng
an den Gedanken des magischen Sozialismus und die mystischen
Riten des Nationalsozialismus an. Sie bedeutete eine tatkräftige
Unterstützung dessen, was Jung später als die «Libido der Unvernunft» bezeichnen sollte. Sie enthielt einige der in den alten Sagen
enthaltenen «Vitamine der Seele».

Im Jahre 1913 veröffentlichte Philipp Fauth *, ein Amateur-Astronom, gemeinsam mit einigen Freunden ein Buch im Umfang von 800 Seiten mit dem Titel *Hörbigers Glazialkosmologie*. Der größte Teil dieser Arbeit stammte aus Hörbigers eigener Feder.

Hörbiger war 1860 geboren und entstammte einer seit Jahrhunderten in Tirol ansässigen Familie. Nachdem er an der Technischen Hochschule in Wien studiert hatte, folgte eine Zeit der praktischen Arbeit in Budapest. Er war bei dem Dampfmaschinen-Konstrukteur Alfred Collmann als Zeichner beschäftigt und trat dann als Spezialist für Kompressoren bei der Firma Land in Budapest ein. Hier erfand er 1894 ein neues Hahnsystem für Pumpen und Kompressoren. Er verkaufte sein Patent an große deutsche und amerikanische Gesellschaften und kam so in den Besitz eines großen Vermögens, das aber der Krieg und die Inflation ihm bald wieder nehmen sollten.

Hörbiger interessierte sich lebhaft für die Zustandsveränderungen des Wassers (gasförmig, flüssig, eisförmig), die er in seinem Beruf zu untersuchen Gelegenheit hatte. Er behauptete, von hier aus die gesamte Kosmographie und Astrophysik erklären zu können. Plötzliche Erleuchtungen und blitzartige Intuitionen hatten ihm, wie er sagte, die Tore zu einer neuen Wissenschaft geöffnet, die alle anderen Wissenschaften in sich begriff. Er sollte einer der großen messianischen Propheten Deutschlands werden und, wie man ihn nach seinem Tod nannte, ein «gottgesegnetes Entdeckergenie».

Die Lehre Hörbigers zieht ihre Kraft aus einer Totalschau der Geschichte und der Entwicklung des Kosmos. Sie erklärt die Bildung des Sonnensystems, die Geburt der Erde, des Lebens und des Geistes. Sie beschreibt die ganze Vergangenheit der Welt und sagt ihre künftigen Umwandlungen voraus. Sie gibt Antwort auf die drei wesentlichen Fragen: Was sind wir? Woher kommen wir? Wohin gehen wir? Und sie erteilt diese Antworten in erregender Form.

* Philipp Fauth wurde am 19. März 1867 geboren und starb am 4. Januar 1941. Seinem eigentlichen Beruf nach war er Ingenieur und Maschinenkonstrukteur, doch gelangte er vor allem durch seine Untersuchungen über den Mond zu einer gewissen Berühmtheit. Er hat zwei Karten des Mondes gezeichnet, und ein Doppelkrater im Süden des Kopernikus-Kraters erhielt durch den Beschluß der Internationalen Union von 1935 den Namen Fauths. Im Jahre 1939 wurde er durch eine Sonderverfügung der nationalsozialistischen Regierung zum Professor ernannt.

Alles beruht auf der Idee des in unendlichen Räumen ewig andauernden Kampfes zwischen dem Eis und dem Feuer, zwischen der Anziehungs- und der Abstoßungskraft. Dieser Kampf, diese ständig wechselnde Spannung zwischen einander entgegengesetzten Prinzipien, dieser ewige Krieg im Himmel, der das Gesetz der Planeten ist, gilt auch für die Erde, die lebende Materie und die Menschheitsgeschichte. Hörbiger behauptet, er könne die fernste Vergangenheit unseres Planeten ebenso wie seine fernste Zukunft enthüllen, und er wartet mit den phantastischsten Begriffen über die Entwicklungstheorie der Lebewesen auf. Er wirft alle bestehenden Theorien über die Geschichte der Kulturen, das Auftauchen und die Entwicklung des Menschen und seiner Gemeinschaften über den Haufen. Er nimmt in dieser Hinsicht nicht eine beständige Aufwärtsbewegung, sondern eine Folge von Aufstiegen und Abstürzen an. Vor Hunderttausenden, ja vielleicht vor Millionen von Jahren hat es seiner Ansicht nach bereits Gottmenschen, Riesen und hochentwickkelte Kulturen gegeben. Das, was diese Ahnherren unserer Rasse waren, werden auch wir vielleicht eines Tages werden können, nachdem wir im Verlauf einer Geschichte, die sich auf der Erde wie im ganzen Universum in Zyklen bewegt, außerordentliche Umstürze und Mutationen erfahren haben. Denn die Gesetze des Himmels gelten auch für die Erde, das gesamte Universum macht eine einheitliche Entwicklung durch; es ist ein lebendiger Organismus, bei dem jeder Teil auf die anderen einwirkt. Das Abenteuer des Menschen ist mit dem Abenteuer der Gestirne verknüpft; das, was im Kosmos geschieht, ereignet sich auch auf der Erde und umgekehrt.

Wie man sieht, verleiht diese Lehre von den Zyklen und den fast magischen Beziehungen zwischen Mensch und Universum den ältesten Überlieferungen wieder eine gewisse Geltung. Uralte Prophezeiungen klingen hier wieder auf, Sagen und Legenden, die alten Themen von der Sintflut, den Riesen und den Göttern.

Diese Lehre steht natürlich im Widerspruch zu allen Grundsätzen der offiziellen Wissenschaft. Aber, so sagte Hitler, «es gibt eine nordische und nationalsozialistische Wissenschaft, die der jüdisch-liberalen Wissenschaft entgegensteht». Die im Abendland geltende Wissenschaft, wie übrigens auch die jüdisch-christliche Religion, die in ihr Unterstützung findet, ist eine Verschwörung, die es zu sprengen gilt; ein Anschlag auf den Geist des Heldengedichts und der Magie, der im Herzen des kraftvollen Mannes lebt, ein weltweites

Komplott, das der Menschheit die Pforten zur Vergangenheit und zur Zukunft verschließen möchte, sie auf den engen Raum der bekannten Kulturen beschränken und uns von unserem Ursprung und unserem großen Schicksal abschneiden will.

Die Wissenschaftler nehmen allgemein an, daß unser Universum vor etwa drei oder vier Milliarden Jahren infolge einer Explosion entstanden ist. Was war es, das da explodierte? Vielleicht war am Nullpunkt der Schöpfung der ganze Kosmos in einem einzigen Atom enthalten. Dieses Atom kann geplatzt sein und sich seitdem in einem Zustand immerwährender Ausbreitung befinden. In ihm wären die gesamte Materie und alle heute zur Wirkung gelangenden Kräfte enthalten gewesen. Diese Hypothese ist zwar umfassend, und doch läßt sich nicht sagen, daß sie einen absoluten Anfang der Welt setze. Die Theoretiker der Weltentstehung aus einem einzigen Atom haben noch immer nicht die Frage beantwortet, woraus nun dieses Atom selbst hervorgegangen ist. Genau besehen drückt die Wissenschaft sich hierüber keineswegs präziser aus als die indische Dichtung:

«Während der Zeit zwischen Auflösung und Schöpfung ruhte Vishnu-Cesha in seiner eigenen Substanz, leuchtend vor schlummernder Energie, zwischen den Keimen des zukünftigen Lebens.»

Was nun die Geburt unseres Sonnensystems betrifft, so sind die Hypothesen ebenso schwankend. Man hat sich vorgestellt, daß die Planeten bei einer partiellen Explosion der Sonne entstanden seien. Ein großer Astralkörper, der zu diesem Zeitpunkt in der Nähe der Sonne vorübergezogen ist, hat, so meint man, Teile der Sonnensubstanz abgesplittert, die sich dann im Raum verteilten und zu Planeten erstarrten. Daraufhin hat der riesige Körper, dieser unbekannte Superstern, seine Bahn fortgesetzt und ist in der Unendlichkeit untergetaucht. Andererseits denkt man auch an die Explosion eines Zwillingsgestirns unserer Sonne. Professor H.-N. Roussel schreibt bei der Behandlung dieser Frage ironisch:

«Solange wir nicht wissen, wie die Sache vor sich gegangen ist, kann man nur eins als relativ sicher hinstellen: daß unser Sonnensystem auf irgendeine Weise entstanden ist.»

Hörbiger hingegen behauptet zu wissen, wie «die Sache vor sich gegangen ist». Er ist im Besitz der endgültigen Formel. In einem Brief an den Ingenieur Willy Ley versichert er, daß diese Erklärung ihm schon in seiner Jugend in die Augen gesprungen sei:

«Mir kam die Erleuchtung, als ich als junger Ingenieur eines Tages einen Strom geschmolzenen Stahls beobachtete, der über die feuchte, mit Schnee bedeckte Erde rann: nach einer gewissen Zeitspanne explodierte die Erde mit großer Heftigkeit.»

Das ist alles. Von diesem Phänomen aus, das dem fallenden Apfel Newtons vergleichbar ist, sollte sich die Lehre Hörbigers aufbauen und entwickeln:

Es gab einst im Himmel einen gewaltigen, sehr heißen Körper, millionenmal größer als unsere gegenwärtige Sonne. Diese Masse geriet in Kollision mit einem Riesenplaneten, der sich durch Ansammlung kosmischen Eises gebildet hatte. Das Eis drang tief in die Super-Sonne ein. Hunderte von Jahrmillionen hindurch geschah nichts. Dann aber brachte der Wasserdampf alles zur Explosion.

Einzelne Teile wurden so weit fortgeschleudert, daß sie sich im Raum verloren. Andere fielen auf die Zentralmasse zurück, von der die Explosion ausgegangen war.

Wieder andere Teile schließlich wurden in eine mittlere Zone geschleudert: sie sind die Planeten unseres Systems. Ursprünglich gab es ihrer dreißig. Es sind Blöcke, die sich nach und nach mit Eis bedeckt haben. Der Mond, der Jupiter und der Saturn bestehen aus Eis, und die sogenannten Marskanäle sind Risse im Eis. Einzig die Erde ist noch nicht ganz von der Kälte erfaßt: hier spielt sich weiterhin der Kampf zwischen Eis und Feuer ab.

In einer Entfernung, die dem dreifachen Abstand zwischen Erde und Neptun entspricht, befand sich zum Zeitpunkt dieser Explosion ein mächtiger Eisring. Er befindet sich auch heute noch dort. Er ist das, was die Astronomen hartnäckig noch immer als «Milchstraße» bezeichnen, weil im unendlichen Raum einige unserer Sonne ähnliche Sterne durch diesen Ring hindurchschimmern. Was die Photographien von Einzelsternen betrifft, deren Gesamtheit eine Art Milchstraße ergeben würde, so beruhen sie auf Schwindel.

Die Flecken, die man auf der Sonne beobachtet hat und die alle elf Jahre ihre Form und ihren Platz verändern, bleiben den orthodoxen Wissenschaftlern unerklärlich. Sie werden jedoch durch den Aufprall von Eisblöcken hervorgerufen, welche sich vom Jupiter ablösen. Denn vollendet nicht Jupiter seinen Weg um die Sonne alle elf Jahre?

In der mittleren Explosionszone gehorchen die Planeten des Systems, zu dem auch die Erde gehört, zwei Kräften: dem Schwung der ursprünglichen Explosion, der sie immer noch voneinander entfernt, und der Gravitationskraft, die sie zu der stärksten in ihrer Nähe befindlichen Masse hinzieht.

Diese beiden Kräfte sind nicht gleichartig. Die ursprüngliche Explosionsenergie vermindert sich allmählich, da der Raum ja nicht leer ist, sondern erfüllt von einer sehr feinen, aus Wasserstoff und Wasserdampf bestehenden Materie. Außerdem streut das Wasser, das die Sonne erreicht, Eiskristalle in den Raum. So ergibt es sich, daß die anfängliche Kraft der Abstoßung sich immer mehr vermindert. Die Gravitation hingegen ist konstant. Darum wird jeder Planet von dem ihm am nächsten stehenden Planeten angezogen. Er nähert sich ihm, indem er ihn umkreist oder vielmehr eine Spirale um ihn beschreibt, die sich allmählich verengt. Auf diese Weise wird früher oder später jeder Planet auf einen anderen stürzen, und zum Schluß wird das gesamte Planetensystem, zu Eis erstarrt, in die Sonne zurückfallen. Dann wird eine neue Explosion erfolgen und ein neuer Beginn sich vollziehen.

Eis und Feuer, Abstoßung und Anziehung liegen im Universum in einem immerwährenden Kampf. Dieser Kampf bestimmt das Leben, den Tod und die ewige Wiedergeburt des Kosmos. Ein deutscher Schriftsteller, Elmar Brugg, verfaßte im Jahre 1952 eine Abhandlung zu Ehren Hörbigers, in der er schrieb:

«Alle bisherigen Weltbildungslehren ließen das Gesetz des Gegensatzes außer acht. Hörbigers unvergängliches Verdienst ist es, die urferne Weisheit unserer Vorväter vom ewigen Widerstreit des Feuers und Eises, wie ihn die Edda besingt, wieder aufgedeckt und wissenschaftlich in dem großartigen Weltbilde der Welteislehre neu begründet zu haben. Der Dualismus des Stoffes (Glut und Eis) und der Kraft (sammelnde Anziehung und zerstreuende Abstoßung) schafft stets neue Spannungen und bedingt in seiner Wirkung, zusammen mit der Massenträgheit, die Erhaltung des Weltgeschehens.» [32]

Es ist also unvermeidlich: der Mond wird eines Tages auf die Erde herabfallen. Während einigen zehntausend Jahren erschien der Abstand von einem Planeten zum anderen unveränderlich. Aber wir werden uns davon überzeugen können, daß die Spirale sich verengt. Ganz allmählich wird der Mond sich uns im Verlauf der Zeitalter nähern. Die Gravitationskraft, die er auf die Erde ausübt, wird zunehmen. Dann werden die Wasser unserer Ozeane sich zu einer ständigen Flut erheben: sie werden steigen, weite Landstriche bedecken, die Wendekreise überfluten und die höchsten Berge umspülen. Die Lebewesen werden immer mehr befreit von dem Gewicht, das auf sie drückt. Sie werden wachsen. Die kosmischen Strahlen werden immer stärker. Sie wirken auf die Gene und Chromosomen ein und veranlassen Mutationen. Neue Rassen werden entstehen: Riesenpflanzen, Riesentiere und Riesenmenschen.

Dann, wenn der Mond der Erde noch näher kommt, wird er, da er nun mit rasender Geschwindigkeit rotiert, auseinanderbersten und sich zu einem ungeheuren, aus Felsen, Eis, Wasser und Gas bestehenden Ring ausdehnen, der immer schneller um uns kreist. Endlich aber wird dieser Ring auf die Erde niedergehen, und das wird der Weltuntergang, die angekündigte Apokalypse, sein. Sollten aber die stärksten, besten und auserlesensten Menschen diese Katastrophe überstehen, so ist es ihnen vorbehalten, sonderbare und ungeheuerliche Schauspiele zu erleben — vielleicht sogar das definitive Endspiel.

Nach einem Jahrtausende während Dasein ohne Satelliten, in dem unser Gestirn die außerordentlichsten Überlagerungen alter und neuer Rassen gekannt haben wird, von Riesen hervorgebrachte Kulturen, Neubeginne nach Sintfluten und Erderschütterungen größten Stils, wird sich uns schließlich der Mars anschließen, der ja kleiner ist als unser Globus. Er wird in die Planetenbahn der Erde geraten. Aber er ist zu groß, um eingefangen zu werden, um zu einem Satelliten zu werden wie der Mond. Er wird ganz nah an der Erde vorbeiziehen und wird sie streifen, wenn er, vom Feuer angesogen, der Sonne entgegenrast und schließlich in sie hineinstürzt. Dann wird unsere Atmosphäre mit einem Schlag von der Gravitationskraft des Mars mitgerissen werden und sich im Raum verlieren. Wieder werden sich die Ozeane wirbelnd und wallend über die Erdoberfläche ergießen, alles hinwegspülen, und die Erdkruste wird auseinanderplatzen. Unser toter Globus wird weiterhin seine Spiralbahn ziehen, wird von vereisten Planetoiden, die durch den Raum verstreut sind, eingefangen werden und sich in eine riesige Eiskugel verwandeln, die dann ihrerseits in die Sonne rast. Nach dieser Kollision wird das große Schweigen, die große Reglosigkeit eintreten, während sich im Verlauf von Jahrmillionen der Wasserdampf im Inneren der flammenden Masse sammelt. Schließlich aber kommt es zu einer neuen Explosion, und in der Ewigkeit der brennenden Kräfte des Kosmos werden neue Welten entstehen.

Dies ist das Schicksal unseres Sonnensystems in der Sicht des österreichischen Ingenieurs, den die höchsten Würdenträger des Nationalsozialismus als den «Kopernikus des 20. Jahrhunderts» bezeichneten. Wir wollen jetzt beschreiben, wie diese Schau sich auf die vergangene, gegenwärtige und zukünftige Geschichte der Erde und der Menschen anwenden läßt. Es ist eine Geschichte, die, mit den «Sturm- und Kampfaugen» des Propheten Hörbiger gesehen, einer Sage voll sonderbarer Offenbarungen und Seltsamkeiten gleicht.

Es war im Jahre 1948. Ich glaubte damals an Gurdjew, und eine seiner treuen Schülerinnen hatte mich eingeladen, gemeinsam mit meiner Familie einige Wochen bei ihr in den Bergen zu verbringen. Diese Frau, eine Chemikerin, verfügte über wahrhafte Bildung, scharfen Verstand und einen festen Charakter. Es machte ihr Freude, Künstlern und Intellektuellen behilflich zu sein. Sie hatte nichts von einer verblendeten Jüngerin des Meisters an sich, und die Lehren Gurdjews, der gelegentlich bei ihr wohnte, mußten zunächst das Sieb ihrer Kritik passieren, bevor sie sich zu ihnen bekannte. Eines Tages jedoch ertappte ich sie gewissermaßen *in flagranti* beim Delikt der Unvernunft. Sie öffnete mir plötzlich die Abgründe ihres Wahns, und ich stand stumm und entsetzt davor wie vor dem Bild eines Todeskampfes. Es war eine kalte, schneefunkelnde Winternacht, und wir standen in ruhigem Gespräch auf dem Balkon des Chalets, schauten zu den Sternen dieser Bergwelt auf und empfanden jene absolute Einsamkeit, die anderswo bedrückend, hier jedoch läuternd wirkt. Klar zeichneten sich am Himmel die Umrisse des Mondes ab.

«Man sollte aber sagen *ein* Mond», bemerkte meine Gastgeberin, «einer der Monde . . .»

«Wie meinen Sie das?»

«Ich will damit sagen, daß es noch andere Monde am Himmel gegeben hat. Der dort ist nur der letzte ...»

«Was? Es soll noch andere Monde gegeben haben?»

«Bestimmt. Gurdjew weiß es, wie andere auch.»

«Aber die Astronomen ...»

«Ja, wenn Sie den Wissenschaftlern glauben ...!»

Ihr Gesicht war ganz ruhig. Nun verzog es sich zu einem leichten
mitleidigen Lächeln. Von jenem Tag an begann ich einen Abstand
zwischen mir und gewissen Freunden Gurdjews, die ich im übrigen
sehr hochschätzte, zu spüren. Sie wurden in meinen Augen zu fragwürdigen, beunruhigenden Wesen, und ich fühlte, daß einer der
Fäden, der mich mit dieser Gruppe verband, zerrissen war. Mehrere
Jahre später, als ich Gurdjews Buch *Die Gespräche Beelzebubs mit
seinem Enkel* las und die Kosmogonie Hörbigers kennenlernte,
sollte ich verstehen, daß diese Vision oder vielmehr dieser Glaube
nicht ein einfacher Sprung ins Reich der Phantasie war. Es bestand
ein gewisser Zusammenhang zwischen der grotesken Geschichte von
den Monden und der Philosophie vom Übermenschen, der Psychologie der «höheren Bewußtseinszustände» und der Mechanik der
Mutationen. Man findet auch in den orientalischen Überlieferungen
diese Geschichte und die Idee von den Menschen wieder, die vor
Jahrtausenden einen anderen Himmel als den unseren, andere Konstellation, einen anderen Erdtrabanten gesehen hatten.

Wurde Gurdjew nur von Hörbiger, den er sicherlich kannte, inspiriert? Oder hatte er aus alten Quellen des Wissens, aus Überlieferungen oder Legenden geschöpft, die Hörbiger wie zufällig im
Verlauf seiner pseudowissenschaftlichen Eingebungen wieder aufleben ließ?

Damals, auf dem Balkon des Chalets, wußte ich nicht, daß meine
Gastgeberin einem Glauben Ausdruck gab, der der Glaube von Tausenden in Hitler-Deutschland gewesen war und der nun, noch
blutend und rauchend, zwischen den Trümmern seiner großen Mythen unter den Ruinen des Krieges begraben lag. Und auch meine
Gastgeberin wußte in jener schönen, klaren und stillen Nacht nichts
davon.

Nach Hörbigers Ansicht also wäre der Mond, den wir erblicken,
nur der letzte, der vierte Satellit, den die Erde eingefangen hat. Im
Verlauf seiner Geschichte hätte unser Globus bereits drei andere

Monde angezogen. Die gesamte Geschichte des Erdballs, die Entwicklungen der Arten und die Menschheitsgeschichte finden ihre Erklärung in dieser Aufeinanderfolge der Monde an unserem Himmel.

Es hat deshalb — entsprechend den vier Monden — vier geologische Epochen gegeben. Wir befinden uns im Quartär. Wenn ein Mondniederbruch erfolgt, so ist dieser Mond zuvor auseinandergeborsten und hat sich, wie wir sahen, während er immer schneller und schneller rotierte, in einen Ring aus Gestein, Eis und Gas verwandelt. Dieser Ring nun ist es, der auf die Erde fällt, sich kreisförmig über die Erdkruste lagert und alles, was sich unter ihm befindet, fossil werden läßt. Zu normalen Zeiten versteinern die in der Erde begrabenen Organismen nicht, sondern sie verwesen. Fossil werden sie nur in dem Augenblick, in dem ein Mond niederstürzt. Dies ist der Grund, warum wir eine Primär-, eine Sekundär- und eine Tertiär-Epoche feststellen können.

Während der Satellit sich der Erde nähert, also in einem Zeitraum von einigen hunderttausend Jahren, umkreist er unseren Planeten in einem Abstand von etwa vier bis sechs Erdradien. Im Vergleich mit dem gegenwärtigen Abstand unseres Mondes ist er also fast in Reichweite. Die Gravitation hat sich entsprechend verringert; diese Zeit ist somit eine Periode des Riesenwuchses. Und tatsächlich lassen sich am Ende der Primär-Epoche Riesenpflanzen und Rieseninsekten nachweisen.

Am Ende der darauffolgenden Epoche finden wir den Diplodokus und den Iguanodon, Tiere von dreißig Meter Länge. Es vollziehen sich plötzliche Mutationen, die kosmische Strahlung hat sich verstärkt. Die Wesen, die von der Last des Gewichts befreit sind, recken sich empor, die Schädelknochen erweitern sich, die Tiere beginnen zu fliegen. Vielleicht sind bereits gegen das Ende der Sekundär-Epoche die ersten Riesensäugetiere aufgetaucht — vielleicht auch schon die durch Mutation entstandenen ersten Menschen. Jedenfalls wäre diese Periode, die etwa fünfzehn Millionen Jahre gedauert haben dürfte, für das Ende der Sekundär-Epoche anzusetzen, für jenen Zeitpunkt also, an dem der zweite Mond den Erdball umkreiste. Es ist das Zeitalter unseres Vorfahren, des Riesen. Madame Blavatsky, die behauptete, Zugang zum Dzyan-Buch, dem angeblich ältesten Text der Menschheit, zu haben, in dem die Ursprungsgeschichte des Menschen erzählt wird, versichert ebenfalls, daß in der Sekundär-Epoche eine erste menschliche Riesenrasse entstanden sei: «Eines Tages wird der Sekundär-Mensch entdeckt werden und mit ihm seine seit Urzeiten verschollenen Kulturen.»

So finden wir in einer Nacht der Zeiten, die unendlich viel dunkler ist, als wir annahmen, unter einem anderen Licht als dem unseren, in einer Welt der Monstren den ungeheuerlich großen ersten Menschen, mit dem wir kaum noch Ähnlichkeit aufweisen und dessen Gehirn anders geartet war als das unsere. Den ersten Menschen und vielleicht auch das erste Menschenpaar, aus einer tierischen Gebärmutter hervorgegangene Zwillinge, umgewandelt durch eins jener Mutationswunder, die unter der Einwirkung starker kosmischer Strahlungen auftreten. Die Schöpfungsgeschichte berichtet uns, daß die Abkömmlinge dieses Ahnherrn fünfhundert bis neunhundert Jahre alt wurden: die Verminderung des auf ihnen lastenden Gewichts bewirkte eine langsamere Abnutzung des Organismus. Die Bibel spricht uns zwar nicht von Riesen, aber die jüdischen und moslemischen Überlieferungen füllen diese Lücke reichlich aus. Die Schüler Hörbigers behaupten übrigens, die Überreste des Sekundär-Menschen seien kürzlich in Rußland entdeckt worden.

Wie mögen nun die Kulturformen des Riesen vor fünfzehn Millionen Jahren ausgesehen haben? Man nimmt Lebensgemeinschaften und Lebensformen nach dem Muster der aus der Primär-Epoche stammenden Rieseninsekten an, deren degenerierte Nachfahren unsere heutigen noch immer höchst erstaunlichen Insekten sind. Man stellt sich außerordentliche Kräfte vor, die auf weite Entfernungen miteinander in Verbindung treten können, Zivilisationen nach Art der psychischen und materiellen Energiezentralen, wie sie zum Beispiel in Termitenstaaten verwirklicht sind, die den Beobachter vor so viele verwirrende Probleme hinsichtlich der unbekannten Bereiche der Infrastrukturen — oder auch Superstrukturen — der Intelligenz stellen.

Auch der zweite Mond rückt immer näher, zerplatzt dann zu einem Ring und geht auf die Erde nieder, die in eine neue und lange Daseinsperiode ohne Satellit eintritt. In dieser Epoche sind nur noch einige Vertreter besagter Mutationsresultate am Leben. Sie werden weiter existieren, jedoch an Größe abnehmen. Es gibt daneben aber auch noch Riesen, die sich allmählich den veränderten Verhältnissen anpassen. Wenn der Tertiär-Mond auftaucht, haben sich gewöhnliche Menschen entwickelt, kleiner und weniger intelligent als die Riesen. Diese letzteren, die Überlebenden der Sekundär-Epoche, werden die kleinen Menschen zivilisieren.

Die Idee, daß die Menschen sich aus einem wilden, tierähnlichen Stadium allmählich zur Zivilisation emporentwickelten, ist verhältnismäßig jungen Datums. Sie ist ein jüdisch-christlicher Aberglaube, den man dem Bewußtsein aufdrängte, um einen viel mächtigeren und tieferen Mythos auszuschalten. Als die Menschheit noch jung war, noch näher ihrer Vergangenheit, zu einer Zeit, da noch keine kunstvoll angezettelte Verschwörung sie aus den Bereichen ihrer eigenen Erinnerung verjagt hatte, wußte sie, daß sie von Göttern und Riesenkönigen abstammte, die sie alles gelehrt hatten. Sie erinnerte sich an ein Goldenes Zeitalter, in dem jene höheren Wesen sie in den Fertigkeiten des Ackerbaus und der Metallbearbeitung, in den Künsten, den Wissenschaften und der Erforschung der Seele unterwiesen. Die Griechen erzählen vom Zeitalter des Saturn und von der Dankbarkeit, die ihre Vorfahren dem Herakles schuldeten. Die Ägypter und Mesopotamier berichten in ihren Sagen von Riesenkönigen, die ihre Reiche begründeten. Die Völkerstämme, die wir heute als «Primitive» bezeichnen, die Eingeborenen der pazifischen Inseln zum Beispiel, kennen in den Riten ihrer zweifellos schon verflachten Religion den Kult der guten Riesen aus den ersten Tagen der Welt. Zu unserer Zeit nun, in der man alle Wahrheiten des Geistes und des Verstandes verfälscht hat, finden Menschen, denen es mit Aufgebot aller Kräfte gelungen ist, sich von den offiziellen Denkweisen freizumachen, auf dem Grunde ihrer Seele die Sehnsucht nach den glücklichen Tagen in der Morgendämmerung der Zeiten, nach einem verlorenen Paradies, die dumpfe Erinnerung an ursprüngliche Offenbarungen.

Von Griechenland bis Polynesien, von Ägypten bis Mexiko und Skandinavien stoßen wir auf die Überlieferung, daß die Riesen die ersten Lehrmeister der Menschen waren. Sie bezieht sich auf das Goldene Zeitalter des Tertiär, das mehrere Millionen Jahre andauerte und in dem die moralische, geistige und vielleicht auch technische Kultur der Erde ihren Gipfelpunkt erreichte.

> «Als noch die Riesen unter uns, den Menschen, weilten,
> Zu jener Zeit, da noch kein Wort je ward gehört . . .»

schreibt Victor Hugo wie im Banne einer unerhörten Erleuchtung.

Der Tertiär-Mond, dessen Spirale sich ständig verengt, nähert sich der Erde. Die Wasser steigen, angesogen von der Gravitationskraft des Satelliten, und die Menschen flüchten mit den Riesen, ihren Königen, auf die höchsten Gipfel der Berge. Auf diesen Gipfeln, hoch über den flutenden Ozeanen, werden sie eine maritime Weltkultur errichten, in der Hörbiger und sein englischer Schüler Bellamy die Kultur von Atlantis sehen.

Bellamy entdeckt in den Anden in einer Höhe von viertausend Metern die Spuren von Meeressedimenten, die sich über siebenhundert Kilometer erstrecken. Bis hierher also stiegen die Wasser am Ende der Tertiär-Epoche, und eins der Kulturzentren jener Zeit war das in der Nähe des Titicaca-Sees gelegene Tiahuanaco. Die Ruinen von Tiahuanaco zeugen von einer viele hunderttausend Jahre alten Kultur, die keinerlei Ähnlichkeit mit irgendeiner der späteren Zivilisationen aufweist. * Hier werden, nach Meinung der Anhänger Hörbigers, die Spuren der Riesen in unerklärlichen Monumenten sichtbar. So befindet sich hier zum Beispiel ein neun Tonnen schwerer Steinblock, der auf sechs Seiten drei Meter lange Zapfenlöcher aufweist, deren Bedeutung den heutigen Architekten unbegreiflich ist. Außerdem hat man Tore von drei Meter Höhe und vier Meter Breite entdeckt. Sie sind aus einem einzigen Stein gehauen und weisen Türen, mit dem Meißel gehauene Fenstervertiefungen und Skulpturen auf. Eins dieser Tore ist zehn Tonnen schwer. Mauerkuben mit einem Gewicht von sechzig Tonnen ruhen auf hundert Tonnen schweren Sandsteinblöcken, die wie Keile in die Erde gerammt sind. Zwischen diesen rätselhaften Ruinen erheben sich riesige Statuen, von denen man eine forttransportiert und im Garten des Museums von La Paz aufgestellt hat. Sie ist acht Meter hoch und wiegt zwanzig Tonnen. Selbstverständlich sehen die Anhänger Hörbigers in diesen Skulpturen von den Riesen verfertigte Selbstporträts.

«Aus den Linien des Gesichts dringt in unsere Augen und Herzen ein Ausdruck hoheitsvoller Güte und erhabener Weisheit. Eine unaussprechliche Harmonie geht von dem ganzen Koloß aus,

---

* Der deutsche Archäologe Victor W. von Hagen, der mehrere Arbeiten über dieses Gebiet verfaßte, berichtet von einer mündlichen Überlieferung der in der Nähe des Titicaca-Sees lebenden Indianer, nach welcher «Tiahuanaco erbaut wurde, bevor noch die Sterne am Himmel standen».

dessen Körper und Arme in ihrer vergeistigten Stilisierung ein geradezu moralisches Gleichgewicht ausdrücken. Der ganze wunderbare Monolith strömt Ruhe und Frieden aus. Falls wir hier das Porträt eines der Riesenkönige vor uns haben, die über jenes Volk herrschten, so kommt einem unwillkürlich der Anfang eines Satzes von Pascal in den Sinn: ‹Wenn Gott uns von seiner Hand geschaffene Meister gab . . .›»

Sollten diese Monolithen tatsächlich von den Riesen behauen und für ihre Schüler, die Menschen, aufgestellt worden sein, sollten diese Skulpturen mit ihrer für unsere Begriffe beinahe unfaßlichen Abstraktion und Stilisierung wirklich von jenen Meistern stammen, so befänden wir uns hier an der Wiege der Sagen, laut denen die Künste den Menschen von den Göttern geschenkt wurden, und wir hätten den Schlüssel zu verschiedenen ästhetisch orientierten mystischen Richtungen in der Hand.

Unter diesen Skulpturen finden sich auch stilisierte Wiedergaben eines Tiers, des Toxodons, dessen Knochen unter den Ruinen von Tiahuanaco entdeckt wurden. Nun weiß man aber, daß das Toxodon einzig in der Tertiärzeit gelebt haben kann. Und schließlich gibt es in dieser Ruinenstadt, die etwa hunderttausend Jahre vor dem Ende der Tertiär-Epoche entstanden sein dürfte, einen im getrockneten Schlamm eingebetteten Portikus, dessen Dekorationen der deutsche Archäologe Kiss, ein Schüler Hörbigers, zwischen 1928 und 1937 eingehend untersucht hat. Sie stellen seiner Ansicht nach einen Kalender dar, der nach den Beobachtungen der Astronomen des Tertiärs aufgezeichnet wurde. Dieser Kalender liefert uns unumstößliche wissenschaftliche Tatsachen. Er gliedert sich in vier Teile, die durch die Sonnenwenden und die Tag- und Nachtgleichen, welche die astronomischen Jahreszeiten markieren, voneinander getrennt sind. Jede dieser Jahreszeiten wiederum zerfällt in drei Abschnitte, und innerhalb dieser zwölf Unterabteilungen wird die Position des Mondes für jede Stunde des Tages sichtbar. Außerdem sind die beiden Bewegungen des Satelliten, und zwar seine scheinbare und seine wirkliche Bewegung unter Berücksichtigung der Erdrotation, angezeigt. Alle diese Einzelheiten müssen die Überzeugung in uns erwecken, daß die Menschen, die diesen Kalender erfanden und anwendeten, einer höheren Kultur als der unseren angehörten.

Die Schüler Hörbigers finden in Tiahuanaco auch die Überreste eines großen Hafens mit riesigen Molen, von wo aus die Bewohner von Atlantis — denn zweifellos handelt es sich um dieses sagenhafte Land — mit ihren vortrefflich ausgerüsteten Schiffen ausliefen, um auf dem Ring der Ozeane die Welt zu umfahren und die vier anderen großen Kulturzentren der Erde — Neuguinea, Mexiko, Abessinien und Tibet — zu besuchen. Die damalige Kultur erstreckte sich demnach über den ganzen Erdball, und diese Tatsache erklärt die Übereinstimmungen, die zwischen den ältesten Überlieferungen der Menschheit bestehen.

Die Menschen und ihre Riesenkönige, die den äußersten Grad der Vereinheitlichung und der Verfeinerung der Erkenntnisse und Techniken erreicht haben, wissen genau, daß die Spirale des dritten Monds sich verengt und daß der Satellit schließlich auf die Erde herabstürzen wird; aber sie kennen auch die wechselseitigen Beziehungen aller Dinge im Kosmos, die magischen Verbindungen des Einzelwesens mit dem Universum, und setzen zweifellos bestimmte Kräfte in Bewegung, bestimmte individuelle und gemeinschaftliche technische und geistige Energien, um die Katastrophe hinauszuschieben und dieses atlantische Zeitalter zu verlängern, an das eine verschwommene Erinnerung sich durch die Jahrtausende erhalten wird.

In Mexiko haben die Tolteken heilige Texte hinterlassen, welche die Erdgeschichte genau entsprechend den Thesen Hörbigers schildern.

In Neuguinea errichten die Malekulas noch immer, ohne die eigentliche Bedeutung ihres Tuns zu erfassen, mehr als zehn Meter hohe behauene Steine, die Darstellungen des erhabenen Ahnherrn sein sollen, und ihre mündliche Überlieferung, in welcher der Mond als Erschaffer des Menschengeschlechts angesehen wird, kündet vom Sturz des Satelliten.

Die mittelmeerischen Riesen sollen nach der großen Katastrophe aus Abessinien herabgestiegen sein, und die Überlieferung nennt dieses Hochplateau die Wiege des jüdischen Volkes und das Heimatland der Königin von Saba, der Bewahrerin alter Weisheiten.

Bellamy, der englische Archäologe und Schüler Hörbigers, findet rund um den Titicaca-See die Spuren von Katastrophen, die dem

Absturz des Tertiär-Mondes vorausgingen: vulkanische Asche, von plötzlichen Überschwemmungen herrührende Niederschläge. Sie stammen aus der Zeit, in der der Satellit zu einem Ring zerbirst und sich mit rasender Geschwindigkeit um die Erde dreht, bevor er auf sie herabstürzt. Rings um Tiahuanaco vermitteln Ruinen den Eindruck, als seien hier Werften und Zimmermannsplätze urplötzlich verlassen worden, Werkzeuge überall liegengeblieben. Die atlantische Hochkultur, die während mehrerer tausend Jahre den Angriffen der Elemente ausgesetzt war, erschlaffte. Und vor einhundertfünfzigtausend Jahren schließlich ereignet sich die große Katastrophe: der Mond fällt herab, ein entsetzliches Bombardement erschüttert die Erde. Die Gravitationskraft wird wieder stärker, der Ring der Ozeane senkt sich wie mit einem Schlag, die Wasser der Meere ziehen sich zurück. Die Berggipfel, jene Zentren der großen maritimen Kultur, sind auf einmal von endlosen Morastflächen umgeben. Atlantis stirbt nicht, weil es von den Wassern überschwemmt, sondern im Gegenteil, weil es von ihnen verlassen wird. Die Schiffe werden davongetragen und zerstört, die Maschinen versagen oder explodieren, die Nahrung, die von auswärts herbeigeschafft worden war, wird knapp, der Tod rafft Myriaden von Lebewesen dahin, die Gelehrten sind mitsamt den Wissenschaften verschwunden, die soziale Organisation ist vernichtet. Wenn die Kultur in Atlantis den denkbar höchsten Stand der technischen Perfektion und der einheitlichen sozialen Gliederung erreicht hatte, so konnte sie sich auch plötzlich, fast ohne eine Spur zu hinterlassen, verflüchtigen. Man stelle sich nur vor, wie in einigen hundert Jahren der Untergang unserer eigenen Kultur sich vollziehen könnte. Die Energiesender ebenso wie die Übertragungsgeräte werden immer mehr vereinfacht, während eine ständig größere Anzahl Verstärker in Gebrauch kommen. Bald wird wohl jeder von uns entweder einen eigenen Amplifikator für Atomenergie besitzen oder doch in nächster Nähe größerer Verstärker wohnen. Das wird so lange gut gehen, bis eines Tages ein kleiner Zwischenfall an der Quelle der Atomenergie genügt, um in einer riesigen Kettenreaktion Menschen, Städte und Völker in die Luft zu sprengen. Verschont bleiben in einem solchen Fall nur diejenigen, die außerhalb unserer technischen Zivilisation leben. Und eben weil wir auf dieser äußersten Stufe des Spezialistentums angelangt sind, werden die Schlüsselwissenschaften, die gleichzeitig die Schlüssel zur Macht darstellen, ebenfalls verschwinden. Gerade die größten Zivilisationen sind es, die im Handumdrehen spurlos untergehen können. Ein solcher Gedanke mag lästig und störend sein, aber er hat eine hohe Wahrscheinlichkeit für sich. Man könnte sich also auch vorstellen, daß die Zentralen und Verstärker der psychischen Energie, auf der die Kultur des Tertiär sich möglicherweise aufbaute, mit einem Schlag in die Luft flogen.

Den Überlebenden bleibt nichts übrig, als in die schlammigen Ebenen, die das zurückweichende Meer bloßgelegt hat, hinabzusteigen, sich den riesigen Mooren des neuen Kontinents zuzuwenden, die eben erst aus den wirbelnden Wassern aufgetaucht sind und auf denen erst in Jahrtausenden eine nutzbringende Vegetation gedeihen kann. Die Riesenkönige sind am Ende ihrer Herrschaft angelangt und die Menschen in den Zustand der Wildheit zurückgesunken. Sie verlieren sich mit ihren letzten gestürzten Göttern in den tiefen mondlosen Nächten, die der Erde nunmehr beschert sind.

Vor einhundertfünfzigtausend Jahren geschah diese Katastrophe. Hörbiger berechnet die Zeitspanne, in der unser Globus von keinem Satelliten umkreist wird, auf einhundertachtunddreißigtausend Jahre. Im Verlauf dieser langen Periode entstehen unter Führung der letzten Riesenkönige neue Zivilisationen. Sie siedeln sich auf den zwischen dem vierzigsten und dem sechzigsten nördlichen Breitengrad gelegenen Hochebenen an, während auf den fünf hohen Gipfeln der Tertiär-Epoche noch einige Reste des Goldenen Zeitalters verbleiben. Es hat demnach zwei Imperien der Atlantis-Kultur gegeben: das der Anden, das zusammen mit seinen vier anderen Machtzentren die Welt beherrschte, und das sehr viel bescheidenere Reich im nördlichen Atlantik, das lange nach der Katastrophe von den Nachfahren der Riesen gegründet wurde. Die Hypothese dieser beiden Reiche ermöglicht es uns, sämtliche alten Überlieferungen und Berichte miteinander in Einklang zu bringen. Diese zweite Atlantis ist es, von der Platon spricht.

Vor zwölftausend Jahren nun fängt sich die Erde einen vierten Satelliten ein: unseren jetzigen Mond. Eine neue Katastrophe ereignet sich. Aus Norden und Süden fluten die Meere der Erdmitte zu, und im Norden, auf den Ebenen, die der eingefangene Mond bloßlegt, indem er Luft und Wasser von ihnen absaugt, beginnen die Eiszeiten. Die zweite atlantische Kultur, die wesentlich unbedeutender ist als die erste, wird von den Wassermassen überspült und verschwindet in einer einzigen Nacht. Dies ist die Sintflut, deren Erinnerung die Bibel bewahrt hat. Es ist der Sündenfall, dessen die Menschen gedenken, die damals aus dem irdischen Paradies der Tropen verstoßen wurden. Für die Anhänger Hörbigers bedeuten die Mythen von der Schöpfung und der Sintflut gleichzeitig Erinnerungen und Prophezeiungen, da ja die kosmischen Ereignisse sich wiederholen. Und der Text der Apokalypse, der noch nie erschöpfend gedeutet werden konnte, ist ihrer Ansicht nach eine getreue Schilderung der himmlischen und irdischen Katastrophen, welche die Menschen im Verlauf der Zeitalter und gemäß den Theorien Hörbigers beobachten konnten.

In dieser neuen Periode des hohen Mondes degenerieren die noch lebenden Riesen. In den Sagen aller Völker wird von Kämpfen zwischen Riesen und gewaltigen Kriegen zwischen Menschen und Riesen erzählt. Die einstigen Könige und Götter werden jetzt, da das Gewicht des Himmels auf ihnen lastet, zu Ungeheuern, derer man sich entledigen muß. Je höher sie zuvor gestiegen waren, um so tiefer fallen sie jetzt. Sie sind die menschenfressenden Giganten der Sagen: Uranus und Saturn, die ihre eigenen Kinder verschlingen. Aber David tötet Goliath. Victor Hugo sagt:

«... schreckliche und sehr dumme Riesen,
besiegt von Zwergen voller Geist.»

Es ist der Tod der Götter. Wenn die Israeliten in ihr Gelobtes Land einziehen, werden sie hier das monumentale Eisenbett eines verschwundenen Riesenkönigs entdecken: «Siehe, sein eisern Bette ist allhier zu Rabbath der Kinder Ammons, neun Ellen lang und vier Ellen breit.» (V. Buch Moses, III, 11.)

Das eisige Gestirn, das unsere Nächte erhellt, ist von der Erde eingefangen worden und kreist nun um sie. Unser Mond ist geboren. Seit zwölftausend Jahren haben die Menschen ihm eine von unbewußten Erinnerungen beladene unklare Verehrung entgegengebracht und ihm eine ängstliche Aufmerksamkeit gewidmet, deren Sinn sie selbst nicht ganz verstehen. Noch immer fühlen wir, wenn wir ihn betrachten, wie sich auf dem Grunde unserer Erinnerung, die viel umfassender ist als unser Bewußtsein, etwas regt. Die alten chinesischen Zeichnungen stellen den Monddrachen dar, der die Erde bedroht. Im vierten Buch Moses lesen wir: «Wir sahen auch Riesen daselbst, Enaks-Kinder von den Riesen; und wir waren vor unseren Augen als die Heuschrecken.» (XIII, 34.) Und Hiob (XXVI, 5) beschwört die Vernichtung der Riesen herauf und ruft: «Die Riesen ängsten sich unter den Wassern, und die bei ihnen wohnen.»

Eine Welt ist ertrunken, verschwunden, die früheren Bewohner der Erde sind dahin, und wir beginnen unser Leben als einsame, kleine, verlassene Menschen in Erwartung der künftigen Mutationen, Wunder und Katastrophen in einer neuen Nacht der Zeiten, unter diesem neuen Satelliten, der aus den endlosen Räumen zu uns gestoßen ist, in denen noch der ewige Kampf zwischen dem Eis und dem Feuer tobt.

Fast überall ahmen die Menschen blindlings die Gesten vergangener Zivilisationen nach, errichten gigantische Monumente, ohne recht zu wissen, warum, und wiederholen auch in ihrer Degeneration noch die Taten der alten Meister. Zeugen dafür sind die riesigen Megalithen von Malekula, die keltischen Menhire, die Statuen der Osterinsel. Die Völkerstämme, die wir heute als «Primitive» bezeichnen, sind zweifellos degenerierte Nachkommen verschwundener Reiche, die verständnislos und wahrscheinlich in verfälschter Form einstmals vernunftbestimmte Handlungen wiederholen.

An einzelnen Stellen der Erde, wie in Ägypten, in China und sehr viel später in Griechenland, entstehen große Kulturen, in denen jedoch die Erinnerung an die verschwundenen Lehrmeister, die Riesenkönige, noch lebendig ist. Noch gegen Ende einer viertausend Jahre alten Kultur, zur Zeit Herodots und Platons, begründen die Ägypter die Größe ihrer Vorfahren mit dem Hinweis, daß diese ihre Künste und Wissenschaften direkt von den Göttern erlernt hätten.

Nach Jahrhunderten vielfachen Niedergangs bildet sich im Abendland eine neue Kultur, eine Kultur der Menschen, die von ihrer mythischen Vergangenheit abgeschnitten sind, die, in Zeit und Raum begrenzt und auf sich selbst beschränkt, nach erdichteten Tröstungen suchen. Sie sind aus ihren Ursprüngen verstoßen und wissen nichts von der Unendlichkeit des Geschickes aller Lebewesen, das mit den großen kosmischen Bewegungen verknüpft ist. Es ist eine menschliche, eine humanistische Kultur: die jüdisch-christliche. Sie ist verschwindend geringfügig, ein Rückstand. Und doch verfügt dieses Sediment der großen Seele der Vergangenheit über unbegrenzte Möglichkeiten des Schmerzes und des Verstehens. Darin besteht das Wunder unserer Kultur. Aber sie ist an ihrem Ende angelangt. Wir nähern uns einem anderen Zeitalter. Mutationen stehen bevor. Die Zukunft wird der fernsten Vergangenheit die Hand reichen. Die Erde wird neue Riesen erblicken. Es wird zu neuen Sintfluten, neuen Apokalypsen kommen, und andere Rassen werden die Herrschaft ergreifen.

Dies ist die These Hörbigers und dies das geistige Klima, das er verbreitet. Seine Theorie ist ein wirksamer Gärstoff für die nationalsozialistische Magie; wir werden sogleich ihre Wirkungen auf die Ereignisse kennenlernen. Sie fügt den Eingebungen Haushofers blitzartige Erkenntnisse hinzu, sie verleiht der schwerfälligen Arbeit Rosenbergs Flügel, und sie beschleunigt und vertieft die Intuitionen Hitlers.

Nach Hörbigers Ansicht befinden wir uns also im vierten Zyklus. Das Leben auf der Erde hat während der drei Perioden der niedrigen Monde drei Gipfelpunkte mit plötzlichen Mutationen und dem Auftauchen riesiger Lebewesen gekannt. Während der Jahrtausende ohne Mond entwickelten sich bedeutungslose Zwergenrassen und Kriechtiere wie die Schlange, das Symbol des Sündenfalls. In den Zeiten der hohen Monde gab es die mittleren Rassen, darunter gewiß auch unsere Vorfahren, die gewöhnlichen Menschen aus dem Anfang der Tertiär-Epoche. Man muß sich vor Augen halten, daß die Monde vor ihrem Niederbruch auf die Erde als Ringe um die Erde rotieren und somit auf jenen Teilen des Globus, die sich nicht direkt unter diesen Gürteln befinden, andere Bedingungen herrschen. Darum bietet die Erde nach Ablauf der einzelnen Zyklen einen sehr vielfältigen Anblick: sie beherbergt Rassen, die im Niedergang begriffen sind, und solche, die aufstreben, Wesen von normaler Mittelmäßigkeit, aber daneben auch Degenerierte und Lehrlinge der Zukunft, Verkünder bevorstehender Mutationen und Sklaven des Gestern, Zwerge aus vergangenen Nächten und Herren von morgen. Das, was sich am Himmel begibt, bestimmt das Geschehen auf der Erde und umgekehrt. So wie das Geheimnis und die Ordnung des Universums schon im kleinsten Sandkorn enthalten sind, ist auch die Bewegung der Jahrtausende in gewissem Sinne in der kurzen Zeitspanne unseres Aufenthalts auf dieser Erde begriffen, und wir haben die Aufgabe, in unserer individuellen Seele ebenso wie als Gemeinschaft die Abstürze und Aufstiege der Vergangenheit zu wiederholen und die künftigen Apokalypsen und Gipfelpunkte vorzubereiten. Wir wissen, daß die gesamte Geschichte des Kosmos durch den Kampf zwischen dem Eis und dem Feuer bestimmt ist und daß sich auch hier unten deutliche Spiegelbilder dieses Kampfes zeigen. Wenn auf menschlichem Niveau, auf dem Niveau der Geister und der Herzen, das Feuer nicht immer geschürt wird, kommt unweigerlich das Eis. Dies gilt, wir wissen es, ebenso für den einzelnen wie für die ganze Menschheit, die ständig vor die Wahl zwischen der Sintflut und der kulturellen Hochblüte gestellt ist.

Die deutschen Ingenieure, deren Arbeiten grundlegend für den Bau jener Raketen waren, welche die ersten künstlichen Satelliten in den Himmel hinaufschickten, wurden durch die Führer der NSDAP selbst daran gehindert, die V 2 zum vorgesehenen Zeitpunkt fertig-zustellen. General Walter Dornberger leitete die Versuche in Peene-münde, wo die ferngelenkten Geschosse entstanden. Man stoppte diese Experimente, um die Berichte des Generals den Aposteln der Hörbigerschen Kosmogonie zu unterbreiten. Vor allem wollte man erfahren, wie das «ewige Eis» im Weltenraum reagieren würde und ob diese Vergewaltigung der Stratosphäre nicht etwa irgendeine Katastrophe auf der Erde nach sich ziehen könne.

In seinem Buch *V 2 — Der Schuß ins Weltall* erzählt General Dornberger, daß seine Arbeiten etwas später noch einmal für zwei Monate unterbrochen werden mußten. Der Führer hatte geträumt, daß die V 2 nicht funktionieren würde oder vielmehr, daß der Himmel sich rächen werde. Dieser Traum sollte für die leitenden Männer des Dritten Reichs mehr Gewicht haben als die Ansicht der Techniker. Hinter dem Deutschland der Wissenschaft und der Or-ganisation war der Geist der alten Magie noch immer lebendig. Dieser Geist ist auch heute noch nicht tot. Im Januar 1958 richtete der schwedische Ingenieur Robert Engström ein Memorandum an die Akademie der Wissenschaften in New York, um die USA vor den astronautischen Experimenten zu warnen. «Bevor man derartige Versuche unternimmt, müßte man zunächst die Himmelsmechanik auf eine ganz neue Weise untersuchen», erklärte Engström. Und dann fuhr er, ganz im Tone Hörbigers, fort: «Die Explosion einer H-Bombe auf dem Mond könnte zum Anlaß einer entsetzlichen Sintflut auf der Erde werden.» Auf Grund einer berühmten Umfrage schätzte der Amerikaner Martin Gardner im Jahre 1953 die Zahl der Anhänger Hörbigers in Deutschland, England und den Vereinigten Staaten auf mehr als eine Million. In London bemüht sich H. S. Bellamy seit dreißig Jahren um die Anerkennung einer Anthropologie, welche den Absturz dreier Monde und die Existenz von Riesen im Sekundär und im Tertiär in Rechnung zieht. Er war es auch, der nach dem Krieg die Russen um die Erlaubnis ersuchte, eine Expedition auf den Ararat unternehmen zu dürfen, auf dessen Gipfel er die Arche Noah zu entdecken hoffte. Die Tass-Agentur veröffentlichte eine kategorische Ablehnung dieses Gesuches, die Sowjets erklärten die geistige Haltung Bellamys für faschistisch und behaupteten, derartige pseudowissenschaftliche Bewegungen seien dazu angetan, «gefährliche Kräfte zu wecken». In Frankreich hat sich der Universitätsprofessor und Dichter Denis Saurat zum Fürsprecher Bellamys aufgeworfen, und der Erfolg von Velikovskys Buch *Worlds in Collision* [33] hat gezeigt, wie viele Menschen auch heute noch einer magischen Weltanschauung zugänglich sind. Es versteht sich schließlich von selbst, daß die von René Guénon beeinflußten Intellektuellen und die Schüler Gurdjews den Hörbiger-Schülern gewissermaßen die Hand reichen.

Der bereits erwähnte deutsche Schriftsteller Elmar Brugg schreibt in seiner Abhandlung, die er dem «Vater des ewigen Eises», dem «Kopernikus des 20. Jahrhunderts» gewidmet hat:

«Die Welteislehre Hanns Hörbigers ist nicht nur eine wissenschaftliche Großtat — sie ist eine Lebenserkenntnis von größter Bedeutung, denn sie weist den innigen und immerwährenden Zusammenhang zwischen Kosmos und allem irdischen Geschehen nach ... Erst mit Hilfe der Hörbigerschen Erkenntnisse werden wichtige Hinweise auf ... die Zusammenhänge von Wetterkatastrophen, Krankheiten, Todesfällen, Verbrechen usw. mit dem kosmischen Geschehen und zahllose weitere Einsichten erlangt werden. Diese allumfassende, allverbindende großartige Weltschau wird sich gegen die leider auch heute noch bestehenden Widerstände ebenso siegreich durchsetzen wie zahllose andere geniale Entdeckungen und Erfindungen, die regelmäßig mit allen Mitteln verstockter und gehässiger Spießbürgerei bekämpft wurden.»

Der große österreichische Schriftsteller Robert Musil gibt in seinem Roman *Der Mann ohne Eigenschaften* eine vorzügliche Analyse der deutschen Geisteshaltung zu jenem Zeitpunkt, an dem Hörbiger seine Erleuchtung hat und der Gefreite Hitler davon träumt, sein Volk zu erlösen:

«Die geistigen Menschen waren nicht befriedigt ... Ihre Gedanken kamen niemals zur Ruhe und gewahrten den ewig wandernden Rest aller Dinge, der nirgends in Ordnung kommt. So waren sie schließlich überzeugt, daß die Zeit, in der sie lebten, zu seelischer Unfruchtbarkeit bestimmt sei und nur durch ein besonderes Ereignis oder einen ganz besonderen Menschen davon erlöst werden könne. Auf diese Weise entstand damals unter den sogenannten intellektuellen Menschen die Beliebtheit der Wortgruppe Erlösung. Man war überzeugt, daß es nicht mehr weitergehe, wenn nicht bald ein Messias komme. Das war je nachdem ein Messias der Medizin, der die Heilkunde von den gelehrten Untersuchungen erlösen sollte, während deren die Menschen ohne Hilfe krank werden und sterben; oder ein Messias der Dichtung, der imstande sein sollte, ein Drama zu schreiben, das Millionen Menschen in die Theater reißen und dabei von voraussetzungslosester geistiger Hoheit sein sollte; und außer dieser Überzeugung, daß eigentlich jede einzelne menschliche Tätigkeit nur durch einen besonderen Messias sich selbst wieder zurückgegeben werden könne, gab es natürlich auch noch das einfache und in jeder Weise unzerfaserte Verlangen nach einem Messias der starken Hand für das Ganze.»

Es war jedoch nicht ein einziger Messias, der erscheinen sollte, sondern, wenn man sich einmal so ausdrücken darf, eine ganze Gesellschaft von Heilanden, die Hitler an ihre Spitze stellten. Hörbiger ist einer davon, und seine pseudowissenschaftliche Auffassung von den Gesetzen des Kosmos und einer epischen Geschichte der

Menschheit sollte eine entscheidende Rolle im Deutschland der «Erlöser» spielen. Die Menschheit, so lehrt er, stammt aus viel höheren und weiteren Bezirken, als man glaubt, und ein wunderbares Schicksal ist ihr bestimmt. Hitler ist in seinen häufigen Zuständen mystischer Eingebung davon überzeugt, daß er zum Vollstrecker dieses Schicksals berufen ist. Sein Ehrgeiz und die Mission, die er seiner Ansicht nach zu erfüllen hat, gehen weit über den Bereich der Politik und des Patriotismus hinaus. Er sagt selbst:

«Der Begriff der Nation ist leer geworden. Ich habe mit ihm aus zeitgeschichtlichen Gründen noch beginnen müssen. Aber ich bin mir von vornherein klar darüber gewesen, daß dies nur vorübergehende Geltung beanspruchen konnte... Ein Tag wird kommen, an dem von dem landläufigen Nationalismus nicht viel übriggeblieben sein wird, auch bei uns Deutschen nicht. Dafür wird ein Verständnis zwischen den verschieden sprechenden Angehörigen derselben guten Herrenrasse vorhanden sein.»

Die Politik ist nur die äußere Manifestation, die praktische, für den Augenblick geltende Anwendung einer religiösen Sicht der Lebensgesetze auf der Erde und im Kosmos. Der Menschheit ist ein Schicksal vorgeschrieben, das die gewöhnlichen Leute nicht begreifen würden und dessen Anblick sie nicht ertragen könnten. Dieses Verständnis ist nur wenigen Eingeweihten vorbehalten. «Politik», sagt Hitler, «ist buchstäblich heute die Form des Schicksals.» Das ist die Exoterik der Lehre mit ihren Slogans, ihren sozialen Tatsachen, ihren Kriegen. Aber es gibt auch eine Esoterik.

Wenn Hitler und seine Freunde Hörbiger unterstützten, so deshalb, weil sie einen gewaltsamen Versuch unternehmen wollten, mit Hilfe der Wissenschaft oder auch einer Pseudo-Wissenschaft den Geist der alten Zeiten wieder zu erwecken, laut dem der Mensch, die Gesellschaft und das Universum denselben Gesetzen unterworfen sind und eine wechselseitige Beziehung zwischen den Bewegungen der Seelen und denen der Gestirne besteht. Der Kampf zwischen Eis und Feuer, aus dem die Planeten entstanden sind, sterben und wiedergeboren werden, spielt sich auch im Menschen selbst ab. Elmar Brugg schreibt sehr richtig:

«Nach den Hörbigerschen Erkenntnissen der Welteislehre ist das Universum kein toter Mechanismus, dessen Teile sich allmählich abnützen, um schließlich auseinanderzufallen, sondern ein Organismus in des Wortes wunderbarster Bedeutung, gleichsam ein lebendiges Wesen, das den Odem seiner lodernden Kraft immer wieder auf neue Geschlechter seiner Massenformen fortpflanzt.»

Das ist die Grundlage der Gedanken Hitlers, wie sie auch Rauschning gesehen hat:

«Man versteht Hitlers politischen Willen nur auf dem Hintergrund seiner Gedanken. Seine Vorliebe für Horoskope und die Nachtseiten der Natur hängt mit seiner Überzeugung zusammen, daß der Mensch mit dem All in einer magischen Verbindung steht.»

Diese Überzeugung, die sich die Weisen der vergangenen Jahrhunderte zu eigen gemacht hatten, die das Denken der sogenannten wilden Völkerstämme beherrscht und die der orientalischen Philosophie zugrunde liegt, ist auch im heutigen Abendland noch nicht erloschen, und es ist wohl denkbar, daß die Wissenschaft selbst ihr auf unerwartete Weise Unterstützung leiht. Vorerst jedoch findet man sie sozusagen hier und da im Rohzustand, so zum Beispiel bei dem orthodoxen Juden Velikovsky, dessen Buch *Worlds in Collision* in den fünfziger Jahren ein Welterfolg war. Genau wie die Anhänger der Welteislehre ist auch Velikovsky der Meinung, daß unsere Handlungen einen Widerhall im Kosmos finden und die Sonne zugunsten Josuas am Himmel stehenbleiben konnte. Es hat schon einen tieferen Grund, wenn Hitler seinen Privat-Astrologen zum «Reichsbevollmächtigten für Mathematik, Astronomie und Physik» ernannte. Bis zu einem gewissen Grade verändern Hörbiger und die Esoteriker die Methoden und sogar die Wege der Wissenschaft. Sie bringen sie zwangsläufig mit der traditionellen Astrologie in Einklang. Alles, was später bei der Bewältigung der ungeheuren Aufgabe, das Dritte Reich äußerlich aufzubauen, auf technischem Gebiet geschieht, hätte sich scheinbar auch außerhalb dieser Geistesrichtung vollbringen lassen; wesentlich jedoch ist, daß der Anstoß einmal gegeben war und daß eine Geheimwissenschaft, eine Magie, die Grundlage aller Wissenschaften bildete.

Die «nordische Wissenschaft» ist eine Esoterik, oder, richtiger gesagt, sie leitet ihren Ursprung aus derselben Quelle her wie jede Esoterik. Nicht zufällig wurden die *Enneaden* Plotins in Deutschland und den von ihm besetzten Ländern mit besonderer Sorgfalt neu herausgegeben. Während des Krieges las man die *Enneaden* in kleinen Gruppen prodeutscher mystischer Intellektueller, so wie man Nietzsche und die hinduistischen und tibetanischen Schriften las. Jede Zeile Plotins in seiner Definition der Astrologie hätte sich durch einen Satz Hörbigers ergänzen lassen. Plotin spricht von natürlichen und übernatürlichen Beziehungen zwischen Mensch und All und zwischen den einzelnen Teilen des Universums:

«Dieses Universum ist ein einziges Tier, das alle Tiere in sich enthält ... Die Dinge wirken aufeinander, auch ohne in direkter Berührung zu stehen, und notwendigerweise wirken sie auch auf Entfernung ... Die Welt ist ein einziges Tier, und darum ist es nicht anders möglich, als daß sie in Einklang mit sich selbst steht; es gibt in ihrem Leben keinen Zufall, sondern nur Harmonie und eine einheitliche Ordnung.»

Und an einer anderen Stelle heißt es: «Die Ereignisse hier unten finden im Einklang mit den himmlischen Geschehnissen statt.»

Ein Mann, der unserer Zeit nähersteht als Plotin, William Blake, erkennt in einer dichterisch-religiösen Eingebung das ganze Universum in einem einzigen Sandkorn. Hier haben wir den Gedanken, daß das unendlich Kleine zugleich das unendlich Große sein kann und daß die Welt in allen ihren Teilen eine Einheit bildet.

Der *Sohar* sagt: «Alles geschieht hier unten, so wie es oben geschieht.»

Bei Hermes Trismegistos lesen wir: «Das, was oben ist, ist wie das, was unten ist.»

Und ein alter chinesischer Spruch lautet: «Die Sterne kämpfen auf ihrer Bahn für den gerechten Menschen.»

Hier sind wir bei den eigentlichen Grundlagen des Hitlerschen Denkens angelangt. Wir halten es für bedauerlich, daß diese Gedankenwelt bisher noch nicht in der von uns angezeigten Richtung analysiert wurde. Man hat sich damit begnügt, ihren äußeren Aufbau, ihre politischen Auswirkungen und ihre exoterischen Formen unter die Lupe zu nehmen. Man verstehe uns recht: Wir wollen hier gewiß nicht den Versuch unternehmen, den Nationalsozialismus in irgendeiner Weise aufzuwerten. Aber die Gedankenwelt, die wir soeben näher beleuchteten, hat sich nun einmal zu Tatsachen verdichtet. Sie hat ihre Wirkung auf die Ereignisse ausgeübt.

Daß eine so vollkommen andersartige Weltschau fast im Handumdrehen beherrschend werden konnte, erscheint bei näherer Betrachtung gar nicht so unbegreiflich. Auch unsere humanistische Kultur beruht auf einem Mysterium: dem Mysterium nämlich, daß alle Ideen nebeneinander bestehen und daß die durch eine Idee erworbene Erkenntnis schließlich auch dem entgegengesetzten Gedanken zugute kommen kann. Abgesehen davon scheint sich in unserer Kultur alles zu verbünden, um dem Geist begreiflich zu machen, daß der Geist nicht alles ist. Eine unbewußte Verschwörung der materiellen Kräfte vermindert das Risiko und hält den Geist in jenen Grenzen, in denen zwar ein gewisser Stolz nicht ausgeschlossen ist, der Ehrgeiz jedoch gemäßigt wird, weil er zunächst immer nach Sinn und Zweck seiner Anstrengungen fragt. Es ist so, wie Musil sehr richtig gesehen hat:

«Würde auch nur ein einziges Mal mit einer der Ideen, die unser Leben bewegen, restlos, so daß von der Gegenidee nichts übrigbleibt, Ernst gemacht, unsere Kultur wäre wohl nicht mehr unsere Kultur!»

Dieses Phänomen aber ist in Deutschland, zumindest unter den führenden Schichten des magischen Sozialismus, eingetreten.

Wir stehen in magischer Verbindung mit dem Universum, aber wir haben es vergessen. Die nächste Mutation der menschlichen Rasse wird Wesen erschaffen, die sich dieser Verbindung bewußt sind: Gottmenschen. Bereits heute verspürt man die Wirkung dieser künftigen Wandlung auf gewisse messianische Seelen, die an eine weit zurückliegende Vergangenheit anknüpfen und sich der Zeiten erinnern, in denen die Riesen den Lauf der Gestirne beeinflußten.

Hörbiger und seine Schüler stellen sich, wie wir gesehen haben, Gipfelpunkte der Menschheitsgeschichte vor: die Epochen des niedrigen Mondes am Ende des Sekundärs und des Tertiärs. Wenn der Satellit auf die Erde herabzustürzen droht und seine Spiralen immer enger um unseren Globus zieht, erreichen die Lebewesen ein Höchstmaß an Lebenskraft und zweifellos auch an geistiger Regsamkeit. Der Riesenkönig, der Gottmensch, bemächtigt sich der psychischen Kräfte der Gemeinschaft und lenkt sie nach seinem Willen. Er dirigiert dieses Strahlungsbündel so, daß der Lauf der Gestirne aufgehalten und die Katastrophe hinausgeschoben wird. Hierin liegt die wesentliche Funktion des Riesenmagiers. Er herrscht über eine Art psychischer Energiezentrale: sein Königreich. Die Kraft aber, über die er verfügen kann, ist ein Teil der kosmischen Energie. Demnach wäre der monumentale während der Riesen-Epoche entstandene Kalender von Tiahuanaco nicht aufgestellt, um die Zeit und die Bewegung der Gestirne zu registrieren, sondern vielmehr, um diese Zeit erst eigentlich zu schaffen und die Gestirne zu lenken. Es ging darum, die Periode, während welcher der Mond nur wenige Erdradien von unserem Globus entfernt ist, nach Möglichkeit zu verlängern, und vielleicht konzentrierte sich die gesamte Tätigkeit der Menschen unter Anleitung der Riesen auf eine gewaltige Zusammenballung der psychischen Energie, die darauf abzielte, die Harmonie zwischen Himmel und Erde zu erhalten. So kann man sich die von den Riesen organisierten menschlichen Gesellschaften als eine Art Dynamos vorstellen. Sie erzeugen Kräfte, die im Gleichgewicht der universellen Kräfte ihre Rolle zu spielen haben. Der Mensch und insbesondere der Riese, der Gottmensch, ist verantwortlich für den gesamten Kosmos.

Diese Anschauung weist eine eigenartige Ähnlichkeit mit derjenigen Gurdjews auf. Man weiß, daß dieser bekannte Thaumaturg vorgab, in Geheimzirkeln des Orients gewisse Offenbarungen über den Ursprung der Welt und die seit Hunderttausenden von Jahren verschollenen Hochkulturen erhalten zu haben. In seinem berühmten Werk *All and Everything* schreibt er in der von ihm bevorzugten Bildersprache:

«Nachdem diese Kommission (eine Kommission von Engeln, die das Sonnensystem konstruierten und aufbauten) alle bekannten Tatsachen in Rechnung gezogen hatte, kam sie zum Schluß, daß die fortgeschleuderten Bruchstücke des Planeten ‹Erde› sich zwar einige Zeit in ihrer jetzigen Position zu halten vermögen, späterhin jedoch infolge der sogenannten *tastartoonarischen* Verschiebungen aus ihrer Lage verdrängt werden und nicht wiedergutzumachendes Unheil anrichten können. So beschlossen die hohen Kommissare, Vorkehrungen zu treffen, um diese Möglichkeit abzuwenden. Die wirksamste Maßnahme würde, so entschieden sie, darin bestehen, daß der Planet Erde seinen um ihn kreisenden Fragmenten, um sie an ihrem Platz zu halten, heilige Schwingungen, sogenannte *Askokinns*, übermittelte.»

Die Menschen sind also mit einem besonderen Organ ausgestattet, das psychische Kräfte aussendet, mit deren Hilfe das Gleichgewicht des Kosmos erhalten werden kann. Es ist jenes Organ, dem wir die ungenaue Bezeichnung «Seele» verliehen haben. Alle unsere Religionen wären demnach nur eine verblaßte Erinnerung an jene ursprüngliche Funktion: am Gleichgewicht der kosmischen Energien teilzuhaben.

In den frühen Kulturen Amerikas, so behauptet Denis Saurat, spielten die großen Eingeweihten mit Schlägern und Bällen ein Spiel, das im Grunde eine heilige Zeremonie war: die Bälle beschrieben in der Luft die gleichen Bahnen wie die Sterne am Himmel. Wenn ein ungeschickter Spieler den Ball fallen ließ oder in eine falsche Richtung schlug, so verursachte er damit astronomische Katastrophen. Zur Strafe wurde er getötet, und das Herz wurde ihm aus dem Körper gerissen.

Die Erinnerung an diese ursprüngliche Funktion verliert sich in Sagen und abergläubischen Vorstellungen. So spricht man vom Pharao, der vermittels seiner magischen Kraft das Nilwasser jedes Jahr anschwellen läßt, von den heidnischen Priestern unserer Ahnen, die mit ihren Gebeten bewirken, daß der Wind sich dreht und der Hagel ihre Felder verschont, von den polynesischen Zauberern, die mit ihren Beschwörungsformeln den Regen herbeilokken. Jede hochentwickelte Religion wäre also ihrem Ursprung nach nur Ausdruck jener Notwendigkeit, deren sich die Menschen der vergangenen Epochen und ihre Riesenkönige bewußt waren: der Notwendigkeit, das zu erhalten, was Gurdjew «die kosmische Bewegung der allgemeinen Harmonie» nennt.

Der Kampf zwischen Eis und Feuer, der dem Leben des Universums zugrunde liegt, durchläuft auf der Erde mehrere Zyklen. Hörbiger behauptet, daß wir alle sechstausend Jahre einem Angriff des Eises ausgesetzt sind. Dann kommt es zu Sintfluten und anderen großen Katastrophen. Im Schoße der Menschheit selbst hingegen bricht alle siebenhundert Jahre ein Feuerstoß hervor. Diese Metapher ist eine Umschreibung des Gedankens, daß der Mensch sich alle siebenhundert Jahre seiner verantwortlichen Stellung in diesem kosmischen Kampf wieder bewußt wird. Er wird im wahrsten Sinne des Wortes wieder religiös. Er erneuert die seit langem eingeschlafenen Beziehungen zu den Bezirken des Geistes. Er bereitet sich auf künftige Mutationen vor. Seine Seele weitet sich zu kosmischen Dimensionen. Er findet zum Sinn des großen Heldengedichts der Welt zurück. Er ist von neuem fähig, zwischen dem, was vom Gottmenschen, und dem, was vom Sklavenmenschen kommt, zu unterscheiden und alles, was Eigenschaft verworfener Rassen ist, von der Menschheit fernzuhalten. Er wird wieder flammend und unerbittlich. Er verspürt ein neues Treuegefühl gegenüber der Aufgabe, zu der die Riesen ihn erzogen haben.

Es ist uns nicht ganz verständlich geworden, wie Hörbiger die Theorie dieser Zyklen rechtfertigt und wie er diese These in sein Gesamtsystem einbaut. Aber andererseits erklärte Hörbiger — ebenso wir übrigens auch Hitler — daß die Bemühungen um den Zusammenhang ein Laster der Sterblichen sei. Nur das, was eine Bewegung hervorruft, zählt. Auch das Verbrechen ist Bewegung; ein Verbrechen gegen den Geist ist deshalb eine gute Tat. Und schließlich ist zu bedenken, daß Hörbiger die Idee dieser Zyklen in einer Eingebung zuteil wurde, in einem Zustand also, der sich der Autorität des Verstandes entzieht. Der letzte Feuerstoß ereignete sich seiner Aussage nach bei der Entstehung des Deutschritterordens. Nun war ein neuer derartiger Moment für die Menschheit gekommen: er fiel zusammen mit der Gründung der nationalsozialistischen SS.

Rauschning, dem der Schlüssel zu diesen Gedankengängen des Führers fehlte, da er zu fest in seiner humanistischen Weltanschauung verankert war, notiert in fassungslosem Schrecken die Sätze, zu denen Hitler sich zuweilen in seiner Gegenwart hinreißen ließ:

«Weltwende sei nun, das war ein Thema, das immer wieder in seinen Gesprächen anklang. Eine von uns Nichtwissenden in ihrem Ausmaß gar nicht zu erfassende Umwälzung des ganzen Lebens. Hitler sprach dann wie ein Seher und Eingeweihter. Es war eine biologische Mystik, oder soll man sagen eine mystische Biologie, die das Fundament seiner Eingebungen bildete. Der ‹Irrweg des Geistes› erschien als der eigentliche Abfall des Menschen von seiner göttlichen Berufung. ‹Magisch sichtig› zu werden, das schien ihm als das Ziel einer menschlichen Fortentwicklung. Er selbst fühlte sich bereits an der Schwelle dieses magischen Wissens und schrieb ihm seine Erfolge und seine künftige Bedeutung zu.

Der Mensch befände sich in einer ungeheuren Wandlung. Buchstäblich, über Jahrtausende hinweg vollziehe sich ein Umwandlungsprozeß mit ihm, verkündete er. Die solare Periode des Menschen * neige sich ihrem Ende zu. In ersten großen Menschengestalten einer neuen Art künde sich das Kommende heute schon an. Wie sich nach der unvergänglichen Weisheit der alten nordischen Völker die Welt immer wieder verjüngen müsse, indem das Alte mit seinen Göttern untergehe, wie die Wendepunkte der Sonne ihnen als Sinnbild des Lebensrhythmus galten, nicht in der geraden Linie des ewigen Fortschritts, sondern in der Spirallinie, so wende sich nun der Mensch scheinbar zurück, um sich wiederum eine Stufe höher zu heben.»

«Mir gegenüber», so fährt Rauschning fort, «kleidete Hitler diese Ideen in eine etwas materialistischere Fassung.»

«Die Schöpfung ist nicht am Ende. Der Mensch steht biologisch gesehen deutlich an einem Scheidepunkt. Eine neue Menschenspielart beginnt sich abzuzeichnen. Die alte bisherige Gattung Mensch gerät damit unweigerlich in das biologische Stadium der Verkümmerung. Die ganze Schöpferkraft aber wird sich in der neuen Menschenspielart konzentrieren. Die beiden Spielarten werden sich sehr schnell voneinander fort in entgegengesetzter Richtung entwickeln. Die eine wird unter den Menschen her-

* Die unter dem Sonneneinfluß stehende Periode. Die Glanzzeiten der Menschheitsgeschichte hingegen stehen unter dem Einfluß des Mondes: es sind die Zeiten, in denen der Satellit sich der Erde nähert.

untersinken, die andere wird weit über den heutigen Menschen hinaussteigen ... Verstehen Sie nun die Tiefe unserer national-sozialistischen Bewegung? Kann es etwas geben, das größer und umfassender ist? Wer den Nationalsozialismus nur als politische Bewegung versteht, weiß fast nichts von ihm ...»

Ebensowenig wie die anderen Beobachter hat Rauschning die Rassendoktrin mit der Lehre Hörbigers in Verbindung gebracht. Und doch besteht hier ein gewisser Zusammenhang. Sie bildet einen Bestandteil der nationalsozialistischen Esoterik, deren andere Aspekte wir noch auszugsweise kennenlernen werden. Es gab eine zu Propagandazwecken erfundene Rassentheorie: dieje-nige, welche die Historiker beschrieben und die Gerichte als Ver-fechter des menschlichen Gerechtigkeitssinnes verurteilt haben. Aber daneben gab es noch eine viel tiefere und zweifellos schreck-lichere Rassentheorie. Sie entzieht sich dem Begriffsvermögen der Historiker und der Völker, denn zwischen den Vertretern dieser Theorie einerseits und ihren Opfern und Richtern andererseits ist eine Verständigung nicht möglich; sie sprechen verschiedene Sprachen.

In der irdischen und kosmischen Periode, die wir jetzt durch-leben und in der wir auf den nächsten Zyklus warten, der auf der Erde zu neuen Mutationen und einer neuen Einteilung der Arten führen wird, der die Rückkehr des Riesenmagiers, des Gottmenschen bringen soll, in dieser Periode existieren auf un-serem Globus nebeneinander Spielarten von Lebewesen, die aus verschiedenen Phasen der Sekundär-Epoche, der Tertiär-Epoche und der Quartär-Epoche stammen. Es hat während all dieser Epo-chen Phasen des Aufstiegs und Phasen des Niedergangs gegeben. Gewisse Arten tragen das Zeichen der Degeneration, andere wie-der sind Künder der Zukunft und haben schon die Keime der Weiterentwicklung in sich. Der Mensch ist nicht einheitlich. Und die Menschen sind nicht etwa Abkömmlinge der Riesen, sondern sie sind erst nach der Erschaffung der Riesen auf der Erde aufge-taucht und ihrerseits durch Mutation entstanden. Aber auch diese mittlere Menschheit bildet nicht eine einheitliche Gattung. Ein Teil von ihr, die eigentliche, wahrhafte Menschheit, ist dazu be-rufen, den nächsten Zyklus zu erleben, und ist mit den psychi-schen Organen ausgestattet, deren sie bedarf, um im Gleichgewicht der kosmischen Kräfte eine Rolle zu spielen. Ihr ist unter Führung der künftigen unbekannten Übermenschen eine neue Hochblüte bestimmt. Daneben aber gibt es noch eine andere, eine Schein-Menschheit, die diesen Namen eigentlich gar nicht verdient und die zweifellos während jener dunklen und trüben Epochen entstanden ist, in denen nach dem Absturz des Satelliten unendliche Teile der Erde nur eine Schlammwüste waren. Wahrscheinlich fällt ihr Ursprung zusammen mit dem der abscheulichen Kriechtiere, die wir als Manifestationen des Niedergangs und Verfalls ansehen. Die Zigeuner, die Neger und die Juden sind keine Menschen in der eigentlichen Bedeutung dieses Wortes. Nach dem Absturz des Tertiär-Mondes durch eine abrupte Mutation wie durch eine unglückselige Zuckung der unterdrückten Lebenskraft geschaffen, ahmen diese «modernen» Kreaturen (insbesondere die Juden) voller Ehrgeiz den Menschen nach, gehören dieser Gattung jedoch nicht an. «Der Jude und der Arier, stelle ich sie einander gegenüber und nenne den einen Menschen, so muß ich den anderen anders nennen. Sie sind so weit voneinander wie das Tier vom Menschen», erklärt Hitler wörtlich dem entsetzten Rauschning, der hier bei dem Führer eine noch viel abwegigere Haltung entdeckt als bei Rosenberg und allen andern Vertretern der Rassentheorie. «Nicht daß ich den Juden ein Tier nenne», erläutert Hitler weiter. «Er steht dem Tier viel ferner als wir Arier.» Ihn auszurotten ist also kein Verbrechen gegen die Menschlichkeit, denn er hat an der Menschheit keinen Anteil. «Er ist ein naturfremdes und naturfernes Wesen.»

Hier liegt der Grund, warum bestimmte Sitzungen während des Nürnberger Prozesses jedes Sinns entbehren mußten. Die Richter konnten nicht zu einem Zwiegespräch mit den Verantwortlichen kommen, die übrigens in der Mehrzahl verschwunden waren und die Anklagebank den Vollstreckern ihrer Befehle überlassen hatten. Zwei Welten standen sich hier gegenüber, zwischen denen es keine Verbindung gab. Ebensogut hätte man den Versuch unternehmen können, von dem Niveau der humanistischen Kultur ausgehend über Marsmenschen zu Gericht zu sitzen. Diese Angeklagten waren Marsmenschen. Sie gehörten einer Welt an, die von der unseren, wie wir sie seit sechs oder sieben Jahrhunderten kennen, völlig getrennt war. Binnen weniger Jahre war, ohne daß wir es wirklich bemerkt hätten, in Deutschland eine Lebensform entstanden, die sich in allen Zügen von dem unterschied, was wir als «Kultur» zu bezeichnen gewohnt waren. Zwischen den Begründern dieser Lebensform und uns war irgendeine geistige oder moralische Verständigung ausgeschlossen. Trotz ihres Äußeren waren diese Menschen uns ebenso fremd wie die Ureinwohner Australiens. Die Richter in Nürnberg bemühten sich um den Anschein, als sei ihnen diese bestürzende Tatsache entgangen. Und in gewisser Hinsicht ging es hier tatsächlich darum, wie bei einem Taschenspielertrick einen Schleier über diese Tatsache zu werfen, um sie verschwinden zu lassen. Es ging darum, die Idee von der Dauer und Allgemeingültigkeit der humanistischen und kartesianischen Kultur aufrechtzuerhalten, und darum mußten die Angeklagten wohl oder übel in dieses System eingebaut werden. Das war unerläßlich. Das Gleichgewicht des abendländischen Bewußtseins stand auf dem Spiel, und man wird darum verstehen, daß es uns fernliegt, die positiven Seiten des Unternehmens von Nürnberg zu leugnen. Wir sind lediglich der Ansicht, daß das Phantastische dabei überdeckt und begraben wurde. Aber das mußte wohl geschehen, um Millionen von Seelen vor der Möglichkeit einer Ansteckung zu bewahren. Auch die Ausgrabungen, die wir hier vornehmen, sind nur für wenige unterrichtete und mit Schutzmasken versehene Amateure bestimmt.

Unser Verstand weigert sich anzuerkennen, daß das nationalsozialistische Deutschland eine Kultur verkörperte, die mit der übrigen in keinerlei Zusammenhang stand. Und doch kann nur diese Tatsache und nichts anderes diesen Krieg rechtfertigen, einen der wenigen der uns bekannten Geschichte, in dem es um einen wahrhaft grundsätzlichen Einsatz ging. Eine der zwei Anschauungen des Menschen über Himmel und Erde mußte den Sieg davontragen: die humanistische oder die magische. Eine Koexistenz war nicht denkbar, während man sich doch andererseits gern vorstellt, daß der Marxismus und der Liberalismus nebeneinander bestehen können. Aber diese beiden Richtungen beruhen auf derselben Grundlage, gehören der gleichen Welt an. Das Universum des Kopernikus hingegen ist nicht das Universum Plotins; die beiden sind völlig verschieden, und zwar gilt dies nicht allein für die Theorien, sondern auch für das soziale, politische, geistige und emotionelle Leben.

Wenn wir uns sträuben, die sonderbare Tatsache zuzugeben, daß sich in Deutschland im Handumdrehen eine völlig «andere» Kultur oder Zivilisation entwickelt hat, so darum, weil wir uns eine kindliche Vorstellung vom Unterschied zwischen einem «zivilisierten» und einem nicht zivilisierten Menschen bewahrt haben. Wir müssen Federbüsche, Tamtams und Bambushütten sehen, um diesen Unterschied zu empfinden. Man hätte aber leichter aus einem Bantu-Zauberer einen «zivilisierten Menschen» machen als die Ideen Hitlers, Hörbigers oder Haushofers mit unserem humanistischen Gedankengut in Einklang bringen können. Nur verdeckten die deutsche Technik, die deutsche Wissenschaft und die deutsche Organisation diese Tatsache unserem Blick. Das unerhört Neue im nationalsozialistischen Deutschland liegt darin, daß sich hier der Wirtschaft und Technik ein magisches Denken angegliedert hatte.

Die intellektuellen Verleumder unserer Zivilisation, die ihre Sehnsucht den alten Zeiten zuwandten, waren stets Feinde des technischen Fortschritts, wie etwa René Guénon, Gurdjew oder die zahlreichen Hinduisten. Im Nationalsozialismus jedoch hat der Geist der Magie sich der Schalter und Hebel des materiellen Fortschritts bemächtigt. Lenin hat gesagt, der Kommunismus sei Sozialismus plus Elektrizität. Der Nationalsozialismus wäre vielleicht als Guénonismus plus Panzerdivisionen zu bezeichnen. Eins der schönsten Dichterwerke unserer Zeit trägt den Titel *The Martian Chronicles*. Sein Verfasser ist ein etwa dreißigjähriger Amerikaner, ein Christ nach der Art von Bernanos, ein Gegner der Roboter-Zivilisation, ein Mann voller Zorn und Mitleid. Sein Name lautet Ray Bradbury. Er ist nicht, wie man allgemein glaubt, ein Verfasser von «Science-Fiction»-Erzählungen, sondern ein religiöser Künstler. Seine Themen entlehnt er einer Phantasie modernster Prägung, aber wenn er Reisen in die Zukunft oder in den Weltenraum unternimmt, so will er dabei nur den inneren Menschen und seine wachsende Unruhe beschreiben.

Zu Beginn der *Martian Chronicles* sind die Menschen daran, ihre erste große interplanetarische Rakete zu starten. Sie wird den Mars erreichen und so zum erstenmal eine Verbindung mit anderen Intelligenzen herstellen. Es ist Januar im Jahre 1999.

«Eben noch herrschte der Winter in Ohio: Türen und Fenster waren fest geschlossen, Eisblumen schimmerten an den Scheiben, die Dachränder waren mit Eiszapfen gesäumt... Dann fegte eine Hitzewelle durch die kleine Stadt. Eine Springflut glühendheißer Luft schoß empor; es war, als habe man die Tür eines riesigen Backofens geöffnet. Der heiße Atem fuhr über die Häuser, die Büsche, die Kinder. Die Eiszapfen lösten sich, fielen herab und begannen zu schmelzen... *Der Sommer der Rakete*. Die Neuigkeit verbreitete sich von Mund zu Mund. *Der Sommer der Rakete*. Der sengende Wüstenhauch ließ die Eisarabesken an den Fenstern zerfließen... Der Schnee, der aus dem kalten Himmel auf die Stadt herabfiel, verwandelte sich in warmen Regen, noch bevor er den Boden erreichte. *Der Sommer der Rakete*. Die Menschen traten aus den Türen auf ihre tropfenden Veranden und blickten zum geröteten Himmel empor...»

Das, was den Menschen in dem Dichtwerk Bradburys später zustößt, ist traurig und schmerzhaft, denn der Autor glaubt nicht daran, daß sich mit dem äußeren Fortschritt auch ein Fortschritt der Seelen verbinde. Im Prolog jedoch, in dem er diesen «Sommer der Rakete» beschreibt, spricht er einen Archetyp des menschlichen Gedankens an: die Hoffnung auf einen ewigen Frühling. In dem Augenblick, in dem der Mensch an die Himmelsmechanik rührt und ihr einen neuen Motor einsetzt, vollziehen sich hier unten gewaltige Veränderungen. Auch hier greift ein Ereignis in das andere. In den interplanetarischen Räumen, in denen sich von nun an der menschliche Geist manifestiert, werden Kettenreaktionen ausgelöst, die auch auf Erden, wo ein Klimawechsel stattfindet, ihren Widerhall haben. Im Moment, da der Mensch nicht allein den Himmel erobert, sondern auch das, «was jenseits des Himmels ist», in dem Augenblick, in dem sich im All eine große materielle und geistige Revolution vollzieht, in dem die menschliche Kultur sich zu einer kosmischen Kultur erweitert, wird der Erde eine unmittelbare Belohnung für diese Tat zuteil. Die Elemente bedrängen den Menschen nicht mehr. Eine ewige milde Wärme hüllt den Globus ein. Das Eis, das Sinnbild des Todes, besiegt.

Die Gleichsetzung des Feuers mit der geistigen Energie ist ein weiterer Archetyp des Gedankens. Der Träger dieser Energie ist Träger des Feuers. So sonderbar es erscheinen mag: Hitler war überzeugt, daß überall dort, wo er vorrückte, die Kälte zurückweichen mußte. Diese mystische Überzeugung erklärt zum Teil die Art, wie er den Feldzug in Rußland führte.

Die Anhänger Hörbigers, die ihrer Aussage nach imstande sind, das Wetter auf der ganzen Erde auf Monate und sogar auf Jahre vorauszusagen, hatten einen relativ milden Winter prophezeit. Aber es gab noch einen anderen Grund: gleich den Schülern der Welteislehre war Hitler in seinem Innersten absolut sicher, daß er einen Pakt mit der Kälte geschlossen hatte und daß die Schneemassen der russischen Ebenen ihn auf seinem Marsch nicht aufhalten würden. Die Menschheit würde unter seiner Führung in den neuen Zyklus des Feuers eintreten. Er hatte bereits begonnen. Der Winter würde vor seinen Legionen, den Trägern der Flamme, zurückweichen.

Und während der Führer der Ausrüstung seiner Truppen sonst ganz besondere Aufmerksamkeit widmete, hatte er den für den Rußlandfeldzug bestimmten Soldaten nur ein paar lächerliche Zusatzstücke bewilligt: einen Wollschal und ein Paar Handschuhe.

Im Dezember 1941 fiel das Thermometer plötzlich auf mehr als vierzig Grad unter Null. Die Voraussagen waren falsch gewesen, die Prophezeiungen hatten sich nicht bewahrheitet: die Elemente bäumten sich auf, und die Sterne in ihrer Bahn hörten mit einemmal auf, für die gerechte Sache zu arbeiten. Jetzt triumphierte das Eis über das Feuer. Die automatischen Waffen versagten, da das Öl einfror. In den Kanistern zersetzte sich das synthetische Benzin unter der Einwirkung der Kälte in zwei unbrauchbare Bestandteile. Hinter der Front vereisten die Lokomotiven. Die Männer starben in ihren Uniformröcken und ihren einfachen Soldatenstiefeln. Die leichteste Verwundung bereits war ein Todesurteil. Tausende von Soldaten, die sich auf den Boden hockten, um ihre Notdurft zu verrichten, brachen mit schweren Erfrierungen zusammen. Hitler weigerte sich, an diesen ersten Zwiespalt zwischen Mystik und Realität zu glauben. General Guderian riskierte die Absetzung und vielleicht sogar den Tod, als er nach Berlin flog, um dem Führer über die Lage Bericht zu erstatten und um einen Rückzugsbefehl zu bitten.

«Die Kälte ist meine Sache», erwiderte Hitler. «Greifen Sie an!»

So kam es, daß das gesamte Panzerkorps, das Polen in acht-
zehn Tagen und Frankreich in einem Monat besiegt hatte, die
Armeen Guderian, Reinhardt und Hoeppner, die mächtige Legion
der Eroberer, die Hitler seine «Unsterblichen» nannte, vom Wind
zerbissen, vom Eis verbrannt, in der Kältewüste untergehen
mußten, um zu beweisen, daß die Mystik wahrer sei als die Natur.
Das, was von der Großen Armee übrigblieb, mußte schließlich
umkehren. Als im folgenden Sommer die Truppen den Kaukasus
besetzten, fand dort eine sonderbare Zeremonie statt. Drei
SS-Alpenjäger erkletterten den Gipfel des Elbrus, des heiligen Bergs
der Arier, die Hochburg alter Kulturen, den magischen Gipfel der
Sekte, die sich «Freunde Luzifers» nannte. Dort pflanzten sie die
nach ihrem Ritus geweihte Hakenkreuzfahne auf. Diese Fahnen-
weihe auf dem Elbrus sollte den Anbruch eines neuen Zeitalters
symbolisieren. Von nun an würden die Jahreszeiten dem Willen
des Menschen untertan sein, das Feuer würde auf Jahrtausende
hinaus das Eis besiegen. Das vergangene Jahr hatte eine schwere
Enttäuschung gebracht, aber das war nur eine letzte Prüfung vor
dem wahrhaften Sieg des Geistes gewesen. Und trotz der Berichte
der meteorologischen Stationen, die einen noch strengeren Winter
als den vorhergehenden prophezeiten, trotz aller drohenden Anzeichen zogen die Truppen auf Stalingrad zu, um Rußland in zwei
Teile zu zerschneiden.

Doch die «Schüler der Vernunft mit ihren düsteren Mienen»
sollten den Sieg davontragen. Die materiellen Menschen, die Menschen «ohne Feuer», mit ihrem Mut, ihrer «jüdisch-liberalen»
Wissenschaft, ihrer Technik ohne religiösen Unterbau, die Menschen ohne die «geheiligte Maßlosigkeit» waren es, denen die
Kälte und das Eis zu Hilfe kommen und die schließlich trium-
phieren sollten. Sie sprengten den Hitlerschen Pakt. Sie hatten
den Vortritt vor der Magie. Nach Stalingrad ist Hitler kein Prophet mehr. Seine Religion bricht zusammen. Stalingrad ist nicht
allein eine militärische und politische Niederlage. Das Gleichgewicht der spirituellen Kräfte ist verändert. Die deutschen Zeitungen erscheinen mit schwarzem Trauerrand, und die Beschreibungen der Katastrophe, die sie geben, sind noch entsetzlicher als
die der russischen Kommuniqués. Es wird eine allgemeine Na-
tionaltrauer angeordnet. Aber diese Trauer geht über den Rahmen
der Nation hinaus. «Macht es euch klar!» schreibt Goebbels. «Es

ist ein Gedanke, eine ganze Weltanschauung, die hier unterliegen. Die geistigen Kräfte werden zunichte gemacht, die Stunde des Gerichtes naht.»

In Stalingrad ist es nicht oder doch nicht nur der Kommunismus, der über den Faschismus triumphiert. Von einem Standpunkt aus, der weit genug entfernt ist, um den Sinn derartig wesentlicher Ereignisse zu erfassen, bemerkt man, daß die humanistische Kultur schlechthin es war, die den Aufschwung einer anderen, luziferischen, magischen Kultur stoppte, die nicht für den Menschen gemacht war, sondern für «etwas, das mehr ist als der Mensch». Es gibt keine wesentlichen Unterschiede zwischen den Beweggründen der zivilisatorischen Taten der UdSSR und der USA. Das Europa des 18. und 19. Jahrhunderts hat den Motor geliefert, der überall zu gebrauchen ist. Er läuft in Moskau nur nicht mit dem gleichen Geräusch wie in New York. Es war wirklich eine einheitliche Welt, die im Krieg gegen Deutschland stand, und nicht eine momentane Koalition von Völkern, die sich im Grunde feindlich sind. Eine einheitliche Welt, die an den Fortschritt, an die Gleichheit der Menschen und an die Wissenschaft glaubt. Eine einheitliche Welt, die die gleiche Ansicht vom Kosmos, die gleiche Auffassung von den allgemeingültigen Gesetzen hat und die dem Menschen den gleichen Platz im Universum zuweist, der weder zu klein noch zu groß ist. Eine einheitliche Welt, die völlig untergehen sollte, um einer anderen, als deren Verkünder sich Hitler fühlte, Platz zu machen.

Der kleine Mensch der «freien Welt» war es, der Bewohner von Moskau, von Boston, von Limoges oder von Lüttich, der kleine positive, rationalistische, mehr moralistische als religiöse Mensch ohne metaphysische Begabung, ohne Interesse für das Phantastische, derjenige, den Zarathustra einen «Zwitter von Pflanze und Gespenst» nennt, der Kleinbürger, wie Flaubert ihn als Monsieur Homais in *Madame Bovary* gezeichnet hat, er war es, der die Große Armee vernichten sollte, die bestimmt war, dem Übermenschen, dem Gottmenschen, dem Herrn über die Elemente, die Klimata und die Gestirne, den Weg zu ebnen. Und durch eine seltsame Fügung der Gerechtigkeit — oder auch der Ungerechtigkeit — sollte dieser kleine Mensch mit der beschränkten Seele es sein, der Jahre später einen Satelliten in den Himmel schicken und damit das interplanetarische Zeitalter eröffnen sollte.

Stalingrad und der Sputnik waren wirklich, wie die Russen sagen, zwei entscheidende Siege, und 1957, bei den Feiern zum Jahrestag ihrer Revolution, nennen sie diese beiden Ereignisse mit Recht in einem Atemzug. Die russischen Zeitungen brachten ein Bild von Goebbels mit der Unterschrift: «Er glaubte, wir würden untergehen. Aber wir mußten siegen, um den interplanetarischen Menschen zu schaffen.»

Der verzweifelte, wahnwitzige, unheilvolle Widerstand, den Hitler noch leistet, als offensichtlich schon alles verloren ist, läßt sich nur dadurch erklären, daß er auf die von den Hörbiger-Schülern angesagte Sintflut wartete. Wenn die Lage sich nicht mit menschlichen Mitteln umkehren ließ, so blieb immer noch die Möglichkeit, das Urteil der Götter herauszufordern. Eine Sintflut würde als Strafe über die gesamte Menschheit hereinbrechen. Nacht würde sich über die Erde breiten, und alles würde in Regen und Hagel versinken. «Hitler», so berichtet Speer schaudernd, «versuchte mit voller Überlegung, alle und alles in seinen Untergang mit hineinzuziehen. Er war ein Mensch, für den das Ende seines eigenen Lebens das Ende aller Dinge bedeutete.» Goebbels begrüßt in seinen letzten Leitartikeln begeistert die feindlichen Bomber, die sein Land zerstören: «Unter den Trümmern unserer vernichteten Städte sind die Zeugnisse des stumpfsinnigen 19. Jahrhunderts begraben.» Hitler übergibt dem Tod das Regiment: er befiehlt die totale Vernichtung Deutschlands, er läßt die Gefangenen hinrichten, verurteilt seinen früheren Chirurgen zum Tod, läßt seinen Schwager umbringen, fordert den Tod für die besiegten Soldaten und steigt selber ins Grab. «Hitler und Goebbels», schreibt Trevor Roper, «forderten das deutsche Volk auf, seine Städte und Fabriken zu zerstören, seine Deiche und Brücken zu sprengen, seine Eisenbahnlinien und das gesamte rollende Material aufzuopfern, und alles das zugunsten einer Legende, im Namen einer Götterdämmerung.» Hitler will Blut; er schickt seine letzten Truppen in den Opfertod: «Die Verluste werden niemals hoch genug sein können», sagt er. Nicht die Feinde Deutschlands sind es, die hier siegen, es sind die Kräfte des Alls, die sich in Bewegung setzen, um die Erde zu überschwemmen und die Menschheit zu bestrafen, weil sie es zugelassen hat, daß das Eis den Sieg über das Feuer davontrug, daß die Mächte des Todes die Mächte des Lebens und der Auferstehung besiegten. Der Himmel wird sich rächen. Im Sterben bleibt nur noch die Möglichkeit, die große Sintflut zu beschwören. Hitler bringt dem Wasser ein Opfer: er gibt den Befehl, die Berliner Untergrundbahn unter Wasser zu setzen, in deren Schächten Tausende von Menschen, die sich hierher geflüchtet haben, umkommen. Bevor Goebbels im Bunker seine Frau, seine Kinder und sich selbst tötet, verfaßt er einen letzten Artikel, in dem er behauptet, das eigentliche Drama spiele sich nicht auf der Erde, sondern im Kosmos ab. «Unser Ende wird das Ende des Universums sein.»

8 *Die Erde ist hohl — Wir leben in ihrem Innern — Die Sonne und der Mond befinden sich in ihrem Mittelpunkt — Das Radar im Dienste der Magier — Eine in Amerika entstandene Religion — Ihr deutscher Prophet war ein Flieger — Der Anti-Einstein — Die Arbeit eines Wahnsinnigen — Ein Schiedsspruch Hitlers — Jenseits aller Zusammenhänge*

Wir schreiben den Monat April des Jahres 1942. Deutschland opfert alle seine Kräfte für den Krieg. Nichts, so scheint es, kann die Techniker, die Gelehrten und die Generäle von ihrer unmittelbaren Aufgabe abbringen.

Und doch verläßt eine geheimnisvolle Expedition mit der Zustimmung Görings, Himmlers und Hitlers das Festland. Die Mitglieder dieser Forschergruppe sind einige der besten deutschen Radar-Spezialisten. Unter Führung von Dr. Heinz Fischer, der sich durch seine Arbeiten über die infraroten Strahlen einen Namen gemacht hat, landen sie auf der Ostseeinsel Rügen. Sie sind mit den vollendetsten Radargeräten ausgestattet. Dabei gibt es zu diesem Zeitpunkt erst wenige dieser Apparate, und man benötigt sie vor allem an den neuralgischen Punkten der deutschen Verteidigung. Die Beobachtungen jedoch, denen man sich auf der Insel Rügen widmen soll, werden im Generalstab der Marine als unerläßlich für die Offensive angesehen, die Hitler an allen Fronten vorbereitet.

Kaum gelandet, läßt Dr. Fischer die Geräte in einem Winkel von 45 Grad gegen den Himmel richten. In der gewählten Richtung ist jedoch offensichtlich nichts zu entdecken. Die anderen Mitglieder der Expedition glauben, es handele sich um einen Versuch. Sie ahnen nicht, was man von ihnen erwartet. Der Zweck der Untersuchungen soll ihnen erst später mitgeteilt werden. Erstaunt bemerken sie, daß die Radargeräte mehrere Tage hindurch in derselben Position verbleiben. Dann aber kommt die Aufklärung: Der Führer hat gute Gründe, anzunehmen, daß die Erde nicht konvex, sondern konkav ist. Wir wohnen nicht außen auf der Erde, sondern innen und sind somit Fliegen vergleichbar, die sich über die Innenfläche einer Glaskugel bewegen. Die Expedition hatte den Auftrag, den wissenschaftlichen Beweis dieser Wahrheit zu erbringen. Durch die Reflexion der Radarwellen, die sich in gerader Linie fortpflanzen, würde man Bilder von den entferntesten Punkten im Inneren der Kugel erhalten. Die zweite Aufgabe der Expedition war es, durch Reflexion Aufnahmen der in Scapa Flow ankernden englischen Flotte zu beschaffen.

Martin Gardner berichtet über dieses verrückte Unternehmen auf Rügen in seiner Arbeit *In the Name of Science*. Auch Dr. Fischer selbst spielt nach Beendigung des Krieges darauf an. Professor Gerard S. Kuiper vom Observatorium auf dem Mount Palomar widmete im Jahre 1946 eine Reihe von Artikeln der Hohlweltlehre, die den Anlaß zu dieser Expedition gegeben hatte. So schreibt er in *Popular Astronomy*:

«Wichtige Persönlichkeiten in der deutschen Marine und der Luftwaffe glaubten an die Hohlweltlehre. Vor allem meinten sie, daß es auf Grund dieser Lehre möglich sei, die Bewegungen der englischen Flotte zu beobachten, da die konkave Krümmung der Erde Beobachtungen auf sehr weite Entfernung vermittels der infraroten Strahlen gestatten würde, die ja weniger gekrümmt verlaufen als die sichtbaren Strahlen.»

Der Ingenieur Willy Ley berichtet dieselben Tatsachen in seiner im Mai 1947 verfaßten Studie *Pseudo-sciences in Naziland*. So erstaunlich es klingt, es ist wahr: hohe nationalsozialistische Funktionäre und Militärexperten leugneten glattweg das, was für jedes kleine Kind unserer zivilisierten Welt eine augenscheinliche Wahrheit ist, daß nämlich die Erde eine Kugel ist und daß wir außen, auf ihrer Oberfläche leben. Über uns, so denkt das kleine Kind, erstreckt sich das endlose Firmament mit seinen Myriaden von Sternen und Milchstraßen. Unter uns befindet sich das Gestein der Erde. Gleichgültig, ob das Kind Franzose, Engländer, Amerikaner oder Russe ist, es stimmt in dieser Hinsicht völlig überein mit der offiziellen Wissenschaft und ebenso mit allen anerkannten religiösen und philosophischen Thesen. Unsere Moral, unsere Kunst und unsere Technik gründen auf dieser Ansicht, die durch die Erfahrung bewiesen scheint. Wenn irgend etwas die Einheitlichkeit der modernen Kultur deutlich machen kann, dann gewiß die Kosmogonie, die wir alle anerkennen. Über das Wesentliche, nämlich über die Stellung des Menschen und der Erde innerhalb des Universums, sind wir alle einer Meinung, ob wir Marxisten sein mögen oder nicht. Einzig die Nationalsozialisten teilten diese Auffassung nicht.

Für die Anhänger der Hohlweltlehre, die jene berühmte pseudowissenschaftliche Expedition auf die Insel Rügen veranstalteten, leben wir im Innern einer Kugel und sind somit in eine Gesteinsmasse eingeschlossen, die sich bis in die Unendlichkeit erstreckt. Wir haften gewissermaßen an der konkaven Innenseite der Kugel, in deren Mitte sich der Himmel befindet. Dieser wiederum ist eine Masse aus bläulichem Gas mit glänzenden Lichtpunkten, die wir für Sterne halten. Es gibt nur die Sonne und den Mond, doch sind diese unendlich viel kleiner, als die orthodoxen Astronomen behaupten. Damit aber erschöpft sich das Universum. Wir sind allein, im Fels eingeschlossen.

Wir wollen jetzt einmal sehen, wie diese Anschauung entstanden ist. Sie leitet sich aus Legenden, aus intuitiven Eingebungen und Erleuchtungen her. Eine Nation, die in einen Krieg verwickelt ist, in dem die Technik alles bedeutet, verlangt im Jahre 1942 von der Wissenschaft, sie solle die Mystik unterstützen, und von der Mystik, sie solle die Technik bereichern.

Auch in Paris oder London gibt es exzentrische Denker, Entdecker abwegiger Kosmogonien, Propheten aller möglichen Verrücktheiten. Sie verfassen Flugschriften, sie stöbern in den Hinterzimmern der Buchhandlungen herum, sie halten Ansprachen im Hyde Park oder in der «Salle de Géographie» auf dem Boulevard Saint-Germain. Im Hitlerdeutschland hingegen erleben wir es, daß Leute dieser Art die Kräfte der Nation und die technische Apparatur einer im Krieg befindlichen Armee mobilisieren. Wir erleben es, daß sie auf die Generalstäbler, die Politiker und Wissenschaftler einen entscheidenden Einfluß ausüben. Wir stehen hier einer völlig neuen Geistesrichtung gegenüber, die sich auf die Verachtung der klassischen Kultur und der Vernunft gründet. Die Intuition, die Mystik, die dichterische Eingebung rangieren hier auf gleicher Stufe mit der wissenschaftlichen Forschung und der rationellen Erkenntnis. «Wenn ich von Kultur reden höre, ziehe ich meinen Revolver», sagt Göring. Dieser Satz ist in doppelter Hinsicht erschreckend: einmal im wörtlichen Sinne, der uns Göring-Ubu zeigt, wie er den Intellektuellen den Schädel einschlägt, zum anderen aber in einem viel tieferen und für das, was wir Kultur nennen, viel gefährlicheren Sinne, denn hier zeigt sich uns ein Göring, der Explosivgeschosse wie die Hörbigersche Kosmogonie, die Hohlweltlehre oder die Mystik der Thule-Gesellschaft abfeuert.

Die Hohlweltlehre wurde zu Beginn des 19. Jahrhunderts in Amerika geboren. Am 10. April 1818 erhielten alle Mitglieder des amerikanischen Kongresses, die Rektoren der Universitäten und einige bedeutende Wissenschaftler den folgenden Brief:

> Saint Louis, Missouri,
> Nordamerika,
> 10. April.
>
> An die ganze Welt!
>
> Ich erkläre hiermit, daß die Erde hohl und in ihrem Inneren bewohnbar ist. Sie enthält mehrere konzentrische feste Kugeln, die ineinander verschachtelt sind, und ist am Pol mit einer Öffnung von 12 bis 16 Grad versehen. Ich mache mich anheischig, die Wahrheit meiner Behauptung zu beweisen, und bin bereit, das Innere der Erde zu erforschen, wenn die Welt sich entschließt, mich bei meinem Vorhaben zu unterstützen.
>
> Jno. Cleves SYMNES,
> Hauptmann der Infanterie a. D. von Ohio

Sprague de Camp und Willy Ley fassen in ihrer schönen Arbeit *The Lands Beyond* die Theorie und das Abenteuer des ehemaligen Hauptmanns der Infanterie folgendermaßen zusammen:

«Symnes behauptet, daß, da alles in der Welt hohl ist, wie zum Beispiel die Knochen, die Haare, die Pflanzenstengel, auch die Planeten hohl sein müßten und daß man im Falle der Erde fünf kugelförmige Gebilde unterscheiden könne, die ineinandergeschoben seien und deren jedes sowohl von innen wie von außen bewohnbar sei. Außerdem seien sie an den Polen mit geräumigen Öffnungen ausgestattet, so daß die Bewohner jeder

Kugel sich von jedem beliebigen Punkt des Inneren an einen anderen und ebenso auf die Außenseite begeben könnten, so wie eine Ameise, die zuerst über die innere und dann über die äußere Fläche einer Porzellankugel läuft ... Symnes zog seine Vortragsreisen wie Wahlkampagnen auf. Bei seinem Tod hinterließ er Stöße von Notizen und das kleine Holzmodell seines Globus, das sich zur Zeit in der Akademie der Naturwissenschaften von Philadelphia befindet. Sein Sohn, Americ Vespucius Symnes, war einer seiner Schüler und versuchte, die nachgelassenen Notizen zu einem einheitlichen Band zusammenzufassen. Er fügte eine Hypothese an, laut der, wenn die Zeit erfüllt sei, die zehn verlorenen Stämme Israels, die vermutlich in der innersten der Kugeln lebten, wiedergefunden würden.'

Im Jahre 1870 behauptet ein anderer Amerikaner, Cyrus Read Teed, ebenfalls, daß die Erde hohl sei. Teed war ein hochgebildeter Mann, der sich insbesondere mit der alchimistischen Literatur befaßt hatte. 1869, während er in seinem Laboratorium arbeitete und über das Buch Jesaia meditierte, hatte er eine Erleuchtung. Er begriff auf einmal, daß wir nicht auf der Erde, sondern in ihrem Inneren wohnen. Da diese Vision seiner Ansicht nach gewisse alte Sagen bestätigte, begründete er eine Art Religion und verkündete seine Lehre in einer kleinen Zeitschrift, die er *The Sword of Fire* betitelte. 1894 hatte er bereits mehr als viertausend fanatische Anhänger gewonnen. Er gab seiner Religion auch einen Namen: den *Koreschismus*. Im Jahre 1908 starb er, nachdem er verkündet hatte, daß sein Leichnam nicht in Verwesung übergehen werde. Zwei Tage nach seinem Tod jedoch sahen seine Anhänger sich genötigt, ihn einzubalsamieren.

Diese Vorstellung von der hohlen Erde knüpft an eine Überlieferung an, die man allerorten und zu allen Zeiten antrifft. Die ältesten Werke der religiösen Literatur sprechen von einer abgesonderten, unter der Erdkruste gelegenen Welt, in der die Toten und die Geister hausen. Als Gilgamesch, der legendäre Held der alten Sumerer und der babylonischen Epen, seinen Ahnherrn Utnapischtim besuchen will, steigt er ins Erdinnere hinab, und hier sucht auch Orpheus die Seele seiner Eurydike. Odysseus bringt, als er an den Grenzen des Abendlandes angekommen ist, ein Opfer, damit die Geister der Abgeschiedenen aus den Tiefen der

Erde heraufsteigen und ihm ihren Rat erteilen. Pluton herrscht in der Unterwelt über die Geister der Toten. Und dorthin verbannen die germanischen Sagen auch Venus. Dante verlegt die Hölle in die inneren Kreise. In der europäischen Folklore wohnen die Drachen unter der Erde, und die Japaner stellen sich vor, daß in den Tiefen ihrer Insel ein Ungeheuer haust, dessen Zuckungen die Erde erzittern lassen.

Wir sprachen bereits von der vor-nationalsozialistischen Geheimgesellschaft, der Vril-Gesellschaft, die diese Legenden mit den Thesen vermengte, die der englische Schriftsteller Bulwer-Lytton in seinem Roman *The Coming Race* aufgestellt hatte. Nach Ansicht der Mitglieder dieser Gruppe bewohnen Wesen, die über höhere psychische Kräfte als wir verfügen, Höhlen im Mittelpunkt der Erde. Eines Tages werden sie daraus hervorkommen, um die Herrschaft über uns anzutreten.

Nach Beendigung des ersten Weltkriegs entdeckt Bender, ein junger deutscher Flieger, der in französische Gefangenschaft geraten war, einige alte Exemplare von Teeds Zeitschrift *The Sword of Fire* sowie etliche Propagandabroschüren, in denen die Behauptung vertreten wurde, daß die Erde hohl sei. Er fühlt sich von dieser Theorie angesprochen, erfährt selbst eine Art Erleuchtung und entwickelt die Doktrin weiter. Nach seiner Rückkehr nach Deutschland begründet er eine Bewegung, die Hohlweltlehre. Dabei stützt er sich auf die Arbeiten eines anderen Amerikaners, Marshall B. Gardner, der im Jahre 1913 ein Werk veröffentlicht hatte, in dem er den Beweis erbringen wollte, daß die Sonne nicht über der Erde steht, sondern in ihrem Mittelpunkt, und daß ihre Strahlen einen Druck ausüben, der uns auf der konkaven Erdoberfläche festbannt.

Für Bender ist die Erde eine Kugel mit denselben Dimensionen, die ihr auch die orthodoxe Geographie zuschreibt; aber sie ist hohl, und das Leben wird vermittels gewisser von der Sonne ausgehender Strahlungen auf ihrer Innenfläche festgehalten. Darüber befinden sich unendliche Gesteinsmassen. Die Luftschicht im Inneren der Kugel ist sechzig Kilometer hoch, dann verdünnt sie sich immer mehr bis zu dem absolut luftleeren Raum im Mittelpunkt, in dem drei Körper schweben: die Sonne, der Mond und das Weltall-Phantom. Das Weltall-Phantom ist eine Kugel aus bläulichem Gas, in der Lichtkörner aufschimmern, die von den

Astronomen als Sterne bezeichnet werden. Es wird Nacht auf einem Teil der konkaven Erdenfläche, wenn diese blaue Masse vor der Sonne vorbeizieht und der Schatten dieser Masse Verfinsterungen auf dem Mond hervorruft. Wir glauben an ein äußeres Universum, das sich über uns befindet, weil die Lichtstrahlen sich nicht in gerader Linie bewegen: sie sind, mit Ausnahme der infraroten Strahlen, gekrümmt. Diese Theorie Benders sollte um 1930 populär werden. Leitende Persönlichkeiten des Dritten Reichs, hohe Offiziere der Marine und der Luftwaffe glaubten an die Hohlweltlehre.

Es erscheint uns völlig unbegreiflich, daß Männer, die die Führung einer Nation übernommen hatten, sich in ihren Maßnahmen teilweise nach mystischen Intuitionen richteten, welche die Existenz unseres Universums leugneten. Man muß jedoch bedenken, daß in Deutschland dem einfachen Mann, dem Mann von der Straße, der schwer unter der Wirtschaftskrise und der Arbeitslosigkeit gelitten hatte, um 1930 die Theorien der Hohlweltlehre auch nicht wahnwitziger vorkamen als der Gedanke, daß ein winziges Körnchen Materie unbegrenzte Energiequellen enthalten könne, oder die Vorstellung einer vierdimensionalen Welt. Die Wissenschaft hatte seit dem Ende des 19. Jahrhunderts einen Weg eingeschlagen, der nicht mehr der des sogenannten gesunden Menschenverstands war. Für naive, unglückliche und mystisch veranlagte Menschen wurde jede phantastische Idee glaubhaft, vor allem wenn sie so verständlich und tröstlich war wie die Hohlweltlehre. Hitler und seine Gefährten waren Männer aus dem Volk und Gegner des reinen Intellekts; ihnen mußten die Gedanken Benders viel einleuchtender erscheinen als die Theorien Einsteins, die eine unendlich komplizierte und außerordentlich schwer faßbare Welt voraussetzten. Zwar war die Bendersche Welt offensichtlich ebenso vernunftwidrig wie die von Einstein heraufbeschworene, aber um sie zu begreifen, bedurfte es gewissermaßen nur eines Wahnsinns ersten Grades. Bender baute seine Erklärung der Welt auf verrückten Voraussetzungen auf, doch die weitere Entwicklung seiner Gedanken war vernunftgemäß. Der Verrückte hat alles verloren, nur nicht die Vernunft!

Die Hohlweltlehre, die die Menschen als die einzigen geistbegabten Lebewesen hinstellte, das Weltall auf die Dimensionen der Erde beschränkte und dem Menschen das Gefühl vermittelte, daß er umschlossen, eingefangen, beschützt war wie der Fötus im Mutterleib, befriedigte gewisse Hoffnungen der unglücklichen Seele, die in ihrem Stolz gekränkt und von Haß auf die äußere Welt erfüllt war. Außerdem war sie die einzige deutsche These, die man dem Juden Einstein entgegenstellen konnte.

Die Theorie Einsteins beruht auf den Experimenten von Michelson und Morley, durch die sie bewiesen, daß die Geschwindigkeit des Lichts, das sich parallel zur Erdumdrehung bewegt, gleich der Geschwindigkeit der Lichtstrahlen ist, die senkrecht zur Erdbewegung verlaufen. Einstein folgert daraus, daß das Licht also nicht durch irgendein Mittel «getragen» wird, sondern selbst aus unabhängigen Korpuskeln besteht. Von dieser Gegebenheit ausgehend bemerkt Einstein, daß das Licht sich im Sinne der Bewegung zusammenzieht und daß es eine Lichtenergie gibt. Er stellt die Theorie von der Relativität der Lichtbewegung auf. Nach dem System Benders ist die Erde hohl und bewegt sich somit nicht. Es gibt für ihn keinen Michelson-Effekt. Die Hohlweltlehre trägt der Realität also scheinbar ebenso Rechnung wie die Theorie Einsteins. Zu jener Zeit waren Einsteins Überlegungen noch durch keine experimentelle Nachprüfung unterbaut worden: noch hatte keine Atombombe diese Gedanken auf eine ebenso absolute wie erschreckende Weise bekräftigt. Die führenden Persönlichkeiten des Nationalsozialismus hielten sich für berechtigt, den Arbeiten des genialen Juden jeden Wert abzusprechen. Damit begannen sie ihre Verfolgungstaktik gegen die jüdischen Gelehrten und ihren Kampf gegen die offizielle Wissenschaft.

Einstein, Teller, Fermi und eine Anzahl anderer bedeutender Männer mußten emigrieren. Sie fanden gastliche Aufnahme in den Vereinigten Staaten, wo ihnen reichliche Geldmittel und vorzüglich ausgestattete Laboratorien zur Verfügung gestellt wurden. Hier entstand die Grundlage für die Atommacht Amerikas. Der Auftrieb der okkulten Kräfte in Deutschland war es, der den Amerikanern die Atomenergie bescherte.

Das wichtigste Forschungszentrum der amerikanischen Armee befindet sich in Dayton im Staate Ohio. 1957 wurde bekannt, daß es im Laboratorium dieser Forschungsstätte gelungen war, eine Temperatur von einer Million Grad zu erzielen. Der Mann aber, dem dieses außerordentliche Experiment glückte, hieß Dr. Heinz Fischer — es war derselbe Heinz Fischer, der seinerzeit die Expedition auf die Insel Rügen angeführt hatte, welche die Thesen der Hohlweltlehre bestätigen sollte. Als die amerikanischen Journalisten ihn über seine Vergangenheit befragten, erklärte er: «Die Nazis ließen mich die Arbeit eines Wahnsinnigen verrichten und beeinträchtigten damit erheblich den Fortgang meiner Forschungen.» Man kann sich fragen, was wohl geschehen wäre und wie der Krieg sich entwickelt hätte, wenn die Forschungen Dr. Fischers nicht zugunsten des Mystikers Bender unterbrochen worden wären ...

Nach dem negativen Ausgang der Versuche auf der Insel Rügen sank das Renommé Benders in den Augen der NS-Führer trotz der Protektion, die Göring dem früheren Helden der Luftfahrt, für den er Sympathie empfand, angedeihen ließ. Die Anhänger Hörbigers, die Verfechter der Welteislehre, trugen den Sieg davon. Bender kam schließlich in ein Konzentrationslager, wo er starb. So hatte die Hohlweltlehre ihren Märtyrer bekommen.

Doch schon lange vor der verrückten Expedition nach Rügen hatten die Schüler Hörbigers Bender mit Hohn überschüttet und das Verbot seiner Schriften gefordert. Das Hörbigersche System erhob Anspruch darauf, eine für alle verbindliche Lehre zu sein: man konnte nicht gleichzeitig an einen Kosmos glauben, in dem Eis und Feuer einen immerwährenden Kampf ausfochten, und an eine in unendliche Gesteinsmassen eingeschlossene Welt. Hitler wurde gebeten, einen Schiedsspruch zu fällen. Seine Antwort stimmt nachdenklich: «Wir brauchen gar keine einheitliche Auffassung von der Struktur der Welt. Sie können alle beide recht haben.» Das, was zählt, ist nicht der Zusammenhang und die Einheitlichkeit der Sicht, es ist die Zerstörung der aus der Logik hervorgegangenen Systeme, der rationalen Denkmethoden, es sind die mystische Dynamik und die explosive Wucht der Intuition. In den dunkel schimmernden Bereichen des magischen Geistes ist Platz für mehr als einen Funken.

9 *Das Euthanasie-Programm — Die Aufhebung der Naturgesetze — Das letzte Gebet Dietrich Eckarts — Thule, der
magische Mittelpunkt einer untergegangenen Kultur — Eine Pflanz-
schule der Medien — Haushofer, der Magier — Rudolf Heß fliegt
nach England — Das Hakenkreuz und die Inschrift auf der Haus-
mauer in Jekaterinburg — Die sieben Männer, die das Leben verändern wollten — Eine tibetanische Kolonie — Die Ausrottungen
und das Ritual*

In Flensburg lebte nach dem Krieg als tüchtiger Vertrauensarzt
für Versicherungsgesellschaften und medizinischer Sachverständiger
bei Gerichtsverhandlungen ein Mann namens Fritz Sawade. Gegen
Ende des Jahres 1959 warnte eine mysteriöse Stimme den guten
Doktor und teilte ihm mit, daß die Behörden sich gezwungen sehen
würden, ihn zu verhaften. Er floh, irrte acht Tage umher und stellte
sich schließlich der Polizei. In Wirklichkeit handelte es sich um den
SS-Standartenführer Werner Heyde. Professor Heyde war der
medizinische Organisator des Euthanasie-Programms gewesen, dem
in den Jahren 1940 und 1941 zweihunderttausend Kranke zum
Opfer fielen und das gewissermaßen als Vorspiel zu den großen
Vernichtungsaktionen in den Konzentrationslagern galt.

Anläßlich dieser Verhaftung schrieb der französische Journalist
Nobécourt, einer der besten Historiker des nationalsozialistischen
Deutschland, in der Wochenzeitschrift *Carrefour:*

«Die Affäre Heyde ähnelt wie viele andere einem Eisberg: man
bekommt nur einen Bruchteil des wirklichen Umfangs zu
sehen ... Die Euthanasie der Geistesschwachen und Unheilbaren,
die systematische Ausrottung aller Gruppen, die man in Verdacht
hatte, sie könnten die Reinheit des germanischen Bluts vergiften,
wurde mit pathologischer Verbissenheit und einem fast religiösen Fanatismus durchgeführt, der an Wahnsinn grenzte. Zahlreiche Beobachter der Prozesse, die nach dem Krieg stattfanden
— und zwar namhafte Wissenschaftler und Mediziner, von denen
man kaum annehmen kann, daß sie Mystifikationen als gültige

Beweise ansahen — kamen schließlich zu der Ansicht, daß bloße politische Leidenschaft eine unzureichende Erklärung für diese Tatsachen war und daß man wohl das Vorhandensein einer mystischen Verbindung annehmen müsse, die zwischen all den Befehlsgebern und den Vollstreckern dieser Befehle, zwischen Himmler und dem letzten Wärter im Konzentrationslager, bestand.

Es drängt sich allmählich die Hypothese einer Geheimgesellschaft auf, die dem äußerlichen Gefüge des Nationalsozialismus zugrunde lag. Es muß eine wahrhaft dämonische Verbindung gewesen sein, und sie gehorchte geheimen Dogmen, die viel schärfer und genauer ausgearbeitet waren als die allgemeinen Thesen in *Mein Kampf* oder im *Mythos des 20. Jahrhunderts*. Die Spuren ihrer Riten sind kaum bemerkbar, für die Analytiker der Nazi-Pathologie jedoch (und wir betonen noch einmal, daß es sich um Wissenschaftler und Mediziner handelte) kann an ihrer Existenz kein Zweifel bestehen.»

Wir sind allerdings nicht der Ansicht, daß es sich hier um eine einzige, fest organisierte und klar verzweigte Gemeinschaft gehandelt hat, und auch das Bestehen eines einheitlichen Dogmas und bestimmter, allgemeingültiger Riten erscheint uns fraglich. Im Gegenteil, gerade die Vielfältigkeit und Zusammenhanglosigkeit dürften für dieses unterirdische Deutschland, das wir zu beschreiben versuchen, bezeichnend gewesen sein. Einem Abendländer, der vom Positivismus und der kartesianischen Denkweise herkommt, erscheint eine gewisse Einheitlichkeit für jedes, selbst ein mystisches Unternehmen, unerläßlich. Aber wir stehen hier außerhalb des Abendlands; es handelt sich um einen vielgestaltigen Kult, um einen *über-geistigen* (oder auch unter-geistigen) *Zustand*, der die verschiedensten nur lose miteinander zusammenhängenden Riten und Glaubensformen absorbiert. Wichtig ist nur, ein geheimes Feuer zu schüren, eine Flamme am Leben zu erhalten, und zu diesem Zweck ist jedes Mittel recht.

In einem solchen Zustand ist nichts mehr unmöglich. Die Naturgesetze sind aufgehoben, die Welt wird fließend. Die Führer der SS behaupten, die Breite des Ärmelkanals sei viel geringer, als sie auf den Landkarten angegeben ist. Für sie, genau wie für die Weisen der Hindu vor zweitausend Jahren oder für den Bischof Berkeley im 18. Jahrhundert, war die Welt nur eine Illusion, und ihre Struktur ließ sich durch den wirkenden Gedanken der Eingeweihten verändern.

Wir möchten nunmehr gemäß unserer Methode dem Leser einige Hinweise und Zitate über gewisse andere bisher vernachlässigte Seiten des «magischen Sozialismus» unterbreiten: die Thule-Gesellschaft, den Aufbau des Schwarzen Ordens und das Forschungsamt Ahnenerbe. Wir haben über diese Punkte eine etwa tausend Seiten umfassende Dokumentation gesammelt. Wollten wir jedoch eine klare, überzeugende und vollständige Arbeit über dieses Gebiet schreiben, müßte dieses Material zunächst noch einmal überprüft und ergänzt werden. Das liegt für den Augenblick außerhalb des Bereichs unserer Möglichkeiten. Andererseits möchten wir dieses Buch auch nicht ungebührlich belasten, da wir die Gegenwartsgeschichte hier lediglich als Beispiel für den «phantastischen Realismus» herangezogen haben. Darum geben wir nur eine kurze Zusammenfassung einiger interessanter Tatsachen.

An einem Herbsttag des Jahres 1923 stirbt in München eine ungewöhnliche Persönlichkeit, ein Dichter, Verfasser von Dramen, ein Journalist, ein Bohémien: Dietrich Eckart. Seine Lungen sind von Giftgas zerfressen. Vor seiner Agonie spricht er ein Gebet vor einem schwarzen Meteoriten, den er «meine Kaaba» nennt und den er Professor Oberth, einem der Schöpfer der Astronautik, vermachte. Kurz zuvor hatte er ein langes Manuskript an seinen Freund Karl Haushofer geschickt. Seine Angelegenheiten waren geregelt. Er starb, aber die Thule-Gesellschaft sollte weiterbestehen und bald die Erde und das Leben auf dieser Erde verändern.

Im Jahre 1920 machen Dietrich Eckart und ein anderes Mitglied der Thule-Gesellschaft, der Architekt Alfred Rosenberg, die Bekanntschaft Hitlers. Diese erste Zusammenkunft findet im Haus Winifred Wagners in Bayreuth statt. Drei Jahre hindurch sind diese beiden Männer nun ständig um den kleinen Gefreiten des ersten Weltkriegs und beeinflussen seine Gedanken und Handlungen. Konrad Heiden [34] schreibt: «Dietrich Eckart übernimmt Adolf Hitlers geistige Führung. Hitler lernt von ihm schreiben und sogar sprechen.» Diese Unterweisung betraf zwei Gebiete: die «Geheimdoktrin» und die Propagandadoktrin. Die Unterhaltungen, die Lehrer und Schüler miteinander führten, hat Eckart in einer merkwürdigen Broschüre aufgezeichnet: *Der Bolschewismus von Moses bis Lenin.* Im Juli 1923 ist Eckart, Hitlers neuer Lehrer, eines der sieben Gründungsmitglieder der Nationalsozialistischen Deutschen Arbeiterpartei. Sieben: die heilige Zahl. Als er im Herbst stirbt, sagt er:

> «Folgt Hitler! Er wird tanzen, aber die Musik zu seinem Tanz habe ich komponiert. Wir haben ihm die Mittel gegeben, mit IHNEN in Verbindung zu treten... Beklagt mich nicht: ich werde mehr Einfluß auf die Geschichte gehabt haben als jeder andere Deutsche...»

Die Sage von Thule geht auf älteste Zeiten zurück. Man spricht von einer Insel, die irgendwo im fernen Norden im Meer versunken ist. Oder sollte es sich vielleicht um Grönland handeln? Um Labrador? Ebenso wie Atlantis soll auch Thule der magische Mittelpunkt einer untergegangenen Kultur gewesen sein. Für Eckart und seine Freunde jedoch waren nicht alle Geheimnisse Thules verlorengegangen. Irgendwelche Wesen, die zwischen dem Menschen und Geistern außerhalb der Erde stehen, verfügten nach Ansicht der Eingeweihten über ein Kraftreservoir, aus dem sie schöpfen konnten, um Deutschland die Herrschaft über die Welt zu verleihen, um aus Deutschland die Verkündernation des künftigen Übermenschentums, der bevorstehenden Mutationen der menschlichen Rasse zu machen. Eines Tages werden Legionen sich in Bewegung setzen, um alles, was dem geistigen Schicksal der Erde im Wege steht, zu vernichten, und sie werden von unfehlbaren Männern angeführt werden, die aus den Quellen der Kraft getrunken haben und den Spuren der Großen folgen.

Solcherart sind die Mythen, die in der arischen Doktrin Eckarts und Rosenbergs enthalten sind und die diese Propheten eines magischen Sozialismus der medialen Seele Hitlers einimpfen. Aber die Thule-Gesellschaft ist vorerst zweifellos nur eine zwar mächtige, aber kleine Knetmaschine, die Traum und Wirklichkeit miteinander vermengt. Sie wird sehr bald unter anderen Einflüssen und unter der Führung anderer Persönlichkeiten zu einem viel sonderbareren Instrument werden: zu einem Instrument, das imstande ist, das Wesen der Wirklichkeit selbst zu verändern. Erst durch das Auftreten Karl Haushofers scheint die Thule-Gesellschaft ihren wahren Charakter zu gewinnen: sie wird zu einer Geheimgesellschaft, deren Mitglieder in Verbindung mit dem Unsichtbaren stehen — zum magischen Mittelpunkt des Nationalsozialismus.

Hitler wurde am 20. April 1889 um 17 Uhr 30 in Braunau am Inn, Salzburger Vorstadt 219, geboren. Diese kleine Stadt an der Grenze zwischen Österreich und Bayern, Begegnungspunkt zweier großer deutschsprachiger Staaten, sollte später für Hitler zu einem symbolischen Ort werden. Eine eigenartige Tradition ist mit der Geschichte dieser Stadt verknüpft: sie ist eine Pflanzstätte für Medien. Hier wurden Willy und Rudi Schneider geboren, deren Experimente auf diesem Gebiet vor etwa dreißig Jahren eine Sensation waren. Hitler hatte dieselbe Amme wie Willy Schneider. Jean de Pange schreibt 1940:

«Braunau ist ein Zentrum der Medien. Eines der bekanntesten ist Frau Stockhammer, die im Jahre 1920 in Wien den Prinzen Joachim von Preußen heiratete. Aus Braunau ließ sich auch der Münchner Parapsychologe Albert Freiherr von Schrenck-Notzing seine Medien kommen, zu denen unter anderen ein Vetter Hitlers gehörte.»

Der Okkultismus lehrt, daß, nachdem die geheimen Mächte durch einen Pakt versöhnt sind, die Mitglieder der Gruppe diese Kräfte nur durch Vermittlung eines Beschwörers zur Wirkung bringen könnten. Dieser Beschwörer wiederum kann ohne ein Medium nichts ausrichten. In unserem Fall nun sieht es ganz so aus, als sei Hitler das Medium gewesen und Haushofer der Beschwörer. Rauschning beschreibt den Führer folgendermaßen:

«Man ist gezwungen, an Medien zu denken. Die meiste Zeit sind sie ganz gewöhnliche, unbedeutende Menschen. Plötzlich fallen wie aus dem Himmel Kräfte auf sie, die sie weit über das Maß des Gewöhnlichen herausheben. Diese Kräfte haben mit ihrer eigentlichen Persönlichkeit nichts zu tun. Sie sind wie Besucher von anderen Sternen. Das Medium ist besessen. Wenn der Bann gebrochen ist, fällt es wieder in seine Mittelmäßigkeit zurück. Und auch bei Hitler ist es unzweifelhaft so, daß gewisse Kräfte durch ihn hindurchgehen. Fast dämonische Kräfte, denen der Mensch, der Hitler heißt, nur die augenblickliche äußere Hülle bietet. Durch dieses Zusammentreffen des Gewöhnlichen und des

Außerordentlichen ergibt sich jene unerträgliche Zwiespältigkeit, die man empfindet, sobald man mit Hitler in Berührung kommt. Diese Figur hätte von Dostojewsky erfunden sein können. Das jedenfalls ist der Eindruck, den die Verbindung einer krankhaften Unruhe und einer dunklen Kraft in seinem grotesken Gesicht vermittelt.»

Und Strasser:

«Ein Schlafwandler — wahrhaftig, ein Medium, wie es die wirresten Epochen der Menschheitsgeschichte hervorbringen. Er taucht aus dem Halbschatten auf, zwischen Tag und Nacht. Wie oft bin ich gefragt worden, worin denn die außergewöhnliche Rednergabe Hitlers bestehe. Ich kann sie nicht anders erklären als durch jene wunderbare Intuition, die ihm die unfehlbare Diagnose von der Unzufriedenheit vermittelt, unter der seine Zuhörer leiden ... Das Medium versinkt in Trance, wenn es seinem Publikum gegenübersteht. Das sind die Augenblicke seiner wirklichen Größe ...»

Bouchez meint:

«Ich sah seine Augen an, Augen, die medial geworden waren ... Manchmal ereignete sich etwas Ähnliches wie bei dem Phänomen des Ektoplasmas: irgend etwas schien in dem Redner zu wohnen. Eine Art Fluidum sonderte sich ab ... Dann wurde er wieder klein, ja vulgär, ein Irgendwer. Er schien erschöpft, die Akkumulatoren waren leer.»

Und François-Poncet:

«Er geriet in ein Art mediale Trance. Sein Gesichtsausdruck war der einer ekstatischen Verzückung.»

Hinter dem Medium aber hat man zweifellos nicht einen einzelnen Menschen zu suchen, sondern eine Gruppe, eine Energiegemeinschaft, eine magische Zentrale. Und eins erscheint uns sicher: Hitler wurde von etwas anderem angetrieben als von dem, was er selbst darstellte: von Kräften und Richtungen, die sich zwar nicht ganz deutlich abzeichneten, die aber unendlich gefährlicher waren als die bloße nationalsozialistische Theorie. Von einem Gedanken, der viel größer war als das, was sein eigenes Hirn produzieren konnte, der ihn ständig über sein eigenes Ziel hinausschießen ließ und über den er seinem Volk und seinen Mitarbeitern nur bruchstückhafte und vergröberte Andeutungen machen konnte. Hitler war ein heftig schwingender Resonanzboden.

«Er war wirklich der ‹Trommler›, wie er sich selbst im Münchner Prozeß bezeichnete, und dieser Trommler ist er zeitlebens geblieben. Bei alledem hat er, je nach den Umständen, von dieser Gabe nur soweit Gebrauch gemacht, wie sie seinem Machthunger, seinem Traum von der Welteroberung und der biologischen Erzeugung des Gottmenschen dienlich war.» [35]

Aber da gab es noch einen anderen Traum, einen anderen Wahn: das Leben auf der gesamten Erde zu verändern. Zuweilen tritt er zutage, oder, richtiger gesagt, dieser Hintergedanke drängt sich vor, sickert plötzlich durch einen kleinen Spalt heraus. Hitler sagt zu Rauschning:

«Unsere Revolution ist eine neue Etappe, oder vielmehr sie ist die endgültige Etappe in der Entwicklung, die zur Überwindung der Geschichte führt . . .»

Oder:

«Ihr wißt nichts von mir, meine Parteigenossen haben keine Ahnung von den Träumen, die mich bewegen, und von dem grandiosen Gebäude, dessen Grundmauern zumindest stehen werden, wenn ich sterbe . . . Es wird sich eine Umwälzung auf der Erde vollziehen, die ihr, die nicht Eingeweihten, nicht verstehen könnt . . . Das, was hier vor sich geht, ist mehr als das Heraufkommen einer neuen Religion . . .»

Rudolf Heß war der Assistent Haushofers gewesen, als dieser als Professor an der Universität München wirkte. Er ist es, der den Kontakt zwischen Haushofer und Hitler herstellt. (Nachdem Haushofer ihm gesagt hat, daß er ihn im Traum nach England habe fliegen sehen, flieht er, offenbar in einem Anfall geistiger Umnachtung, in einem Flugzeug nach England. In den seltenen Augenblicken der Geistesklarheit, die seine unerklärliche Krankheit ihm läßt, soll der Gefangene Heß, der letzte Überlebende der Thule-Gesellschaft, erklärt haben, daß Haushofer der Magier, der geheime Meister, gewesen sei [36].)

Nach dem mißglückten Putsch kommt Hitler als politischer Häftling auf die Festung Landsberg. Auf Veranlassung von Heß besucht Haushofer ihn hier täglich, verbringt jedesmal mehrere Stunden bei ihm, entwickelt ihm seine Theorien und kehrt dabei alle für die politische Machtergreifung günstigen Argumente hervor. In Gemeinschaft mit Heß verquickt Hitler die zur politischen Propaganda verwendbaren Thesen Haushofers mit den Gedanken Rosenbergs zu einem Ganzen, das er sofort diktiert. So entsteht sein Buch *Mein Kampf*.

Karl Haushofer wurde 1869 geboren. Er unternahm zahlreiche Reisen nach Indien und in die Fernen Osten, wurde auch nach Japan geschickt und erlernte dort die Landessprache. Für ihn befand sich die Wiege des deutschen Volkes in Zentralasien, und der Bestand, die Größe und der Adel der Welt waren durch die indogermanische Rasse gesichert. In Japan soll Haushofer einer der bedeutendsten buddhistischen Geheimgesellschaften beigetreten sein und sich verpflichtet haben, falls seine «Mission» scheitern sollte, den vorgeschriebenen zeremoniellen Selbstmord zu begehen.

1914 fällt der junge General Haushofer durch seine außergewöhnliche Fähigkeit auf, kommende Ereignisse vorauszusagen: die Stunde, zu der ein feindlicher Angriff stattfinden wird, die Stellen, an denen Granaten einschlagen werden, Unwetter, politische Veränderungen in Ländern, von denen er nichts weiß. Hat auch Hitler diese Gabe der Hellsichtigkeit gehabt, oder war es Haushofer, der ihm seine eigenen Erleuchtungen einflüsterte? Hitler sagt genau das Datum voraus, an dem seine Truppen in Paris einziehen werden, und er nennt auch den Tag, an dem die ersten Blockadebrecher in Bordeaux eintreffen. Als er sich zur Besetzung des Rheinlands entschließt, sind alle Experten Europas einschließlich der deutschen überzeugt, daß Frankreich und England Gegenmaßnahmen ergreifen werden. Hitler erklärt, dies werde nicht geschehen. Später sagt er das Todesdatum Roosevelts voraus.

Nach dem ersten Weltkrieg nimmt Haushofer seine Studien wieder auf und scheint sich ausschließlich für die Probleme der politischen Geographie zu interessieren. Er gründet die Zeitschrift *Geopolitik* und veröffentlicht zahlreiche Arbeiten. Sonderbarerweise scheinen diese Studien auf einem streng materialistischen politischen Realismus zu fußen. Dieses bei allen Mitgliedern der Gruppe erkennbare Bemühen, eine rein materialistische exoterische Sprache zu führen und auf diese Weise pseudowissenschaftliche Begriffe zu propagieren, stiftet ununterbrochen neue Verwirrung.

Hinter dem Geopolitiker verbirgt sich jedoch noch eine andere Persönlichkeit: der Schüler Schopenhauers, der den Weg zum Buddhismus gefunden hat, der Bewunderer des heiligen Ignatius von Loyola, den der Gedanke der Herrschaft über die Menschen reizt, der Mann, der über eine hohe Bildung und eine ungewöhnliche Seelenkraft verfügt. Man darf wohl annehmen, daß Haushofer es war, der das Hakenkreuz als Emblem gewählt hat.

Das Hakenkreuz galt in Europa wie in Asien seit jeher als magisches Zeichen. Man sah in ihm ein Symbol der Sonne, der Quelle des Lebens und der Fruchtbarkeit, oder auch ein Symbol des Donners, in dem sich der göttliche Zorn, den man beschwören muß, ausdrückt. Zum Unterschied vom Kreuz, vom Dreieck, vom Kreis oder vom Halbmond ist das Hakenkreuz kein elementares Signum, das in jedem Zeitalter der Menschheit und an jedem Punkt der Erde jeweils mit einer anderen Bedeutung ausgestattet und immer von neuem erfunden werden kann. Es ist das erste mit einer bestimmten Absicht entworfene Symbol. Das Studium seiner Wanderungen wirft das Problem der ersten Zeitalter, des gemeinsamen Ursprungs der verschiedenen Religionen und der prähistorischen Beziehungen zwischen Europa, Asien und Amerika auf. Das älteste Hakenkreuzzeichen wurde in Siebenbürgen entdeckt und dürfte aus dem Ende der Steinzeit stammen. Man findet es auf Hunderten von Spindeln aus dem 14. Jahrhundert v. Chr. wieder und ebenso auf den Trümmern der Stadt Troja. Im 4. Jahrhundert v. Chr. erscheint es in Indien und im 5. Jahrhundert n. Chr. in China. Ein Jahrhundert später taucht es in Japan auf, und zwar genau zu dem Zeitpunkt, an dem der Buddhismus, der es zu seinem Emblem macht, hier an Einfluß gewinnt. Eine Tatsache läßt sich aus alledem herauslesen: in allen semitischen Religionen, also in Ägypten, in Chaldäa, in Assyrien und in Phönizien, ist das Hakenkreuz unbekannt oder tritt nur vereinzelt und zufällig auf. Es ist ein ausschließlich «arisches» Symbol. 1891 schon hebt Ernst Krauss diese Tatsache hervor, und 1908 beschreibt Guido List das Hakenkreuz in seinen populärwissenschaftlichen Arbeiten als ein Symbol der Reinheit des Bluts, das gemeinsam mit einem Zeichen für esoterische Erkenntnis auftritt, welches bei der Entzifferung des Runen-Epos der Edda entdeckt wurde. Am russischen Zarenhof wird das Hakenkreuz durch die Zarin Alexandra Feodorowna eingeführt. Geschah es unter dem Einfluß der Theosophen? Oder vielleicht unter dem des Mediums Badmajew, jener sonderbaren Persönlichkeit, die eine Ausbildung in Lhasa genossen hatte und späterhin noch immer zahlreiche Verbindungen mit Tibet unterhielt? Tibet aber ist eins der Länder, in denen man sowohl das nach rechts wie das nach links gerichtete Hakenkreuz am häufigsten antrifft. Und in diesem Zusammenhang ist eine sehr erstaunliche Geschichte zu vermerken.

Auf eine Mauer des Hauses in Jekaterinburg, in dem die Zarin die letzten Tage ihres Lebens verbrachte, hatte sie vor ihrer Erschießung ein Hakenkreuz und eine Inschrift gezeichnet. Wie es heißt, wurde eine Photographie von dieser Zeichnung gemacht, bevor sie beseitigt wurde. Der berühmte General Kutjepow soll im Besitz eines am 24. Juli aufgenommenen Photos gewesen sein. Ihm sei, wie verlautet, außerdem die Ikone übergeben worden, die man bei der Leiche der Zarin fand und die eine weitere Botschaft enthielt, in welcher auf die Geheimgesellschaft des Grünen Drachens angespielt wurde. Laut Bericht des Spionageagenten, der später auf mysteriöse Weise vergiftet wurde und der Romane unter dem Pseudonym Teddy Legrand verfaßt hat, war Kutjepow, der spurlos verschwand, auf der Dreimastbark des Barons Otto Bautenaas entführt und dort getötet worden. Auch Bautenaas selbst soll später ermordet worden sein. Teddy Legrand schreibt:

«Dieses große weiße Schiff hieß Asgard. Es war also — zufällig? — auf den Namen getauft worden, mit dem die isländischen Sagen das Reich des Königs von Thule bezeichnen.»

Nach Trebitsch-Lincoln (der behauptete, in Wirklichkeit der Lama Djordi Den zu sein) stammte die Gesellschaft der Grünen, die der Thule-Gesellschaft verwandt war, aus Tibet. In Berlin gab es einen tibetanischen Mönch, der unter dem Spitznamen «der Mann mit den grünen Handschuhen» bekannt war und der dreimal in der Presse mit absoluter Genauigkeit im voraus die Zahl der nationalsozialistischen Abgeordneten angab, die in den Reichstag einziehen würden. Dieser Mann hatte regelmäßige Zusammenkünfte mit Hitler. Er war, wie die Eingeweihten sagten, «der Bewahrer der Schlüssel, die das ‹Reich Agarthi› öffnen».

Damit wären wir wieder in Thule. Zur gleichen Zeit, da *Mein Kampf* veröffentlicht wurde, erschien auch das Werk des Polen Ossendowski *Tiere, Menschen und Götter,* in dem zum erstenmal öffentlich die Begriffe Shampullah und Agarthi genannt werden. Im Nürnberger Prozeß wird man diese Namen wieder aus dem Mund derer hören, die das Forschungsamt Ahnenerbe leiteten.

Wir schreiben das Jahr 1925 *. Die nationalsozialistische Partei beginnt sehr aktiv zu werden. Horst Wessel, der Gewährsmann Hörbigers und Verfasser des später zur zweiten Nationalhymne erhobenen Horst-Wessel-Liedes, organisiert die Sturm-Abteilungen. Ein Jahr später wird er von Kommunisten ermordet. Der deutsche Schriftsteller Hans Heinz Ewers, gewissermaßen ein deutscher Lovecraft, verschreibt sich voller Begeisterung der Partei, weil er in ihr, zumindest in ihren Anfängen, «den stärksten Ausdruck der schwarzen Mächte» erblickt.

Was nun diese «schwarzen Mächte» betrifft, so sind die sieben Begründer der Partei, die davon träumen, das Leben zu verändern, überzeugt, daß sie physisch und vor allem geistig von ihnen gestützt und getragen werden. Falls die Auskünfte, die wir erhielten, zutreffen, so haben der Schwur, der sie bindet, der Mythos, auf den sie sich beziehen und aus dem sie Kraft, Vertrauen und Zuversicht schöpfen, ihren Ursprung in einer tibetanischen Sage. Danach lebte vor drei- oder viertausend Jahren im Gebiet der heutigen Wüste Gobi ein Volk mit einer hohen Kultur. Infolge einer Katastrophe — vielleicht einer Atomkatastrophe — verwandelte das

---

* In seinem 1931 erschienenen Werk *Le symbolisme de la croix* bringt René Guénon folgende Fußnote: «Kürzlich fand ich in einem Artikel des *Journal des Débats* vom 22. Januar 1929 den folgenden Bericht, der darauf hinzuweisen scheint, daß die alten Überlieferungen doch nicht so völlig in Vergessenheit geraten sind, wie man denkt: ‹1925 erhob sich ein großer Teil der Cuna-Indianer. Sie töteten die Polizisten von Panama in ihrem Territorium und gründeten die unabhängige Republik Thule, deren Fahne ein Hakenkreuz auf orangefarbenem Grund mit rotem Rand zeigt.› Bemerkenswert daran ist vor allem die Verbindung des Hakenkreuzes mit dem Namen Thule, der eine der ältesten Bezeichnungen für das höchste geistige Zentrum darstellt und später auch für einige untergeordnete Zentren Anwendung fand.»

Land Gobi sich in eine Wüste, und die Überlebenden wanderten aus: ein Teil zog nach Nordeuropa, ein anderer in den Kaukasus. Der Gott Thor der nordischen Mythologie soll einer der Helden dieser Wanderung gewesen sein.

Die «Eingeweihten» der Thule-Gesellschaft waren überzeugt, daß diese Auswanderer aus dem Lande Gobi die Grundrasse der Menschheit, den arischen Stamm, bildeten. Haushofer wies auf die Notwendigkeit hin, zu den «Quellen» zurückzukehren, d. h., ganz Osteuropa, Turkestan, Pamir, die Wüste Gobi und Tibet zu erobern. Diese Länder waren in seinen Augen die «Herzregion», und der Herrscher über sie war gleichzeitig der Herr der Welt.

Nach dieser Sage, so wie sie Haushofer zweifellos gegen 1905 aus dem Orient mitbrachte und wie René Guénon sie auf seine Art in *Le Roi du Monde* erzählt, siedelten sich die führenden Persönlichkeiten jener hohen Kultur, die großen Weisen, die Söhne der Geister anderer Welten, nach der Katastrophe von Gobi in einem riesigen Höhenbezirk unter dem Himalaja an. Innerhalb dieses Bezirks spalteten sie sich in zwei Gruppen; die eine folgte dem «Weg rechter Hand», die andere dem «Weg linker Hand». Der Mittelpunkt des «ersten Weges» soll Agarthi gewesen sein, eine unauffindbare Stadt, der Ort der Kontemplation, der Tempel des Nicht-Teilhabens an der Welt. Der «zweite Weg» führte über Shampullah, die Stadt der Macht und der Gewalt, deren Kräfte über die Elemente und die Massen der Menschen geboten und sie der «großen Zeitwende» entgegenführten. Den großen Magiern anderer Völker war es möglich, durch Gelöbnisse und Opfer einen Pakt mit Shampullah zu schließen.

In Österreich verkündete die Gruppe «Edelweiß» im Jahre 1928, es sei ein neuer Messias geboren. In England erklärten Sir Mosley und Bellamy im Namen der Hörbigerschen Lehre, daß Deutschland vom «Licht» berührt sei. In Amerika erschienen die *Silver Roads* des Obersten Ballard. Eine Anzahl bedeutender englischer Persönlichkeiten versucht, die Öffentlichkeit vor dieser Bewegung zu warnen, in der sie zunächst nur eine geistige Bedrohung, das Heraufkommen einer luziferischen Religion erblickt. Kipling läßt das Hakenkreuz von den Umschlagdeckeln seiner Bücher entfernen. Lord Tweedsmuir, der unter dem Namen John Buchan schreibt, veröffentlicht zwei Schlüsselromane: *The Courts of the Morning* und *A Prince in Captivity*, die eine Beschreibung der Gefahren enthalten, welche der abendländischen Kultur durch eine geistige und zugleich magische, auf das Böse ausgerichtete «Energiezentrale» erwachsen können. Saint-George Saunders zeigt in *The Seven Sleepers* und *The Hidden Kingdom* die düsteren Flammen der nationalsozialistischen Esoterik und ihrer «tibetanischen Herkunft» auf.

Im Jahre 1926 bildeten sich in München und Berlin kleine Kolonien von Hindus und Tibetanern. Nach dem Einmarsch der Russen in Berlin fand man unter den Leichen etwa tausend Todesfreiwillige in deutscher Uniform ohne Ausweise und Abzeichen, die sichtlich der Himalaja-Rasse angehörten. Von dem Augenblick an, da die Bewegung über große Geldmittel verfügt, werden zahlreiche Expeditionen nach Tibet organisiert, die praktisch ohne Unterbrechung bis zum Jahre 1943 fortdauern.

Die Mitglieder der Thule-Gesellschaft waren sicher, daß sie die Weltherrschaft erringen würden, daß sie gegen jede Gefahr gefeit seien und daß ihr Wirken sich über tausend Jahre, bis zur nächsten Sintflut, erstrecken werde. Sie verpflichteten sich, von eigener Hand zu sterben, wenn sie einen Fehler begehen sollten, der den Pakt gefährdete, und schworen auch, Menschenopfer darzubringen. Die Ausrottung der Zigeuner (750 000 Menschen) scheint lediglich «magische» Gründe gehabt zu haben. Wolfram Sievers wurde zum Vollstrecker, zum priesterlichen Henker, zum rituellen Würger ernannt. Wir werden noch einmal auf diese Zusammenhänge zurückkommen, halten es jedoch für nötig, zunächst einen der Aspekte des erschreckenden Problems zu erhellen, vor den diese Ausrottungsaktionen das Gewissen des modernen Menschen stellen. Für die höchsten Stellen ging es offenbar darum, die Gleichgültigkeit der überirdischen Mächte zu bezwingen und ihre Aufmerksamkeit zu erregen. In diesem Bestreben liegt der magische Sinn aller Menschenopfer von den Mayas bis zu den Nationalsozialisten. Während des Nürnberger Prozesses war man oft erstaunt darüber, wie unbeteiligt die höchsten Befehlsgeber dieser Mordaktionen sich gaben. Ein schöner und schrecklicher Satz, den Merritt einem der Helden seines Romans *The Dwellers in the Mirage* in den Mund legt, hilft uns vielleicht, diese Haltung zu verstehen: «Ich habe vergessen, so wie ich jedesmal in der düsteren Erregung des Rituals die Opfer vergaß...»

Am 14. März 1946 tötete Karl Haushofer zuerst seine Frau Martha

und gab sich dann selbst nach japanischer Tradition den Tod. Kein
Denkmal, kein Kreuz zeigt sein Grab an. Er hatte erst sehr spät
erfahren, daß sein Sohn Albrecht, der in die Verschwörung und das
Attentat gegen Hitler vom 20. Juli 1944 verwickelt war, verhaftet
und im Moabiter Gefängnis hingerichtet worden war. In der Tasche
des blutdurchtränkten Anzugs von Albrecht Haushofer fand man
einige Gedichte, darunter die folgenden Verse:

> «Für meinen Vater war das Los gesprochen.
> Es lag einmal in seiner Willenskraft,
> Den Dämon heimzustoßen in die Haft.
> Mein Vater hat das Siegel aufgebrochen.
> Den Hauch des Bösen hat er nicht gesehn.
> Den Dämon ließ er in die Welt entwehn.»

Diese Darstellung in ihrer Kürze und zwangsläufigen Zusammenhanglosigkeit konnte nur ein Bündel von zufälligen Erkenntnissen,
Ausschnitten, Hinweisen und Vermutungen bringen. Selbstverständlich schließen die hier nach unserer Methode zusammen-
gestellten Einzelheiten keinesfalls eine Erklärung des nationalsozialistischen Phänomens durch politische und wirtschaftliche
Erwägungen aus. Und es ist ebenso selbstverständlich, daß im Geist
oder auch im Unterbewußtsein der Menschen, von denen wir sprechen, nicht alles von diesem magischen Glauben bestimmt worden ist.
Aber ob man nun die irrwitzigen Bilder, die wir zeichneten, für
Phantasie oder für Realität hält, eins erscheint uns sicher: sie
haben in gewissen Augenblicken in den Gehirnen dieser Menschen
gespukt.

10 *Himmler und das umgekehrte Problem — Der Wende-
punkt von 1934 — Der Schwarze Orden ergreift die
Macht — Der Mönchsorden mit dem Totenkopf — Die Weihe in
den Burgen — Wolfram Sievers' letztes Gebet — Die sonderbaren
Arbeiten des Forschungsamts Ahnenerbe — Der Hohepriester
Friedrich Hielscher — Eine vergessene Tagebucheintragung Ernst
Jüngers — Der Sinn eines Krieges und eines Sieges*

Der strenge Winter 1941/1942 war hereingebrochen. Die besten
deutschen Soldaten und die Sturmtrupps der SS rückten zum
erstenmal nicht vor: wie gebannt saßen sie in den Eisfeldern der
russischen Ebene fest. England bereitete sich systematisch auf die
kommenden Kämpfe vor, Amerika sollte sich in Kürze zum Eingreifen entschließen. An einem Dezembermorgen dieses Winters traf
der behäbige Dr. Kersten, der «Mann mit den magischen Händen»,
seinen Patienten, den Reichsführer der SS Himmler, traurig und
niedergeschlagen an.

«Lieber Herr Kersten», sagte Himmler, «ich bin in schrecklichen
Nöten.»

Begann er etwa, am Endsieg zu zweifeln? Aber nein. Er knöpfte
seine Hose auf, um sich den Leib massieren zu lassen, legte sich hin,
richtete den Blick zur Decke und begann zu sprechen. Er offenbarte
dem Arzt seine Sorgen: der Führer hatte begriffen, daß kein Frieden
auf Erden sein werde, solange noch ein einziger Jude am Leben
war ... «Ja, und darum», sagte Himmler, «hat der Führer mir befohlen, alle Juden, die in unserer Gewalt sind, zu liquidieren.»
Seine langen trockenen Hände lagen bewegungslos, wie angefroren,
auf dem Sofa. Er schwieg.

Der entsetzte Kersten glaubte ein Gefühl des Mitleids beim Herrn
des Schwarzen Ordens zu entdecken, und sein Schrecken wurde von
einem Strahl der Hoffnung erhellt.

«Ja, ja», sagte er, «in den Tiefen Ihres Gewissens billigen Sie diese
Grausamkeiten nicht ... sonst wären Sie nicht so traurig.»

«Aber darum handelt es sich ja gar nicht, durchaus nicht», rief
Himmler und richtete sich auf. «Sie verstehen überhaupt nichts!»

Hitler hatte ihn zu sich gerufen und von ihm verlangt, sofort fünf bis sechs Millionen Juden auszurotten. Das war eine ungeheure Aufgabe, und Himmler war erschöpft und außerdem gerade zu diesem Zeitpunkt mit Arbeit überhäuft. Es war unmenschlich, für die nächste Zeit diese zusätzliche Anstrengung von ihm zu fordern. Er hatte das seinem geliebten Führer zu verstehen gegeben, aber der geliebte Führer hatte sich damit nicht abgefunden, sondern einen seiner schrecklichen Wutanfälle bekommen. Und nun war Himmler sehr niedergeschlagen, weil er sich in einem Augenblick der Erschöpfung und des Egoismus hatte gehen lassen. [37]

Wie kann man diese grauenhafte Umkehrung aller Werte verstehen? Es ist nur möglich, wenn man versucht, sich in die Gedankengänge eines Wahnsinnigen zu versetzen. Hier geschieht alles in einer Welt, die parallel zu der unseren verläuft, deren Strukturen und Gesetze jedoch von den unseren völlig verschieden sind. Der Physiker George Gamow stellt sich eine Parallelwelt vor, in der z. B. eine Billardkugel gleichzeitig in zwei Löcher rollen kann. Die Welt, in der Menschen wie Himmler leben, ist der unseren mindestens ebenso fremd wie die Welt Gamows. Der wahre Mensch, der Eingeweihte der Thule-Gesellschaft, steht in Verbindung mit den überirdischen Mächten und richtet seine ganze Energie auf eine Veränderung des Lebens auf dieser Erde. Das Medium verlangt von einem dieser wahren Menschen, er solle fünf Millionen falsche Menschen liquidieren. Gut, einverstanden. Nur der Augenblick ist nicht günstig. Es ist unbedingt nötig? Sofort? Gut, recken wir uns noch ein wenig über uns selbst empor, bringen wir noch ein weiteres Opfer...

Am 21. Mai 1945 wird am britischen Kontrollpunkt Meinstedt bei Bremervörde ein Mann mit rundem Kopf und schmalen Schultern festgenommen, der ein Soldbuch, das auf den Namen Heinrich Hitzinger lautet, bei sich hat. Er trägt Zivilkleidung und eine schwarze Klappe über dem rechten Auge. In rascher Folge wird er durch zwei Lager geschleust, nämlich Bremervörde und Zeelos. Im dritten, Westertimke, kommt er vorläufig in Einzelhaft. Drei Tage lang versuchen die englischen Offiziere, seine Identität festzustellen. Schließlich gibt er sich selbst zu erkennen; er nimmt seine Augenklappe ab und sagt: «Ich bin Heinrich Himmler.» Im Informationszentrum muß er sich nackt ausziehen. Seine Kleidung und sein Körper werden von einem Militärarzt nach Gift und anderen

Selbstmordwerkzeugen untersucht. Daraufhin steckt man ihn in eine englische Uniform. Als man dann auch seine Mundhöhle inspizieren will, zerbeißt der Gefangene eine Zyankalikapsel und stürzt zu Boden. Drei Tage später holen ein Offizier und drei Feldwebel die Leiche ab und bringen sie in einen Wald in der Nähe von Lüneburg. Dort wird eine Grube ausgehoben, der Tote hineingesenkt und die Grasnarbe sorgfältig wieder aufgelegt. Niemand weiß heute, wo Himmlers Grab ist, unter den Zweigen welchen Baumes die Überreste eines Mannes ruhen, der sich für eine Wiederverkörperung Kaiser Heinrich I., des Voglers, hielt.

Wäre Himmler am Leben geblieben und hätte man ihn in Nürnberg vor Gericht gestellt, was hätte er zu seiner Verteidigung sagen können? Es gab keine gemeinsame Sprache zwischen ihm und seinen Richtern. Er lebte nicht auf dieser Seite der Welt. Er gehörte einer völlig anderen Ordnung der Dinge und des Geistes an.

Poetel [38] schreibt:

«Man hat die psychologischen Hintergründe, die Auschwitz und alles, was mit diesem Namen verknüpft ist, entstehen ließen, noch nicht hinreichend erklären können. Im Grunde hat auch der Nürnberger Prozeß kein neues Licht auf diese Frage geworfen, und die Fülle der psychoanalytischen Erklärungen, die einfach dahin lauten, daß ebenso wie ein Einzelmensch auch ganze Nationen ihr geistiges Gleichgewicht verlieren können, hat das Problem eher noch undurchsichtiger gemacht. Kein Mensch weiß, was im Gehirn von Männern wie Himmler und seinesgleichen vorging, wenn sie ihre Vernichtungsbefehle gaben.»

Wenn wir diese Dinge jedoch von der Warte unseres «phantastischen Realismus» aus betrachten, so können wir es vielleicht ahnen.

Denis de Rougemont sagt über Hitler:

«Manche, die in seiner Gegenwart einen Schauer heiligen Schreckens empfunden haben, halten ihn für den Sitz einer ‹Herrschaft›, eines ‹Throns› oder einer ‹Macht›, in dem Sinne, wie der heilige Paulus von den Geistern zweiter Ordnung spricht, die den Körper irgendeines Menschen befallen und ihn besetzen können wie eine Festung. Ich habe ihn bei einer seiner großen

Reden erlebt. Woher kommt ihm die übermenschliche Kraft, die von ihm ausgeht? Man spürt deutlich, daß eine Energie dieser Art nicht die Energie eines Einzelmenschen sein kann und daß sie sich sogar um so wirksamer kundtut, je unbedeutender dieser Einzelmensch selber ist. Er ist nur der Träger einer Kraft, die sich unserer psychologischen Definition entzieht. Was ich hier sage, wäre Romantik simpelster Art, wenn nicht das Werk, das dieser Mann — oder vielmehr die in ihm wirkende Kraft — vollbracht hat, eine Realität wäre, die unser ganzes Jahrhundert in Staunen gesetzt hat.»

Während seines Aufstiegs scheint Hitler, der Schüler Eckarts und Haushofers, die zu seiner Verfügung gestellten oder richtiger die durch ihn hindurchgehenden Mächte nur im Sinne eines recht beschränkten politischen und nationalistischen Ehrgeizes angewandt zu haben. Er ist ursprünglich ein durchaus mittelmäßiger Mensch, der nur von einer starken patriotischen und sozialen Leidenschaft angetrieben wird. Die «Mächte» bedienen sich seiner zunächst für untergeordnete Aufgaben: sein Traum hat Grenzen. Doch er wird auf wunderbare Weise vorwärts getragen, alles glückt ihm. Das Medium aber, durch dessen Körper die Kräfte strömen, muß ihren Umfang und ihre Richtung nicht notwendigerweise begreifen.

Er tanzt nach einer Musik, die er nicht selbst komponiert hat. Bis 1934 glaubt er, daß die Schritte, die er tut, gut und richtig sind. Aber er kann sich doch nicht ganz dem Rhythmus anpassen. Er glaubt, daß er sich der Mächte nur zu bedienen brauchte. Doch man bedient sich nicht der Mächte; diese bedienen sich der Menschen. Hier liegt die Bedeutung (oder eine der Bedeutungen) der grundsätzlichen Wandlung, die sich während und unmittelbar nach der Säuberungsaktion im Juni 1934 vollzieht. Die Bewegung, von der Hitler selbst geglaubt hatte, daß sie national und sozialistisch sein müsse, wird immer unmittelbarer von der Geheimlehre beeinflußt. Hitler wird niemals wagen, Rechenschaft über den «Selbstmord» Gregor Strassers zu fordern; man zwingt ihn, den Befehl zu unterzeichnen, der die SS in den Rang einer autonomen, über der Partei stehenden Organisation erhebt. Nach dem Zusammenbruch schreibt Joachim Günther in einer deutschen Zeitschrift: «Die vitale Idee der SA wurde am 30. Juni 1934 durch eine satanische Idee reinsten

Wassers, die der SS, besiegt.» «Es ist schwer, genau den Tag festzulegen, an dem Hitler zum erstenmal den Traum der biologischen
Mutation träumt», sagt Dr. Delmas. Dieser Gedanke ist nur einer
der Aspekte des großen esoterischen Ideenkreises, von dem die
nationalsozialistische Bewegung von diesem Zeitpunkt an immer
deutlicher bestimmt wird. Und das Medium wird nicht etwa wahnsinnig, wie Rauschning meint, sondern ein immer gehorsameres
Werkzeug, es wird zum Trommler eines unendlich ehrgeizigeren
Marsches, als es der Marsch einer Partei zur Macht sein kann, den
eine Nation oder selbst eine Rasse angetreten hat.

Der Mann, der mit der Organisation der SS beauftragt wird, ist
Heinrich Himmler. Diese SS aber ist keine bloße Polizeitruppe,
sondern ein regulärer religiöser Orden mit einer hierarchischen
Gliederung, die von den Laienbrüdern bis zu den obersten Graden
reicht. Zu diesem höchsten Gremium gehören die Verantwortlichen,
die um den Schwarzen Orden wissen, dessen Existenz übrigens nie
durch die nationalsozialistische Regierung offiziell anerkannt wurde.
Innerhalb der Partei sprach man von den «Männern, die dem inneren Kreis angehören», aber nie wurde ihnen eine legale Bezeichnung zugelegt. Es erscheint sicher, daß die nirgends klar formulierte
Doktrin auf dem unumstößlichen Glauben an Mächte beruhte,
welche die gewöhnlichen Kräfte des Menschen bei weitem übersteigen. In den Religionen unterscheidet man die als Wissenschaft
betrachtete Theologie von der intuitiven und unübertragbaren
Mystik. Die Arbeiten des Forschungsamtes Ahnenerbe, von denen
noch die Rede sein wird, bilden gewissermaßen die theologische
Seite, während der Schwarze Orden den mystischen Aspekt der
Religion der Herren von Thule verkörpert.

Eine Tatsache müssen wir uns einprägen: von dem Augenblick an,
in dem das ganze Werk des Aufbaus und der Zielsetzung der Hitler-
partei seine Richtung verändert oder vielmehr sich immer klarer
im Sinne einer Geheimlehre orientiert, die das vorgeschobene Medium nur bis zu einem gewissen Grade begreift, aber mehr oder
weniger richtig anwendet, haben wir nicht mehr eine nationale und
politische Bewegung vor uns. Die allgemeinen Themen werden dieselben bleiben, aber man verwendet sie nur noch in einer für die
Massen bestimmten Sprache und zur Beschreibung unmittelbarer
Ziele, hinter denen sich ganz andere Absichten verbergen.

«Nichts anderes zählte mehr als die unermüdliche Verfolgung eines ungeheuerlichen Traumbilds. Wenn Hitler ein Volk zur Verfügung gehabt hätte, das zur Verwirklichung seines hohen Gedankens besser geeignet gewesen wäre als das deutsche, so hätte er von diesem Zeitpunkt an nicht gezögert, das deutsche Volk zu opfern...»

Es ging jedoch nicht um «seinen hohen Gedanken», sondern um den hohen Gedanken einer magischen Gruppe, der Hitler nur als Medium diente. Brasillach [39] erkennt, «daß er das ganze Glück der Menschheit, sein eigenes und das seines Volkes dazu, aufopfern würde, wenn die geheimnisvolle Macht, der er gehorcht, es ihm befehlen würde».

«Ich will Ihnen ein Geheimnis sagen: Ich gründe einen Orden», sagt Hitler eines Tages zu Rauschning. Er spricht von den Burgen, in denen eine erste Weihe stattfinden soll, und er fügt hinzu:

«Das ist die Stufe der heroischen Jugend. Aus ihr wächst die Stufe des Freien, des Menschen, der Maß und Mitte der Welt ist, des schaffenden Menschen, des Gottmenschen. In meinen Ordensburgen wird der schöne, sich selbst gebietende Gottmensch als kultisches Bild stehen... Aber es gibt noch Grade, von denen ich nicht sprechen darf...»

Die Energiezentrale, die sich um den Hauptkern, den Schwarzen Orden, gruppiert, sondert alle ihre Mitglieder, welchem Grad sie auch angehören mögen, von der Außenwelt ab.

Poetel schreibt:

«Wohlgemerkt, es war nur ein ganz kleiner aus hochstehenden Persönlichkeiten und SS-Führern zusammengesetzter Kreis, der über die wesentlichen Theorien und Ziele im Bilde war. Die Mitglieder der verschiedenen untergeordneten Trupps erfuhren nur Bruchstücke davon. Wenn sie heiraten wollten, mußten sie vorher die Genehmigung ihrer Vorgesetzten einholen, und sie unterstanden einer eigenen, übrigens äußerst strengen Gerichtsbarkeit, waren jedoch der Zuständigkeit der Zivilgerichte entzogen. Außerhalb der Ordensregeln gab es für sie keine Gesetze, doch hatten sie andererseits auch keinen Anspruch mehr auf ein Privatleben.»

Die kämpfenden Mönche der Totenkopf-SS (die man nicht mit anderen Formationen verwechseln darf; so setzte sich zum Beispiel die Waffen-SS aus Laienbrüdern und Mitgliedern des dritten Grades zusammen oder auch aus Verbänden menschlicher Maschinen, die der eigentlichen SS nachgebildet waren wie Gießformen einem Original) erhielten ihre erste Weihe in den Burgen. Zuvor jedoch waren sie durch eine Art Seminar, die Napola (Nationalpolitische Erziehungsanstalt), hindurchgegangen. Bei der Einweihung eines dieser Institute brachte Himmler die Doktrin auf ihren kleinsten gemeinsamen Nenner: «Glauben, gehorchen, kämpfen ist alles.» Es sind dies die Schulen, in denen man, wie das *Schwarze Korps* vom 26. November 1942 schreibt, «lernt, den Tod zu geben und zu empfangen». Später wird die Auslese der Kadetten, die in die Burgen aufgenommen wird, erfahren, daß «den Tod empfangen» auch im Sinne von «sein Ich abtöten» verstanden werden kann. Gehören sie jedoch nicht der Auslese der Würdigen an, so ist einfach der physische Tod gemeint, der sie auf dem Schlachtfeld erwartet. «Die Tragödie der Größe besteht darin, daß man über Leichen gehen muß.» Aber was tut es? Nicht alle Menschen führen eine wahrhafte Existenz, und es gibt eine Hierarchie der Existenz, die vom Scheinmenschen bis zum großen Magier reicht.

Die Burgen waren der Ort, an dem man die Gelöbnisse ablegte und zu einem «übermenschlichen unwiderruflichen Schicksal» berufen wurde. Der Schwarze Orden läßt die Drohungen Dr. Robert Leys zur Tat werden:

«Derjenige, dem die Partei das Recht, das Braunhemd zu tragen, aberkennt — und das muß jeder von uns genau wissen! — geht nicht allein seiner Funktionen verlustig, sondern er wird ausgelöscht, er selbst, seine Familie, seine Frau und seine Kinder. So lauten die harten, die unerbittlichen Gesetze unseres Ordens.»

Damit befinden wir uns außerhalb der Welt. Es geht hier nicht mehr um das ewige Deutschland oder den nationalsozialistischen Staat, sondern um die magische Vorbereitung auf die Ankunft des Gottmenschen, des Menschen nach dem Menschen, den die großen

Mächte auf die Erde schicken werden, wenn wir das Gleichgewicht unserer geistigen Kräfte umgewandelt haben. Die Zeremonie, bei der man die SS-Rune erhielt, dürfte jener Szene geglichen haben, die Reinhold Schneider beschreibt, als er die Mitglieder des Deutschritterordens schildert, die im Großen Remter zu Marienburg die Gelöbnisse ablegen, durch welche sie zu Streitern der Ecclesia militans werden:

«Sie kamen aus Ländern verschiedenster Art, aus einem bewegten Leben. Sie traten in die ummauerte Strenge dieses Schlosses und legten hier ihre Wappenschilde ab, die vor ihnen mindestens vier ihrer Ahnen getragen haben mußten. Von nun an sollte das Kreuz ihr Wappenzeichen sein; es erlegt ihnen den schwersten aller Kämpfe auf und sichert ihnen das ewige Leben.»

Derjenige, der weiß, spricht nicht: es existiert keine Beschreibung von der Einweihungszeremonie in den Burgen, aber man weiß, daß ein solches Ritual stattfand. Man nannte es die «Zeremonie der dicken Luft», wohl in Anspielung auf die Atmosphäre außerordentlicher Spannung, die dabei herrschte und die sich erst löste, wenn die Gelöbnisse ausgesprochen waren. Einige Okkultisten, so Lewis Spence, haben darin eine Schwarze Messe rein satanischer Tradition sehen wollen. Willi Frischauer hingegen interpretiert in seinem Buch *Himmler, the Evil Genius of the Third Reich* (London 1953) die «dicke Luft» als einen Augenblick absoluter Vertierung der Teilnehmenden. Zwischen diesen beiden Thesen ist Platz für eine realistischere und zugleich phantastischere Interpretation.

Es bestanden Pläne, die Mitglieder der Totenkopf-SS für ihr ganzes Leben von der Welt der «Scheinmenschen» zu isolieren. Man beabsichtigte, überall in der Welt Städte und Dörfer für die «alten Kämpfer» anzulegen, die einzig der Verwaltung und der Autorität des Ordens unterstehen sollten. Aber Himmler und seine «Brüder» entwarfen ein noch viel umfassenderes Traumbild. Man würde einen souveränen SS-Staat gründen, ein Vorbild für die ganze Welt. Himmler läßt im März 1943 verlauten:

«Auf der Friedenskonferenz wird die Welt erfahren, daß das alte Burgund wieder auferstehen soll, dieses Land, das einst die Heimat der Künste und Wissenschaften war und das Frankreich auf den

Rang eines in Weinessig konservierten Blinddarms herabgedrückt hat. Der souveräne Staat Burgund mit seiner Armee, seinen Gesetzen, seinem Münz- und Postwesen wird der Modellstaat der SS sein. Er wird die französische Schweiz einbeziehen, die Pikardie, die Champagne, die Franche-Comté, den Hennegau und Luxemburg. Die offizielle Sprache wird selbstverständlich die deutsche sein. Die nationalsozialistische Partei wird keinerlei Rechte in diesem Staat ausüben. Einzig die SS wird herrschen, und die ganze Welt wird starr vor Staunen sein über diesen Staat, in dem die Weltanschauung der SS in die Praxis umgesetzt werden soll.»

Die wahre SS, der Kreis der «Eingeweihten», steht in ihren eigenen Augen jenseits von Gut und Böse. «Die Organisation Himmlers zählt nicht auf die fanatische Hilfe von Sadisten, die die Wollust des Mordens anlockt; sie zählt auf den neuen Menschen.» Außerhalb des «inneren Kreises», dem die «Totenköpfe», ihre Führer, angehören, die entsprechend ihrem Rang in die Geheimlehre eingeweiht sind und deren allerheiligsten Mittelpunkt die Thule-Gesellschaft bildet, gibt es noch die gewöhnliche SS. Sie ist eine seelenlose Maschine, ein Roboter, der sich serienmäßig herstellen läßt, indem man von den «negativen Eigenschaften» ausgeht. Zu dieser Herstellung braucht die Geheimlehre nicht bemüht zu werden, sie ist eine einfache Frage der Dressur.

«Es geht nicht darum, die Ungleichheit unter den Menschen abzuschaffen. Im Gegenteil: man muß sie vergrößern und sie zu einem durch unüberwindbare Schranken geschützten Gesetz machen ... Wie soll die künftige Gesellschaftsordnung aussehen? Meine Kameraden, ich werde es euch sagen: es wird eine Herrenklasse geben, es wird die in Rangstufen eingeteilte Menge der Parteimitglieder geben, es wird die große Masse der Anonymen geben, die Gemeinschaft der Dienenden, der ewig Minderjährigen, und noch unter diesen noch die Klasse der Besiegten, die modernen Sklaven. Und über all diesen Klassen wird ein neuer Hochadel stehen, von dem ich hier nicht sprechen kann ... Die einfachen Kämpfer brauchen von diesen Plänen nichts zu wissen ...»

Die Welt ist ein Stoff, den man verändern muß, damit sich eine von den Magiern beschworene Kraft von ihr absondert, eine psychische Energie, die imstande ist, die Mächte des Universums, die Unbekannten Übermenschen, die Meister des Kosmos anzuziehen. Die Tätigkeit des Schwarzen Ordens entspricht keinen militärischen oder politischen Erfordernissen; sie folgt den Geboten einer magischen Notwendigkeit. Die Konzentrationslager sind eine Schöpfung der nachahmenden Magie: sie stellen einen symbolischen Akt, einen Entwurf dar. Alle Völker sollen entwurzelt und in ein einziges riesiges Nomadenvolk verwandelt werden, in ein Rohmaterial, mit dem man nach Belieben schalten und walten kann und aus dem schließlich das Meisterwerk geformt werden soll: der Mensch, der mit den Göttern in Verbindung steht. Hier ist die Gießform («Die Hölle ist die Gießform des Himmels», sagt Barbey d'Aurévilly) des Planeten, der zum Schmelzkessel für den magischen Rührstab der SS geworden ist.

Bei der Unterweisung, die die Eingeweihten in den Burgen erhalten, wird ihnen ein Teil der Geheimlehre durch die folgende Formel übermittelt.

«Als einzig Lebendes gibt es nur den Kosmos, das Universum. Alle Dinge, alle Wesen einschließlich des Menschen sind nur verschiedene Formen, die sich im Verlauf der Zeitalter des lebenden Universums immer mehr erweitern.»

Wir selbst können uns also nur als lebend bezeichnen, insofern wir uns dieses Seins bewußt sind, das uns umgibt und umfängt und durch uns andere, neue Formen vorbereitet. Die Schöpfung ist noch nicht vollendet, der Geist des Kosmos ist noch nicht zur Ruhe gekommen. Darum laßt uns den Befehlen nachkommen, die die Götter uns übermitteln, uns, den grausamen Magiern, den Bäckern, die den blutigen und blinden Teig der Menschenmassen kneten! Die Vernichtungsöfen von Auschwitz: ein Ritual.

Der SS-Obersturmbannführer Wolfram Sievers, der sich auf eine rein verstandesmäßige Verteidigung beschränkt hatte, bat darum, man möge ihn, bevor er zum Galgen geführt werde, ein letztes Mal seinen Kult zelebrieren und seine mysteriösen Gebete sprechen lassen. Nachdem er es getan hatte, bot er gleichmütig seinen Hals dem Henker dar.

Er war Geschäftsführer des Forschungsamts Ahnenerbe gewesen

und als solcher in Nürnberg zum Tode verurteilt worden. Die ursprüngliche Gründung dieser Forschungsstelle ging auf die Privatinitiative von Sievers' geistigem Meister Friedrich Hielscher zurück, den eine mystische Freundschaft mit dem schwedischen Forscher Sven Hedin verband. Sven Hedin wiederum stand in engem Kontakt mit Haushofer. Er kannte den Fernen Osten sehr genau, hatte lange in Tibet gelebt und spielte eine wichtige Vermittlerrolle bei der Aufstellung der nationalsozialistischen Geheimlehre. Friedrich Hielscher war nie Nationalsozialist gewesen und unterhielt sogar Beziehungen zu dem jüdischen Philosophen Martin Buber. Seine Theorien jedoch stimmten mit gewissen «magischen» Vorstellungen der großen Meister des Nationalsozialismus überein. 1935, also zwei Jahre nach seiner Gründung, machte Himmler das Forschungsamt Ahnenerbe zu einer offiziellen, der SS angegliederten Organisation. Ihre Aufgabe war es, das Erbe der indogermanischen Rasse nach Ort, Geist und Ausdruck zu bestimmen und die Ergebnisse dieser Untersuchungen in gemeinverständlicher interessanter Form unter das Volk zu bringen. Diese Aufgabe sollte nach streng wissenschaftlichen Methoden gelöst werden. So wurde das deutsche rationale Denken in den Dienst des Irrationalen gestellt. Im Januar 1939 wurde das Ahnenerbe kurzweg der SS eingegliedert und seine Führer in den persönlichen Stab Himmlers übernommen. Zu diesem Zeitpunkt verfügte das Forschungsamt über fünfzig Institute, die einem Spezialisten für alle heiligen Texte, Professor Wust, unterstanden, der an der Universität München Vorlesungen über Sanskrit gehalten hatte.

Es scheint, daß Deutschland für das Forschungsamt Ahnenerbe mehr Geld ausgegeben hat als Amerika für die Herstellung der ersten Atombombe. Das Spektrum seiner Arbeit reichte von der rein wissenschaftlichen Tätigkeit bis zum Studium okkulter Praktiken, von der an Häftlingen vorgenommenen Vivisektion bis zur Spionage in ausländischen Geheimgesellschaften. Es kam zu Besprechungen mit Skorzeny, bei denen man die Möglichkeit erwog, eine Expedition zur Entwendung des heiligen Grals auszurüsten. Himmler schuf als Spezialabteilung einen Forschungsdienst für den «Bereich des Übernatürlichen».

Die Liste der Berichte, die das Ahnenerbe mit großer Mühe und beträchtlichem Kostenaufwand zusammenstellte, ist von wahrhaft phantastischer Buntheit. Da wird vom augenblicklichen Stand der

Rosenkreuzer-Gesellschaft gesprochen; man erforscht die Symbolik, die im Verbot des Harfenspiels in der Grafschaft Ulster liegt; man untersucht die okkulte Bedeutung der gotischen Türme und der Zylinderhüte, die die Schüler von Eton tragen usw. Als die deutschen Truppen sich darauf vorbereiten, Neapel zu räumen, betont Himmler in seinen Befehlen immer wieder, man dürfe um keinen Preis vergessen, den Grabstein des letzten Hohenstaufenkaisers mitzunehmen. 1943, nach dem Sturz Mussolinis, versammelt der Reichsführer in einer Villa bei Berlin die sechs bedeutendsten Okkultisten Deutschlands und erteilt ihnen den Auftrag, den Ort zu bestimmen, an dem der Duce gefangen sitzt. Die Generalstabsbesprechungen der SS beginnen mit einer Konzentrationsübung nach dem Yoga-System. In Tibet nimmt Dr. Scheffer auf Anordnung von Sievers zahlreiche Beziehungen mit Lama-Klöstern auf.

Während des Krieges organisiert Sievers in den Deportiertenlagern jene entsetzlichen Experimente, mit denen sich später verschiedene Schwarzbücher beschäftigt haben. Das Ahnenerbe wird durch ein «Institut für Wehrwissenschaftliche Forschung» erweitert, dem «alle in Dachau gegebenen Möglichkeiten» zur Verfügung stehen. Professor Hirt, der dieses Institut leitet, stellt eine Sammlung typisch jüdischer Skelette zusammen. Sievers erteilt der Invasionsarmee in Rußland den Befehl, eine Sammlung von Schädeln jüdischer Kommissare zu beschaffen. Als im Nürnberger Prozeß die Rede auf diese Themen kommt, bemerkt man bei Sievers nicht die geringste Spur eines normalen menschlichen Gefühls. Der Begriff «Mitleid» ist ihm fremd. Er ist anderswo. Er hört auf andere Stimmen.

Hielscher hat zweifellos eine bedeutende Rolle bei der Ausarbeitung der Geheimlehre gespielt. Wenn man diese Lehre nicht in Betracht zieht, bleibt die Haltung von Sievers, ebenso wie die vieler anderer Verantwortlicher, absolut unverständlich. Mit Begriffen wie «moralische Ungeheuerlichkeit», «geistige Grausamkeit», «Wahnsinn» ist nichts erklärt. Den geistigen Lehrer von Sievers erwähnt Ernst Jünger in seinem Werk *Strahlungen,* das seine Tagebücher während der Jahre der Besetzung von Paris enthält. So schreibt er am 14. Oktober 1943: «Abends Besuch bei Bogo.» (Vorsichtshalber legt Jünger in seinen Tagebüchern den hohen Persönlichkeiten Pseudonyme bei. Mit «Bogo» ist Hielscher gemeint, während Hitler «Kniébolo» heißt.)

«Bogo erscheint mir in dieser an originalen Kräften so armen Zeit als einer der Bekannten, über die ich am meisten nachgedacht und noch am wenigsten zum Urteil gekommen bin. Früher glaubte ich, daß er in die Geschichte unserer Zeit eingehen würde als eine ihrer geistreich überspitzten, doch weniger bekannten Figuren, und heute glaube ich, daß er mehr bestellen wird. Vor allem sind viele, ja vielleicht die meisten der geistig bewegten jungen Leute der Generation, die nach dem Weltkriege heranwuchs, durch seinen Einfluß und oft durch seine Schule hindurchgegangen... Er bestätigte mir einen Verdacht, den ich seit langem hege, nämlich den, daß er eine Kirche gegründet hat. Jetzt sitzt er über der Dogmatik, während er mit der Liturgie schon weit gediehen ist. So zeigte er mir eine Reihe von Gesängen und einen Festzyklus ‹Das Heidnische Jahr›, der eine Zuordnung von Göttern, Festen, Farben, Tieren, Speisen, Steinen und Pflanzen umfaßt. Ich sah darin, daß die Lichtweih am 2. Februar zu feiern ist...»

Das, was Jünger weiter erzählt, bestätigt unsere These:

«Grundsätzlich glaubte ich an Bogo eine Veränderung wahrzunehmen, die mir für die gesamte geistige Elite kennzeichnend scheint und die darin besteht, daß er mit dem rationalistisch erworbenen Elan des Denkens in metaphysische Gebiete eilt. Das fiel mir bereits an Spengler auf und zählt zu den günstigen Vorzeichen. Summarisch gesprochen war das 19. Jahrhundert ein rationales, während das 20. ein kultisches ist. Davon lebt auch bereits Kniébolo, und daher die völlige Unfähigkeit der liberalen Intelligenzen, auch nur den Ort zu sehen, an dem er steht.»

Hielscher, den man nicht behelligt hatte, sagte beim Nürnberger Prozeß als Zeuge für Sievers aus. Vor den Richtern beschränkte er sich auf einige politische Abschweifungen und absichtlich ausgefallene Bemerkungen über die Rassen und Stämme früherer Zeiten. Er bat um die Erlaubnis, Sievers zur Hinrichtung begleiten zu dürfen, und sprach mit ihm die zu einem besonderen Kult gehörenden Gebete, über den Hielscher im Laufe des Verhörs kein Wort hatte verlauten lassen.

Sie wollten das Leben verändern und es auf eine neue Art mit dem Tod verknüpfen. Sie bereiteten die Ankunft des Unbekannten Übermenschen vor. Sie hatten eine magische Auffassung von der Welt und vom Menschen. Ihr hatten sie die gesamte Jugend ihres Landes geopfert und den Göttern Ströme von Menschenblut dargebracht. Sie hatten alles getan, um sich die überirdischen Mächte günstig zu stimmen. Sie haßten die moderne abendländische Kultur, gleichgültig ob ihr Träger das Bürgertum oder die «Arbeiterklasse» war: auf der einen Seite widerstrebte ihnen der fade Humanismus, auf der anderen der beschränkte Materialismus. Sie mußten siegen, denn sie waren die Bewahrer einer Flamme, die ihre Gegner, die Kapitalisten wie die Marxisten, seit langem hatten erlöschen lassen, weil sie sich mit der müden Vorstellung eines flachen und begrenzten Schicksals abgefunden hatten. Sie würden für ein Jahrtausend die Herren der Welt sein, denn sie standen auf der Seite der Magier, der Hohepriester, der Demiurgen ... Und nun sahen sie sich auf einmal besiegt, vernichtet, abgeurteilt, gedemütigt von minderwertigen Durchschnittsmenschen, von Kaugummikauern oder Wodkatrinkern, von Männern, denen der heilige Wahnsinn fremd war, die einem lächerlichen Glauben anhingen und engstirnig untergeordnete Ziele verfolgten. Von positiv, rational und moralisch denkenden Menschen einer ganz oberflächlichen Welt, von schlechthin menschlichen Menschen. An den Millionen dieser Anhänger des guten Willens sollte der stählerne Wille der Ritter des flammenden Dunkels scheitern! Diese mechanisierten Tölpel im Osten, diese knochenweichen Puritaner im Westen hatten mehr Tanks, mehr Flugzeuge, mehr Kanonen gebaut als sie! Und sie hatten die Atombombe, diese Menschen, die sich keine Vorstellung von den großen verborgenen Kräften machen konnten! Und wie Schnecken nach einem Gewitterguß kamen sie nach dem Eisenregen hervorgekrochen, die bebrillten Richter, die Professoren des Menschenrechts und der horizontalen Tugend, die Doktoren der Mittelmäßigkeit, die Baritone der Heilsarmee, die Krankenträger des Roten Kreuzes, die naiven, großsprecherischen Verkünder der «goldenen Zukunft». Sie kamen nach Nürnberg, um ihnen hier einen Anfangsunterricht in Moral zu erteilen — ihnen, den Herren der Welt, den kämpfenden Mönchen, die einen Pakt mit den überirdischen Mächten geschlossen hatten, den Opferpriestern, die die

Wahrheit im schwarzen Spiegel lasen, den Verbündeten von Shampullah, den Erben des heiligen Grals!

Die Angeklagten von Nürnberg und ihre Führer, die sich dem Gericht durch Selbstmord entzogen hatten, konnten eines nicht verstehen: daß nämlich die Kultur, die über sie triumphiert hatte, ebenfalls und zwar viel uneingeschränkter eine geistige Kultur war, eine ungeheure Bewegung, die von Chicago bis Taschkent die Menschheit einem höheren Schicksal entgegenführen will. Die Nationalsozialisten hatten die Ratio angezweifelt und durch die Magie ersetzt. Sie konnten es tun, da die kartesianische Vernunft tatsächlich nicht den ganzen Menschen und die Gesamtheit seiner Erkenntnisfähigkeit erfaßt. Die Richter von Nürnberg, die Wortführer der siegreichen Kultur, wußten selber nicht, daß dieser Krieg ein geistiger Krieg gewesen war. Die Meinung, die sie von ihrer eigenen Welt hatten, war nicht hoch genug. Sie glaubten nur, daß das Gute den Sieg über das Böse habe davontragen müssen, ohne jedoch die Tiefe des besiegten Bösen und die Höhe des siegreichen Guten zu erkennen. Die von mystischen Gedanken bewegten deutschen und japanischen Kämpfer hielten sich für viel größere Magier, als sie in Wirklichkeit waren. Den zivilisierten Völkern, denen sie unterlagen, war gar nicht bewußt, welch höhere magische Bedeutung ihre eigene Welt gewonnen hatte. Sie sprachen von Vernunft, von Gerechtigkeit, von Freiheit, von Achtung vor dem Leben, aber alle diese Begriffe, so wie sie sie auffaßten, gehörten gar nicht mehr in diese zweite Hälfte des 20. Jahrhunderts, in der die Grundlagen der Erkenntnis sich gewandelt haben und der Übergang in einen anderen menschlichen Bewußtseinszustand allmählich wahrnehmbar wird.

«Wenn man mich auf die eine Wange schlägt, so biete ich nicht die andere dar, und ich schlage auch nicht mit der Faust zurück: ich schleudere den Blitz.» Dieser Kampf zwischen den Herren der Unterwelt und den kleinen normalen Menschen der Erdoberfläche, zwischen den Mächten der Finsternis und der im Fortschritt begriffenen Menschheit, mußte in Hiroshima durch das leuchtende Zeichen einer Macht beendet werden, die jenseits aller Diskussion stand.

Dritter Teil
Der unendliche Mensch

1 EIN NEUES ERLEBNIS · *Das Phantastische in Feuer und Blut —*
Die Barrieren der Ungläubigkeit — Die erste Rakete — Bürger
und Arbeiter der Erde — Die falschen Tatsachen und die echten
Fiktionen — Die bewohnten Welten — Besucher von anderen Sternen
— Die großen Verbindungen — Die modernen Mythen — Der
phantastische Realismus in der Psychologie — Vorschlag einer Ent-
deckungsreise in das phantastische Innere des Menschen

Als ich in jener Nacht aus dem Keller heraufkam, war Juvisy, die
Stadt meiner Kindheit, verschwunden. Ein dichter gelber Nebel
lagerte über einem Meer von Trümmern, aus dem Rufe und Jam-
merlaute drangen. Die Welt meiner Spiele, Freundschaften und
Liebschaften, fast alle Zeugen meiner ersten Lebensjahre lagen
begraben unter dieser weiten Mondlandschaft. Ein wenig später,
als die ersten Hilfstrupps eintrafen, kamen die Vögel. Sie ließen
sich durch das Licht der Scheinwerfer täuschen, glaubten, es sei
Tag, und begannen auf den staubbedeckten Sträuchern zu singen.
  Eine andere Erinnerung: An einem Sommermorgen, drei Tage
vor der Befreiung von Paris, befand ich mich mit etwa zehn Kameraden in einem Privathaus in der Nähe des Bois de Boulogne.
Wir kamen aus verschiedenen Jugendlagern, die überstürzt geräumt
worden waren, und nun führte uns der Zufall in dieser letzten
«Kaderschule» zusammen, in der man uns, während draußen
unter Waffenklirren und Kettengerassel eine Welt in Trümmer
sank, ungerührt beibrachte, wie man Marionetten herstellt, Komödie spielt und singt. An jenem Morgen nun standen wir in der in
falscher Gotik erbauten Halle und sangen unter Leitung eines
romantischen Chordirigenten dreistimmig das Volkslied «Gebt
mir doch Wasser, gebt mir doch Wasser, Wasser, Wasser für meine
zwei Eimer ...» Ein Telephonklingeln unterbrach uns. Einige Minuten später führte der Dirigent uns in eine Garage. Ein paar
andere junge Leute mußten, die Maschinenpistole in der Hand, die
Ausgänge bewachen. Zwischen Autowracks und Benzinkanistern
lagen die von Kugeln durchlöcherten Leichen junger Menschen:
Mitglieder einer von den Deutschen an der großen Kaskade im

Pois de Boulogne ermordeten Widerstandsgruppe. Man hatte es fertiggebracht, sie hierherzuholen und Särge zu beschaffen. Boten waren ausgeschickt, um die Familien zu benachrichtigen. Und jetzt galt es, diese Leichen zu waschen, die Blutlachen aufzuwischen, ihnen die von den Geschossen aufgerissenen Jacken und Hosen zuzuknöpfen, die Körper in die Särge zu betten und weißes Papier über diese Ermordeten zu breiten, deren Augen, Münder und Wunden noch vor Entsetzen zu schreien schienen; es galt, diesem Tod eine gewisse Würde zu verleihen. Und so arbeiteten wir in dieser Schlachthausatmosphäre mit Schwamm und Bürste und «gaben Wasser, Wasser, Wasser . . .»

Pierre Mac Orlan reiste vor diesem Krieg auf der Suche nach dem «sozial Phantastischen» umher, das er in der malerischen Atmosphäre der großen Hafenstädte fand: in den Kneipen von Hamburg, auf den Themsekais, im Tierpark von Antwerpen. Eine liebenswerte, aber überlebte Marotte! Das Phantastische ist heute nicht mehr Sache der Künstler, es ist in Feuer und Blut zu einer erlebten Erfahrung der zivilisierten Welt geworden. Der Handschuhmacher von der nächsten Ecke steht eines Morgens auf der Schwelle seiner Haustür, einen gelben Stern auf der Brust. Die Tochter des Hausmeisters erhält aus London in surrealistischem Stil abgefaßte Botschaften und trägt unsichtbare Offizierstressen. An den Balkons der Häuser eines Dorfes hängen plötzlich Leichen: das Werk geheimnisvoller Partisanen. Mehrere Welten, die ihrem innersten Wesen nach völlig entgegengesetzt sind, überschneiden sich; der Wind des Zufalls weht uns von der einen in die andere.

Bergier erzählt mir:

«Im Lager Mauthausen bezeichnete man uns mit den Buchstaben NN — Nacht und Nebel. Keiner von uns hatte noch Hoffnung, zu überleben. Als am 5. Mai 1945 der erste amerikanische Jeep den Hügel heraufrollte, richtete sich neben mir ein russischer Deportierter, einer der Anführer des antireligiösen Kampfes in der Ukraine, auf seinen Ellbogen auf und rief: ‹Gott sei gelobt!›

Alle Männer, deren körperliche Verfassung es noch zuließ, wurden in Fliegenden Festungen repatriiert, und so kam es, daß ich mich am Morgen des 19. Mai auf dem Flughafen von Linz in Österreich befand. Das Flugzeug kam aus Burma. ‹Das ist ein richtiger Weltkrieg, nicht wahr?› sagte der Funker zu mir. Er übermittelte für mich eine Botschaft an das Hauptquartier der Alliierten in Reims und zeigte mir dann seine Radaranlage. Da gab es alle Arten von Apparaten, deren Verwirklichung ich bestenfalls im Jahre 2000 für möglich gehalten hatte. In Mauthausen hatten die amerikanischen Ärzte mir von der Entdeckung des Penicillins erzählt. In zwei Jahren war die Wissenschaft um hundert Jahre vorangekommen. Ein verrückter Gedanke schoß mir durch den Kopf: ‹Und die Atomenergie?› — ‹Man spricht davon›, antwortete der Funker. ‹Die Sache ist noch ziemlich geheim, aber es gibt da allerhand Gerüchte...› Einige Stunden später stand ich in meinem gestreiften Anzug auf dem Boulevard de la Madeleine. War das Paris? War es ein Traum? Menschen umringten mich, überschütteten mich mit Fragen. Ich flüchtete in die Métro und rief meine Eltern an: ‹In ein paar Minuten bin ich bei euch.› Aber ich stieg doch zuerst wieder auf die Straße hinauf. Ich mußte meinen Lieblingsort aus der Vorkriegszeit wiedersehen: die amerikanische Buchhandlung Brentano's auf der Avenue de l'Opéra. Mein Erscheinen rief eine Sensation hervor. Und da lagen alle Zeitungen und Zeitschriften der Welt. Mit einem ganzen Armvoll verließ ich das Geschäft... Auf einer Bank im Tuileriengarten bemühte ich mich, diese neue Welt mit der Welt, wie ich sie gekannt hatte, in Einklang zu bringen. Man hatte die Leiche Mussolinis an einen Fleischerhaken gehängt. Hitler war verbrannt. Deutsche Truppen befanden sich auf der Insel Oléron vor der Mündung der Charente und in den Häfen der Atlantikküste. War denn der Krieg in Frankreich noch nicht zu Ende? Als ich die technischen Zeitschriften durchblätterte, wirbelte mir der Kopf. Diese Sache mit dem Penicillin stimmte also, Sir Alexander Fleming hatte tatsächlich diesen Triumph errungen? Eine neue Chemie war entstanden, die der Silikone, jener Zwischenglieder zwischen dem Organischen und Mineralischen. Der Helikopter, dessen Konstruktion im Jahre 1940 für unmöglich erklärt worden war, wurde serienweise fabriziert. Die Elektronik hatte geradezu phantastische Fortschritte gemacht. Das Fernsehen würde bald ebenso verbreitet und selbstverständlich sein wie das Telephon. Ich kam in eine Welt, in der meine Träume für das Jahr 2000 Wirklichkeit geworden waren. Aber die Texte, die ich da las, waren mir unverständlich. Wer war dieser Marschall Tito? Und diese Vereinten Nationen, was bedeuteten sie? Und dieses DDT?

Plötzlich begann ich zu begreifen, körperlich wie geistig, daß ich kein Gefangener mehr war, nicht mehr zum Tode verurteilt, daß mir die Zeit und jede Freiheit zur Verfügung stand, um zu verstehen und zu handeln. Zunächst einmal konnte ich die ganze Nacht, die vor mir lag, darauf verwenden, wenn ich wollte... Ich glaube, ich war in diesem Augenblick sehr blaß geworden. Eine Frau trat auf mich zu und bot mir an, mich zu einem Arzt zu bringen. Ich lehnte ab und lief zu meinen Eltern, die ich in Tränen aufgelöst fand. Auf dem Tisch im Eßzimmer lagen Briefe, die Radfahrer gebracht hatten, Telegramme von Militärbehörden und Zivilpersonen. In Lyon hatte man eine Straße nach mir benannt, ich war zum Hauptmann befördert worden, verschiedene Länder hatten mir Auszeichnungen verliehen, und eine amerikanische Dienststelle, die in Deutschland nach Geheimwaffen forschte, bat um meine Mitarbeit. Gegen Mitternacht drängte mein Vater mich, endlich zu Bett zu gehen. Im Augenblick des Einschlafens kamen mir ohne ersichtlichen Grund zwei lateinische Wörter ins Gedächtnis: *magna, mater*. Als ich am nächsten Morgen erwachte, klangen sie mir wieder in den Ohren, und nun begriff ich auch ihren Sinn. Im alten Rom mußten diejenigen, die sich dem Geheimkult der Magna Mater weihen wollten, zuvor durch ein Blutbad gehen. Wenn sie am Leben blieben, so waren sie damit ein zweites Mal geboren.»

In diesem Krieg wurden sämtliche Verbindungstüren zwischen allen Welten aufgestoßen. Ein ungeheurer Windstoß sprengte sie. Dann schleuderte uns die Atombombe ins Atomzeitalter. Im nächsten Augenblick schon kündeten die Raketen uns die kosmische Ära an. Alles wurde möglich. Die Barrieren der Ungläubigkeit, die im 19. Jahrhundert so fest gewesen waren, wurden schon durch den Krieg erschüttert. Jetzt aber brachen sie gänzlich zusammen.

Im März 1954 erklärte Ch. Wilson, der amerikanische Kriegsminister: «Sowohl die USA wie Rußland verfügen von jetzt an über die Macht, die ganze Welt zu vernichten.» Die Idee des Weltuntergangs kam auf. Der Mensch, der von der Vergangenheit abgeschnitten war und sich vor der Zukunft fürchtete, entdeckte die Gegenwart als absoluten Wert, sah in dieser hauchdünnen Grenze eine wiedergefundene Ewigkeit. Die Reisenden der Verzweiflung, der Einsamkeit und des Ewigen wagten sich auf Flößen ins Meer hinaus, Noahs des Experimentierzeitalters, Pioniere der nächsten Sintflut, und sie nährten sich von Plankton und fliegenden Fischen. Der Himmel bevölkerte sich mit Besuchern aus dem Jenseits. Ein kleiner Sandwichverkäufer namens Adamsky, der seinen Stand zu Füßen des großen Teleskops auf dem Mount Palomar hat, erklärt, die Bewohner der Venus hätten ihn besucht, beschreibt seine Unterhaltungen mit ihnen in einem Buch, das einer der größten Verkaufserfolge der Nachkriegszeit ist, und wird zum Rasputin des holländischen Königshofs.

Am 13. September 1959 verkündeten um 22 Uhr 02 Funkstationen aller Länder, daß zum erstenmal eine von der Erde abgeschossene Rakete den Mond erreicht habe. Ich hörte Radio Luxemburg. Der Sprecher verlas die Nachricht und gab anschließend bekannt, seine Station werde von nun an jeden Sonntag um diese Stunde eine Sendung mit dem Titel «Die offene Tür» bringen ... Ich ging in den Garten hinaus, um den leuchtenden Mond zu betrachten, dies Sinnbild der Ruhe und Gelassenheit, auf dem seit einigen Sekunden die Trümmer der Rakete ruhten. Auch der Gärtner war herausgekommen. «Wissen Sie», sagte er, «das ist fast so schön wie das Evangelium ...» Er hatte spontan die Bedeutung dieses Ereignisses erfaßt und es in die richtige Größenordnung eingereiht. Ich fühlte mich diesem Mann wahrhaft nahe, ihm und allen einfachen Menschen, die in dieser Minute staunend und von einer undefinierbaren, aber tiefen Bewegung ergriffen ihr Gesicht zum Himmel wandten. «Glücklich der Mensch, der den Kopf verliert; er wird ihn im Himmel wiederfinden!» Gleichzeitig fühlte ich mich den Menschen meines Milieus unendlich fern, all jenen Schriftstellern, Philosophen und Künstlern, die sich unter dem Vorwand, einen klaren Kopf behalten und den Humanismus verteidigen zu wollen, einer solchen Begeisterung verschlossen. So hatte mir zum Beispiel mein Freund Jean Dutourd, ein bemerkenswerter Schriftsteller und Verehrer Stendhals, einige Tage zuvor gesagt: «Komm, bleiben wir doch mit den Füßen auf der Erde und lassen wir uns nicht durch diese elektrischen Spiel-eisenbahnen für Erwachsene den Kopf verdrehen.» Ein anderer mir sehr lieber Freund, Jean Giono, den ich in Manosque besuchte, erzählte mir, daß er eines Sonntag morgens, als er über Colmar-les-Alpes kam, gesehen habe, wie der Polizeihauptmann und der Pfarrer auf dem Vorplatz der Kirche mit Reifen spielten. «Solange es noch Polizeihauptleute und Pfarrer gibt, die mit Reifen spielen», sagte er, «ist hier unten Platz für Glück, und wir sind hier besser aufgehoben als auf dem Mond...» Ich sah es: alle meine Freunde waren verspätete Bürger in einer Welt, in der die Menschen, von ungeheuren Plänen in kosmischem Maßstab bewegt, sich als Arbeiter der Erde zu fühlen begannen. «Bleiben wir doch auf der Erde!» sagten meine Freunde. Sie reagierten wie die Handweber von Lyon, als die mechanischen Webstühle erfunden wurden: sie fürchteten, arbeitslos zu werden. Meine schriftstellernden Freunde fühlen, daß in dem Zeitalter, das jetzt beginnt, die sozialen, moralischen, politischen und philosophischen Perspektiven der humanistischen Literatur, des psychologischen Romans bald recht unwesentlich erscheinen müssen. Die hauptsächliche Wirkung der sogenannten modernen Literatur besteht darin, daß sie uns daran hindert, wahrhaft modern zu sein. Ihre Verfasser wollen sich einreden, sie schrieben «für die ganze Welt». Trotzdem spüren sie, daß die Zeit heranrückt, in der der Geist der Massen sich von neuen Mythen angezogen fühlen wird, von gewaltigen Abenteuern, und in der sie selber, wenn sie fortfahren, ihre kleinen «humanen» Geschichtchen zu schreiben, ihre Leser mit falschen Tatsachen täuschen, anstatt ihnen echte Fiktionen zu erzählen.

An jenem Abend des 13. September 1959, als ich in den Garten hinausging und im tiefdunklen Himmel den Mond betrachtete, der von nun an die Spuren der Menschenwelt trug, war ich von einer zwiefachen Bewegung erfaßt. Ich dachte an meinen Vater. Genau wie er es früher jeden Abend in unserem kleinen Vorstadtgarten getan hatte, hob auch ich bewegt meinen Blick. Und genau wie ihm drängte sich auch mir die größte aller Fragen auf: «Sind wir Menschen dieser Erde die einzigen lebenden Wesen?» Mein Vater stellte diese Frage, weil seine Seele groß war und weil er zudem Bücher gelesen hatte, die einen zweifelhaften Spiritualismus vertraten, naive Nutzanwendungen gaben. Ich stellte sie, während ich die *Prawda* und Werke der reinen Wissenschaft las und mit Naturforschern verkehrte. Aber als ich da mit erhobenem Gesicht unter den Sternen stand, fühlte ich mich doch meinem Vater verbunden durch die gleiche brennende Neugier, der sich das Gefühl einer unendlichen Erweiterung des Geistes zugesellte.

Ich erwähnte schon das Entstehen der Gerüchte über die «Fliegenden Untertassen». Man kann darin eine sehr bezeichnende soziale Tatsache erblicken. Aber es versteht sich andererseits von selbst, daß man nicht an irgendwelche Raumschiffe denken darf, aus denen kleine, bürgerlich geartete Geschöpfe ausstiegen, um sich mit Schrankenwärtern und Sandwichverkäufern zu unterhalten. Die Existenz von Marsmenschen, Saturnbewohnern oder Jupiterwesen ist unwahrscheinlich. Unser Freund Charles-Noël Martin faßt unsere tatsächlichen Erkenntnisse über diese Frage zusammen und schreibt:

«Die Vielzahl der möglicherweise bewohnbaren Gestirne in den Milchstraßen und insbesondere in der unseren läßt uns mit einer an Sicherheit grenzenden Wahrscheinlichkeit vermuten, daß ungeheuer zahlreiche Formen des Lebens bestehen.»

Auf jedem Planeten einer anderen Sonne, und sei diese auch Hunderte von Lichtjahren von der Erde entfernt, dürften uns ähnliche Wesen existieren, sofern dort die Bedingungen der Masse und der Atmosphäre den unseren entsprechen. Man hat berechnet, daß es allein in unserem Milchstraßensystem etwa zehn bis zwölf Millionen Planeten gibt, die unserer Erde mehr oder weniger vergleichbar sind. Harlow Shapley rechnet in seinem Werk *Of Stars and Men* im bekannten Weltall mit 10^{11} wahrscheinlichen Schwestergestirnen der Erde. Alles, was wir über diese Dinge wissen, legt die Vermutung nahe, daß noch andere Welten bewohnt sind, und noch andere Wesen das Universum bevölkern. Ende 1959 wurden an der Cornell University in den Vereinigten Staaten Spezial-Laboratorien eingerichtet. Unter der Leitung der Professoren Coccioni und Morrison, die auf diesem Gebiet bahnbrechende Arbeit geleistet haben, forscht man hier nach Zeichen und Botschaften, die andere im Kosmos lebende Wesen uns möglicherweise übermitteln.

Mehr noch als die Landung von Raketen auf den uns nahen Gestirnen könnte ein Kontakt zwischen den Menschen und Wesen mit einer anderen Geistesbeschaffenheit und vielleicht auch einer anderen seelischen Struktur zum umwälzenden Ereignis unserer heutigen Geschichte werden.

Wenn es nun andere geistbegabte Wesen gibt — wissen sie von unserer Existenz? Fangen sie vielleicht das ferne Echo der von uns ausgesandten Rundfunk- und Fernsehwellen auf, und können sie es entziffern? Sehen sie mit Hilfe von Apparaten die Störungen, die die Riesenplaneten Jupiter und Saturn auf unserer Sonne hervorrufen? Schicken sie Raumschiffe in unsere Milchstraße? Es ist denkbar, daß schon unzählige Male Beobachtungsraketen durch unser Sonnensystem gezogen sind, ohne daß wir auch nur die geringste Ahnung davon hatten. Wir sind zur Stunde, da ich diese Zeilen schreibe, nicht einmal imstande, unseren Lunik III wiederzufinden, dessen Sender gestört ist. Wir wissen nicht, was in unserem eigenen Bereich geschieht.

Sind irgendwelche Fremde aus dem Kosmos schon einmal zu uns gekommen, um uns zu besuchen? Es ist höchst wahrscheinlich, daß bereits interplanetarische Reisen stattgefunden haben. Aber warum sollten diese Wesen ausgerechnet zu uns, auf die Erde, gekommen sein? Milliarden von Sternen sind über das Feld der Lichtjahre verstreut. Sind wir für sie die nächsten? Die interessantesten? Und doch ist es statthaft, sich vorzustellen, daß «große Fremde» gekommen sind, um unseren Globus zu betrachten, sich sogar einmal darauf niederzulassen und für einige Zeit hierzubleiben. Seit mehr als einer Jahrmilliarde besteht das Leben auf der Erde. Der Mensch ist vor etwa einer Million Jahren hier erschienen, während unsere Erinnerungen kaum über viertausend Jahre hinausgehen. Was wissen wir also? Vielleicht haben einmal prähistorische Ungeheuer ihre langen Hälse vorbeigleitenden Raumschiffen entgegengereckt.

Dr. Ralph Stair vom amerikanischen N.B.S. hat seltsame glasartige Felsbrocken, die sogenannten Tektiten, untersucht, die sich verstreut in der Gegend des Libanon finden, und nimmt auf Grund dieser Untersuchungen an, daß diese Gebilde von einem verschwundenen Planeten stammen könnten, dessen Bahn zwischen dem Mars und dem Jupiter verlief. In den Tektiten hat man radioaktive Aluminium- und Beryllium-Isotope entdeckt.

Einige durchaus glaubwürdige Gelehrte sind der Ansicht, daß der Phobos, ein Satellit des Mars, hohl ist. Es würde sich also um ein künstliches Gestirn handeln, das von nicht-irdischen geistbegabten Wesen in die Bahn des Mars geschickt wurde. So jedenfalls lautet die Schlußfolgerung eines Artikels, der im November 1959 in der wissenschaftlich ernstzunehmenden Zeitschrift *Discovery* erschien. Sie deckt sich mit der von einem sowjetischen Spezialisten für Radio-Astronomie, Professor Schtlowski, aufgestellten Hypothese.

In einem vielbeachteten Aufsatz, den eine Moskauer literarische Zeitschrift im Februar 1960 brachte, spricht der Physiker und Mathematiker Professor Agrest die Vermutung aus, daß die Tektiten, die sich nur bei sehr hohen Temperaturen und unter der Einwirkung starker nuklearer Strahlungen bilden konnten, möglicherweise die Reste von Peilgeschossen sind, welche aus dem Kosmos auf die Erde gesandt wurden. Demnach wären also vor einer Jahrmillion Besucher aus dem Weltraum zu uns gekommen. Für Professor Agrest (der sich in diesem Aufsatz nicht scheut, derart phantastische Hypothesen vorzutragen, und damit zeigt, daß die Wissenschaft auch innerhalb eines positiven philosophischen Denksystems der schöpferischen Einbildungskraft und den kühnsten Vermutungen soweit wie möglich Rechnung tragen kann und soll), für Professor Agrest ist die Zerstörung von Sodom und Gomorrha möglicherweise auf eine thermonukleare Explosion zurückzuführen, die entweder Raumfahrer absichtlich auslösten oder die sich infolge der vor der Rückkehr dieser Besucher in den Kosmos notwendigen Zerstörung ihrer Energiedepots ergab. In den am Toten Meer aufgefundenen Manuskripten liest man folgende Beschreibung:

«Eine Säule aus Rauch und Staub erhob sich, gleich einer Rauchsäule, die aus dem Herzen der Erde kommt. Sie überschüttete Sodom und Gomorrha mit einem Schwefel- und Feuerregen und zerstörte die Stadt, die ganze Ebene, alle Bewohner und alle Pflanzen. Und die Frau Lots wandte sich um und verwandelte sich in eine Statue aus Salz. Und Lot lebte in Zoar; dann siedelte er sich in den Bergen an, denn er fürchtete sich, in Zoar zu bleiben.

Die Menschen wurden angewiesen, die Stätten der künftigen

Explosion zu verlassen, sich nicht an ungeschützten Orten aufzuhalten, die Explosion nicht anzusehen und sich unter der Erde zu verbergen ... Die Flüchtigen, die sich umdrehten, wurden blind und starben.»

Eins der geheimnisvollsten Monumente in dieser Gegend des Antilibanon ist die «Terrasse von Baalbek». Es handelt sich um eine Plattform, die aus Steinblöcken erbaut ist, von denen einige mehr als zwanzig Meter Seitenlänge messen und zweitausend Tonnen wiegen. Man hat sich nie erklären können, warum, wie und von wem diese Plattform angelegt wurde. Nach Ansicht von Professor Agrest ist es nicht ausgeschlossen, daß wir es hier mit den Resten einer Landefläche zu tun haben, die von den aus dem Kosmos gekommenen Astronauten erbaut wurde.

Schließlich wären noch die Berichte der Moskauer Akademie der Wissenschaften über eine Explosion zu erwähnen, die sich am 30. Juni 1908 in Sibirien ereignete. Man entnimmt daraus, daß sie möglicherweise auf die Zerstörung eines Raumschiffs anläßlich einer Notlandung zurückzuführen ist.

An diesem 30. Juni 1908 stieg um sieben Uhr morgens eine Feuersäule über der sibirischen Taiga auf, die eine Höhe von achtzig Kilometern erreichte. Eine riesige Feuerkugel, die mit der Erde in Berührung kam, vernichtete den Wald auf vierzig Kilometer im Umkreis. Mehrere Wochen lang zogen über Rußland, Osteuropa und Nordafrika sonderbare goldfarbene Wolken hin, die während der Nacht das Sonnenlicht reflektierten. In London photographierte man um ein Uhr nachts Menschen, die auf der Straße die Zeitung lasen. Noch heute hat sich in dieser Gegend Sibiriens keine neue Vegetation gebildet. Die von einer russischen wissenschaftlichen Expedition im Jahre 1960 vorgenommenen Messungen ergaben, daß die Radioaktivität hier das Dreifache des normalen Werts beträgt.

Wenn nun tatsächlich Besucher von anderen Planeten zu uns gekommen sind, haben sie sich dann unter uns bewegt? Nein, antwortet der sogenannte gesunde Menschenverstand: wir hätten sie bemerken müssen. Das ist jedoch keineswegs sicher. Die erste Regel der Tierpsychologie lautet, daß man die Tiere, die man beobachtet, nicht stören darf. Der Tübinger Forscher Zimansky, ein Schüler des genialen Konrad Lorenz, hat drei Jahre hindurch die

Schnecken studiert und sich dabei ihrer Sprache und ihrem psychischen Verhalten soweit angeglichen, daß die Schnecken ihn schließlich für ihresgleichen hielten. Das gleiche Verfahren können unsere Besucher gegenüber den Menschen angewandt haben. Dieser Gedanke mag unseren Widerspruch herausfordern, er ist dennoch begründet.

Eine andere Frage: Sind vielleicht vor Beginn der uns bekannten Menschheitsgeschichte wohlwollende Forscher von anderen Planeten zu uns auf die Erde gekommen? Eine indische Sage spricht von den Herren von Dzyan, die aus dem Kosmos kamen, um den Erdenbewohnern das Feuer und den Bogen zu bringen. Und das Leben selbst, ist es auf der Erde entstanden, oder ist es uns durch Raumfahrer gebracht worden? Die meisten Astronomen und Theologen nehmen an, daß das irdische Leben auf der Erde selbst begonnen hat. Thomas Gold, der Astronom von Cornell, hingegen verneint diese These. In einem Bericht, den Gold im Januar 1960 beim Kongreß der Raumforscher in Los Angeles vortrug, entwickelte er den Gedanken, daß das Leben vielleicht seit zahllosen Jahrmilliarden schon anderswo im Universum existierte, bevor es auf der Erde Wurzel faßte.

Seit etwa einer Jahrmilliarde existiert das Leben auf der Erde. Auch Gold weist auf diese Tatsache hin. Es begann mit den einfachsten Formen von mikroskopischem Ausmaß.

Nach Verlauf einer Jahrmilliarde kann nach Golds Hypothese der befruchtete Planet Geschöpfe entwickelt haben, die genügend Intelligenz besaßen, um weiter in den Raum vorzudringen, andere fruchtbare, aber jungfräuliche Planeten zu besuchen und dort ihrerseits entwicklungsfähige Mikroben zu hinterlassen. Dieser Vorgang ist vermutlich der normale Beginn des Lebens auf jedem Planeten einschließlich der Erde. «Raumfahrer», so sagt Gold, «können vor einer Jahrmilliarde die Erde besucht haben, und die Rückstände der uns von ihnen geschenkten Lebensformen können sich derart weiterentwickelt haben, daß den Mikroben bald ein anderes Medium (nämlich der menschliche Raumfahrer) ersteht, der imstande ist, sie über ein noch weiteres Betätigungsfeld zu verstreuen.»

Wie ist es nun mit den anderen Systemen, die jenseits unserer Milchstraße im Raum schweben? Gold gehört zu den Gelehrten, die sich zur Theorie eines starren Universums bekennen.

Und wann hat das Leben begonnen? Die Theorie eines starren Universums besagt, daß der Raum keine Grenzen und die Zeit weder Anfang noch Ende kennt. Wenn das Leben sich von den alten zu den neuen Milchstraßen fortpflanzt, so kann seine Geschichte durchaus auf eine Ewigkeit zurückblicken: auch sie hat weder Anfang noch Ende.

«Sind wir von anderswo gekommen», fragt sich auch der Biologe Loren Eiseley, «und sind wir im Begriff, uns mit Hilfe von Instrumenten auf eine Rückkehr in unsere eigene Heimat vorzubereiten . . .?»

Ein Wort noch über den Himmel. Die stellare Dynamik lehrt, daß kein Stern einen anderen «einfangen» kann. Die Doppelsterne oder auch die Tripelsterne, deren Vorhandensein beobachtet wird, müssen demnach gleich alt sein. Nun hat jedoch die Spektroskopie in den Doppel- und Tripelsystemen Bestandteile verschiedenen Alters entdeckt. So begleitet zum Beispiel ein zehn Milliarden Jahre alter weißer Zwerg ein drei Milliarden Jahre altes rotes Riesengestirn. Das ist theoretisch unmöglich und trotzdem eine Tatsache. Bergier und ich haben eine Anzahl von Physikern und Astronomen über diesen Punkt befragt. Einige, und zwar nicht die unbedeutendsten, schließen die Hypothese nicht aus, nach der diese anomalen Sterngruppierungen durch gewisse geistbegabte Wesen bewußt verursacht wurden. Man müßte demnach die Existenz von denkenden Wesen voraussetzen, die die Sterne aus ihrer Bahn rücken und künstlich neue Konstellationen zustandebringen könnten und die auf diese Weise dem Universum kundtun, daß in einer bestimmten Region des Himmels zum höheren Ruhme des Geistes das Leben sich manifestiert.

In einer erstaunlichen Vorausschau der künftigen Spiritualität schrieb Blanc de Saint-Bonnet *:

«Die Religion wird uns durch das Absurde kundgetan werden. Wir werden keiner falsch verstandenen Doktrin mehr folgen, der Mahnruf unseres Gewissens wird nicht mehr ungehört verklingen. Die Tatsachen selber werden ihre Stimme erschallen lassen. Die Wahrheit wird von den Höhen des Worts herab-

Ein verkannter französischer Philosoph, der von 1815 bis 1880 lebte. Sein Hauptwerk: *L'Unité Spirituelle*.

steigen und in das Brot eingehen, das wir essen. Das Licht wird zu Feuer werden!»

Zu dem verwirrenden Gedanken, daß der menschliche Geist vielleicht nicht die einzige lebendige und treibende Kraft im Universum ist, hat sich noch ein anderer gesellt: der, daß unser eigener Geist imstande sein kann, Welten aufzusuchen, die anders sind als die unsere, ihre Gesetze zu erfassen und gewissermaßen eine Forschungsreise auf die Rückseite des Spiegels zu unternehmen. Diesen phantastischen Durchbruch verdanken wir dem mathematischen Genie. Der Mangel an Neugier und Kenntnissen war es, der uns seit Rimbaud die dichterische Erfahrung als das wesentliche Movens der geistigen Revolution in unserer modernen Welt ansehen ließ. In Wahrheit jedoch ist ein anderes Ereignis viel wesentlicher: der Durchbruch des mathematischen Genies. Schon Valéry hat das sehr richtig erkannt. Der Mensch steht heute vor seinem eigenen mathematischen Genie wie vor dem Bewohner eines fremden Sterns. In Welten, die jeder menschlichen Erfahrung fern und unzugänglich sind, leben die mathematischen Einheiten, entwickeln sich, werden befruchtet. H. G. Wells nimmt in seinem Buch *Men like Gods* [40] an, daß es ebenso viele Welten gibt wie Seiten in einem dicken Buch. Wir bewohnen nur eine dieser Seiten. Das mathematische Genie jedoch ist imstande, das gesamte Werk zu überblicken: es stellt die echte und unbegrenzte Macht dar, über die das menschliche Gehirn verfügt. Denn es bereist die anderen Universen, und wenn es von diesen Erkundungsfahrten zurückkehrt, bringt es Werkzeuge mit, die es befähigen, die Welt, in der wir leben, zu verändern. Das Sein und das Tun stehen gleichermaßen in seiner Macht. So stellt der Mathematiker zum Beispiel eine Raumtheorie auf, nach der zwei volle Umläufe benötigt werden, um in die Ausgangsposition zurückzukehren. Diese jeder Tätigkeit innerhalb unserer Existenzsphäre völlig fremde Arbeit aber befähigt ihn, die Gesetze zu entdecken, denen die Elementarteilchen in den mikroskopischen Räumen unterworfen sind, und somit die Kernphysik, die unsere Zivilisation umwandelt, voranzutreiben. Die mathematische Intuition, die den Weg zu anderen Welten auftut, bewirkt gleichzeitig eine konkrete Verwandlung unserer eigenen Welt. Das mathematische Genie, das dem der abstrakten Musik so nahesteht, übt andererseits die stärkste denkbare Wirkung auf die reale Materie aus. So ersteht aus dem «absoluten Anderswo» die «absolute Waffe».

Wenn schließlich der mathematische Gedanke sich zum höchsten Grad der Abstraktion aufschwingt, bemerkt der Mensch, daß dieser Gedanke möglicherweise nicht sein ausschließliches Eigentum ist. Er entdeckt, daß zum Beispiel die Insekten Kenntnis von bestimmten Eigenschaften des Raums besitzen, die sich unseren Sinnen entziehen. Vielleicht, so muß er sich sagen, existiert eine universale mathematische Idee, vielleicht steigt aus der Gesamtheit alles Lebendigen der Gesang des überlegenen Geistes auf.

In dieser Welt, in der dem Menschen nichts mehr sicher erscheint, weder er selbst noch die bis vor kurzem gültigen Gesetze und Tatsachen seiner Umgebung, entfaltet sich in Windeseile eine neue Mythologie. Die Kybernetik hat den Gedanken aufgebracht, daß die menschliche Intelligenz von der des Elektronengehirns überholt worden sei, und der gewöhnliche Mensch betrachte das magische grüne Auge der «denkenden» Maschine mit dem gleichen ängstlichen Erschauern wie der alte Ägypter die Sphinx. Das Atom thront auf dem Olymp und hält den Blitz in der Faust. Kaum hatte man begonnen, den französischen Atommeiler von Marcoule zu bauen, als die Menschen in der Umgebung bereits der Ansicht waren, daß ihre Tomaten verkümmerten. Die Atombombe bringt die Wetterverhältnisse durcheinander und läßt uns Mißgeburten erzeugen. Eine ganze Literatur, die sogenannte «Science Fiction», stellt eine Odyssee unseres Jahrhunderts mit Marsmenschen und Mutanten auf, und der metaphysische Odysseus, der zu uns heimkehrt, hat zuvor den Raum und die Zeit bezwungen.

Zu der Frage «Sind wir die einzigen?» kommt heute noch eine weitere: «Sind wir die letzten?» Wird die Entwicklung mit dem Menschen aufhören? Oder bildet sich bereits der Übermensch heran? Lebt er nicht schon unter uns? Und muß man sich diesen Übermenschen als Individuum vorstellen oder vielleicht als Kollektivwesen, als die gesamte Masse der Menschheit, die im Begriff steht, zu gären, zu gerinnen und zu einem Bewußtsein ihrer Einheit und ihres Aufstiegs zu gelangen? Im Zeitalter der Massen stirbt das Individuum, aber es erleidet den erlösenden Tod der spirituellen Tradition: es stirbt, um wahrhaft geboren zu werden.

Es stirbt in seinem psychologischen Bewußtsein, um das kosmische Bewußtsein zu erlangen. Es spürt, wie es einem ungeheuren Druck ausgesetzt wird. Ihm bleibt die Wahl, zu sterben, indem es sich dem Druck entgegenstemmt, oder zu sterben, indem es ihm nachgibt. Im Falle der Ablehnung, des Widerstands, ist der Tod absolut. Im Falle des Nachgebens ist der Tod nur eine Zwischenstufe, die zum totalen Leben führt, denn es geht dabei um eine Neuordnung der Masse zur Bildung eines einheitlichen Seelenzustands, der von der Erkenntnis der Zeit und des Raums und vom Entdeckungshunger regiert wird.

Bei genauer Betrachtung wird in alledem der Grund für die Gedanken und Beunruhigungen des Menschen von heute viel deutlicher sichtbar als in irgendwelchen Analysen des neo-naturalistischen Romans oder in sozialpolitischen Untersuchungen. Man wird sehr bald gewahr, daß diejenigen, die nur Zeugen sein und die neuen Dinge mit alten Augen sehen wollen, von den Tatsachen erschlagen werden müssen.

Bei jedem Schritt, den der Mensch in dieser dem Unbekannten aufgetanen Welt tut, sieht er Fragezeichen aufragen, so riesengroß wie antediluvianische Tiere und Pflanzen. Er ist ihnen nicht gewachsen. Aber wie groß ist der Mensch heute eigentlich? Die Soziologie und die Psychologie haben sich wesentlich langsamer entwickelt als die Physik und die Mathematik. Und so kommt es, daß der Mensch des 19. Jahrhunderts sich plötzlich einer ganz anderen Welt gegenübersieht. Aber ist der Mensch, wie die Psychologie und die Soziologie des 19. Jahrhunderts ihn beschreiben, der wirkliche Mensch? Das erscheint keineswegs sicher. Nach der durch Descartes' *Discours de la Méthode* verursachten geistigen Revolution, nach der Geburt der Wissenschaften und des enzyklopädischen Denkens, nach dem großen Beitrag, den der Rationalismus und der optimistische Wissenschaftsglaube des 19. Jahrhunderts lieferten, befinden wir uns heute in einer Situation, in der die Unendlichkeit und Vielfalt der neuentdeckten Realitäten notwendig eine Änderung unserer bisherigen Begriffe von der Natur und der menschlichen Erkenntnis herbeiführen, die gültigen Ideen über die Beziehungen des Menschen zu seinem eigenen Geist über den Haufen werfen — kurz, eine völlig andere Einstellung erfordern müßten als die, welche wir noch gestern als die moderne Einstellung bezeichneten. Der Invasion des Phantastischen von außen her müßte eine Erkundung des Phantastischen in uns entsprechen. Gibt es dies Phantastische in uns? Und sollte das, was der Mensch geleistet hat, nicht die Projektion dessen sein, was er ist oder werden kann?

Diese Erkundung des Phantastischen in uns nun ist es, die wir vornehmen wollen. Oder besser gesagt, wir wollen uns bemühen aufzuzeigen, daß diese Erkundung nötig ist, und wir wollen eine Methode dafür entwerfen.

2 DAS PHANTASTISCHE IN UNS · *Pioniere: Balzac, Hugo, Flam-marion — Jules Romains und die tiefste aller Fragen — Das Ende des Positivismus — Was ist Parapsychologie? — Außergewöhnliche Tatsachen und bewiesene Erfahrungen — Das Beispiel der Titanic — Hellsichtigkeit — Vorherwissen und Traum — Parapsychologie und Psychoanalyse — Unsere Arbeit schließt die Zuhilfenahme des Okkultismus und der Scheinwissenschaften aus — Auf der Suche nach der Maschinerie der Tiefen*

Der Literaturkritiker und Philosoph Albert Béguin hat einmal behauptet, Balzacs Begabung sei viel mehr die der visionären Schau als die der Beobachtung gewesen. Dieser Satz erscheint mir zutreffend. In einer großartigen Novelle, *Le Réquisitionnaire*, sieht Balzac die Geburt der Parapsychologie voraus, die erst in der zweiten Hälfte des 20. Jahrhunderts stattfinden und das Studium der «psychischen Kräfte» des Menschen zum Gegenstand einer exakten Wissenschaft erheben sollte:

«Zur selben Stunde, in der Mme. de Dey in Carentan starb, wurde ihr Sohn im Morbihan erschossen. Diese tragische Tatsache ist ein weiterer Beitrag zu den Beobachtungen über die geheimen Beziehungen, für welche die Gesetze des Raumes nicht existieren. Einzelne interessierte Menschen haben mit methodischer Neugier Dokumente über dieses Gebiet zusammengetragen, die eines Tages die Grundlagen einer neuen Wissenschaft ergeben werden, der bis heute ein genialer Kopf fehlt.»

1891 erklärte Camille Flammarion [41]:

«Das Ende unseres Jahrhunderts ähnelt in manchem dem des vorigen. Der Geist ist der Lehrsätze einer Philosophie, die sich selbst als positivistisch bezeichnet, überdrüssig. Man kommt auf den Verdacht, daß sie sich irrt ... ‹Erkenne dich selbst!› sagt Sokrates. Seit einigen tausend Jahren haben wir eine Unmenge von Dingen gelernt, nur nicht das, was uns unmittelbar betrifft.

Es scheint, als ginge die gegenwärtige Tendenz des menschlichen Geistes endlich dahin, der sokratischen Maxime zu gehorchen.»

Zu Flammarion ins Observatorium von Juvisy kam einmal monatlich Conan Doyle aus London, um gemeinsam mit dem Astronomen gewisse ungeklärte und im übrigen auch etwas zweifelhafte Fälle von Hellsichtigkeit, von Geistererscheinungen und Materialisationen zu besprechen. Flammarion glaubte an Geister, und Conan Doyle sammelte «Geisterphotographien». Die von Balzac erahnte «neue Wissenschaft» war noch nicht geboren, aber ihre Notwendigkeit wurde immer fühlbarer.

In der großartigen Studie Victor Hugos über Shakespeare stehen die folgenden wundervollen Sätze:

«Jeder Mensch trägt sein Patmos in sich. Es steht ihm frei, ob er auf dieses erschreckende Vorgebirge des Denkens steigen will, von dem aus man in die Schattenwelt blickt. Wenn er es nicht tut, verbleibt er im gewöhnlichen Leben, im gewöhnlichen Bewußtsein, in der gewöhnlichen Tugend, im gewöhnlichen Glauben, im gewöhnlichen Zweifel, und damit ist es gut. Ja, für seine innere Ruhe ist es zweifellos so am besten. Wenn er jedoch diesen Gipfel ersteigt, ist er ein für allemal gefangen. Die gewaltigen Wogen des Wunders sind ihm erschienen. Niemand erblickt ungestraft diesen Ozean ... Er sträubt sich wohl gegen diesen lockenden Abgrund, gegen dieses Eintauchen in das Unerforschte, gegen diese Abwendung von der Erde und vom Leben, gegen dieses Eindringen in ein verbotenes Gebiet, gegen diesen Drang, das Unberührbare zu betasten — er kommt doch immer wieder hierher zurück, er stützt sich darauf, er neigt sich darüber, er tut einen Schritt und noch einen. Auf diese Weise aber dringt man in das Undurchdringliche ein, so gelangt man in die grenzenlose Weite des Zustands der Unendlichkeit.»

Was mich selber betrifft, so hatte ich im Jahre 1939 präzise Vorstellungen von einer Wissenschaft, die einwandfreie Zeugnisse über das innere Leben des Menschen erbringen, den Geist zu neuen Betrachtungen über die Natur der Erkenntnis zwingen und allmählich zu einer Abänderung der wissenschaftlichen Forschungsmethoden auf allen Gebieten führen würde. Ich war damals neunzehn Jahre alt, und der Krieg überraschte mich genau zu dem Zeitpunkt, an dem ich beschlossen hatte, mein Leben dem Aufbau einer Psychologie und Physiologie der mystischen Zustände zu widmen. In jenen Tagen las ich in der *Nouvelle Revue Française* einen Aufsatz von Jules Romains mit dem Titel *Réponse à la plus vaste question.* Sein Inhalt war prophetisch und bedeutete für mich eine unerwartete Bestätigung meiner eigenen Einstellung. Nach dem Kriege entstand tatsächlich eine Wissenschaft der seelischen Zustände, die Parapsychologie, die heute in voller Entwicklung begriffen ist. Doch auch innerhalb der offiziellen Wissenschaften, wie der Mathematik oder der Physik, wurde der Geist gewissermaßen auf einen anderen Platz gerückt. Jules Romains schrieb:

«Ich glaube, daß die Hauptschwierigkeit für den menschlichen Geist weniger darin besteht, in einer bestimmten Ordnung oder in gewissen Richtungen zu unanfechtbaren Schlüssen zu gelangen, als vielmehr darin, eine Möglichkeit zu entdecken, die Schlüsse, zu denen er bei seinen Untersuchungen über die verschiedenen Gebiete der Realität oder bei seinen Vorstößen in die je nach der Epoche wechselnden Richtungen gelangt, miteinander in Einklang zu bringen. So fällt es ihm zum Beispiel außerordentlich schwer, die an sich völlig exakten Begriffe, die sich aus der modernen wissenschaftlichen Erforschung der physikalischen Phänomene ergeben haben, mit den vielleicht durchaus haltbaren Vorstellungen abzustimmen, die er sich in Zeiten erarbeitet hat, in denen er sich mehr mit den spirituellen oder psychischen Tatsachen befaßte und auf die sich noch heute manche Wissenschaftler berufen, welche sich abseits aller physikalischen Methoden mit Untersuchungen auf spirituellem oder psychischem Gebiet beschäftigen. Ich bin keineswegs der Ansicht, daß die moderne Wissenschaft, die man oft eines platten Materialismus beschuldigt, von einer Revolution bedroht ist, die ihre sicheren Ergebnisse zunichte machen wird (wirklich bedroht können nur zu allgemeine oder voreilig aufgestellte Hypothesen sein, die nicht absolut einwandfrei sind). Aber möglicherweise steht sie eines Tages Resultaten gegenüber, die durch sogenannte ‹psychische› Methoden erzielt wurden und die so zwingend und entscheidend sind, daß es ihr nicht mehr möglich ist, sie wie bisher zu ignorieren oder für nichtig zu erklären. Viele Leute bilden sich ein, daß in diesem Augenblick sich alles von selbst ergeben werde, daß die ‹positive› Wissenschaft nur ruhig in ihrem augenblicklichen Gebiet zu bleiben brauche, während außerhalb ihrer Grenzen völlig neue Erkenntnisse erarbeitet werden, die sie zur Zeit als puren Aberglauben bezeichnet oder in die Domäne des ‹Unerkennbaren› verweist und verächtlich der Metaphysik überläßt. Aber so einfach wird die Entwicklung nicht verlaufen. Einige der wichtigsten Ergebnisse der experimentellen psychischen Forschung werden, sobald sie offiziell bestätigt und als Wahrheiten anerkannt sind — und dieser Tag wird unausweichlich kommen — die positive Wissenschaft innerhalb ihrer eigenen Grenzen angreifen. Dann aber muß der menschliche Geist, der bisher aus Angst vor Verantwortung so tut, als bemerke er diesen Konflikt nicht, sich entscheiden und einen Schiedsspruch fällen. Damit wird er eine schwere Krise heraufbeschwören, ebenso schwer wie jene, die durch die Anwendung der physikalischen Entdeckungen in der industriellen Technik entstand. Das Leben der Menschheit selbst wird durch sie eine Veränderung erfahren. Ich halte diese Krise für möglich, für wahrscheinlich, und ich glaube, daß sie uns binnen kurzem erreicht.»

An einem Wintermorgen begleitete ich einen Freund zum Krankenhaus, wo er sich einer dringenden Operation unterziehen mußte. Es dämmerte erst, und wir gingen im Regen die Straße entlang und hielten nach einem Taxi Ausschau. Mein Freund hatte hohes Fieber und konnte sich nur schwankend vorwärtsbewegen. Plötzlich wies er mit dem Finger auf eine Spielkarte, die umgekehrt und mit Schmutz bedeckt auf dem Pflaster lag.

«Wenn es ein Joker ist, geht alles gut», sagte er.

Ich hob die Karte auf und drehte sie um. Es war ein Joker.

Die Parapsychologie bemüht sich, durch Reihenexperimente zu einer systematischen Erforschung derartiger Ereignisse zu gelangen. Ist der normale Mensch mit einer Kraft begabt, die er fast nie anwendet — und zwar offenbar nur, weil man ihm eingeredet hat, daß er sie nicht besitze? Gewisse nach streng wissenschaftlichen Prinzipien durchgeführte Versuche scheinen den Begriff des Zufalls hier auszuschalten. Ich hatte Gelegenheit, gemeinsam mit

Aldous Huxley im Jahre 1955 am Internationalen Kongreß für Parapsychologie teilzunehmen und später die Bemühungen amerikanischer, schwedischer und deutscher Mediziner und Psychologen zu verfolgen, die sich mit diesen Forschungen befaßten. An der Ernsthaftigkeit dieser Arbeiten kann kein Zweifel bestehen. Würde die Wissenschaft nicht eine durchaus legitime Abneigung dagegen haben, sich auf Dichter zu berufen, so könnte die Parapsychologie eine ausgezeichnete Definition bei Guillaume Apollinaire finden:

«Ein jeder ist Prophet, mein lieber André Billy,
Aber man hat den Leuten schon so lange eingeredet,
Daß sie keine Zukunft haben und für alle Zeit unwissend
    bleiben,
Idioten von Geburt an,
Daß sie sich damit abgefunden haben und keiner auf die Idee
    kommt,
Sich auch nur zu fragen, ob er die Zukunft kennt oder nicht.
Es ist kein religiöser Geist in alledem,
Weder im Aberglauben noch in den Prophezeiungen
Noch in dem, was man Okkultismus nennt.
Es gibt jedoch eine Art, die Natur zu beobachten
Und die Natur zu interpretieren,
Die sehr legitim ist.» [42]

Die parapsychologischen Experimente scheinen zu beweisen, daß zwischen Mensch und Universum über die gewöhnlichen, durch die Sinne gegebenen Beziehungen hinaus noch andere Relationen bestehen. Demnach ist jeder normale Mensch imstande, weit entfernte oder hinter Wänden verborgene Dinge wahrzunehmen, die Bewegungen von Gegenständen zu beeinflussen, ohne diese zu berühren, seine Gedanken und Gefühle in das Nervensystem eines anderen Menschen zu projizieren und schließlich in einigen Fällen sogar kommende Ereignisse vorherzuwissen.

Sir H. R. Haggard, ein im Jahre 1925 verstorbener englischer Schriftsteller, gab in seinem Roman *Maiwa's Revenge* eine ausführliche Beschreibung von der Flucht seines Helden Allan Quatermain. Dieser wird von Eingeborenen aufgespürt, während er eine Felswand erklettert. Seine Verfolger halten ihn an einem

Fuß fest; er befreit sich, indem er parallel zu seinem rechten Bein einen Pistolenschuß abfeuert. Einige Jahre nach der Veröffentlichung des Romans erhielt Haggard den Besuch eines englischen Forschungsreisenden. Dieser war eigens nach London gekommen, um den Schriftsteller zu fragen, woher dieser sein Abenteuer in allen Einzelheiten erfahren habe, da er selbst mit keinem Menschen darüber gesprochen hatte und ihm daran lag, diesen Mord zu verheimlichen.

In der Bibliothek des 1946 verstorbenen österreichischen Schriftstellers Karl Hans Strobl machte dessen Freund Willy Schrödter die folgende Entdeckung:

«Ich blätterte in seinen eigenen Arbeiten, die auf einem Bücherbord standen. Zwischen den einzelnen Seiten fand ich zahlreiche Zeitungsausschnitte. Aber es handelte sich dabei nicht, wie ich zuerst geglaubt hatte, um Kritiken, sondern um Tatsachenberichte. Mit einem sonderbaren Schrecken stellte ich fest, daß sie von Ereignissen handelten, die Strobl lange vor ihrem Eintreten beschrieben hatte.»

1898 schildert ein amerikanischer Science-Fiction-Autor, Morgan Robertson, den Untergang eines riesigen Schiffes. Dieses aus seiner Phantasie hervorgegangene Schiff hatte eine Wasserverdrängung von 70 000 Tonnen, war 800 Fuß lang und transportierte 3000 Passagiere. Es wurde von drei Schiffsschrauben angetrieben. Während der Jungfernfahrt stieß das Schiff in einer Aprilnacht im Nebel mit einem Eisberg zusammen und versank. Sein Name lautete *The Titan.*

Die *Titanic,* die später unter den gleichen Umständen unterging, hatte eine Wasserverdrängung von 66 000 Tonnen, war 828,5 Fuß lang, transportierte 3000 Passagiere und war mit drei Schiffsschrauben ausgerüstet. Die Katastrophe ereignete sich in einer Aprilnacht.

Das sind Tatsachen. Sehen wir uns nun einmal die von den Parapsychologen vorgenommenen Experimente an.

In Durham in den Vereinigten Staaten sitzt der Experimentator und hält ein aus fünf Spezialkarten bestehendes Spiel in der Hand. Er mischt die Karten und zieht eine nach der anderen. Eine Kamera registriert den Vorgang. Im selben Augenblick versucht in Zagreb in Jugoslawien ein anderer Experimentator die Reihenfolge der gezogenen Karten zu erraten. Dieser Versuch wird Tausende von Malen wiederholt. Es erweist sich, daß die Zahl der Fälle, in denen die richtige Karte genannt wird, so hoch ist, daß man nicht mehr von Zufall sprechen kann.

In London befindet sich der Mathematiker J. S. Soal in einem geschlossenen Raum und zieht aus einem ähnlichen Spiel die Karten. Der Student Basil Shakelton, der hinter einer undurchsichtigen Wand sitzt, versucht sie zu erraten. Als man die Ergebnisse untersucht, stellt sich heraus, daß der Student mit einer Häufigkeit, die weit über dem Prozentsatz normaler Wahrscheinlichkeit liegt, die Karte bezeichnet hat, die als nächste gezogen wird.

In Stockholm konstruiert ein Ingenieur einen Apparat, der automatisch Würfel hochschleudert und ihren Fall auf einem Film festhält. Einige Zuschauer, Mitglieder der Universität, bemühen sich, den Fall einer bestimmten Nummer zu begünstigen, indem sie intensiv daran denken. Es gelingt ihnen in einer so großen Anzahl der Fälle, daß bloßer Zufall ausgeschlossen erscheint.

Bei seiner Untersuchung der Phänomene des Vorauswissens im Schlafzustand hat der Engländer Dunne wissenschaftlich nachgewiesen, daß bestimmte Träume sogar eine noch ferne Zukunft zu enthüllen vermögen [43]. Dunne selbst träumte im Jahre 1901, daß die an der Kanalküste gelegene Stadt Lowestoft von einer ausländischen Flotte bombardiert worden sei. Dieses Bombardement fand im Jahre 1914 mit allen von Dunne 1901 bezeichneten Einzelheiten statt. Derselbe Dunne sah im Traum die Schlagzeilen von Zeitungen, die vom Ausbruch des Mont Pelée sprachen. Das Ereignis trat einige Monate später ein. Auch die deutschen Forscher Moufang und Stevens haben in ihrem Werk *Das Mysterium der Träume* zahlreiche beglaubigte Fälle zitiert, in denen Träume zukünftige Ereignisse enthüllt oder auch zu wichtigen wissenschaftlichen Entdeckungen geführt haben.

Der berühmte Atomforscher Niels Bohr hatte als Student einen sonderbaren Traum. Er saß auf einer Sonne aus brennendem Gas. Planeten rasten zischend an ihm vorbei. Sie waren durch feine Fäden mit der Sonne verknüpft und kreisten um sie. Plötzlich ging das Gas in festen Zustand über, die Sonne und die Planeten schrumpften zusammen und verhärteten sich. In diesem Augenblick erwachte Niels Bohr und war sich schlagartig bewußt, daß er das seit langem gesuchte Atom-Modell entdeckt hatte. Die «Sonne» war der feststehende Mittelpunkt, um den die Elektronen kreisten. Die ganze moderne Atomphysik mitsamt ihren Anwendungen ist aus diesem Traum hervorgegangen.

Der Chemiker August Kékulé von Stradonitz erzählt:

«An einem Sommerabend war ich im Autobus, mit dem ich nach Hause fuhr, eingeschlafen. Deutlich sah ich, wie rings um mich die Atome sich zu Paaren zusammenschlossen. Diese Atompaare vereinigten sich zu größeren Gebilden, die ihrerseits von noch größeren Gruppen angezogen wurden, und alle diese Korpuskeln wirbelten in einem wilden Rundtanz. Ich verbrachte einen Teil der Nacht damit, die Vision meines Traumes niederzuschreiben. Die Theorie der Struktur war gefunden.»

Nachdem ein Ingenieur der amerikanischen Telephongesellschaft Bell in den Zeitungen die Berichte über die Bombenangriffe auf London gelesen hatte, sah er in einer Herbstnacht 1940 in einem Traum, wie er selbst den Plan eines Apparats aufzeichnete, mit dessen Hilfe es möglich war, ein Flak-Geschütz im voraus genau auf den Punkt einzustellen, den ein Flugzeug, dessen Bahn und Schnelligkeit bekannt ist, überfliegen wird. Nach dem Erwachen zeichnete er das Schema aus dem Gedächtnis auf. Die Konstruktion dieses Apparats, bei dem zum erstenmal das Radar Anwendung finden sollte, erfolgte unter der Leitung des großen Gelehrten Norbert Wiener, und die Überlegungen, zu denen Wiener hierdurch angeregt wurde, sollten zur Geburt der Kybernetik führen.

«Man darf», so sagt Lovecraft, «die ungeheure Bedeutung, die die Träume erlangen können, keinesfalls unterschätzen.» [44] Ebensowenig sollte man die Phänomene des Vorherwissens, ob sie nun im Schlaf oder im Wachzustand auftreten, für unwichtig halten. Im Zuge einer solchen Überlegung machte die amerikanische Kommission für Atomenergie im Jahre 1958 einen Vorschlag, mit dem sie sich über die gesicherten Ergebnisse der offiziellen Psychologie hinwegsetzte. Sie beantragte die Verwendung von «Hellsehern», die versuchen sollten, die Ziele russischer Bombenangriffe im Kriegsfall zu erraten. [45]

Der geheimnisvolle Passagier ging am 25. Juli 1959 an Bord des Atom-Unterseeboots *Nautilus*. Dieses lief sofort aus, tauchte und kreuzte sechzehn Tage lang durch die Tiefen des Atlantischen Ozeans. Der namenlose Passagier schloß sich in seine Kabine ein. Nur der Matrose, der ihm seine Mahlzeiten brachte, und Kapitän Anderson, der ihm täglich zwei Besuche abstattete, bekamen sein Gesicht zu sehen. Bei diesen Besuchen übergab der Passagier dem Kapitän jeweils ein Blatt Papier, auf das er in wechselnder Reihenfolge fünf mysteriöse Zeichen gemalt hatte: ein Kreuz, einen Stern, einen Kreis, ein Viereck und drei Wellenlinien. Kapitän Anderson und der unbekannte Passagier setzten ihre Unterschrift auf das Blatt, und der Kapitän schob es zusammen mit zwei kleinen Zetteln in einen Umschlag, den er verschloß. Auf dem einen der Zettel waren Stunde und Datum vermerkt, auf dem anderen standen die Worte: «Streng geheim. Im Falle der Gefahr, daß das Unterseeboot angehalten wird, sofort zu vernichten.» Am Montag, dem 10. August 1959, legte das Unterseeboot in Croyton an. Der Passagier bestieg einen Dienstwagen, der ihn unter Geleitschutz zum nächsten Militärflughafen brachte.

Einige Stunden später ging das Flugzeug auf dem kleinen Flugplatz der Stadt Friendship in Maryland nieder. Auch hier erwartete ein Wagen den Reisenden. Er fuhr ihn zu einem Gebäude mit der Aufschrift: «Zentrum für Spezialforschungen Westinghouse. Unbefugten ist der Zutritt verboten.» Der Wagen hielt vor dem Wachtposten, und der Reisende bat, zu Hauptmann William Bowers, dem Direktor der biologischen Abteilung am Forschungsinstitut der Luftwaffe der Vereinigten Staaten, geführt zu werden.

Hauptmann Bowers erwartete ihn in seinem Büro.

«Setzen Sie sich, Leutnant Jones», sagte er. «Haben Sie den Umschlag?»

Wortlos reichte Jones dem Hauptmann den Umschlag. Dieser ging zu einem Safe, öffnete ihn und entnahm ihm einen zweiten Umschlag, der dem ersten zum Verwechseln ähnlich sah, nur daß er den Aufdruck «Forschungszentrum X, Friendship, Maryland» trug, während auf dem ersten die Worte «Unterseeboot Nautilus» standen.

Hauptmann Bowers öffnete die beiden Umschläge und nahm je einen Packen kleinerer Umschläge heraus, die er ebenfalls öffnete. Schweigend legten die beiden Männer die mit demselben Datum versehenen Blätter nebeneinander. Dann verglichen sie sie. In über 70 Prozent der Fälle waren auf den beiden Blättern, die dasselbe Datum trugen, die Zeichen in derselben Reihenfolge angeordnet.

«Wir stehen an einem Wendepunkt der Geschichte», sagte Hauptmann William Bowers. «Zum erstenmal ist unter Bedingungen, die jede Möglichkeit eines Betrugs ausschließen, mit einer für die praktische Anwendung ausreichenden Präzision der menschliche Gedanke ohne jede materielle Vermittlung von einem Gehirn auf ein anderes übertragen worden.»

Wenn man eines Tages die Namen der beiden Männer erfährt, die an diesem Experiment beteiligt waren, so werden sie zweifellos ihren Platz in der Geschichte der Wissenschaften erhalten.

Für den Augenblick sind sie «Leutnant Jones», ein Marineoffizier, und «ein gewisser Smith», Student an der Duke-Universität in Durham, North Carolina.

Während der sechzehn Tage, die das Experiment in Anspruch nahm, setzte sich der «gewisse Smith», der in einem Raum eingeschlossen war, den er diese ganze Zeit über nicht verließ, zweimal täglich vor ein automatisches Kartenmisch-Gerät. Im Inneren dieses Apparates wurden in einer Trommel tausend Karten durcheinandergemischt. Es handelte sich dabei nicht um übliche Spielkarten, sondern um vereinfachte Karten, die sogenannten Zener-Karten. Diese Karten, die seit langem für die parapsychologischen Experimente benutzt werden, sind alle von derselben Farbe. Sie tragen eins der folgenden fünf Zeichen: drei Wellenlinien, Kreis, Kreuz, Viereck oder Stern. Zweimal täglich warf der mit einem Uhrwerk versehene Apparat im Abstand von je einer Minute fünf Karten aus. Der «gewisse Smith» richtete seine Blicke fest auf die ausgeworfene Karte und bemühte sich, intensiv daran zu denken. Zur selben Zeit versuchte in einer Entfernung von 2000 Kilometern, Hunderte von Metern unter dem Wasserspiegel des Atlantischen Ozeans, der Leutnant Jones zu erraten, welche Karte Smith fixierte. Er schrieb das Resultat nieder und ließ das Blatt von Kapitän Anderson gegenzeichnen. In sieben von zehn Fällen riet Leutnant Jones richtig. Ein Betrug war ausgeschlossen. Selbst wenn man die unwahrscheinlichsten Absprachen annehmen wollte, so war doch keinerlei Verbindung zwischen dem getauchten Unterseeboot und dem Versuchsraum möglich, in dem Smith sich befand. Auch Radiowellen können nicht eine mehrere hundert Meter dicke Schicht von Meerwasser durchdringen. Zum erstenmal in der Geschichte der Wissenschaften hatte man den unwiderlegbaren Beweis erbracht, daß eine Fernverbindung zwischen zwei menschlichen Gehirnen möglich ist. Das Studium der Parapsychologie trat damit endlich in eine wissenschaftliche Phase ein.

Diese große Entdeckung wurde unter dem Druck militärischer Notwendigkeiten gemacht. Schon Anfang des Jahres 1957 hatte die berühmte Rand Corporation *, die sich im Auftrag der amerikanischen Regierung mit geheimen Forschungen beschäftigt, einen Bericht über diesen Plan bei Präsident Eisenhower vorgelegt. «Unsere Unterseeboote», konnte man darin lesen, «sind zur Zeit nutzlos, da es unmöglich ist, mit ihnen in Verbindung zu treten, wenn sie getaucht sind und vor allem, wenn sie sich unter der Eisdecke des Polarmeeres befinden. Es empfiehlt sich daher, sämtliche neuen Mittel und Möglichkeiten zu versuchen.» Ein Jahr lang hatte dieser Bericht keinerlei Wirkung. Die wissenschaftlichen Berater Präsident Eisenhowers waren der Ansicht, daß dieser Vorschlag allzusehr an Tischrücken und ähnliche okkulte Manipulationen erinnerte. Als schließlich das «Piep-Piep» des Sputnik I wie ein Alarmsignal über der Welt ertönte, kamen die größten amerikanischen Gelehrten zu der Überzeugung, daß es höchste Zeit sei, in jeder Richtung zu forschen, einschließlich der Richtungen, die die Russen verschmähten. Die amerikanische Wissenschaft richtete einen Appell an die öffentliche Meinung. Am 13. Juli 1958 veröffentlichte die Sonntagsbeilage der *New York Herald Tribune* einen Artikel des bedeutendsten Militärfachmanns der amerikanischen Presse, Ansel E. Talbert. Dieser schrieb:

«Die Streitkräfte der Vereinigten Staaten müssen unbedingt in Erfahrung bringen, ob die von einem menschlichen Gehirn ausgesandte Energie über Tausende von Kilometern hinweg ein anderes menschliches Gehirn beeinflussen kann ... Es handelt sich hier um ein rein wissenschaftliches Experiment. Die festgestellten Erscheinungen erhalten — ebenso wie jeder andere Vorgang im lebenden Organismus — ihre Energiezufuhr durch die Verbrennung der dem Organismus zugeführten Nährstoffe ...

* Rand = Research and Development.

Die Erforschung und Erweiterung dieser Phänomene liefert uns vielleicht eine neue Verbindungsmöglichkeit zwischen den Unterseebooten und dem Festland und eines Tages vielleicht auch zwischen einzelnen Raumschiffen.»

Auf Grund dieses Artikels und zahlreicher Berichte von Wissenschaftlern, die die Eingabe der Rand Corporation unterstützten, entschloß die Regierung sich zu handeln. Heute bestehen Forschungslaboratorien dieser neuen Disziplin, der Parapsychologie, bei der Rand Corporation in Cleveland, bei Westinghouse in Friendship, Maryland, bei der General Electric in Schenectady, bei der Bell Telephone in Boston und im Forschungszentrum der Armee in Redstone, Alabama. In Redstone liegen die Räume, in denen die Möglichkeiten der Gedankenübertragung untersucht werden, fünfhundert Meter neben dem Büro von Wernher von Braun, dem Erforscher des Weltraums. Man kann darin ein Symbol dafür sehen, daß die Eroberung der Planeten und die Exploration des menschlichen Geistes schon heute parallel vor sich gehen.

In weniger als einem Jahr haben diese mit allen Mitteln ausgestatteten Laboratorien bereits mehr Resultate erzielt, als jahrhundertelange Untersuchungen auf dem Gebiet der Telepathie bisher aufzustellen vermochten. Der Grund dafür ist sehr einfach: die Forscher sind ohne jede vorgefaßte Meinung vom Nullpunkt ausgegangen. Es wurden Kommissionen in die ganze Welt entsandt, und in England z. B. nahmen Mitglieder einer solchen Kontakt mit namhaften Gelehrten auf, welche die Phänomene der Gedankenübertragung überprüft und bestätigt hatten. Dr. Soal von der Universität Cambridge konnte den Forschern derartige Kommunikationen zwischen zwei jungen Bergarbeitern aus Wales vorführen, die über mehrere hundert Kilometer hinweg zustande kamen.

In Deutschland fand die Kommission die Unterstützung so anerkannter Wissenschaftler wie Hans Bender und Pascual Jordan, die nicht allein Phänomene der Gedankenübertragung beobachtet hatten, sondern sich auch nicht scheuten, darüber zu schreiben. In Amerika selbst häuften sich die Beweise. Ein chinesischer Wissenschaftler, Dr. Ching Yu Wang, konnte mit Hilfe einiger ebenfalls chinesischer Kollegen den Experten der Rand Corporation absolut überzeugende Proben von Gedankenübertragungen liefern.

Wie geht man nun praktisch vor, um so erstaunliche Resultate zu erzielen, wie sie sich bei dem Experiment mit Leutnant Jones und dem «gewissen Smith» ergaben?

Man muß dazu ein Experimentatoren-Paar finden, zwei Personen, von denen die eine die Rolle des Senders, die andere die des Empfängers übernimmt. Wirklich sensationelle Ergebnisse kann man nur erreichen, wenn man für das Experiment zwei Personen einsetzt, deren Gehirne in gewisser Weise synchronisiert sind. (Die amerikanischen Spezialisten gebrauchen in diesem Fall die aus der Rundfunktechnik entlehnte Bezeichnung «Resonanz», wobei sie sich bewußt sind, daß dieser Ausdruck sehr ungenau ist.)

Bei den Versuchen hat sich herausgestellt, daß die Verbindung nur in einer Richtung verläuft. Wenn man das Experiment umkehrt, also die empfangende Person senden und die sendende empfangen lassen will, erreicht man nichts. Zur Erzielung einer in beiden Richtungen wirkenden Verbindung würde man also zwei «Paare» benötigen: erstens eine sendende und eine empfangende Person an Bord des Unterseeboots und zweitens eine sendende und eine empfangende Person in einer Versuchsstation auf dem Festland.

Wie werden diese Personen ausgewählt?

Zur Zeit ist das noch ein Geheimnis. Man weiß lediglich, daß die Wahl nach einer Überprüfung der Elektro-Enzephalogramme getroffen wird, d. h. nach Untersuchung der elektrisch registrierten Gehirntätigkeit der freiwilligen Kandidaten.

Weitere Aufklärung auf diesem Gebiet erbrachten die Arbeiten einer amerikanischen Psychologin, Mrs. Gertrude Schmeidler. Frau Dr. Schmeidler hat nachgewiesen, daß die Kandidaten, die sich für diese Experimente zur Verfügung stellen, in zwei Kategorien eingeteilt werden können, die sie als die «Schafe» und die «Ziegen» bezeichnet. Die Schafe sind diejenigen, die an die Möglichkeit außersinnlicher Wahrnehmungen glauben, die Ziegen sind jene, die nicht daran glauben. Zur Herstellung einer Fernverbindung muß man, wie es scheint, ein Schaf mit einer Ziege zusammenbringen.

Außerordentlich erschwerend für diese Arbeit ist die Tatsache, daß im Moment, da die Fernverbindung hergestellt wird, weder der Sender noch der Empfänger etwas davon merkt. Die Kommunikation vollzieht sich in der Sphäre des Unbewußten, und nichts davon dringt ins Bewußtsein. Der Sender hat keine Ahnung, ob seine Botschaft ihr Ziel erreicht. Der Empfänger weiß nicht, ob er Signale von einem anderen Gehirn auffängt oder ob er selber etwas erfindet. Darum hat man auch nicht erst versucht, komplizierte oder mehrdeutige Bilder zu übermitteln, sondern sich mit den einfachen fünf Symbolen der Zener-Karten begnügt. Ist diese Art der Übertragung erst einmal geglückt, kann man die Karten unschwer wie einen Code nach der Art des Morse-Alphabets benutzen und verständliche Botschaften formulieren. Im Augenblick handelt es sich erst einmal darum, die Übertragungs-Methode zu vervollkommnen, sie zuverlässiger zu machen. Man arbeitet dabei in den verschiedensten Richtungen und sucht insbesondere nach wirksamen Medikamenten, die eine Gedankenübertragung erleichtern können. Ein amerikanischer Pharmakologe, Dr. Humphrey Osmond, hat einige Resultate auf diesem Gebiet erzielt, die er im März 1947 in einem Bericht an die Akademie der Wissenschaften von New York veröffentlichte.

Allerdings haben Leutnant Jones und der «gewisse Smith» keinerlei Drogen benutzt, da es bei diesen Experimenten der amerikanischen Streitkräfte darauf ankam, die Möglichkeiten eines normalen menschlichen Gehirns grundsätzlich zu erforschen. Außer Kaffee, der die Übertragung zu begünstigen scheint, und Aspirin, das sie im Gegensatz dazu verhindert und lähmt, sind bei den Experimenten der Rand Corporation keine Stimulantia zugelassen.

Diese Experimente aber eröffnen zweifellos eine neue Ära in der Menschheitsgeschichte und der Geschichte der Wissenschaften [46].

Auf dem Gebiet der «paranormalen Heilungen» — also der durch psychologische Behandlung erzielten Genesungen — sei es durch einen Heilpraktiker, der «das Fluidum besitzt», oder durch einen Psychoanalytiker (wobei selbstverständlich ein scharfer Unterschied zwischen diesen beiden Methoden zu machen ist), sind die Parapsychologen zu äußerst interessanten Schlüssen gekommen. Sie haben einen neuen Begriff eingeführt: den des «Paars», das durch den Arzt und den Kranken gebildet wird. Das Ergebnis der Behandlung hängt ihrer Ansicht nach davon ab, ob sich ein telepathischer Rapport zwischen dem Behandelnden und seinem Patienten einstellt oder nicht. Wenn eine solche Verbindung zustande kommt — die einer Liebesbeziehung ähnelt — entsteht durch sie jene Hyper-Klarsichtigkeit und Hyper-Empfänglichkeit, wie sie bei Liebenden beobachtet wird, und dann ist eine Heilung möglich. Kommt die Verbindung nicht zustande, verschwenden Heilender und Kranker ihre

Zeit. Der Begriff des «Fluidums» ist heute zugunsten des «Paar»-Begriffs in den Hintergrund gedrängt worden. Man nimmt an, daß es möglich sein wird, gleichsam die psychologischen Umrisse sowohl des Heilenden wie des Patienten aufzuzeichnen. Bestimmte Tests sollen klären können, welche Art von Intelligenz und Sensibilität sowohl der Arzt wie der Patient besitzt und welche unbewußten Kontakte sich zwischen beiden ergeben können. Der Arzt, der sein durch den Test erarbeitetes Schema mit dem seines Patienten vergleicht, wird auf diese Weise von vornherein wissen, ob eine erfolgversprechende Behandlung möglich ist oder nicht.

In New York zerbricht ein Psychoanalytiker den Schlüssel des Aktenschranks, in dem er seine Kartothek aufbewahrt. Er stürzt zu einem Schlosser und läßt sich sofort einen neuen Schlüssel anfertigen. Er spricht mit keinem Menschen über diesen Zwischenfall. Einige Tage später, während einer Wachtraumbehandlung, sieht der Patient einen Schlüssel vor sich und beschreibt ihn. Der Schlüssel ist zerbrochen und trägt die Nummer des Schlüssels zum Aktenschrank. Wir haben in diesem Fall ein einwandfreies Beispiel von Osmose vor uns.

Dr. Lindner, ein berühmter amerikanischer Psychoanalytiker, behandelte im Jahr 1953 einen namhaften Atomwissenschaftler[47]. Dieser hatte jedes Interesse an seiner Arbeit, seiner Familie und seiner gesamten Umgebung verloren. Er wich, wie Lindner berichtet, in eine andere Welt aus. Immer häufiger begab er sich im Geiste auf einen fremden Planeten, auf dem die Wissenschaft wesentlich weiter fortgeschritten war und wo er eine führende Rolle spielte. Er hatte sehr präzise Vorstellungen von dieser Welt, von ihren Gesetzen, ihren Sitten und ihrer Kultur. Sonderbarerweise fühlte Lindner sich nach und nach von der Wahnidee seines Patienten angezogen: er begleitete ihn in Gedanken in seine Welt und hatte selbst gelegentliche Anfälle von Geistesabwesenheit. Von diesem Zeitpunkt an löste sich der Kranke allmählich von seiner Vision, und der Heilungsprozeß begann. Aber auch Lindner mußte seinerseits einige Wochen später geheilt werden. Er hatte durch sein Experiment jene Aufgabe erfüllt, die dem Thaumaturgen seit urdenklichen Zeiten gestellt ist: die Aufgabe, das Leiden des anderen «auf sich zu nehmen», die Sünden anderer zu sühnen.

Die Parapsychologie hat keinerlei Beziehung zum Okkultismus. Im Gegenteil, sie bemüht sich um eine Entmystifizierung dieses Bereichs. Trotzdem wollen die Gelehrten und Philosophen, die sie strikt ablehnen, in ihr eine Ermutigung zur Scharlatanerie sehen. Das Urteil ist falsch. Wahr hingegen ist, daß unsere Epoche mehr als jede andere die Entwicklung von Pseudowissenschaften begünstigt, die «sich alles zunutze machen, mit allen Ansprüchen auftreten und dabei nichts Greifbares und Fundiertes aufweisen können». Wir sind davon überzeugt, daß es unentdeckte Gebiete im Menschen gibt. Die Parapsychologie empfiehlt *eine* Methode zu ihrer Erforschung. Auf den folgenden Seiten möchten wir unsererseits eine Methode in Vorschlag bringen. Diese Erforschung hat kaum erst begonnen, und sie wird, so glauben wir, eine der großen Aufgaben der künftigen Kultur sein. Zweifellos wird man bisher unbekannte natürliche Kräfte entdecken, untersuchen und beherrschen lernen müssen, damit der Mensch sein Schicksal auf einer in Umwandlung begriffenen Erde erfüllen kann. Wir sind dessen sicher. Aber wir sind auch überzeugt, daß die gegenwärtige Verbreitung des Okkultismus und der falschen Wissenschaften unter einem fast unermeßlich großen Publikum ein Krankheitszeichen ist. Nicht die gesprungenen Spiegel sind es, die Unglück bringen, sondern die gesprungenen Gehirne.

In den Vereinigten Staaten gibt es seit dem letzten Krieg mehr als 30 000 Astrologen und 20 Zeitschriften, die lediglich der Astrologie gewidmet sind und deren eine in einer Auflage von 500 000 Exemplaren erscheint. Mehr als 2000 Zeitungen haben ihre astrologische Spalte. Im Jahre 1943 handelten fünf Millionen Amerikaner nach den Anweisungen von Wahrsagern und gaben 200 Millionen Dollar aus, um ihre Zukunft zu erfahren. In Frankreich sind allein 40 000 Heilpraktiker tätig, und es gibt mehr als 50 000 Büros für okkulte Beratungen. Nach zuverlässigen Schätzungen [48] belaufen sich die Honorare der Wahrsager und Wahrsagerinnen, Hellseher, Magier, Pendler und Heilpraktiker in Paris auf eine Gesamtsumme von 500 Millionen Francs. Das Budget der «Magie» soll in Frankreich etwa 3 Milliarden pro Jahr betragen, also wesentlich mehr als die Summe, die für wissenschaftliche Forschungen zur Verfügung steht.

« ‹Ich meine, es würde nicht viel schaden, wenn sich jemand als Spion verkleidete und behauptete, dem Feind alles mögliche dumme Zeug aufgebunden zu haben. Aber wenn jemand in Wirklichkeit mit dem Feind verhandelt — dann allerdings! — Ich meine daher, wenn ein Wahrsager . . .›

‹Sie glauben wirklich . . .›

‹Ja, ich glaube, er verhandelt mit dem Feinde.›» [49]

Es ist unbedingt notwendig, und sei es auch nur, um das Feld unserer Untersuchungen zu säubern, daß wir diese Invasion bekämpfen und zurückdämmen. Aber es geschieht außerdem zugunsten des Fortschritts der Erkenntnis. Es muß betont werden, daß es nicht darum geht, zum Positivismus zurückzukehren, den Flammarion bereits 1891 als überlebt betrachtete, zu keinem irgendwie gearteten beschränkten Wissenschaftsglauben, gerade jetzt, da die Wissenschaft selbst uns neue Überlegungen über die Strukturen des Geistes aufdrängt. Wenn der Mensch Kräfte besitzt, die bisher vernachlässigt wurden, und wenn es, wie wir anzunehmen geneigt sind, einen höheren Bewußtseinszustand gibt, dann darf man, indem man die Invasion des Okkultismus und der falschen Wissenschaften bekämpft, nicht gleichzeitig die zu Experimenten verwendbaren Hypothesen ablehnen, nicht die echten Tatsachen und nicht die erhellenden Vergleiche. «Man soll das Kind nicht mit dem Bade ausschütten», sagt ein Sprichwort.

Sogar die sowjetische Wissenschaft räumt ein, «daß wir nicht alles wissen, daß es aber keinen Bezirk gibt, der tabu ist, und auch keine Gebiete, die auf immer unerreichbar sind». Die Spezialisten des Pawlow-Instituts, die chinesischen Gelehrten, die sich dem Studium einer höheren Nerventätigkeit widmen, arbeiten zum Beispiel auch über Yoga. Der wissenschaftliche Journalist Saparin schreibt in der russischen Zeitschrift *Kraft und Wissen* [50]:

«Für den Augenblick sind die von den Yogis gezeigten Phänomene noch nicht erklärbar, sie werden es aber zweifellos eines Tages sein. Es besteht größtes Interesse für derartige Erscheinungen, da sie die außerordentlichen Möglichkeiten der Maschine Mensch enthüllen.»

Das Studium der außersinnlichen Fähigkeiten, die «Psionik», wie die amerikanischen Forscher diese Wissenschaft in Analogie zur Elektronik und Nukleonik bezeichnen, verspricht tatsächlich praktische Anwendungsmöglichkeiten von beträchtlichem Umfang. Die letzten Arbeiten über den Orientierungssinn der Tiere haben das Vorhandensein außersinnlicher Fähigkeiten aufgezeigt. Der Zugvogel, die Katze, die 1300 Kilometer zurücklegt, um wieder nach Hause zu gelangen, der Schmetterling, der das Weibchen im Umkreis von 11 Kilometern aufspürt, sie alle scheinen das gleiche Wahrnehmungs- und Aktionsvermögen auf große Entfernungen hin zu besitzen. Wenn wir das Wesen dieses Phänomens ergründen könnten, würden wir vielleicht ein neues Kommunikations- und Orientierungsmittel finden. Wir hätten dann ein menschliches Radargerät zu unserer Verfügung.

Die direkte Übermittlung von Gefühlen, wie sie sich offenbar bei dem «Paar» Arzt—Patient ergibt, könnte zu wertvollen Neuerungen auf therapeutischem Gebiet führen. Das Bewußtsein des Menschen ist einem im Ozean treibenden Eisberg vergleichbar. Sein weitaus größter Teil befindet sich unter Wasser. Manchmal gerät der Eisberg ins Schwanken und läßt eine riesige unbekannte Masse sehen. «Ein Wahnsinniger!» sagen wir dann. Wenn es möglich wäre, mit Hilfe irgendeines «psionischen Verstärkers» eine direkte Verbindung zu diesen unsichtbaren Massen aufzunehmen, so könnte man vielleicht die Geisteskrankheiten völlig zum Verschwinden bringen.

Die moderne Wissenschaft lehrt uns, daß ihr durch die bis zum höchsten Grad perfektionierten experimentellen Methoden Grenzen gesetzt sind. So würde etwa ein genügend scharfes Mikroskop eine so starke Lichtquelle benötigen, daß diese wiederum das beobachtete Elektron von seinem Platz verrücken und somit eine wirkliche Beobachtung unmöglich machen würde. Wir können das Innere des Atomkerns nicht kennenlernen, indem wir ihn bombardieren, da er sich eben durch diese Einwirkung verändert. Hingegen ist es denkbar, daß die uns bisher unbekannten Fähigkeiten des menschlichen Intellekts eine direkte Wahrnehmung der letzten Strukturen der Materie und der Harmonien des Weltalls ermöglichen. Vielleicht verfügen wir eines Tages über «psionische Mikroskope» und «psionische Teleskope», die uns das Innere eines Atomkerns oder eines fernen Sterns direkt erkennen lassen.

3 AUF DEM WEG ZU EINER PSYCHOLOGISCHEN REVOLUTION · *Die Zeit des wahren Erwachens — Wir brauchen einen Einstein der Psychologie — Der religiöse Gedanke wird neu geboren — Der Todeskampf unserer Gesellschaft — Jaurès und der von Fliegen summende Baum — Das Spektrum der Intelligenz*

«Von Fabriken rauchende Erde. Von Geschäften erzitternde Erde. Von hundert neuen Strahlungen vibrierende Erde. Dieser große Organismus lebt endgültig nur durch und für eine neue Seele. Unterhalb des Zeitenwandels ein Gedankenwandel. Wo aber sollen wir diese subtile erneuernde Umbildung entdecken, die uns, ohne unseren Körper sichtbar zu verändern, zu neuen Wesen gemacht hat — wo ist sie? Nirgendwo anders als in einer neuen Intuition, die das Antlitz der Welt, in der wir uns bewegen, ganz und gar umgestaltet — mit anderen Worten: in einem Erwachen.»

So hat also für Teilhard de Chardin die Mutation der Gattung Mensch schon begonnen: die neue Seele ist im Begriff, geboren zu werden. Diese Mutation vollzieht sich in den tieferen Regionen des Geistes, und uns wird durch diese «erneuernde Umbildung» eine totale und total andere Sicht des Universums geboten. Der Wachzustand des Bewußtseins wird ersetzt durch einen höheren Zustand, im Vergleich zu dem der vorhergehende nur ein Schlaf war. Damit ist die Zeit des wahren Erwachens gekommen.

Der Naturwissenschaft gegenüber ist die Seelenwissenschaft erheblich im Rückstand. Die sogenannte moderne Psychologie studiert den Menschen gemäß einer Vorstellung des vom militanten Positivismus beherrschten 19. Jahrhunderts. Die wahrhaft moderne Wissenschaft untersucht eine Welt, die ständig neue Überraschungen bietet und die den Strukturen des Geistes und der Natur der Erkenntnis, wie sie offiziell anerkannt sind, immer weniger angepaßt ist. Die Psychologie der Bewußtseinszustände setzt einen fertigen, statischen Menschen voraus: den *homo sapiens* der Aufklärungszeit. Nun aber enthüllt die Physik eine Welt, die gleichzeitig mehrere Spiele spielt und von der aus zahlreiche Türen ins Unendliche gehen. Die Naturwissenschaften münden im Phantastischen, während die Geisteswissenschaften noch immer im positivistischen Aberglauben befangen sind.

Die Psychologie gründet ihre Sätze noch heute auf dem Bild eines Menschen, dessen geistige Funktionen ein für allemal festgelegt und klassifiziert sind. Nun haben wir aber ganz im Gegenteil den Eindruck, daß der Mensch durchaus nicht «ausgewachsen» ist. Die Welt wird zur Zeit von großen Erschütterungen heimgesucht. Diese Erschütterungen wirken einerseits in die Höhe und betreffen das Gebiet der Erkenntnis; sie erstrecken sich aber auch in die Breite und führen zur Bildung großer Massen. In alledem lassen sich die Anfänge einer tiefgreifenden Veränderung des menschlichen Bewußtseinszustandes erkennen. Und darum sollte unserer Ansicht nach eine wirksame Psychologie, die unserer Zeit angepaßt ist, nicht von dem ausgehen, was der Mensch ist (oder was er vielmehr zu sein scheint), sondern von dem, was er werden kann, von seiner möglichen Entwicklung. Die Erforschung dieses neuen — oder zukünftigen — Menschen haben wir uns zur Aufgabe gemacht.

Alle uns überlieferten Lehren beruhen auf dem Gedanken, daß der Mensch kein abgeschlossenes Wesen ist. Die Psychologen früherer Zeiten untersuchen die Bedingungen, unter denen sich die Veränderungen, Umbildungen und Transmutationen vollziehen müssen, die den Menschen seiner wahren Vollendung entgegenführen. Eine bestimmte nach unserer Methode vorgenommene und völlig moderne Überlegung bringt uns auf den Gedanken, daß der Mensch vielleicht Fähigkeiten besitzt, die er gar nicht anwendet, einen ganzen ungebrauchten Maschinenpark. Wir sagten es bereits: die Erkenntnis der Außenwelt führt, wenn wir sie immer weiter vorantreiben, schließlich dazu, daß wir die Natur unserer Erkenntnisfähigkeit selbst, die Strukturen des Intellekts und des Wahrnehmungsvermögens in Frage stellen. Wir sagten gleichfalls, daß die nächste Revolution psychologischer Art sein werde. Das ist nicht nur unser persönlicher Standpunkt; viele moderne Forscher, von Oppenheimer bis Costa de Beauregard, von Wolfgang Pauli bis Heisenberg, von Charles-Noël Martin bis Jacques Ménétrier, teilen ihn mit uns.

Allerdings muß hinzugefügt werden, daß auf der Schwelle dieser Revolution nichts von den hohen, fast religiösen Gedanken, die

die Forscher bewegen, in den Geist der gewöhnlichen Menschen eindringt, daß kein Hauch davon die Tiefen der Gesellschaft streift. Die Veränderung spielt sich lediglich in einigen wenigen Köpfen ab. An den gängigen Vorstellungen über die Natur des Menschen und die menschliche Gesellschaft hat sich seit dem 19. Jahrhundert nichts geändert. In einem unveröffentlichten Aufsatz über Gott schreibt Jaurès am Ende seines Lebens die herrlichen Sätze:

«Wir wollen nur eines sagen: daß nämlich der religiöse Gedanke, der für eine Zeitlang verblaßt war, wieder von Geist und Bewußtsein der Menschen Besitz ergreifen kann, da die gegenwärtigen Ergebnisse der Wissenschaften die Voraussetzungen dafür schaffen. Es gibt von jetzt ab, wenn man es so ausdrücken kann, eine Religion, die zur Verfügung steht, und wenn sie zu dieser Stunde noch nicht in die Tiefen der Gesellschaft eingedrungen ist, wenn das Bürgertum einem platten Spiritualismus oder einem lächerlichen Positivismus huldigt, wenn das Proletariat entweder einem knechtischen Aberglauben oder einem wilden Materialismus ergeben ist, so darum, weil das heutige soziale Regime ein Regime der Verdummung und des Hasses ist, kurzum ein irreligiöses Regime. Etwas Religiöses hingegen finden wir in der Eroberung der Natur durch den Menschen, in dem Bestreben, die Kräfte des Universums den Bedürfnissen der Menschheit anzupassen. Irreligiös daran ist nur, daß der Mensch die Natur erobert, indem er die Menschen zu Sklaven macht. Nicht die Sorge um den materiellen Fortschritt ist es, die den Menschen von den hohen Gedanken und von der Betrachtung der göttlichen Dinge ablenkt, sondern die übermäßige Arbeitslast, die die meisten Menschen so erschöpft, daß ihnen nicht mehr die Kraft bleibt, zu denken, und nicht einmal die Kraft, das Leben, also Gott, zu fühlen. Und daneben die Übersteigerung der schlechten Leidenschaften, der Eifersucht und des Ehrgeizes, welche die eigentliche Kraft der Mutigsten und Glücklichsten in ruchlosen Kämpfen aufbrauchen. Die Menschheit, die zwischen der Bedrohung durch den Hunger und der Übersteigerung des Hasses steht, kann nicht an die Unendlichkeit denken. Die Menschheit ist wie ein großer Baum unter einem Gewitterhimmel, in dem es von Fliegen summt, und in diesem Dröhnen des Hasses muß die tiefe und göttliche Stimme des Universums untergehen.»

Ich war tief bewegt, als ich diesen Text von Jaurès entdeckte. Er nahm die Worte eines langen Briefes auf, den mein Vater einmal an ihn schrieb. Mein Vater hatte fieberhaft auf eine Antwort gewartet, die niemals kam. Mich aber erreichte sie beinahe fünfzig Jahre später durch diesen unveröffentlichten Aufsatz ...

Gewiß, der Mensch hat von sich selbst nur Kenntnis, insofern er etwas *tut*, also dann, wenn die Wissenschaft als Krönung all seiner unermüdlichen Arbeit ihm etwas über das Universum, seine Geheimnisse, seine Kräfte und seine Harmonien enthüllt. Und wenn er diese Kenntnis nicht besitzt, so liegt das daran, daß die gesellschaftliche Organisation, die sich auf veraltete Ideen gründet, ihn der Hoffnung, der Muße und des Friedens beraubt. Wie könnte er, der im wahrsten Sinne des Wortes vom Leben abgeschnitten ist, seine unendliche Weite entdecken? Und doch deutet alles darauf hin, daß die Zustände sich sehr rasch ändern werden, daß die Erschütterungen der großen Massen, der ungeheure Druck der Entdeckungen und der Technik, die Bewegung der Ideen in den Sphären wahrer Verantwortlichkeit und der Kontakt mit außerirdischen Intelligenzen die alten Prinzipien, die das Leben in der Gesellschaft lähmen, hinwegfegen werden und daß der Mensch am Ende seines Weges, der von der Entfremdung zur Revolte, von der Revolte zur Zustimmung führte, wieder fähig wird, in sich selbst die «neue Seele», von der Teilhard spricht, erwachen zu fühlen und in voller Freiheit dieses «Vermögen, Ursache zu sein» entdecken wird, welches das Sein mit dem Tun verknüpft.

Daß der Mensch gewisse Fähigkeiten wie Vorherwissen oder Telepathie besitzt, scheint festzustehen. Es gibt hierfür genügend überprüfbare Belege. Bisher jedoch hat man diese Tatsachen immer als angebliche Beweise für die «Realität der Seele» oder die «Geister der Toten» hingestellt. Es ist indessen absurd, das Außergewöhnliche als eine Manifestation des Unwahrscheinlichen anzusehen. Wir haben deshalb in unserer Arbeit darauf verzichtet, irgendwelche okkulten oder magischen Begriffe zu Hilfe zu nehmen, womit nicht gesagt sein soll, daß man sämtliche Tatsachen und Schriften, die dieses Gebiet betreffen, außer acht lassen sollte. In dieser Hinsicht machen wir die für seine Zeit so neue, ehrenhafte und gescheite Einstellung Francis Bacons zu der unseren:

«Man muß in diesen Dingen vorsichtig sein, denn es geschieht dem Menschen leicht, daß er sich irrt, und wir befinden uns hier vor zwei Arten von Irrtümern: die einen leugnen alles, was außerordentlich ist, und die anderen lassen die Vernunft beiseite und verfallen der Magie. Darum muß man sich vor den vielen Büchern hüten, die Verse, Chiffren, Gebete, Beschwörungen und Opferbeschreibungen enthalten — denn das sind Bücher der puren Magie — und ebenso vor der Unzahl jener anderen Bücher, in denen weder die Macht der Kunst noch die der Natur beschrieben wird, sondern nur die Erfindungen der Schwarzkünstler. Andererseits muß man bedenken, daß sich unter den Büchern, die als magische Bücher angesehen werden, einige befinden, die dies ganz und gar nicht sind, sondern Geheimnisse der Weisen enthalten ... Sollte einer in diesen Arbeiten irgendeine Wirkung der Natur oder der Kunst entdecken, so möge er sich daran halten ...»

Der einzige Fortschritt in der Psychologie war bisher der Entschluß, die Tiefe unseres Inneren, die sogenannten unterbewußten Zonen, zu erforschen. Wir meinen nun, daß es hier auch Höhen zu erforschen gibt, eine überbewußte Zone. Oder richtiger gesagt, unsere Forschungen und Überlegungen haben uns zu der Annahme gebracht, daß unser Gehirn mit einer Ausrüstung versehen wurde, die zum größten Teil ungenutzt blieb. Im normalen Wachzustand des Bewußtseins ist ein Zehntel des Kortex in Tätigkeit. Was geht in den anderen, scheinbar schweigenden neun Zehnteln vor? Und sollte es nicht auch einen Zustand geben, in dem sich die Gesamtheit in einer organisierten Tätigkeit befinden könnte? Alle Tatsachen, die wir jetzt berichten und untersuchen wollen, lassen sich mit einer Aktivierungserscheinung sonst untätiger Zonen in Verbindung bringen. Es existiert jedoch keine Richtung der Psychologie, die sich diesem Phänomen zugewendet hätte. Zweifellos wird man die weitere Entwicklung der Neurophysiologie abwarten müssen, bevor eine «Höhenpsychologie» entstehen kann. Wir möchten hier nicht irgendwelchen Resultaten vorgreifen, aber doch schon vor dem Entstehen einer solchen neuen Wissenschaft die Aufmerksamkeit unseres Lesers auf dieses Gebiet lenken. Es kann sein, daß seine Erforschung sich als ebenso wichtig erweisen wird wie die Eroberung des Atoms und des Raums.

Das ganze Interesse war bisher auf das gerichtet, was sich unterhalb des Bewußtseins befindet. Was das Bewußtsein selbst betrifft, so erscheint es in der modernen Forschung immer wieder als ein Phänomen, dessen Herkunft sich aus tieferen Zonen herleiten läßt: aus dem Sexus bei Freud, aus den bedingten Reflexen bei Pawlow usw. Darum trifft auf die gesamte psychologische Literatur, zum Beispiel auf den modernen Roman, die Definition Chestertons zu: «Leute, die, wenn sie von der See sprechen, nur von der Seekrankheit reden.» Aber Chesterton dachte katholisch: er setzte das Vorhandensein von Bewußtseinshöhen voraus, weil er als Prämisse die Existenz Gottes anerkannte. Die Psychologie hingegen mußte sich von den Thesen der Theologie ebenso wie von den Postulaten der anderen Wissenschaften befreien. Wir meinen nur, daß diese Befreiung noch nicht vollständig genug ist, daß es auch eine Befreiung nach oben hin geben muß und daß diese durch eine methodische Erforschung der Phänomene erreicht werden kann, die unser Bewußtsein übersteigen, durch das Studium des Intellekts, der in einer höheren Schwingung vibriert.

Das Lichtspektrum bietet sich uns folgendermaßen dar: links die breite Zone der Hertzschen und der infraroten Wellen, in der Mitte der schmale Streifen des sichtbaren Lichts und rechts wiederum ein unermeßlich breiter Fächer: Ultraviolett, Röntgenstrahlen, Gammastrahlen und das Unbekannte.

Und wenn nun das Spektrum der Intelligenz, des menschlichen Lichtes, diesem Spektrum vergleichbar wäre? Links die Infra-Zone des Unterbewußten, in der Mitte das schmale Stück des Bewußtseins und rechts der unendlich breite Streifen des Überbewußten. Die Forschungen haben sich bisher nur auf das Bewußtsein und das Unterbewußtsein erstreckt. Das weite Gebiet des Überbewußtseins scheint das Forschungsfeld von Mystikern und Magiern geblieben zu sein, und ihre Ergebnisse sind geheime Untersuchungen und schwer entzifferbare Zeugnisse. Die Geringfügigkeit der Ausbeute bewirkt, daß man gewisse unleugbare Fakten, wie die Intuition und das Genie, die den ersten Bezirken des rechten Streifens angehören, durch die Phänomene des Unterbewußtseins erklärt, die dem linken Streifen zugeordnet sind. Das, was wir vom Unterbewußtsein wissen, dient uns zur Erklärung des wenigen, was wir vom Überbewußtsein ahnen. Nun läßt sich aber die rechte Seite des Lichtspektrums nicht durch seine linke erklären, die Gammastrahlen nicht durch die Hertzschen Wellen: sie haben nicht die gleichen Eigenschaften. Wenn darum ein Zustand oberhalb des Bewußtseins existiert, müssen hier auch völlig andere Eigenschaften des Geistes angenommen werden. Also muß man nach Methoden suchen, die von den in der Psychologie des Unterbewußtseins angewandten abweichen.

4 EINE WIEDERENTDECKUNG DES MAGISCHEN GEISTES · *Das grüne Auge des Vatikans — Eine andere Intelligenz — Der Analogierechner im Gehirn des Menschen — Die Geschichte von der «relavote» — Die Natur spielt vielleicht ein doppeltes Spiel — Die Kurbel der Super-Maschine — Neue Kathedralen, ein neues Argot — Die letzte Pforte — Die Existenz als Instrument — Neue und vernunftgemäße Betrachtungen über die Symbole — Nicht in allem ist alles*

Bei dem Versuch, gewisse Manuskripte, die man am Ufer des Schwarzen Meeres gefunden hatte, zu entziffern, versagte die Kunst der besten Linguisten der Welt. Hierauf stellte man eine Maschine, einen Elektronenrechner, im Vatikan auf und legte ihr eine fürchterliche Krakelei vor, Bruchstücke eines uralten Pergaments, das kreuz und quer mit den Resten unentzifferbarer Zeichen bedeckt war. Die Maschine mußte eine Arbeit vollbringen, zu deren Bewältigung Hunderte von menschlichen Gehirnen in Hunderten von Jahren nicht imstande gewesen wären: sie mußte die Schriftzüge vergleichen, sämtliche möglichen Serien ähnlicher Schriftzüge neu schaffen, unter allen möglichen Wahrscheinlichkeiten eine Wahl treffen, aus allen vorstellbaren Vergleichsmöglichkeiten ein Gesetz der Ähnlichkeit ableiten, dann, nachdem die unendliche Liste der Kombinationen erschöpft war, auf Grund der einzig annehmbaren Ähnlichkeits-Serie ein Alphabet konstruieren, eine Sprache wiedererschaffen, Fehlendes ergänzen und das Ganze auch noch übersetzen. Die Maschine ließ das reglose und kalte Lava-Licht ihres grünen Auges aufschimmern, begann zu knistern und zu knattern, unzählige rasche Wellen durchliefen ihr Elektronengehirn, und endlich ließ sie aus diesem Wirrwarr von Abfällen eine Botschaft aufsteigen, befreite das Wort der alten, begrabenen Welt. Die Schatten der Buchstaben auf dem verstaubten Pergamentfetzen belebten sich, verbanden und befruchteten sich von neuem, und aus diesem entstellten Leichnam der Worte erhob sich eine verheißungsvolle Stimme: «Und in dieser Wüste werden wir uns einen Weg zu unserem Gott bahnen.»

Man kennt den Unterschied zwischen der einfachen Arithmetik und den mathematischen Wissenschaften. Der mathematische Gedanke hat seit Evariste Galois eine Welt entdeckt, die dem Menschen fremd ist, die der menschlichen Erfahrung, dem Universum, so wie das normale menschliche Bewußtsein es versteht, nicht entspricht. Unsere Logik, die binär reagiert, also nur Ja oder Nein umfaßt, wird durch eine Super-Logik ersetzt, die sowohl Ja wie Nein kennt. Diese Super-Logik gehört nicht in den Bereich des Vernunftdenkens, sondern in den der Intuition. Und in diesem Sinne kann man behaupten, daß die Intuition, also eine «wilde» Fähigkeit, eine «ungewöhnliche» Kraft des Geistes, «jetzt in weiten Kreisen der Mathematiker regiert [51]».

Wie funktioniert das Gehirn des Menschen normalerweise? Es funktioniert wie eine arithmetische, eine binäre Maschine: ja—nein, einverstanden—nicht einverstanden, richtig—falsch, ich liebe—ich liebe nicht, gut—schlecht. Als binäre Maschine ist unser Gehirn unschlagbar. Hochbegabte Rechner haben sogar die Elektronenmaschinen übertroffen.

Was ist ein arithmetischer Elektronenrechner? Es ist eine Maschine, die mit außerordentlicher Schnelligkeit einteilt, annimmt oder ablehnt und die verschiedenen Faktoren zu Serien ordnet. Kurzum, es ist eine Maschine, die Ordnung in der Welt schafft. Sie ahmt die Tätigkeit unseres Gehirns nach. Der Mensch klassifiziert. Dieses ordnende Prinzip entspricht seiner Natur. Alle Wissenschaften gründen sich auf diesem Bestreben nach Einteilung.

Nun gibt es aber auch Elektronenrechner, die nicht nur arithmetisch, sondern auch analogisch funktionieren. Ein Beispiel: Will man einen Staudamm konstruieren und alle Bedingungen des Widerstands untersuchen, so stellt man zunächst ein Modell dieses Damms her. Auf dieses Modell überträgt man alle bekannten Beobachtungen. Dann wird die Gesamtheit dieser Beobachtungen der Maschine anvertraut. Diese koordiniert und vergleicht mit übermenschlicher Geschwindigkeit, stellt zwischen diesen tausend Details sämtliche möglichen Verbindungen her und sagt dann: «Wenn der dritte Pfeiler von rechts nicht stärker abgestützt wird, muß er im Jahre 1984 zusammenbrechen.»

Der Analogierechner hat sein unfehlbares Auge auf die Gesamtheit der Reaktionen des Staudamms gerichtet, dann hat er alle Aspekte seiner Existenz betrachtet, hat sich selbst diese Existenz zu eigen gemacht und alle Gesetze daraus abgeleitet. Er hat die Gegenwart in ihrer Totalität gesehen, hat mit einer Geschwindigkeit, die die Zeit zusammenschrumpfen läßt, alle nur möglichen Beziehungen zwischen den einzelnen Faktoren hergestellt und so gleichzeitig auch die Zukunft erfassen können. Kurz, er hat den Schritt vom Wissen zum Erkennen getan.

Wir sind nun der Ansicht, daß auch das Gehirn des Menschen in gewissen Fällen wie ein Analogierechner arbeiten kann. Es könnte also:

1. alle einen Gegenstand betreffenden Beobachtungen zusammenstellen,
2. eine Liste der Beziehungen zwischen den vielfältigen Aspekten dieses Gegenstands entwerfen,
3. gewissermaßen der Gegenstand selbst werden, sich sein Wesen zu eigen machen und sein gesamtes Schicksal entdecken.

All dies selbstverständlich mit einer Elektronengeschwindigkeit, wobei Zehntausende von Verknüpfungen in einer fast atomisierten Zeit hergestellt werden. Diese ans Wunderbare grenzende Reihe präziser mathematischer Operationen ist es, die wir zuweilen, wenn der Mechanismus zufällig ausgelöst wird, als Erleuchtung bezeichnen.

Wenn das Gehirn nun wie ein Analogierechner funktionieren kann, so ist es auch imstande, seine Schlüsse nicht vom Gegenstand selbst, sondern von einem Modell abzuleiten. Nicht von Gott selbst, sondern von einem Idol. Nicht von der Ewigkeit, sondern von einer Stunde. Nicht von der ganzen Erde, sondern von einem Sandkorn. Es muß also angesichts eines Sinnbilds, das die Rolle des Modells spielt, mit einer Geschwindigkeit, die das schnellste binäre Denken übertrifft, alle Zusammenhänge erkennen.

Wenn das möglich ist, wenn Einordnung, Vergleich und Ableitung sich mit einer ins Unwahrscheinliche gesteigerten Geschwindigkeit vollziehen können, wenn unser Geist sich in bestimmten Fällen so verhält wie das Elementarteilchen im Zyklotron, so haben wir damit die Erklärung für alle Magie gefunden. Dann verstehen wir, wie der Maya-Priester, der mit bloßem Auge einen Stern betrachtet, auf Grund dieser Beobachtung in seinem Gehirn die Gesamtheit des Sonnensystems rekonstruieren und ohne Zuhilfenahme eines Teleskops die Planeten Uranus und Pluto entdecken kann (wie es gewisse Basreliefs anscheinend bezeugen). Der Alchimist war

in der Lage, von einem Phänomen in seinem Schmelztiegel ausgehend, sich eine exakte Vorstellung vom Bau des kompliziertesten
Atoms zu machen und das Geheimnis der Materie zu entschlüsseln.
Wir haben damit die Erklärung für die Formel in der Hand, nach
der «das, was oben ist, dem gleicht, was unten ist». Und wenn wir
uns auf das Gebiet der einfachsten nachahmenden Magie begeben,
so verstehen wir auch, wie der Zauberer des Cro-Magnon, der in
seiner Höhle das rituelle Abbild des Bisons anstarrte, sämtliche Gesetze der Bison-Welt begreifen und seinem Stamm Ort und Zeit
angeben konnte, die für die nächste Bisonjagd günstig sein würden.

Die Techniker der Kybernetik haben Elektronen-Maschinen
konstruiert, die zunächst arithmetisch und dann analogisch funktionieren. Diese Maschinen dienen vor allem zur Entzifferung
chiffrierter Texte. Die Gelehrten aber sträuben sich gegen die
Vorstellung, daß der Mensch das, was er erschafft, auch selbst sein
kann. Sonderbare Bescheidenheit!

Wir wollen folgende Hypothese aufstellen: Der Mensch verfügt
über einen Apparat, der jeder technisch konstruierbaren Maschine
gleichkommt oder sie sogar übertrifft und der imstande ist, das
Ergebnis zu erzielen, das auch die Technik anstrebt, nämlich die
universellen Kräfte zu verstehen und selbst zu lenken. Warum sollte
er nicht in den Tiefen seines Gehirns eine Art Analogierechner
haben?

Wir haben eine Post: die Hormonsekrete begeben sich an tausend
Stellen unseres Körpers, um hier gewisse Reizwirkungen auszulösen.

Wir haben ein Telephon: unser Nervensystem. Man zwickt mich,
ich schreie auf; ich schäme mich und erröte usw.

Warum sollten wir nicht auch ein Radiogerät haben? Vielleicht
schickt unser Gehirn Wellen aus, die sich mit großer Schnelligkeit
fortpflanzen. In diesem Fall würden wir über ein unbekanntes Ver-
bindungssystem verfügen. Es ist vorstellbar, daß unser Gehirn pau-
senlos solche Wellen ausschickt, daß aber die Aufnahmegeräte nicht
angestellt sind oder doch nur bei seltenen Anlässen funktionieren,
so wie ein defektes Radiogerät, das manchmal, wenn man es an-
stößt, für einen Augenblick zu tönen beginnt.

Ich war sieben Jahre alt und stand in der Küche neben meiner Mutter, die das Geschirr abwusch. Meine Mutter ergriff eine «lavette», einen Spüllappen, um das Fett von den Tellern zu entfernen, und sie dachte im selben Augenblick daran, daß ihre Freundin Raymonde diesen Lappen eine «relavote» zu nennen pflegte. Ich schwatzte irgend etwas; in jener Sekunde aber sagte ich plötzlich: «Raymonde nennt das eine ‹relavote›.» Dann fuhr ich in meinem Gebrabbel fort. Ich würde nichts mehr von diesem Erlebnis wissen, wenn meine Mutter mich nicht oft daran erinnert hätte. Sie war damals fast erschrocken, so als hätte sie an ein großes Geheimnis gerührt.

Ich bin mir klar darüber, was man von Zufällen zu halten hat, selbst von jenen besonderen, die C. G. Jung als «sinnvolle Koinzidenzen» bezeichnet, aber andererseits habe ich mit einem sehr vertrauten Freund oder einer leidenschaftlich geliebten Frau schon mehrere analoge Erlebnisse gehabt und bin darum der Ansicht, daß man in solchen Fällen doch den Begriff der Koinzidenz einmal beiseitelassen und sich an eine magische Interpretation wagen sollte. Man muß sich nur zunächst über die Bedeutung des Wortes «magisch» einig werden.

Was hatte sich damals, als ich sieben Jahre alt war, in jener Küche ereignet? Ich glaube, mir selbst unbewußt (und auf Grund eines unmerklichen Anstoßes, einer unendlich feinen Schwingung, vergleichbar dem leichten Luftzug, der einen seit langem im labilen Gleichgewicht verharrenden Gegenstand zum Umfallen bringt, eines rein zufälligen, ganz unauffälligen Erzitterns) hatte sich eine Maschine in mir, die durch tausend und aber tausend Aufwallungen der Liebe, jener einfachen, heftigen, ausschließlichen Kinderliebe, ungeheuer empfindlich geworden war, urplötzlich in Bewegung gesetzt. Diese nagelneue und funktionsbereite Maschine, die in der Schweigezone meines Gehirns, in der kybernetischen Fabrik des Dornröschenschlosses stand, hat meine Mutter angeblickt. Sie hat sie gesehen, hat sämtliche Aspekte ihres Denkens, ihres Herzens, ihrer Stimmungen und ihrer Gefühle zusammengefaßt; sie hat sich in meine Mutter selbst verwandelt und ihr ganzes Wesen und ihr Schicksal bis zu jenem Augenblick erfaßt. Sie hat schneller als mit Lichtgeschwindigkeit alle Assoziationen von Gefühlen und Gedanken, die durch meine Mutter seit ihrer Geburt hindurchgegangen waren, gesichtet und eingeordnet, bis sie schließlich zur letzten

Assoziation, «lavette»-Raymonde-«relavote», gelangte. Und dann verkündete ich das Ergebnis dieser Maschinenarbeit, die sich mit einer so irrwitzigen Schnelligkeit vollzogen hatte, daß ihr Resultat mich durchdrang, ohne eine Spur zu hinterlassen, genau wie die kosmischen Strahlen uns durchdringen, ohne daß wir etwas davon spüren. Ich sagte: «Raymonde nennt das eine ‹relavote›.» Dann kam die Maschine zum Stillstand, oder vielleicht hörte ich auch auf, ihre Botschaft zu empfangen, nachdem es mir für eine Milliardstel Sekunde gelungen war, und ich fuhr in dem Satz fort, den ich zuvor begonnen hatte.

Ich sollte unter anderen Umständen noch mehr derartige «Koinzidenzen» erleben, und ich meine, daß es möglich ist, sie ebenso zu interpretieren. Es kann sein, daß diese Maschine ständig in Betrieb ist, daß wir aber nur gelegentlich empfangsbereit sind. Und schon diese Empfangsbereitschaft selbst ist sehr selten. Bei einigen Menschen ist sie zweifellos überhaupt nicht vorhanden. Auch hier gibt es «Menschen, die Glück haben» und solche, die keines haben.

So kommen wir allmählich zu der Einsicht, daß die magische Auffassung von der Beziehung des Menschen zum «Anderswo», zu den Dingen, zum Raum, zur Zeit durchaus nicht im Widerspruch steht zu einer freien und lebendigen Betrachtung der Technik und der modernen Wissenschaft. Eben ihre Modernität ist es, die uns gestattet, an die Mitwirkung des Magischen zu glauben. Die Elektronenrechner sind es, die uns veranlassen, den Zauberer des Cro-Magnon und den Maya-Priester ernst zu nehmen. Wenn in der Schweigezone des Gehirns superschnelle Verbindungen hergestellt werden und wenn unter gewissen Umständen das Ergebnis dieser Arbeit vom Bewußtsein aufgenommen wird, muß man bestimmte Praktiken der nachahmenden Magie, bestimmte prophetische Offenbarungen, bestimmte poetische oder mystische Erleuchtungen, bestimmte Wahrsagungen, die wir gewöhnlich dem Wahnsinn oder dem Zufall zuschreiben, als reale Erfahrungen des im echten Wachzustand befindlichen Geistes ansehen.

Im übrigen wissen wir schon seit mehreren Jahren, daß die Natur nicht «vernünftig» ist. Sie paßt sich nicht der üblichen Verhaltensweise unseres Intellekts an. Für den Teil unseres Gehirns, der normalerweise tätig ist, gibt es nur ein binäres Denken. Hier weiß, dort schwarz. Hier ja, dort nein. Hier beständig, dort unbeständig.

Die Maschine, die unser Verstehen regelt, ist eine arithmetische Maschine. Sie sortiert, sie vergleicht. Der ganze *Discours de la méthode* beruht auf dieser Tatsache. Und ebenso die ganze chinesische Philosophie des Yin und des Yang (und das *I Ging*, das «Buch der Wandlungen», das einzige Orakelbuch, dessen Regeln die Antike uns überliefert, ist aus graphischen Figuren zusammengesetzt: drei fortlaufenden und drei unterbrochenen Linien, die in jeder möglichen Weise kombiniert sind). Einstein sagte am Ende seines Lebens: «Ich frage mich, ob die Natur nicht immer dasselbe Spiel spielt.» Ich habe tatsächlich den Eindruck, als entziehe die Natur sich der binären Maschine, die unser Gehirn in seiner normalen Tätigkeit darstellt. Seit Louis de Broglie sind wir gezwungen anzunehmen, daß das Licht gleichzeitig stetig und unterbrochen, gleichzeitig Welle und Teilchen ist. Aber keinem menschlichen Gehirn ist die Darstellung eines solchen Phänomens, das Verständnis von innen her, die wirkliche Erkenntnis gelungen. Nehmen wir jetzt einmal an, daß, ausgehend von einem Modell des Lichts (die gesamte religiöse Literatur und Ikonographie sind überreich an solchen Darstellungen des Lichts), das Gehirn in einer blitzartigen ekstatischen Erleuchtung vom arithmetischen zum analogischen Zustand übergeht. Es wird selber zum Licht. Es *sieht* die unbegreifbare Erscheinung. Es wird mit ihr geboren. Es kennt sie. Es gelangt dorthin, wohin die hohe Intelligenz eines de Broglie nicht gelangen konnte. Dann aber fällt es zurück: der Kontakt mit den gewaltigen Maschinen, die in dem großen Geheimbereich des Gehirns arbeiten, ist unterbrochen. Seine Erinnerung vermittelt ihm nur Bruchstücke der Erkenntnis, die es soeben erlangt hatte. Und die Sprache scheitert bei dem Versuch, selbst diese Fragmente zu übersetzen. Vielleicht haben einige Mystiker so die Erscheinungen der Natur *geschaut,* die unser moderner Intellekt entdecken und erahnen, aber sich nicht zu eigen machen konnte.

«Und da fragte ich, der Schreiber, wie oder was sie sah und ob sie etwas Körperliches sah. Sie antwortete: Ich sehe eine Fülle, eine Helle, aus der mir eine Vollkommenheit zuteil wird, die ich nicht auszusprechen weiß und der ich nichts an die Seite stellen könnte...»

Das ist ein außerordentlich bezeichnender Abschnitt der Bekenntnisse, die Angela di Foligno ihrem Beichtvater diktierte.

Der Elektronenrechner, der auf das mathematische Modell eines Staudamms oder eines Flugzeugs angesetzt ist, funktioniert analogisch. Bis zu einem gewissen Grade wird er selbst zu diesem Staudamm oder diesem Flugzeug und entdeckt die Gesamtheit der Aspekte ihrer Existenz. Wenn unser Gehirn ebenso arbeiten kann *, so beginnen wir zu verstehen, warum der Zauberer sich ein Bild des Feindes formt, den er treffen will, oder den Bison aufzeichnet, dessen Spur er entdecken möchte. Er wartet vor diesen Modellen ab, bis sein Geist vom binären zum analogischen Stadium, vom gewöhnlichen Bewußtseinszustand zu einem höheren Wachzustand übergegangen ist. Er wartet darauf, daß die Maschine analogisch zu arbeiten beginnt und daß in der Schweigezone seines Gehirns jene überschnellen Verbindungen zustande kommen, die ihm die totale Realität des dargestellten Gegenstands vermitteln. Er wartet, aber er verhält sich nicht passiv. Was tut er? Er hat entsprechend den alten Weisungen, den Überlieferungen, die vielleicht nur das Ergebnis vieler tastender Versuche sind, Ort und Stunde gewählt. Diese Stunde einer bestimmten Nacht zum Beispiel ist günstiger als eine andere Stunde jener anderen Nacht — vielleicht wegen des Standes der Gestirne, wegen der kosmischen Strahlung, wegen der Anordnung der Magnetfelder. Der Zauberer nimmt eine bestimmte, genau festgelegte Haltung ein. Er vollführt bestimmte Gesten, Tanzfiguren, er murmelt bestimmte Wörter, stößt bestimmte Töne aus, einen bestimmten Pfiff. Man ist bisher noch nicht auf den Gedanken gekommen, daß es sich hier um erste tastende Versuche handeln könnte, die in der Schweigezone unseres Gehirns stehenden ultra-schnellen Maschinen in Bewegung zu setzen. Die Riten sind vielleicht nur eine etwas komplizierte Zusammenstellung rhythmischer Vorkehrungen, durch die die höheren Funktionen des Geistes zur Tätigkeit angeregt werden. Irgendwelche mehr oder weniger wirksame Umdrehungen der Kurbel. Wir haben allen Grund anzunehmen, daß das In-Betrieb-Setzen dieser höheren Funktionen tausendmal kompliziertere und schwierigere

* Wohlgemerkt, unser Vergleich mit dem Elektronenrechner ist nicht in jeder Hinsicht stichhaltig. Wie jeder Vergleich, ist auch er nur ein Ausgangspunkt und selbst das Modell eines Gedankens.

Maßnahmen erfordert, als sie beim Übergang vom Schlafzustand in den normalen Wachzustand nötig sind.

Seit den Veröffentlichungen von Karl von Frisch weiß man, daß die Bienen eine Sprache haben: sie zeichnen bei ihrem «Tanz» außerordentlich komplizierte mathematische Figuren in die Luft und übermitteln sich dadurch für den Bestand des Bienenstockes wichtige Nachrichten. Man darf wohl annehmen, daß der Mensch, wenn er eine Verbindung mit seinen höchsten Kräften aufnehmen will, eine Reihe von Impulsen auslösen muß, die mindestens ebenso kompliziert, ebenso scharf berechnet und ebenso sonderbar sind wie diejenigen, die seine gewöhnlichen geistigen Handlungen bestimmen.

Die Gebete und Riten vor den Götzenbildern, vor den symbolischen Figuren der Religionen, wären demnach Versuche, bestimmter magnetischer, kosmischer, rhythmischer oder anderer Energien habhaft zu werden und sie zu lenken, um auf diese Weise jenes analogische Denken auszulösen, das dem Menschen erlaubt, die dargestellte Gottheit wahrhaft zu *erkennen*.

Wenn dies so ist, wenn es Techniken gibt, mit deren Hilfe man vom Gehirn einen Ertrag erlangen kann, der weit über den Ergebnissen selbst des größten binären Geistes steht, und wenn bisher nur die Okkultisten sich um die Auffindung dieser Techniken bemüht haben, versteht man auch, warum die meisten wichtigen Entdeckungen auf praktischem wie auf wissenschaftlichem Gebiet vor dem 19. Jahrhundert von ihnen gemacht wurden.

Unsere Sprache leitet sich ebenso wie unser Gedanke von dem arithmetischen, binären Funktionieren unseres Gehirns ab. Wir teilen in Ja und Nein, in positiv und negativ ein, wir stellen Vergleiche auf und ziehen Schlüsse. Wenn die Sprache uns dazu dient, Ordnung in unsere Gedanken zu bringen, die selbst wiederum ganz in der Arbeit des Einordnens befangen sind, so ergibt sich schon aus dieser Tatsache, daß sie — die Sprache — kein von außen kommendes schöpferisches Element, kein göttliches Attribut ist. Sie fügt dem Gedanken keinen Gedanken hinzu. Wenn ich spreche oder schreibe, bremse ich die Maschine. Ich kann sie nur beschreiben, wenn ich ihre Bewegungen unter der Zeitlupe betrachte. So drücke ich lediglich mein binäres Bewußtwerden von der Welt aus, und auch das kann ich nur dann, wenn dieses Bewußtwerden mit verminderter Geschwindigkeit vor sich geht. Meine Sprache gibt das verlangsamte Bild einer Welt wieder, das seinerseits an das binäre Denken gebunden ist. Diese Unzulänglichkeit der Sprache ist offensichtlich, und immer wieder haben Dichter und Schriftsteller darüber Klage geführt. Was aber sollen wir von der Unzulänglichkeit des binären Denkens selbst sagen? Die innere Existenz, das Wesen der Dinge, entgleitet ihm. Es kann entdecken, daß das Licht zugleich Welle und Teilchen ist, daß das Benzolmolekül zwischen seinen sechs Atomen doppelte Bindungen herstellt, die sich dennoch gegenseitig ausschließen. Es nimmt an, aber es kann nicht verstehen, es kann die Realität der Strukturen, die es untersucht, nicht seinem eigenen Rhythmus eingliedern. Um das zu erreichen, müßte es seinen Zustand ändern. Andere Maschinen als die üblichen müßten im Gehirn zu arbeiten beginnen, und das binäre Denken müßte durch ein analogisches Bewußtsein ersetzt werden, das selbst die Formen der beobachteten Strukturen annimmt und sich ihren unbegreiflichen Rhythmen angleicht. Zweifellos vollzieht sich dieser Akt in der wissenschaftlichen Intuition, in der dichterischen Erleuchtung, in der religiösen Ekstase und noch in anderen Fällen, von denen wir nichts wissen. Der Ruf nach dem *erwachten Bewußtsein,* also nach einem Zustand, der etwas anderes ist als der normale Wachzustand, ist das Leitmotiv aller alten Philosophien. Und er ist auch das Leitmotiv der größten modernen Physiker und Mathematiker, für die «irgend etwas im menschlichen Bewußtsein vor sich gehen muß, damit es vom Wissen zum Erkennen gelangen kann».

Es ist darum nicht überraschend, daß die Sprache, die ja nur von einem Bewußtwerden der Welt im normalen Wachzustand Zeugnis ablegen kann, dunkel und unverständlich wird, sobald es sich darum handelt, das Wesen der inneren Strukturen auszudrücken, gleichgültig ob es dabei um das Licht, die Ewigkeit, die Zeit, die Energie, die Seele des Menschen usw. geht. Indessen müssen wir hier zwei Arten der Dunkelheit unterscheiden.

Die eine rührt daher, daß die Sprache das Instrument eines Geistes ist, der sich bemüht, diese Strukturen zu untersuchen, die er sich doch niemals zu eigen machen kann. Sie ist das Vehikel einer Natur, die vergebens gegen eine andere Natur anrennt. Bestenfalls kann sie das Zeugnis einer Unmöglichkeit übermitteln, das Echo eines Gefühls der Ohnmacht und des Verstoßenseins. Ihre Dunkelheit ist echt. Sie ist mit Recht nichts als Dunkelheit.

Die andere kommt daher, daß der Mensch, der sich auszudrükken bemüht, gelegentlich in blitzartigen Erhellungen einen anderen Bewußtseinszustand kennengelernt hat. Er hat dann für einen Augenblick im innersten Wesen dieser Strukturen *gelebt*. Er hat sie erkannt. Das ist der Mystiker vom Typ des heiligen Johannes vom Kreuz, der erleuchtete Gelehrte vom Typ Einsteins oder der inspirierte Dichter vom Typ William Blakes, der entrückte Mathematiker vom Typ eines Galois.

Wenn der «Sehende» dann in seinen früheren Zustand zurücksinkt, versagt er bei dem Versuch, sich mitzuteilen. Aber eben dadurch drückt er die positive Gewißheit aus, daß das Universum kontrollierbar und lenkbar wäre, wenn es dem Menschen gelänge, den normalen Wachzustand so innig wie möglich mit dem Zustand eines Super-Wachseins zu verquicken. Etwas sehr Eindrucksvolles taucht in seiner Sprache auf: die Umrisse eines höheren Instruments. Fulcanelli, der vom Mysterium der Kathedralen redet, und Wiener, der von der Struktur der Zeit spricht, sind dunkel; aber hier ist die Dunkelheit keine eigentliche Dunkelheit: sie ist ein Zeichen dafür, daß anderswo irgend etwas leuchtet.

Zweifellos trägt nur die moderne mathematische Sprache gewissen Ergebnissen des analogischen Denkens Rechnung. In der mathematischen Physik gibt es die Gebiete des «absoluten Anderswo», und es gibt «Entitäten vom Ausmaß Null»; man versucht also, an unfaßbaren und doch realen Welten Messungen vorzunehmen. Man kann sich fragen, warum die Dichter sich noch nicht an die Seite dieser Wissenschaft gestellt haben, um von hier aus den Gesang der phantastischen Realitäten zu vernehmen — es sei denn, sie haben es unterlassen, weil sie Angst hatten, die Tatsache erkennen zu müssen, daß die magische Kunst außerhalb ihrer Arbeitszimmer lebt und gedeiht. Mittag-Leffler sagt über die Arbeiten von Abel *:

«Es handelt sich hier um echte lyrische Gedichte von erhabener Schönheit; die Vollkommenheit der Form läßt die Größe des Gedankens durchscheinen und überschüttet den Geist mit den Bildern einer Welt, die den banalen Erscheinungsformen des

---

* Niels Henrik Abel, genialer norwegischer Mathematiker, starb 1829 im Alter von 27 Jahren.

Lebens ferner stehen und unmittelbarer aus der Seele aufgestiegen scheinen als das schönste Werk des besten Dichters im üblichen Sinne des Wortes.»

Diese mathematische Sprache, die von der Existenz einer Welt zeugt, welche sich dem normalen Bewußtseinszustand entzieht, ist als einzige aktiv und in ständigem Wachstum begriffen.

Die «mathematischen Wesen», also die Ausdrücke und Zeichen, die das Leben und die Gesetze der unsichtbaren, der *undenkbaren* Welt symbolisieren, entwickeln sich und befruchten ihrerseits wieder andere «Wesen». Genau besehen ist diese Sprache die wahrhaft lebendige Sprache, das echte «Argot» unserer Zeit.

Wenn wir dem ursprünglichen Sinn des Worts «Argot» nachgehen, dem Sinn, den es im Mittelalter hatte, so finden wir ihn in der avantgardistischen Wissenschaft, in der mathematischen Physik, die, von nahem betrachtet, eine Sprengung des herkömmlichen Intellekts, eine neue Hellsichtigkeit bewirkt.

Was ist die gotische Kunst, der wir unsere Kathedralen verdanken? Fulcanelli [52] schreibt:

«Für uns ist die gotische Kunst, der ‹art gothique›, nur eine orthographische Entstellung des Worts *argotique,* entsprechend dem phonetischen Gesetz, das in allen Sprachen herrscht, ohne auf die Orthographie, die traditionelle Kabbala, Rücksicht zu nehmen.»

Die Kathedrale ist also ein Werk des «art got» oder des Argot. Und was ist die Kathedrale von heute? Machen wir uns frei von nutzlosen Glaubenssymbolen der Vergangenheit, um uns dem Heute besser anpassen zu können! Suchen wir die moderne Kathedrale nicht in den von einem Kreuz überhöhten Monumenten aus Glas und Beton. Die Kathedrale des Mittelalters war das den Menschen von gestern geschenkte Mysterienbuch. Das Mysterienbuch von heute aber wird von den Physikern und Mathematikern geschrieben, und sie fügen «mathematische Wesen» wie Fensterrosen in ihre Konstruktionen, die interplanetarische Rakete, Atommeiler und Zyklotron heißen. Hier liegt die echte Kontinuität, hier verläuft der wahre Faden der Tradition.

Die «Argotiers» des Mittelalters, geistige Söhne der Argonauten, die den Weg zum Garten der Hesperiden kannten, schrieben ihre hermetische Botschaft in den Stein. Unverständliche Zeichen für die Menschen, deren Bewußtsein keine Transmutationen durchgemacht hat, deren Denken nicht jene unerhörte Beschleunigung erfahren hat, dank der das Unbegreifliche real, fühlbar und lenkbar wird. Die Erbauer der Kathedralen waren nicht geheimnisvoll aus Liebe zum Geheimnis, sondern einfach weil sie ihre Entdeckungen der Gesetze der Energie, der Materie und des Geistes in einem anderen Bewußtseinszustand gemacht hatten, der nicht direkt mitteilbar war. Sie waren geheimnisvoll, weil «sein» «anders sein» bedeutete.

Das Argot unserer Tage, Erinnerung an ein hohes Beispiel, ist durch die abschwächende Wirkung der Zeit zu einem Dialekt geworden, zu einer Sprache der Ungebärdigen, Freiheitsliebenden, Verfemten, der Nomaden, aller derer, die außerhalb der herkömmlichen Gesetze und Konventionen leben. Zur Sprache der «Voyous», mit anderen Worten der «Sehenden», jener, von denen uns wiederum Fulcanelli berichtet, daß sie sich im Mittelalter auch den Titel *Söhne* oder *Kinder der Sonne* anmaßten, da ja der «art got», die gotische Kunst, auch die Kunst des Lichts und des Geistes war.

Die echte, unverfälschte Tradition jedoch finden wir wieder, wenn wir bemerken, daß dieser «art got», diese Kunst des Geistes, heute die der «mathematischen Wesen» ist, der Integralen Lebesques, der «Zahlen jenseits des Unendlichen» — die Kunst der Physiker und Mathematiker, die in ungewohnten Kurven, im «verbotenen Licht», in Donner und Blitz die Kathedralen unserer zukünftigen Messen erbauen.

Ein religiöser Leser mag diese Betrachtungen vielleicht anstößig finden. Sie sind es nicht. Wir glauben, daß die Möglichkeiten des menschlichen Gehirns unbegrenzt sind. In dieser Hinsicht stehen wir im Widerspruch zur offiziellen Psychologie und Wissenschaft, die «dem Menschen vertraut», sofern er nicht den von den Rationalisten des 19. Jahrhunderts gezogenen Rahmen überschreitet. Mit dem Geist der Religion hingegen sollte unsere Auffassung uns nicht in Widerspruch bringen, zumindest nicht mit dem, was an ihm am reinsten und höchsten ist.

Der Mensch kann zu den Geheimnissen vordringen, das Licht

sehen, die Ewigkeit *sehen,* sich in seiner inneren Haltung dem universalen Rhythmus anpassen, eine fühlbare Erkenntnis vom letzten Zusammenströmen der Kräfte erlangen und, wie Teilhard de Chardin, das unbegreifbare Leben des Punktes Omega leben, an dem die gesamte Schöpfung am Ende der Erdenzeit angelangt sein wird, erfüllt, verzehrt und zugleich geläutert. Der Mensch kann alles. Sein Geist, der zweifellos von Anfang an mit unbegrenzter Erkenntnisfähigkeit begabt ist, kann unter gewissen Bedingungen die Gesamtheit der Lebensmechanismen erfassen. Und die bis ins letzte entfaltete Kraft des menschlichen Geistes kann sich vermutlich auf die Totalität des Universums erstrecken. Doch es gibt einen Punkt, an dem diese Kraft innehalten muß: den Punkt, an dem der Geist des Menschen am Ende seiner Mission angelangt ist und ahnt, daß es jenseits des Universums noch «etwas anderes» gibt. Hier hilft auch das analogische Bewußtsein nicht mehr weiter. Es bestehen im Universum keine Vorbilder für das, was sich jenseits des Universums findet. Diese unüberschreitbare Schwelle führt zum Reich Gottes. In diesem Sinn bekennen wir uns auch zu dem Ausdruck «das Reich Gottes».

Weil er versucht hatte, über die Grenzen des Universums hinauszukommen, indem er sich eine Zahl vorstellte, die größer war als alles, was im Universum enthalten sein konnte, weil er versucht hatte, sich einen Begriff zu bilden, der mit dem Universum allein nicht erfüllt werden konnte, verfiel der geniale Mathematiker Cantor in Wahnsinn. Es gibt eine letzte Pforte, welche der analogische Intellekt nicht öffnen kann. Wenige Texte kommen an metaphysischer Größe dem gleich, in welchem H. P. Lovecraft den Versuch unternimmt, das unausdenkbare Abenteuer des erwachten Menschen zu beschreiben, dem es gelungen ist, diese Pforte um einen Spaltbreit zu öffnen, und der in jenen Raum hineinschlüpfen möchte, in dem Gott jenseits der Unendlichkeit thront ... [53]

«Er wußte, daß es in Boston einen Randolph Carter gegeben hatte; trotzdem konnte er nicht genau feststellen, ob er das sei, dieses Fragment, diese Facette einer Einheit jenseits der Letzten Pforte, oder vielleicht ein anderer, der einmal dieser Randolph Carter gewesen war. Sein Ich war zerstört, und doch war ihm dank irgendeiner unbegreiflichen Fähigkeit bewußt, daß er eine ganze Legion von «Ichs» war — falls an diesem Ort, an dem jeder Begriff einer individuellen Existenz abgeschafft war, überhaupt etwas so Einzelnes in irgendeiner Form überleben konnte. Es war, als habe sein Körper sich plötzlich in eins jener vielköpfigen Götzenbilder verwandelt, wie man sie in indischen Tempeln sieht. Mit unsinniger Anstrengung bemühte er sich angesichts dieses Konglomerats, seinen ursprünglichen Körper davon abzulösen — falls es überhaupt noch einen ursprünglichen Körper gab...

Im Verlauf dieser erschreckenden Visionen wurde dieses Fragment von Randolph Carter, das die Letzte Pforte durchschritten hatte, vom Fußpunkt des Schreckens hinweggerissen, um in die Abgründe eines noch tieferen Entsetzens geschleudert zu werden. Doch diesmal kam das Entsetzen von innen: es war eine Kraft, eine Art Persönlichkeit, die ihm plötzlich gegenüberstand und ihn gleichzeitig umringte, die sich seiner bemächtigte und in seine eigene Gegenwart einging, die in allen Ewigkeiten lebte und an alle Räume grenzte. Man konnte zwar nicht von einer sichtbaren Manifestation sprechen, aber das Wahrnehmen dieser Einheit und die beängstigende Vermengung der Begriffe der Identität und der Unendlichkeit vermittelten ihm einen lähmenden Schrecken. Dieser Schrecken übertraf bei weitem jede ähnliche Empfindung, deren Möglichkeit die vielfachen Facetten Carters bisher auch nur erahnt hatten... Diese Einheit war alles in einem und eines in allem, ein zugleich unendliches und begrenztes Wesen, das nicht allein einem Kontinuum von Raum und Zeit angehörte, sondern ein Bestandteil des ewigen Mahlstroms der Lebenskräfte war, jenes letzten, grenzenlosen Mahlstroms, der ebenso jede mathematische Berechnung wie jede Phantasie übertrifft. Vielleicht war es jene Einheit, die gewisse Geheimkulte der Erde mit leiser Stimme beschwören und die luftige Geister in nebelhaften Spiralen durch ein unübersetzbares Zeichen ausdrücken... Und in einem Blitz, dessen Schein sich immer weiter verbreitete, erkannte das Fragment Carter die Oberflächlichkeit, die Unzulänglichkeit eben dessen — eben dessen, was er soeben empfunden hatte...»

Wir wollen auf unser anfängliches Postulat zurückkommen. Wir behaupten nicht, daß es in der großen Schweigezone des Gehirns einen elektronischen Analogierechner gebe. Wir sagen: Da es arithmetische Maschinen und analogische Maschinen gibt, ist dann nicht auch jenseits der Aktivität unseres Intellekts im Normalzustand ein Funktionieren in einem höheren Zustand denkbar? Könnte unser Intellekt nicht über ähnliche Fähigkeiten verfügen wie der Analogierechner? Man darf unseren Vergleich nicht buchstäblich auffassen. Es handelt sich um einen Ausgangspunkt, eine Abschußrampe, um in noch wilde, kaum erforschte Gegenden des Geistes zu gelangen. Und es ist möglich, daß der Geist in jenen Regionen auf einmal zu funkeln beginnt und Licht auf Dinge wirft, die gewöhnlich im Universum verborgen sind. Wie bringt er es fertig, in diese Bezirke einzudringen, in denen sein eigenes Leben buchstäblich wunderbar wird? Wodurch wird die Zustandsänderung bewirkt? Wir behaupten nicht, daß wir es wüßten. Wir weisen nur darauf hin, daß es unter den magischen und religiösen Riten und in der umfangreichen alten und modernen Literatur, die sich mit besonderen Momenten und phantastischen Erlebnissen des Geistes befaßt, Tausende und aber Tausende bruchstückhafter Beschreibungen gibt, die man einmal sammeln und vergleichen sollte und aus denen sich vielleicht eine verlorene — oder auch eine zukünftige — Methode ableiten läßt.

Es kann sein, daß der Geist manchmal zufällig die Grenze dieser unerforschten Regionen streift. Dann löst er für den Bruchteil einer Sekunde jene großen Maschinen aus, deren Geräusch er undeutlich vernimmt. Zu diesen Fällen gehört mein Erlebnis mit der «relavote» ebenso wie alle sogenannten «parapsychologischen Phänomene», die uns so verwirren. Dazu gehören ferner jene außerordentlichen und seltenen blitzartigen Erleuchtungen, wie sie den meisten Menschen ein-, zwei- oder dreimal im Verlauf ihres Lebens, vor allem im Kindesalter, begegnen. Es bleibt nichts davon zurück, kaum daß sie sich später noch daran erinnern.

Das Überschreiten dieser Grenze (oder, wie die alten Texte sagen: «das Eintreten in den Zustand des Wachseins») ist aber unendlich viel mehr als die eben geschilderten Augenblicke, und es scheint nicht vom Zufall abzuhängen. Höchstwahrscheinlich muß der Mensch hierzu eine enorme Anzahl innerer und äußerer Kräfte sammeln und koordinieren. Die Annahme, daß diese Kräfte zu seiner Verfügung stehen, ist keinesfalls abwegig. Wir haben nur noch nicht die richtige Methode entdeckt, sie anzuwenden. Bis vor kurzem kannten wir auch noch keine Methode, um die Kernenergie zu befreien. Nur wenn wir unsere ganze Existenz einsetzen, um dieser Kräfte habhaft zu werden, werden wir sie uns auch untertan machen können. Die Asketen, die Heiligen, die Thaumaturgen, die Seher, die Dichter und die genialen Wissenschaftler, sie alle stimmen darin überein. Und der moderne amerikanische Dichter William Temple schreibt: «Keine Offenbarung ist möglich, wenn nicht die ganze Existenz selbst ein Werkzeug der Offenbarung wird.»

Nehmen wir unseren Vergleich wieder auf. Während des zweiten Weltkriegs wurde die «strategische Forschung» geboren. Damit die Notwendigkeit einer solchen Methode spürbar wurde, «mußten Probleme auftauchen, die sich dem normalen Verstand und der üblichen Erfahrung entzogen». Die Taktiker wandten sich darum an die Mathematiker:

«Wenn eine Situation infolge der Kompliziertheit ihrer äußeren Struktur und ihrer sichtbaren Entwicklung mit den gewohnten Mitteln nicht mehr zu meistern ist, bittet man Wissenschaftler, diese Situation wie ein Naturphänomen ihres Fachgebiets zu behandeln und eine entsprechende Theorie zu entwerfen. Aus einer Situation oder von einem Gegenstand eine Theorie ableiten heißt ein abstraktes Modell erfinden, dessen Eigenschaften die des betreffenden Gegenstandes nachahmen. Das Modell ist stets mathematischer Art. Mit seiner Hilfe werden konkrete Fragen in mathematische Eigenschaften übersetzt.»

Es handelt sich um das «Modell» eines Gegenstands oder einer Situation, die zu neu oder zu kompliziert sind, um vom Intellekt vollständig erfaßt werden zu können.

«Bei der grundsätzlichen strategischen Forschung bemüht man sich nun, einen Analogierechner so zu konstruieren, daß er das betreffende Modell bearbeitet. Wenn man nun die Regler betätigt, beginnt die Maschine zu funktionieren und liefert die Antworten auf alle Fragen, im Hinblick auf die das Modell erdacht wurde.»

Diese Definitionen sind einer technischen Zeitschrift entnommen [54]. Für eine Sicht des «erwachten Menschen» und das Verständnis des «magischen» Geistes sind sie wichtiger als die meisten Werke der okkultistischen Literatur. Wenn wir statt Modell Idol oder Symbol sagen und statt Analogierechner erleuchtete Gehirnarbeit oder Zustand einer Super-Klarsichtigkeit, stellt sich heraus, daß der geheimnisvollste Weg der menschlichen Erkenntnis — derjenige, den die Erben des positivistischen 19. Jahrhunderts ablehnen — ein Weg der Wahrheit und Größe ist. Und es ist die moderne Technik, die uns veranlaßt, ihn so zu betrachten.

«Das Vorhandensein von Symbolen, rätselhaften Zeichen und mysteriösen Ausdrücken in den religiösen Traditionen, den Werken der Kunst, in Märchen und folkloristischen Gebräuchen beweist die Existenz einer im Orient wie im Okzident allgemein verbreiteten Sprache, deren überhistorische Bedeutung offenbar an der Wurzel unserer eigenen Existenz, unserer Erkenntnisse und unserer Werte zu suchen ist.» [55]

Was aber ist das Symbol, wenn nicht das abstrakte Modell einer Realität, einer Struktur, die der Geist des Menschen nicht völlig beherrschen kann, von der er sich jedoch eine «Theorie» konstruiert?

«Das Symbol enthüllt gewisse Aspekte der Realität — und zwar die tiefsten — die sich jedem anderen Erkenntnismittel entziehen.» [56] So wie beim «Modell», das der Mathematiker auf Grund eines Gegenstands oder einer Situation entwirft, die sich nicht durch den normalen Verstand oder die übliche Erfahrung erfassen lassen, ahmen auch die Eigenschaften des Symbols die Eigenschaften des hier abstrakt dargestellten Gegenstandes nach, dessen eigentliches Wesen verborgen bleibt. Auch hier brauchten wir so etwas wie einen Analogierechner, der das Modell bearbeitet, damit das Symbol die ihm innewohnende Realität enthüllt und alle die Fragen beantwortet, im Hinblick auf die es geschaffen wurde. Das Äquivalent dieser Maschine ist unserer Ansicht nach im Menschen vorhanden. Gewisse noch wenig bekannte geistige oder physische Praktiken können ihr Funktionieren auslösen. Alle asketischen, religiösen und magischen Handlungen scheinen auf dieses Ergebnis hinzuzielen, und zweifellos ist es auch der Inhalt jener immer wieder auftauchenden traditionellen Verheißung, die den Weisen «den Wachzustand» verspricht.

So sind die Symbole also vielleicht die seit den Ursprüngen der denkenden Menschheit entworfenen abstrakten Modelle, durch die wir die innersten Strukturen des Universums erfühlen können. Aber Vorsicht! Die Symbole stellen nicht den Gegenstand oder das Phänomen selbst dar. Und ebenso falsch wäre es, anzunehmen, daß sie nichts sind als einfache Schemata. Auch bei der strategischen Forschung ist das «Modell» nicht das verkleinerte oder vereinfachte Modell einer bekannten Situation. Es ist ein möglicher Ausgangspunkt zur Erkenntnis derselben — und zwar ein Ausgangspunkt, der aus der Realität herausgenommen und in die mathematische Welt versetzt worden ist. Der nach diesem Modell konstruierte Analogierechner muß daraufhin gewissermaßen in einen elektronischen Trancezustand geraten, um *praktisch verwertbare* Antworten hervorzubringen. Darum sind alle Erklärungen von Symbolen, die uns von Okkultisten geliefert werden, ohne Interesse. Sie behandeln die Symbole, als seien sie Schemata, die der Intellekt im Normalzustand erfassen kann — sie tun so, als könne man von diesen Schemata aus unmittelbar auf eine Realität schließen. In all den Jahrhunderten, in denen sie sich so an Deutungen des Andreaskreuzes, des Hakenkreuzes oder des Davidsterns versuchten, haben sie die Erkenntnis über die innersten Strukturen des Universums um keinen Schritt weitergebracht.

Durch eine Eingebung seines ungewöhnlichen Intellekts gelangt Einstein dazu, die Beziehung Raum-Zeit zu erahnen (er erfaßt sie nicht vollständig, macht sie sich nicht zu eigen und meistert sie nicht). Um seine Entdeckung auf einer Stufe, auf der sie verständlich ausdrückbar ist, zu übermitteln und um sich selbst zu befähigen, die visionäre Höhe seiner eigenen Eingebung wieder zu erreichen, entwirft er das Zeichen λ, das Symbol des Triëders. Dieses Zeichen ist kein Schema der Realität. Es ist für den allgemeinen Gebrauch unverwendbar. Es ist ein «Steh auf und wandle!» für alle physikalisch-mathematischen Erkenntnisse. Und doch kann auch diese in einem logisch begabten Hirn in Bewegung gesetzte Gesamtheit nicht genau das wiederfinden, was der Triëder beschwört, sie kann nicht in jene Welt eindringen, in der das durch dieses Zeichen ausgedrückte Gesetz regiert. Am Ende dieses Wegs jedoch wird man wissen, daß diese andere Welt existiert.

Vielleicht sind alle Symbole ähnlicher Art. Die rückläufige Swastika oder das Hakenkreuz, dessen Ursprung sich in der fernsten Vergangenheit verliert, ist vielleicht das «Modell» für das Gesetz der Zerstörung. Möglicherweise entspricht bei jeder Zerstörung in der Materie oder im Geist die Bewegung der Kräfte diesem Modell, so wie die Raum-Zeit-Beziehung dem Trièder entspricht. In gleicher Weise ist die Spirale, wie der Mathematiker Eric Temple Bell meint, vielleicht das Modell der inneren Struktur jeder Entwicklung (der Energie, des Lebens, der Erkenntnis).

Die Symbole, die Zeichen, sind vielleicht für geistige Maschinen erdachte Modelle — für Maschinen jedoch, die wir gegenwärtig noch nicht in Betrieb setzen können und die erst dann zu laufen beginnen, wenn unser Intellekt einen anderen Zustand erreicht hat.

Vielleicht entwirft unser Intellekt im Normalzustand mit seinen feinsten Instrumenten gewisse Modelle, dank denen er sich, wenn er in einen höheren Zustand übergegangen ist, die letzte Realität der Dinge zu eigen machen kann. Wenn es Teilhard de Chardin gelingt, den Punkt Omega zu erfassen, entwirft er so ein Modell des letzten Punkts der Entwicklung. Damit er jedoch die Realität dieses Punktes *fühlt*, damit er eine so wenig vorstellbare Wirklichkeit in ihrer Tiefe erlebt, damit das Bewußtsein diese Realität aufnimmt und sich ganz zu eigen macht — damit es schließlich selbst zum Punkt Omega wird und alles erfaßt, was an einem solchen Punkt erfaßbar ist: den letzten Sinn des Erdenlebens, das kosmische Schicksal des vollendeten Geistes jenseits des Zeitenendes auf unserem Planeten — damit dieser Übergang von der Idee zur Erkenntnis vollzogen wird, muß eine andere Form des Intellekts ausgelöst werden. Sagen wir: ein analogischer Intellekt, sagen wir: die mystische Erleuchtung, sagen wir: der Zustand der absoluten Kontemplation.

So sind die Idee der Ewigkeit, die Idee der Vollendung, die Idee Gottes vielleicht von uns geformte Modelle und dazu bestimmt, in einem anderen Bereich unseres Intellekts, in jener gewöhnlich in Schweigen getauchten Zone, die Antworten zu liefern, im Hinblick auf die wir diese Modelle erfunden haben.

Wir sind also der Ansicht, daß die höchste, die leidenschaftlichste Tätigkeit des menschlichen Geistes darin besteht, «Modelle» zu erfinden, die für eine andere, weitgehend unbekannte und schwer auszulösende Tätigkeit des Geistes bestimmt sind. Und in diesem Sinne kann man sagen: Alles ist Symbol, alles ist Zeichen, alles ist Beschwörung einer anderen Realität.

Von der Idee der Dreieinigkeit, der Idee der Vollendung, führt der Weg über das Kreuz, das Hakenkreuz, die Fensterrose, die Kathedrale, die Jungfrau Maria, die «mathematischen Wesen» und die Zahlen bis zur von Nadeln durchstochenen Statuette des Dorfmagiers. All das ist Modell, Skizze eines Gegenstands, der in einer anderen Welt existiert als in jener, aus der das Modell stammt. Aber diese Skizzen sind nicht austauschbar: das dem Elektronenrechner vorgelegte Modell des Staudamms ist mit dem Modell der Überschallrakete nicht zu vergleichen. Nicht in allem ist alles. Die Spirale ist nicht im Kreuz. Das Bild des Bisons nicht in der Photographie, auf die das Medium sich konzentriert, der Punkt Omega des Paters Teilhard nicht in Dantes Hölle, der Menhir nicht in der Kathedrale, die Zahlen Cantors nicht in den Chiffren der Apokalypse. Wenn es auch von allem Modelle gibt, so sind diese Modelle doch nicht wie ein ineinanderpassender Satz von Tischchen, sie formen kein zerlegbares Ganzes, aus dem das Geheimnis des Universums abzulesen wäre.

Wenn die wirksamsten Modelle, die man dem in einem höheren Wachzustand befindlichen Intellekt liefern kann, die Modelle ohne Dimension, also die Ideen, sind, muß man die Hoffnung aufgeben, in der Großen Pyramide oder im Hauptportal von Notre-Dame das Modell des Universums zu finden. Wenn es überhaupt ein Modell des ganzen Universums gibt, dann kann es nur im Gehirn des Menschen existieren, an der äußersten Spitze des feinsten aller Intellekte. Aber sollte das Universum wirklich nur auf den Menschen angewiesen sein? Wenn der Mensch eine Unendlichkeit ist, sollte das Universum dann nicht die Unendlichkeit sein und noch etwas anderes dazu?

5 DER ZUSTAND DES ERWACHTSEINS · *Nach Art der Theologen, der Gelehrten, der Magier und der Kinder — Unser Gruß an einen Mann, der Stöcke in die Speichen aller Räder steckt — Der Konflikt zwischen Spiritualismus und Materialismus oder eine Frage der Allergie — Die Sage vom Tee — Und wenn es sich nun um eine natürliche Fähigkeit handelt? — Der Gedanke, der zu Fuß geht, und jener, der fliegt — Ein Zusatz zu den Menschenrechten — Träumereien über den erwachten Menschen — Wir ehrenwerten Barbaren*

In einem ziemlich umfangreichen Band habe ich eine Gesellschaft von Intellektuellen beschrieben, die unter Anleitung des Thaumaturgen Gurdjew nach dem «Zustand des Erwachtseins» suchte. Ich bin noch heute der Ansicht, daß dies die vornehmste Aufgabe des Menschen ist. Gurdjew behauptete, daß der moderne Geist, der auf dem Misthaufen geboren sei, auch zum Misthaufen zurückkehren werde, und er lehrte seine Schüler, dieses Jahrhundert zu verachten. Gurdjew jedoch war ein alter Mann, der den modernen Geist mit dem verkrampften kartesianischen Denken des 19. Jahrhunderts verwechselte. Für den wahrhaft modernen Geist ist das kartesianische Denken nicht mehr das Allheilmittel; er ist der Ansicht, daß die Natur des Intellekts selbst neu überprüft werden muß. So kann also gerade die äußerste Modernität den Menschen zu nutzbringenden Überlegungen über die mögliche Existenz eines anderen Bewußtseinszustandes führen: über die mögliche Existenz eines erwachten Bewußtseins. In dieser Hinsicht reichen die Mathematiker und Physiker von heute den Mystikern von gestern die Hand. Gurdjews verächtliche Haltung (und ebenso die René Guénons, jenes anderen, jedoch rein theoretischen Verteidigers des Erwachtseins) ist nicht angebracht. Wäre Gurdjew wahrhaft erleuchtet gewesen, so hätte er sich nicht so irren können. Für einen Intellekt, der die dringende Notwendigkeit einer Transmutation verspürt, kann es gegenüber seiner Zeit keine Verachtung geben, sondern nur Liebe.

Bis dahin war der Zustand des Erwachtseins nur in religiösen, esoterischen oder poetischen Begriffen beschworen worden. Gurdjews unbestreitbares Verdienst ist der Beweis, daß es eine Psychologie und eine Physiologie dieses Zustands geben kann. Aber er gebrauchte eine absichtlich dunkle Sprache und sperrte seine Schüler hinter die Mauern einer Einsiedelei. Wir hingegen wollen versuchen, uns weltlicher Mittel zu bedienen und wie Menschen zu sprechen, die der zweiten Hälfte des 20. Jahrhunderts angehören. Selbstverständlich müssen wir bei einem solchen Gegenstand in den Augen der Spezialisten als Barbaren erscheinen. Nun, ein wenig sind wir es tatsächlich! Wir fühlen, wie in der Welt von heute eine neue Seele für ein neues Zeitalter der Erde geschmiedet wird. Unsere Methode, die mögliche Existenz eines Zustands des Erwachtseins zu ergründen, wird weder völlig religiös, noch völlig esoterisch oder poetisch, noch völlig wissenschaftlich sein. Sie wird etwas von allen diesen Gebieten an sich haben und sich doch nicht ganz mit ihnen vertragen. Und eben das ist die Renaissance: ein Strudel, in den, bunt durcheinandergemengt, die Methoden der Theologen, der Gelehrten, der Magier und der Kinder geworfen werden.

An einem Augustmorgen des Jahres 1957 drängten sich die Londoner Journalisten am Kai vor einem Postschiff, das nach Indien auslief. Ein Herr und eine Dame in den Fünfzigern, Leute von unauffälligem Äußeren, gingen an Bord. Es war der große Biologe J. B. S. Haldane, der in Begleitung seiner Frau England für immer verließ. «Ich habe genug von diesem Land und von einem Haufen Dinge in ihm», erklärte er ruhig. «Vor allem vom Amerikanismus, der über uns hereinbricht. Ich möchte nach neuen Ideen suchen und frei in einem neuen Land leben.» So begann eine neue Etappe in der Laufbahn eines der außergewöhnlichsten Menschen dieser Epoche. J. B. S. Haldane hatte Madrid mit dem Gewehr in der Hand gegen die Truppen Francos verteidigt. Er hatte der englischen kommunistischen Partei angehört und dann, nach der Affäre Lyssenko, seine Mitgliedskarte zerrissen. Und jetzt fuhr er nach Indien, um dort die Wahrheit zu suchen.

Dreißig Jahre hindurch hatte sein schwarzer Humor beunruhigend gewirkt. Auf die Rundfrage einer Tageszeitung anläßlich des Jahrestags der Enthauptung König Karls, bei der alte Kontroversen wieder aufgeflammt waren, antwortete er: «Wenn Karl I.

ein Geranium gewesen wäre, so hätten seine beiden Teile weiter-
gelebt.» Nachdem er im Atheistenklub einen feurigen Vortrag gehalten hatte, erhielt er den Brief eines englischen Katholiken, in
dem dieser ihm versicherte, daß «Seine Heiligkeit der Papst nicht
einverstanden sei». Sofort paßte Haldane sich dieser respektvollen
Formel an. In seinen Briefen redete er den Kriegsminister mit
«Eure Grausamkeit» an, den Luftfahrtminister mit «Eure Schnelligkeit» und den Präsidenten der rationalistischen Liga mit «Eure
Gottlosigkeit».

An jenem Augustmorgen jedoch waren auch Haldanes «linke»
Kollegen nicht sehr unglücklich über seine Abreise. Denn Haldane
hatte zwar die marxistische Biologie verteidigt, dabei aber eine
Erweiterung der wissenschaftlichen Forschungsgebiete und das
Recht gefordert, auch jene Phänomene zu untersuchen, die dem
rationalen Denken nicht konform sind. Mit ruhiger Unver-
frorenheit hatte er erklärt: «Ich untersuche alles, was in der Phy-
siko-Chemie wahrhaft außergewöhnlich ist, aber ich will auch die
anderen Gebiete nicht vernachlässigen.»

Seit langem hatte er darauf bestanden, daß die Wissenschaft
sich systematisch mit dem Begriff des «mystischen Erwachens» befassen solle. Seit 1930 hatte er in seinen Werken *The Inequality
of Men* und *The Possible Worlds* trotz seines Rufs als seriöser
Wissenschaftler erklärt, daß das Universum zweifellos viel selt-
samer sei, als man es sich vorstelle, und daß man die poetischen
oder religiösen Zeugnisse über einen dem normalen Wachzustand
überlegenen Bewußtseinszustand zum Gegenstand wissenschaftlicher Forschung machen müsse.

Einem solchen Mann war es offenbar vom Schicksal bestimmt,
sich eines Tages nach Indien einzuschiffen, und es wäre nicht erstaunlich, wenn seine künftigen Arbeiten Themen behandeln
würden wie *Elektro-Enzephalographie und Mystik* oder *Vierter
Bewußtseinszustand und Metabolismus des Kohlendioxyds*. Das ist
durchaus denkbar bei einem Mann, unter dessen Schriften sich
bereits eine *Untersuchung über die Anwendungsmöglichkeiten des
achtzehndimensionalen Raums auf die wesentlichen Probleme der
Genetik* befindet. In unserer Übergangsepoche kann es nur logisch
erscheinen, daß dieser Mann sowohl seinen spiritualistischen Fein-
den wie seinen materialistischen Freunden wie ein Mensch vorkam,
der Stöcke in die Speichen ihrer Räder steckte.

Genau wie Haldane müssen auch wir uns aus dem alten Streit zwischen Spiritualisten und Materialisten völlig heraushalten. Das ist die wahrhaft moderne Haltung. Wir dürfen auch nicht über diesem Streit stehen. Weder darüber noch darunter; denn er hat weder Bedeutung noch Sinn. Die Spiritualisten glauben an die Möglichkeit eines höheren Bewußtseinszustandes. Sie erblicken darin eine Eigenschaft der unsterblichen Seele. Die Materialisten stampfen mit den Füßen und schwingen das Banner Descartes', sobald auch nur die Rede darauf kommt. Weder die einen noch die anderen bemühen sich, diese Frage einmal unvoreingenommen zu betrachten. Es muß jedoch noch eine andere Art geben, sich diesem Problem zu nähern. Und zwar eine realistische Art, in dem Sinne, wie wir diesen Begriff auffassen: im Sinne eines konsequenten Realismus, der auch die phantastischen Seiten der Realität in Rechnung setzt.

Es ist übrigens denkbar, daß dieser alte Streit nur scheinbar philosophischen Charakter hat. Möglicherweise ist er nur ein Disput zwischen Menschen, die funktionell verschieden auf ein Naturphänomen reagieren. So etwas wie der ewige Zank zwischen Monsieur, der gern bei offenem Fenster schläft, und Madame, die Zugluft verabscheut. Vielleicht handelt es sich hier nur um den Zusammenprall zweier gegensätzlicher Menschentypen, und es ist nichts daran, das ein Licht auf verborgene Zusammenhänge werfen könnte.

Wir möchten folgende Hypothese aufstellen:

Der Übergang vom Schlaf zum Wachzustand bringt eine Anzahl von Veränderungen im Organismus mit sich. So verändert sich zum Beispiel die arterielle Spannung und ebenso die Reaktion der Nerven. Wenn, wie wir annehmen, noch ein anderer Zustand existiert, den wir den Zustand des Über-Wachseins nennen möchten, so muß der Übergang zu ihm ebenfalls von gewissen physiologischen Veränderungen begleitet sein.

Wir wissen, daß für manche Menschen das Erwachen schmerzhaft oder doch zumindest äußerst unangenehm ist. Die moderne Medizin berücksichtigt diese Tatsache und unterscheidet nach ihrer Reaktion auf das Erwachen zwei Menschentypen.

Wie sieht nun der Zustand des «Über-Bewußtseins», der Zustand eines wahrhaft erweckten Bewußtseins, aus? Die Menschen, die ihn erlebt haben, können uns nachträglich keine rechte Beschreibung davon geben. Die Sprache versagt bei dem Versuch, Rechenschaft zu erstatten. Wir wissen, daß es möglich ist, kraft einer Willensanstrengung diesen Zustand zu erreichen. Alle mystischen Übungen zielen auf dieses Ergebnis hin. Wir wissen auch, daß es, wie Vivekananda sagt, möglich ist, daß «ein Mensch, der in dieser Wissenschaft nicht erfahren ist (in der Wissenschaft der mystischen Exerzitien), zufällig in diesen Zustand gerät». Die poetische Literatur der ganzen Welt wimmelt von Berichten über derartige unverhoffte Erleuchtungen. Und wie viele Menschen, die weder Dichter noch Mystiker sind, haben wohl schon verspürt, daß sie im Bruchteil einer Sekunde diesen Zustand gestreift haben?

Vergleichen wir diesen eigenartigen, außerordentlichen Zustand mit einem anderen, ähnlichen. Die Mediziner und die Psychologen haben damit begonnen, zu militärischen Zwecken Untersuchungen über das Befinden des Menschen im Zustand der Schwerelosigkeit vorzunehmen. Wenn ein bestimmter Grad der Beschleunigung überschritten ist, wird die Schwere aufgehoben. Der Mensch, der mit zunächst geschlossenem Fallschirm aus einem Versuchsflugzeug abspringt, schwebt dann einige Sekunden lang. Man hat festgestellt, daß einige Personen bei diesem Fall ein außerordentliches Glücksgefühl empfinden, andere hingegen ein Gefühl äußerster Beängstigung.

Nun ist es auch möglich, daß der Übergang vom normalen Wachzustand in einen höheren (erleuchteten oder magischen) Bewußtseinszustand gewisse feine Veränderungen im Organismus mit sich bringt, die von einigen Menschen als unangenehm, von anderen als angenehm empfunden werden. Das Studium einer mit den Bewußtseinszuständen verknüpften Physiologie steckt noch in den ersten Anfängen. Gewisse Fortschritte wurden bei der therapeutischen Maßnahme des Dauerschlafs erzielt. Die Physiologie des höheren Bewußtseinszustandes hat, von wenigen Ausnahmen abgesehen, bisher noch kaum die Aufmerksamkeit der Wissenschaftler erregt. Unserer Hypothese entsprechend gibt es einen rationalistischen, positivistischen Menschentyp, der gewissermaßen zur Selbstverteidigung aggressiv wird, sobald es in der Literatur, in der Philosophie oder in der Wissenschaft darum geht, den Bereich zu verlassen, in dem das Bewußtsein im Normalzustand angesprochen wird. Daneben aber gibt es einen spiritualistischen

Menschentyp, der jede Anspielung auf eine Überhöhung des Bewußtseins wie eine Erinnerung an ein verlorenes Paradies empfindet. So würde man am Ursprung eines riesigen Gelehrtengezänks die einfache Alternative finden: «Ich liebe, oder ich liebe nicht.» Aber was ist es denn, das in uns liebt oder nicht liebt? In Wahrheit ist es niemals das *Ich*. Es sollte einfach heißen: «Es liebt in mir, oder es liebt nicht.» Rücken wir darum so weit wie möglich von dem falschen Problem Spiritualismus—Materialismus ab, das in Wirklichkeit vielleicht nur die Frage einer Allergie ist. Wesentlich ist, zu wissen, ob der Mensch in seinen unerforschten Bereichen über höhere Werkzeuge, so etwas wie mächtige Verstärker seines Intellekts, verfügt.

Es wird erzählt, daß Bodhidharma, der Begründer des Zen-Buddhismus, eines Tages während einer Meditation einschlief (das will besagen, daß er sich unversehens in den für die meisten Menschen normalen Bewußtseinszustand zurückgleiten ließ). Dieser Vorfall kam ihm so entsetzlich vor, daß er sich die Augenlider abschnitt. Diese, so berichtet die Legende, fielen zu Boden, und aus ihnen entsproß die erste Teepflanze. Der Tee, der vor dem Einschlafen schützt, ist die Pflanze, die den Wunsch der Weisen, sich stets wachzuhalten, symbolisiert, und daraus entstand dann der Spruch: «Der Geschmack des Tees und der Geschmack des Zen sind einander gleich.»

Der Begriff des «Zustands des Erwachtseins» ist offenbar so alt wie die Menschheit. Er ist der Schlüssel zu den ältesten religiösen Texten, und vielleicht bemühte sich bereits der Mensch des Cro-Magnon, diesen dritten Bewußtseinszustand zu erreichen. Die Datierungsmethode mit Hilfe des Kohlenstoffs 14 hat ergeben, daß die Indianer im Südosten Mexikos vor mehr als sechstausend Jahren bestimmte Pilze aßen, um sich in eine Über-Klarsichtigkeit zu steigern. Immer geht es darum, das «dritte Auge» zu öffnen, den normalen Bewußtseinszustand zu überwinden, in dem alles nur Illusion, Verlängerung der Träume eines tiefen Schlafes ist. «Wach auf, Schläfer, wach auf!» Von den Evangelien bis zu den Märchen stets derselbe Mahnruf.

Die Menschen haben alle erdenklichen Mittel angewandt, um diesen Zustand des Erwachtseins zu erreichen: Riten, Tänze, Gesänge, Kasteiung, Fasten, körperliche Martern, die verschiedensten

Drogen. Wenn der moderne Mensch erst einmal die Wichtigkeit des Einsatzes erfaßt hat — und das kann nicht mehr lange dauern — wird er bestimmt noch andere Möglichkeiten finden. Der amerikanische Wissenschaftler J. B. Odds denkt an eine elektronische Stimulierung des Gehirns [57]. Der englische Astronom Fred Hoyle schlägt die Betrachtung leuchtender Bilder auf einem Fernsehschirm vor *. Schon H. G. Wells malte in seinem schönen Roman *In the Days of the Comet* [58] aus, wie nach dem Zusammenstoß mit einem Kometen die Erdatmosphäre plötzlich von einem Gas erfüllt ist, das eine Über-Klarsichtigkeit hervorruft. Die Menschen durchbrechen endlich die Schranke zwischen Wahrheit und Illusion. Sie erwachen zu den echten Realitäten. Und mit einem Schlag sind alle praktischen, moralischen und geistigen Probleme gelöst.

Es scheint, als hätten bisher nur die Mystiker sich ernstlich darum bemüht, dieses Super-Bewußtsein zu erlangen. Wenn es möglich ist, welcher Kraft ist es dann zuzuschreiben? Die Gläubigen sprechen von der Gnade Gottes. Die Okkultisten von magischer Weihe. Und wenn es sich um eine ganz natürliche Fähigkeit handelte?

Die jüngste Wissenschaft hat erwiesen, daß beträchtliche Teile unserer Hirnmasse noch immer unerforschtes Gebiet sind. Der weitaus größte Teil unserer Fähigkeiten liegt noch immer brach. Dies ist der Sinn der uralten Sage vom verborgenen Schatz. Und ebendas sagt auch der englische Gelehrte Gray Walter in einer der wesentlichen Arbeiten unserer Epoche: *The Living Brain.* In einem zweiten Werk mit dem Titel *Farther Outlook,* das eine Mischung von Antizipation und Beobachtung, Philosophie und Dichtung darstellt, erklärt Walter, daß es zweifellos keine Grenze für die Möglichkeiten des menschlichen Gehirns gebe und daß unser Denken eines Tages die Zeit ebenso explorieren werde, wie es heute den Raum erforscht. In dieser Prophezeiung stimmt er überein mit dem Mathematiker Eric Temple Bell, der dem Helden

---

* In seinem Roman *The Black Cloud.* Dort sind die schwarzen Wolken, die im Weltraum zwischen den Sternen schweben, höhere Lebensformen. Die Super-Intelligenzen nehmen sich vor, die Erdenmenschen zu erwecken, indem sie ihnen leuchtende Bilder schicken, die in den menschlichen Gehirnen bestimmte Verbindungen herstellen und damit den «Zustand des erwachten Bewußtseins» einleiten.

seines Romans *The Time Stream* die Fähigkeit verleiht, durch die
ganze Geschichte des Kosmos zu reisen *.

Halten wir uns an die Tatsachen. Man kann das Phänomen des
«Erwachtseins» einer unsterblichen Seele zuschreiben. Seit Tausenden von Jahren wird uns diese Erklärung angeboten; aber sie
hat uns der Lösung des Problems um keinen Schritt näher gebracht.

Unser Erklärungsversuch lautet folgendermaßen:

Die Gehirntätigkeit vollzieht sich gewöhnlich unter dem Einfluß von Nervenreizen. Es ist eine langsame Bewegung, bei der
pro Sekunde einige Meter auf der Oberfläche der Nerven zurückgelegt werden. Unter gewissen Umständen aber kann eine andere
Form der Kommunikation einsetzen, die sehr viel rascher ist und
bei der eine elektromagnetische Welle in Tätigkeit tritt, die sich
mit Lichtgeschwindigkeit fortpflanzt. In diesen Fällen wird bei
der Registrierung und Weiterleitung von Informationen die ungeheure Schnelligkeit des Elektronenrechners erreicht. Kein Naturgesetz widerspricht einem solchen Phänomen, obgleich die
Wellen, die wir hier annehmen, sich nicht auf der Hirnrinde nachweisen lassen.

Normalerweise ist der menschliche Gedanke, wie Emil Meyer-
son treffend dargelegt hat, ein Fußgänger. Die meisten seiner Erfolge sind im Grunde die Frucht eines sehr langsamen und be-
schwerlichen Fußmarsches. Die bewundernswertesten Entdeckungen
sind eigentlich Selbstverständlichkeiten. Sie sind es, auch wenn sie
sich unvermutet enthüllt haben. Der große Leonhard Euler betrachtete die Formel

$$e^{i\pi} + 1 = 0$$

als den erhabensten Gipfel des mathematischen Denkens.

Diese Formel, die das Reale mit dem Imaginären zusammen-

---

* Wie Fred Hoyle und viele andere englische, amerikanische oder russische
  Gelehrte schreibt auch Eric Temple Bell (unter dem Pseudonym John Taine)
  phantastische Essays oder Romane. Der Leser, der darin nur einen entspan-
  nenden Zeitvertreib großer Geister sieht, erfaßt die Zusammenhänge nicht. Es
  ist für diese Männer die einzige Möglichkeit, gewisse von der offiziellen
  Philosophie nicht anerkannte Wahrheiten zu verbreiten. Wie in jeder vor-
  revolutionären Epoche werden auch hier die Gedanken der Zukunft verhüllt
  ausgesprochen. Das Kinderjäckchen einer «Science Fiction» ist die Hülle, unter
  der sich die echten Wahrheiten dieser Stunde verbergen.

koppelt und die Grundlage der natürlichen Logarithmen bildet, ist eine Selbstverständlichkeit. Sobald man sie einem Studenten der Mathematik einmal erklärt hat, wird er zugeben, daß sie «in die Augen springen» muß. Warum hat es aber so vieler Jahre des Nachdenkens bedurft, um eine solche Selbstverständlichkeit herauszufinden?

In der Physik ist die Entdeckung der Wellennatur der Elementarteilchen der Schlüssel zu einer neuen Epoche. Auch hier handelt es sich um eine Selbstverständlichkeit. Einstein sagte: «Die Energie ist gleich mc², wobei m die Masse und c die Geschwindigkeit des Lichtes bezeichnet.» Das war im Jahre 1905. 1900 formulierte Planck: «Die Energie ist gleich hf, wobei h eine Konstante und f die Schwingungsfrequenz darstellt.» Es dauerte bis zum Jahre 1923, bis Louis de Broglie auf den Gedanken kam, die beiden Formeln gleichzusetzen und zu schreiben:

$$hf = mc^2.$$

Der Gedanke kriecht, selbst bei den größten Geistern. Er beherrscht den Gegenstand nicht.

Ein letztes Beispiel: Seit dem Ende des 18. Jahrhunderts lehrte man, daß der Begriff der Masse gleichzeitig in der Formel für die kinetische Energie ($e = \frac{1}{2} mv^2$) und in Newtons Gesetz der Schwere auftaucht (nach dem die bei der Anziehung wirkende Kraft umgekehrt proportional dem Quadrat des Abstandes der beiden Körper ist).

Warum sollte erst Einstein begreifen, daß das Wort «Masse» in den beiden klassischen Formeln den gleichen Sinn hat? Die ganze Relativitätstheorie ergibt sich unmittelbar aus dieser Erkenntnis. Warum hat in der gesamten Geschichte des menschlichen Denkens nur ein einziger Geist diesen Zusammenhang gesehen? Und warum hat er ihn nicht mit einem Schlag erfaßt, sondern erst nach zehnjährigem hartnäckigem Forschen? Weil unser Denken Schritt für Schritt einen gewundenen Pfad zurücklegt, der auf einer Ebene liegt und sich mehrfach überschneidet. Und vermutlich tauchen die Ideen periodisch auf und verschwinden wieder, wahrscheinlich werden sie immer wieder vergessen und müssen dann neu entdeckt werden.

Trotzdem erscheint es möglich, daß der Geist sich über diesen Pfad erheben kann, daß er nicht mehr mühsam zu kriechen braucht, sondern sich eine Übersicht verschaffen kann, daß er es vermag, sich wie ein Vogel oder ein Flugzeug fortzubewegen. Er kann es in jenem Zustand, den die Mystiker den Zustand des Erwachtseins nennen.

Handelt es sich dabei um einen oder mehrere Zustände des Erwachtseins? Wir sind geneigt, anzunehmen, daß es mehrere gibt, eine ganze Anzahl verschiedener Flughöhen. «Die erste Stufe wird als Genie bezeichnet. Die anderen sind der Menge unbekannt und werden ins Gebiet der Sagen und Mythen verwiesen. Auch Troja war eine Sage, bevor die Ausgrabungen seine tatsächliche Existenz nachwiesen», heißt es bei Gustav Meyrink.

Wenn die Menschen die physische Möglichkeit in sich haben, zu diesem Zustand oder diesen Zuständen des Erwachtseins zu gelangen, sollte die Suche nach den Mitteln, diese Möglichkeit anzuwenden, das Hauptziel ihres Lebens sein.

Wenn die Menschen nicht alle ihre Kräfte diesem Bemühen zuwenden, darf man weder ihre «Leichtfertigkeit» noch ihre «Bösartigkeit» dafür verantwortlich machen. Das Ganze ist keine Angelegenheit der Moral. Und ein wenig guter Wille, ein paar vereinzelte Anstrengungen sind in dieser Sache ganz nutzlos. Vielleicht sind die höheren Instrumente unseres Gehirns nur anwendbar, wenn das gesamte Leben — das individuelle wie das kollektive — selbst zu einem Instrument wird, das wir einzig dafür einsetzen, den angestrebten Zustand zu erreichen.

Wenn die Menschen den Übergang in den Zustand des Erwachtseins nicht als ihr einziges Ziel ansehen, so liegt es daran, daß die Schwierigkeiten, die sich im gesellschaftlichen Leben ergeben, und die Mühe um die Beschaffung der Existenzmittel ihnen nicht die Zeit lassen, sich einer solchen Aufgabe voll zu widmen. Der Mensch lebt nicht vom Brot allein, aber bis heute hat unsere Zivilisation sich noch nicht als fähig erwiesen, allen Menschen genügend Brot zu verschaffen.

In dem Maße, in dem der technische Fortschritt den Menschen freieren Spielraum gewährt, wird das Bemühen um den «dritten Zustand», um die Hyper-Klarsichtigkeit, den Vorrang vor allen anderen Bestrebungen erhalten. Die Möglichkeit, an diesem Bemühen teilzunehmen, wird schließlich zu den grundlegenden Menschenrechten zählen. Die nächste Revolution wird psychologischer Art sein.

Stellen wir uns einen Neandertalmenschen vor, den ein Wunder in das *Institute for Advanced Study* von Princeton versetzt. Er wird sich Dr. Oppenheimer gegenüber in einer ähnlichen Situation befinden wie wir angesichts eines «wahrhaft erwachten» Menschen, eines Menschen, dessen Denken nicht mehr zu Fuß geht, sondern sich in drei, vier oder n Dimensionen bewegt.

Was unsere physischen Möglichkeiten betrifft, so scheint es, als könnten wir uns durchaus zu solchen Menschen entwickeln. Es gibt genügend Zellen in unserem Gehirn, genügend mögliche Zwischenverbindungen. Aber wir vermögen uns nur schwer vorzustellen, was ein solcher Geist sehen und verstehen würde.

Die alchimistischen Überlieferungen versichern uns, daß die Bearbeitung der Materie im Schmelztiegel das hervorruft, was wir Modernen als Strahlung oder als Kraftfeld bezeichnen. Diese Strahlung würde alle Zellen des Adepten umwandeln und aus ihm einen wahrhaft erwachten Menschen machen, einen Menschen, der «gleichzeitig hier und auf der anderen Seite stünde, einen lebendigen Menschen».

Akzeptieren wir einmal diese Hypothese, diese weitgespannte Voraussetzung einer nicht-euklidischen Psychologie. Nehmen wir an, daß in dieser Stunde ein Mensch wie wir, der auf eine ganz bestimmte Weise mit der Materie und der Energie verfährt, völlig verwandelt, «erweckt» wird. 1955 zeigte Professor Singleton in den Wandelgängen der Atomkonferenz in Genf seinen Kollegen einige Nelken, die er auf einem Beet gezüchtet hatte, das im Bereich der Strahlungen des großen Kernreaktors von Brookhaven lag. Es waren Blüten in einem violetten Rot, eine bisher unbekannte Sorte. Alle ihre Zellen waren verändert, und sie konnten sich nun, sei es durch Stecklinge, sei es durch Samen, fortpflanzen und in diesem neuen Zustand verharren. Das gleiche gilt für unseren «neuen Menschen». Indem er sich das, was wir alle auf unseren verschiedenen Fachgebieten wissen, auf eine neuartige Weise zu eigen macht, oder auch einfach indem er alle nur möglichen Verbindungen zwischen den wissenschaftlichen Ergebnissen, so wie sie in den Lehrbüchern der Gymnasien und den Universitätsvorlesungen dargelegt werden, herstellt, kann er zu der Bildung von Begriffen gelangen, die uns ebenso fremd sind, wie es der Begriff der Chromosomen für Voltaire oder der des Neutrino für Leibniz gewesen wäre. Ein solcher Mensch hätte nicht das geringste Interesse mehr daran, mit uns in Verbindung zu treten, und er würde sich bestimmt nicht bemühen, auf uns Eindruck zu machen, indem er versuchte, uns die Rätsel des Lichts oder die Geheimnisse des Gens zu erklären. Valéry veröffentlichte seine Gedanken nicht in der *Semaine de Suzette*. Dieser Mensch würde über und zugleich neben der Menschheit stehen. Er könnte einen nutzbringenden Gedankenaustausch nur mit Geistern pflegen, die dem seinen ebenbürtig wären.

Dieser Gedanke verlockt uns zu Meditationen.

Man kann sich zum Beispiel vorstellen, daß die verschiedenen mythischen Überlieferungen aus einem Kontakt mit den Intelligenzen anderer Planeten herrühren. Man kann annehmen, daß für einen wahrhaft erwachten Menschen Zeit und Raum keine Schranken mehr bilden und daß die Kommunikation mit den Intelligenzen anderer bewohnter Welten für ihn möglich geworden ist — eine Vorstellung, die übrigens auch besagen würde, daß niemals Besucher aus dem Jenseits zu uns gekommen sein müssen.

Man kann träumen. Unter der Voraussetzung, wie Haldane schreibt, daß wir nicht vergessen, daß Träume dieser Art vermutlich stets weniger phantastisch sind als die Wirklichkeit.

Wir möchten nun drei wahre Geschichten erzählen, die uns als Illustrationen unserer Hypothese dienen sollen. Dabei räumen wir selbstverständlich ein, daß Illustrationen noch keine Beweise sind. Trotzdem bestärken uns diese drei Beispiele in der Annahme, daß es noch andere als die von der offiziellen Psychologie anerkannten Bewußtseinszustände gibt. Selbst der so ungenaue Begriff des Genies reicht hier nicht aus. Wir haben unsere Beispiele nicht aus dem Leben und den Taten der Mystiker gewählt, obgleich ein solches Verfahren leichter und vielleicht wirksamer gewesen wäre. Aber wir möchten unserem Vorsatz treu bleiben, diese Frage außerhalb aller kirchlichen Bindungen zu behandeln — gewissermaßen mit bloßen Händen, als ehrenwerte Barbaren.

6 Drei Geschichten zur Illustration · *Die Geschichte eines großen Mathematikers im Urzustand — Die Geschichte des erstaunlichsten aller Hellseher — Die Geschichte eines Weisen von morgen, der um 1750 lebte*

1. Ramanujan

Eines Tages zu Beginn des Jahres 1887 begibt sich ein Brahmane aus der Provinz Madras in den Tempel der Göttin Namagiri. Er hat vor vielen Monaten seine Tochter verheiratet, und die Ehe ist bisher kinderlos geblieben. Möge die Göttin dem Paar Fruchtbarkeit verleihen! Namagiri erhört sein Gebet. Am 22. Dezember wird ein Sohn geboren, der den Namen Srinivasa Ramanujan Alyangar erhält. Am Vorabend der Geburt war der Mutter die Göttin erschienen, um ihr zu verkünden, daß ihr Sohn ein außergewöhnlicher Mensch sein werde.

Mit fünf Jahren kommt das Kind zur Schule. Vom ersten Tag an versetzt seine Intelligenz die Lehrer in Staunen. Ramanujan scheint das, was man ihm beibringen will, bereits zu wissen. Er bekommt eine Freistelle am Gymnasium von Kumbakonam, wo er die Bewunderung seiner Mitschüler und Lehrer erringt. Als er fünfzehn Jahre alt ist, veranlaßt einer seiner Freunde ihn, sich von der städtischen Bibliothek ein Werk mit dem Titel *A Synopsis of Elementary Results in Pure and Applied Mathematics* auszuleihen. Diese aus zwei Bänden bestehende Arbeit ist ein von einem Professor aus Cambridge, George Shoobridge, herausgegebenes Nachschlagewerk, in dem etwa 6000 mathematische Lehrsätze zusammengefaßt sind. Es enthält jedoch nicht die Beweisführungen für diese Sätze. Der Eindruck, den es auf den Geist des jungen Hindu macht, ist phantastisch. Ramanujans Gehirn fängt plötzlich auf eine für uns vollkommen unverständliche Weise zu arbeiten an. Er findet die Beweise für sämtliche Formeln. Nachdem er die Geometrie erschöpft hat, widmet er sich der Algebra. Ramanujan hat später erzählt, daß die Göttin Namagiri ihm zu verschiedenen Malen erschienen sei, um ihm die schwierigsten Berechnungen zu erklären. Mit sechzehn Jahren fällt er durchs Examen, da seine englischen Sprachkenntnisse nicht ausreichen, und das Stipendium wird ihm entzogen. Allein, ohne jede Hilfsmittel setzt er seine mathematischen Studien fort. Zunächst macht er sich sämtliche Kenntnisse auf diesem Gebiet zu eigen, über die die Menschheit im Jahre 1880 verfügte. Er kann nun auf die Arbeit von Professor Shoobridge verzichten. Er geht weit über ihn hinaus. Ganz allein leistet er die gesamte mathematische Arbeit der abendländischen Kultur noch einmal und entwickelt sie weiter. Die Menschheitsgeschichte kennt kein ähnliches Beispiel. Auch Galois hat nicht allein gearbeitet. Er hatte am Pariser Polytechnikum studiert, dem damals besten mathematischen Institut der Welt. Er hatte Zugang zu Tausenden von Schriften. Er stand in Verbindung mit den bedeutendsten Gelehrten. Es ist kein Fall bekannt, in dem der menschliche Geist sich fast ohne Hilfe auf solche Höhen emporgeschwungen hat, wie es bei Ramanujan geschah.

1909, nach Jahren voller Arbeit und Entbehrungen, heiratet Ramanujan. Er sucht nach einer Stellung. Man empfiehlt ihn an einen städtischen Steuereinnehmer, Ramachandra Rao, einen recht gebildeten, für Mathematik interessierten Mann. Dieser hat uns einen Bericht über sein erstes Zusammentreffen mit Ramanujan hinterlassen:

«Ein kleiner, ungepflegter, schlecht rasierter Mann mit Augen, wie ich nie welche gesehen hatte, trat in mein Zimmer, unter dem Arm ein abgegriffenes Notizbuch. Er erzählte mir von erstaunlichen Entdeckungen, die weit über meine Kenntnisse hinausgingen. Ich fragte ihn, was ich für ihn tun könne. Er erwiderte, er brauche nur das Notdürftigste zum Leben, um seine Studien fortsetzen zu können.»

Ramachandra Rao will ihm eine kleine Rente aussetzen. Aber Ramanujan ist zu stolz, um eine solche Unterstützung anzunehmen. Schließlich findet man einen Posten für ihn: eine untergeordnete Buchhalterstelle im Hafenamt von Madras.

1913 rät man ihm, mit dem großen englischen Mathematiker G. H. Hardy, der damals Professor in Cambridge war, in Verbindung zu treten. Er schreibt an ihn und schickt ihm mit gleicher Post 120 geometrische Formeln, die er entdeckt und bewiesen hat. Hardy schrieb später darüber: «Diese Aufzeichnungen konnten nur von einem Mathematiker allerhöchsten Ranges stammen. Kein Ideendieb, kein Schwindler, und sei er noch so genial, wäre imstande, derartig abstrakte Probleme zu erfassen.» Er fordert Ramanujan sofort auf, nach Cambridge zu kommen. Aber die Mutter des jungen Mannes widersetzte sich der Reise aus religiösen Gründen. Wieder einmal ist die Göttin Namagiri, die die Schwierigkeiten beseitigt. Sie erscheint der alten Dame, um sie davon zu überzeugen, daß ihr Sohn nach Europa fahren kann, ohne Schaden an seiner Seele zu nehmen, und zeigt ihr im Traum Ramanujan, wie er im großen Hörsaal von Cambridge sitzt, umgeben von Engländern, die ihm bewundernd lauschen.

Ende des Jahres 1913 schifft der Hindu sich ein. Fünf Jahre hindurch arbeitet er in England und fördert auf geradezu erstaunliche Weise die mathematischen Wissenschaften. Er wird zum Mitglied der Royal Society of Sciences gewählt und in Cambridge zum Professor am Trinity College ernannt. 1918 erkrankt er an Tuberkulose. Er kehrt nach Indien zurück, wo er im Alter von zweiunddreißig Jahren stirbt.

Bei allen Menschen, mit denen er in Berührung gekommen ist, hat er einen außerordentlichen Eindruck hinterlassen. Er schien nur in einer Welt der Zahlen zu leben. Hardy besucht ihn eines Tages im Krankenhaus und erzählt ihm, daß er ein Taxi genommen habe. Ramanujan erkundigt sich nach der Wagennummer: 1729. «Was für eine schöne Zahl!» ruft er. «Es ist die kleinste Zahl, die zweimal die Summe zweier Kubikzahlen ausmacht.» In der Tat ist 1729 gleich 10^3 plus 9^3 und außerdem gleich 12^3 plus 1^3. Hardy brauchte sechs Monate, um diese Formel zu beweisen, und für die vierte Potenz ist dieses Problem noch heute ungelöst.

Die Geschichte Ramanujans gehört zu jenen Geschichten, die absolut unglaubhaft wirken. Und doch ist sie wahr. Es ist nicht möglich, die Art der Entdeckungen Ramanujans in einfachen Ausdrücken zu erklären. Es handelt sich dabei um abstrakteste Probleme des Zahlenbegriffs, insbesondere der Primzahlen.

Über Ramanujans Interessen außerhalb der Mathematik weiß man wenig. Kunst und Literatur waren ihm ziemlich gleichgültig.

Aber er konnte sich für das Außergewöhnliche begeistern. In Cambridge hatte er sich eine kleine Bibliothek und eine Kartothek über alle Arten von Phänomenen zusammengestellt, die dem Verstand nicht ohne weiteres einleuchten.

2. Cayce

Edgar Cayce starb am 5. Januar 1945 und nahm bei seinem Tode ein Geheimnis mit, das er selbst niemals ganz ergründet und das ihn sein Leben lang erschreckt hatte. Die Edgar Cayce Foundation in Virginia Beach, an der Mediziner und Psychologen arbeiten, ist noch heute mit der Analyse seiner Akten beschäftigt. Seit 1958 legt man in Amerika großes Gewicht auf das Studium des Phänomens der Hellsichtigkeit, da man der Ansicht ist, daß Menschen mit telepathischen und hellseherischen Fähigkeiten auf militärischem Gebiet von großem Nutzen sein könnten. Unter allen bekannten Fällen von Hellsichtigkeit ist der von Cayce der auffallendste, einwandfreieste und außerordentlichste [59].

Der kleine Edgar Cayce war sehr krank. Der Landarzt saß an seinem Bett und bemühte sich vergeblich, ihn aus dem Koma zu erwecken. Plötzlich jedoch ertönte Edgars Stimme, klar und ruhig, obwohl er bewußtlos war. «Ich werde Ihnen sagen, was mir fehlt. Ein Baseball hat mich an der Wirbelsäule getroffen. Man muß einen besonderen Umschlag vorbereiten und ihn mir am Halsansatz auflegen.» Und mit derselben Stimme nannte das Kind die Liste der Pflanzen, die man vermischen und präparieren sollte. «Sie müssen sich aber beeilen, sonst wird auch das Gehirn angegriffen.»

Da man ohnehin keinen anderen Rat wußte, befolgte man Edgars Anweisungen. Am Abend war das Fieber gefallen, und am nächsten Tag konnte das Kind frisch und gesund das Bett verlassen. Edgar erinnerte sich an nichts. Die meisten Pflanzen, die er genannt hatte, kannte er überhaupt nicht.

So beginnt eine der erstaunlichsten Geschichten der Medizin. Cayce, ein ungebildeter Bauernsohn aus Kentucky, der keinerlei Neigung hatte, seine Gabe anzuwenden, und sich dauernd unglücklich fühlte, weil er nicht so war «wie alle anderen», sollte im hypnotischen Schlaf mehr als fünfzehntausend Kranke beraten und heilen, und diese Heilungen sollten von autorisierter Stelle beglaubigt werden.

Er arbeitete zunächst auf der Farm eines Onkels, dann als Gehilfe in einer Buchhandlung in Hopkinsville und erwarb schließlich ein kleines Photoatelier, in der Absicht, hier in Ruhe seine Tage zu verbringen. Es war durchaus nicht sein Wunsch, den Thaumaturgen zu spielen. Sein Freund aus der Kindheit, Al Layne, und dessen Braut taten ihr möglichstes, um ihn zu überreden — nicht aus Ehrgeiz für ihn, sondern weil er, wie sie sagten, nicht das Recht habe, seine Gabe für sich zu behalten und den Leidenden seine Hilfe zu verweigern. Al Layne ist schwächlich und häufig krank. Er schleppt sich mühsam durchs Leben. Cayce willigt endlich ein, sich in seinen «Schlafzustand» zu versetzen: er beschreibt die Grundübel und gibt die Heilmittel an. Als er wieder erwacht ist, ruft er entsetzt: «Aber das ist doch nicht möglich! Ich kenne nicht die Hälfte der Wörter, die du da aufgeschrieben hast. Du darfst diese Mittel nicht nehmen, das ist zu gefährlich! Ich verstehe überhaupt nichts davon — das ist ja reine Magie!» Er weigert sich, Al wiederzusehen, und schließt sich in sein Atelier ein. Acht Tage später dringt Al bei ihm ein: er hat sich in seinem ganzen Leben noch nie so wohl gefühlt. Die kleine Stadt gerät in ein regelrechtes Fieber: jeder will Cayce konsultieren. Der lehnt ab. «Nur weil ich im Schlaf rede, werde ich doch jetzt nicht anfangen, Kranke zu behandeln.» Endlich gibt er nach. Aber er stellt Bedingungen. Er will die Patienten nicht sehen, weil er fürchtet, wenn er sie kenne, werde sein Urteil dadurch beeinflußt werden. Es sollen Ärzte bei den Séancen zugegen sein. Und er nimmt keinen Pfennig dafür an, auch nicht das kleinste Geschenk.

Die Diagnosen und Anweisungen, die er im Hypnoseschlaf gibt, sind von einer derartigen Genauigkeit und Sicherheit, daß die Mediziner annehmen, es müsse sich um einen Kollegen handeln, der sich als Heilpraktiker getarnt hat. Cayce beschränkt sich auf zwei Konsultationen pro Tag; nicht weil er die Ermüdung fürchtet — im Gegenteil, er fühlt sich nach dem Schlaf immer sehr erfrischt — sondern weil er Photograph bleiben möchte. Er versucht auf keine Weise, sich medizinische Kenntnisse zu erwerben. Er liest nichts. Er bleibt ein Bauernsohn, der nur eine einfache Schule besucht hat. Und noch immer lehnt er sich gegen seine sonderbare Gabe auf. Aber sowie er sich entscheidet, keinen Gebrauch mehr davon zu machen, versagt ihm für einige Zeit die Stimme.

James Andrews, ein amerikanischer Eisenbahnmagnat, konsultiert ihn. Cayce verschreibt ihm im Hypnosezustand ein gewisses «Scharleiwasser». Das Mittel ist nicht aufzufinden. Vergebens läßt Andrews Anzeigen in medizinischen Zeitschriften erscheinen. Im Verlauf einer weiteren Séance gibt Cayce die äußerst komplizierte Zusammensetzung dieses Wassers an. Nun erhält Andrews die Zuschrift eines jungen Arztes aus Paris: dessen Vater, der ebenfalls Arzt war, hatte dieses «Scharleiwasser» hergestellt, aber vor fünfzig Jahren die Fabrikation wieder aufgegeben. Die Zusammensetzung des Mittels ist identisch mit der von dem kleinen Photographen «erträumten».

Der städtische Vorsitzende der *Medical Association,* John Blackburn, interessiert sich leidenschaftlich für den Fall von Edgar Cayce. Er stellt ein Dreierkomitee zusammen, das voll staunender Verwunderung allen Séancen beiwohnt. Die *American Medical Association* erkennt die Fähigkeiten von Cayce an und erteilt ihm offiziell die Erlaubnis, «psychische Konsultationen» abzuhalten.

Cayce hat einen achtjährigen Sohn, Hugh Lynn. Eines Tages, als das Kind mit Streichhölzern spielt, bringt es einen Magnesiumstab zur Explosion. Die Augenärzte erklären, das Kind werde völlig erblinden, und schlagen vor, ein Auge zu entfernen. Voller Entsetzen läßt Cayce sich in den Schlafzustand sinken. In diesem Zustand lehnt er die Operation ab und verordnet für zwei Wochen mit Gerbsäure getränkte Umschläge. Den Spezialisten erscheint eine solche Behandlung als heller Wahnsinn. Unter den schwersten Gewissensbissen wagt Cayce es dennoch, gegen den Rat der Ärzte zu handeln. Vierzehn Tage später ist Hugh Lynn geheilt.

Eines Tages verbleibt Cayce nach einer Konsultation im Schlafzustand und diktiert nacheinander vier ganz präzise Verordnungen. Man weiß nicht, für wen diese Rezepte bestimmt sind. Achtundvierzig Stunden später kommen die Kranken, denen mit diesen Mitteln geholfen werden kann.

Während einer Séance verordnet Cayce ein Mittel, das er *Codiron* nennt, und gibt dazu die Adresse eines Laboratoriums in Chicago an. Man telephoniert dorthin und hört die erstaunte Frage: «Woher können Sie denn etwas von unserem Codiron gehört haben? Es ist noch nicht im Handel. Wir haben eben erst die Formel fertiggestellt und den Namen für das Präparat gefunden.»

Cayce wird von einer unheilbaren Krankheit befallen, um die nur er allein weiß. Er stirbt an dem Tag und zu der Stunde, die er vorher genannt hat: «Um fünf Uhr nachmittags werde ich endgültig geheilt sein.» Geheilt davon, «anders zu sein als die anderen».

Als man ihn im Schlafzustand befragte, wie er es anstelle, um zu seinen Diagnosen und Therapievorschriften zu kommen, hatte er erklärt (und auch an diese Antwort konnte er sich nach dem Erwachen nicht mehr erinnern!), daß er in der Lage sei, mit dem Gehirn jedes lebenden Menschen in Verbindung zu treten und diesen Gehirnen nach Bedarf die Informationen zu entnehmen, die zur Behandlung des jeweiligen Falles nötig seien. Vielleicht handelte es sich hier um eine andere Art Intellekt als den üblichen, der in Cayce lebendig wurde und sämtliche in der Menschheit zirkulierenden Erkenntnisse benutzen konnte, so wie man sich einer Bibliothek bedient — nur daß dieses Sammeln der Informationen augenblicklich, geradezu mit Lichtgeschwindigkeit oder der Schnelligkeit eines elektromagnetischen Stroms vor sich ging. Allerdings berechtigt uns nichts, den Fall Cayce auf diese oder eine andere Weise zu erklären. Mit Sicherheit weiß man nur, daß ein Photograph in einer kleinen Stadt, ein Mensch ohne Bildung oder höhere Interessen, sich beliebig in einen Zustand versetzen konnte, in dem sein Geist arbeitete wie der eines genialen Arztes oder vielmehr wie die Geister aller Ärzte zugleich.

3. Boskowitsch

Ein Science-Fiction-Thema: Wenn die Relativisten recht hätten wenn wir in einer vierdimensionalen Welt lebten und imstande wären, uns das bewußt zu machen, dann wäre es vorbei mit dem, was wir als «gesunden Menschenverstand» bezeichnen. Die Autoren phantastischer Erzählungen bemühen sich, in Zeit-Raum-Begriffen zu denken. Ihren Bemühungen entsprechen auf dem Niveau der reinen Forschung und einer theoretischen Sprache die Bemühungen der großen Physiker und Mathematiker. Aber ist der normale Mensch überhaupt fähig, in vier Dimensionen zu denken? Er brauchte dazu eine andere geistige Struktur. Wird eine solche Struktur dem Menschen nach dem Menschen, dem Wesen der nächsten Mutation, beschieden sein? Und lebt dieser Mensch vielleicht schon unter uns? Die Schriftsteller der Science Fiction haben diese Frage bejaht. Aber weder van Vogt in seinem schönen phantastischen Buch über die *Slans* noch Sturgeon in seiner Beschreibung der *More than Human* haben gewagt, eine so unglaubliche Gestalt zu erschaffen, wie Rudjer Boskowitsch es war.

Ein Mutant? Ein Reisender in der Zeit? Der Bewohner eines anderen Planeten, der sich hinter der Maske dieses geheimnisvollen Mannes verbarg?

Boskowitsch wurde 1711 in Dubrovnik geboren — zumindest gab er selbst es so an, als er sich im Alter von vierzehn Jahren als freier Student am Jesuitenkollegium in Rom einschrieb. Er studierte Mathematik, Astronomie und Theologie. Als er 1728 sein Noviziat beendet hatte, trat er in den Jesuitenorden ein. 1736 veröffentlicht er einen Bericht über die Sonnenflecken. 1740 lehrt er Mathematik am Collegium Romanum und wird dann zum wissenschaftlichen Berater am Vatikan ernannt. Er gründet ein Observatorium, nimmt die Trockenlegung der Pontinischen Sümpfe in Angriff, repariert die Kuppel der Peterskirche, mißt den Meridian zwischen Rom und Rimini. Dann erforscht er mehrere Gegenden Europas und Asiens und macht Ausgrabungen an derselben Stelle, an der später Schliemann die Mauern von Troja finden sollte. Am 26. Juni 1760 wird er zum Mitglied der Royal Society von England gewählt und trägt bei dieser Gelegenheit ein langes lateinisches Gedicht über die sichtbaren Erscheinungen der Sonne und des Mondes vor, von dem die Zeitgenossen sagen: «Das ist Newton im Munde Vergils.» Er wird von den größten Gelehrten seiner Epoche empfangen und führt unter anderem einen interessanten Briefwechsel mit Johnson und Voltaire. 1773 wird ihm die französische Staatsbürgerschaft angeboten. Er übernimmt die Leitung der Abteilung für optische Instrumente der Königlichen Marine und lebt bis zum Jahre 1783 in Paris. Lalande sah in ihm den größten Gelehrten seiner Zeit. D'Alembert und Laplace sollten über seine fortschrittlichen Ideen erschrecken. 1785 zieht er sich nach Bassano zurück und widmet sich der Drucklegung seiner gesammelten Werke. 1787 stirbt er in Mailand.

Erst vor kurzer Zeit und auf Grund einer Anregung der jugoslawischen Regierung hat man Boskowitschs Werk und vor allem seine 1758 in Wien erschienene Theorie der Naturphilosophie [60] noch einmal näher überprüft. Die Überraschung war allgemein.

Allan Lindsay Mackay, der diese Arbeit in einem Artikel im *New Scientist* vom 6. März 1958 beschreibt, ist der Ansicht, daß es sich hier um einen Geist des 20. Jahrhunderts handelt, der gezwungen war, im 18. Jahrhundert zu leben und zu arbeiten.

Es hat den Anschein, als sei Boskowitsch nicht allein der Wissenschaft seiner Zeit voraus gewesen, sondern auch unseren heutigen Kenntnissen. Er legt eine einheitliche Theorie des Universums vor, ein allgemeines System, das sowohl für die Mechanik wie für die Physik, die Chemie, die Biologie und sogar die Psychologie gilt. In dieser Theorie sind Materie, Zeit und Raum nicht unendlich teilbar, sondern aus Punkten oder Körnern zusammengesetzt. Dieser Gedanke erinnert an die letzten Arbeiten von Jean Charon und Heisenberg, die Boskowitsch zu übertreffen scheint. Er erstattet weiterhin Bericht über das Licht, den Magnetismus, die Elektrizität und chemische Phänomene, die zu seiner Zeit bekannt waren, später entdeckt wurden oder sogar heute noch ihrer Erklärung harren. Man findet bei ihm die Quantentheorie, die Wellenmechanik und das aus Nukleonen zusammengesetzte Atom. Der Wissenschaftshistoriker L. L. Whyte versichert, Boskowitsch sei seiner Epoche um mindestens zweihundert Jahre voraus gewesen und man könne ihn erst dann wirklich verstehen, wenn die Verbindung zwischen Relativitätstheorie und Quantenphysik endlich vollzogen sei. Man nimmt an, daß im Jahre 1987, also in seinem zweihundertsten Todesjahr, das Werk Boskowitschs vielleicht seinem Wert entsprechend eingeschätzt werden kann.

Bisher hat sich noch niemand an eine Erklärung dieses erstaunlichen Falles herangewagt. Zwei vollständige Ausgaben seiner Werke, eine in serbokroatischer, die andere in englischer Sprache, sind zur Zeit im Umlauf. In dem Briefwechsel zwischen Boskowitsch und Voltaire findet man unter anderen modernen Ideen die folgenden:

Die Festsetzung eines internationalen geophysikalischen Jahres.

Die Übertragung der Malaria durch Mücken.

Die Anwendungsmöglichkeit des Kautschuks (ein durch La Condamine, einen Jesuiten und Freund Boskowitschs, in die Praxis übertragener Gedanke).

Die Existenz von Planeten, die um andere Sonnen als die unsere kreisen.

Die Unmöglichkeit, das Seelenleben in einem bestimmten Bezirk des Körpers zu lokalisieren.

Die Erhaltung des «Quantitätenkorns» der Bewegung in der Welt. Es handelt sich hier um die 1900 formulierte Plancksche Konstante.

Boskowitsch widmet auch der Alchimie erhöhte Aufmerksamkeit und gibt klare wissenschaftliche Übersetzungen der alchimistischen Sprache. So unterscheiden sich zum Beispiel für ihn die vier Elemente Feuer, Wasser, Luft und Erde nur durch die verschiedene Anordnung von Teilchen, die weder Masse noch Gewicht haben — eine Hypothese, mit der er die heutigen avantgardistischen Forschungen über die universelle Gleichung vorwegnimmt.

Ebenso verblüffend ist das, was Boskowitsch über gewisse Naturphänomene und -ereignisse sagt. Wir begegnen bei ihm bereits der statistischen Mechanik des amerikanischen Gelehrten Willard Gibbs, die gegen Ende des 19. Jahrhunderts als Theorie vorgetragen, aber erst im 20. Jahrhundert anerkannt wurde. Daneben findet man den Nachweis der Radioaktivität (die im 18. Jahrhundert noch völlig unbekannt war) durch eine Serie von Ausnahmefällen in den Naturgesetzen — also durch das, was wir heute «die statistische Überwindung der Schranken des Potentials» nennen.

Warum hat dieses außerordentliche Werk das moderne Denken nicht beeinflußt? Weil die deutschen Philosophen und Wissenschaftler, die bis zum ersten Weltkrieg auf dem Gebiet der Forschung tonangebend waren, kontinuierliche Strukturen bevorzugten, während die Begriffe Boskowitschs im wesentlichen auf der Idee der Diskontinuität fußen. Weil die systematischen bibliothekarischen Forschungen und die historischen Arbeiten über Boskowitsch erst sehr spät in Angriff genommen werden konnten, denn der Autor war ein großer Reisender gewesen, sein Werk deshalb weithin zerstreut, und die ersten Zeugnisse über sein Leben sind in einem Land zu suchen, das ständig politischen Wirren ausgesetzt war. Wenn man erst einmal seine gesamten Schriften beisammen hat und auch die Zeugnisse seiner Zeitgenossen wieder entdeckt und eingeordnet sind, dann wird eine seltsame, beunruhigende, ja erschütternde Figur vor uns stehen.

7 Paradoxe und Hypothesen über den erwachten Menschen

· *Warum unsere drei Geschichten die Leser enttäuscht haben — Wir wissen nichts Sicheres über Levitation, Unsterblichkeit usw. — Dennoch besitzt der Mensch die Gabe der Allgegenwart, er kann entfernte Dinge sehen — Was ist eine Maschine? — Wie der erste erwachte Mensch entstanden sein kann — Ein phantastischer, aber vernunftgemäßer Traum über die untergegangenen Kulturen — Die Fabel von der Pantherkatze — Die Schrift Gottes*

Diese Fälle sind unwiderleglich; aber es mag sein, daß sie den Leser trotzdem enttäuschen. Die meisten Menschen nämlich schätzen Bilder mehr als Tatsachen. Auf dem Wasser gehen ist das Bild der Herrschaft über das bewegte Element, die Sonne anhalten das Bild des Triumphs über die Zeit. Die Beherrschung des bewegten Elements und der Triumph über die Zeit sind vielleicht reale Tatsachen, die in einem veränderten Bewußtsein, im Inneren eines stark beschleunigten Geistes, möglich sein können. Und diese Tatsachen können zweifellos tausend wichtige Folgen in der fühlbaren Wirklichkeit nach sich ziehen: in der Technik, den Wissenschaften, den Künsten. Aber die meisten Menschen wollen, sobald man ihnen von einem *anderen* Bewußtseinszustand spricht, Leute sehen, die tatsächlich auf dem Wasser wandeln, die Sonne anhalten, durch Mauern gehen oder mit achtzig Jahren wie Zwanzigjährige aussehen. Um an die unendlichen Möglichkeiten des erwachten Geistes glauben zu können, erwarten sie, daß der kindliche Teil ihres Intellekts, der Bildern und Legenden Glauben schenkt, Entschuldigung und Rechtfertigung erfährt.

Und noch etwas anderes spielt hier eine Rolle. Angesichts von Fällen, wie Ramanujan, Cayce oder Boskowitsch sie darstellen, sträubt man sich gegen die Annahme, daß es sich hier um *andersgeartete* Geister handle. Man möchte lediglich annehmen, daß gewisse Hirne, die sonst genauso strukturiert sind wie die unseren, das Vorrecht haben, «höher zu steigen, als es üblich ist», und daß sie von «dort oben» bestimmte Erkenntnisse herabgeholt haben. So als ob irgendwo im Weltall ein zusätzlicher Vorratsraum für

Wissen vorhanden sei, aus dem ein paar Geister — Inhaber eines besonderen Höhenrekords — sich versorgen könnten. Diese absurde Vorstellung wirkt beruhigend.

Wir sind im Gegensatz hierzu der Ansicht, daß Cayce, Ramanujan und Boskowitsch höhere Intelligenzen waren, die hier unter uns geblieben sind (wohin sollten sie auch gehen?), die jedoch mit außergewöhnlicher Schnelligkeit funktionierten. Der Unterschied liegt nicht im Niveau, sondern in der Schnelligkeit. Das gleiche gilt für den Geist der großen Mystiker. In der Kernphysik wie in der Psychologie ist das Wunder in der Akzeleration zu suchen. Wir müssen, so glauben wir, von diesem Begriff ausgehen, wenn wir den dritten Bewußtseinszustand, den Zustand des Erwachtseins, untersuchen wollen.

Wenn jedoch dieser Zustand des Erwachtseins möglich, wenn er keine Gnade des Himmels oder das Geschenk irgendeines Gottes ist, sondern zur normalen Ausrüstung unseres Gehirns und unseres Körpers gehört, könnte dieses Zubehör, wenn es einmal in Betrieb gesetzt ist, nicht noch andere Dinge verwandeln als unseren Intellekt? Wenn der Zustand des Erwachtseins Eigenschaft eines höheren Nervensystems ist, so müßte die Aktivierung dieses Systems auf den ganzen Körper einwirken und ihm neue, andersartige Kräfte verleihen. Alle Überlieferungen verknüpfen mit dem dritten Bewußtseinszustand das Vorhandensein von Kräften; sie nennen die Kraft der Unsterblichkeit, der Levitation, der Telekinese. Aber sind diese Kräfte nicht vielleicht nur Bilder dessen, was der Geist auf dem Gebiet der Erkenntnis vermag, wenn er seinen Zustand verändert hat? Oder sind sie Realitäten? Es soll einige glaubhafte Fälle von Levitation gegeben haben [61]. Was die Unsterblichkeit betrifft, so haben wir den Fall Fulcanelli zwar behandelt, aber nicht klären können. Das ist alles, was wir zu diesen Fragen aussagen können. Mit irgendeinem experimentell beglaubigten Beweis können wir nicht aufwarten. Und wir wagen schließlich einzugestehen, daß wir daran auch nicht sehr interessiert sind. Nicht das Bizarre beschäftigt uns hier, sondern das Phantastische. Außerdem müßte die Frage der paranormalen Kräfte auf ganz andere Weise behandelt werden: nicht vom Standpunkt der kartesianischen Logik aus (den Descartes, wenn er heute noch lebte, bestimmt ablehnen würde), sondern im Licht einer modernen, unvoreingenommenen Wissenschaft. Betrachten wir die Dinge mit den Augen eines Besuchers aus dem Weltall, der heute auf unserem Planeten landet. Er wird sehen: Levitation ist möglich, Hellsehen gibt es, der Mensch hat die Gabe der Allgegenwart, er hat sich der universellen Energie bemächtigt. Das Flugzeug, das Radioteleskop, das Fernsehen, der Atommeiler existieren. Es sind keine Naturprodukte: es sind Schöpfungen des menschlichen Geistes. Diese Beobachtung mag kindlich erscheinen, sie ist dennoch anregend und belebend. Kindlich ist es nur, alles auf den einzelnen Menschen zurückführen zu wollen. Der einzelne Mensch hat nicht die Gabe der Allgegenwart oder der Levitation, er ist nicht hellsichtig. Die menschliche Gesellschaft und nicht das Individuum ist es, die über diese Kräfte verfügt. Aber vielleicht ist auch der Begriff des Individuums naiv; die Überlieferung mit ihren Sagen bezieht sich vielleicht auf die menschliche Gesamtheit, auf das Phänomen Mensch im allgemeinen.

«Ihr seid nicht seriös! Ihr sprecht von Maschinen!»

Das erklären uns sowohl die Rationalisten, die auf Descartes fußen, wie die Okkultisten, die sich auf die «Überlieferung» berufen. Aber was ist eine Maschine? Auch hier haben wir eine Frage, die etwas klarer formuliert werden müßte.

Sind ein paar mit Tinte auf ein Pergament gezeichnete Striche eine Maschine? Nun läßt sich aber durch die Technik der aufgedruckten Stromkreise, die die moderne Elektronik ständig anwendet, ein Wellenempfänger herstellen, der aus mit Tinte gezogenen Linien besteht, wobei die eine Tinte Graphit, die andere Kupfer enthält.

Ist ein Edelstein eine Maschine? Nein, wird man uns von allen Seiten antworten. Nun stellt aber die kristallinische Struktur eines Edelsteins eine sehr komplizierte Maschine dar, und man benutzt den Diamanten als Detektor für Atomstrahlungen. Die Transistoren, also künstliche Kristalle, ersetzen sowohl Elektronenröhren wie auch verschiedene andere elektrische Apparate, beispielsweise Umformer zur Erhöhung der Voltspannung.

Bei seinen feinsten und wirksamsten technischen Erfindungen bedient sich der menschliche Geist immer einfacherer Mittel.

«Das ist doch Wortspielerei!» empört sich der Okkultist. «Ich rede von Manifestationen des menschlichen Geistes, die ohne jede künstliche Vermittlung zustande kommen».

Aber in diesem Fall ist er es, der mit den Worten spielt.

Kein Mensch hat je ohne Verwendung irgendwelcher Geräte eine Manifestation des menschlichen Geistes registrieren können. Dieser Begriff des «Geistes an sich» ist eine gefährliche Täuschung. Der in Aktion befindliche menschliche Geist bedient sich einer sehr komplizierten Maschine, die im Verlauf von drei Milliarden Jahren entwickelt wurde: des menschlichen Körpers. Und dieser Körper ist niemals allein, kann gar nicht allein existieren: er ist durch tausend materielle und dynamische Fäden mit der Erde und dem gesamten Kosmos verknüpft.

Wir wissen nicht alles über unseren Körper und seine Beziehung zum Weltall. Niemand kann mit Sicherheit sagen, wo die Grenzen der menschlichen Maschine liegen und wie ein Geist, der ihre Möglichkeiten voll auszuwerten verstünde, sie gebrauchen würde.

Wir wissen nicht alles über die Kräfte, die in uns selbst und um uns herum, auf der Erde und im Kosmos rings um die Erde, in Bewegung sind. Niemand vermag zu sagen, wie die einfachen Naturkräfte beschaffen sind — Energien, von denen wir nichts ahnen und die doch in unserer Reichweite liegen — die ein Mensch, der mit einem erwachten Bewußtsein begabt ist und von der Natur eine direktere Vorstellung hat als wir mit unserem linearen Intellekt, anwenden könnte.

Einfache Naturkräfte. Betrachten wir noch einmal die Dinge mit den Augen des unvoreingenommenen Fremdlings, der von außen kommt. Nichts ist einfacher, nichts leichter zu fabrizieren als ein elektrischer Transformator. Die alten Ägypter wären durchaus in der Lage gewesen, einen zu konstruieren, wenn sie die Theorie der Elektromagnetik gekannt hätten.

Nichts ist simpler als die Befreiung der Atomenergie. Man braucht nur ein Körnchen reines Uran in schwerem Wasser aufzulösen; und man kann schweres Wasser herstellen, indem man gewöhnliches Wasser fünfundzwanzig oder auch hundert Jahre lang immer von neuem destilliert.

Die Maschine zur Vorausbestimmung der Gezeiten, die Lord Kelvin im Jahre 1893 baute und die als der Vorläufer unserer Analogierechner und unserer gesamten Kybernetik gelten kann, bestand aus Rollen und Bindfäden. Schon die Sumerer hätten sie herstellen können.

Das ist eine Anschauungsweise, die dem Problem der untergegangenen Kulturen ganz neue Dimensionen verleiht. Wenn es in vergangenen Zeiten Menschen gegeben hat, die den echten Wachzustand erreicht hatten, und wenn diese Menschen ihre Kräfte nicht allein auf den Gebieten der Religion, der Philosophie und der Mystik angewandt haben, sondern auch auf den Gebieten der objektiven Erkenntnisse und der Technik, so ist es absolut natürlich, verständlich und vernunftgemäß, daß sie selbst mit Hilfe der einfachsten Vorrichtungen «Wunder» vollbringen konnten.

Ein weiser Mann, so erzählt uns Jorge Luis Borges, hatte sein ganzes Leben damit verbracht, unter den zahllosen Zeichen der Natur nach dem unaussprechbaren Namen Gottes, der Chiffre des großen Geheimnisses, zu suchen. Viel Schweres hat er zu erdulden, bis er schließlich von den Sbirren eines Fürsten festgenommen und dazu verurteilt wird, von einer Pantherkatze zerrissen zu werden. Man wirft ihn in einen Käfig. Hinter den Stäben des Gitters, das man im nächsten Augenblick hochziehen wird, lauert das Raubtier auf seine Beute. Unser Weiser schaut auf das Tier, und plötzlich, während er die Flecken seines Fells betrachtet, entdeckt er im Rhythmus dieser Formen die Zahl, das Signum, nach dem er an so unendlich vielen Orten gesucht hat. Jetzt weiß er, warum er sterben soll und daß im Sterben seine Sehnsucht erfüllt wird — das aber ist kein Tod.

Das All verschlingt uns, oder es gibt uns sein Geheimnis preis, je nachdem, ob wir es zu betrachten verstehen oder nicht. Es ist höchst wahrscheinlich, daß die feinsten und tiefsten Gesetze des Lebens und des Schicksals aller Dinge deutlich in der materiellen Welt um uns zu lesen sind, daß Gott seine Schrift auf allem hinterlassen hat, so wie für den Weisen auf dem Fell der Pantherkatze, und daß es nur eines bestimmten Blickes bedürfte ... Der erwachte Mensch wäre dann der Mensch, der diesen Blick hat.

8 EINIGE DOKUMENTE ÜBER DEN ZUSTAND DES ERWACHTSEINS
· *Eine Anthologie, die uns fehlt — Die Reden Gurdjews — Mein Aufenthalt in der Schule des Erwachens — Ein Bericht von Raymond Abellio — Ein Abschnitt aus einem Roman eines verkannten Genies*

Wenn es einen Zustand des Erwachtseins gibt, dann fehlt auf dem Gebäude der modernen Psychologie noch ein Stockwerk. Wir möchten nun vier Dokumente vorlegen, die aus unserer Epoche stammen. Wir haben sie fast aufs Geratewohl ausgewählt, da uns die Zeit fehlte, eine eingehendere Suchaktion zu unternehmen. Eine Anthologie der Zeugnisse und Studien über den Zustand des Erwachtseins wurde bis heute noch nicht zusammengestellt. Sie wäre jedoch sehr nützlich, da sie die alten Verbindungen mit der Überlieferung wieder herstellen könnte. Daneben würde sie Wege aufzeigen, die künftig zu beschreiten wären. Schriftsteller müßten einen Schlüssel zu vielen Erkenntnissen darin finden, den Forschern auf dem Gebiet der Geisteswissenschaften würde sie manche Anregung liefern, und die Gelehrten könnten hier den Faden erblicken, der durch alle großen Abenteuer des Geistes läuft, und sie würden sich weniger isoliert vorkommen. Dabei möchten wir betonen, daß wir bei der Zusammenstellung dieser Dokumente die Absicht hatten, ein paar kurze Hinweise auf eine mögliche Psychologie des Zustands des Erwachtseins in ihrer einfachsten Form zu geben.

Der Leser findet daher in diesem Kapitel:

1. einige Auszüge aus den Reden Georg Iwanowitsch Gurdjews, die der Philosoph Ouspensky gesammelt hat;

2. mein eigenes Zeugnis über die Versuche, die ich unternahm, um unter Anleitung der Lehrer an der Gurdjew-Schule den Weg zum Zustand des Erwachtseins zu finden;

3. den Bericht des Romanschriftstellers und Philosophen Raymond Abellio über eine persönliche Erfahrung;

4. den in unseren Augen aufschlußreichsten Text der gesamten modernen Literatur über diesen Zustand: einen Auszug aus dem Roman *Das grüne Gesicht* von Gustav Meyrink.

Um den Unterschied zwischen den einzelnen Bewußtseinszuständen zu verstehen, müssen wir zunächst auf den ersten, den Schlafzustand, eingehen. Er ist ein völlig subjektiver. Der Mensch ist hier in seine Träume versunken — gleichgültig, ob er eine Erinnerung an sie bewahrt oder nicht. Selbst wenn irgendwelche realen Eindrücke auf den Schläfer einwirken, wie gewisse Geräusche, Stimmen, Hitze, Kälte oder Gefühle seines eigenen Körpers, so können diese doch nur phantastische Bilder in ihm hervorrufen. Dann erwacht der Mensch. Auf den ersten Blick sieht es so aus, als befände er sich jetzt in einem ganz anderen Bewußtseinszustand. Er kann sich bewegen, mit anderen Personen sprechen, Pläne machen, Gefahren sehen, sie vermeiden und so weiter. Normalerweise sollte man annehmen, daß seine Lage nun wesentlich günstiger ist als im Schlaf. Aber wenn wir den Dingen ein wenig mehr auf den Grund gehen, wenn wir einen Blick auf die innere Welt des Menschen werfen, auf die Ursachen seiner Handlungen, entdecken wir, daß er sich jetzt fast im gleichen Zustand befindet wie vorher. Ja, er ist sogar in einer noch schlechteren Lage, denn während des Schlafes ist er passiv, das heißt, er kann nichts unternehmen. Im Wachzustand hingegen kann er handeln, und die Folgen seiner Handlungen werden auf ihn und seine Umgebung zurückwirken. Dabei ist er sich seiner selbst gar nicht wahrhaft bewußt. Er ist eine Maschine, alles stößt ihm zu. Er kann die Flut seiner Gedanken nicht hemmen, er kann weder seiner Phantasie, noch seinen Gefühlen, noch seiner Aufmerksamkeit gebieten. Er lebt in einer subjektiven Welt des «ich liebe», «ich liebe nicht», «das gefällt mir», «das gefällt mir nicht», «ich habe Lust», «ich habe keine Lust» — in einer Welt also, die aus dem besteht, was er zu lieben oder nicht zu lieben, zu wünschen oder nicht zu wünschen glaubt. Er sieht nicht die wirkliche Welt. Die reale Welt ist für ihn hinter der Mauer seiner Phantasie verborgen. Er lebt in einem Traum. Das, was er sein «klares Bewußtsein» nennt, ist nur Schlaf — und zwar ein viel gefährlicherer Schlaf als der, den er nachts in seinem Bett erlebt.

Betrachten wir irgendein Ereignis in der Geschichte der Menschheit. Den Krieg zum Beispiel. Auch in diesem Augenblick ist Krieg. Was soll das heißen? Es bedeutet, daß mehrere Millionen Schlafender bemüht sind, mehrere Millionen anderer Schlafender zu vernichten. Wenn sie sich weigerten, das zu tun, würden sie natürlich aufwachen. Alles, was zur Zeit vor sich geht, ist auf Rechnung dieses Schlafes zu setzen.

Diese beiden Bewußtseinszustände also, der Schlafzustand und der Wachzustand, sind gleichermaßen subjektiv. Erst wenn der Mensch beginnt, sich seiner selbst bewußt zu werden, kann er wahrhaft erwachen. Dann gewinnt das ganze Leben rings um ihn ein anderes Aussehen und einen neuen Sinn. Er erblickt darin ein Leben von schlafenden Menschen, ein Traumleben. Alles, was die Leute sagen, was sie tun, geschieht im Schlaf. Nichts davon kann also auch nur den geringsten Wert haben. Allein das Erwachen und das, was zum Erwachen führt, hat wirklichen Wert.

Wie oft habt ihr mich schon gefragt, ob es nicht möglich wäre, den Krieg zu vermeiden. Natürlich wäre es möglich. Die Menschen brauchten nur zu erwachen. Das klingt sehr einfach. Und doch gibt es nichts, das schwieriger wäre, weil der Schlaf durch das gesamte Leben um uns und durch alle Bedingungen unserer Umwelt verursacht und erhalten wird.

Wie kann man sich diesem Schlaf entziehen? Das ist die wichtigste und wesentlichste Frage, die ein Mensch stellen kann. Doch bevor er sie stellt, muß er sich von der Tatsache überzeugen, daß er schläft. Und das wird ihm nur möglich sein, wenn er aufzuwachen versucht. Wenn er erst einmal begriffen hat, daß er sich seiner selbst nicht bewußt ist und daß ein Bewußtwerden bis zu einem gewissen Grad ein Erwachen bedeutet, und wenn er die Erfahrung gemacht hat, wie schwer es ist, sich seiner selbst bewußt zu werden, dann wird er auch begreifen, daß der Wunsch allein nicht genügt. Genauer gesagt, der Mensch kann nicht allein zum Erwachen gelangen. Wenn aber zwanzig Menschen vereinbaren, daß der erste von ihnen, der aufwacht, die anderen weckt, besteht schon eine gewisse Chance. Doch selbst das genügt noch nicht, denn es ist denkbar, daß diese zwanzig Menschen gleichzeitig einschlafen und nur träumen, daß sie aufwachen. Man muß also nach einer anderen Lösung suchen. Die zwanzig Menschen müssen von einem Menschen beaufsichtigt werden, der selbst nicht einschläft oder der zumindest nicht so leicht einschlummert wie die anderen oder der doch nur dann, und zwar ganz bewußt, einschläft, wenn es statthaft ist, das heißt, wenn daraus kein Schaden für ihn oder die anderen entstehen kann. Die zwanzig Menschen müssen also einen solchen Menschen finden und ihn dazu bringen, sie aufzuwecken und ihnen nicht zu gestatten, wieder in den Schlaf zurückzusinken. Ohne diese Voraussetzung ist ein Erwachen nicht möglich. Diese Tatsache gilt es zu begreifen.

Es ist möglich, tausend Jahre lang zu denken, es ist möglich, ganze Bibliotheken zu schreiben, Theorien zu Tausenden aufzustellen — und alles das im Schlaf, ohne jede Hoffnung auf ein Erwachen. Im Gegenteil: die von Schlafenden verfertigten Theorien und Bücher werden nur bewirken, daß immer mehr Menschen in diesen Schlaf hineingezogen werden.

Diese Idee vom Schlaf ist keineswegs neu. Fast seit der Erschaffung der Welt schon hat man den Menschen davon gesprochen. Wie oft lesen wir zum Beispiel in den Evangelien: «Wacht auf!», «Wache!», «Schlaft nicht!». Sogar die Jünger Jesu schliefen im Garten Gethsemane, während ihr Meister zum letztenmal betete. Diese Tatsache besagt alles. Aber verstehen die Menschen sie? Sie halten sie für eine rhetorische Floskel, für eine Metapher. Und sie begreifen nicht, daß sie buchstäblich als Wahrheit begriffen werden muß. Dabei ist gerade in diesem Fall der Grund noch leicht zu erfassen. Die Jünger brauchten ja nur zu erwachen, oder sie sollten es zumindest versuchen. Man hat mich tatsächlich oft gefragt, warum die Evangelien nie vom Schlaf sprechen ... Es ist auf jeder Seite davon die Rede. Die Frage beweist nur, daß die Menschen auch die Bibel im Schlaf lesen.

Wie bringt man es fertig, einen schlafenden Menschen aufzuwecken? Man muß ihn anstoßen. Wenn ein Mensch jedoch sehr tief schläft, genügt ein einfacher Stoß nicht. Dann muß man ihn immer wieder, unaufhörlich rütteln. Infolgedessen ist ein Mensch nötig, der dies besorgt. Ich sagte bereits, daß ein Mensch, der erwachen will, sich einen Helfer dingen muß, der es übernimmt, ihn ständig wachzurütteln. Aber wen kann er dazu bringen, wenn doch alle Welt schläft? Er nimmt einem Menschen das Versprechen ab, ihn zu wecken, und dieser fällt seinerseits in Schlaf. Wozu ist er ihm also nütze? Und wenn man einen Menschen findet, der tatsächlich fähig ist, sich wachzuhalten, so wird dieser vermutlich Wichtigeres zu tun haben, als die anderen zu wecken.

Es besteht auch die Möglichkeit, sich mechanisch wecken zu lassen. Man kann eine Weckeruhr benutzen. Das Unglück ist nur, daß man sich allzurasch an jede Weckeruhr gewöhnt: man hört sie schließlich gar nicht mehr. Man braucht also viele Weckeruhren mit verschiedenen Klingelzeichen. Der Mensch muß sich buchstäblich mit Weckern umgeben, die ihn am Einschlafen hindern. Aber auch hier erheben sich wieder neue Schwierigkeiten. Die Weckeruhren müssen aufgezogen werden; um sie aufzuziehen, ist es unerläßlich, daß man daran denkt; um daran zu denken, muß man immer wieder aufwachen. Und das Schlimmste: der Mensch gewöhnt sich an alle Wecker, und nach einer gewissen Zeit schläft er nur um so besser. Infolgedessen müssen die Wecker ständig ausgewechselt werden, und man muß immer wieder neue erfinden. Das hilft mit der Zeit. Leider besteht aber nur wenig Hoffnung, daß der Mensch diese ganze Leistung des Erfindens, des Aufziehens und des Austauschens all der Weckeruhren allein, ohne äußere Hilfe, vollbringen kann. Es ist sehr viel wahrscheinlicher, daß er diese Arbeit zwar in Angriff nimmt, dann aber bald einschläft und im Schlaf träumt, daß er Wecker erfindet, sie aufzieht und austauscht.

Ein Mensch, der erwachen will, muß sich also nach anderen Menschen umsehen, die den gleichen Wunsch haben, um dann mit ihnen zusammenzuarbeiten. Aber das ist leichter gesagt als getan, denn die Bewältigung einer solchen Aufgabe und ihre Organisation verlangen Kenntnisse, über die der gewöhnliche Mensch nicht verfügt. Die Arbeit muß organisiert werden, und einer muß die Leitung übernehmen. Wenn diese beiden Bedingungen nicht erfüllt sind, kann die Anstrengung nicht die erwarteten Erfolge zeitigen, und alle Mühe ist vergebens. Die Menschen können sich quälen, aber auch diese Qualen werden sie nicht erwachen lassen. Es sieht so aus, als sei für gewisse Menschen nichts schwieriger, als diese Zusammenhänge zu begreifen. Sie mögen aus eigener Initiative zum größten Einsatz fähig sein, aber sie werden sich um keinen Preis der Welt davon überzeugen lassen, daß ihr erstes Opfer darin bestehen muß, sich einem anderen zu unterwerfen.

Und sie wollen nicht zugeben, daß all ihre anderen Opfer in diesem Fall zu nichts nütze sind.

Die Arbeit muß geplant werden. Und das kann nur durch einen Menschen geschehen, der ihre Probleme, ihre Methoden und ihre

Ziele kennt und der sich selbst schon einmal in ein solch organisiertes Werk eingegliedert hat.

(Die vorstehenden Reden von Georg Iwanowitsch Gurdjew sind bei P. D. Ouspensky, *Fragments d'un Enseignement Inconnu*, wiedergegeben.)

2. Meine ersten Eindrücke in der Gurdjew-Schule

«Man nehme eine Uhr», wurde uns gesagt, «betrachte den großen Zeiger, versuche die Wahrnehmung seiner selbst festzuhalten und sich auf den Gedanken zu konzentrieren: ‹Ich bin Louis Pauwels und bin in diesem Augenblick hier.› Man versuche weiter nichts als das zu denken, folge einfach der Bewegung des großen Zeigers und bleibe seiner selbst, seines Namens, seiner Existenz und des Ortes, an dem man sich befindet, bewußt.»

Anfangs erschien mir das einfach und sogar ein wenig lächerlich. Ich kann wohlgemerkt im Geist die Vorstellung parat halten, daß ich Louis Pauwels heiße, daß ich jetzt hier bin und zusehe, wie sich der große Zeiger meiner Uhr langsam vorwärts bewegt. Bald aber muß ich feststellen, daß diese Idee nicht mehr lange feste Form behält, daß sie tausend neue Konturen annimmt und nach allen Richtungen auseinanderläuft — so wie Salvador Dali die Dinge malt, als seien sie in etwas quallig Auseinanderlaufendes verwandelt. Doch dann geht mir auf, daß man von mir ja nicht verlangt hat, eine Vorstellung fest- und gegenwärtig zu halten, sondern eine Wahrnehmung. Man hat von mir nicht nur verlangt, zu denken, daß ich bin, sondern es zu wissen und von dieser Tatsache eine absolute Kenntnis zu entwickeln. Nun spüre ich schon, daß dies möglich ist und sich in mir dahin umsetzen könnte, daß mir etwas Neues und Wichtiges aufgeht. Dazu kommt die Entdeckung, daß mich tausend Gedanken — oder Schatten von Gedanken — Tausende von Wahrnehmungen, Bildern und Ideenverbindungen ununterbrochen überfallen, die nichts mit meinem Bemühen zu tun haben und mich von meinem Vorhaben abbringen. Mitunter nimmt auch der Zeiger meine ganze Aufmerksamkeit in Anspruch, und indem ich ihn ansehe, verliere ich mich selbst aus den Augen. Mitunter ist es mein Körper, ein Zucken im Bein, irgendein Vorgang im Leib, der meine

Aufmerksamkeit vom Uhrzeiger und von mir selbst gleichzeitig ablenkt. Ein anderes Mal glaube ich mein kleines «Innenkino» abgestellt und die Außenwelt abgeschaltet zu haben, und schon merke ich, daß ich in eine Art Schlaf sinke und der Zeiger verschwunden ist oder ich selbst verschwunden bin; wobei sich die Bilder, Wahrnehmungen und Ideen wie hinter einem Schleier ineinander verwickeln, als ob sich ein Traum während des Schlafes selbständig gemacht habe. Dann endlich gelingt es: in einem Sekundenbruchteil betrachte ich diesen Zeiger und bin ich, wirklich und wahrhaftig. Aber schon im gleichen Sekundenbruchteil beglückwünsche ich mich dazu, mein Geist klatscht sozusagen Beifall, mein Denken freut sich, dies erreicht zu haben — und dadurch wird alles wieder heillos kompromittiert. Verärgert und fast erschöpft breche ich das Experiment ab, weil mir das alles so vorkommt, als hätte ich die unangenehmsten Minuten meines Daseins erlebt, als hätte ich bis zum äußersten die Luft angehalten. Und das kam mir alles so entsetzlich lang vor. Dabei sind kaum mehr als zwei Minuten vergangen, und nur drei oder vier blitzartige Momente innerhalb dieser zwei Minuten haben mir eine klare Vorstellung von mir selbst vermittelt.

Es muß also zugegeben werden, daß wir so gut wie nie unser selbst bewußt sind und daß wir uns auch so gut wie nie dessen bewußt sind, wie schwierig Bewußt-Sein ist.

Man sagte uns, daß der «Bewußt-Seins-Zustand» zunächst einmal jeder Zustand sei, in dem der Mensch endlich einsehe, daß er so gut wie nie bewußt ist, und in dem er so nach und nach jene Widerstände kennenlerne, die sich seinem darauf gerichteten Bemühen entgegenstellen. Im Lichte dieses ganz kleinen Experimentes kann man also behaupten, jemand vermöge ein Buch zu lesen, das ihm gefällt, ihn langweilt oder in Begeisterung versetzt — ohne sich eine einzige Sekunde bewußt zu sein, daß er ist, und infolgedessen wendet sich so gut wie gar nichts von dem, was er liest, an ihn selbst. Das Gelesene ist ein Traum unter seinen anderen Träumen, durch uns hindurchgeflossen, wie so vieles unser Bewußtsein durchfließt. Denn unser wahres Bewußtsein kann vollkommen abgewendet sein von dem, was wir sagen, denken, wollen und uns einbilden — und das ist fast immer der Fall.

Damit ging mir auf, daß zwischen dem Schlafzustand und dem Zustand, in dem wir uns beim üblichen Wachsein befinden, in dem wir sprechen und handeln, nur ein herzlich kleiner Unterschied besteht . . . Unsere Träume sind unsichtbar geworden wie die Sterne wenn der Tag anbricht, aber sie sind doch gegenwärtig, und wir leben weiterhin unter ihrem Einfluß. Wir haben nach dem Aufwachen lediglich anstelle der eigenen Regungen eine kritische Haltung gewonnen, besser geordnete Gedanken, kontrolliertere Handlungen, eine gesteigerte Intensität der Eindrücke, Gefühle und Wünsche, aber wir stecken noch immer im Nicht-Bewußtsein. Es handelt sich nicht um ein wirkliches Erwachen, sondern um einen «erwachten Schlaf», und eben in diesem Zustand des «erwachten Schlafs» verläuft fast unser ganzes Leben. Man lehrte uns, daß es möglich ist, vollständig zu erwachen, in den Zustand des Bewußtseins seiner selbst zu gelangen. In diesem Zustand würde ich — wie ich schon im Verlauf der Übungen mit der Uhr ahnte — die Arbeit meiner Gedanken und das Abrollen der Bilder, Ideen, Gefühle, Empfindungen und Wünsche objektiv beobachten können. Ich würde in diesem Zustand die Fähigkeit entwickeln können, diesen Ablauf gelegentlich zu stoppen oder ihn in eine andere Richtung zu lenken. Und diese Bemühung, so sagte man mir, würde eine gewisse feste Grundlage in mir schaffen. Sie sei nicht dazu da, um dieses oder jenes Ziel zu erreichen, nein, es genüge, daß sie vorhanden sei, damit sich in mir die Substanz meines eigenen Wesens bilde und mehre. Mir wurde gesagt, daß ich dann, wenn ich ein gefestigtes Wesen besäße, zum «objektiven Bewußtsein» gelangen könne und daß es mir alsdann möglich sein werde, eine totale, objektive, eine absolute Erkenntnis nicht nur meiner selbst, sondern auch der anderen Menschen, aller Dinge und der ganzen Welt zu gewinnen.

(Louis Pauwels, *Gurdjew der Magier*)

3. Der Bericht Raymond Abellios

Wenn ich in der «natürlichen» Haltung, die alle menschlichen Wesen mit mir teilen, ein Haus «sehe», so ist meine Wahrnehmung spontan: ich nehme dieses Haus wahr und nicht meine Wahrnehmung an sich. In der «transzendentalen» Haltung hingegen ist es meine Beobachtung selbst, die ich perzipiere. Diese Wahrnehmung der Wahrnehmung jedoch bedeutet eine grundsätzliche Veränderung des ursprünglichen Zustands. Der zunächst naiv erlebte Zustand verliert seine Spontaneität eben durch die Tatsache, daß das, was zuvor *Zustand* und nicht *Objekt* war, nunmehr Gegenstand der neuen Betrachtung wird und daß zu den Elementen meiner neuen Wahrnehmung nicht allein die des Hauses als solches zählt, sondern auch die der Wahrnehmung selbst, insofern diese erlebtes Geschehen ist. Von wesentlicher Bedeutung bei dieser «Veränderung» ist es, daß in diesem bi-reflexiven oder richtiger reflektiert-reflexiven Zustand der eigentliche Anblick des Hauses, der mein ursprüngliches Motiv war, dadurch, daß «meine» zweite Wahrnehmung sich über «seine» erste Wahrnehmung schiebt, keineswegs verlorengeht, weggeschoben oder verwischt wird, sondern sich auf eine fast paradoxe Weise intensiviert, daß er sich klarer, gegenwärtiger, mit einer stärkeren objektiven Realität beladen darbietet als zuvor. Wir stehen hier vor einer Tatsache, die durch die rein spekulative Analyse nicht zu erklären ist: der einer Überhöhung des zunächst als Bewußtseinsfaktum vorhandenen Gegenstands, seiner Umwandlung, wie wir später sagen werden, in ein «Überding», seines Wandels vom Wissenszustand zum Erkenntniszustand. Dieses Faktum wird allgemein verkannt, obgleich es doch das auffallendste in der gesamten realen phänomenologischen Erfahrung ist. Alle Schwierigkeiten, an denen die übliche Phänomenologie und mit ihr sämtliche klassischen Erkenntnistheorien zu scheitern drohen, beruhen auf dieser Tatsache, daß die Verbindung Bewußtsein — Erkenntnis (oder genauer ausgedrückt: Bewußtsein — Wissenschaft) für fähig gehalten wird, allein die Gesamtheit des Erlebten zu erschöpfen, während doch in Wirklichkeit die Dreierverbindung Erkenntnis — Bewußtsein — Wissenschaft die einzige ist, die eine wahrhaft ontologische Begründung der Phänomenologie gestattet. Und die Überhöhung kann einzig durch das direkte und persönliche Erlebnis des Phänomenologen selbst deutlich werden. Niemand darf behaupten, die wahrhaft transzendentale Phänomenologie begriffen zu haben, wenn er diese Erfahrung nicht selbst gemacht hat, wenn er nicht selbst durch sie «erleuchtet» wurde. Er mag der spitzfindigste Dialektiker, der beredteste Logiker sein — wenn er nicht unter den Dingen andere Dinge erlebt und gesehen hat, kann er auf dem Gebiet der Phänomenologie nicht mitreden und keine wahrhaft phänomenologische Tätigkeit ausüben. Wählen wir ein klares Beispiel. Soweit meine Erinnerungen zurückreichen, konnte ich Farben erkennen: Blau, Rot, Gelb. Meine Augen sahen sie, und ich besaß eine latente Erfahrung dieser Farben. Allerdings befragte «mein Auge» sich nicht über sie — und wie hätte es auch Fragen stellen sollen? Seine Funktion ist, zu sehen, nicht aber sich selbst beim Sehen zu betrachten. Dabei befand sich jedoch mein Gehirn in einer Art Schlafzustand: es war keineswegs das Auge des Auges, sondern eine einfache Verlängerung dieses Organs. Und so sagte ich, fast ohne daran zu denken: Das ist ein schönes Rot, ein etwas blasses Grün, ein strahlendes Weiß. Eines Tages nun, vor einigen Jahren, ging ich in den waadtländischen Weinbergen spazieren, die sich über den geschwungenen Ufern des Genfersees hinziehen und eine der schönsten Landschaften der Welt bilden, so schön und so weit, daß das «Ich» sich eben in dieser Weite aufzulösen scheint und sich dann plötzlich wieder fängt und emporschwingt. Bei dieser Gelegenheit hatte ich ein unverhofftes und außerordentliches Erlebnis. Das Ockergelb des schroffen Abhangs, das Blau des Sees, das Violett der Berge von Savoyen und im Hintergrund die funkelnden Gletscher des Grand-Combin — das alles hatte ich schon hundertmal *gesehen*. Nun aber wußte ich mit einemmal, daß ich sie nie *angesehen* hatte. Dabei lebte ich schon seit drei Monaten in dieser Gegend. Die Landschaft hatte von der ersten Stunde an nicht ihre Wirkung auf mich verfehlt, aber das Ergebnis dieser Wirkung in mir war nur eine undeutliche Begeisterung gewesen. Gewiß ist das «Ich» des Philosophen stärker als alle Landschaften. Das ergreifende Gefühl der Schönheit ist nur eine Art Selbstbesinnung des «Ich», das sich daran stärkt, ein Bewußtwerden des unendlichen Abstands, der uns von ihr trennt. An jenem Tag jedoch wußte ich urplötzlich, daß ich selbst diese Landschaft schuf, daß sie ohne mich nichts war: «Ich bin es, der dich sieht und der mich dich sehen sieht und der, indem er mich sieht, dich erschafft.» Dieser innere Aufschrei ist der des Demiurgen nach «seiner» Erschaffung der Welt. Es geht dabei nicht nur um die Aufhebung einer «alten» Welt, sondern um die Projektion einer «neuen». Und tatsächlich wurde in jenem Augenblick die Welt neu erschaffen. Noch nie hatte ich solche Farben gesehen. Sie waren hundertmal intensiver, nuancierter, lebendiger. Ich wußte, daß ich soeben den Farbsinn erworben hatte, daß ich eine neue, jungfräuliche Haltung den Farben gegenüber einnahm, daß ich bis dahin noch nie ein Bild wirklich gesehen hatte und noch nie in die Welt der Malerei eingedrungen war. Aber ich wußte auch, daß ich infolge dieser Selbstbesinnung meines Bewußtseins den Schlüssel zu dieser Welt der Überhöhung gefunden hatte, die durchaus nicht irgendeine mysteriöse «Hinter-Welt» ist, sondern die wahre Welt, diejenige, aus der die «Natur» uns verbannt hat. Ein solcher Zustand hat nichts mit der gewöhnlichen Aufmerksamkeit zu tun. Die Überhöhung ist vollkommen, die Aufmerksamkeit ist es nicht. Die Überhöhung erkennt sich selbst in der Sicherheit des Genügens, die Aufmerksamkeit strebt nach einem vielleicht möglichen Genügen. Dabei kann man aber auch nicht sagen, die Aufmerksamkeit sei leer. Nein, sie ist begierig. Diese Begierde selbst aber ist noch keine Fülle. Als ich an jenem Tag in den Ort zurückkehrte, widmeten sich die meisten Leute, denen ich begegnete, «aufmerksam» ihrer Arbeit; trotzdem kamen sie mir alle vor wie Schlafwandler.

(Raymond Abellio, *Cahiers du Cercle d'Etudes Métaphysiques*. 1954)

Der Text von Gustav Meyrink

Der Schlüssel zur Macht über die innere Natur ist verrostet seit der Sintflut. Er heißt: Wach sein.

Wach sein ist alles.

Von nichts ist der Mensch so fest überzeugt wie davon, daß er wach sei; dennoch ist er in Wirklichkeit in einem Netz gefangen, das er sich selbst aus Schlaf und Traum gewebt hat. Je dichter dieses Netz, desto mächtiger herrscht der Schlaf; die darein verstrickt sind, das sind die Schlafenden, die durchs Leben gehen wie Herdenvieh zur Schlachtbank, stumpf, gleichgültig und gedankenlos.

Die *Träumenden* unter ihnen sehen durch die Menschen eine vergitterte Welt — sie erblicken nur irreführende Ausschnitte, richten ihr Handeln danach ein und wissen nicht, daß diese Bilder bloß sinnloses Stückwerk eines gewaltigen Ganzen sind. Diese «Träumer» sind nicht, wie du vielleicht glaubst, die Phantasten und Dichter — es sind die Regsamen, die Fleißigen, Ruhelosen der Erde, die vom Wahn des Tuns Zerfressenen; sie gleichen emsigen, häßlichen Käfern, die ein glattes Rohr emporklimmen, um von oben — hineinzufallen.

Sie wähnen, wach zu sein, aber das, was sie zu erleben glauben, ist in Wahrheit nur Traum — genau vorausbestimmt im kleinsten Punkt und unbeeinflußbar von ihrem Willen.

Einige unter den Menschen hat's gegeben und gibt es noch, die *wußten* gar wohl, daß sie träumten — Pioniere, die bis zu den Bollwerken vorgedrungen sind, hinter denen sich das ewig wache Ich verbirgt, Seher wie Goethe, Schopenhauer und Kant — aber sie besaßen die Waffen nicht, um die Festung zu *erstürmen*, und ihr Kampfruf hat die Schläfer nicht erweckt.

Wach sein ist alles.

Der erste Schritt dazu ist so einfach, daß jedes Kind ihn tun kann; nur der Verbildete hat das Gehen verlernt und bleibt lahm auf beiden Füßen, weil er die Krücken nicht missen will, die er von seinen Vorfahren geerbt hat.

Wach sein ist alles.

Sei wach bei allem, was du tust! Glaub nicht, daß du's schon bist. Nein, du schläfst und träumst.

Stell dich fest hin, raff dich zusammen und zwing dich einen einzigen Augenblick nur zu dem körperdurchrieselnden Gefühl: «Jetzt bin ich wach!»

Gelingt es dir, das zu empfinden, so erkennst du auch sogleich, daß der Zustand, in dem du dich soeben noch befunden hast, dagegen wie Betäubung und Schlaftrunkenheit erscheint.

Das ist der erste zögernde Schritt zu einer langen, langen Wanderung von Knechttum zu Allmacht.

Auf diese Art geh ich vorwärts von Aufwachen zu Aufwachen.

Es gibt keinen quälenden Gedanken, den du damit nicht bannen könntest; er bleibt zurück und kann nicht mehr zu dir empor, du reckst dich über ihn, so wie die Krone eines Baumes über die dürren Äste hinauswächst. —

Die Schmerzen fallen von dir ab wie welkes Laub, wenn du einmal so weit bist, daß jenes Wachsein auch deinen Körper ergreift.

Die eiskalten Tauchbäder der Juden und Brahmanen, die Nachtwachen der Jünger Buddhas und der christlichen Asketen, die Foltern der indischen Fakire, um nicht einzuschlafen — sie alle sind nichts anderes als erstarrte äußerliche Riten, die wie Säulentrümmer dem Suchenden verraten: hier hat in grauer Vorzeit ein geheimnisvoller Tempel des Erwachenwollens gestanden.

Lies die heiligen Schriften der Völker der Erde: durch alle zieht sich wie ein roter Faden die verborgene Lehre vom Wachsein; es ist die Himmelsleiter Jakobs, der mit dem Engel des Herrn die ganze «Nacht» gerungen hat, bis es «Tag» wurde und er den Sieg gewann!

Von einer Sprosse immer hellern und hellern Wachseins zur andern mußt du steigen, wenn du den Tod überwinden willst, dessen Rüstzeug Schlaf, Traum und Betäubung sind.

Schon die unterste Sprosse dieser Himmelsleiter heißt: Genie; wie erst sollen wir die höheren Stufen benennen! Sie bleiben der Menge unbekannt und werden für Legenden gehalten. — Auch die Geschichte von Troja galt jahrhundertelang als Sage, bis endlich einer den Mut fand — und selber nachgrub.

Auf dem Wege zum Erwachen wird der erste Feind, der sich dir entgegenstellt, dein eigner Körper sein. Bis zum ersten Hahnenschrei wird er mit dir kämpfen; erblickst du aber den Tag des ewigen Wachseins, der dich fernrückt von den Schlafwandlern, die da glauben, sie seien Menschen, und nicht wissen, daß sie schlafende Götter sind, dann verschwindet für dich auch der Schlaf des Körpers, und das Weltall ist dir untertan.

Dann kannst du Wunder tun, wenn du willst, und mußt nicht wie ein wimmernder Sklave demütig harren, bis es einem grausamen Götzen gefällig ist, dich zu beschenken oder — dir den Kopf abzuschlagen.

Freilich, das Glück des treuen, wedelnden Hundes: einen *Herrn* über sich zu kennen, dem er dienen darf — dieses Glück wird für dich zerschellen; aber frag' dich selbst, würdest du als der Mensch, der du jetzt noch bist, mit deinem Hunde tauschen?

Laß dich nicht abschrecken durch die Angst, das Ziel in *diesem* Leben vielleicht nicht erreichen zu können! — Wer unsern Weg einmal betreten hat, der kommt immer wieder auf die Welt in einer innern Reife, die ihm die Fortsetzung seiner Arbeit ermöglicht — er wird als «Genie» geboren.

Der Pfad, den ich dir weise, ist besät mit wundersamen Erlebnissen: Tote, die du im Leben gekannt hast, werden vor dir aufstehen und mit dir reden! — Lichtgestalten, glanzumflossen und beseligend, werden dir erscheinen und dich segnen. Es sind nur Bilder — Hauchformen, von deinem Körper ausgesendet, der unter dem Einfluß deines verwandelten Willens den magischen Tod stirbt und aus Stoff zu Geist wird, gleich wie starres Eis, vom Feuer getroffen, sich in formenballenden Dunst auflöst.

Erst wenn du alles Kadaverhafte von ihm abgestreift hast, kannst du sagen: jetzt ist der Schlaf für immer von mir gewichen.

Dann aber ist das Wunder vollbracht, das die Menschen nicht glauben können, weil sie, durch ihre Sinne betrogen, nicht begreifen, daß Stoff und Kraft dasselbe ist — jenes Wunder: daß, wenn man dich auch begräbt, keine Leiche im Sarge liegt.

Dann erst, nicht früher, wirst du Wesenhaftes vom Schein trennen können; wem du *dann* begegnest, kann nur einer sein, der vor dir den Weg gegangen ist. Alle andern sind Schatten.

Bis dahin bleibt es ungewiß auf Schritt und Tritt, ob du das glücklichste oder das unglücklichste der Wesen wirst. — Aber fürchte dich nicht: noch ist keiner, der den Pfad des Wachseins betreten hat, auch wenn er in der Irre ging, von den Führern verlassen worden.

Ein Merkmal will ich dir sagen, an dem du erkennen kannst, ob eine Erscheinung, die du hast, wesenhaft ist oder ein Trugbild: Wenn sie vor dich tritt, und dein Bewußtsein ist getrübt, und die Dinge der Außenwelt sind für dich verschwommen oder verschwunden, dann traue nicht! Sei auf der Hut! Es ist ein Stück von dir. Wenn du das Gleichnis nicht errätst, das es in sich birgt, ist es nur ein Gespenst ohne Bestand — ein Schemen, ein Dieb, der von deinem Leben zehrt.

Die Diebe, die die Kraft der Seele stehlen, sind schlimmer als die Diebe der Erde. Sie locken dich wie Irrlichter in die Moräste einer trügerischen Hoffnung, um dich in der Finsternis allein zu lassen und für immer zu verschwinden.

Laß dich durch kein Wunder blenden, das sie scheinbar für dich tun, durch keinen heiligen Namen, den sie annehmen, durch keine Prophezeiung, die sie aussprechen, auch nicht, wenn sie in Erfüllung geht — sie sind deine Todfeinde, von der Hölle deines eigenen Körpers ausgespien, mit dem du um die Herrschaft ringst.

Wisse, daß die wunderbaren Kräfte, die sie besitzen, deine eignen sind — von ihnen entwendet, um dich in Sklaverei zu erhalten; sie können nicht leben, außer von *deinem* Leben, aber wenn du sie überwindest, sinken sie zu stummen, gehorsamen Werkzeugen herab, die du nach deinem Willen handhaben kannst.

Unzählig sind die Opfer, die sie unter den Menschen gefordert haben; lies die Geschichte der Visionäre und Sektierer, und du wirst erkennen, daß der Pfad der Beherrschung, den du wandelst, mit Totenschädeln bedeckt ist.

Die Menschheit hat sich unbewußt eine Mauer gegen sie gebaut: den Materialismus. Diese Mauer ist ein unfehlbarer Schutz — sie ist ein Sinnbild des Körpers, aber sie ist zugleich auch eine Kerkermauer, die den Ausblick hemmt.

Heute, wo sie langsam zerbröckelt und der Phönix des innern Lebens aus seiner Asche, in der er lange Zeit wie tot gelegen, mit neuen Schwingen wieder aufersteht, regen auch die Aasgeier einer andern Welt die Flügel. Darum hüte dich. Die Waagschale, in die du dein Bewußtsein legst, zeigt dir allein an, wann du Erscheinungen trauen darfst; je wacher es ist, desto tiefer neigt sie sich zu deinen Gunsten.

Will dir ein Führer, ein Helfer oder ein Bruder aus einer geistigen Welt erscheinen, so muß er es können, auch ohne dein Bewußtsein zu plündern; du darfst, wie der ungläubige Thomas, deine Hand in seine Seite legen.

Es wäre ein Leichtes, den Erscheinungen und ihren Gefahren *auszuweichen* — du brauchst nur zu sein wie ein gewöhnlicher Mensch. — Aber was ist damit gewonnen? Du bleibst ein Gefangener im Kerker deines Leibes, bis der Henker «Tod» dich zum Richtblock schleppt.

Die Sehnsucht der Sterblichen, die Gestalten der Überirdischen zu schauen, ist ein Schrei, der auch die Phantome der Unterwelt weckt, weil eine solche Sehnsucht nicht rein ist — weil sie Habgier ist statt Sehnsucht, weil sie «nehmen» will in irgendeiner Form, statt zu schreien, um das «geben» zu lernen.

Jeder, der die Erde als ein Gefängnis empfindet, jeder Fromme, der nach Erlösung ruft — sie alle beschwören unbewußt die Welt der Gespenster.

Tu du es auch. Aber: bewußt!

Ob es für jene, die es unbewußt tun, eine unsichtbare Hand gibt, die die Sümpfe, in die sie geraten müssen, in Eilande verzaubern kann? Ich weiß es nicht. Ich will nicht streiten — aber ich glaub's nicht.

Wenn du auf dem Wege des *Erwachens* das Reich der Gespenster durchquerst, wirst du allmählich erkennen, daß es nur Gedanken sind, die du plötzlich mit den Augen sehen kannst. Das ist der Grund, weshalb sie dir fremd und wie Wesen erscheinen; denn die Sprache der Formen ist anders als die Sprache des Gehirns.

Dann ist der Zeitpunkt gekommen, wo sich die seltsamste Wandlung vollzieht, die dir geschehen kann: aus den Menschen, die dich umgeben, werden — Gespenster werden. Alle, die dir lieb gewesen, werden plötzlich Larven sein. Auch dein eigner Leib.

Es ist die furchtbarste Einsamkeit, die sich ausdenken läßt — ein Pilgern durch die Wüste, und wer die Quelle des Lebens in ihr nicht findet, verdurstet.

Alles, was ich dir hier gesagt habe, steht auch in den Büchern der Frommen jedes Volkes: das Kommen eines neuen Reiches, das Wachen, die Überwindung des Körpers und die Einsamkeit — und doch trennt uns von diesen Frommen eine unüberbrückbare Kluft: sie *glauben,* daß ein Tag naht, an dem die Guten in das Paradies eingehen und die Bösen in den Höllenpfuhl geworfen werden; wir *wissen,* daß eine Zeit kommt, wo viele erwachen werden und von den Schlafenden getrennt sein werden wie die Herren von den Sklaven, weil die Schlafenden die Wachen nicht begreifen können, wir wissen, daß es kein Böse und kein Gut gibt, sondern nur ein «Falsch» und ein «Richtig» — sie *glauben,* daß «wachen» ein Offenhalten der Sinne und Augen und ein Aufbleiben des Körpers während der Nacht sei, damit der Mensch Gebete verrichten könne; wir *wissen,* daß das «Wachen» ein Aufwachen des unsterblichen Ichs bedeutet und die Schlummerlosigkeit des Leibes eine natürliche Folge davon ist; — sie *glauben,* der Körper müsse vernachlässigt werden und verachtet, weil er sündig sei; wir *wissen:* es gibt keine Sünde, der Körper ist der Anfang, mit dem wir zu beginnen haben, und wir sind auf die Erde herabgestiegen, um ihn in Geist zu verwandeln — sie *glauben,* man solle mit dem *Leib* in die Einsamkeit gehen, um den Geist zu läutern; wir *wissen,* daß zuerst unser *Geist* in die Einsamkeit gehen muß, um den Leib zu verklären.

Bei dir allein steht es, deinen Weg zu wählen — ob unsern oder jenen. Es soll dein freier Wille sein.

Ich darf dir nicht raten; es ist heilsamer, aus eigenem Entschluß eine bittere Frucht zu pflücken, als auf fremden Rat eine süße auf dem Baume — hängen zu sehen.

Nur mach's nicht wie die vielen, die da wohl wissen, es steht geschrieben: «Prüfet alles, und das Beste behaltet» — aber hingehen, nichts prüfen und das — Erstbeste behalten.

(Gustav Meyrink,
Aus dem Roman *Das grüne Gesicht*)

9 Der Punkt jenseits des Unendlichen · *Vom Surrealismus zum phantastischen Realismus — Der höchste Punkt — Man soll den Bildern mißtrauen — Der Wahnsinn Georg Cantors — Der Yogi und der Mathematiker — Ein fundamentales Bestreben des menschlichen Geistes — Ein Auszug aus einer genialen Novelle von Jorge Luis Borges*

In den vorhergehenden Kapiteln haben wir versucht, einen Begriff davon zu vermitteln, wie eine Untersuchung über die Realität eines *anderen* Bewußtseinszustands möglich ist. In diesem anderen Zustand — falls es ihn gibt — würde jeder Mensch, der vom Erkenntnisfieber gepackt ist, vielleicht eine Antwort auf die Frage finden, die er sich immer wieder stellt:

Könnte ich nicht in mir selbst einen Ort entdecken, von dem aus sich alles, was mir zustößt, unmittelbar erklären ließe, einen Ort, von dem aus alles, was ich sehe, weiß oder fühle, sofort entziffert würde, gleichgültig ob es sich um die Bahnen der Gestirne handelt, um die Anordnung der Blütenblätter einer Pflanze, um die Strömungen der Kultur, der ich angehöre, oder um die geheimsten Regungen meines Herzens? Könnte nicht dieser unermeßliche und wahnwitzige Drang, alles zu verstehen, den ich mir selbst zum Trotz durch alle Abenteuer meines Lebens mitschleppe, eines Tages schlagartig eine absolute und zufriedenstellende Erfüllung finden? Gibt es nicht im Menschen, in mir selbst, einen Weg, der zur Erkenntnis aller Gesetze der Welt führt? Liegt nicht auf dem Grunde meines Seins der Schlüssel zur totalen Erkenntnis?

Im zweiten Manifest des Surrealismus glaubte André Breton, diese Frage endgültig beantworten zu können.

«Alles weist darauf hin, daß es einen bestimmten Punkt des Geistes gibt, von dem aus Leben und Tod, Realität und Vorstellung, Vergangenheit und Zukunft, Mitteilbares und nicht Mitteilbares, Oben und Unten nicht mehr als Gegensätze empfunden werden.»

Selbstverständlich wollen wir uns nicht anmaßen, jetzt unsererseits eine endgültige Antwort zu liefern. Wir möchten nur die Methoden des Surrealismus durch die etwas einfachere Arbeitsweise und den etwas schwerfälligeren Apparat jener Richtung ersetzen, die Bergier und ich als «phantastischen Realismus» bezeichnen. Bei der näheren Untersuchung unseres Gegenstands werden wir uns auf verschiedene Gebiete der Erkenntnis beziehen. Auf die esoterische Überlieferung. Auf die avantgardistische Mathematik. Und auf eine bestimmte Sparte der modernen Literatur. Unsere Methode besteht eben darin, daß wir unsere Untersuchung auf mehreren Ebenen führen (auf der Ebene des magischen Geistes, auf der Ebene des reinen Intellekts und auf der Ebene der dichterischen Intuition), daß wir zwischen diesen Ebenen Verbindungen herstellen, die jeweils sich anbietenden Erkenntnisse durch Vergleiche nachprüfen und schließlich eine Hypothese entwickeln, in der diese bestätigten Erkenntnisse enthalten sind. Unser dickes, ein wenig ungeordnetes Buch ist nur ein Beginn der Verteidigung und Erläuterung dieses Vorgehens.

Der zitierte Satz André Bretons stammt aus dem Jahr 1930. Es sollte ihm ein außerordentlicher Erfolg beschieden sein. Noch heute wird er ununterbrochen kommentiert. Und tatsächlich ist ja einer der auffallendsten Züge des zeitgenössischen Geistes das wachsende Interesse für das, was man «den Gesichtspunkt jenseits des Unendlichen» nennen könnte.

Dieser Begriff taucht schon in den ältesten Überlieferungen auf, und heute finden wir ihn in der modernsten Mathematik wieder. Er beeinflußte die Gedanken des Dichters Paul Valéry, und einer der bedeutendsten Schriftsteller der Gegenwart, der Argentinier Jorge Luis Borges, hat ihm eine seiner schönsten und erstaunlichsten Novellen gewidmet, der er den bezeichnenden Titel *Das Aleph* gab.[62] Dieser Name ist der des ersten Buchstaben im Alphabet der heiligen Sprache. In der Kabbala bezeichnet er das En-soph, den Ort der totalen Erkenntnis, den Punkt, von dem aus der Geist mit einem Schlage die Gesamtheit aller Phänomene, ihre Ursachen und ihren Sinn erfaßt. In zahlreichen Texten wird gesagt, daß dieses Zeichen die Form eines Menschen habe, gleichzeitig zum Himmel und auf die Erde weist, um damit anzudeuten, daß die Welt hier unten Spiegel und Nachbild der Welt dort oben ist. Der Punkt jenseits der Unendlichkeit ist jener «bestimmte Punkt» aus dem zweiten Manifest des Surrealismus, der Punkt Omega des Paters Teilhard de Chardin und die Vollendung des Großen Werks der Alchimisten.

Wie läßt sich dieser Begriff klar definieren? Versuchen wir es. Es gibt im Weltall einen privilegierten Ort, von dem aus das ganze Universum sich enthüllt. Wir beobachten die Schöpfung mit Teleskopen, Mikroskopen und anderen Instrumenten. Hier jedoch braucht der Beobachter sich nur an diesen privilegierten Ort zu begeben: blitzartig wird die Gesamtheit aller Dinge vor ihm erscheinen, Zeit und Raum werden sich ihm in ihrer Totalität sowie in der letzten Bedeutung jedes ihrer Aspekte offenbaren.

Um den Kindern einer Schulklasse eine Vorstellung vom Begriff der Ewigkeit zu vermitteln, bediente ein Jesuitenpater eines berühmten Kollegiums sich des folgenden Bildes:

«Stellt euch vor, daß die Erde aus Bronze besteht und daß alle tausend Jahre eine Schwalbe mit ihrem Flügel daran streift. Wenn die Erde durch dieses Anstreifen des Flügels abgewetzt und verschwunden ist, dann fängt die Ewigkeit an...»

Die Ewigkeit ist jedoch nicht nur eine unendliche Zeitdauer. Sie ist noch etwas anderes. Man soll den Bildern mißtrauen. Sie dienen dazu, die Idee, die nur in der Höhenluft atmen kann, auf ein niedrigeres Niveau des Bewußtseins herabzuzwingen. Das Ergebnis gleicht einem Kadaver. Die einzigen Bilder, die einer höheren Idee gemäß sind, müssen im Bewußtsein einen Zustand der Überraschung, der Entrücktheit hervorrufen können, sie müssen dieses Bewußtsein auf jenes Niveau heben, auf dem die betreffende Idee lebt, auf dem man sie in ihrer ganzen Frische und Kraft fassen kann. Dies ist das Ziel, das sowohl die magischen Riten wie die echte Poesie verfolgen. Und darum werden auch wir nicht versuchen, ein «Bild» von diesem Begriff des Punkts jenseits der Unendlichkeit zu entwerfen. Es wird unserem Leser dienlicher sein, wenn wir ihn auf den Text von Jorge Luis Borges verweisen.

Borges hat in seiner Novelle die Arbeiten der Kabbalisten und der Alchimisten sowie islamische Legenden benutzt. Auch in anderen Sagen, die so alt sind wie die Menschheit selbst, wird dieser Höchste Punkt, dieser Privilegierte Ort erwähnt. Für unsere

Epoche jedoch ist es charakteristisch, daß die Bemühungen des reinen Intellekts, die sich einer jeder Mystik und Metaphysik fernen Forschung zuwenden, zu mathematischen Begriffen geführt haben, welche uns gestatten, die Idee des Über-Unendlichen rational zu beschreiben und zu verstehen.

Die bedeutendsten und hervorragendsten Arbeiten auf diesem Gebiet stammen von dem genialen Georg Cantor *, der 1918, in Wahnsinn verfallen, starb. Seine Thesen werden noch heute von den Mathematikern lebhaft diskutiert. Einige von ihnen behaupten, die Ideen Cantors seien logisch unhaltbar. Die Anhänger des Über-Unendlichen erwidern darauf: «Niemand wird uns aus dem Paradies vertreiben, dessen Pforten Cantor uns aufgetan hat.»

Der Gedankengang Cantors läßt sich in groben Umrissen folgendermaßen zusammenfassen: Stellen wir uns auf einem Blatt Papier zwei Punkte, A und B, vor, die einen Zentimeter voneinander entfernt sind. Nun ziehen wir eine Gerade, die A und B verbindet. Wie viele Punkte liegen auf dieser Linie? Cantor beweist, daß ihre Zahl höher ist als unendlich. Um diese Gerade zu füllen, bedarf es einer mehr als unendlichen Anzahl von Punkten, und dieser Begriff des «mehr als unendlich» wird durch die Zahl Aleph ausgedrückt.

Wenn man die Gerade in zehn gleiche Strecken aufteilt, so wird jeder dieser Abschnitte ebenso viele Punkte enthalten wie die ganze Gerade. Wenn man ein Quadrat konstruiert, dessen Seiten die Länge der Geraden haben, so enthält auch die Fläche dieses Quadrats ebenso viele Punkte wie die ursprüngliche Linie. Und konstruiert man einen Würfel, so enthält wiederum der Inhalt dieses Würfels ebenso viele Punkte wie die Gerade zwischen A und B. Wenn man, von diesem Würfel ausgehend, einen vierdimensionalen festen Körper, ein Tessarakt, erstellt, so sind auch in ihm ebenso viele Punkte enthalten wie auf der anfänglichen Geraden. Und so weiter ad infinitum.

In dieser Mathematik des Über-Unendlichen, deren Gegenstand die Alephs sind, ist der Teil gleich dem Ganzen. Vom Standpunkt der klassischen Vernunft aus klingt das wie vollendeter Wahnsinn, und doch ist es beweisbar. Ebenso zu belegen ist die Tatsache, daß sich, wenn man ein Aleph mit irgendeiner beliebigen

* Deutscher Mathematiker und Begründer der sogenannten Mengenlehre.

Zahl multipliziert, als Produkt stets Aleph ergibt. Hier verbindet sich die hohe Mathematik von heute mit der Smaragdtafel des Hermes Trismegistos («Was oben ist, ist wie das, was unten ist») und der Intuition von Dichtern, wie William Blake («Das ganze Universum ist in einem Sandkorn enthalten»).

Es gibt nur ein einziges Mittel, über das Aleph hinauszugelangen, nämlich es in die Potenz Aleph zu erheben (man weiß, daß A hoch B gleich A, B mal mit A multipliziert, ist. Somit ist Aleph hoch Aleph ein anderes Aleph).

Nennt man das erste Aleph null, so ist das zweite Aleph eins, das dritte Aleph zwei usw. Aleph null ist, wie bereits gesagt, die Anzahl der in einer Geraden oder in einem Körper enthaltenen Punkte. Man beweist, daß Aleph eins der Zahl aller im Raum denkbar möglichen Kurven entspricht. Was Aleph zwei betrifft, so entspricht es bereits einer Zahl, die größer ist als alles, was innerhalb des Universums faßbar ist. Im gesamten Weltall gibt es nicht die genügende Anzahl von Dingen, um bei ihrer Zusammenzählung auf ein Aleph zwei zu kommen. Die Alephs aber lassen sich unendlich erweitern. Der menschliche Geist gelangt demnach über das Universum hinaus und konstruiert Begriffe, die das Universum niemals zu füllen vermag. Es ist dies ein traditionelles Attribut Gottes, doch nie hatte man sich vorgestellt, daß der Geist sich dieses Attributs würde bemächtigen können. Vermutlich waren es die Betrachtungen der Alephs jenseits des Aleph zwei, die den Wahnsinn Cantors verursachten.

Die modernen Mathematiker, die widerstandsfähiger oder dem metaphysischen Wahnsinn gegenüber weniger anfällig sind, operieren täglich mit Begriffen dieser Art und leiten sogar gewisse Anwendungsmöglichkeiten daraus ab. Einige davon sind durchaus angetan, den gesunden Menschenverstand zu verwirren, wie etwa das berühmte Paradox von Banach und Tarski *.

Gemäß diesem Paradox ist es möglich, eine Kugel von normaler Dimension, zum Beispiel der eines Apfels oder eines Tennisballs, in Scheiben zu schneiden und dann diese Scheiben wieder so zusammenzusetzen, daß man eine Kugel erhält, die kleiner ist als ein Atom, oder eine, die größer ist als die Sonne.

---

* Zwei polnische Mathematiker. Banach kam in Auschwitz um; Tarski führt seine eigenen Arbeiten weiter.

Diese Operation war physikalisch nicht durchführbar, weil das Zerschneiden speziellen Flächen entlang durchgeführt werden muß, die keine tangentialen Ebenen haben, und die Technik hierzu nicht imstande ist. Die meisten Fachwissenschaftler sind jedoch der Ansicht, daß sich diese unbegreifliche Operation theoretisch realisieren läßt, und zwar in dem Sinne, daß, wenn auch diese Flächen nicht der Welt angehören, die auf übliche Weise meßbar und bearbeitbar ist, die auf sie bezüglichen Berechnungen sich in der Welt der Kernphysik als richtig und wirksam erweisen. Die Neutronen bewegen sich im Atommeiler in Kurven, die keine Tangente haben.

Banach und Tarski gelangen in ihren Arbeiten zu Schlüssen, die in erstaunlicher Weise an die Kräfte erinnern, die sich die in der Samadhi-Technik erfahrenen Hindus zuschreiben: sie behaupten, daß es ihnen möglich sei, sich bis zur Größe der Milchstraße auszudehnen oder sich auf den Umfang des kleinsten denkbaren Teilchens zusammenzuziehen. Und Shakespeare — um ein uns näherliegendes Beispiel zu wählen — läßt Hamlet ausrufen: «O Gott, ich könnte in eine Nußschale eingesperrt sein und mich für einen König unermeßlicher Gebiete halten!» Es erscheint uns unmöglich, durch die Ähnlichkeit zwischen diesen fernen Anklängen des magischen Gedankens und der modernen mathematischen Logik nicht betroffen zu sein. Ein Anthropologe, der 1956 an einer Konferenz für Parapsychologie in Royaumont teilnahm, erklärte:

«Die Siddhi-Yogis sind höchst bemerkenswert, weil sie für sich die Fähigkeit in Anspruch nehmen, sich so klein zu machen wie ein Atom oder so groß wie eine ganze Sonne oder das Universum. Unter diesen außerordentlichen Behauptungen treffen wir auf positive Tatsachen, die wir mit gutem Grund für wahr halten dürfen, und wiederum auf andere, die uns unglaublich und jeder Art von Logik entrückt erscheinen müssen.»

Man muß jedoch annehmen, daß dieser Anthropologe weder Hamlets Ausruf noch die unverhofften Schlüsse kannte, zu denen die reinste und modernste Logik, die mathematische nämlich, gelangt ist.

Wo kann die tiefe Bedeutung dieser Entsprechungen liegen? Wie stets in diesem Buch beschränken wir uns darauf, einige Hypothesen zu formulieren. Die romantischste und erregendste, aber zugleich die am wenigsten einleuchtende wäre die, daß die Samadhi-Technik real ist, daß es dem Eingeweihten tatsächlich gelingt, sich so klein zu machen wie ein Atom und so groß wie eine Sonne, und daß diese Technik sich aus gewissen Erkenntnissen uralter Kulturen ableiten läßt, welche die Mathematik des Über-Unendlichen beherrschten. Unserer Ansicht nach handelt es sich hier um eine der fundamentalen Bestrebungen des menschlichen Geistes, die ihren Ausdruck ebenso in der Samadhi-Technik wie in der avantgardistischen Mathematik von Banach und Tarski findet.

Wenn die revolutionären Mathematiker recht haben, wenn die Paradoxe des Über-Unendlichen fundiert sind, so eröffnen sich dem menschlichen Geist unerhörte Perspektiven. Dann kann man es für möglich halten, daß im Raum Aleph-Punkte existieren wie derjenige, den Borges in seiner Novelle beschreibt. In diesen Punkten ist das ganze Kontinuum Raum–Zeit dargestellt, und dieses Schauspiel erstreckt sich vom Inneren des Atomkerns bis zur fernsten Milchstraße.

Man kann noch weiter gehen: man kann sich vorstellen, daß infolge gewisser Vorkehrungen, die sowohl die Materie wie die Energie und den Geist betreffen, irgendein beliebiger Punkt im Raum zu einem über-unendlichen Punkt werden kann. Wenn eine solche Hypothese einer physikalisch-psychologisch-mathematischen Realität entspricht, so hätten wir damit die Erklärung für das Große Werk der Alchimisten und die höchste Ekstase, die gewisse Religionen kennen. Die Idee eines über-unendlichen Punktes, von dem aus das gesamte Weltall erfaßbar wäre, ist auf eine wunderbare Weise abstrakt. Aber die grundlegenden Thesen der Relativitätstheorie sind es nicht weniger, und doch wurde durch ihre praktische Anwendung die Atombombe entwickelt. Im übrigen macht der menschliche Geist unentwegt neue Fortschritte, die auf ein immer höheres Niveau der Abstraktion hinzielen. Paul Langevin hat bereits darauf hingewiesen, daß ein einfacher Elektriker mit einem so abstrakten und diffizilen Begriff wie dem des Potentials ganz selbstverständlich umgeht und ihn durchaus in seine Alltagssprache eingegliedert hat.

Man kann sich auch vorstellen, daß in einer mehr oder weniger fernen Zukunft der menschliche Geist, der dann diese Mathematik des Über-Unendlichen beherrscht, mit Hilfe gewisser Instrumente dazu gelangt, im Raum «Alephs» zu konstruieren, also über-unendliche Punkte, von denen aus ihm das unendlich Kleine und das unendliche Große in ihrer Gesamtheit und ihrer letzten Wahrheit begreiflich werden. Damit hätte die jahrtausendealte Suche nach dem Absoluten endlich einen Abschluß gefunden. Die Vorstellung, daß man dieses Experiment schon als teilweise geglückt betrachten kann, ist verlockend. Wir sind im ersten Teil dieses Buches auf die Arbeit der Alchimisten eingegangen, in deren Verlauf der Adept die Oberfläche einer aus geschmolzenen Metallen bestehenden Masse zur Oxydation bringt. Wenn das Oxydhäutchen zerreißt, erblickt man auf dem undurchsichtigen Grund das Bild unserer Milchstraße mit ihren zwei Satelliten, den Magellanwolken. Sage oder Faktum? Auf jeden Fall dürfte es sich dabei um die Erwähnung eines ersten «über-unendlichen Instruments» handeln, mit dessen Hilfe man durch andere als die bis dahin bekannten Mittel eine Verbindung mit dem Universum herstellen kann. Vielleicht haben die Mayas, die noch kein Teleskop kannten, mit einer ähnlichen Vorrichtung den Uranus und den Neptun entdeckt. Aber wir wollen hier nicht in phantastische Gefilde abschweifen. Begnügen wir uns mit der Feststellung, daß diese fundamentale Bestrebung des Geistes, die von der klassischen Psychologie übersehen wurde, existiert, und verweisen wir in diesem Zusammenhang noch einmal auf die Beziehungen zwischen den alten Überlieferungen und den großen Strömungen der modernen Mathematik.

... Nun aber soll der Auszug aus Borges' *Das Aleph* folgen:

In der Calle Garay bat mich das Dienstmädchen, ich möchte so gut sein und einen Augenblick warten. Der Kleine hielt sich wie immer im Keller auf und entwickelte photographische Platten. Zur Seite der großen Tonvase, die keine einzige Blume schmückte, lächelte auf dem Piano in grellen Farben (nicht so sehr unzeitgemäß als zeitlos) das große Porträt von Beatriz. Niemand konnte uns sehen, mit liebevoller Verzweiflung trat ich auf das Bild zu und sagte zu ihm:

«Beatriz, Beatriz Elena, Beatriz Elena Viterbo, geliebte Beatriz, auf immer verlorene Beatriz, ich bin es, ich — Borges.»

Eine kleine Weile später trat Carlos ein. Er sprach in trockenem

Ton; ich sah ein, daß er außerstande war, an etwas anderes als den drohenden Verlust des Aleph zu denken.

«Ein Gläschen von dem falschen Cognak», rief er befehlshaberisch, «dann sollst du die Nase in den Keller stecken. Ich habe dir schon gesagt: ohne Rückgratverkrümmung geht es nicht ab. Auch die Dunkelheit, die Reglosigkeit, eine gewisse Anpassung des Auges sind unerläßlich. Du legst dich rücklings auf den Fliesenboden und heftest den Blick auf die neunzehnte Sprosse der betreffenden Treppenleiter. Ich gehe fort, schlage die Falltüre zu, und du bleibst allein. Solltest du vor irgendeinem Nagetier Angst haben — das macht nichts. Binnen weniger Minuten erblickst du das Aleph, den Mikrokosmos der Alchimisten und Kabbalajünger, den Gottseibeiuns in leibhafter Gestalt, das multum in parvo.»

Wir waren bereits im Eßzimmer, als er hinzusetzte: «Es versteht sich von selbst, daß, falls du es nicht siehst, deine Unfähigkeit mein Zeugnis keineswegs entkräftet ... Geh hinunter; binnen kürzester Frist wirst du mit allen Bildern von Beatriz Zwiesprache halten können ...»

Ich stieg rasch hinunter, überdrüssig seiner haltlosen Redereien. Das Kellergeschoß, kaum breiter als die Treppe, hatte große Ähnlichkeit mit einem Brunnenschacht. Vergeblich suchte mein Blick den Koffer, von dem Carlos Argentino gesprochen hatte. Ein paar Kisten mit Flaschen und ein paar Leinwandsäcke waren in einer Ecke gestapelt. Carlos ergriff einen Sack, faltete ihn zusammen und legte ihn an eine bestimmte Stelle.

«Das Deckenpolster ist armselig», erklärte er, «doch würde ich es nur um einen Zentimeter anheben, so sähest du keinen Pfifferling und müßtest verärgert und beschämt von hinnen ziehen. Bequeme deine leibliche Fracht hier auf den Boden und zähle neunzehn Sprossen ab.»

Ich entsprach seinen lächerlichen Vorschriften; endlich ging er. Behutsam schloß er die Falltür über mir; die Finsternis dünkte mich vollkommen, trotz einer Ritze, die ich erst später entdeckte. Auf einmal begriff ich die Gefahr, in der ich mich befand; von einem Verrückten hatte ich mich lebendig begraben lassen, nachdem er mir Gift verabreicht hatte. Aus Carlos' prahlerischen Reden sprach die geheime Angst, ich könnte die Wundererscheinung nicht sehen; Carlos, bestrebt, an seinem Wahn festzuhalten, die Verrücktheit vor sich selber zu leugnen, konnte nicht anders: *er mußte mich umbringen.* Ich empfand ein dumpfes Unbehagen, das ich auf meine versteifte Haltung und nicht auf die Wirkung irgendeines Gifts zu schieben bemüht war. Ich schloß die Augen, tat sie wieder auf. Da erblickte ich das Aleph.

Hiermit komme ich zum unaussprechlichen Kernpunkt meiner Geschichte; und hiermit hebt auch für den Schriftsteller das Verzweiflungsvollste seiner Aufgabe an. Alles, was sich Sprache nennt, ist ein Alphabet aus symbolischen Zeichen, deren Verwendung die Teilnahme der Sprechenden an einer Vergangenheit voraussetzt; wie aber soll man anderen das unendliche Aleph mitteilen, wenn es meine schaudernde Erinnerung kaum zu fassen vermag? Die Mystiker helfen sich aus einer ähnlichen Klemme, indem sie, um die Gottheit zu bezeichnen, in Symbolen schwelgen. So spricht der Perser von einem Vogel, der gewissermaßen alle Vögel in sich faßt; Alanus ab Insulis von einem Kreis, dessen Mittelpunkt überall und dessen Umfang nirgends ist; Ezechiel von einem Engel mit vier Gesichtern, die er gleichzeitig nach Osten und Westen, nach Norden und Süden kehrt. (Nicht umsonst rufe ich diese unbegreiflichen Analogien in Erinnerung; sie stehen mit dem Aleph in einem gewissen Zusammenhang.) Vielleicht würden auch mir die Götter den Fund eines einschlägigen Bildes nicht versagen, und doch müßte dieser Art der Wiedergabe etwas Literarisches, etwas Falsches anhaften. Im übrigen ist das Kernproblem nicht zu lösen: nämlich die Aufzählung, sei es auch nur die teilweise Aufzählung eines unendlichen Insichganzen. In jenem alles überragenden Augenblick habe ich Millionen herzerfreuender und gräßlicher Vorgänge gesehen; am meisten war ich darüber erstaunt, daß sie alle in demselben Punkt stattfanden, ohne sich zu überdecken oder durchzuscheinen. Was meine Augen schauten, war im Raum und in der Zeit gleich; ich kann es nur als Nacheinander wiedergeben, weil die Sprache so beschaffen ist; doch etwas davon will ich festhalten.

Im unteren Teil der Treppenstufe, ein Stück weit rechts, sah ich einen kleinen regenbogenfarbenen Kreis von fast unerträglicher Leuchtkraft. Anfangs glaubte ich, er schwinge um sich selbst; nachher begriff ich, daß die schwindelmachende Fülle dessen, was sichtbar in ihm vorging, an dieser Täuschung schuld war. Im Durchmesser mochte das Aleph zwei oder drei Zentimeter groß sein, aber der kosmische Raum war ohne Schmälerung seines Umfangs in ihm versammelt. Jedes Ding (etwa die Scheibe des Spiegels) war eine Unendlichkeit von Dingen, da ich sie deutlich von allen Punkten des Weltalls aus erblickte. Ich sah das bewegte Meer, ich sah Morgen- und Abendröte, ich sah die Menschenmassen Amerikas, ich sah ein versilbertes Spinngewebe inmitten einer schwarzen Pyramide, ich sah ein aufgebrochenes Labyrinth (das war London), ich sah unzählige ganz nahe Augen, die sich in mir wie in einem Spiegel ergründeten, ich sah alle Spiegel des Planeten, doch warf keiner mich zurück, ich sah in einem Durchgang der Calle Soler dieselben Fliesen, die ich vor dreißig Jahren im Flur eines Hauses in Fray Bentos sah, ich sah Wurzelgeflecht, Schnee, Tabak, Metalladern, Wasserdampf, ich sah aufgewölbte Wüsten am Äquator und jedes einzelne Sandkorn darin, ich sah, nie zu vergessen, in Inverness eine Frau, sah das ungestüme Haar, den stolz aufgerichteten Körper, sah eine Krebsgeschwulst in der Brust, sah einen kreisförmigen Ausschnitt trockenen Bodens auf einem Waldweg, wo vordem ein Baum gestanden hatte, sah in einem Landhaus von Adrogué ein Exemplar der ersten englischen Pliniusübersetzung, verfaßt von Philemon Holland, sah gleichzeitig jeden einzelnen Buchstaben auf jeder Seite (als Kind wunderte ich mich immer, daß die Lettern in einem geschlossenen Buch nicht durcheinander geraten und sich verirren), ich sah die Nacht und den Tag gleichzeitig, ich sah einen Sonnenuntergang in Queretaro, der die Farbe einer Rose in Bengalen widerzustrahlen schien, ich sah mein Schlafzimmer und niemanden darin, ich sah in einem Kabinett in Alkmaar einen Erdglobus zwischen zwei Spiegeln, die ihn endlos vervielfältigten, ich sah Pferde mit zerstrudelter Mähne in der Morgenfrühe auf einem Strand am Kaspischen Meer, ich sah das feingliedrige Skelett einer Hand, sah die Überlebenden einer Schlacht, wie sie Postkarten nach Hause schrieben, sah in einem Schlafzimmer von Mirzapur ein spanisches Kartenspiel, sah die schrägen Schatten von Farren am Boden eines Gewächshauses, sah Tiger, Dampfkolben, Bisons, Sturzfluten und Heereszüge, sah alle Ameisen, die es auf Erden gibt, sah ein persisches Astrolabium, sah in einer Schublade des Schreibtischs (und beim Anblick der Handschrift erbebte ich) unanständige, unglaubliche, zweideutige Briefe von Beatriz an Carlos Argentino, sah ein Andachtsmal in der Chacarita, sah den furchtbaren leiblichen Überrest der ehemals so köstlichen Beatriz Viterbo, sah den Kreislauf meines dunklen

Blutes, sah das ineinandergreifende Triebwerk der Liebe und die langsame Entstellung des Todes, sah das Aleph aus allen Punkten zugleich, sah im Aleph die Erde und in der Erde abermals das Aleph und im Aleph die Erde, sah mein Antlitz und mein Eingeweide, sah dein Antlitz, empfand Schwindel und weinte, weil meine Augen diesen verborgenen gemutmaßten Gegenstand erschaut hatten, auf dessen Namen die Menschen Anspruch erheben, den aber kein Mensch je geschaut hat: das unfaßliche Weltall.

Ich fühlte unendliche Verwirrung, unendliches Bedauern.

«Der Kopf muß dir schwirren von alledem, was du unberufen ausspioniert hast», sagte eine unleidliche begönnernde Stimme. «Wenn du dir auch das Gehirn ausschwitzt: nicht in einem Jahrhundert wirst du mir diese Offenbarung heimzahlen können. Was für ein sagenhaftes Observatorium, he, Borges?»

Die Füße von Carlos Argentino standen auf der obersten Treppenstufe. Im jäh hereingebrochenen Dämmerlicht brachte ich es fertig, mich aufzuraffen und zu stammeln: «Sagenhaft, ja — sagenhaft!»

Der gleichgültige Klang meiner Stimme befremdete mich. Ängstlich gespannt, beharrte Carlos Argentino auf seiner Frage: «Hast du auch alles richtig gesehen, in Farben?»

In diesem Augenblick nahm ich meine Rache wahr. Wohlwollend, betont mitleidig, nervös, ausweichend sprach ich Carlos Argentino meinen Dank für die Gastfreundlichkeit in seinem Keller aus und legte ihm dringend nahe, den Abbruch seines Hauses zu benutzen, um sich von der verderblichen Hauptstadt eine Weile zu entfernen, die keinen — «glaub es mir!» — die keinen ungestraft läßt. Ich sträubte mich mit sanftem Nachdruck wider jede Erörterung des Aleph; ich umarmte ihn beim Abschied und sagte noch einmal zu ihm, daß Landluft und Gelassenheit zwei vortreffliche Ärzte seien.

Auf der Straße, auf den Treppenstufen der Constitución, in der Untergrundbahn kamen mir alle Gesichter bekannt vor. Ich fürchtete, daß kein Ding mehr imstande sei, mich zu überraschen, ich fürchtete, nie mehr den Eindruck von Wiederkehr loszuwerden. Glücklicherweise überfiel mich nach ein paar schlaflosen Nächten wiederum das Vergessen.

10

TRÄUMEREI ÜBER DIE MUTANTEN · *Das astronomische Kind — Ein fieberhaftes Hochschnellen der Intelligenzkurve — Theorie der Mutationen — Der Mythos von den Übermenschen — Die Mutanten unter uns — Vom Horla bis zu Leonhard Euler — Eine unsichtbare Gesellschaft der Mutanten? — Die Geburt des Kollektivwesens — Die Liebe zum Lebendigen*

Im Winter des Jahres 1956 wurde Dr. J. Ford Thomson, dem Psychiater der Erziehungsbehörde von Wolverhampton, ein siebenjähriger Junge vorgestellt, der seine Eltern und seinen Lehrer äußerst beunruhigte. Thomson notiert:

«Er hatte bestimmt keine Spezialwerke zur Verfügung. Und selbst wenn er sie gehabt hätte, so hätte er sie doch kaum lesen können. Trotzdem konnte er die schwierigsten Fragen der Astronomie richtig beantworten.»

Der Arzt, bei dem die Untersuchung dieses Falles eine gewisse Bestürzung auslöste, entschloß sich zu einer Umfrage über das Intelligenzniveau der Schulkinder und ließ mit Hilfe des *British Council for Medical Investigations*, der Ärzte von Harwell und zahlreicher Universitätsprofessoren fünftausend Kinder in ganz England testen. Nach achtzehnmonatiger Arbeit schien es ihm festzustehen, daß ein «fieberhaftes Hochschnellen der Intelligenzkurve» zu verzeichnen war. Er schreibt:

«Von den 90 letzten Kindern im Alter von sieben bis neun Jahren, die wir befragt haben, zeigte sich bei 26 ein Intelligenzquotient von 140, also eine fast geniale geistige Begabung. Meiner Ansicht nach könnte das Strontium 90, ein radioaktives Produkt, das in den Körper eindringt, für diese Erscheinung verantwortlich zu machen sein. Vor der ersten Atomexplosion war dieses Produkt nicht vorhanden.»

Zwei amerikanische Wissenschaftler, C. Brooke Worth und Robert K. Enders, glauben in ihrem bedeutenden Werk *The Na-*

515

ture of Living Things bewiesen zu haben, daß die Gruppierung der Gene sich in letzter Zeit verändert hat und daß durch Einwirkung vorerst noch unerforschter Einflüsse eine neue Menschenrasse entsteht, die mit überragenden geistigen Fähigkeiten ausgestattet ist. Selbstverständlich handelt es sich hier um eine These, die noch der Bestätigung bedarf. Immerhin ist der Genetiker Lewis Terman, der dreißig Jahre hindurch sogenannte «Wunderkinder» untersucht hat, zu den folgenden Schlußfolgerungen gelangt:

Die meisten Überbegabten büßten früher nach der Pubertät ihre Fähigkeiten ein. Heute sieht es so aus, als entwickelten sie sich zu einer Art von höheren Erwachsenen, die über eine Intelligenz verfügen, mit der sich die der anderen Menschen überhaupt nicht vergleichen läßt. Sie besitzen dreißigmal soviel Aktivität wie ein normaler begabter Mensch. Ihr «Erfolgsindex» ist um das Fünfundzwanzigfache vermehrt. Sie erfreuen sich einer ausgezeichneten Gesundheit und einer absoluten gefühlsmäßigen und sexuellen Ausgeglichenheit. Sie sind kaum anfällig für psychosomatische Krankheiten und auch nicht für Krebserkrankungen. Treffen diese Beobachtungen zu? Sicher ist, daß wir auf der ganzen Welt eine fortschreitende Erhöhung des geistigen Vermögens erleben, der übrigens eine parallellaufende Erhöhung der körperlichen Fähigkeiten entspricht. Die Erscheinung ist so eindeutig, daß ein anderer amerikanischer Wissenschaftler, Dr. Sydney Pressey von der Universität Ohio, einen Erziehungs- und Ausbildungsplan für frühreife Kinder ausgearbeitet hat, bei dessen Durchführung pro Jahr dreihunderttausend junge Menschen von höchster Intelligenz die Schulen verlassen würden.

Handelt es sich hier um eine Mutation innerhalb der menschlichen Rasse? Erleben wir das Auftauchen von Wesen, die uns äußerlich gleichen und die doch ganz anders sind als wir? Wir wollen versuchen, dieser interessanten Frage auf den Grund zu gehen. Sicher ist jedenfalls, daß wir die Geburt eines Mythos erleben: des Mythos vom Mutanten. In unserem von Technik und Wissenschaft beherrschten Zeitalter kann die Geburt einer solchen Mythe nicht ohne wesentliche Bedeutung und dynamischen Wert sein.

Bevor wir unseren Gegenstand näher betrachten, müssen wir darauf hinweisen, daß dieses fieberhafte Hochschnellen der Intelligenzkurve, das bei den Kindern festgestellt wurde, die einfache praktische und einleuchtende Erklärung nahelegt, daß die fortschreitende Verbesserung der menschlichen Rasse der Technik zu verdanken ist. Der moderne Sport hat gezeigt, daß der Mensch über körperliche Kraftquellen verfügt, die noch bei weitem nicht erschöpft sind. Die gegenwärtigen Experimente über das Verhalten des menschlichen Körpers in interplanetarischen Raketen haben das Vorhandensein einer unverhofften Widerstandsfähigkeit erwiesen. Die Überlebenden in den Konzentrationslagern konnten ermessen, in welchem Maße der Mensch über Möglichkeiten verfügt, sein Leben zu verteidigen, und sie entdeckten beträchtliche Kraftquellen in der gegenseitigen Beeinflussung von Körper und Seele. Was schließlich den Intellekt betrifft, so eröffnen sich uns außerordentliche Perspektiven durch die Entdeckung mentaler Techniken und die zu erwartende Produktion chemischer Präparate, die imstande sind, das Gedächtnis zu aktivieren und die Mühe des Auswendiglernens auf ein Nichts zusammenschrumpfen zu lassen. Die Grundtatsachen der Wissenschaft sind für einen normal begabten Menschen bestimmt nicht unerreichbar. Wenn man das Gehirn des Schülers und des Studenten von der enormen Gedächtnisarbeit befreit, die es bisher leisten mußte, so ist es durchaus möglich, jedem jungen Studenten die Kernstruktur und das periodische System der Elemente und jedem Gymnasiasten die Relativitätstheorie und die Quantentheorie beizubringen. Wenn andererseits die Grundtatsachen der Wissenschaft erst einmal einem großen Teil der Bevölkerung in allen Ländern bekannt sind, wenn es fünfzig- oder hundertmal mehr Forscher gibt als heute, wird durch die Verbreitung der neuen Ideen, die gegenseitige Befruchtung der Gehirne und den vervielfachten Gedankenaustausch die gleiche Wirkung erzielt werden wie durch eine Erhöhung der Zahl der Genies. Ja, die Wirkung wird sogar noch nachhaltiger sein, da das Genie häufig unbeständig und antisozial ist. Es ist zudem zu vermuten, daß eine neue Wissenschaft, die Allgemeine Informationstheorie, uns in Kürze gestatten wird, die Idee, die wir hier qualitativ darlegen, auch quantitativ zu präzisieren. Indem man die Erkenntnisse, über welche die Menschheit heute verfügt, allen zugänglich macht und die Menschen zu einem Gedankenaustausch ermutigt, der zu neuen Kombinationen führen kann, wird man das geistige Potential der menschlichen Gesellschaft ebenso schnell heben, wie wenn man die Anzahl der Genies vermehrte.

Unser Freund Charles-Noël Martin hat in einer aufsehenerregenden Veröffentlichung über die speichernden Wirkungen der Atomexplosionen berichtet. Die im Verlauf der Experimente verbreiteten Strahlungen üben ihre Wirkungen in geometrischer Proportion aus. Die menschliche Rasse läuft somit Gefahr, das Opfer ungünstiger Mutationen zu werden. Daneben ist zu bedenken, daß seit fünfzig Jahren überall in der Welt das Radium ohne ernsthafte Kontrolle verwendet wird. In zahlreichen Industriezweigen arbeitet man mit Röntgenstrahlen und gewissen radioaktiven chemischen Produkten. Wie und in welchem Umfang wird der moderne Mensch von diesen Strahlungen betroffen? Wir wissen noch nichts über das System der Mutationen. Wäre aber nicht auch die Entstehung günstiger Mutationen denkbar? Sir Ernest Rock Carling, ein beamteter Pathologe des Home Office, erklärte auf einer Atomkonferenz in Genf:

«Man kann auch hoffen, daß in einer begrenzten Anzahl von Fällen diese Mutationen in günstigem Sinne verlaufen und zur Entstehung eines Genies führen. Auf die Gefahr hin, bei dieser ehrenwerten Versammlung Anstoß zu erregen, möchte ich behaupten, daß die Mutation, die uns einen neuen Aristoteles, einen Leonardo da Vinci, einen Newton, einen Pasteur oder einen Einstein bescheren würde, eine hinreichende Entschädigung für die neunundneunzig Fälle wäre, in denen weniger glückliche Wirkungen zutage träten.»

Zunächst ein Wort über die Theorie der Mutationen.

Gegen Ende des vorigen Jahrhunderts leisteten August Weismann und Hugo de Vries einen neuen Beitrag zur Idee der Evolution. Der Begriff des Atoms war damals in Mode gekommen und machte vor allem in der Physik von sich reden. Sie entdeckten das «Vererbungs-Atom» und verlegten es in die Chromosomen. Die so geschaffene neue Wissenschaft der Genetik bedeutete eine Wiederbelebung der Arbeit, die der österreichische Mönch Gregor Mendel in der zweiten Hälfte des 19. Jahrhunderts geleistet hatte. Heute steht es außer Frage, daß die Erbanlagen durch die Gene bestimmt werden. Diese sind in hohem Maße gegen Einwirkungen der Außenwelt geschützt. Indessen hat es doch den Anschein, als könnten die atomaren sowie die kosmischen Strahlen und bestimmte starke Gifte, wie das Colchicin, sie erreichen oder doch die Anzahl der Chromosomen verdoppeln. Man hat beobachtet, daß die Häufigkeit der Mutationen der Stärke der Radioaktivität entspricht. Nun ist aber die Radioaktivität heute fünfunddreißigmal so stark wie zu Beginn unseres Jahrhunderts. Luria und Delbrück (1943) wie auch Demerec (1945) haben durch präzise Experimente nachgewiesen, daß sich unter der Einwirkung von Antibiotika bei den Bakterien eine Auslese durch genetische Mutation vollzieht. In diesen Fällen erfolgt die Mutation und Selektion in der Weise, wie Darwin sie sich vorgestellt hat. Demnach scheinen die Gegner der Theorien von Lamarck, Mitschurin und Lyssenko über die Erblichkeit der erworbenen Eigenschaften recht zu haben. Kann man jedoch die bei der Untersuchung der Bakterien gewonnenen Erkenntnisse auf Pflanzen und Tiere und auch auf den Menschen übertragen? Es besteht kaum noch ein Zweifel, daß diese Frage zu bejahen ist. Gibt es kontrollierbare genetische Mutationen innerhalb der menschlichen Rasse? Ja. Einer der Beweise hierfür ist der folgende:

Der Fall stammt aus den Archiven der englischen Spezialklinik für Kinderkrankheiten in London. Dr. Louis Wolf, der leitende Arzt dieses Krankenhauses, schätzt die Zahl der jährlich in England geborenen phenyl-ketonuretischen Mutanten auf dreißig. Diese Mutanten besitzen Gene, die bestimmte Fermente, welche im normalen menschlichen Blut tätig sind, nicht produzieren. Ein phenyl-ketonuretischer Mutant ist nicht fähig, das Phenyl-Alanin aufzulösen. Dieses Unvermögen macht das Kind anfällig für Epilepsie und Ekzeme, ruft eine aschgraue Färbung der Haare hervor und führt bei Erwachsenen leicht zu Geisteskrankheiten. So scheint denn bewiesen, daß neben der normalen menschlichen Rasse eine phenyl-ketonuretische Spezies unter uns lebt... Es handelt sich in diesen Fällen um eine negative Mutation; aber muß man deshalb die Möglichkeit positiver Mutationen ausschließen? Es ließen sich doch auch Mutanten denken, deren Blut gewisse Stoffe enthält, die dazu angetan sind, ihr physisches Gleichgewicht zu verbessern und ihren Intelligenzquotienten weit über das normale Maß hinaus zu erhöhen. Sie könnten in ihren Adern gewisse natürliche Beruhigungsmittel haben, die sie gegen die psychischen Schockwirkungen des gesellschaftlichen Lebens und gegen Angstkomplexe abschirmen. Sie würden demnach eine Rasse bilden, die anders als die menschliche und derselben überlegen ist. Die Psychiater und Mediziner richten ihr Augenmerk auf die negativen Fälle. Wie aber lassen sich die positiven Fälle erkennen?

In dieser Hinsicht müssen wir zwei Aspekte oder vielmehr zwei Interpretationen des Phänomens unterscheiden.

1. Diese Mutation, dieses Auftauchen einer anderen Rasse könnte sich durch Zufall ergeben. Die Radioaktivität könnte, neben anderen Ursachen, bei gewissen Individuen eine Veränderung der Gene herbeiführen. Das betroffene Protein des Gens würde zum Beispiel nicht mehr gewisse Säuren produzieren, die ein Angstgefühl in uns erregen. Und so würden wir eine neue Rasse entstehen sehen: eine Rasse der ruhigen Menschen, die vor nichts Angst haben und die keinerlei negative Empfindungen verspüren. Ein solcher Mensch geht ruhig in den Krieg, tötet ohne innere Beunruhigung, genießt ohne Komplexe. Er ist eine Art Roboter, der keinerlei innere Schwingungen kennt. Es erscheint nicht ausgeschlossen, daß wir zur Zeit das Entstehen dieser Rasse erleben.

2. Die genetische Mutation ist nicht zufällig, sondern bewußt gelenkt. In diesem Fall wäre sie auf eine geistige Höherentwicklung der Menschheit gerichtet. Die Wirkungen der Radioaktivität entsprächen hier einem aufwärtsstrebenden Willen. Unter dieser Voraussetzung wären die Veränderungen, die wir gegenwärtig wahrnehmen können, nichts im Vergleich zu dem, was die Gattung Mensch noch erwarten darf, nichts als eine leichte Andeutung zukünftiger einschneidender Wandlungen. Das Protein des Gens wäre in seiner gesamten Struktur betroffen, und wir würden eine Rasse erleben, deren Denken völlig umgeformt ist, eine Rasse, die fähig ist, Zeit und Raum zu beherrschen und jede geistige Operation über die Unendlichkeit hinaus zu verlegen. Zwischen der ersten und der zweiten Vorstellung besteht ein ähnlicher Unterschied wie zwischen dem gehärteten und dem durch eine verfeinerte Technik zu einem Magnetophonband verarbeiteten Eisen.

Die zweite Konzeption, die verantwortlich ist für einen modernen Mythos, dessen die «Science Fiction» sich bemächtigt hat, findet sich sonderbarerweise auf den verschiedensten Gebieten der zeitgenössischen Spiritualität. Die luziferische Seite haben wir kennengelernt. Wir haben gesehen, daß Hitler an die Existenz der

Unbekannten Übermenschen glaubte, und wir hörten seinen Ruf: «Ich werde Ihnen ein Geheimnis verraten: die Mutation der menschlichen Rasse hat begonnen; es gibt übermenschliche Wesen!»

Ausgehend von dem wieder in Mode gekommenen Hinduismus, hat der Meister des Ashram von Pondichéry und einer der größten Denker des neuen Indien, Sri Aurobindo Ghose, seine Philosophie und seine Kommentare der heiligen Texte auf der Gewißheit begründet, daß sich eine aufwärts gerichtete Entwicklung der Menschheit durch Mutationen vollzieht. So schreibt er:

«Das Auftauchen einer neuen menschlichen Rasse auf dieser Erde — so unbegreiflich oder wunderbar dieses Phänomen auch erscheinen mag — kann zu einer praktischen Erfahrung der Gegenwart werden.»

Im Rahmen eines Katholizismus schließlich, der sich dem wissenschaftlichen Denken nicht verschließt, hat Teilhard de Chardin erklärt, er glaube «an eine Strömung, die imstande ist, uns einer Form des Ultra-Menschlichen entgegenzutragen».

André Breton, der Vater des Surrealismus, dieser Pilger auf dem Wege des Absonderlichen, feinfühliger als jeder andere gegenüber den Strömungen beunruhigender Ideen, mehr Zeuge als Schöpfer, aber doch überklarsichtiger Zeuge aller waghalsigen Abenteuer des modernen Intellekts, zögerte nicht, im Jahre 1942 zu schreiben:

«Der Mensch ist vielleicht nicht das Zentrum, der Zielpunkt des Universums. Man kann sich zu dem Glauben veranlaßt fühlen, daß es über ihm auf der animalischen Stufenleiter noch Geschöpfe gibt, deren Verhalten ihm ebenso fremd ist wie das seine einer Eintagsfliege oder einem Walfisch. Es gibt keinen zwingenden Gegengrund für die Annahme, daß diese Wesen sich unserem sinnlichen Wahrnehmungssystem mit Hilfe einer Tarnung völlig entziehen können. Wenn wir uns eine Vorstellung von Art und Wesen dieser Tarnung machen wollen, so steht uns als Vergleich lediglich die Mimikry bestimmter Tiergattungen zur Verfügung. Es ist nicht zu bezweifeln, daß sich dieser Idee ein weites Feld der Spekulationen eröffnet, wenngleich der Mensch hier auf ein sehr bescheidenes Niveau der Interpretation seiner Welt gestellt ist, ähnlich dem eines Kindes, das mit dem Fuß gegen einen

Ameisenhaufen stößt und sich dabei in Gedanken an die Stelle einer der Ameisen da unten versetzt. Gehen wir von den zerstörenden Wirkungen eines Wirbelsturmes aus, in dem der Mensch nichts sein kann als Opfer oder Zeuge, oder von denen eines Krieges, über dessen Wesen wir nur sehr unvollkommene Begriffe haben, so dürfte es nicht ausgeschlossen sein, im Verlauf einer umfangreichen Untersuchung, bei der die kühnsten Folgerungen stets angebracht erscheinen, Struktur und Wesen dieser hypothetischen Geschöpfe, die sich uns dunkel im Angstgefühl und im Gefühl, dem Zufall ausgeliefert zu sein, offenbaren, annähernd zu bestimmen und als wahrscheinlich hinzustellen.

Ich muß mich in diesem Zusammenhang dem Gedanken anschließen, den William Jones einmal ausgesprochen hat: ‹Wer weiß, ob wir in der Natur, verglichen mit Wesen, von denen wir nichts ahnen, nicht einen ebenso kleinen Platz einnehmen wie unsere Katzen und Hunde, die in unseren Häusern leben?› Selbst die Wissenschaftler sind nicht alle entgegengesetzter Ansicht. ‹Vielleicht sind wir umgeben von Geschöpfen, die nach demselben Muster gebaut sind wie wir und die sich doch von uns unterscheiden, von Menschen zum Beispiel, deren Proteine andere Eigenschaften aufweisen.› So spricht Emile Duclaux, der frühere Direktor des Pasteur-Instituts.

Ein neuer Mythos? Muß man diese Geschöpfe davon überzeugen, daß sie einer Sinnestäuschung entspringen, oder soll man ihnen Gelegenheit geben, sich uns zu offenbaren?»

Gibt es Wesen unter uns, die uns äußerlich ähnlich sind, deren Verhalten uns jedoch ebenso fremd ist wie das unsere «einer Eintagsfliege oder einem Walfisch»? Der gesunde Menschenverstand antwortet hierauf, daß wir diese höheren Geschöpfe ja bemerken müßten, wenn sie unter uns lebten.

Dieses Argument des gesunden Menschenverstands hat unserer Meinung nach John W. Campbell am überzeugendsten in einem Artikel widerlegt, der 1941 in der Zeitschrift *Astounding Science Fiction* erschien.

Niemand, so führt er aus, wird seinen Arzt aufsuchen, um ihm zu sagen, daß er sich ausgezeichnet fühle. Niemand wird zum Psychiater gehen, um ihm mitzuteilen, daß das Leben ein leichtes und köstliches Spiel sei. Niemand wird im Sprechzimmer eines Psychoanalytikers erscheinen, um zu erklären, daß er an keinem Komplex leide. Die ungünstigen Mutationen sind nachweisbar. Und die günstigen?

Aber, wendet hier der gesunde Menschenverstand ein, die «positiven» Mutationen würden sich durch ihre ans Wunderbare grenzende geistige Aktivität bemerkbar machen.

Keineswegs, erwidert Campbell. Ein genialer Mensch, der unserer Rasse angehört, ein Einstein zum Beispiel, veröffentlicht die Früchte seiner Arbeit. Er macht sich bemerkbar. Das bringt ihm viel Ärger, Feindschaft, Verständnislosigkeit, Drohungen ein, er muß sogar ins Exil gehen. Einstein erklärte am Ende seines Lebens: «Wenn ich das alles gewußt hätte, wäre ich Klempner geworden.» Der Mutant, der noch über Einstein steht, ist klug genug, sich verborgen zu halten. Er behält seine Entdeckungen für sich. Er führt ein möglichst unauffälliges Leben und versucht lediglich, mit anderen Wesen seiner Art in Verbindung zu treten. Ein paar Stunden Arbeit pro Woche genügen ihm, um den nötigen Lebensunterhalt zu verdienen, und den Rest seiner Zeit verwendet er auf Tätigkeiten, von denen wir uns keine Vorstellung machen können.

Die Hypothese ist verführerisch. Beim gegenwärtigen Stand unserer Wissenschaft ist sie nicht beweisbar. Keine anatomische Untersuchung kann uns Hinweise über die Intelligenz liefern. Anatole France hatte ein anormal leichtes Gehirn. Es besteht endlich kein Grund, warum ein Mutant seziert werden sollte, außer nach einem Unfalltod. Und wie sollte man dann eine Mutation der Gehirnzellen feststellen? Es ist also keineswegs ganz unsinnig, die mögliche Existenz von «Übermenschen» unter uns anzunehmen. Wenn sich die Mutationen nur zufällig ergeben, so werden einige davon vermutlich auch günstig ausfallen. Werden sie aber durch eine organisierte Naturkraft gelenkt, entsprechen sie einem Willen zur Höherentwicklung der Lebewesen, wie es zum Beispiel Sri Aurobindo Ghose glaubte, so muß ihre Anzahl viel größer sein. Dann lebten bereits unsere Nachfolger auf Erden.

Alles weist darauf hin, daß sie uns absolut gleichen oder vielmehr, daß wir sie an keinem auffälligen Merkmal erkennen können. Gewisse Autoren der Science Fiction legen den Mutanten selbstverständlich bestimmte anatomische Eigenschaften bei. So stellt sich van Vogt in seinem berühmten Werk *Slans* vor, daß ihre Haare von einer besonderen Beschaffenheit sind: eine Art Antennen, die zur telepathischen Kommunikation dienen, und er baut darauf eine schöne und schreckliche Geschichte auf von der Jagd auf die Slans, die der Judenverfolgung vergleichbar ist. Aber es kommt bekanntlich oft vor, daß die Romanschriftsteller die Natur zu erweitern versuchen, um die Probleme zu vereinfachen.

Wenn man an eine gelenkte Entwicklung glaubt, so muß man annehmen, daß der Mutant zu seinem Schutz über fast vollkommene Tarnmöglichkeiten verfügt. Im zoologischen Bereich sehen wir, wie das räuberische Tier getäuscht wird, weil seine Beute sich «verkleidet», die Gestalt welker Blätter, dürrer Zweige und sogar von Exkrementen annimmt, und zwar mit geradezu verblüffender Perfektion. Die «Bosheit» gewisser wohlschmeckender Arten geht in einzelnen Fällen sogar so weit, daß sie die Färbung ungenießbarer Arten nachahmen.

«Der neue Mensch lebt in unserer Mitte! Er ist da! Genügt Ihnen das? Ich werde Ihnen ein Geheimnis sagen: ich habe den neuen Menschen gesehen! Ich habe Angst vor ihm gehabt!» schreit Hitler zitternd.

Wir können noch einen anderen Geist nennen, der vom Schrecken erfaßt, vom Wahnsinn ergriffen war: Maupassant schreibt bleich und schweißbedeckt in rasender Eile einen der beunruhigendsten Texte der französischen Literatur nieder, *Le Horla:*

«Jetzt weiß ich es, ich errate es. Die Herrschaft der Menschen ist beendet. Er ist gekommen. Derjenige, den die primitiven Völker in ihrem ersten Schrecken fürchteten, jener, den die Priester voller Angst auszutreiben versuchten, den die Zauberer in dunklen Nächten beschworen, doch ohne ihn erscheinen zu sehen, dem die jeweiligen Herren der Welt ahnungsvoll die grotesken oder lieblichen Gestalten von Gnomen, Geistern, Genien, Feen und Kobolden verliehen. Die verängstigten Primitiven machten sich nur einen groben Begriff von ihm; später haben scharfsinnigere Menschen sein Wesen deutlicher gespürt. Mesmer hat ihn erraten, und schon seit zehn Jahren haben die Ärzte die Natur seiner Macht entdeckt, noch bevor er sie selbst ausgeübt hat. Sie haben mit dieser Waffe des neuen Herrn gespielt, haben eine mysteriöse Macht über die Menschenseele, die zur Sklavin geworden war, ausgeübt. Sie haben das Magnetismus, Hypnose, Suggestion genannt ... was weiß ich? Ich habe gesehen, wie sie, törichten Kindern gleich, an dieser grauenvollen Macht ihre Freude hatten. Weh über uns! Weh über den Menschen! Er ist gekommen, der ... der ... Wie heißt er? ... Der ... mir ist, als schreie er seinen Namen, und ich kann ihn doch nicht hören ... ja ... er schreit ihn ... ich höre ... ich kann nicht ... noch einmal ... der ... Horla ... ich habe verstanden ... der Horla ... das ist er ... der Horla ... er ist da!»

In seiner stammelnden Niederschrift dieser wunderbaren und entsetzlichen Vision schreibt Maupassant dem Mutanten hypnotische Kräfte zu. Die moderne Literatur der Science Fiction, die sich mehr an die Arbeiten von Rhine, Soal und Mac Connel hält als an die Charcots, verleiht den Mutanten «parapsychologische» Kräfte, die Fähigkeit der Telepathie und der Telekinese. Einzelne Autoren gehen noch weiter und zeigen uns den Übermenschen, der in der Luft schwebt oder durch Wände und Mauern geht. Doch das sind nur Phantasien, ein heiteres Wiederaufgreifen der Märchen-Archetypen. Und ebenso spiegelt die Insel oder die Milchstraße der Mutanten den alten Traum von den Gefilden der Seligen, und die paranormalen Kräfte entsprechen dem Archetyp der griechischen Götter. Versetzt man sich jedoch auf das Niveau der Realität, so bemerkt man, daß alle diese Eigenschaften für Wesen, die innerhalb einer modernen Zivilisation leben, ganz überflüssig sind. Was soll die Telepathie, wenn es das Radio gibt? Und was soll die Telekinese in einer Welt, die über Flugzeuge verfügt? Wenn der Mutant existiert — und wir neigen zu dieser Ansicht — dann stehen ihm Kräfte zu Gebote, die viel stärker sind als alles, was unsere Phantasie sich zu erträumen vermag. Und vor allem eine Kraft, die der gewöhnliche Mensch kaum ausnutzt: die Intelligenz.

Unsere Handlungen sind irrational, und die Intelligenz spielt bei unseren Entscheidungen nur eine sehr unwesentliche Rolle. Man kann sich den Übermenschen, die neue Stufe des Lebens auf unserem Planeten, als ein rationales Wesen vorstellen, das nicht mehr einfach denkt und überlegt, sondern mit einer ständigen objektiven Intelligenz ausgestattet ist und erst dann eine Entscheidung trifft, wenn es die Gesamtheit seiner Erfahrungen und Kenntnisse klar überprüft hat. Ein Wesen, dessen Nervensystem wie eine Festung ist, die dem Angriff aller negativen Triebe und Strömungen zu widerstehen vermag. Ein Wesen mit einem kühlen, rasch arbeitenden Gehirn, begabt mit einem vollkommenen, unfehlbaren Gedächtnis. Das Bild, das wir zeichnen, mag simpel erscheinen. Es ist indessen viel phantastischer als alles, was die Literatur der Science Fiction uns bietet. Die Biologen von heute haben bereits einen Begriff davon, welche chemischen Veränderungen zur Erschaffung dieser neuen Rasse nötig wären. Die Experimente über die Zusammenstellung von Beruhigungsmitteln, über bestimmte Säuren und ihre Derivate haben gezeigt, daß es nur sehr schwacher Spuren gewisser noch unbekannter organischer Stoffe bedarf, um unser Nervensystem vor einer übermäßigen Empfindlichkeit zu schützen und uns auf diese Weise ein objektives Denkvermögen bei allen Gelegenheiten zu sichern. Ebenso wie es phenyl-ketonuretische Mutanten gibt, deren Blut in seiner chemischen Zusammensetzung dem Leben weniger angepaßt ist als das unsere, kann man sich auch Mutanten vorstellen, deren Blut chemische Stoffe enthält, die bewirken, daß sie sich dem Leben in dieser in einer Umwandlung begriffenen Welt besser anpassen können als wir. Diese Mutanten wären Vorläufer einer Gattung, die dazu berufen ist, den Menschen zu ersetzen. Und sie würden nicht auf einer geheimnisvollen Insel oder einem uns unzugänglichen Planeten wohnen. Die Natur war imstande, Wesen zu schaffen, die in den Tiefen des Meeres oder in der verdünnten Luft der hohen Bergesgipfel leben. Sie ist auch imstande, den Übermenschen zu schaffen, dessen idealer Wohnsitz Metropolis ist, «die von Fabriken rauchende Erde, die von Geschäften erzitternde Erde, die von hundert neuen Strahlungen vibrierende Erde . . .»

Das Leben ist nie vollkommen den Bedürfnissen der Umwelt angepaßt, aber es strebt nach vollkommener Anpassung. Warum sollte dieses Streben seit der Erschaffung des Menschen erloschen sein? Warum sollte nicht über den Menschen hinaus etwas entstehen können, das besser und vollkommener ist als der Mensch? «Das Leben», sagt Dr. Loren Eiseley, «ist ein großer träumender Fluß, dessen Wasser sich durch alle Öffnungen ergießen und sich allen Veränderungen des Geländes anpassen.» [63] Seine Stabilität ist nur scheinbar, eine Illusion, die sich aus der Kürze unserer eigenen Daseinsdauer herleitet. Wir sehen nicht, wie der Stundenzeiger die Runde um das Zifferblatt macht: ebensowenig bemerken wir, wie eine Form des Lebens langsam in die andere hinüberfließt.

Der Zweck dieses Buches ist, Tatsachen aufzuzeigen und Hypothesen vorzubringen, keineswegs aber irgendeinen Kult zu begründen. Wir behaupten nicht, daß wir Mutanten kennen. Wenn wir jedoch der Vorstellung zuneigen, daß der vollkommene Mutant auch perfekt getarnt ist, so hegen wir damit gleichzeitig die Vermutung, daß der Natur bei ihrem aufwärtsstrebenden schöpferischen Bemühen zuweilen ein kleiner Fehler unterlaufen kann und daß sie gelegentlich auch unvollkommene Mutanten erschafft, die für uns sichtbar und erkennbar sind.

Bei diesem «mißglückten» Mutanten mischen sich außergewöhnliche geistige Fähigkeiten mit körperlichen Mängeln. Wir finden derartige Fälle zum Beispiel unter den sogenannten Rechenkünstlern. Der beste Fachmann auf diesem Gebiet, Professor Robert Tocquet, erklärt zu diesem Thema:

«Manche Rechenkünstler wurden ursprünglich als zurückgebliebene Kinder angesehen. Der belgische Wunderrechner Oscar Verhaeghe konnte sich im Alter von siebzehn Jahren noch nicht besser ausdrücken als ein zweijähriges Kind. Im übrigen haben wir schon darauf hingewiesen, daß Zerah Collburn ein deutliches Zeichen von Degeneration aufwies: er hatte an jeder Hand sechs Finger. Ein anderer Wunderrechner, Prolongeau, war ohne Arme und Beine geboren. Mondeux war ein Hysteriker... Oscar Verhaeghe, der in Bousval in Belgien geboren wurde und einer kleinen Beamtenfamilie entstammte, gehört zu jenen Rechenkünstlern, deren Intelligenz weit unter dem Durchschnittsniveau liegt. Eine seiner Spezialitäten ist die Erhebung von aus gleichen Ziffern bestehenden Zahlen in die verschiedenen Potenzen. Das Quadrat von 888 888 888 888 888 errechnet er binnen 40 Sekunden, und die Zahl 9 999 999 kann er in 60 Sekunden in die fünfte Potenz erheben, wobei das Resultat aus 35 Ziffern besteht.»

Degenerierte Menschen oder mißglückte Mutanten?

Einen Fall können wir jedoch nennen, der vielleicht Beispiel eines vollkommenen Mutanten ist: den Leonhard Eulers. Euler stand übrigens in Verbindung mit Rudjer Boskowitsch, dessen Geschichte wir in einem früheren Kapitel erzählt haben.

Leonhard Euler (1707–1783) gilt allgemein als der größte Mathematiker aller Zeiten. Doch diese Klassifizierung ist viel zu begrenzt und wird den übermenschlichen Eigenschaften seines Geistes nicht gerecht. Er konnte die schwierigsten Aufsätze in wenigen Sekunden überfliegen und war imstande, den vollständigen Inhalt sämtlicher Bücher wiederzugeben, die ihm, seit er lesen gelernt hatte, in die Hände gekommen waren. Er besaß umfassende Kenntnisse auf den Gebieten der Physik, der Chemie, der Zoologie, der Botanik, der Geologie, der Medizin, der Geschichte und der griechischen und lateinischen Literatur. Kein Mensch seiner Zeit konnte sich in allen diesen Fächern mit ihm messen. Er besaß die Fähigkeit, sich nach Belieben vollständig gegen die Außenwelt zu isolieren und irgendeinen Gedankengang hartnäckig zu verfolgen. Im Jahre 1766 büßte er die Sehkraft ein, doch schien er das nicht als Beeinträchtigung zu empfinden. Einer seiner Schüler berichtet, daß während einer Diskussion über Berechnungen, die sich bis auf die siebzehnte Dezimalstelle erstrecken sollten, eine Meinungsverschiedenheit hinsichtlich der fünfzehnten Stelle entstand. Euler rechnete im Bruchteil einer Sekunde mit geschlossenen Augen die ganze Aufgabe noch einmal nach. Er konnte Zusammenhänge und Beziehungen sehen, die allen gebildeten und intelligenten Menschen entgingen. So entdeckte er neue und revolutionäre mathematische Ideen in den Gedichten Vergils. Dabei war er ein einfacher und bescheidener Mensch, und alle seine Zeitgenossen berichten übereinstimmend, daß er stets bemüht war, unbemerkt zu bleiben. Euler und Boskowitsch lebten in einer Epoche, in der man die Wissenschaftler ehrte und in der diese nicht Gefahr liefen, um ihrer politischen Ideen willen eingesperrt zu werden, und auch nicht von den Regierungen gezwungen wurden, Waffen zu fabrizieren. Lebten sie in unserem Jahrhundert, würden sie es vielleicht fertigbringen, völlig unerkannt zu bleiben. Möglicherweise gibt es heute unter uns Menschen wie Euler und Boskowitsch. Vielleicht leben kluge und rational denkende Mutanten, die mit einem absoluten Gedächtnis und einem ständig wachen Intellekt ausgerüstet sind, an unserer Seite und haben sich als Dorfschullehrer oder Versicherungsagenten verkleidet.

Bilden diese Mutanten eine unsichtbare Gesellschaft? Kein menschliches Wesen lebt allein. Es kann seinen Zweck nur innerhalb eines sozialen Apparates erfüllen. Nun hat aber die menschliche Gesellschaft, die wir kennen, mehr als einmal bewiesen, daß sie dem objektiven Intellekt und der freien Phantasie feindlich gesinnt ist:

Giordano Bruno wurde verbrannt, Einstein mußte auswandern, Oppenheimer wird überwacht. Wenn es Mutanten gibt, die unserer Beschreibung entsprechen, so liegt die Vermutung nahe, daß sie innerhalb einer der unseren übergeordneten Gesellschaft, die sich zweifellos über die ganze Welt erstreckt, arbeiten und miteinander in Verbindung treten. Daß sie sich bei ihrer Kommunikation höherer psychischer Mittel, wie der Telepathie, bedienen sollten, erscheint als eine etwas kindliche Hypothese. Realistischer und zugleich phantastischer dürfte die Annahme sein, daß sie ganz normale menschliche Kommunikationsmittel benutzen, um sich Botschaften und Informationen zu übermitteln, die lediglich für ihren eigenen Gebrauch bestimmt sind. Die Allgemeine Informationstheorie und die Semantik haben deutlich gezeigt, daß es möglich ist, Nachrichten mit doppeltem, dreifachem oder selbst vierfachem Sinn abzufassen. Es gibt chinesische Texte, die sieben Bedeutungen, eine in die andere verschachtelt, enthalten. Der Held von van Vogts *Slans* entdeckt die Existenz anderer Mutanten, indem er eine Zeitung liest und scheinbar ganz harmlose Artikel dechiffriert. Ein solches Nachrichtennetz innerhalb unserer Literatur und unserer Presse ist durchaus denkbar. Die *New York Herald Tribune* veröffentlichte am 15. Mai 1958 den Bericht ihres Londoner Korrespondenten über eine Reihe rätselhafter Mitteilungen, die unter den kleinen Anzeigen der *Times* erschienen waren. Diese Botschaften hatten die Aufmerksamkeit der Fachleute für Geheimschriften und einiger Polizeibeamter erregt, da sich hinter ihnen offensichtlich ein geheimer Sinn verbarg. Dieser Sinn hat sich jedoch allen Dechiffrierversuchen entzogen. Zweifellos gibt es Kommunikationsmöglichkeiten, die noch weniger auffallend sind. Irgendein drittklassiger Roman, eine technische Abhandlung, ein scheinbar etwas versponnenes philosophisches Traktat können insgeheim komplizierte Untersuchungen oder Mitteilungen an höher geartete Intelligenzen bergen, die sich von unserem Geist so weitgehend unterscheiden wie dieser von dem eines großen Affen.

Louis de Broglie schreibt [64]:

«Wir dürfen nie vergessen, wie beschränkt unsere Kenntnisse sind und welche unverhofften Entwicklungen sich hier noch ergeben können. Wenn die menschliche Kultur weiterbesteht, so wird die Physik vermutlich in einigen hundert Jahren von der unseren so verschieden sein wie diese von der Physik des Aristoteles. Vielleicht werden die erweiterten Begriffe, zu denen wir heute gelangt sind, uns eines Tages gestatten, die Gesamtheit aller physikalischen und biologischen Phänomene in einem einheitlichen System zusammenzufassen, in dem jedes seinen ihm gebührenden Platz erhält. Falls das menschliche Denkvermögen infolge irgendeiner biologischen Mutation gekräftigt wird und sich eines Tages zu der entsprechenden Höhe aufschwingen kann, wird es unter einer anderen und richtigeren Beleuchtung, von der wir heute noch nichts ahnen, die Einheit all der Phänomene erfassen, die wir zur Zeit mit Hilfe von Adjektiven wie ‹physiko-chemisch›, ‹biologisch› oder auch ‹psychisch› benennen und unterscheiden.»

Und wenn diese Mutation bereits vollzogen sein sollte? Einer der bedeutendsten französischen Biologen, Morand, der Erfinder verschiedener Beruhigungsmittel, nimmt an, daß im Verlauf der gesamten Menschheitsgeschichte immer wieder Mutanten aufgetreten sind [65]: «Die Mutanten hießen unter anderem Mohammed, Konfuzius, Jesus Christus...» Vielleicht gibt es noch viele andere. Es ist keineswegs ausgeschlossen, daß die Mutanten in der gegenwärtigen Entwicklungsepoche es nicht für nötig halten, sich zu erkennen zu geben oder irgendeine Form einer neuen Religion zu predigen. Im Augenblick gibt es Besseres zu tun, als sich an das Individuum zu wenden. Es wäre vorstellbar, daß die Mutanten die zum Kollektivismus hinstrebende Bewegung unserer Menschheit als notwendig und günstig erachten. Und schließlich ist es auch nicht undenkbar, daß sie unsere Geburtsschmerzen als wünschenswert ansehen und sogar irgendeine große Katastrophe begrüßen würden, die dazu angetan wäre, das Bewußtwerden der geistigen Tragödie, die das Phänomen Mensch in seiner Gesamtheit darstellt, zu beschleunigen. Um handeln zu können, um den Strom zu lenken, der uns vielleicht irgendeiner Form des Übermenschlichen entgegenträgt, die sie bereits verkörpern, müssen sie vielleicht verborgen bleiben und das Geheimnis ihrer Koexistenz wahren, während sich entgegen allem Anschein und vielleicht gerade dank ihrer Gegenwart die neue Seele für eine neue Welt heranbildet, die wir mit der ganzen Kraft unserer Liebe herbeiwünschen wollen.

Wir sind an den Grenzen des Phantastischen angelangt. Wir müssen haltmachen. Es war nur unsere Absicht, die größtmögliche Anzahl nicht vernunftwidriger Hypothesen vorzulegen. Viele von ihnen mögen widerlegt und verworfen werden. Wenn jedoch einige davon bisher verborgene Türen zu neuen Forschungen aufgestoßen haben sollten, so haben wir nicht umsonst gearbeitet, dann haben wir uns nicht sinnlos der Gefahr ausgesetzt, uns lächerlich zu machen. «Das Geheimnis des Lebens kann gefunden werden. Wenn ich die Gelegenheit dazu hätte, so würde ich sie mir bestimmt nicht aus Angst vor dem Spott meiner Umwelt entgehen lassen.» (Loren Eiseley)

Jede Überlegung über die Mutanten mündet in eine Träumerei über die Entwicklung, über die Geschicke des Lebens und des Menschen. Was ist, mit kosmischem Maßstab gemessen, die Zeit der Erdgeschichte, wenn man sie in den endlosen Ablauf eingliedert? Hat die Zukunft nicht, wenn ich mich einmal so ausdrücken darf, vor Ewigkeiten begonnen? Betrachtet man das Phänomen der Mutanten, so gewinnt man den Eindruck, als werde die menschliche Gesellschaft zuweilen von einer Brandung der Zukunft überspült, als erhielte sie den Besuch von Zeugen künftiger Erkenntnisse. Verkörpern die Mutanten nicht das Zukunfts-Gedächtnis, mit dem das große Gehirn der Menschheit vielleicht begabt ist?

Und ein weiterer Gedanke: Die Vorstellung von einer günstigen Mutation ist offensichtlich verknüpft mit der Fortschrittsidee. Diese Hypothese einer Mutation findet eine gewisse Bestätigung auf rein wissenschaftlichem Niveau. Es ist absolut sicher, daß die von der Entwicklung zuletzt erfaßten und am wenigsten erforschten Gebiete, nämlich die schweigenden Zonen der Gehirnmasse, als letzte zur Reife gelangen. Einige Neurologen sind mit Recht der Ansicht, daß hier noch Möglichkeiten liegen, die die Zukunft unserer Rasse uns enthüllen wird. Man darf erwarten, daß dem künftigen Individuum ganz neue Möglichkeiten offenstehen, daß sich ein höherer Grad der Individualisierung vorbereitet. Andererseits aber scheint uns die Zukunft der menschlichen Gesellschaft durchaus auf eine wachsende Kollektivierung ausgerichtet. Ist das ein Widerspruch? Wir glauben es nicht. In unseren Augen ist die Existenz nicht Widerspruch, sondern gegenseitige Ergänzung und Überwindung vergangener Zustände.

In einem Brief an seinen Freund Laborit schreibt der Biologe Morand:

«Der Mensch, der vollkommen logisch geworden ist und jeder Leidenschaft ebenso wie jeder Illusion entsagt hat, wird zu einer Zelle in dem vitalen Kontinuum, das eine auf dem höchsten Grad ihrer Evolution angelangte Gesellschaft darstellt: wir haben diesen Zustand ganz offensichtlich noch nicht erreicht, aber ich glaube nicht, daß es ohne ihn eine Entwicklung geben kann. Dann aber, und erst dann, wird jenes ‹universelle Bewußtsein› des Kollektivwesens vorhanden sein, nach dem wir streben.»

Wir wissen wohl, daß die Anhänger des alten Humanismus, der unsere Kultur hat versteinern lassen, eine solche Vision entsetzt ablehnen. Sie stellen sich vor, der Mensch habe in diesem Fall kein Ziel mehr und trete in eine Phase des Abstiegs ein. «Der Mensch, der vollkommen logisch geworden ist und jeder Leidenschaft ebenso wie jeder Illusion entsagt hat . . .» Wie könnte der Mensch, der zum Träger eines strahlenden Intellekts geworden ist, im Niedergang begriffen sein? Gewiß, das psychologische Ich, das, was wir Persönlichkeit nennen, würde allmählich verschwinden. Aber wir sind nicht der Meinung, daß diese «Persönlichkeit» das höchste Gut des Menschen ist. Und in dieser Hinsicht halten wir uns für religiös. Es ist ein Zeichen unserer Zeit, daß wir alle wesentlichen Betrachtungen in eine Vision der Transzendenz einmünden lassen. Nein, die Persönlichkeit ist nicht das höchste Gut des Menschen. Sie ist nur eines der Werkzeuge, die ihm gegeben sind, um in den Zustand des Erwachtseins zu gelangen. Ist das Ziel erreicht, wird das Werkzeug fortgelegt. Wenn wir einen Spiegel besäßen, der uns diese «Persönlichkeit», auf die wir so viel Wert legen, zeigen könnte, wir würden den Anblick nicht ertragen, so viele Ungeheuer und Larven sähen wir da herumwimmeln. Nur der wahrhaft erwachte Mensch könnte sich über ihn neigen, ohne fürchten zu müssen, vor Schreck zu sterben, denn in diesem Fall würde der Spiegel klar bleiben und kein Bild wiedergeben. Das wäre das wahre Gesicht: das Gesicht, das der Spiegel der Wahrheit nicht *zurückwirft*. Wir haben in diesem Sinne noch kein Antlitz. Und die Götter werden erst dann Auge in Auge mit uns sprechen, wenn wir selbst ein Gesicht haben.

Bereits Rimbaud lehnt das schwankende und begrenzte psycholo-

gische Ich ab, wenn er sagt: «Ich ist ein anderer.» Er meint das
unbewegliche, transparente und reine Ich, dessen Begriffsvermögen
unbegrenzt ist. Die Überlieferungen fordern den Menschen auf, alles
aufzugeben, um zu diesem Ziel zu gelangen. Es könnte sein, daß
eine nahe Zukunft in derselben Sprache reden wird wie die ferne
Vergangenheit.

Außerhalb dieser Betrachtungen über die *anderen* Möglichkeiten
des Geistes kann selbst das großzügigste Denken nur Widersprüche
zwischen dem persönlichen und dem universellen Bewußtsein, zwischen dem individuellen und dem kollektiven Leben feststellen.
Ein Denken jedoch, das im Lebendigen Widersprüche entdeckt, ist
ein krankes Denken. Das wahrhaft erwachte persönliche Bewußtsein geht in das universelle Bewußtsein über. Die persönliche Existenz, wenn sie ganz begriffen und als Instrument des Erwachens
eingesetzt wird, verschmilzt, ohne Schaden zu nehmen, mit dem
kollektiven Leben.

Es ist schließlich nicht gesagt, daß die Bildung dieses kollektiven
Wesens das letzte Ziel der Entwicklung sei. Der Geist der Erde, die
Seele des Lebendigen, ist noch nicht völlig vor uns aufgetaucht. Die
Pessimisten behaupten angesichts der gewaltigen Erschütterungen,
die dieses geheimnisvolle Auftauchen mit sich bringt, man müsse
zumindest versuchen, «den Menschen zu retten». Aber dieser Mensch
ist nicht zu retten, man muß ihn ändern. Der Mensch der klassischen Psychologie und der gängigen Philosophien ist bereits überholt; er ist zum Untergang verurteilt, weil er sich nicht anpassen
kann. Mutation oder nicht, auf jeden Fall brauchen wir einen
anderen Menschen als diesen, wenn wir das Phänomen Mensch in
den Lauf des vorwärtsdrängenden Schicksals eingliedern wollen.
Und das ist keine Frage des Pessimismus oder des Optimismus: es
ist eine Frage der Liebe.

In jener Zeit, da ich glaubte, die Wahrheit in meinem Geist
und in meinem Körper zu besitzen, da ich mir einbildete, in Kürze
die Lösung aller Rätsel finden zu können, damals, als ich ein Schüler
des Philosophen Gurdjew war, habe ich ein Wort niemals gehört:
das Wort Liebe. Ich bin heute nicht im Besitz einer absoluten Gewißheit. Ich könnte nicht mit Sicherheit behaupten, daß auch nur
die vorsichtigste der in diesem Buch dargelegten Hypothesen gültig und zutreffend sei. Fünf Jahre gemeinsamer Überlegungen und

Arbeiten mit Jacques Bergier haben mir einen einzigen Gewinn ein-
gebracht: den Willen, allen Formen des Lebens und allen Spuren
des Geistes im Lebendigen überrascht und vertrauensvoll gegenüber-
zutreten. Diese beiden Zustände, Überraschung und Vertrauen, sind
unlösbar miteinander verbunden. Der Wille, zu ihnen zu gelangen
und sich darin zu erhalten, unterliegt auf die Dauer einer Wandlung. Er hört auf, Wille, das heißt Joch, zu sein, und verwandelt
sich in Liebe, das heißt in Freude und Freiheit. Mit einem Wort,
der einzige Besitz, den ich in mir trage und der mir nicht mehr genommen werden kann, ist die Liebe zum Lebendigen auf dieser
Erde und in der Unendlichkeit der Welten.

Um dieser machtvollen und vielseitigen Liebe den richtigen, ihr
gebührenden Ausdruck zu verleihen, haben Jacques Bergier und ich
uns nicht auf die wissenschaftliche Methode beschränkt, wie die
Vorsicht es vielleicht geboten hätte. Aber was hat Liebe mit Vorsicht zu tun? Unsere Methoden waren wohl die von Wissenschaftlern, aber auch die von Theologen, von Dichtern, von Zauberern,
von Magiern und von Kindern. Alles in allem haben wir die Haltung von Barbaren angenommen und die Invasion der Evasion vor-
gezogen. Wir taten es, weil eine innere Stimme uns sagte, daß wir
tatsächlich Streiter in einem fremden Heer waren, daß wir gespen-
stischen Horden angehörten, deren Kriegshörner im Ultraschall ertönen, transparenten und ungeordneten Kohorten, die über unsere Zivilisation hereinzubrechen beginnen. Wir stehen auf der Seite
der Invasoren, auf der Seite des kommenden Lebens, auf der Seite
der Verwandlung des Zeitalters und des Denkens. Irrtum? Wahnsinn? Das Leben eines Menschen ist nur gerechtfertigt durch sein
Bemühen, die Zusammenhänge besser zu verstehen, selbst wenn er
dabei scheitern sollte. Besser verstehen aber heißt ja sagen. Je mehr
ich verstehe, um so mehr liebe ich, denn alles, was verstanden wird,
ist gut.

Anmerkungen

1. G. Magloire, «Teilhard de Chardin tel que je l'ai connu» in *Synthèse*, November 1957
2. Louis Pauwels, *Monsieur Gurdjieff*, Éditions du Seuil, Paris 1954. Deutsch: *Gurdjew der Magier*, Paul List Verlag, München 1956
3. R. P. Dubarle in einer Rundfunkdiskussion vom 12. April 1957
4. Eine Ausnahme macht Dr. Martin Schwonke in seinem 1957 erschienenen Werk *Vom Staatsroman zur Science Fiction* (Göttinger Abhandlung zur Soziologie ...)
5. Herbert George Wells, *The Invisible Man*, 1897. Deutsch: *Der Unsichtbare*, 1911
6. Arthur C. Clarke, *Childhood's End*, Ballantine Books, New York 1953
7. Serge Hutin, *Histoire de Rose-Croix*, Éditions Gérard Nizet, Paris
8. Robert Jungk, *Heller als tausend Sonnen*, Alfred Scherz Verlag, Bern 1956
9. Talbot Mundy, *The Nine Unknown*, 1925 (?)
10. Walter Dornberger, *V 2 — Der Schuß ins Weltall*, Bechtle Verlag, Eßlingen 1952
11. Robert Andrews Millikan, *The Electron*, 1917. Deutsch: *Das Electron*, 1922
12. *Technique Mondiale*, Paris, April 1957
13. Edwin Armstrong, «The Inventor as Hero» in *Harpers Magazine*
14. James Frazer, *The Golden Bough*, London 1890, Neuauflage 1951. Deutsch: *Der goldene Zweig*, Hirschfeld Verlag, Leipzig 1928
15. Kurt Seligmann, *The Mirror of Magic*. Deutsch: *Das Weltreich der Magie*, Deutsche Verlags-Anstalt, Stuttgart 1958
16. *Aspects de l'Alchimie Traditionelle*, Éditions de Minuit, Paris
17. *La Tourbe des Philosophes* in *Bibliothèque des Philosophes Chimiques*, 1741
18. Die beiden Bücher wurden in zweiter Auflage vom Omnium Littéraire, 72, Champs-Élysées, Paris, herausgegeben. Die erste Auflage datiert vom Jahr 1925. Sie ist längst vergriffen, und einzelne Exemplare, die gelegentlich auftauchen, werden hoch bezahlt
19. René Alleau, Vorwort zu Le Breton, *Les Clés de la Philosophie spagyrique*, Éditions Caractères, Paris
20. Vorwort zur französischen Ausgabe von William Seabrook, *The Magic Island*, Éditions Firmin-Didot, Paris 1932
21. Sprague de Camp und Willy Ley, *Lands Beyond*
22. Daniel Ruzo, «La culture Masma» in *Revue de la Société d'Éthnographie de Paris*, 1956 und 1959
23. Cynthia Fain, *Bolivie*, Arthaud, Paris
24. J. H. Bowen, *The Exploration of Time*, London 1958
25. Diese ganze Angelegenheit wurde im Dezember 1958 im Rahmen einer von der Georgetown University veranstalteten Diskussion untersucht. Siehe hierzu den Aufsatz von Ivan T. Sanderson in *Fantastic Universe*, Januar 1959
26. Hermann Rauschning, *Gespräche mit Hitler*, Europa Verlag, Zürich 1940
27. Arthur Machen, *The Anatomy of Tobacco* (1884), *The Great God Pan* (1895), *The House of Souls* (1906), *The Hill of Dreams* (1907), *The Great*

Return (1915), *The Bowmen* (1915), *The Terror* (1917), *The Secret Glory* (1922), *Strange Roads* (1923), *The London Adventure* (1924), *The Carning Wonder* (1926), *The Green Round* (1933), *Holy Terrors* (1946). Nach seinem Tod erschien der Sammelband *Tales of Horror and the Supernatural* (1948)

28. Henri Martineau, «Arthur Machen et Toulet, correspondance inédite» in *Le Mercure de France* Nr. 4, Januar 1938
    Henri Martineau, *Jean-Paul Toulet et Arthur Machen, Monsieur du Paur et le Grand Dieu Pan,* Le Divan, Paris

29. Wenig später veröffentlichte er seine Mitteilungen unter dem Namen Pierre Victor in den ersten beiden Nummern der Zeitschrift *La Tour Saint-Jacques.* Der Titel seines Aufsatzes lautete: «L'Ordre hermétique de la Golden Dawn»

30. Rauschning, a. a. O.

31. Rauschning, a. a. O. Siehe auch Achille Delmas, *Hitler, essai de biographie psycho-pathologique,* Éditions Marcel Rivière, Paris 1946

32. Elmar Brugg, *Spießbürger gegen Genie,* Baden (Schweiz) 1952

33. Immanuel Velikovsky, *Welten im Zusammenstoß. Als die Sonne stillstand,* Europa Verlag, Stuttgart 1959

34. Konrad Heiden, *Adolf Hitler,* Europa Verlag, Zürich 1936

35. Achille Delmas, a. a. O.

36. Jack Fishman, *The Seven Men of Spandau*

37. Nach Joseph Kessel, *Medizinalrat Kersten,* Nymphenburger Verlagshandlung, München 1961

38. Karl O. Poetel, «Typologie de l'Ordre Noir» in *Diogène*

39. Nach einem Artikel Brasillachs (erschossen 1944) in der französischen Wochenzeitschrift *Je suis partout*

40. Herbert George Wells, *Menschen Göttern gleich,* Wien 1927

41. *Le Figaro Illustré,* November 1891

42. Guillaume Apollinaire, *Calligrammes,* Paris 1918

43. J. W. Dunne, *An Experiment With Time*

44. H. P. Lovecraft, *Beyond the Wall of Sleep*

45. Bericht der Rand Corporation vom 31. August 1958

46. Jacques Bergier in *Constellation* Nr. 140, Dezember 1959

47. Dr. Lindner beschreibt die Geschichte dieser Behandlung in *The Fifty Minute Hour*

48. Diese Zahlen nennt François Le Lionnais in seinem Aufsatz «Une Maladie des Civilisations: les Fausses Sciences» in *La Nef* Nr. 6, Juni 1954

49. Gilbert Keith Chesterton, *The Innocence of Father Brown,* London 1911. Deutsch: *Das Geheimnis des Paters Brown,* München 1958

50. Nr. 7, S. 21, Moskau 1956

51. Charles-Noël Martin, *Les Vingt Sens de l'Homme*

52. Fulcanelli, *Le Mystère des Cathédrales,* Paris 1925

53. Auszug aus dem Roman *Through the Gates of the Silver Key*

54. *Bulletin de Liaison des Cercles de Politique Économique, März 1959*

55. René Alleau, *De la Nature des Symboles,* Flammarion, Paris

56. Mircea Eliade, *Images et Symboles,* Paris 1952

57. J. B. Odds, «The Pleasure Centres in the Brain» in *Scientific American,* Oktober 1958

58. Herbert George Wells, *In the Days of the Comet,* 1906. Deutsch: *Im Jahre des Kometen,* Stuttgart 1908

59. Vgl. hierzu die Arbeit von Yoseph Millard über Cayce, Copyright

Cayce Foundation, die Studie von John W. Campbell in *Astounding S. F.* vom März 1957 und Thomas Sugrue, *Edgar Cayce*, Dell Books

60. *Theoria philosophiae naturalis redacta ad unicam legem virium in natura existentium*, Wien 1758
61. Vgl. hierzu R. O. Oliver Leroy, *La Lévitation*, Éditions du Cerf, Paris
62. In deutscher Übersetzung erschienen in *Labyrinthe*, Carl Hanser Verlag, München 1959
63. *New York Herald Tribune*, 23. November 1959
64. Ein Aufsatz mit dem Titel «Qu'est-ce que la vie?» in den *Nouvelles Littéraires* vom 2. März 1950
65. P. Morand und H. Laborit, *Les Destins de la vie et de l'homme*, Éditions Masson, Paris 1959

Namen- und Sachregister